한국사 능력검정시험
핵심테마+기출문제

심화(1·2·3급) 최근 기출해설 10회분

정다정 편저

북스케치
합격을 스케치하다

차 례

자주 나오는 테마별 이론 정리

자주 나오는 테마별 이론 정리

한국사능력검정시험 심화 기출 문제

한국사능력검정시험 심화 정답과 해설

한국사능력검정시험

자주 나오는 테마별 이론 정리

Thema 01 ~ Thema 48

01 선사시대의 생활

	구석기(70만 년 전)	신석기(1만 년 전)
식	사냥, 채집, 어로 (자연에서 채취) → 자연이 주지 않으면 습득할 수 없음. 자연이 괜찮은 곳으로 이동함. • 사회생활 : 이동생활, 무리사회	사냥, 채집, 어로 + 농경, 목축 → 신석기 혁명 (밭농사중심 : 생산량은 적음) • 사회생활 : 정착생활, 씨족사회, 부족사회
의	• 가죽옷, 나뭇잎	• 의복제작(대표도구 : 가락바퀴, 뼈바늘) 
주	• 동굴, 막집, 큰 바위그늘 밑 • 대표유적지 - 함경도 종성 : 1933년, 한반도 최초 구석기 유적 - 웅기 굴포리 : 맘모스 유적 - 덕천 승리산 동굴 : 한반도 최초인골 - 상원 검은모루동굴 : 동물화석 - 경기 연천 전곡리 : 아슐리안형 주먹도끼 - 공주석장리 : 남한 최초 구석기 유적 (전기 ~ 후기 다양) - 단양수양개 : 석기제작소 - 청원두루봉동굴 : 흥수아이	• 움집 (반 지하 가옥) : 강가나 바닷가  〈움집 터〉  〈암사동 움집〉 • 대표유적지 - 봉산 지탑리 : 탄화된 좁쌀 - 강원 양양 오산리 : 움집 - 서울 암사동 : 움집 - 부산 동삼동 : 패총 - 김해 수가리 : 패총 - 제주 한경 : 신석기 대표 유적
도구	• 뗀석기 - 주먹도끼, 긁개, 찍개, 밀개 - 이음도구 : 슴베찌르개, 톱, 활. 창, 작살  〈주먹도끼〉  〈긁개〉  〈슴베찌르개〉	• 간석기 - 농기구 : 돌낫, 돌괭이, 돌보습 - 어로 도구 : 그물, 작살, 낚시도구 • 원거리 교류 : 흑요석 출토 → (화산 활동 과정에서 출토) • 토기 : - 이른 민무늬 토기 - 덧무늬 토기 - 빗살무늬 토기  〈빗살무늬 토기〉
원시 신앙		• 애니미즘 : 정령신앙(태양, 물..) • 토테미즘 : 동 · 식물 신앙 • 샤머니즘 : 무속신앙

Thema 02

청동기와 초기 철기시대

↳ 구리+아연+주석(당시 화력수준이 미비:녹는점이 제일 낮음)

	청동기(BC 2000년경 시베리아에서 유입)	초기철기(BC 5C경 중국에서 유입)
식	• 벼농사 시작(밭농사 중심) : 생산량 증가 ↓ • 잉여생산물 ↓ • 사유재산 인정 ↓ • 빈부격차 ↓ • 계급발생(족장, 군장) ↓ • 국가탄생(정복활동) • 사회 생활 : 계급사회, 사유재산제도	• 벼농사, 밭농사중심 • 중국과 교역을 통한 경제활동 ↳ 중국 화폐 출토 - 명도전, 반량전, 오수전, 붓(한자 사용)   〈명도전〉 〈반량전〉
주	• 배산 임수형(부족 간 전쟁 많음) • 직사각형 움집(지상가옥)	• 지상형 가옥 - 동예 : 철자형 집터, 여자형 집터   〈철자형 집터〉 〈여자형 집터〉
무덤	• 고인돌 - 북방식 고인돌 - 남방식 고인돌 - 개석식 고인돌   〈북방식 고인돌〉 〈남방식 고인돌〉	• 독무덤(=옹관묘)  〈옹관묘〉 • 널무덤(=목관묘)  〈목관묘〉
도구	• 거친무늬거울, 비파형동검, 청동방울 농경문 청동기 • 반달돌칼(간석기) : 농기구는 돌 사용	• 잔무늬 거울, 세형동검, 거푸집 ↳ 한반도의 독자성을 나타냄 • 철제농기구, 철제무기(정복활동활발)
토기	• 민무늬 토기 • 미송리식 토기 • 붉은 간토기  〈미송리식 토기〉	• 검은간토기 • 덧띠토기  〈검은간토기〉

01 최초의 국가 고조선 (군장국가)

	저서	시기
고조선 건국신화 등장기록	삼국유사(일연)	충렬왕 7년
	제왕운기(이승휴)	충렬왕 13년
	세종실록지리지	단종 2년
	동국여지승람(노사신)	조선 성종 12년
	동국통감(서거정)	조선 성종 16년(B.C 2333년 첫 표현)

02 건국 신화를 통해 알 수 있는 사실

- 환웅, 환인 : 선민사상(신이 특정한 민족을 구원하기 위해 선택했다는 사상)
- 풍백, 운사, 우사 : 농경 중시
- 곰, 호랑이 : 토테미즘
- 웅녀 : 곰을 숭배하는 부족과 결합
- 단군 왕검 : 제정일치 사회

03 고조선의 8조법 - 중국 '한서'에 기록

- 사람을 죽인 자는 사형에 처한다. - 생명존중, 노동력 중시
- 남을 다치게 한 자는 곡식으로 갚는다. - 농경사회
- 도둑질을 한 자는 그 사람의 노비가 되거나 벌금을 문다. - 계급사용, 사유재산 제도, 화폐사용

04 고조선의 성장 과정

- B.C. 5세기 경 철기 유입(변화속도가 느림)
- B.C. 3세기 경 중국 연나라와 대립
  부왕, 준왕같은 중국식 왕 칭호 등장
  왕 아래 상, 대부, 장군등의 관직 마련
- B.C. 194년 위만 조선의 탄생
  특징 : 철기 본격적 수용
  한나라와 진나라 사이에서 중계무역
  임둔, 진번 지역 영역 확보

- B.C. 128년 '한'의 창해군 설치 : 고조선의 간섭에서 벗어나려던 '예'의 군장 남려가 '한'에 투항
- B.C. 108년 중계무역으로 세력이 커진 고조선 한과 대립
  - ⟶ '한'무제에 의해 고조선 멸망(왕검성 함락) - 우거왕 피살
  - ⟶ '한 4군' 설치(한의 행정구역)
  - ⟶ 법 조항도 60여 조항으로 증가

05 고조선의 세력 범위

- 초기 고조선 : 요령지방을 시작으로 세력 형성
- 후기 고조선 : 대동강까지 확장

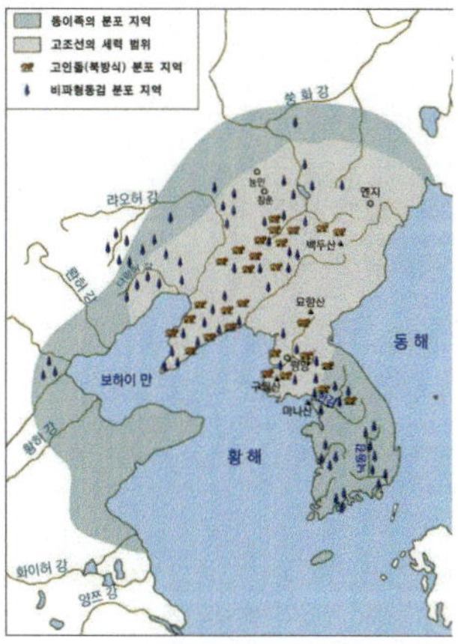

<고조선의 세력 범위>

06 세력 범위를 나타내주는 유물

탁자식 고인돌, 비파형 동검, 미송리식 토기, 거친무늬 거울

Thema 03

철기를 기반으로 성장한 여러 나라

01 국가의 발전 단계

구석기
- 무리사회
- 평등사회

→

신석기
- 씨족사회
- 부족사회

→

청동기
- 계급사회
- 군장국가

→

철기
- 연맹 왕국

→

고대국가
- 중앙집권국가 형태

02 초기 철기시대 국가의 특징

<부여>

정 : 5부족 연맹국,
사출도(마가, 우가, 저가, 구가)

경 : 반농반목

사 : 제천 행사 : 영고(12월)
- 형사취수제
- 4조목의 법
  - 사람을 죽이면 사형
  - 1책 12법
  - 간음하면 사형
  - 투기하면 사형
- 순장, 우제점법(복)

<고구려>

정 : 5부족 연맹국
왕 아래 '상가, 고추가' 등의 대가들이 있음

경 : 약탈 경제
(옥저의 소금, 해산물)

사 :
- 제천 행사 : 동맹(10월)
- 1책 12법
- 형사취수제
- 서옥제(데릴사위제)

<옥저>

정 : 왕X, '읍군, 삼로'라 불리는 군장이 통치

경 : 소금, 해산물 풍부
(고구려에 공납)

사 :
- 제천 행사X
- 민며느리제
- 가족공동무덤(골장제)

<동예>

정 : 왕X, '읍군, 삼로'라 불리는 군장이 통치

경 : 특산물(단궁, 과하마, 반어피)

사 :
- 제천 행사 : 무천 (10월)
- 책화, 족외혼
- 집터(여자형, 철자형)

<삼한>

정 : 왕 X,
- '신지, 읍차'(정치적 지배자)
- '천군' 제사장 이 다스림
(제정분리 사회)

경 : 벼농사 활발, 저수지 축조.

사 : 제천 행사를 5월(수릿날), 10월(계절제)

Thema 04

삼국의 형성과 발전

01 중앙 집권 국가의 특징

① 영토 확장(땅과 사람 확보)
② 불교 수용(사상적 통합)
③ 율령 반포(법 + 명령)
④ 체제 정비(관등 제정, 관복 제정)
⑤ 왕위 세습(형제 상속에서부터 부자 상속으로)

02 중앙 집권화 순서

① 고구려 - 삼국사기 BC 37년, 졸본에 건국 (부여 유 · 이민 세력 + 졸본 토착세력)
② 백 제 - BC 18년 한강유역(위례성)에 건국 (고구려 유 · 이민 세력 + 한강 토착세력)
③ 신 라 - BC 57년 진한의 한 소국인 사로국에서 시작(지형적으로 유 · 이민세력 X, 토착세력 강함)

03 고구려의 성장

1대 동명왕	• 졸본에 고구려 건국(B.C 37년) → 오녀산성(수도로 추정)
2대 유리왕	• 국내성으로 천도 → 환도산성(국내성 방어 위해 축조)
6대 태조왕	• 중앙 집권 국가의 기틀 마련 • 옥저 정복 • 5부 체제 발전(통합된 지역을 5부 체제로 발전시킴) • 계루부 고씨 왕위 세습
9대 고국천왕	• 형제 상속에서 부자 상속으로 세습 확립 • 부족적 성격의 5부 ⟶ 행정적(방위명) 성격의 5부로 개편 • 진대법(을파소) : 춘대추납
11대 동천왕	• 관구검과의 전쟁 (동천왕이 세력 확장 위해 요동지역 공격 ⟶ 위나라 장수 관구검이 침략)
15대 미천왕	• 낙랑군, 대방군 축출(대동강 유역 확보) : 고구려, 백제가 국경선 맞닿기 시작 • 요동지역으로 세력 확대(서안평 점령)
16대 고국원왕	• 국가적인 위기 • 중국 '전연'의 침입으로 인해 국내성(환도성) 함락 • 미천왕 시신 빼앗김 • 백제 근초고왕 평양성 공격(고국원왕 전사)

17대 소수림왕	• 태학 설립 : 인재양성 • 불교 수용 : 중국 전진 '순도'에 의해 전래됨 • 율령 반포 : 통치체제 정비
19대 광개토대왕	• 북 : 만주 지역 대부분 차지(동부여 복속, 숙신 정복, 요동 지역 차지) • 남 : 한강 이북 차지(백제 아신왕 항복) • 신라 내물왕을 도와 왜를 물리침(호우명 그릇) : 금관가야 쇠퇴 • 독자적 연호사용 : 영락
20대 장수왕	• 남진 정책(국내성 ⟶ 평양성으로 천도) • 백제, 신라가 나제 동맹(433) 체결(백제 : 비유왕, 신라 : 눌지왕) • 한강 이남 차지, 백제 위례성 함락(백제 개로왕 전사) • 광개토대왕릉비, 충주고구려비 설립, 흥안령 일대 차지
21대 문자왕	• 부여를 복속하여 고구려 최대 영토 확보
26대 영양왕	• 수나라 침입 (살수대첩, 612) : 을지문덕
27대 영류왕	• 당나라 건국, 영류왕의 친당 세력과 반당 세력의 연개소문과의 권력 다툼. • 연개소문의 정변
28대 보장왕	• 당 침입 (안시성 전투, 645) : 양만춘, 연개소문 • 연개소문 사후 내부 분열 • 나 · 당 연합군에게 멸망

삼국의 형성과 발전(백제)

01 백제의 성장

1대 온조왕	B.C 18년 한강유역 위례성에 십제 건국 → 백제로 국호 변경
8대 고이왕	• 중앙 집권 국가 기틀 마련 • 목지국 병합 - 한강 전 지역 차지 • 체제 정비 (관등제 : 16관등, 관복 제정 : 자, 비, 청) • 6좌평제
13대 근초고왕	• 대내적 : 영토 확장 - 북 : 고구려 평양성 공격 황해도 지역 일부 차지 남 : 마한 전 지역 차지 왕위 세습 : 형제 상속 → 부자 상속 • 대외적 : 요서지방, 산둥지방, 동진, 일본 규슈로 진출(칠지도)  〈칠지도〉
15대 침류왕	• 불교 공인(중국 동진 '마라난타'에 의해 전해짐)
20대 비유왕	• 나·제 동맹 체결(433)
21대 개로왕	• 국가적 위기 발생 • 한강 유역 상실(아차산성에서 죽음)
22대 문주왕	• 웅진성 천도(475)
24대 동성왕	• 신라와 결혼 동맹 체결(신라 이벌찬 딸과 혼인)
25대 무령왕	• 지방에 22담로 설치 : 왕족파견(지방세력 성장 감시 목적) • 중국 남조의 양나라와 활발한 교류(무령왕릉)
26대 성왕	• 사비 천도(538) • 국호를 남부여 변경(538) • 중앙에 22개의 실무 관청 설치 • 지방행정수도 5부 5방으로 나눔 • 한강유역 일시적 차지 : 진흥왕 배신(553) • 관산성 전투(성왕전사 : 554)
30대 무왕	• 익산 천도 추진 • 익산 미륵사지 석탑
31대 의자왕	• 신라의 40여개 성 탈환 • 나 · 당 연합군에 의해 멸망

Thema 06

삼국의 형성과 발전(신라, 가야)

01 신라의 성장

1대 박혁거세	진한의 한 소국 사로국 건국, 박 · 석 · 김 교대로 왕위 차지
17대 내물왕	• 중앙 집권 국가의 기틀을 마련 • 왕 칭호를 마립간으로 변경 • '김씨' 왕위 세습 • 낙동강 동쪽 진한 대부분차지(광개토대왕의 도움) : 광개토대왕릉비에 기록
19대 눌지왕	• 나 · 제 동맹 체결(433)
21대 소지왕	• 6촌을 6부의 행정구역으로 재편, 백제와 혼인동맹 체결 • 우역 설치(공문서 전달, 관물 운송, 출장 관리 등의 업무를 담당하는 기관)
22대 지증왕	• 국호를 '신라'로 변경 • '왕' 칭호 사용 • 우경 시작 • 우산국 점령(이사부장군) • 동시 설치(시장관리감독 : 동시전 → 효소왕 때(32대) 서시, 남시 설치(695)
23대 법흥왕	• 연호 사용 : 건원 • 율령 반포, 골품제 정비 • 체제 정비(관등제 : 17 관등, 관복 제정 : 자, 비, 청, 황) • 불교 공인(이차돈의 순교) • 병부 설치(군사권 장악), 상대등 설치 • 금관가야 병합 • 대가야와 혼인동맹 체결(524)
24대 진흥왕	• 영토 확장(순수비 4곳, 적성비 1곳) - 단양적성비(551) - 북한산 순수비(555) - 창녕 척경비(561) - 마운령 순수비(568) - 황초령 순수비(568) • 대가야 병합 : 낙동강 전 지역 차지 • 함흥평야 차지 • 화랑도 개편 • 불교 장려(황룡사 축조)

26대 진평왕	• 원광법사 「세속5계」, 걸사표 지음(수나라에 지원병 요청)
27대 선덕여왕	• 황룡사 9층 목탑(자장법사), 분황사 모전석탑, 첨성대
28대 진덕여왕	• 나 · 당 연합 체결(648)
29대 태종무열왕 (김춘추)	• 최초 진골 출신 왕 • 백제 멸망(660)
30대 문무(대)왕	• 삼국통일(676)

02 가야의 성장

금관가야 (경남 김해)	대가야 (경북 고령)
• 전기 가야연맹 주도 • 낙랑과 왜에 덩이쇠 수출(중계무역 발달) • 신라 내물왕때 쇠퇴 • 신라 법흥왕에게 병합됨(6세기 초반)	• 후기 가야연맹 주도 • 바닷길이 막혀 고립(경제력이 떨어짐) • 신라 법흥왕 때 결혼동맹 체결 • 신라 진흥왕에게 병합됨(6세기 중반)

Thema 07

삼국의 대외 항쟁

01 6세기 말~7세기경 동아시아의 정세(십자외교)

영양왕 ⟶ 영류왕 ⟶ 보장왕

〈수〉 건국 　 〈수〉 멸망 　 〈고구려〉 멸망

〈당〉 건국

① 신라의 한강유역 차지(6세기 말)

② 백제는 성왕 전사 후 신라와 관계 악화
(고구려, 왜와 연합하여 신라 견제)

③ 고구려는 돌궐과 연합하여 수·당 견제

④ 신라는 수·당과 친선, 고구려·백제 견제
⟶ 남북 세력 VS 동서 세력의 대립(십자외교)

02 살수대첩 (612) - 고구려 영양왕

① 수의 고구려 복속 요구

② 고구려 요서지방 선제공격

③ 수가 고구려 침입 - 실패

④ 수 양제 113만 대군 이끌고 고구려 침입 - 살수대첩(을지문덕)
⟶ 무리한 전쟁과 국력 소모 - 수 멸망, 당건국
⟶ 천리장성 축조(연개소문) : 부여성 ~ 비사성

03 안시성 싸움 (645) - 고구려 보장왕

① 영류왕의 친당 주장

② 연개소문의 정변 - 영류왕 死, 보장왕 세움

③ 정변을 구실로 당태종 침입(현도성 ⟶ 요동성 ⟶ 백암성 함락)

④ 안시성 싸움 - 안시성 성주 양만춘, 연개소문 방어로 당군 격퇴
⟶ 한반도의 방파제 역할

04 7세기 초기 ~ 중기 삼국의 정세

고구려 - 수·당의 거듭된 전쟁(국력 약화)

백 제 - 의자왕 : 신라 40여 개 성 탈환

신 라 - 김춘추 : 진덕여왕 때
나 · 당연합 체결(648)

05 백제 멸망(660)

- 전개 과정 : ① 나·당 연합군 백제 공격 ⟶ ② 사비성 함락(660) - 당이 웅진도독부 설치(660)
  - 신라 김유신(황산벌)　　계림도독부 설치(663)
  - 당 소정방(기벌포)　　취리산회맹 강요(665)

  ⟶ ③ 백제 부흥 운동 실시 - 왕자 부여풍을 왕으로 추대
  - 흑치상지(임존성)
  - 도침·복신(주류성)
  - 백강 전투(일본이 지원) : 지도층 분열로 실패

06 고구려 멸망(668)

- 전개 과정 : ① 연개소문 사후 자식들의 권력 다툼 ⟶ ② 나, 당 연합군 고구려 공격 →
  ③ 고구려 평양성 함락(668) - 당이 안동도호부 설치(668) ⟶
  ④ 고구려 부흥 운동 실시 : 신라가 지원해 줌(당 세력을 축출하기 위해서)
  - 안승(금마저) - 보덕국의 왕으로 추대
  - 검모잠(한성)
  - 고연무(오골성)

〈통일신라 영토〉

07 신라의 대응 (백제 ·고구려 유민과 연합)

① 사비성에 소부리주 설치(671) : 백제 땅에 대한 지배권 강화

② 나·당 전쟁
- 매소성 전투(675)
- 기벌포 전투(676) ⟶ 당 축출, 신라 승리, 삼국통일(676)

Thema 08

통일신라

01 통일신라의 성장

30대 문무왕	• 고구려 멸망, 나·당 전쟁, 삼국 통일(676), 외사정 파견(지방관 감찰 목적)
31대 신문왕	<왕권 강화> • 김흠돌의 난(귀족숙청) • 6두품 등용 • 집사부 기능 확대 • 시중 권한 강화 • 국학 설치 <신권 약화> • 화백회의 기능 축소 • 상대등 권한 약화 • 관료전(687) 지급 → 녹읍(689) 폐지 • 지방세력 견제 : 상수리 제도 <지방행정 정비> : 9주 5소경 • 9주 → 군, 현을 둠 → 촌(말단 행정 구역) └→ 군주(지증왕) → 총관(문무왕) → 도독(원성왕) • 5소경(사신 파견) : 수도의 편재성 보완, 지방 세력 성장 감시 목적 <군사조직 정비> : 9서당 10정 • 9서당(중앙군) - 고구려인, 백제인, 신라인, 말갈족까지 포함하여 민족 융합을 꾀함 • 10정(지방군) - 각 주마다 1정씩 배치, 한주만 2정 배치
32대 효소왕	• 서시, 남시 설치
33대 성덕왕	• 백성들에게 정전 지급 (국가재정 확충)
35대 경덕왕	• 녹읍 부활(왕권 약화)
36대 혜공왕	• 8살 때 왕 즉위 (궁에서 피살 당함, 무열왕계 직계 자손이 끊김) • 150년 간 20명의 왕 교체 (왕권 약화) • 상대등 권한 강화, 집사부 시중 권한 약화
38대 원성왕	• 독서삼품과 실시(귀족 반발로 실패)

41대 헌덕왕	• 김헌창의 난(왕권 다툼)
51대 진성여왕	• 농민 반란의 최고조 - 왕과 귀족의 사치와 향락 - 흉년과 전염병, 자연재해 등 - 지나친 세금 독촉, 가혹한 수탈 <농민 반란> • 원종과 애노의 난 (상주) • 양길의 난 (북원) • 기훤의 난 (죽주) • 적고적의 난

02 통일신라 하대 상황

중앙 정부의 지방 통제력 상실, 지방 호족 세력의 성장
→ 뒷받침 사상 : 선종, 풍수지리설

03 후삼국 시대 성립(52대 효공왕 시기에 분열됨)

① 후백제 건국(900) : 견훤이 완산주(전주)에 후백제 건국

② 후고구려 건국(901) : 궁예가 송악(개성)에 후고구려 건국
⟶ 마진으로 국호 변경(904) ⟶ 철원으로 천도(905) ⟶ 태봉으로 국호 변경(911)

③ 고려건국(918) : 왕건 송악에 고려건국(궁예 쫓아내고 고려 건국함)

④ 발해멸망(926) : 발해 대씨 왕족 및 유·이민 세력들 고려에 망명

⑤ 공산전투(927) : 고려 VS 후백제(후백제 승리)

⑥ 고창전투(930) : 고려 VS 후백제(고려 승리)

⑦ 견훤 금산사 유폐(935) : 아들 신검에 의해 금산사에 유폐, 탈출해서 고려 왕건에게 투항

⑧ 신라 투항(935) : 신라 마지막 왕 경순왕 ⟶ 고려 최초 사심관

⑨ 일리천 전투(936) : 고려 VS 후백제(고려 승리), 후백제 투항(936) ⟶ 후삼국 통일(936)

발해

01 남북국 시대

유득공 '발해고' (정조 8년)
→ "북쪽은 대씨가 나라를 다스리고, 남쪽은 김씨가 다스리니 그야말로 남북국 시대를 이루었다". 라고 하였다.
(최초 남북국 기록)

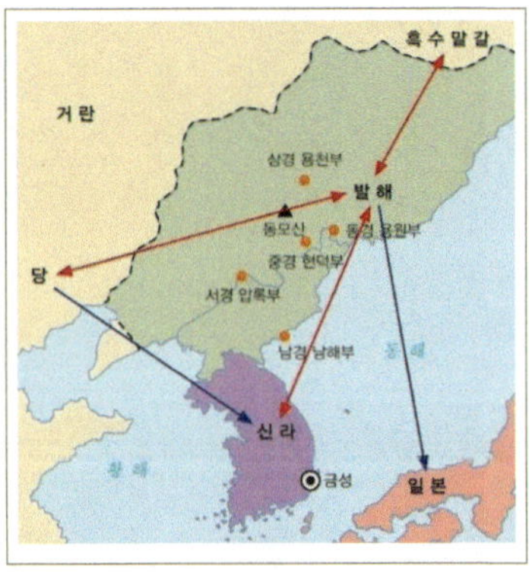

* 발해 - 돌궐·왜와 협력관계(당, 신라 견제 목적)
* 흑수말갈 - 통일신라·당과 협력관계(발해 견제 목적)

〈계층 구조 : 이원적 구조〉
* 지배층 - 고구려인 : 왕족은 대씨
  귀족은 고씨
* 피지배층: 말갈족

02 발해의 성장

1대 고왕(대조영) (연호: 천통)	• 동모산에 발해 건국(698) : 거란 추장 이진충의 반란, 당의 통제력 약화
2대 무왕(8세기 초) (연호: 인안)	• 당, 신라와 대립 • 흑수말갈 공격 시도 • 요서지방 에서 당군과 격돌 • 당의 산둥반도 공격(장문휴 장군) • 왜에 보낸 외교문서에 고구려 계승 밝힘
3대 문왕(8세기 말) (연호: 대흥, 보력)	• 당, 신라와 친선 관계(교통로 : 신라도 개설) • '황상'이라는 황제 칭호 사용 • 일본 외교 문서 ⟶ '나, 고려국왕 대흠무는…' (고구려 계승을 나타냄) • 중경현덕부 ⟶ 상경용천부로 천도(755) • 상경용천부 ⟶ 동경용원부로 천도(785) • 3성 6부제 중앙 정치 조직이 마련됨 • 주자감 개설(발해의 유학 교육 기관) • 문왕의 둘째 딸(정혜공주) 무덤 양식 - 고구려의 무덤 양식(모줄임 천장구조) • 문왕의 넷째 딸(정효공주) 무덤 양식 - 고구려의 무덤 양식 + 당나라 무덤 양식(지하식 벽돌무덤 + 모줄임 천장구조)
10대 선왕(9세기 초) (연호: 건흥)	• 발해 최고의 영역을 확보(해동성국 으로 불렸음) • 행정 구역 : 5경 15부 62주 • 군사 제도: 10위(중앙군), 지방의 경우 지방관에게 자치권 부여
14대 애왕(10세기 초)	926년 거란 침입으로 멸망

03 발해의 중앙 정치 조직

3성 6부(당의 제도를 모방은 했으나, 독자성을 유지하였음.)

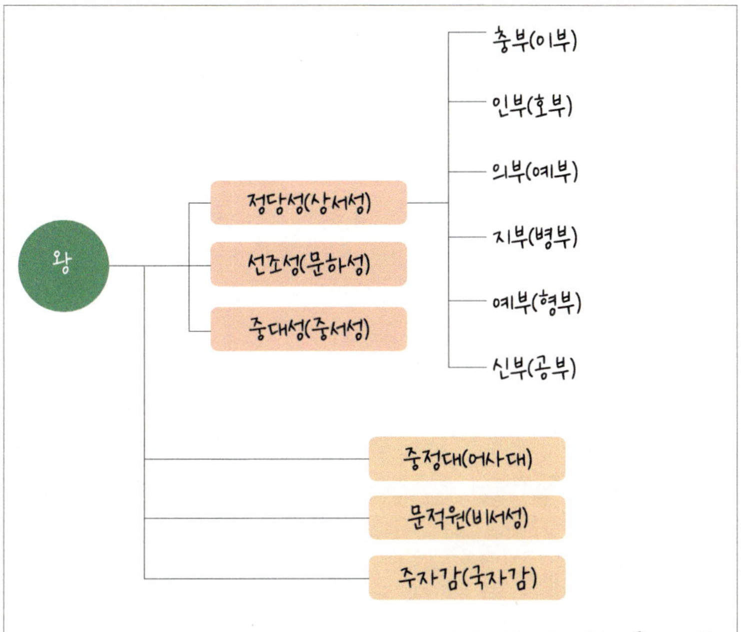

( ) 안은 당의 관제를 나타냄

- 정당성 : 최고 기관, 대내상이 국정총괄, 정당성 아래 6부를 둠
- 선조성 : 왕의 자문기구
- 중대성 : 왕 비서기관, 왕명 전달
- 중정대 : 관리감찰
- 문적원 : 서적 편찬, 외교 문서 작성
- 주자감 : 유학 교육 기관

04 지방 행정 조직 (5경 15부 62주)

- 5경 : 넓은 영토를 효율적으로 다스리기 위한 요충지
- 15부 : 부 아래 주·현을 두고 지방관 파견
  촌 : 가장 말단 행정구역(말갈족 수령이 지배)

05 군사 조직

- 중앙군 : 10위 (왕궁과 수도 경비)
- 지방군 : 지방에서 지방관이 지휘

Thema 10

고대의 경제

01 삼국의 경제 상황

	수취제도	경제	대외무역
고	• 인두세(=주민세) ⟶ 성인에게 일정액 부과 (포, 곡물 부과)	• 벼농사 중심, 잡곡 생산 많음 • 4세기 철제 농기구 사용 • 진대법 실시	• 남·북조 및 북방 유목 민족과 교류
백	• 고구려와 비슷 (포, 직물, 곡물)	• 수리시설 발전, 벼농사 증가	• 남중국 및 왜와 교류
신	• 조(조세) • 용(노동력) • 조(특산물)	• 지증왕 : 우경 시작, 동시 설치	• 고구려, 백제를 통해 중국과 교류 • 한강 차지 후 : 당항성을 통해 직접 중국과 교류

02 삼국의 신분별 경제 생활

① 귀족
- 녹읍 : 관료에게 주는 토지
- 식읍 : 국가에서 왕족이나, 공신에게 나누어 주는 토지
- 농민 동원 : 귀족 소유 토지경작, 수확물을 수탈
- 고리대 이용 : 농민의 토지 수탈, 노비로 전락시킴

② 농민
- 개인토지 소유, 소작, 관청의 토지 공동 경작
- 시비법 미발달 : 휴경농업 실시
- 4~5세기 철제 농기구 보급 : 생산량 증가
- 요역(일), 군역(군대)에 동원

03 통일신라 촌락문서(민정문서)

일본 도다이사에 소장된 「화엄경론」 수리하다 발견

대상지역	서원경 부근 4개 촌락
조사	1년마다 조사, 3년마다 작성
기록내용	토지종류, 인구 수, 가호 수, 노비 수, 뽕나무·잣나무 등 과실 수, 가축 수 등..
등급기준	남녀별·연령별 : 6등급 호(가구)의 노동력 수 : 9등급

04 통일신라의 경제 상황

수취제도	경제	대외무역
• 조세 : 수확량의 1/10 수취 • 공납 : 특산물 • 역 : 16세 이상~60세 까지 남자	• 효소왕 : 서시,남시 설치 • 지방 : 주, 소경 등 교통 요지에 시장 설치	* 통일 후 공무역, 사무역 발달 * (당) 귀족들의 사치품 수입 • 신라방, 신라촌 : 신라인 거주지 • 신라관 : 여관 • 신라소 : 관청 • 신라원 : 사찰 * (일) 대마도 : '신라역어'설치 신라어 통역관 * (청해진) : 삼각무역 • 일 : 회역사 파견 • 당 : 견당매물사 파견 법화원 설치(장보고)

05 통일신라 신분별 경제 생활

① 귀족 • 당·아라비아에서 수입한 사치품으로 생활
• 경주 근처 호화로운 별장 생활

② 농민 • 시비법 미발달(휴경농업) : 낮은 생산량
• 소작 : 과도한 지대납부(수확량 1/2 내기도 함)
• 일반 농민 : 전세, 공납, 역
• 향, 부곡 : 더 많은 공물 부담

06 발해의 경제 활동

수취제도	경제	대외무역
• 조세 : 조, 콩, 보리(잡곡) • 공납 : 특산물 • 역 : 건설에 농민들 동원	• 밭농사 중심 • 철제 농기구 사용 • 수리시설 확충 • 일부 지역 벼농사 실시 • 다양한 수공업 발달(철,구리..) • 상경 등 도시와 교통요충지에 상업 발달 (거래 시 현물 주로 이용, 외국의 화폐 일부 사용하기도 함)	• (당) : 해로를 이용 발해관 (발해 사신 머뭄) • (일) 동해 해로 개척(일본도) • (신라) : 대체로 소극적 교류 (신라도 이용) - 원성왕, 헌덕왕 때 두 번 교류

07 발해의 신분별 경제 생활

① 귀족 - 대토지를 소유, 무역을 통해 당의 비단, 서적 등을 수입하여 화려한 생활 영위

② 농민 - 수취의 대상으로 각종 부역과 군역에 동원

Thema 11

고대의 사회

01 삼국의 신분 제도

1. 삼국 이전 신분 제도

① 가 : 부여, 고구려 초기에 '가', '대가'로 불린 권력층(상가, 고추가)

② 호민 : 촌락에 거주하는 부족장, 재산이 많은 평민

③ 하호 : 일반 백성, 농업에 종사

④ 천민 : 주인에게 예속된 노비

↓

2. 삼국시대 신분 제도

① 귀족 : 식읍, 녹읍으로 토지 하사, 개인 토지 소유 가능, 노비 거느림

② 평민 : 대부분 농민, 조세 납부, 노동력 징발

③ 천민 : 주인에게 예속된 노비, 주인과 따로 거주, 주인 땅 경작

02 삼국의 사회 모습

	고구려	백제	신라
지배층	• 왕족 : 고씨 • 5부 귀족 - 대가, 소가로 나뉨 - '상가', '고추가'	• 왕족 : 부여씨 • 8성의 귀족 - 왕족인 부여씨 - 왕비족 진씨, 해씨	• 성골(왕족) • 진골(귀족)
귀족회의 (수상)	• 제가회의 (대대로)	• 정사암회의 (상좌평)	• 화백회의 (상대등)
관등제	• 관등제 : 10여관등	• 관등제 : 16관등	• 관등제 : 17관등 • 중위제 : 관리 특진제도 • 이원적 구조 - 경위제 : 중앙17관등 - 외위제 : 지방11관등
사회특징	• 진대법, 형사취수제 • 형벌 엄격, 서옥제	• 형벌 엄격	• 화랑도(세속오계)
특수행정구역	• 3경 : 국내성, 평양성, 한성	• 22담로	• 2원경 : 중원경, 동원경

03 발해의 사회 모습

① 지배층 - 왕족 : 대씨
귀족 : 고씨
지식계층 : 빈공과 응시(신라인과 수석 다툼)

② 사회 특징 : 이원적 주민 구조(고구려인, 말갈족)
당의 제도와 문화를 받아들임, 그러나 고구려나 말갈 사회의 전통 모습 오랫동안 유지

04 통일신라 말의 사회 모습

① 귀족들의 사치와 향락 극심 - 흥덕왕(880) : 사치 금지령 발표
② 중앙 정부의 통치력 약화 - 가혹한 세금 납부
③ 민란 발생 - 초적 등장, 원종과 애노의 난
④ 호족 등장 - 낙향귀족, 해상세력, 상업 활동으로 성장한 세력, 군사세력, 지방촌주출신

05 통일신라 골품 제도

Thema 12

고대의 문화 I

01 삼국의 불교 수용

① 고구려 : 소수림왕 - 중국 전진의 승려 '순도'로부터 유입
② 백 제 : 침류왕 - 중국 동진의 승려 '마라난타'로부터 유입
③ 신 라 : 법흥왕 - 이차돈 순교로 불교 공인

02 삼국시대 불교 특징

- 왕권 강화와 관련됨 (왕즉불사상)
  불교식 왕명 사용 : 법흥왕부터 진덕여왕까지
- 호국 불교 : 신라 황룡사 9층 목탑
  백제 미륵사, 감은사
  신라 화랑의 세속오계 중 살생유택

<도교>
- 산천 숭배 + 신선 사상 ⟶ 귀족들이 환영하였음.

	고구려	백제	신라	통일신라 <승탑>	발해
절, 탑	현존하지 않음	• 익산 미륵사지 석탑 ↳ 현존 최고(最古)석탑 • 정림사지 5층 석탑	• 황룡사 9층 목탑 • 분황사 모전 석탑	• 불국사, 석굴암 • 석가탑, 다보탑 • 감은사지3층석탑 • 진전사지3층석탑 ↳ 탑신에 조각이 있음 • 승탑유행	• 영광탑
불상	• 금동연가 7년명 여래 입상	• 서산 용현리 마애 여래 삼존상 (백제의 미소)	• 경주 배동 석조여래 삼존상	• 석굴암 본존불	• 이불병좌상
인물	• (담징)스님 : 종이, 먹 전파, 호류사 금당 벽화 • 혜자 : 쇼토쿠 태자의 스승	• (아직기) : 한자를 일본에 전파 • (왕인박사) : 천자문 일본 전파 • (노리사치계) : 불상, 불경 전파	(상대) 자장율사 - 당에서 불교를 배움, 대국통(최고승관직)이 되어 통도사 창건, 황룡사 9층 목탑 중건 (중대) • 원효 - 참선, 수행, 깨달음 강조, 일심사상, 화쟁사상, 무애가, 아미타 신앙(나무아미타불) 저서 : 십문화쟁론, 대승기신론소		인물이 없음

	고구려	백제	신라	통일신라 <승탑>	발해
			• 의상 - 교리, 경전 중요, 화엄사상, 화엄종 개창, 부석사 중건, 관음신앙(관세음보살) 저서 : 화엄일승법계도 • 혜초 - 왕오천축국전 (하대) • (선종) - 깨달음, 참선 중시 - (호족의 환영을 받음) • (교종) - 교리, 경전 중시 - (귀족의 환영을 받음) • 풍수지리설		
도교	• 사신도(강서대묘)	• 산수무늬벽돌, • 무령왕릉 매지석 • 금동대향로			
유교 교육 기관	• 중앙 - (태학) • 지방 - (경당)	• 의·역·오경박사	• 임신서기석 (화랑도)	• (국학) - 신문왕 • (독서삼품과) - 원성왕	
유학자				• 설총 - 이두정리, 화왕계(신문왕에게 제출) • 김대문 - 화랑세기 • 강수 - 외교문서작성 • 최치원 - 시무10조, 계원필경(시문집), 토황소격문	

Thema 13

고대의 문화 II

	고구려	백제	신라	통일신라 <승탑>	발해
역사서 편찬	• 유기 100권 ↓ • 신집 5권 (이문진) : 영양왕	• 서기(고흥) : 근초고왕	• 국사(거칠부) : 진흥왕	• 제왕연대력(최치원) ↳ 신라 왕들의 역사 정리	• 단기고사(대야발) ↳ 단군조선과 기자조선의 연대기
과학 기술	• 천문도 - 농경 중시 (현존하지는 않음) ↓ • 천상열차분야지도 (조선태조)	• 칠지도 • 금동대향로	• 첨성대 • 신라 금관, 장신구 등	• 상원사종 - 가장 오래된 종 • 성덕 대왕 신종 • 무구정광대다라니경 • 세계 최고 오래된 목판본(석가탑)	
고분	• 초기 돌무지무덤 (장군총)  • 후기 굴식 돌방무덤 (무용총, 강서대묘) 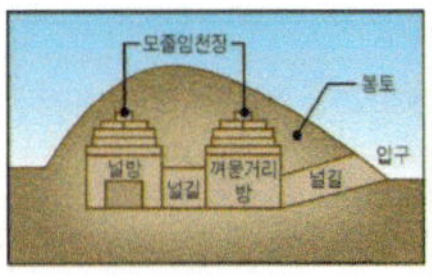	• 초기 돌무지무덤 (석촌동고분)  • 후기 굴식돌방무덤 굴식벽돌무덤 (무령왕릉) 	• 초기 돌무지덧널무덤 (천마총)  • 후기 굴식 돌방무덤	• 김유신 묘 작은 굴식돌방무덤 ↳ 둘레돌 - 12지신상  • 문무왕 - 수중릉 (불교의 영향)	• 정혜공주묘 - 모줄임 천장구조 (고구려양식)  • 정효공주묘 - 지하식 벽돌무덤 (당나라양식) 
교류	<일본> • 담징 스님 (종이, 먹, 호류사 금당벽화) • 혜자스님 (쇼토쿠 태자의 스승) • 수산리 고분 벽화 ↓ • 다카마스 고분 벽화 (주름치마가 흡사)	<일본> • 아직기 - 한자 전파 • 왕인 박사 - 천자문 보급 • 노리사치계 - 불경, 불상 전파 • 금동 미륵보살반가사유상 ↓ • 고류사 미륵보살 반가사유상			

	고구려	백제	신라	통일신라 <승탑>	발해
	〈서역〉 • 각저총 : 씨름도 (서역인)  • 우즈베키스탄 아프라시압 궁전 벽화(고구려의 사신이 그려져 있음)		〈서역〉 • 유리그릇, 금제장식보검	〈서역〉 • 원성왕릉 - 무인상 (울산항을 통해 서역과 교류) 	
음악	• 왕산악 - 거문고		• 우륵 - 가야금		

보충 자료

	고구려	백제	신라	통일신라 <승탑>	발해
탑		• 익산미륵사지석탑  • 정림사지 5층석탑 	• 분황사 모전 석탑 	• 진전사지 3층석탑  • 다보탑  • 석가탑  • 철감선사 승탑 	• 영광탑 

보충 자료

	고구려	백제	신라	통일신라 <승탑>	발해
불상	• 금동연가7년명여래입상 	• 서산용현리마애여래삼존상 			• 이불병좌상 
도교	• 사신도 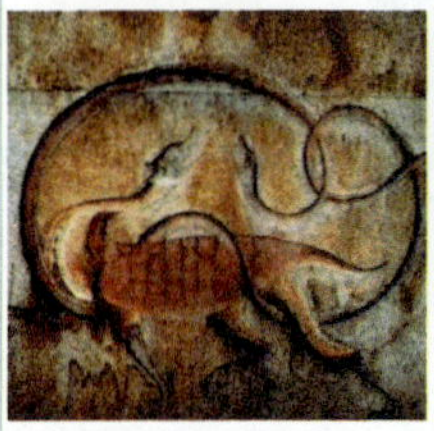	• 산수무늬벽돌  • 금동대향로 			
대외 교류	• 호류사금당벽화  • 수산리고분벽화  • 다카마스고분벽화 	• 금동미륵보살반가사유상 	• 목조미륵보살반가사유상  (출토지가 명확하지 않아 신라 유래설이 다수, 일부는 백제 유래설)		

중세시대 Ⅰ(태조 ~ 광종)

01 고려의 성장

1. 태조(왕건)

① 고려 건국(918), 수도 : 개경(송악)

② 연호 : '천수'

③ 북진정책 - 서경(평양)중시 : 북진 정책의 전략 기지

- 청천강 ~ 영흥만까지 영토 확장

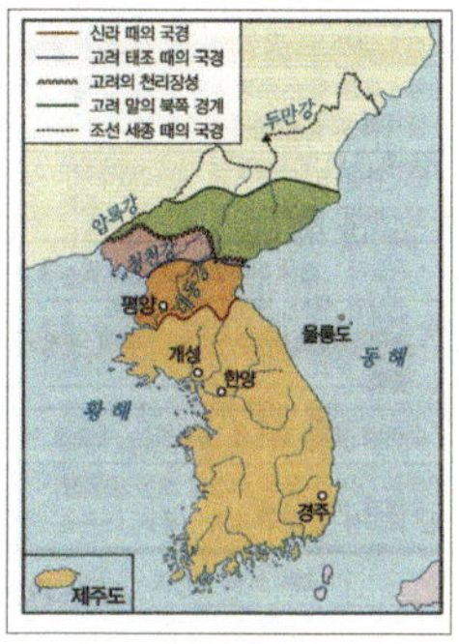

㉠ 대동강 ~ 원산만 : 통일신라

㉡ 청천강 ~ 영흥만 : 태조의 북진정책

㉢ 압록강 ~ 도련포 : 거란 3차침입 이후 천리장성 축조

㉣ 쌍성총관부 탈환 : 공민왕 때 영토

㉤ 4군 6진 개척 : 조선 세종 때 영토

④ 민생안정 정책 - 조세 감면

- 빈민구제기관 : 흑창 ⟶ 성종 때 의창으로 개칭

⑤ 호족포섭 정책 - 회유책 : 결혼 정책, 사성 정책, 관직·토지 하사

- 견제책 : 기인 제도, 사심관 제도

⑥ 민족통합 정책 - 멸망한 발해 유민을 포용 (발해 왕자 대광현과 5만명 이주)

⑦ 왕건이 남긴 책 - 훈요 10조(연등회, 팔관회 장려, 거란 배척, 서경 중시…)

- 정계, 계백료서(신하의 도리 강조)

2. 정종

① 광군 설치(거란 침입 대비)

3. 광종

① 왕권 강화 정책 - 노비안검법 : 불법으로 노비가 된 양인을 다시 원래의 신분으로 복귀해 주는 제도

- 과거제 실시

- 관복제정(과거 실시 2년 뒤 제정)

② 황제 칭호 사용

③ 연호 사용 - 광덕, 준풍

④ 불만을 품은 공신과 호족 숙청

⑤ 빈민구제기관 : 제위보 (빈민구제 의료기관)

* 식년시 (3년), 격년시 (2년)

- 문과 - 제술과(업) : 문예, 논술 능력 평가
  - 명경과(업) : 경전이해 능력 평가
- 승과 - 승려 (교종시, 선종시)
- 잡과 - 율과, 의과, 역과, 음양과

⑥ 토지제도

- 역분전(초기의 녹봉 제도) : 공신이나 군인들 위주로 지급
- 전시과 : 전지 + 시지에서 조세 수취 가능(세습 안됨)

시정 전시과	경종	전·현직 관리 대상, 인품 적용, 4색 공복 기준으로 지급, 무신위주 지급
개정 전시과	목종	전·현직 관리대상, 인품 배제, 18과로 구분하여 지급, 문신우대 지급
경정 전시과	문종	현직 관리 대상, 18과로 구분하여 지급, 무신차별 시정

- 과전법 : 고려 공양왕 때 실시

⑦ 토지의 종류

공신전	공신에게 지급하는 토지 (세습 가능)
공음전	5품 이상의 관리에게 주는 토지 (세습 가능)
외역전	지방 향리에게 직역 댓가로 지급하는 토지 (세습 가능)
군인전	군역의 댓가로 지급하는 토지 (세습 가능)
내장전	왕실 재정을 위한 왕실 소유 토지
공해전	관청 경비 충당을 위해 지급하는 토지
구분전	하급 관리와 군인 사망 시 유가족에게 주는 토지
한인전	6품 이하 하급 관리의 자제로 관직에 오르지 못한 사람에게 지급하는 토지
사원전	사찰에 지급하는 토지
과전	관리의 직역 댓가로 지급하는 토지

⑧ 군사제도

중앙군	2군	국왕 친위부대(응양군, 용호군)
	6위	수도 경비 및 국경 방어 담당
지방군	주진군	양계에 배치, 국경 수비 담당
	주현군	5도에 배치, 지방 수비 담당

중세 시대 II(성종~ 예종)

01 성종

① 최승로의 '시무 28조' - 유교를 통치 이념으로 삼음
불교 행사 억제(연등회, 팔관회 폐지)

② 행정 구역 - 전국에 12목 설치(지방관 파견) → 현종 때 5도 양계, 경기로 개편

③ 유교 교육 기관 - 국자감 설치

④ 빈민 구제 기관 - 의창(춘대추납), 상평창(물가조절기관)

⑤ 중앙 정치 조직 - 2성 6부제 마련

⑥ 향리 제도 마련 - 지방 세력 견제

<중앙정치 조직(2성 6부제)>

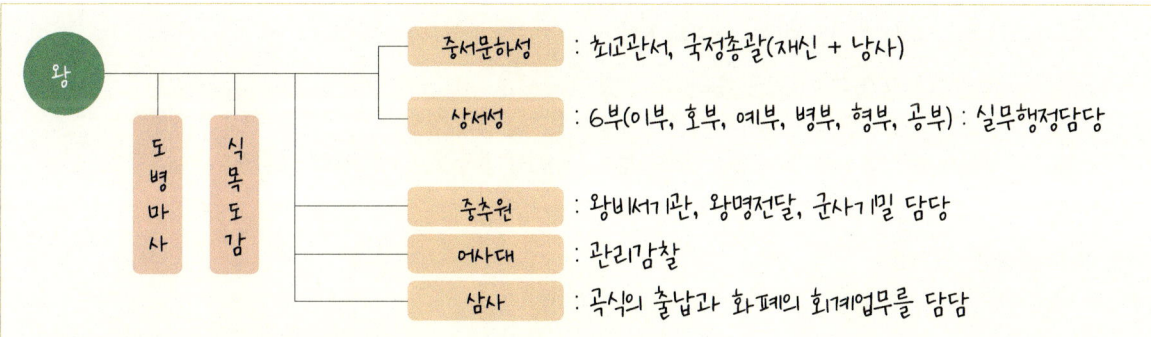

- 왕
  - 도병마사
  - 식목도감
  - 중서문하성 : 최고관서, 국정총괄(재신 + 낭사)
  - 상서성 : 6부(이부, 호부, 예부, 병부, 형부, 공부) : 실무행정담당
  - 중추원 : 왕비서기관, 왕명전달, 군사기밀 담당
  - 어사대 : 관리감찰
  - 삼사 : 곡식의 출납과 화폐의 회계업무를 담당

*독자적인 정치기구 : 중서문하성(재신) + 중추원(추밀)로 구성
- 도병마사 - 국방문제 담당하는 임시 기구 ⟶ 후기에 도평의사사로 개편(최고정무기구)
- 식목도감 - 각종 제도나 법, 시행규칙을 마련하는 임시기구

*왕권견제 - 중서문하성 낭사 + 어사대 관원 = 대간이라 부름
- 서경 - 관리 임명시 왕의 자문기구(모든 관직에 서경권 행사 가능)
- 간쟁 - 왕의 잘못을 논함
- 봉박 - 잘못된 왕명을 시행치 않고 되돌려 보냄

02 현종

① 행정 구역 : 5도 양계, 경기로 행정구역 개편
- 5도 - 안찰사 파견
  - → 주. 군. 현 - 주현 : 지방관 파견
  - - 속현 : 지방관 파견 X, 향리가 실무 담당
- 양계 - 동계, 북계 : 병마사 파견
- 경기 - 수도 개경 및 그 주변 주, 군, 현
- 특수 행정구역 : 향, 부곡, 소(거주 이전 제한 O, 세금 부과 많음, 과거 응시 X)

03 거란, 여진의 침입

1. 거란의 침입(성종 ~ 현종)

① 1차 - 성종 때 침입(993)

이유 : 북진정책, 친송정책

과정 : 거란 소손녕 80만 대군 → 고려 침입

→ 서희의 외교담판 (압록강 동쪽 땅 획득 - 강동 6주 건설)

② 2차 - 현종 때 침입(1010)

이유 : 강조의 정변

과정 : 거란 성종 40만 대군 → 고려 침입

→ 양규가 6차례 전투 끝에 승리

③ 3차 - 현종 때 침입(1018)

이유 : 강동 6주 반환 요구

과정 : 거란 소배압 10만 대군 → 고려 침입

강감찬의 귀주 대첩으로 승리

→ 거란 3차 침입 이후 : 개경에 나성 건축, 천리장성 을 축조함(압록강~도련포)

2. 여진의 침입(숙종 ~ 예종)

① 여진 원산만 일대 장악 - 윤관이 1차 지고 돌아옴

② 윤관 별무반 구성(숙종 때)

↳ 신기군 : 기병

신보군 : 보병

항마군 : 승병

③ 예종 때 여진 정벌 - 동북 9성 축조

④ 여진의 요청으로 돌려줌 → 고려에 악영향

⑤ 세력을 넓힌 여진이 금 건국(1115) → 고려에 사대관계 요구, 이자겸 등이 수용

중세 시대 III(인종 ~ 고종)

01 인종

1. 이자겸의 난(1126)

① 배경 : 음서, 공음전, 왕실과 혼인으로 외척세력 강화(문벌귀족 권력상승)

② 과정 : 인종의 이자겸 제거 시도 ⟶ 이자겸의 난 발생(척준경 도와줌) ⟶ 이자겸 인종 제거 시도
⟶ 이자겸과 척준경과의 불화 이용 이자겸 세력 축출 ⟶ 영광 법성포로 유배

③ 결과 : 문벌귀족사회의 붕괴 촉진 계기, 남경길지설 ⟶ 서경길지설 대두

2. 묘청의 서경 천도 운동(묘청의 난)(1135)

└→ 신채호의 「조선사 연구초」에서 일천년래 제일대사건이라 표현

① 배경 : 개경파 문벌 귀족 세력 약화

② 과정 : 풍수지리설에 근거하여 서경 천도 주장 ⟶ 칭제 건원, 금 정벌 가능 주장
⟶ 대화궁 축조 ⟶ 화재이후 천도 무산 ⟶ 묘청(서경파)의 난 발생
⟶ 김부식(개경파)이 난 진압(서경천도 반대, 금과 사대관계 유지)

- 서경 : 대위국 세움
- 연호 : 천개
- 군대 : 천견충의군

02 의종

1. 무신정변(1170)

배경 - 문신위주 정책, 무신 차별
- 군인전 미지급
- 의종의 지나친 사치와 향락

<무신정권의 교체 과정>

	정중부	경대승	이의민	최충헌	최우~
무신최고기구	중방	⟶		교정도감	
인사담당기구					정방
문인숙위기구					서방
군사기구		도방		도방 확대	삼별초
반무신란	• 김보당의 난 • 교종승려의 난 • 조위총의 난	⟶		선종 후원	
민란	• 망이·망소이의 난 (명학소 ⟶ 현으로 승격요구)	• 전주 관노비의 난	• 김사미·효심의 난	• 만적의 난 (신분해방주장)	

03 고종

1. 몽골의 침입

① 1차 침략(1231) - 몽골 사신 저고여의 피살 사건을 빌미로 침략
- 박서 장군 - 귀주성에서 항쟁
- 수도인 개경 함락
- 몽골과 강화협정 체결, 다루가치 설치 후 철수
- 최우 강화도로 천도 단행(1232) (장기 항전 준비)

② 2차 침략(1232) - 처인성 전투 : 승병 김윤후 + 처인 부곡민 ⟶ 몽골 장군 살리타 사살
- 몽골군 철수
- 초조대장경 소실(1232)

③ 3차 침략(1235~39) - 황룡사 9층목탑 소실(1238)
- 재조대장경(팔만대장경)을 조판 : 세계 기록문화 유산
  ↳ 강화도 선원사에 대장도감 설치(1236~1251) : 16년간 조판

↓

6차례 전투 끝에 강화 체결(대몽 항쟁 겪으면서 민족적 자주의식 강화) ⟶ 개경 환도 단행
↳ 삼국유사, 제왕운기 편찬(충렬왕 때)

↓

개경 환도(고려 원종) : 1270년

2. 삼별초의 항쟁

강화도 ⟶ 진도(배중손, 용장산성) ⟶ 제주도(김통정, 항파두리성)

Thema 17

중세 시대 Ⅳ(원 지배 시기 ~ 공민왕)

01 원의 내정 간섭

① 내정 간섭 기구

정동행성	일본원정기구 → 원정 실패 후 내정 간섭 기구로 전락

② 영토 상실

동녕부	서경	충렬왕 때 요청으로 반환됨
탐라총관부	제주	충렬왕 때 요청으로 반환됨
쌍성총관부	화주	공민왕 때 무력을 동원하여 탈환

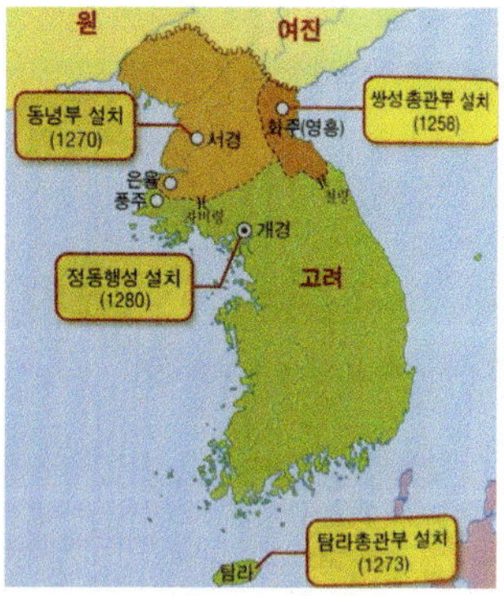

〈영토 상실〉

③ 관제 격하

- 원의 공주와 고려왕 결혼 : 부마국으로 전락
- 관청과 왕실 용어 격하

중추원	밀직사
중서문하성	첨의부
상서성	첨의부
6부	4사
도병마사	도평의사사

- 폐하 → 전하
- 태자 → 세자
- '충' 시호 사용

④ 경제 수탈

- 무리한 조공 요구
- 공녀, 특산물 바침, 응방(매 징발)
- 조혼 풍속 등장

⑤ 몽골풍, 고려양 등장

⑥ 권문세족 성장(=친원적 성격)

특징 - 주요관직 독점

- 음서로 신분 세습
- 백성들 토지 수탈 : 대농장 소유
- 백성들 노비로 전락 : 대농장 경영

1. 충렬왕

① 성리학 전래(안향)

② 삼국유사(일연), 제왕운기(이승휴) : 민족 자주의식 회복

③ 동녕부, 탐라총관부 회복

2. 충선왕

① 사림원 설치 - 개혁 기구

② 소금전매제 실시 - 국가재정 확충

③ 만권당 설치 - 북경에 설치한 학문 교류 기관

④ 재상지종 발표 - 왕실과 혼인 가능한 특정가문

3. 충숙왕

① 찰리변위도감 - 불법으로 점유한 토지와 노비를 그 본 주인에게 환원시키기 위해 설치함

4. 충목왕

① 정치도감 - 권문세족의 농장을 혁파하여 토지와 노비를 본 주인에게 되돌려 주기 위해 설치함

5. 공민왕

① 개혁정치

반원자주정책	친원 세력 제거	기철로 대표되던 친원 세력 숙청
	정방 폐지	
	관제와 복식 회복	
	정동행성 폐지	고려 내정간섭기구
	쌍성총관부 탈환	
	몽골풍 금지	
왕권강화정책	전민변정도감(신돈 등용)	권문세족들이 부당하게 빼앗은 토지와 노비를 본래의 소유주에게 돌려주거나 양민으로 해방시켜 주기 위해 설치함

② 홍건적과 왜구의 침입 - 신흥 무인세력 등장

③ 신진사대부 등장(개혁 주도세력)

- 지방의 향리나 하급관리의 자제들
- 유교 지식과 실무 능력을 바탕으로 성장
- 과거를 통해 정계진출
- 권문세족 비리를 비판, 견제
- 명과 화친 주장
- 불교 부패 비판

Thema 18

중세 시대의 경제

01 중농 정책

① 개간 장려 - 개간한 땅에 일정 기간 면세

② 잡역 동원 - 농번기 때 잡역 동원 금지

③ 농기구 보급

④ 시비법 발달

02 농민 보호 정책

① 흑창(태조), 제위보(광종), 의창 · 상평창(성종) 설치

② 면재법(재면법) - 전답의 피해가 클 경우 조 또는 조 · 포 · 역 모두 면제

03 수취 제도

① 조세 - 수확량의 1/10 수취

② 공납 - 상공(매년 진상), 별공(수시로 진상)

- 중앙 관청

↓

- 주 · 군 · 현(주현)에 부과

↓

- 속현, 향 · 부곡 · 소에 할당
  - → 향리들이 거두러 다님

③ 역 : 16세 이상 60세 이하의 정남, 군역, 요역에 동원

→ 수취 담당 관청 : 호부, 삼사

04 토지 제도

① 녹읍, 식읍 지급 - 개국 공신이나 호족에게 지급

② 역분전 지급 - 공신이나 군사에게 지급하는 토지 (경기에 한정)

③ 전시과

시정전시과	경종	인품 O, 전 · 현직 관리 O, 4색공복 기준, 무신위주 지급
개정전시과	목종	인품 X, 전 · 현직 관리 O, 18과 기준으로 지급, 문신 우대
경정전시과	문종	현직 관리 O, 무신차별 시정, 문신과 무신 지급량 비슷

05 귀족의 경제적 기반

① 과전 - 수조권으로 생산량 1/10 거둠
② 녹봉(보너스) - 녹패라는 문서 제시 (1년에 두 번 곡식, 비단 받음)
③ 신공 - 외거노비가 신공으로 베, 곡식 바침
④ 공음전, 공신전은 수확량 1/2 거둠 (외거노비에게 경작 시킴)

06 농민의 경제 생활

① 경제적 기반 - 민전(조상이 물려준 땅), 소작, 가내수공업
② 황무지 개척 노력 - 일정 기간 조세 감면
③ 간척사업 - 강화도 지역
④ 수리시설, 농업기술 발달 - 생산량 증가
→ 시비법, 심경법, 윤작법, 이앙법, 농상집요 소개(원의 농서), 목화 재배

07 수공업

전기 수공업	후기 수공업
• 관청 수공업 - 공장안에 올려 물품생산 • 소 수공업 - 특수행정구역에서 공물 납부	• 민간 수공업 - 가내수공업형태 • 사원 수공업 - 승려, 노비가 생산, 민간에 판매

08 상업

고려 전기	고려 후기
• 시전 설치, 국영점포 개설 • 경시서 설치 - 시전 관리 감독 관청(문종) • 관영상점 설치 - 관청수공업장에서 생산된 물품 판매 하는 곳	• 벽란도 - 상업의 중심지로 발전 • 의염창 설치(충선왕) - 소금을 관이 직접 판매

09 상업

성종	숙종	공양왕
건원중보 - 최초 철전	삼한통보·중보 동국통보·중보 해동통보·중보 활구(은병)	저화 - 최초 지폐

Thema 19

중세 시대의 사회

01 중세 시대의 신분제도

귀족 → 중류층 → 양민 → 천민

1. 지배층의 변화

① 문벌귀족 - 과전, 공음전, 음서, 왕실과의 혼인으로 권력 장악 → 무신정변으로 몰락
② 무신시대
③ 권문세족 - 음서로 신분세습, 도평의사사, 첨의부, 밀직사 고위관직 독점
④ 신진사대부 - 과거를 통해 정계 진출, 공민왕 때 개혁 주도 세력

2. 중류층 – 직역은 세습, 외역전 토지 하사

남반	궁중의 잡역 담당(내시, 상궁, 궁녀...)
군반	직업군인 (2군 6위의 하급 장교)
서리	중앙 관청의 실무 담당(잡류층)
역리	역관리
향리	지방 관청의 실무 담당

3. 양민

① 주, 군, 현에 거주
② 조세, 공납, 역 부담
③ 과거 응시 가능, 군인 선발 가능
④ 민전 경작, 소작
⑤ 특수 행정구역 - 향, 부곡, 소에 거주 : 일반 양민보다 규제 심함

4. 천민

공노비	입역노비	관아에 속해 있는 노비로 노동력 제공
	외거노비	외방에 거주, 주로 관청의 토지 경작, 일정액 관청에 납부
사노비	솔거노비	개인 또는 사원에 속한 노비, 주인과 같이 거주
	외거노비	주인과 따로 살면서 주인땅 경작, 주인에게 일정액 납부

→ 위기가 닥쳤을 때 구원받고자 향나무를 땅에 묻는 활동

* 향도(농민공동조직) : 매향활동을 하는 무리(불교식 신앙조직)

↓

후기 : 공동체 생활을 주도하는 농민조직으로 발전(마을 노역, 혼례와 상례..)

5. 의료기구

동서대비원	개경에 세운 의료기관
혜민국	의약 담당기구
구제도감	질병에 걸린 환자 치료, 시신 수습
구급도감	굶주리는 백성들 구제 기구

6. 여성의 지위

① 호적에 태어난 순으로 기재
② 부모의 유산은 자녀 골고루 분배
③ 여성이 호주 가능
④ 사위가 처가 생활 가능
⑤ 음서의 혜택 - 사위, 외손자까지 가능
⑥ 여성의 재가 가능 - 재가한 여성의 자식은 사회 진출 차별받지 않음

Thema 20

중세의 문화 Ⅰ

	고려 초기(호족)	고려 중기(문벌 귀족)	무신시대	권문세족 > 신진사대부
유학 (훈고학)	• 최승로 - 시무 28조 : 불교비판, 유교장려 • 성종 - 중앙 : 국자감 지방 : 향교(경학박사, 의학박사 파견)	• 김부식 • 최충(해동공자) - 문헌공도(9재학당) 설립 ↓ 사학 12도 융성 * 관학진흥책 • 서적포설치(출판) - 숙종 • 양현고(장학재단) - 예종 • 전문 7재를 둠 - 예종	유학 위축	• 안향 - 성리학 도입 (충렬왕) • 공민왕 국자감 ⟶ 성균관으로 개편, 유학교육 강화, 과거제 정비
역사	• 7대실록 • 구삼국사 • 왕조실록 (현존하지 않음)	• 삼국사기(김부식) - 유교적 합리주의 사관 - 신라중심으로 서술 - 현존 最古 역사서 - 기전체로 서술 (본기, 열전, 지...)	• 해동고승전(각훈) (1215, 고종2) - 삼국시대 승려 30명 전기 수록 • 동명왕편(이규보) (1193, 명종23) - 동명왕의 업적 칭송 - 고구려 계승 의식	• 삼국유사(일연) (1281년, 충렬왕) - 불교적 사관 - 설화나 야사 위주로 서술 - 기사본말체로 서술 • 제왕운기(이승휴) (1287년, 충렬왕) - 중국과 대등하게 우리 역사를 다룸 - 상 : 중국 역사 서술 - 하 : 우리나라 역사 서술
불교	• 선종 유행 • 균여(화엄종, 교종) • 중앙 - 팔관회, 연등회 장려 - 왕사, 국사 제도 - 팔관회, 연등회 폐지 • 지방 - 향도	• 교종 유행 • 의천(대각국사) - 교종통합운동 : 화엄종 중심(흥왕사에서) - 교선통합운동 : 천태종 창시 - 이론 : 교관겸수 - 편찬 : 신편제종교장총록(목록서) - 간행 : 교장(속장경) ⟶ 몽골침입 때 소실	• 선종 유행 • 지눌(보조국사) - 선교통합운동 : 조계종 창시 ↳ 선사결사운동 - 이론 : 정혜쌍수, 돈오점수 - 편찬 : 권수정혜결사문 • 요세 : 참회와 염불 강조 - 백련사결사 운동 • 혜심 (지눌의 제자) - 유·불 일치설강조	• 보우 - 임제종 도입 (선종 종파) • 신돈 - 개혁 승려

	고려 초기(호족)	고려 중기(문벌 귀족)	무신시대	권문세족 > 신진사대부
도교	• 초제 성행 • 도교 사원 복원궁(예종) → 최초 도교사원 • 팔관회 (도교 + 불교 + 민간신앙)			
풍수 지리설	• (도선) : 풍수지리설 도입 - 왕건의 북진 정책 - 3경 중시 - 서경(평양) 개경(개성) 동경(경주)	• 남경길지설 대두 • 서경천도운동으로 이어짐		

Thema 21

중세의 문화 II

과학			
천문학	의학	인쇄	무기
• 천문관측기구 - 첨성대(고려) : 천문관측기구 - 천문·역법 담당 관청 : 사천대 → 후에 서운관으로 개칭 • 역법 - 당 : 선명력 - 원 : 수시력 - 명 : 대통력	• 향약구급방(1236, 고종23) → 현존 최고(最古) 의서 ↓ 조선 세종 : 향약집성방 → (1433, 세종 15)	• 목판 - 초조대장경 : 거란 2차 침입때 조판 → 몽골2차 침입 때 소실 - 속장경(교장) : 초조대장경 보완 → 몽골 침입 때 소실 - 팔만대장경 : 몽골 침입 때 조판 (강화도 선원사에 대장도감 설치1236) → 현재 합천해인사에 보관 • 금속 활자 - 상정고금예문(1234) : 현존하지 않지만 가장 오래된 금속활자 인쇄본 - 직지심체요절(1377) : 현존하는 가장 오래된 금속활자 인쇄본 (청주 흥덕사에서 간행)	• 최무선 - 화약 제작 - 화통도감 설치(우왕, 1377) - 진포 대첩 - 왜구격퇴(1380)

예술

건축	탑(다층다각탑)	불상	기타예술품
만월대 터 (고려궁터) <주심포 양식> : 고려 전기 • 봉정사 - 극락전 • 부석사 - 무량수전 • 수덕사 - 대웅전 <다포 양식> • 성불사 응진전 ↓ 조선의 경복궁 근정전	<삼국의 영향> • 불일사 5층석탑 • 현화사 7층석탑 • 무량사 5층석탑 <송 영향> • 월정사 8각 9층석탑(송 영향) <원 영향> • 경천사지 10층석탑(원 영향) <승탑> • 고달사지 승탑, 지광국사 현묘탑	<철불 유행> • 하남 하사창동 철불 (= 광주 춘궁리 철불) <거대 석불> • 관촉사 석조미륵보살 입상 • 파주 용미리 마애이불입상 <신라계승의미> • 부석사 소조여래좌상 <불화> • 수월관음도	<자기> • 순청자(송 영향) : 11C ↓ • 상감청자 : 12C ~ 13C 중엽 (청자 상감 운학문 매병) <공예> • 청동 은입사 정병 • 나전칠기(통영)

문학

전기	향가	향찰·이두로 표기된 정형시가 - 독자적 경향의 작품
	한문학	문치주의 성행으로 등장한 한자로 표기된 문학
중기	당·송의 한문학 숭상	
후기	경기체가	향가형식을 계승은 했으나, 새로운 형태의 시가 창작
	속요	작자미상작품
	한문학	(패관문학) : 민간 이야기를 한문으로 표현
		한시 : 한문학 형식이 아닌 새로운 형식의 문학

보충 자료

건축	탑	불상	자기
• 봉정사 극락전 	• 불일사 5층 석탑 	• 관촉사 석조 미륵보살입상 	• 순청자 
• 부석사 무량수전 	• 현화사 7층 석탑 	• 파주 용미리 마애이불입상 	• 청자 상감 운학문 매병 
• 수덕사 대웅전 	• 월정사 8각 9층 석탑 		
• 성불사 응진전 	• 경천사지 10층 석탑 		
	• 지광국사 현묘탑 		
	• 고달사지 승탑 		

Thema 22

근세 시대 I (태조 ~ 태종)

01 조선 건국 과정

① 명 건국 (1368)

↓

② 명의 철령이북 땅 요구(고려 공민왕 때 탈환)

↓

③ 요동정벌 단행(이성계 4대 불가론)

↓

④ 위화도 회군(1388) - 최영 제거, 우왕 유배

↓

⑤ 신진사대부 분열 - 급진파 : 정도전 (역성혁명 주장)
- 온건파 : 정몽주, 이색 (고려 왕조 유지 주장)

↓

⑥ 과전법 실시(1391)

↓

⑦ 온건파 제거

↓

⑧ 조선 건국(1392), 한양 천도(1394)

02 태조

① 조선 건국(1392)

② 한양 천도(1394)

③ 재상 중심의 정치(정도전) - 불씨잡변 : 불교 부정
- 조선경국전 : 왕에게 기본 정책을 규정해 올린 법전

④ 숭유억불 정책 (도첩제 실시)
→ 승려 허가제

03 정종

① 개경으로 천도

04 태종

① 왕자의 난으로 권력 장악

② 한양 천도 - 창덕궁 축조

③ 6조 직계제 실시 - 왕권 강화

④ 사병 혁파 - 왕권 강화, 군사권 장악

⑤ 호패법 실시 - 인구 파악, 재정 확충

⑥ 사원 정리, 사원전 몰수, 노비변정도감 설치

→ 사원에 속한 억울한 노비 해방

⑦ 신문고 설치

⑧ 사간원 독립

⑨ 유향소 폐지

⑩ 5부학당 설치 - 세종 때부터 4부 학당만이 존재(북부 학당 제외)

⑪ 전국 8도로 나눔

05 중앙 정치 조직

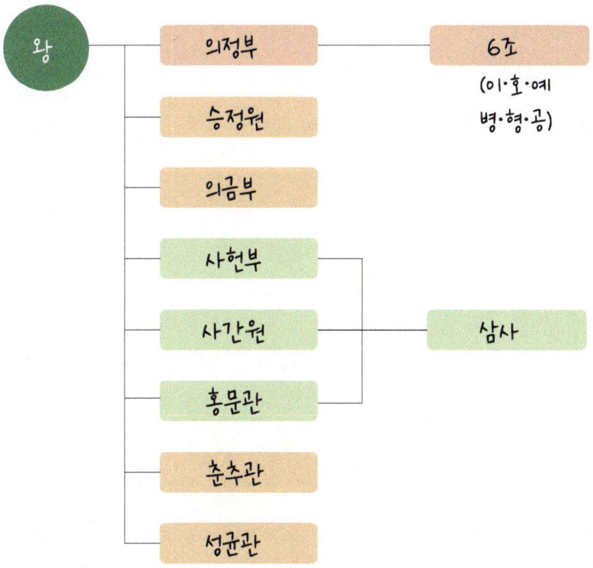

의정부	국정 총괄, 국가 최고 회의 기구
승정원	왕 비서기관, 왕명 전달
의금부	왕 직속 사법기관, 큰 죄인 재판
사헌부	관리 감찰
사간원	간쟁 기구
홍문관	왕의 자문 기구
춘추관	역사서 보관, 편찬
성균관	유학 교육 기관

06 지방 행정 조직

8도 - 관찰사(임기 : 1년, 상피제 적용)

↓

부, 목, 군, 현(부사, 목사, 군수, 현령) : 행정, 사법, 군사권 행사

= 지방관(임기 5년), 상피제 적용(출신지 임명 X)

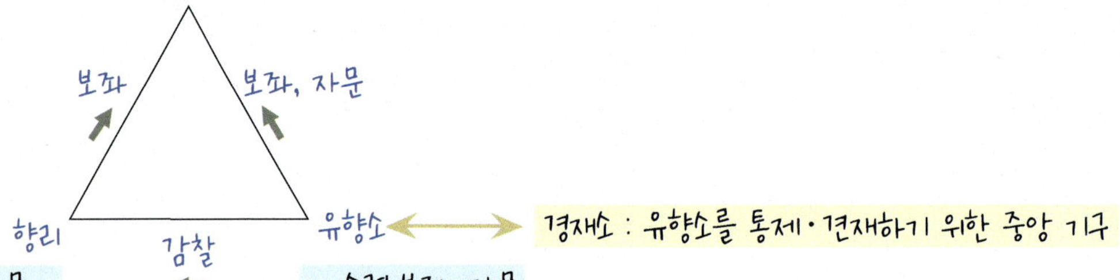

향리
- 수령 보좌, 자문
- 고려보다 권한 축소
- 문과응시 X

유향소
- 수령 보좌, 자문
- 향리 감찰
- 백성들 교화

07 교육 제도

초등: 서당 → 중등: 중앙 : 4부 학당 / 지방 : 향교 → 소과 → 고등: 성균관 → 대과

(소과 ─ 대과)

08 관리 등용 제도

① 정기 시험(3년) : 식년시

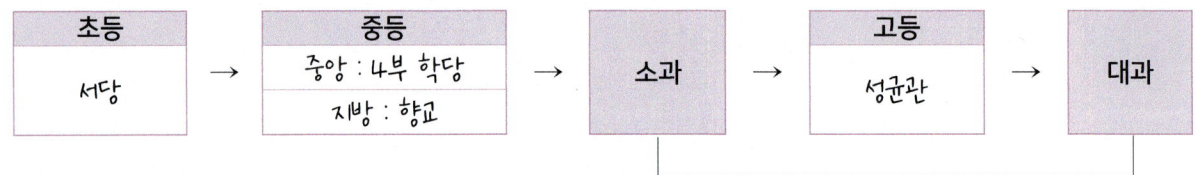

② 부정기 시험 : 증광시(큰 행사), 알성시(왕이 성균관 문묘 방문)

* 과거
  - 문과 - 소과 : 생원과, 진사과(초시, 복시 2단계 시험, 합격증은 백패)
    - 대과 - 초시 : 인구비례 240명
      - 복시 : 33명
      - 전시 : 갑과(3), 을과(7), 병과(23) (합격증은 홍패)
  - 무과 - 소과 X, 초시, 복시, 전시 O (합격자는 선달, 장원은 뽑지 않음)
    - → 정기 시험(식년시(3년), 부정기 시험(별시)
  - 잡과 - 기술직(3년마다 시행, 초시, 복시 2단계 시험)
* 음서, 천거

Thema 23

근세 시대 Ⅱ(세종 ~ 세조)

01 세종

① 의정부 서사제 실시 - 왕권과 신권의 조화

② 집현전 설치, 경연 실시

③ 전세 제도 개편

공법	전분 6등법	토지의 등급을 비옥도에 따라 1~6등전으로 나눔
	연분 9등법	풍흉에 따라 1결당 4~20두로 부과 기준을 달리함

④ 명 - 사대관계(태종 이후부터 사대관계 맺음)

⑤ 여진, 일본 - 교린정책

	강경책	회유책
여진	4군 6진 개척(최윤덕), (김종서)	무역소 설치(제한된 무역 허용)
일본	쓰시마섬 토벌(이종무)	- 3포개항(부산포, 염포, 제포) - 계해약조(1443) : 삼포에 도항하는 무역선 통제에 관한 조약

⑥ 갑인자 제작(1434), 훈민정음 창제(1443)

⑦ 편찬 사업

저서	시기	특징
농사직설	1429	정초·변효문 등이 왕명에 의하여 편찬한 농서
향약집성방	1433	향약에 관한 의약서
삼강행실도	1434	삼강의 모범이 될 만한 조선과 중국의 충신·효자·열녀의 행실을 모아 만든 책
의방유취	1445	왕명으로 편찬된 동양 최대의 의학사전
총통등록	1448	화포 및 화약사용법에 관한 책

02 세조

① 계유정난 - 김종서, 황보인 제거 ⟶ 단종(12세)을 몰아내고 왕위에 오름(사육신, 생육신)

② 집현전 폐지, 경연 폐지

③ 6조 직계제 실시

④ 직전법 실시 - 현직 관리에게만 수조권 지급

⑤ 군사제도 정비 - 16세 이상 60세 미만 모든 남자 대상 (관리, 학생, 천민은 제외)

진관체제 실시, 5위 마련

⑥ 유향소 폐지 - 이시애의 난을 유향소가 지원해서
⑦ 경국대전 편찬 시작 ⟶ 성종때 완성
⑧ 간경도감 설치 - 월인석보, 불경 간행
⑨ 원각사지 10층 석탑 건립

03 군역 - 양인개병제, 병농일치제를 바탕으로 함

① 정군(정병) - 직접 군사활동을 하는 군인
② 보인(봉족) - 정군이 군사활동을 하는 기간에 비용을 댐

04 군사제도

	임진왜란 이전	임진왜란 ~
중앙군	5위 (정군, 갑사, 특수병) → 왕족, 고관의 자제 / → 직업군인	5군영(훈련도감, 어영청, 총융청, 수어청, 금위영) → 삼수병으로 구성(포수, 살수, 사수)
지방군	병영, 수영, 잡색군 → 평상시 생업에 종사 유사시 군사로 동원	속오군 체제(평상시 생업에 종사 유사시 군사로 동원, 양반 ~ 노비까지 편성)

05 방어체제

세조 때	진관체제	그 지역의 지방관이 지휘자가 되어 그 지역을 방어
을묘왜변 이후 (명종)	제승방략체제	요충지에 주변 지역의 군사들 집결 ⟶ 중앙에서 지휘관이 내려와 통솔, 본진이 무너지면 다른 지역 순식간에 점령당함 예 임진왜란 때 충주 탄금대 전투
임진왜란 때	진관체제	임진왜란 때 진관체제로 다시 개편됨

06 통신 · 교통제도

① 봉수제 : 전국에 봉수대 설치, 낮은 연기, 밤은 횃불을 피워 군사적 위급함을 알리는 제도
② 역원제 : 관청의 공문 전달과 공납물 수송을 담당, 마패 발급
③ 파발제 : 역원제와 봉수제의 단점을 위해 도입한 공문 전달 제도로 보발, 기발이 있음
④ 조운제 : 지방의 세금을 강, 바다를 통해 서울의 경창으로 운송(함경도, 평안도, 탐라는 잉유 지역)

Thema 24

근세 시대 Ⅲ(성종 ~ 명종)

01 성종

① 홍문관 설치, 경연 실시

② 사림 등용

③ 경국대전 완성

④ 관수관급제 - 국가가 직접 토지를 관리하고(국가가 수조권 대행), 관리에게 녹봉을 지급한 제도

⑤ 도첩제 폐지(승려허가제) - 승려 출가 억제

⑥ 편찬사업

저서	저자	시기	특징
국조오례의	신숙주, 정철 등	1474	국가의 5가지 예법
동국여지승람	노사신 등	1481	단군 건국신화 기록
동국통감	서거정	1485	B.C 2333년 표현 처음 등장
악학궤범	성현 등	1493	악보를 정리하여 편찬한 음악이론서

02 연산군 ~ 명종

1. 사화발생 (훈구파 VS 사림파)

① 무오사화(연산군) - 사초에 무~오 적어놨니? 조의제문 칭찬하는 글
- 김종직, 조의제문 집필
- 김종직의 제자 김일손, 사초에 조의제문을 긍정적으로 적음
- 훈구파, 이를 빌미로 사림파 제거 모의
- 분노한 연산군, 김종직을 부관참시하고 사림파 숙청

② 갑자사화(연산군) - 우리 엄마의 원수를 갑자(1504.3 ~ 1504.10)
- 연산군, 친모인 폐비 윤씨의 죽음과 관련하여 훈구, 사림파가 숙청된 사건

③ 기묘사화 - 나뭇잎에 글씨가 ~~ 기묘한 이야기

→ 조광조의 개혁정치
- 위훈삭제(공신의 위훈을 삭제)
- 현량과 실시(인재추천)
- 소격서 폐지(도교식 초제)
- 소학교육실시
- 향약 보급 실시

④ 을사사화 - 윤씨끼리(외척세력) 으샤 ~ 을사

- 외척 세력인 윤임파(→ 인종 외삼촌)와 윤원형파(→ 명종 외삼촌)의 대립.

03 중종 ~ 명종

① 서원 설립 - 최초의 서원 : 주세붕의 백운동 서원(중종)

↓

이황의 건의로 명종이 친필 현판 하사 : 소수서원

* 사액서원 : 왕이 현판, 노비, 책 등을 하사한 서원

기능 :
- 유학자에게 제사
- 성리학 연구
- 지방 양반 자제들 교육
- 사림 세력 기반 강화

② 향약 보급 - 향촌의 자치 규약(중종 때 조광조의 「여씨향약」 보급)

→ 사림들이 향약으로 농민에 대한 통제력 강화, 자신들의 지위 구축

근대 태동기 시대 Ⅰ(선조 ~ 광해군)

01 선조

1. 붕당의 시작

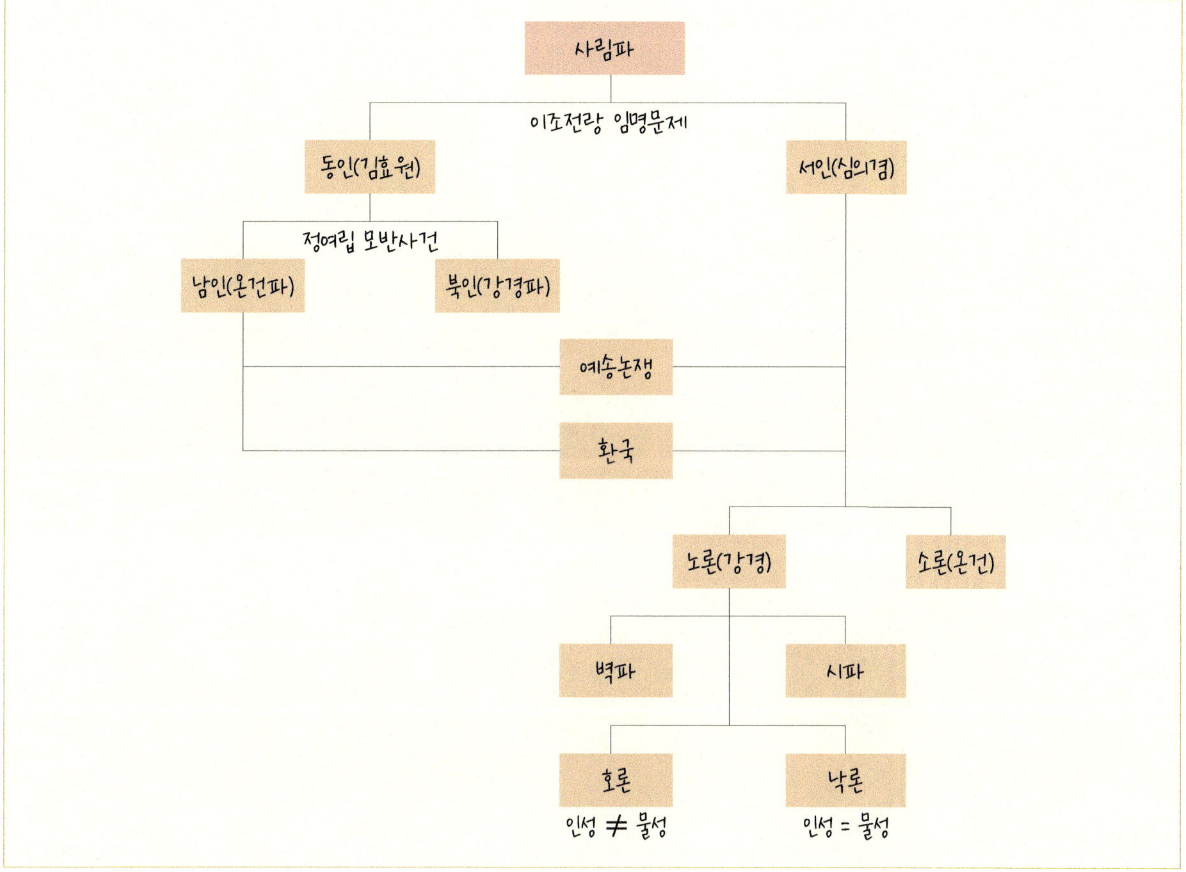

2. 임진왜란(1592.4)

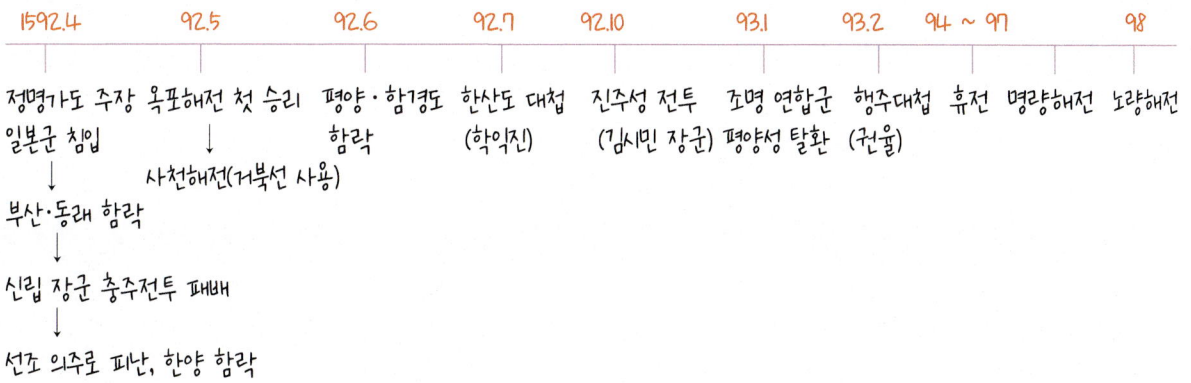

1592.4	92.5	92.6	92.7	92.10	93.1	93.2	94 ~ 97		98
정명가도 주장 일본군 침입	옥포해전 첫 승리	평양·함경도 함락	한산도 대첩 (학익진)	진주성 전투 (김시민 장군)	조명 연합군 평양성 탈환	행주대첩 (권율)	휴전	명량해전	노량해전

- 정명가도 주장 일본군 침입 → 부산·동래 함락 → 신립 장군 충주전투 패배 → 선조 의주로 피난, 한양 함락
- 옥포해전 첫 승리 → 사천해전(거북선 사용)

* 주요 의병
  - 홍의 장군 곽재우 (의령)
  - 금강산 유정스님 (사명대사)
  - 길주 정문부 (북관대첩비)
* 임진왜란 결과
  ① (조선)통신사 파견 - 문화 교류 실시

  ② 비변사 권한 대폭 강화 - 삼포왜란 이후 임시기구로 설치
    - 을묘왜변 이후 상설화
    - 임진왜란 이후 기능 강화
    - 의정부, 6조, 왕권 약화

  ③ 전쟁의 틈을 타 여진족 ⟶ 후금 건국

02 광해군

① 양전사업, 호적 재정비 - 국가 재정 확충
② 대동법 실시(김육 : 대동법 확대 건의) - 1608 ~ 1708(숙종 때 완성)
  ↳ • 납부하기 힘든 공납을 쌀, 포, 돈으로 내는 제도
  • 호별로 부과하던 공납을 토지에 부과(1결당 쌀 12두) : 공납의 전세화

③ 동의보감 편찬(허준)
④ 기유약조(1609) : 임진왜란 후 일본과 국교 재개, 대마도와 왕래하는 무역선 통제에 관한 조약
⑤ 중립 외교 - 강홍립 장군
⑥ 소실된 사고를 5대 사고로 재정비, 소실된 궁궐 재정비

임진왜란 전	임진왜란 후
한양-춘추관	한양-춘추관
전주사고	태백산 사고
충주사고	마니산 사고
성주사고	오대산 사고
-	묘향산 사고

* 인조반정 이유
  - 중립 외교
  - 계축옥사 : 인목대비 유폐, 영창대군 사사

Thema 26 근대 태동기 시대 Ⅱ(인조 ~ 숙종)

01 인조

① 정묘호란(후금)

- 원인 : 서인 세력의 친명배금 정책 때문
- 과정 : 이괄의 난으로 혼란 → 후금 침략 → 형제 관계 체결
  - └→ 인조반정 이후 논공행상에 불만을 품고 반란

↓

후금 → 청으로 국호 변경, 조선에 군신관계 요구(주전파 vs 주화파)
- 주화파 → 최명길
- 주전파 → 김상헌, 3학사(윤집, 오달제, 홍익한)

② 병자호란(청)

- 원인 : 조선이 군신관계 요구를 거절해서(주전파 대세)
- 과정 : 군신관계 요구 ⟶ 조선 거절 ⟶ 청 침략 ⟶ 남한산성에서 항쟁 ⟶ 45일만에 항복 ⟶ 삼전도의 굴욕 ⟶ 강화 체결 (두 왕자, 주전파 볼모)
  - 두 왕자 → 소현세자, 봉림대군

02 효종

① 북벌 정책(서인 : 송시열) - 어영청 중심으로 군대 양성

② 나선(러시아)정벌

03 현종

① 예송 논쟁 : 효종과 효종비의 사망 이후 조대비(자의대비)의 상복을 입는 기간을 두고 논쟁을 벌임

	남인	서인
기해예송 (1차) (효종의 장례 기간)	3년	1년 (채택)
갑인예송 (2차) (효종비의 장례기)	1년 (채택)	9개월

04 숙종

① 일당 전제화(환국) : 특정한 한 당이 권력을 장악하는 것

경신환국	허적의 기름 천막 사건 (서인이 노론과 소론으로 분화)	남인 ↓, 서인 ↑
기사환국	장희빈소생 세자책봉 문제	남인 ↑, 서인 ↓
갑술환국	폐비 민씨 복위 운동	남인 ↓, 서인 ↑
무고의 옥	인현왕후 모해한 사건	노론 ↑, 소론 ↓
정유독대	숙종이 노론의 영수 이이명에게 연잉군을 후사로 책봉하려 부탁한 사건	
신임사화	노론이 경종의 후계로 연잉군을 세제로 책봉하려던 사건	소론 ↑, 노론 ↓

② 탕평론 대두

③ 대동법 전국적 시행 - 단 평안도, 함경도, 제주도는 잉류 지역이라 제외

④ 백두산 정계비 설치 - '조선의 영토는 동쪽은 토문강, 서쪽은 압록강을 경계로 한다.' 라고 기록

→ 우리 측 주장 : 쑹화강의 한 지류

중국 측 주장 : 두만강

↓

* 1909년 간도협약(일본과 청이 체결) : 남만주의 철도부설권 등을 얻는 댓가로 간도 지역을 중국 측에 넘겨줌

Thema 27

근대 태동기 시대 Ⅲ(영조 ~ 철종)

01 영조

① 이인좌의 난 - 영조의 정통성을 부정한 소론이 주도한 난(수성윤음 반포)

② 탕평책 실시 (완론탕평) - 각 붕당의 당론은 인정하지 않고 어느 한쪽으로 치우치지 않는 중립적인 탕평파를 육성하여 정국 주도함

③ 서원 대폭 정리

④ 이조전랑 권한 약화

⑤ 산림 부정 : 각 붕당의 정신적 지주인 산림들이 붕당다툼을 일으키는 원인이라 여겨 부정함 (서인 : 송시열, 남인 : 허목)

⑥ 균역법 실시 : 1인당 2필 → 1필로 축소 (부족분 보충 : 결작, 어·염세, 선무군관포 등을 거둠)

⑦ 지나친 형벌 금지

⑧ 신문고 부활

⑨ 편찬 사업

속오례의	1744년	국조오례의를 수정·보완해서 편찬한 책
속대전	1746년	「경국대전」 시행 이후에 공포된 법령 중에서 시행할 법령만을 추려서 편찬한 통일 법전
속병장도설	1749년	「병장도설」의 체제를 본떠서 중앙군의 진법·조련·편성·기구 등을 설명한 병서
동국문헌비고	1770년	조선의 정치·경제·문화 등 각종 제도와 문물을 분류, 정리한 책

02 정조

① 탕평책 실시 (준론탕평) - 각 붕당의 당론이 옳은지 그른지 명백히 가려 인재를 등용, 적극적 탕평 실시

② 규장각 설치 - 인재 양성, 서얼 등용 (규장각 검서관 : 유득공, 박제가, 이덕무, 서이수..)

③ 초계문신제 실시 - 관리 재교육

④ 수원 화성 건설 - 정조의 정치적 이상 반영 (화성성역의궤 : 수원화성 설명서)

⑤ 금난전권 폐지(신해통공) - 육의전 제외 (비단, 무명, 명주, 종이, 모시, 생선)

⑥ 장용영 설치 - 국왕의 군사적 기반 (병법서 : 무예도보 통지)

⑦ 편찬 사업

일성록	1785년 1월	1760년(영조 36)부터 1910년(고종 4)까지 약 150년간 조선의 역대 임금의 언동(言動)을 날마다 기록한 책으로 유네스코 세계기록유산으로 지정되었다. 1785년 정조 때 처음 편찬되었다.
대전통편	1785년 9월	「경국대전」과 「속대전」 및 그 뒤의 법령을 통합해 편찬한 통일 법전
동문휘고	1788년	조선 후기의 대청 및 대일 관계의 교섭 문서를 집대성한 책
무예도보통지	1790년	규장각 검서관인 이덕무와 박제가가 장용영 소속 장교 백동수 등과 함께 편찬한 무예 교본서
홍재전서	1799년	정조의 시문집
화성성역의궤	1801년(순조 1년)	화성성곽의 축조 공사 내용에 관한 자세한 기록서

03 세도정치 기간

	순조	헌종	철종
즉위	정조 49세에 승하 11세에 순조 즉위	8세에 즉위	19세에 즉위
집권세력	안동 김씨	풍양 조씨	안동김씨
사건	홍경래의 난 (평안도 지역 차별에 항거)		진주관리 백낙신의 횡포 → 진주농민봉기 발생 (임술농민봉기(1862)) → 안핵사 박규수 파견 → 삼정이정청 설치(효과 X)

* 세도 정치 시기 문제점

① 비변사 권력 집중 – 의정부, 6조, 왕권 약화
② 소수 가문 출신 정치 주도 (안동김씨, 풍양 조씨)
③ 매점매석, 탐관오리 급증, 가혹한 수탈 – 농민봉기 가장 극심
④ 삼정 문란

전정	도결	정액 이상의 세를 거두는 것
	은결	토지대장에 기록되지 않은 땅이나 신개간지 등에 징세
군정	인징, 족징	친족 또는 이웃에게 강제로 징수하는 것
	백골징포	죽은 사람을 산 사람으로 만들어 군포 징수
	황구첨정	어린 아이를 장정의 나이로 고쳐서 군포 징수
환곡	반백	반은 겨를 섞어서 대여하여 이자를 취하는 것
	늑대	필요 이상의 미곡을 강제로 대여하여 이자를 받는것

Thema 28
근세 · 근대 태동기 시대 경제

01 토지 제도

	과전법	직전법	관수관급제
시행 시기	고려 공양왕	세조	성종
대상	전 · 현직 관리	현직관리	현직 관리
특징	• 수확량의 1/10 수조권자에게 지급 • 죽거나 반역하면 국가에 반납 • 수신전, 휼양전 지급	• 수신전, 휼양전 폐지 • 현직에 종사하면서 더 많이 수취 ↓ 관리들 토지소유욕 증가	• 관에서 수급, 수조권을 가진 관리에게 지급

⟶ 명종 때 녹봉제 시행(지주전호제 강화, 수조권 무력화)

02 수취 체제

① 조세

과전법		수확량의 1/10을 냄

↓

공법	연분 9등법	풍·흉에 따라 9등급(1결당 쌀4두~20두)
	전분 6등법	토지 비옥도에 따라 6등급

↓

영정법	토지 1결당 쌀 4두로 고정

② 공납

• 납부유형
- 상공 : 정기적으로 징수
- 별공 : 국가에 필요시 징수
- 진상 : 진귀한 물품 등을 왕이나 고관에게 바침

• 공납의 납부 어려움 : 방납의 폐단 발생

• 개혁안
- 조식 – 서리 망국론
- 조광조, 이이, 유성룡 – 수미법 주장(공납을 쌀로 납부)
- 광해군 – 대동법 시행(경기도에 처음 시행) : 토지 1결당 쌀 12두
  - 숙종 때 전국적 실시(1708)

- 대동법 시행 후 결과 : 공인 등장(관청에서 품목을 받아 물건을 납부하는 상인)

  ↓

  - 도고 상업이 발달(도매업)
  - 선대제 수공업 발달(자금과 원료를 미리 받아 제품을 생산)
  - 각 지방에 장시 발달

③ 역 - 16세 이상 60세까지의 양인 남자(양인개병제, 병농일치제 원칙)

- 군역 - 정군(정병) : 직접 군사 활동을 하는 군인
  - 보인(봉족) : 정군이 군사 활동을 하는 기간에 비용을 댐
- 요역 - 1년에 동원기간 6일 이내 제한, 임으로 징발하기도 함

④ 환곡 - 춘대추납(이자는 1/10 정도만 거둠)

- 폐단 발생 : 지방 수령이나 향리들이 수탈 - 과도한 이자 부담, 겨와 모래를 섞어 빌려줌
  → 흥선대원군이 사창제 실시

03 농업기술의 발달

	조선 전기	조선 후기
농업방법	• 논 : 직파법 이앙법(모내기법) - 일부 남부지방 • 밭 : 농종법(이랑에 파종)	• 논 : 이앙법(모내기법) 확대 • 밭 : 견종법(고랑에 파종)
작황법	• 시비법 발달 • 윤작법(2년 3작)	• 모내기법 전국적 실시, 광작 유행 → 1년 2모작 • 상품작물 재배 : 채소, 인삼, 담배, 곡물 • 구황작물 재배 : 고구마, 감자
지대방식	• 타조법(수확량 1/2) → 작황에 따라 지주의 이익에 영향	• 도조법(평균 수확량 1/3) → 지주에 일정액만 납부

04 수공업의 발달

조선 전기	조선 후기
• 관영수공업 - 기술자를 공장안(→ 수공업자 명단)에 등록, 관청에서 필요한 물품 제작 • 민영수공업- 농기구, 양반 사치품 생산 • 가내수공업 - 자급자족 형태	• 민영수공업 - 장인세(포)만 내면 자유롭게 생산 활동 종사 ↓ 결과 : 납포장증가 - 포를 납부하는 장인 점 발달 : 작업장 공장안 폐지 : 관청에서 개인 민간장인(=사장)을 고용 • 선대제 수공업 발달 : 대동법 시행으로 공인 등장, 관청에 납부할 물품이 많아지자 자본과 원료를 미리 받아 물품을 대량생산하는 선대제가 발달함

05 광산업 발달

조선 초	• 국가가 직접 경영, 사적인 광산 경영 통제
↓	
17C (효종 때)	• 개인 채굴 허용, 정부 감독 아래 광물 채굴 가능 • 설점수세제(별장수세제) - 민간인이 금광이나 은광을 경영하는 것을 허락하고 세금을 내게 하는 것(호조에서 별장을 파견하여 세금을 거둠)
↓	
18C 후반 (영조 때)	• 수령수세제 - 별장수세제를 폐지하고 지방의 수령이 광산이익을 수세하게 함 ⟶ 사금채굴이 쉬워 몰리기도 함
↓	
조선 후기	• 광산의 경영 - 상인 물주가 전문 광산 경영인(덕대)을 고용하여 채굴 하는 전문 경영 방식

06 장시의 발달

① 조선 초 : 남부 지방에 개설되기 시작

② 조선 후기 : 사상의 성장으로 1000여 개소 개설(5일장 등장)

보부상 활동 (보상 + 부상) : 하나의 장시를 하나의 유통망으로 연계

③ 화폐유통 - 세금과 소작료의 금납화

- 태종(저화), 세종(조선통보), 세조(팔방통보), 인조(상평통보), 고종(당백전)
- 전황 발생(유통 화폐 부족 현상) ↳ 숙종 때 다시 주조(법화로 채택)

07 사상의 성장 - 금난전권 폐지 이후 상공업 발달

① 만상 - 대청 무역(개시 무역, 후시 무역)

② 유상 - 만상과 송상 연결

③ 송상 - 인삼 재배, 판매, 전국에 '송방' 설치

④ 경강상인 - 선박을 이용한 운송업에 종사

⑤ 내상 - 대일 무역(왜관을 통해 무역)

Thema 29

근세 · 근대 태동기 시대 사회

01 조선시대 신분제

15C	16C
• 양천제 - 양인 - 천민	• 반상제 - 양반, 중인, 상민 - 천민

1. 양반

조선전기	조선 후기
• 사족인원의 축소 - 기득권 유지 위해 관직 받은 자만 양반으로 인정 • 고위관직 독점 - 과거, 음서, 천거 • 중인층 배제 - 하급지배 신분을 중인으로 격하 • 서얼층 배제 - 서얼 차별, 관직진출 제한	• 권반 - 권력 잡은 양반 • 잔반 - 향촌사회에서 위세 유지, 몰락 양반 • 부농층의 도전 • 양반수 증가 - 납속책, 공명첩 • 양반의 권위 약화 • 향전 발생(구향 VS 신향)

2. 중인

① 기술관원 + 지방의 하급관리(향리, 서리, 토관…) + 서얼

→ • 서얼 금고법(태종) - 문과 응시 X
- 재산 상속권 X
- 관직 등용 어려움

↓

• 정조 때 서얼 출신 등용
(박제가, 유득공, 이덕무, 서이수…)

↓

• 철종 때 서얼의 청요직 등용 허락
(중인들의 통청 운동은 실패)

② 위항문학 탄생 : 중인 계층이 주도한 한문학 활동

3. 상민

- 농민, 수공업자, 상인 대부분 차지
- 조세, 공납, 역 의무
- 과거 응시 가능
- 신량역천 계층 있음 : 수군, 나장, 역졸, 봉수꾼 ...

↓

조선 후기 - 부농층 등장
- 땅이 없는 농민은 임노동자로 전락
- 납속책, 공명첩으로 부농층의 양반화 ⟶ 상민수 감소, 양반의 사회적 권위 하락, 양반중심 신분제 흔들림

4. 천민

공노비	납공노비	외방에 거주하면서 국가에 신공 납부
	입역노비	관청에서 잡역 담당
사노비	솔거노비	주인과 같이 거주하면서 노동력 제공
	외거노비	주인과 따로 떨어져 거주하면서 신공 납부

↓

조선후기	납공노비로 전환	입역노비를 납공노비로 전환 : 공노비를 유지하는 것보다 신공을 받는 납공노비로 전환하는 것이 유리하다 판단
	노비종모법	엄마가 양민이면 양민의 신분이 됨, 노비의 신분 상승 촉진
	노비의 도망	신분 상승이 안되는 노비는 도망을 통해 노비의 속박에서 벗어남

↓

순조(1801)	공노비 해방	공노비(납공노비) 6만 6천명 해방, 신공을 받는 것보다 양민 신분으로 만들어 군포를 받는 것이 더 효율적이라 여김

↓

고종(1894)	사노비 해방	1차 갑오개혁 때 법적으로 완전한 신분제가 폐지되었음

02 사회 정책 및 사회시설

빈민구제제도	의료기구	법률제도(경국대전, 대명률)
• 의창 : 춘대추납 • 상평창 : 물가조절기관	• 내의원 : 국왕 및 왕족 치료 • 전의감 : 궁중 약재 취급 • 혜민국 : 서민 의료기관 • 동서대비원 : 유랑자 수용 및 구휼기관 • 제생원 : 지방민 구호 및 진료 담당	• 반역죄와 강상죄 엄벌 • 장례원 : 노비장부와 소송 담당 • 의금부 : 왕명을 받는 특별 재판 기관

03 여러 사상의 대두

① 예언 사상 - 정감록, 토정비결 , 미륵 신앙, 무속 신앙

② 도교 : 조선 초기 - 소격서(제천행사)
중기 - 조광조 소격서 폐지
후기 - 도인들에 의해 단군 · 환인 · 환웅을 시조로 여김
- 수련적 도교로 정립(전우치전, 홍길동전 등)

③ 천주교(서학) - 중국에 파견된 사신들이 「천주실의」 책 들여옴
- 처음에는 학문으로 받아들여지다가, 점차 신앙으로 숭배되었음
- 최초 세례자 이승훈, 최초 신부님 : 김대건 신부
- 신분질서 부정, 제사 부정

<천주교 박해>

정조	신해박해	선비 윤지충의 모친상 때 신주 소각사건(가톨릭식 제례 지냄)
순조	신유박해	노론벽파가 남인 시파 박해(정약용, 정약전 등 유배)
	황사영 백서사건	신유박해의 전말과 신앙의 자유를 얻게 해달라는 서한을 프랑스 신부에게 보낸 것이 발각된 사건
헌종	기해박해	풍양 조씨(대왕대비)의 척사윤음 반포(안동 김씨 VS 풍양 조씨)
	병오박해	김대건 신부 처형
고종	병인박해	흥선대원군, 프랑스 신부 처형사건 → 병인양요로 이어짐

④ 동학(유 + 불 + 민간 신앙) - 최제우 창시 : 인내천 사상(평등 강조), 시천주 사상, 후천개벽 사상
→ 혹세무민으로 처형됨
- 2대 교주 최시형 : 동학의 교리(동경대전, 용담유사 편찬)
- 3대 교주 손병희 ⟶ 천도교(1905)로 개칭

04 조선시대 3대 도적

- 홍길동(연산군 때) - 서얼 출신, 양반관리의 복장을 하고 무장한 많은 농민을 지휘해 여러 고을의 관청을 습격
결국 체포되어 의금부에서 취조당한 기록이 있음
- 장길산(숙종 때) - 광대 출신, 체포 실패
- 임꺽정(명종 때) - 백정 출신, 부하 서림의 배신으로 체포

Thema 30

근세 · 근대 태동기 시대 문화 I

01 성리학의 변화

조선 전기	조선 후기
① 고려 말 개혁과 조선건국의 사상적 기반 → 수용하는 과정에서 입장차이 ② 신진사대부의 분열 **관학파** ↓ 정도전, 권근 ↓ • 부국강병 중시 • 성리학 외 다른 사상 관대 ↓ **훈구파** **사학파** ↓ 정몽주, 길재 ↓ • 대의 명분 중시 • 성리학 외 다른 사상 배척 ↓ **사림파** 사림파 → 주기론 / 주리론 주기론 ↓ 서경덕, 이이 ↓ • 성학집요 • 동호문답 • 기자실기 주리론 ↓ 이언적, 이황 ↓ • 성학십도 • 주자서절요 주기론 → **노론** / **소론** 노론 → **호론** / **낙론** 호론 인성 ≠ 물성 (위정척사파) 낙론 인성 = 물성 (개화파)	① 성리학의 절대화 → 인조 반정 이후 명분론 강조 주자의 성리학을 절대화함 ↓ * 윤휴·박세당 : 주자의 학문체계와 다르게 해석 (사문난적으로 몰려 유배) * 대안학문 등장 ② 양명학 전파 : 성리학의 절대화·교조화 비판, (지행합일, 실천성 강조) ↓ 18C 정제두 : 강화학파로 발전 ③ 실학 등장 : 사회 모순의 해결책을 구상하는 과정에서 대두 (목표 : 민생안정, 부국강병)

02 실학

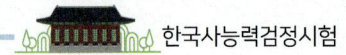

구분	중농학파(경세치용 학파)	중상학파(이용후생 학파)
붕당	경기 지역의 남인	노론의 자제
주장	토지 개혁(토지 분배 ⟶ 자영농 육성)	토지 생산력 향상, 적극적인 상공업 장려
인물	■ 유형원 - 「반계수록」(1769, 영조) • 균전론 - 신분에 따라 차등을 두어 토지 분배	■ 박제가 - 「북학의」(1778, 정조) • 절약보다 소비를 강조 • 수레, 선박의 중요성을 인정
	■ 이익 - 「성호사설」(1760년 무렵, 영조) • 한전론 - 최소한의 토지는 '영업전' 영업전은 매매 X (토지 하한선 설정) • 6좀론 (노비, 과거, 양반문벌, 사치미신, 승려, 게으름) • 폐전론 - 화폐의 폐단 제시 사용금지 주장	■ 홍대용 - 「의산문답」(1766, 영조) • 양반의 상업 활동 주장 • 지전설 주장(혼천의)
	■ 정약용 - 「아방강역고」(1811, 순조), 「경세유표」(1817), 「목민심서」(1818), 「흠흠신서」(1822) ... • 여전론 - 공동 경작, 수확량을 노동량에 따라 차등 분배	■ 박지원 - 「열하일기」(1780, 정조) • 수레, 선박, 화폐 사용 강조 • 한전론 - 최대한의 토지 '영업전' 영업전 이상의 토지는 소유X (토지 상한선 설정)
		■ 유수원 - 「우서」(1729~37, 영조) • 사농공상의 직업 평등 주장

Thema 31

근세 · 근대 태동기 시대 문화 II

	15C(훈구파)	16C(사림파)	조선 후기(17~19C)
전국지도	① 팔도도(태종)	① 조선방역지도(명종)	① 동국지도(정상기, 영조) - 최초 축척 사용(100리 척) ② 대동여지도(김정호, 철종) - 목판 인쇄물
세계지도	① 혼일강리역대국도지도(태종) → 현존 최고(最古) 동양 세계 지도		① 곤여만국전도 - 중국 세계관에서 벗어나 다른 세계가 있다는 것을 인식
지리지	① 팔도지리지(양성지) - 세조의 명을 받아(1478, 성종) 편찬한 우리나라 지리지 ② 동국여지승람(노사신) - 각 도의 지리, 풍속(1481, 성종) 인물 등을 자세하게 기록한 우리나라의 지리서		① 동국지리지(한백겸), (1615, 광해군) - 한국 지리에 관한 사항을 여러 고서에서 뽑아 엮은 책 ② 택리지(이중환), (1751, 영조) - 현지 답사를 기초로 하여 저술한 우리나라 지리서 ③ 아방강역고(정약용), (1811, 순조) - 우리나라 강역에 관한 역사 지리서
윤리·의례서	① 삼강행실도(1434, 세종) - 충신, 열녀, 효자, (글, 그림) 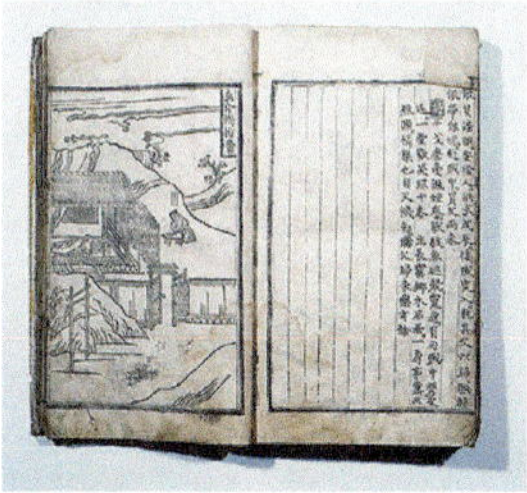 ② 국조오례의(1474, 성종) - 왕실의 규범	① 동몽수지(1517, 중종) - 어린이가 지켜야 할 예법 ② 이륜행실도(1518, 중종) - 연장자, 연소자 간의 예절	
법전	① 조선경국전(정도전) ② 경제육전(조준) ③ 경국대전(세조 ~ 성종)		① 속대전(영조) ② 대전통편(정조) ③ 대전회통, 육전조례(고종)

	15, 16세기	조선 후기
천문	① 천체 관측 기구 - 혼천의, 간의 ⟶ 천상열차분야지도(태조) ② 토지 측량 기구 - 인지의, 규형(원근) ③ 강수량 측정 기구 - 측우기(기록) ④ 시간 측정 기구 - 해시계(앙부일구), 물시계(자격루)	① 지전설 - 김석문, 이익, 홍대용 → 우리나라에서 지전설 처음으로 주장 ② 자명종, 천리경 들어옴
역법	① 칠정산 내·외편(세종) ⟶ 최초의 한양 중심 시간	① 시헌력(효종) : 서양 역법 영향(청에서 들여옴)
인쇄	① 주자소 설치 계미자(태종) ⟶ 갑인자(세종) ② 조지서 : 종이를 생산하는 관청	
의학	① 향약집성방(1433, 세종) : 향촌약재에 관해 집대성한 의약서 ② 의방유취(1445, 세종) : 동양 최대 의학백과사전	① 동의보감(허준) : 전통 한의학 정리(1610, 광해군) ② 침구경험방(허임) : 침구술과 관련된 내용 서술 (1644, 인조) ③ 마과회통(정약용) : 홍역 연구서(1798, 정조) ④ 동의수세보원(이제마) : 사상의학(1894, 고종)
농서	① 농사직설(정초) (1429, 세종) : 세종대왕 때 집필 ② 금양잡록(1492, 성종) - 경기 지역의 농사법을 정리한 책	① 농가집성(신속) (1655, 효종) - 모내기법(이앙법) ② 색경 (박세당) (1676, 숙종) - 색다른 경작법

Thema 32 근세 · 근대 태동기 시대 문화Ⅲ

	15C(훈구파)	16C(사림파)	조선 후기(17~19C)
문학	① 금오신화(김시습) - 최초의 한문 소설 ② 동문선(서거정 등) - 우리나라 역대 시문선집	① 패관잡기(어숙권) - 신분제의 모순 비판 ② 화사(임제) - 풍자적 설화 ③ 가사문학(정철) - 관동별곡, 사미인곡	① 한글소설 - 홍길동전(허균), 별주부전, 심청전 등 ② 사설시조 - 형식 파괴, 개인적 감정 ③ 한문학 - 양반전, 허생전(박지원) ④ 위항시 등장 - 중인들의 시사문학
건축	① 궁궐, 성곽, 4대문 ② 무위사 극락전 ③ 해인사 장경판전 ④ 원각사지 10층 석탑	① 서원 설립 - 가람배치양식 → 사찰건물과 같은 배치 ② 정원(정자) 건축 - 전남 담양 소쇄원	<17세기> • 금산사 미륵전 • 화엄사 각황전 • 법주사 팔상전 <18세기> • 부안 개암사 • 논산 쌍계사 • 안성 석남사 • 수원 화성(정조, 정약용) <19세기> • 경복궁
그림	① 산수화 - 몽유도원도 (안견) - 고사관수도 (강희안)	① 사군자 - 매화, 난초, 국화, 대나무 (매난국죽) ② 초충도 (신사임당) ③ 글씨 - 한호(석봉)	① 진경산수화 - 인왕제색도, 금강전도 (정선) ② 풍속화 - 김홍도, 신윤복, 장승업 ③ 민화 - 까치와 호랑이, 화조도 등 ④ 글 - 김정희(추사)
공예	① 분청사기	① 백자	① 청화백자

	15C(훈구파)	16C(사림파)	조선 후기(17~19C)
음악	① 세종 - 정대업, 보태평, 정간보 간행 ② 아악 정리(박연) ③ 성종 - 악학궤범(음악 이론서)		① 판소리 - 창 + 아니리 + 발림 + 고수
무용	① 궁중 무용 - 처용무 ② 민간 무용 - 산대놀이, 꼭두각시		① 탈놀이
종교	<불교> • 태조 - 도첩제 실시 → 승려를 허가해주는 제도 • 태종 - 강력 억불 정책 실시(242개의 사원만 인정) (242개를 제외한 나머지 사원의 토지나 노비는 몰수함) • 세종 - 선종, 교종을 통합(36개의 사원만 인정) • 세조 - 간경도감 (불교 경전을 한글로 간행했던 부서), 원각사 중건 • 성종 - 도첩제 폐지(승려 출가 불가) • 명종 - 문정왕후가 불교를 지원, 승과 부활, (보우) 승려 활약 <도교> • 소격서 - 초제 관장 → 조광조의 개혁 중 '소격서' 폐지 → 수련 도교(홍길동전, 전우치전) <풍수지리설> • 무학대사 - 한양, 천도, 산송 문제(묘지 쟁탈전)		

보충 자료

세계지도

• 혼일강리역대국도지도

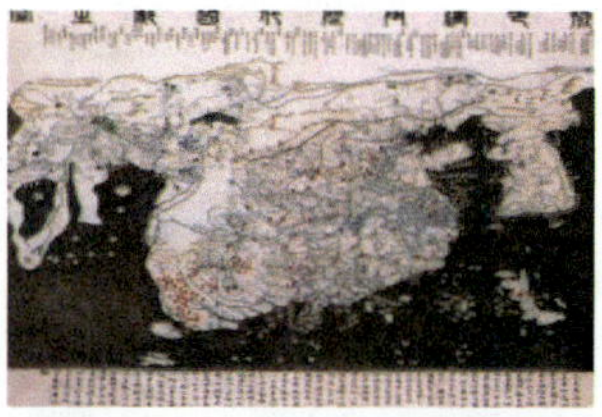

• 곤여만국전도

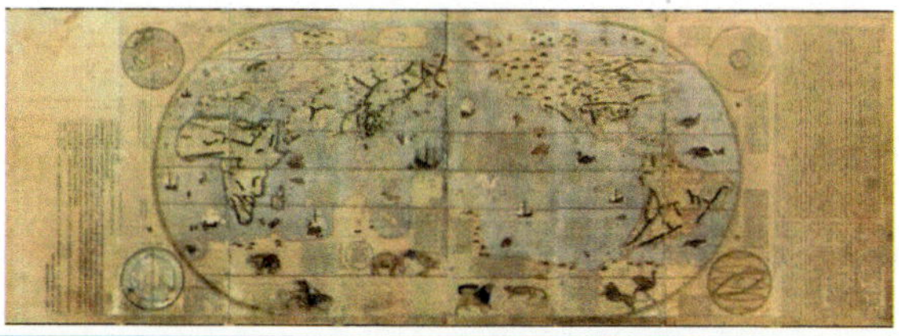

17세기 건축

• 화엄사 각황전

• 금산사 미륵전

• 법주사 팔상전

8세기 건축

- 부안 개암사

- 논산 쌍계사

- 안성 석남사

그림

- 몽유도원도(안견)

- 고사관수도(강희안)

- 인왕제색도(정선)

- 세한도(김정희)

- 금강전도(정선)

공예

- 분청사기

- 백자

- 청화백자

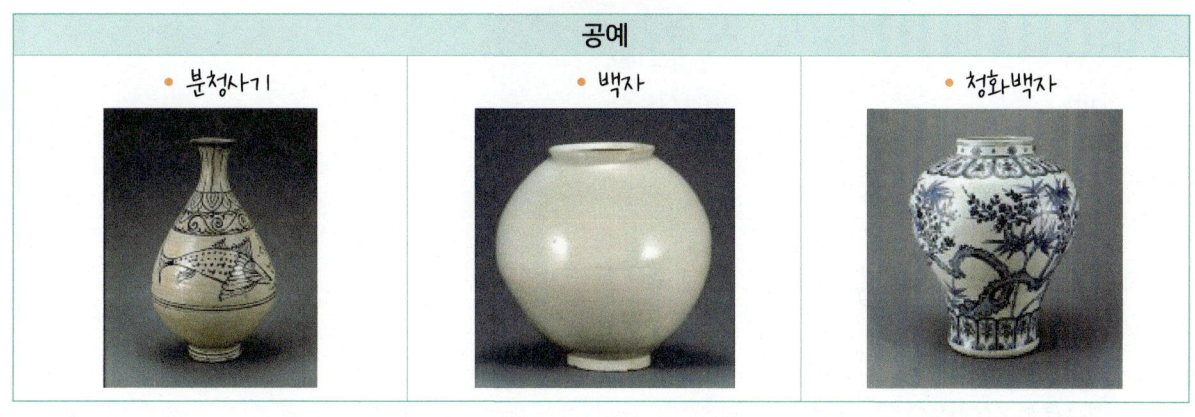

Thema 33

근대 사회 Ⅰ (흥선대원군의 개혁 정치, 강화도 조약)

01 흥선대원군의 개혁 정치

→ 1863년 고종 12세 즉위

내적 상황

- 정치 - 세도정치 - 왕권 강화
  - ① 비변사 축소(폐지), 의정부·삼군부 기능 부활
  - ② 대전회통, 육전조례 편찬
  - ③ 경복궁 중건 : 원납전, 당백전 발행
  - ④ 서원 정리 : 47개만 남김
  - ⑤ 만동묘 철폐(임진왜란 때 도와준 명 황제를 모신 사당)
- 경제 - 삼정문란 - 민생안정
  - 전정 - 양전사업
  - 군정 - 호포제 : 양반에게도 군포 부과(1년 1필)
  - 환곡 - 사창제

외적 상황 - 통상수교 거부 정책

- 1866
  - ① 병인박해 첫 승리
  - ② 제너럴 셔먼호 사건(미)
  - ③ 병인양요(프)
    - 정족산성(양헌수)
    - 문수산성(한성근)
- 1868
  - ④ 오페르트 도굴 사건(독)
- 1871
  - ⑤ 신미양요(미)
    - 광성보(어재연)
  - ⑥ 척화비 설립
- 1873
  - 흥선대원군 하야(최익현 상소)
- 1875
  - ⑦ 운요호 사건(일)
- 1876
  - ⑧ 강화도 조약 (조·일수호조규)

02 민씨 세력 등장 (개화파)

① 조 · 일 수호조규(강화도 조약) 체결 (1876. 2) →

- 조선은 자주국
- 부산 이외의 두 곳 개항(원산, 인천)
- 해안측량권
- 치외법권(영사재판권)

↓

② 조 · 일 수호 조규 부록(1876. 7)

- 간행이정 10리
- 개항장 내 일본화폐 사용 가능

↓

조·일 수호조규 속약(1882)
간행이정 50리 ~ 100리로 확대

③ 조 · 일 무역 규칙(1876. 8)

(= 1차 조 · 일통상장정)

- 무관세
- 무항세
- 무제한 곡물 유출

④ 수신사 파견

- 1차 수신사 : 김기수 ⟶ 강화도 조약 내용 체결 해결
- 2차 수신사 : 김홍집 ⟶ 통리기무아문 설치 - 별기군 창설(신식 군대)
  - 조선책략(1880)을 가지고 들어옴 ⟶
    - 방러 ⟶ 친중, 결일, 연미
  - 5군영 ⟶ 2영으로 축소
    - 무위영, 장어영
  - 일본에 조사시찰단 파견
  - 청에 영선사 파견
  - 미국에 보빙사 파견

* 위정척사파 — 영남 만인소 운동(1881) ⟶ 연미

	인물	주장 내용
1860년대	이항로, 기정진	• 통상반대론 : 서양 통상 요구에 반대 • 척화주전론 : 서양 무력 침략에 대응
1870년대	최익현	• 왜양일체론 : 서양이나 일본이나 같다 • 개항반대론 : 정부의 개항 정책에 반대
1880년대	이만손	• 영남만인소 운동 • 개화반대론 : 개화 정책에 반대
1890년대	유인석, 이소응	• 일본 침략에 저항하며 항일 의병운동 전개

• 조 · 미 수호 통상 조약 체결(1882)
- 관세
- 최혜국 대우 조건
- 거중 조정
- 치외법권

⟶

• 조 · 일 통상 장정(1883)
(= 개정 조 · 일 통상 장정)
- 관세
- 방곡령 (1개월 전 통보)
- 최혜국 대우 조건

Thema 34 근대 사회 II (임오군란 ~ 갑신정변)

01 임오군란(1882)

1. 배경

통리기무아문
- 별기군 창설
- 구식 군대 5군영에서 2영으로 축소
- 구식 군인 차별
- 도시 빈민층 불만

2. 주축 세력

구식 군대 + 도시 빈민들

3. 과정

① 흥선대원군에게 도움 요청

② 일본군 교관 사살, 일본 공사관 습격

③ 선혜청 관리인 민겸호 등 민씨 정권 고관 살해

④ 명성황후 충주 피난

⑤ 흥선대원군 복위
- 5군영 부활
- 통리기무아문 폐지
- 개화정책 중단

⑥ (청) 위안스카이 군대 3000명 투입

⑦ 흥선대원군에게 책임을 물어 청으로 압송

4. 결과

① 청 : 내정간섭 시작
- 고문 정치
  - 위안스카이 : 군사 고문
  - 마젠창 : 내정 고문
  - 묄렌도르프(독일) : 외교 고문
- 군제 개편 : 5군영 → 4영 개편

② 조약 체결
- (청) - 조·청 상민 수륙 무역 장정 : 청 상인에게 내지 통상 특혜 허용
- (일본)
  - 제물포 조약 : 배상금 지불, 일본 군대 주둔 허용
  - 조, 일 수호 조규 속약 : 간행이정 50리로 확대, 2년 뒤 100리
  - 임오군란 사죄 의미로 3차 수신사 박영효 파견 (처음으로 태극기 사용)

③ 개화파의 분열

	인물	특징	방법론
온건개화파	김홍집, 김윤식	청의 양무운동 영향	동도서기
급진개화파	김옥균, 박영효, 서재필, 서광범	일본의 메이지유신 영향	문명개화론

02 갑신정변 (1884. 12) : 우리나라 최초의 정치 개혁운동

1. 배경

① 청의 내정간섭 심화 - 급진개화파 불만

② 김옥균의 차관 도입 실패 - 급진개화파 위기 느낌

③ 청·프 전쟁 발발(청 군대 1500명 돌아감)

2. 과정

① 급진개화파 정변 계획 → 일본 공사관 군사적 지원 약속

② 우정국 개국 축하연 때 민씨 요인 처단

③ 민씨 정권 청에 도움 요청 → 청 군대 투입 → 3일 천하로 실패함

3. 결과

① (일본) - 한성 조약 (배상금 지불, 공사관 신축 비용 부담)

② (청), (일) - 텐진 조약 - 양국군 동시 철수, 군대 투입할 경우 상대국 통보할 것

〈14개조 개혁안 발표〉

청	청으로부터 독립
말	X
재	재정의 일원화 - 호조
내	내시부 폐지
신	신분제 폐지
규	규장각 폐지
군	군제개편(4영 ⟶ 1영 축소)
이	X
지	지조법 개혁
입	입헌군주제 지향
대	대원군 Come Back
환	환상미 영구폐지(환곡제)
영	X
혜	혜상공국 혁파

③ 갑신정변 이후 국내 상황

- (청) - 내정간섭 심화
- (일) - 경제적 침탈 심화
- (러) - 조·러 비밀협약 추진(청의 간섭에서 벗어나려고 → 청 방해로 실패)
- (영) - 거문도 사건(1885~1887)

⟶ 독일 부영사 부들러 - 조선 정부에 한반도 중립화 건의

유길준 - 한반도 중립화론 주장(1885)

〈갑신정변 이후 주변 상황〉

Thema 35

근대 사회 Ⅲ (동학농민운동 ~ 갑오개혁)

01 동학농민운동(1894)

① 교조 신원 복원 운동 전개 - 동학이 인정받으려면 최제우의 신원을 회복하자.
(최제우 → 혹세무민으로 처형됨)

- 삼례집회 - 종교적 요구
- 보은집회 - 정치적 요구 (정치적 구호 : 척왜양창의)
  - 척왜양창의 → 왜와 서양을 몰아내고 의를 드높이자

② 고부 봉기 : 고부 군수 조병갑의 학정(만석보 사건)

③ 백산 봉기 : 안핵사 이용태의 학정 - 1차 농민 봉기 (반외세 < 반봉건)
(백산 봉기 → 구호 : 보국안민, 제폭구민)

→ 황토현 · 황룡촌 전투(관군 패배)

→ 전주성 함락 → 정부, 청나라 불러들임. 텐진 조약으로 인해 일본군 동시에 들어옴
(청군 : 충남 아산만 상륙, 일본군 : 인천 상륙)

④ 전주화약 체결 - 농민주도 개혁기구 : 집강소(폐정개혁안 발표) →

1. 신분제 폐지
2. 과부재혼 허용
3. 무명잡세 폐지
4. 토지는 평균하여 분작

- 정부주도 개혁기구 : 교정청 설치

⑤ 일본의 경복궁 점령 (일본에 의해 민씨정권 축출)

⑥ 청 · 일 전쟁 발발
→ 1차 갑오개혁 실시

→ 공주 우금치 전투(동학농민군 vs 일본군+관군)
(동학농민군 → 남접(전봉준) + 북접(손병희) 합세)

→ 청일 전쟁에서 일본이 우위를 점령하자 2차 갑오개혁 실시

⑦ 청·일 전쟁 종료 - 시모노세키조약 체결 (1895.4)
→ 청이 일본에 요동반도, 타이완 할양할 것
→ (요동반도) 삼국간섭(독 · 프 · 러)으로 청에 반환함

02 1차 갑오개혁 (1894)

교정청 폐지, 군국기무처 중심으로 개혁 단행 (1차 김홍집 내각)

정치 · 경제	• 청의 연호 폐지, 독자적 연호 사용(개국기원)
	• 궁내부(왕실의 일)와 의정부(정부의 일)로 나눔 : 왕권 약화 목적
	• 의정부 6조 ⟶ 의정부 8아문 체제로 바꿈(호조 ⟶ 탁지아문)
	• 경무청 설치 : 강력한 경찰 기관
	• 재정의 일원화 : 탁지아문

경제 · 사회	신	신분제 폐지
	화	화폐 제도 개혁 : 은본위제 실시
	도	도량형 통일
	한	한글 사용 : 정부공식문서
	과	과거제 폐지
	과	과부 재혼 허용
	자	자주국
	조	조혼 금지
	조	조세의 금납화
	연	연좌제 폐지

03 2차 갑오개혁 (1894.12 ~ 1895.8)

군국기무처 폐지, 김홍집 · 박영효 내각 중심으로 개혁 단행(2차 김홍집 내각)

■ 홍범 14조 반포 : 고종이 종묘에서 개혁의 기초 반포(국정 개혁의 기본 강령)

■ 2차 갑오개혁 실시

- 의정부 8아문 체제 → 내각 7부 체제
- 8도 → 23부로 나눔
- 재판소 설치 : 사법권 분리
- 군제 개편 : 훈련대, 시위대 설치
- 교육입국조서 반포 : 근대적인 교육 제도 마련
  └→ 한성사범학교, 소학교, 외국어 학교 설립
- 육의전 폐지 : 시전 상인들의 특권 폐지
- 상리국 폐지 : 보부상 단체

Thema 36 근대 사회 Ⅳ(을미사변 ~ 대한제국)

01 을미사변(1895)

■ 배경 : 삼국간섭 이후 러시아에 의한 3차 김홍집 내각 (친러 성향) 성립
→ 친일 세력의 실각에 불안을 느낀 일본이 친·러 외교를 주도하던 명성왕후 제거

02 을미개혁(1895)

■ 4차 김홍집 내각(친일적 성향) 구성

우	리	소	녀	시	대	태	연	이	는	종	말	단	아	하	군
편사무재개		학교령실시				양력사용	호사용 (건양)			두법실시		발령실시			제개편 ┌ 중앙군 : 친위대 └ 지방군 : 진위대

03 아관파천(1896. 2)

■ 고종이 러시아 공사관으로 피신, 열강의 이권 침탈 절정
(러) - 광산 채굴권, 울릉도 산림 채벌권
(미) - 경인선 철도 부설권, 금광 채굴권
(프) - 경의선 철도 부설권(러·일 전쟁 중 일본에 양도)
(일) - 경부선, 경원선 철도 부설권, 금광 채굴권
(영) - 금광 채굴권

＊ 헌의 6조
정 : 입헌군주제 지향
경 : 재정의 일원화(탁지부)
예산과 결산 국민에게 공표
사 : 피고의 인권 존중할 것

04 독립협회(1896.7)

■ 3대 사상 : 자주국권, 자유민권, 자강개혁

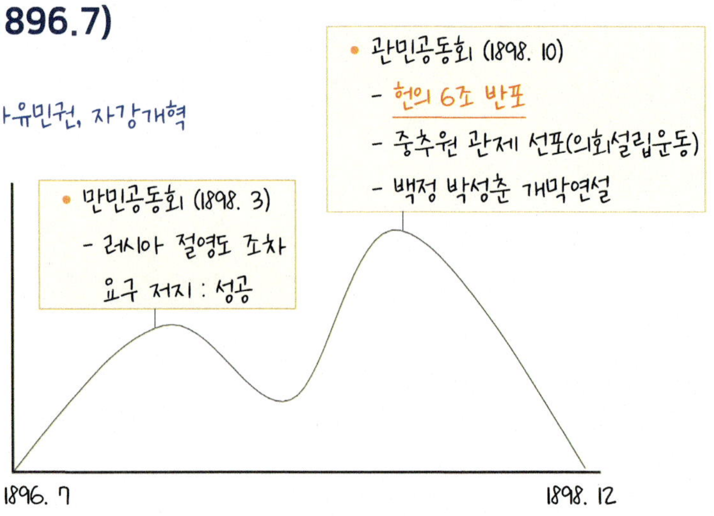

05 대한제국

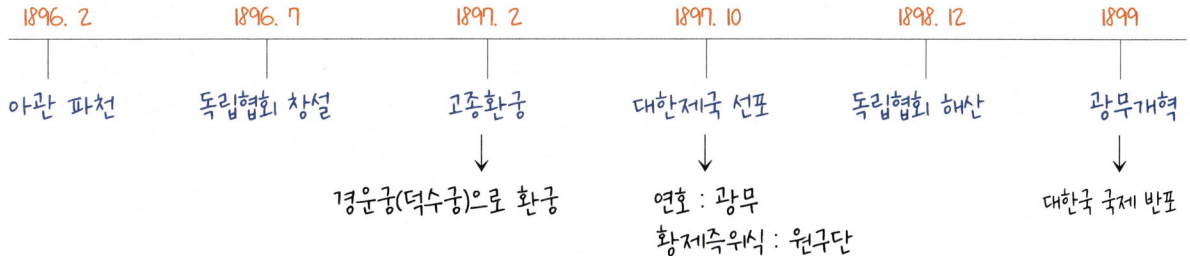

1896. 2	1896. 7	1897. 2	1897. 10	1898. 12	1899
아관 파천	독립협회 창설	고종환궁	대한제국 선포	독립협회 해산	광무개혁
		↓ 경운궁(덕수궁)으로 환궁	↓ 연호 : 광무 황제즉위식 : 원구단		↓ 대한국 국제 반포

* 광무개혁 (1899) - 이념 : 구본신참(옛 것을 기본으로 하고 새로운 것을 참조한다.)

정치
- 황제권 강화
  - 교정소(특별입법기구) : 대한국 국제 반포
  - 황제의 군권 장악, 군제개편
    - → 원수부 설치(황제에게 군사력 집중)
- 외 교
  - 한·청 통상 조약 체결(1899) : 청과 불평등한 통상장정을 수정
  - 이범윤 간도 관리사로 파견(1902) : 간도 교민 보호

경제
- 양전사업
  - 토지조사 : 양지아문, 지계아문 설치, 미국인 측량사 초빙, 두 차례 토지조사 실시
  - 지계발급 : 근대적 토지 소유권 제도
- 황실의 조세 관리 - 탁지부에서 관리하던 수입을 궁내부 내장원으로 이관
- 신산흥업정책
  - 인재양성 : 각종 의학, 상공업, 기술학교 설립
  - 상업회사 설립 : 방직, 제지, 무기, 유리등 민간 회사 설립
  - 상무사 조직 : 영세 상인 보부상 지원
- 백동화 남발 - 은본위제와 금본위제 채택에 의한 보조화폐로 발행

Thema 37

근대사회 IV(의열, 의병 항쟁)

(1884) 갑신정변 → (1895) 을미사변·을미개혁 → 아관파천 → (1897) 대한제국 → (1904) 러일전쟁 → (1905) 을사늑약 → (1907) 헤이그 특사 → (1907) 한일신협약 → (1909) 기유각서 → (1910) 경술국치 조약 → 1920년대 → 1930년대

의열

을사늑약(1905)
① 민영환 자결
② 장지연 - 황성신문 (시일야방성대곡)
③ 오적암살단(자신회) - 나철, 오기호
④ 상점 및 수업거부

헤이그 특사(1907)
① 시위대, 진위대 해산
② 시위대 대대장 - 박승환 자결

기유각서(1909)
① 전명운, 장인환 - 스티븐스 사살
② 이재명 - 이완용피습
③ 안중근 의거

1920년대~1930년대
한인애국단(1931)
① 이봉창 의거(1932.1)
② 윤봉길 의거(1932.4)

의열단(1919)
① 김상옥
② 김익상
③ 나석주
④ 김지섭

의병

을미의병
- 배경 : 을미사변, 단발령
- 인물 : 유인석, 이소응
- 특징 : 아관파천 시 고종이 단발령 철회
→ 자신해산 권고
→ 해산함

을사의병
- 배경 : 을사조약
- 인물 : 최익현, 신돌석
- 특징
  - 신돌석 : 최초 평민장
  - 최익현 : 쓰시마섬에서 순국

정미의병
- 배경 : 고종강제퇴위, 해산된 군인 합류
- 인물 : 이인영, 허위
- 특징
  해산된 군인 합류로 전투력 증가
  → 13도창의군 결성
  → 서울진공작전 전개
  → 실패

- 일제의 남한 대토벌 작전
- 마지막 의병장 : 채응언

- 만주·연해주로 이동 : 항일무장투쟁 전개

* 애국계몽운동

(1904) 러일전쟁 → (1905) 을사늑약 → (1907) 헤이그 특사 (고종강제퇴위) → (1907) 한일신협약 (군대해산) → (1909) 기유각서 → (1910) 경술국치 조약

보안회

- 일본의 황무지 개간권 반대운동 저지
- 관료와 유생들로 구성
- 결과 : 저지 성공 → 일본 탄압으로 해산

헌정연구회

- 입헌정치체제 수립 목적
- 을사조약 반대운동
- 일진회 비판(친일파) → 일본 탄압으로 해산

대한 자강회(1906~1907)

- 헌정연구회 계승
- 고종 퇴위 결사반대
- 교육과 산업 진흥
- 전국에 지회설립
- 월보간행, 강연회 개최

대한협회

- 대한 자강회 계승
- 전국에 지회 설립
- 대부분 신민회 활동으로 이어짐
- 일부가 친일적 성향

신민회(1907~1911)

- 인물 : 양기탁, 안창호
- 정치 : 공화정 주장, 비밀결사단체, 국외 독립운동 기지건설
- 경제 : 자기회사, 태극서관(출판)
- 교육 : 대성학교, 오산학교
- 언론 : 대한매일신보
- 결과 : 105인 사건으로 해체(1911)

Thema 38

근대 사회 VI (경제적 구국운동, 국권 피탈과정)

01 경제적 구국운동

1883 개정 조·일 통상장정 (방곡령 실시)
- 1889 함경도, 황해도 지역 방곡령 선포(1개월 전 미리 통보 X)
  결과 : 방곡령 철회, 막대한 배상금 지불

1896 아관파천 (서양열강 이권침탈)
- 독립협회
  - 이권 수호운동 - ① 러시아 절영도 조차 요구 저지
    ② 한 · 러 은행 폐쇄
  - 상권 수호운동 = 독립협회 + 시전상인들 주축
    ⇒ 황국중앙총상회 조직(1898) : 외국상인들 내륙 상업활동 엄단 요구

1897 ~ 1904 대한제국 시기
- 식산흥업정책(생산은 늘리고 산업을 일으키는 것)
  - 배경 : 간행이정 10리 → 50리 → 100리로 확대
    (외국상인 침투로 상인들 타격)
  ① 경강상인 : 일본인 증기선 이용, 세곡운반 독점 - 큰 타격
  ② 상회사 설립 : 1883년 - 대동상회, 장통회사 : 동업 조합적 형태
    1890초 - 태평상회, 창신상회 : 주식회사 형태로 발전
  ③ 운수·철도업 : 외국인들에게 철도부설권 이관을 막고 국내 민간인들이 철도부설 실시함
    - 자금 부족으로 실패
  ④ 은행 설립 : 조선은행, 한성은행, 대한 천일은행
  ⑤ 상업 회사 설립 : 광무개혁의 상공업 진흥책으로 인해 설립됨
    (유기공장, 대한 직조공장 등..)

1904 러 · 일전쟁 (황무지 개간권 요구)
- 보안회 : 민중 집회를 열고 황무지 개간권 반대 운동 전개
- 농광회사 설립 : 실업인, 관리가 주축, 황무지를 우리 손으로 개간할 것을 주장

1905 을사조약 (통감부 설치)
- 통감부 설치하면서 일본으로부터 막대한 자금 들어옴 (빚 1300만원)
  → 국채보상운동 (1907)
  - 대구에서 시작(금연 강조)
  - 대한 매일 신보 등 언론기관 동참
  - 양기탁 횡령혐의로 구속 → 일제 탄압

02 국권 피탈과정

- 1904 (러 · 일전쟁)

① 한 · 일 의정서(1904.2) : 전쟁을 수행하기 위해 필요한 전략적 요충지 제공

② 1차 한 · 일 협약(1904.8) : 고문정치
- 외교고문 : 스티븐스
- 재정고문 : 메가타(화폐정리사업(1905))
  → 백동화 → 제일은행권으로 교환(품질에 따라 차등)

⇒

① 가쓰라 · 태프트 밀약(1905.7)
- 미국은 필리핀·일본은 조선 차지

② 2차 영일동맹(1905.8)
- 영국은 인도·일본은 조선 차지

③ 포츠머스 강화 조약(1905.9)
- 러시아는 더 이상 조선에 영향력 행사 할 수 없음.

1. 러·일 위기감 고조
2. 대한제국 국외중립선언(1904.1)
3. 인천항에 정박해 있는 러시아군함 2척, 일본이 선제공격(1904.2.9.)
4. 일본의 선전포고(1904.2.10.)
5. 한일의정서 체결(1904.2.23.)

- 2차 한·일협약(1905.11) → 을사늑약

① 외교권 박탈

② 통감부 설치

⇒

- 헤이그 특사파견 (1907)
- 이준, 이위종, 이상설

⇒

- 고종강제 퇴위
- 순종즉위 (연호 : 융희)

⇒

- 한 · 일 신협약 (1907)

① 군대 해산 (시위대, 진위대)

② 차관 정치

- 기유각서 (1909)

① 사법권 박탈

⇒

- 경찰권 박탈 (1910.6)

⇒

- 경술국치조약(한 · 일 병합)
: 주권상실(1910.8.29. ~ 1945.8.15.)

Thema 39

일제의 식민통치

	무단통치	문화통치	민족말살통치
정치	① 조선총독부 설치 : 무관출신 총독 임명 ② 헌병경찰제 : 즉결처분권, 조선인 태형령 ③ 언론·출판·집회·결사의 자유 박탈 ④ 중추원 설립 : 한국인 회유책	① 조선총독부 : 문관출신 총독 임명 가능(임명X) ② 보통경찰제(숫자X3) ③ 언론·출판·집회·결사의 자유 인정(단,검열과 삭제) ④ 치안유지법 제정(1925)	① 내선일체, 일선동조론 주장 ② 황국 신민화 정책 • 신사참배 • 궁성요배 • 황국신민서사암송 • 창씨개명 ③ 동아·조선일보 폐간(1940)
교육	① 칼찬교사 ② 보통학교 수업연한 (6년 ⟶ 4년)	① 조선어과목 필수화 ② 보통학교 수업연한 (4년 ⟶ 6년) ③ 조선인 대학교육가능 : 민립대 설립운동 → 일본의 방해로 실패	① 조선어 선택 과목화 ② 조선어 교육금지 ⟶ 조선어 학회사건 (1942)
경제	① 토지조사사업(1912~1918) • 목적 - 식민통치에 필요한 재원마련 - 토지소유의 합법화 • 방법 : 기한내 신고주의, 증거주의, 경작권 X • 결과 : 일본인 지주증가, 조선인 소작농 전락 ② 회사령 허가제 실시 : 민족자본 성장 억제 ③ 총독부 전매제 실시 : 소금, 담배, 인삼	① 산미증식계획(1920 ~ 1934), (1940~) • 목적 : 일본 자국내 부족한 식량 문제 해결 • 방법 : 종자개량, 비료·수리시설 개선 • 결과 : 증식에는 성공, 목표량 미달, 수탈량 증가 국내 쌀부족으로 만주에서 잡곡 들여옴 ② 회사령 폐지, 신고제 실시 ③ 관세폐지(1923)	① 남면 북양 정책 : 경제공황으로 값싼 원료 필요 ② 조선공업화 정책 • 북 : 중화학공업 • 남 : 경공업 위주 ③ 농촌진흥운동 : 농촌경제파탄, 소작쟁의, 농민운동 심화 → 농촌 불만 해소하려고 ④ 국가총동원령(1938) • 인적 : 징용, 징병 지원병제(1938) 학도지원병제(1943) 징병제(1944) • 물적 : 공출, 배급

Thema 40

1910년대 국내 · 외 항일운동

01 일제 강점기 이전 항일운동

- 애국계몽운동 ⟶ 105인사건(신민회 타격) ⟶ 국외 독립운동 기지 건설
- 의병 ⟶ 남한 대토벌작전으로 타격 ⟶ 국내 비밀 결사의 형태로 활동

02 1910년대 국내 ·외 항일운동

〈북간도(용정)〉
- 대종교
- 중광단, 간민회
- 서전서숙, 명동학교
- 북로군정서

〈서간도(삼원보)〉
- 신민회 + 이회영 6형제
- 경학사, 부민단
- 신흥무관학교(신흥강습소)
- 서로군정서

〈연해주〉
- 권업회, 성명회
- 대한광복군 정부

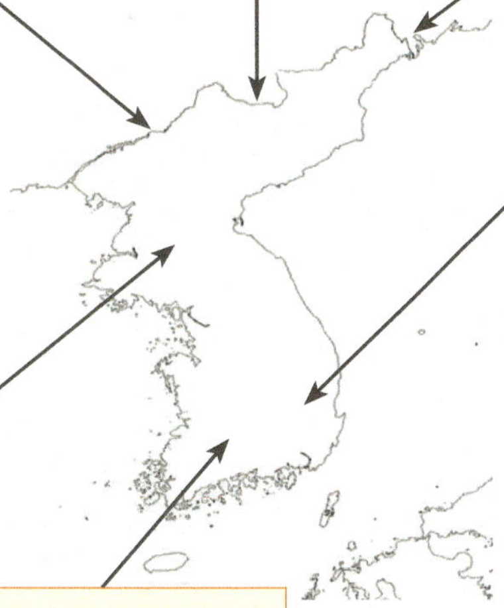

〈평양〉
- 대성학교
  - 기성단
  - 자립단
- 숭의여학교 : 송죽회(여교사 + 학생)
- 조선국민회
  (숭실학교 학생 + 기독교청년)

〈대구〉

* 대한광복회
- 박상진, 김좌진 주도
- 공화정 주장
- 만주에 사관학교를 세워 독립 전사 양성
- 군자금 마련
- 친일파 처단

〈전라도〉

* 독립의군부
- 임병찬주도 : 고종밀명
- 복벽주의 제창
- 국권반환요구서 총독부에 제출 - 실패

* 미주 지역
- 구미위원부 (이승만 조직)
- 대한인 국민회 (이승만 조직)
- 흥사단 (안창호 조직)
- 대조선 국민군단 (박용만 조직) : 하와이에 조직하여 군사훈련을 실시한 단체

03 3·1 운동, 대한민국 임시정부

1. 배경

① 1차 대전 종결 후 파리강화회의 - 윌슨 '민족자결주의' 제창

② 무오독립선언(=대한독립선언) - 1919. 2. 1. 독립운동가 39명이 발표

③ 2·8 독립선언 : 일본에 유학 중이던 학생들이 발표

2. 전개

① 민족대표 33인이 독립선언서 작성 ⟶ 고종의 인산일에 태화관에서 발표 ⟶ 자진 자수

② 학생들 + 지식인층 등이 탑골공원에서 독립선언서 발표
도시 ⟶ 농촌으로 확산 (유관순 : 충남 아오내 장터)
비폭력 ⟶ 폭력시위로 전개 (제암리 학살사건)
모든 계층이 참여한 거족적 민족운동으로 전개

3. 결과

① 무단통치 ⟶ 문화통치

② 대한민국임시 정부 수립

③ 세계 약소국의 민족운동에 영향을 끼침 (중국5·4운동, 인도 비폭력 운동)

04 대한민국 임시정부 수립

1. 대한민국 임시정부 수립

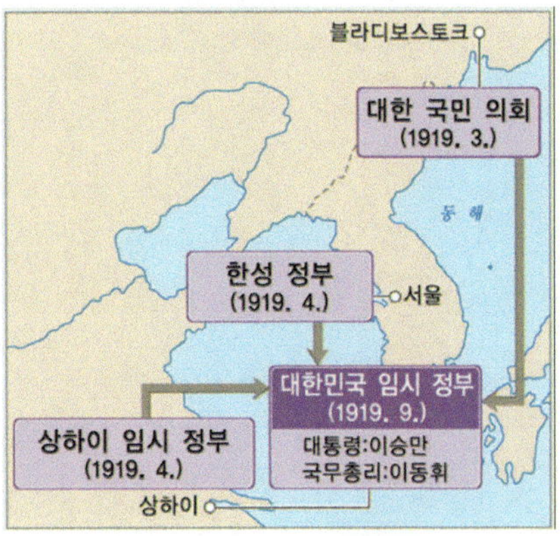

2. 대한민국 임시정부

① 최초 3권 분립, 공화정 정부
대통령 : 이승만
국무총리 : 이동휘(한인사회당)

② 연통제
비밀행정 조직(군자금 전달)

③ 교통국 : 정보수집

④ 독립신문 편찬

⑤ 사료편찬소
- 일본의 한국사 왜곡 대항

⑥ 파리강화회의 독립 청원서 제출
- 김규식 파견

⑦ 이승만 : 구미위원부 설치

⑧ 독립공채 발행

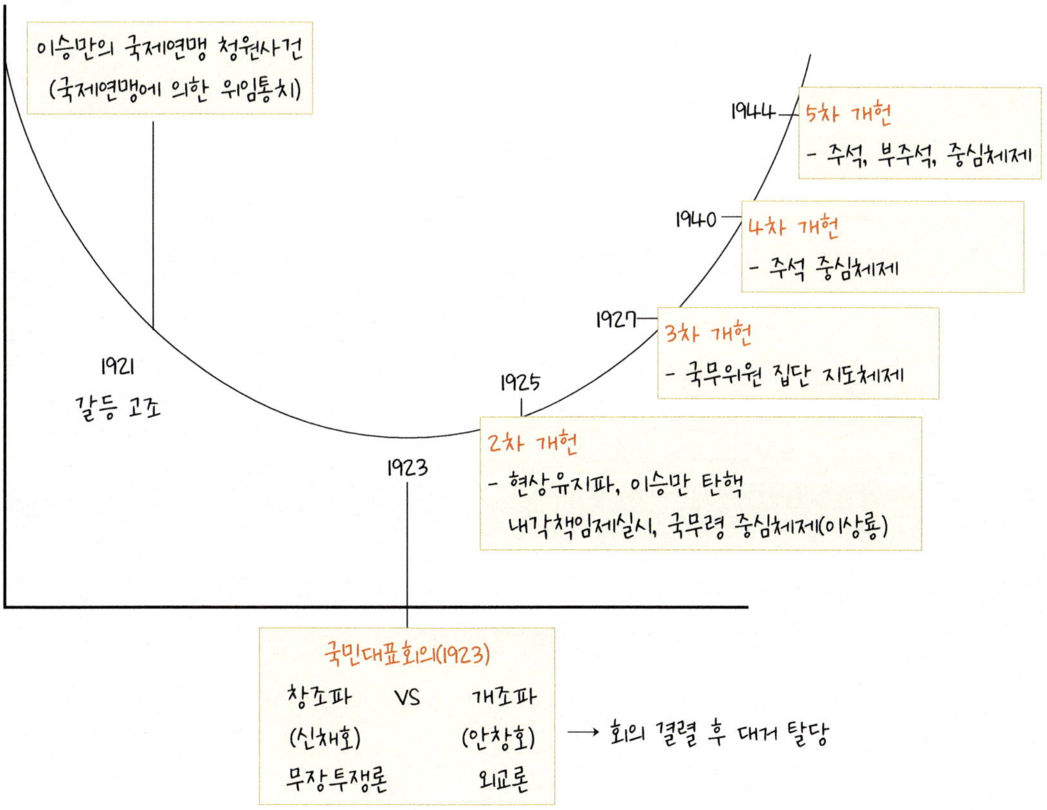

Thema 41

1920년대 국내 항일 민족운동

01 다양한 대중운동

↳ 1920년대 특징 - 사회주의 사상 유입, 민족주의 계열과 갈등

1. 학생 운동

① 6 · 10 만세 운동(1926) : 순종의 인산일

- 배경 : 식민지 차별 교육 반발 : 민족운동단체 + 학생들 주도
  ↳ 사회주의 세력 + 민족주의 세력
- 결과 : - 학생운동의 성장
  - 민족주의와 사회주의의 연대 가능성을 보여줌
  - 민족유일당 운동의 신호탄이 됨

② 광주 학생 항일 운동(1929)

- 전개 : 통학 열차 안에서 한 · 일 학생 간 충돌 ⟶ 3 · 1운동 이후 최대 규모의 민족운동으로 발전
- 신간회가 진상조사단 파견 ⟶ 민중대회 개최로 항일운동 확산전개
  ⟶ 일제 방해로 확산 실패

2. 어린이 운동

① 천도교에서 주도(인내천 사상 - 어린이 인권 보장)
⟶ 방정환(어린이날 제정), 잡지 「어린이」 간행

3. 여성 운동

① 근우회 : 신간회의 자매 단체, 기관지 「근우」 발간, 전국 공연, 강연회 개최(여성 해방 인식 확산)

4. 형평 운동

① 조선형평사 창립(1923) - 백정 출신의 신분해방 운동 (진주에서 시작)

02 실력 양성 운동

↳ 민족의 실력을 키우자(민족주의 진영에서 주도)

1. 물산 장려 운동 (1922)

① 배경

- 1920년대에 들어서 회사령 폐지, 신고제 전환 - 민족 자본 성장
- 평양에서 조만식 주도
- 조선 물산 장려회 조직

- 지주출신 : 경성 방직 회사
- 서민기업 : 대구, 평양 메리야스 공장 , 부산, 고무신 공장
- 구호 : 조선사람 조선 것, 우리가 만든 것 우리가 쓰자.

② 결과

• 수요 > 공급 → 가격 상승, 사회주의 세력이 비판(자본가들을 위한 운동, 자본가들만 성장)

2. 민립대 설립 운동(1922)

① 배경

• 1920년대 : 2차 조선교육령 발표 - 조선인 고등교육 가능

• 서울에서 이상재 주도

• 조선민립대학 기성준비회 결성

• 모금운동 : '천만이 1원씩 내서 대학을 세우자~~'

② 결과

- 일본의 방해로 실패 → 이후 일본이 경성 제국 대학 설립

3. 문맹 퇴치 운동 (=농촌계몽운동)

① 배경 : 1920년대 언론의 자유 인정.

② 동아일보 : 브나로드 운동

③ 조선일보 : 문자보급 운동

03 쟁의

→ 투쟁, 파업 (사회주의 진영에서 주도)

1. 농민 운동 : 소작료 인하 운동

① 암태도 소작 쟁의(1923) → 지주가 전체수확량 70% 요구 → 소작료 인하 성공

2. 노동 운동 : 근로환경 개선, 임금 인상 주장

① 원산 노동자 총파업(1929) → 실패

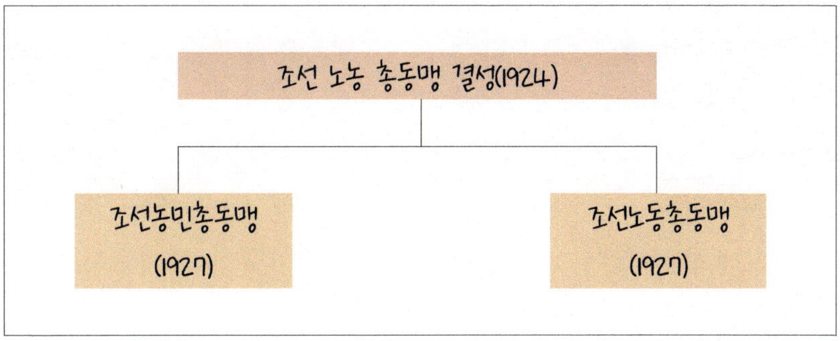

04 의열 투쟁

↳ 폭탄 투척.

1. 의열단(1919)

① 김원봉 조직(만주 지린 성 부근), 무정부주의(조직, 계급 일체 반대)

② 행동지침 : 조선혁명선언 (신채호, 1923)

혁명을 하기 위한 방법은 오직 폭력뿐이다.

③ 단원

- 김익상 : 조선 총독부에 폭탄 투척
- 김상옥 : 종로 경찰서에 폭탄 투척
- 나석주 : 식산 은행, 동양 척식 주식 회사에 폭탄 투척
- 김지섭 : 니주바시(=이중교)에 폭탄 투척

④ 결과 : 1930년대에 조선 의용대로 개편(중국 관내 최초 조선인 군사 조직)

2. 한인애국단(1931)

- 이봉창 : 일왕 마차에 폭탄 투척(1932.1)
- 윤봉길 : 상하이 홍커우 공원에 폭탄 투척(1932.4)

05 신간회 창립(1927)

↳ 민족 유일당 운동 전개, 좌우합작단체.

1. 전개

- 민족주의 세력

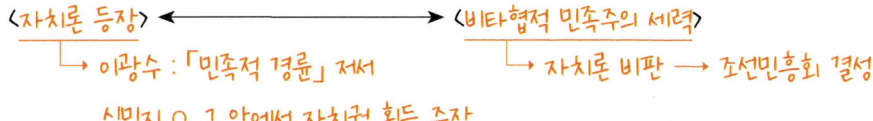

〈자치론 등장〉 ⟷ 〈비타협적 민족주의 세력〉

↳ 이광수 : 「민족적 경륜」 저서   ↳ 자치론 비판 ⟶ 조선민흥회 결성

식민지 O, 그 안에서 자치권 획득 주장

- 사회주의 세력 : 치안유지법(1925)으로 인해 사회주의자 탄압, 감금 ⟶ 합법적 공간 필요 ⟶ 정우회 선언

2. 결과

비타협적 민족주의 세력과 사회주의 세력이 결탁

⟶ 신간회 결성

- 일제강점기 최대 규모의 민족운동 단체
- 기회주의 일체 배격
- 전국에 지회 개설(자매단체 : 근우회)
- 광주 학생 항일 운동 지원(1929)
- 진상 조사단 파견
- 민중대회 개최 ⟶ 확산 ⟶ 일제 탄압(지도부 대부분 투옥)
- 코민테른 지시 ⟶ 사회주의자들이 민족주의자들과의 연합 전선 포기 ⟶ 해소

Thema 42 1920, 30년대 국외 항일 운동

01 1920년대 국외 항일 운동

⑥ 자유시참변 (1921)

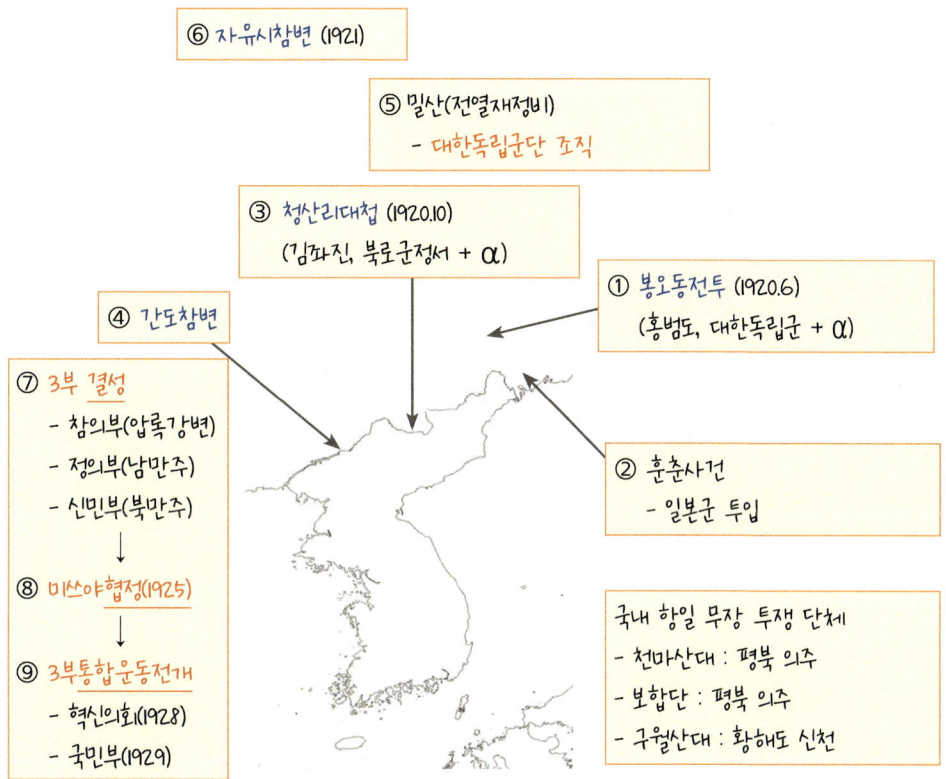

⑤ 밀산(전열재정비)
- 대한독립군단 조직

③ 청산리대첩 (1920.10)
(김좌진, 북로군정서 + α)

① 봉오동전투 (1920.6)
(홍범도, 대한독립군 + α)

④ 간도참변

⑦ 3부 결성
- 참의부(압록강변)
- 정의부(남만주)
- 신민부(북만주)

↓

⑧ 미쓰야협정(1925)

↓

⑨ 3부통합운동전개
- 혁신의회(1928)
- 국민부(1929)

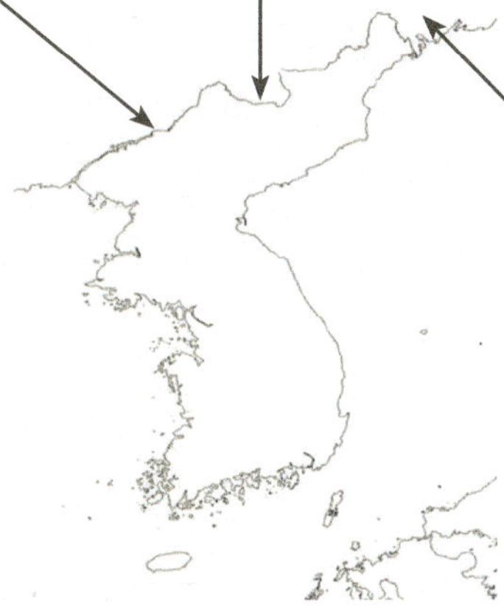

② 훈춘사건
- 일본군 투입

국내 항일 무장 투쟁 단체
- 천마산대 : 평북 의주
- 보합단 : 평북 의주
- 구월산대 : 황해도 신천

02 1930년대 국외 항일 운동

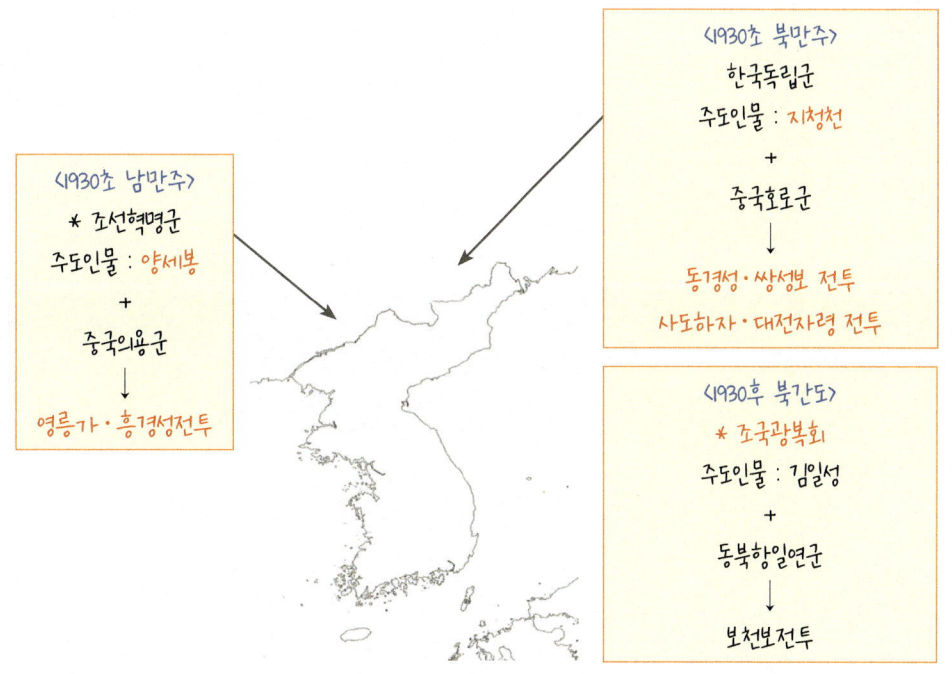

<1930초 남만주>

＊ 조선혁명군

주도인물 : 양세봉

+

중국의용군

↓

영릉가 · 흥경성전투

<1930초 북만주>

한국독립군

주도인물 : 지청천

+

중국호로군

↓

동경성 · 쌍성보 전투

사도하자 · 대전자령 전투

<1930후 북간도>

＊ 조국광복회

주도인물 : 김일성

+

동북항일연군

↓

보천보전투

03 민족혁명당 창단(1935)

└→ 좌우 합작 성격

조선혁명당(지청천) + 한국독립당(조소앙)
└→ 민족주의 성향(우익)

\+

의열단(김원봉) + α
└→ 사회주의 성향(좌익)

좌측 흐름

탈당(의열단 중심으로 가서 불만)

\+

한국국민당(1935) : 김구가 조직

↓

한국광복운동단체연합회 (1937)

우측 흐름

조선민족혁명당 개칭

↓

조선민족전선연맹 (1937)

양측 연합

전국연합진선협회(좌.우 연합)
- 성공 X

좌측: 합 류

한국독립당 결성(1940)

- 대한민국 건국강령 발표
- 삼균주의 바탕(조소앙)
  - 국가와 국가의 균등
  - 민족과 민족의 균등
  - 개인과 개인의 균등
  - 정치·경제·교육의 균등
- 한국광복군 창설(1940년대)
  - 인도 미얀마 참전
  - OSS(미국정보국)와 연합
  - 국내 진공작전 준비

우측

조선의용대(1938)
창설: 김원봉
(중국관내 항일 무장단체)

호가장전투

- 한국광복군에 합류(충칭) 김원봉중심
- 조선독립동맹 산하부대 조선의용군에 합류

개항기 문화

		개화기 (강화도조약 ~ 갑신정변)	동도서기개혁 (갑신정변후 ~ 아관파천)	광무개혁 (대한제국 ~ 러일전쟁)	애국계몽운동기 (러·일전쟁 ~ 경술국치)
신문		① 한성순보 • 최초신문 • 한성에서 (10)일만에 나오는 신문 • 정부의 정책을 알리는 한자신문 • 갑신정변 실패로 폐간	① 한성주보 • 1주일에 한번 나옴 • 최초(상업광고)를 실음. ② 독립신문 • 최초 민간신문 • 한·영판 두버젼 출시 • 독립협회 해산뒤 폐간	① 제국신문 • 순한글 신문 • 부녀자들 주 독자층 ② 황성신문 • 유생들 주 독자층 • 장지연 - 시일야방성대곡	① 대한매일신보 • 발행인 : 양기탁, 베델 • 일본에 대한 비판글 게재 • 국채보상운동 후원 ② 만세보 • 천도교 기관지
건축		■ 박문국 ■ 기기창 ■ 전환국 ■ 우정국	■ 광혜원(1895) • 최초 서양식 병원 → 제중원 ■ 독립문(1896)	■ 원구단, 황궁우 ■ 명동성당 • 최초 서양식 건물	■ 덕수궁 석조전 - 서양식 건물
기술			① 전신 ② 전등(경복궁내 최초)	① 전차운행 ② 경인선 개통(1899.9) ③ 전화등장	① 경부선 개통(1905) ② 경의선 개통(1906)
학교	사립학교	원산학사(1883) • 최초 사립학교	■ 이화학당 ■ 배재학당 ■ 정신여학교, 경신학교, 숭실학교		■ 국내 : 대성학교(안창호), 오산학교(이승훈) ■ 국외 : 서전서숙, 명동학교
	공립학교	동문학(1883) • 외국어 전문학교 • 통역관 양성	■ 육영공원(1886) • 최초관립학교 • 미국교사:헐버트, 길모어 초빙 ■ 교육입국조서 반포이후 • 한성사범학교, 소학교, 외국어 학교	■ 한성중학교:최초 중학교 ■ 기술학교, 실업학교	<종교> ■ 천도교등장(1905)-손병희 주도 ■ 대종교(1909)-나철이 주도 ■ 불교-한용운(불교유신론) : 불교가 변해야 한다. ■ 유교 - 박은식(유교구신론) : 유교가 현재 정체되어 있다. 발전해야 한다.

보충 자료

개항기 건축

개항기 건축			
• 광혜원 	• 독립문 	• 명동성당 	• 덕수궁석조전 
• 최초전차 	• 경인선 	• 최초 극장 원각사 	

Thema 44

민족문화 수호운동

	구한말(한일병합 이전)	1910년대	1920년대	1930~40년대
교육	■교육입국조서 반포(1895) • 근대식 학제 반포 ■보통학교령 제정(1906) ■소학교령 → 보통학교로 개칭	■1차 조선교육령(1911~) • 수업연한축소 • 보통학교6년 → 4년으로 축소 ■사립학교규칙 제정(1911) ■서당규칙제정(1918)	■2차 조선교육령(1922~) • 일본학제와 동일 • 보통학교6년 • 중·고등 교육가능 (민립대설립운동) • 조선어 필수과목	■3차 조선교육령(1938~) 보통학교 → 심상소학교 → 국민학교(1941) • 내선일체, 일선동조론 수업강화 • 조선어 수의 과목화 • 황국신민화교육 ■4차 조선교육령(1943~) • 전시동원체제 강화 • 조선어 과목 폐지, 조선어 금지
국어	■기관 ■국문연구소 : 국어문법연구	■조선광문회 : 고전정리, 간행	■조선어 연구회(1921) • 가갸날 제정 • 『한글』 잡지 간행	■조선어학회(1931~1942) • 한글 맞춤법 통일안 제정 • 우리말 큰사전 편찬 시도 → 조선어학회사건으로 해체(1942)
	■문학 : • 신소설 : 혈의누, 은세계,금수회의록 • 신체시 : 최남선 • 「해에게서 소년에게」	■이광수: 「무정」(1917) • 최초의 근대적 소설	(20년대 초) ■동인지문학 등장 ■김소월 : 「진달래꽃」 ■이상화 : 「빼앗긴 들에도 봄은 오는가」 (20년대 중반) ■저항문학 : 한용운, 심훈 ■신경향파 문학 등장	■저항문학 : 이육사, 윤동주 ■친일문학 : 서정주, 노천명
연극·영화	■원각사 ■우리나라 최초극장	■신파극 등장	■민족상업영화 : 아리랑 (나운규)	

	구한말(한일병합 이전)	1910년대	1920년대	1930~40년대
역사	■계몽사학 • 위인전 : 을지문덕전, 이순신전... • 외국흥망사 : 베트남 흥망사... ■신채호 : 독사신론 • 민족주의 사학방향제시	■식민사관 기관 • 중추원 • 조선사 편수회 • 청구학회 ■결과 • 타율성론 • 당파성론 • 정체성론 • 반도성론 • 일선동조론	■민족주의 사학 ① 신채호 • 조선사 연구초(낭가사상) ↳ 묘청의난 (일천년래 제일 대사건이라 표현) • 조선 상고사 ↳ 아와 비아의투쟁 ② 박은식 : 혼을 강조 • 한국통사 ↳ 나라는 형체, 역사는 정신 • 한국독립운동지혈사 : 일제 강점기의 아픈 역사 서술	■조선학운동(1934) - 정약용서거 99주년 여유당전서 간행 • 정인보 : '얼'을 강조 • 문일평 : '조선심', '조선사상'강조 • 안재홍 : 조선상고사감 간행 ■실증주의 사학 진단학회 조직(진단학보 발행) • 이병도 • 손진태 ■사회경제사학 유물사관을 바탕으로 역사 연구 • 백남운 : 조선경제 사회사 저술

Thema 45 대한민국 정부수립과 6 · 25전쟁

〈외부〉
① 카이로 회담(1943. 11)
② 얄타 회담(1945. 2)
③ 포츠담선언(1945. 7)

〈내부〉
① 조선건국동맹(국내)
② 조선독립동맹(연안)
③ 대한민국임시정부(충칭)

(소) 간접통치
(미) 미군정 직접통치

1945. 12
■ 모스크바 3상회의
- 임시정부수립
- 신탁통치
- 미소공동위원회 개최

1946. 3
■ 1차 미소공위
- 참여자격대립 ⟶ 결렬

↓ 이승만정읍발언(1946.6)
↓ 좌 · 우합작운동

1947
■ 2차 미소공위
- 냉전심화 : 결렬

↓
- 미국이 UN에 상정
(인구비례 총선거)
: 북한 거절

↓
- UN소총회
(선거가능지역만 선거실시)

1948. 5. 10
■ 총선거 실시
- 최초 보통선거
- 국회의원선거
- 이승만 지지세력 대거 당선

■ 총선거 반대
- 김구 : 3천만동포에게 읍고함
- 제주 4 · 3사건
- 남북협상
- 여수, 순천 10 · 19사건

1948. 7. 17.
■ 제헌헌법
- 대통령제(4년 중임)
- 간선제
  - 대통령 : 이승만
  - 부통령 : 이시영
- 친일파처단
  - 반민족행위처벌법 (48. 9)
- 농지개혁
  - 농지개혁법 (49. 6)

1948. 8. 15.
- 대한민국 정부수립

↓
- 조선민주주의 인민공화국
(1948. 9. 9.)

1949. 1
- 반민족 행위 특별 조사위원회

↓
- 화신재벌총수
: 박흥식 체포
- 일제헌병 앞잡이
: 노덕술 체포
- 친일행위자
: 최남선, 이광수 체포

↓ 결과
- 정부의 소극적 태도
- 반민특위 습격사건
- 국회 프락치 사건

1950. 3
■ 농지개혁법 시행
- 유상매입
  -3정보 이상 토지매입
- 유상분배
  - 생산량의 1.5배 측정
  5년간 분할 상환

1950. 6. 25
■ 6 · 25전쟁 배경
① 주한미군 철수
② 중화인민공화국 설립(1949.10)
③ 애치슨선언(1950.1)

〈6 · 25 전개과정〉
① 북한의 남침
② 수도상실, 부산임시수도
③ UN군참전, 인천상륙작전, 수도탈환
④ 국군 · 연합군 압록강진출
⑤ 중공군 개입
⑥ 흥남철수, 1·4후퇴
⑦ 전열정비, 서울재탈환
⑧ 고지전 양상
⑨ 소련의 휴전제의
⑩ 남한휴전반대, 반공포로 석방
⑪ 1953. 7. 27. 휴전

Thema 46

이승만 · 장면 정부(제 1 ·2공화국)

1948. 7. 17.

■ 제헌헌법
- 대통령제 : 4년 중임
- 간선제
- 제헌국회의원 : 임기 2년

초대대통령 : 이승만(1대)

* 이승만 비지지 세력 대거당선

1950 / 1952

■ 부산정치파동 : 개헌반대 야당의원 헌병대 연행
■ 1차 개헌
- 대통령 직선제
- 양원제(내각책임제 요소 일부 허용)

이승만 당선(2대)

1954

■ 2차 개헌
(=사사오입 개헌)
- 초대 대통령에 한해서 중임 제한 폐지

203 X 2/3 = 135.333

1956

■ 3대 대선

	자유당		민주당		무소속
대 :	이승만	VS	신익희	VS	조봉암
부 :	이기붕	VS	장면		

이승만 당선(3대)

* 경제 : 귀족재산처리법 제정 (1949. 12) : 미군정시기 신한공사가 주도
삼백산업 발달(제당, 제분, 면화) : 원조 경제

1960

■ 4대 대선
대 : 이승만 VS 조병옥
부 : 이기붕 VS 장면

↓

3 · 15 부정선거

↓

마산에서 시위 (김주열 열사)

↓

4 · 19혁명

■ 결과
- 이승만 하야
- 이기붕 일가 자살

■ 허정 과도 내각
■ 3차 개헌(1960)
- 내각책임제
- 양원제
  - 참의원
  - 민의원

대통령 : 윤보선
총리 : 장면

1960 ~ 1961

■ 장면 내각

■ 4차 개헌(1960.11)
- 소급특별법 : 3 · 15부정 선거 사범들 재 처벌

↓

- 경제개발 5개년 계획안 수립
- 국토 건설사업

■ 민중의 요구
① 민주화 요구
- 학교의 자율화
- 거창양민 학살사건 진상요구

② 통일요구 : 남북학생회담요구

③ 정치갈등 : 구파 VS 신파
⟶ 민중의 요구 수용 X, 내각 대응 미흡

Thema 47 박정희 정부(제 3 · 4 공화국)

1961

■ 5 · 16 군사정변

(목적)
- 반공 : 국정의 가장 우선
- 민정이양
- 경제발전

(기관)
- 국가재건 최고회의
- 중앙정보부 설치

1962

■ 5차 개헌
- 대통령제 : 4년 중임
- 단원제
- 직선제

* 민주공화당 창당(박정희)
* 화폐개혁
* 경제개발 5개년계획 실시

1963

■ 5대 대선

대 : 박정희 VS 윤보선
↓ 당선
경제제일정책

박정희 당선(5대)

1965

① 한 · 일협정 체결(1965) : 한일국교 정상화
- 무상 3억불 + 유상 2억불
- 사죄의미 X, 독립축하금 명목으로 지급
- 김종필 · 오히라 각서(1962)
- 개인 청구권 소멸

↓

6 · 3시위 : 계엄령으로 시위 진압

② 베트남 파병(1965~1973)
- 경제개발자금 확보
- 브라운 각서(1966)

1967 : 박정희 당선(6대)

1968

■ 위기의 해
- 1 · 21 사태 : 북한무장공비 김신조 청와대 습격사건
- 푸에블로호 납치사건
- 울진 · 삼척 무장공비 사건

1969

■ 6차 개헌
- 3선 허용

1971

■ 7대 대선

대 : 박정희 VS 김대중
- 근소한 차이로 박정희 당선(7대)
- 입지가 점점 좁아짐

↓

■ 남북적십자 1차예비회담
- 이산가족 찾기 운동

■ 새마을 운동
- 농촌생활개선
- 소득증대

1972

■ 7 · 4남북 공동 성명
- 배경 : 닉슨 독트린 (냉전 완화)
- 인물 : 이후락, 김일성

결과 : 평화통일 3원칙 합의
↓
자주 · 평화 · 민족적 대단결

↓

- 남북조절 위원회 설치 (합의사항 협의하기 위해)

→

(북) : 김일성 우상화 실시
(남) : 유신헌법(10월유신)

■ 7차 개헌
- 대통령임기 : 6년(중임X)
- 간선제 : → 통일주체국민회의
- 대통령 권한 강화
  - 국회해산권
  - 국회의원 1/3 임명권
  - 긴급조치권

1972

■ 7차 개헌
유신헌법

8대 대선
박정희 당선(8대)

→

■ 유신 반대 운동

① 김대중 : 유신반대운동
→ 납치(자택에 감금)

② 장준하 : 유신반대 100만인 서명운동 전개
→ 실족사로 사망

③ 언론 자유 수호 운동
- 광고주 압박 : 백지광고 사태
- 민주광고 게재 : 기자 해직

④ 학생시위
- 전국민주청년학생 총연맹 사건(민청학련 사건)

⑤ 3 · 1 구국선언(1976)
- 민주 인사들이 명동성당에서 긴급조치 철폐, 박정희 퇴진 요구

→

1978

■ 9대 대선
박정희 당선(9대)

→

1979

■ 유신체제의 붕괴

① 2차 석유파동 : 경제성장률 하락, 박정희 정부 비판

② YH 무역사건
- 회사 폐쇄 → 여공들이 야당당사(신민당)에서 시위 → 경찰의 강제진압(여공 1명 사망) → 야당총재인 김영삼 항의 → 김영삼 제명

↓

부·마 항쟁 : (부산 : 계엄령,
마산 : 위수령)

↓

10·26 사태 (온건파 VS 강경파)
: 온건파 김재규가 대통령 사살

* 제 1, 2차 경제 개발 5개년 계획(1962~1966), (1967~1971)
- 1차 경제 개발 5개년 계획 : 경공업 제품 중심(의류, 신발, 합판 등)
- 2차 경제 개발 5개년 계획 : 비료, 시멘트, 정유 산업이 성장
- 결과 : 마산 지역에 수출자유지역 설립, 포항 종합 제철공장이 건설, 경부고속국도 개통(1970)

* 제 3, 4차 경제 개발 5개년 계획(1972~1981)
- 3. 4차 경제 개발 5개년 계획 : 중·화학 공업 중심
- 결과 : 1977년에 수출 100억 달러 달성

Thema 48 전두환 ~ 문재인 정부(제 5 · 6 공화국)

1980

■ 12 · 12 사태(신군부 등장)

■ 서울의 봄
- 유신 종결
- 계엄령 종결
- 신군부 퇴진요구

■ 5 · 18 광주 민주화 운동
(계엄군 VS 시민군)

↓

■ 기관
- 국가보위비상대책위원회
- 삼청교육대

↓

* 최규하 사임(80. 8. 16)
* 11대 대선(1980. 8)
전두환 당선(11대)
→ 통일주체국민회의에서 당선

1981

■ 8차 개헌(1980. 10)
- 대통령 7년 단임제
- 간선제(대통령선거인단)

↓

■ 전두환 정부 재 출범
→ 전두환 당선(12대)

■ 강경책 실시
- 언론통제(보도지침 내려줌)

■ 유화책 실시
- 해외여행 자율화
- 야간 통행 금지 해제
- 중 · 고생 교복자율화
- 프로야구 출범

■ 최초 이산가족 상봉(1985)

■ 3저 호황 (수출증가)
- 저금리, 저달러, 저유가
→ 사상최초 무역흑자 달성

1987

■ 개헌요구 확산
- 박종철 고문 치사 사건
- 직선제 요구 민심 확산

↓

■ 4 · 13 호헌조치

↓

- 이한열 열사 사건

↓

■ 6월 민주항쟁
- 호헌철폐
- 독재타도

↓

■ 6 · 29 선언
- 대통령 직선제

↓

■ 9차 개헌
- 5년 단임제
- 직선제

13대 대선(1987. 12)
노태우 당선(13대)

1988. 2 ~ 1992. 2

■ 노태우 정부(6공화국)

① 88 서울올림픽 (1988. 7)

② 북방외교 : 사회주의 국가와 수교
- 소련과 수교(90. 9)
- 최초 남북 고위급 회담(90. 9)
- 남북 UN 동시가입(91. 9)
- 남북기본합의서 채택 (91. 12. 13)
  → 남북 사이의 화해와 불가침 및 교류와 협력에 관한 합의서
- 한반도 비핵화 공동선언 (91. 12. 31)
- 중국과 수교(92)

1993. 2 ~ 1998. 2

■ 김영삼 정부(=문민정부) (14대)

① 역사 바로 세우기
- 전두환, 노태우 법정 세움
- 조선 총독부 철거
- 국민학교 ⟶ 초등학교 개칭(1996)

② 지방자치제 전면 실시

③ 금융실명제 실시

④ OECD 가입(경제협력개발기구)

⑤ IMF 경제위기

⑥ 우루과이 라운드 체결(1993. 12)

1998. 2 ~ 2003. 2

■ 김대중 정부 (15대)

① IMF 위기 극복 : 금모으기 운동

② 햇볕정책
- 금강산 관광(현대그룹, 1998)

③ 6·15 남북공동선언(2000)
↳ 1차 남북 정상회담
- 이산가족 상봉
- 개성공단 조성
- 경의선 철도 복원

④ 노벨 평화상

2003. 2 ~ 2008. 2

■ 노무현 정부 (16대)

① 10·4 남북공동선언(2007)
↳ 2차 남북 정상회담

② 금강산 육로 관광 시작(2003)

③ 칠레와 FTA 체결(2004)

④ 한·미 FTA 체결(2007)

2017. 5 ~ 2022. 5

■ 문재인 정부 (19대)

① 4·27 판문점 선언(2018)
↳ 3차 남북 정상회담

한국사능력검정시험 심화

2021년 51회 기출문제

...

2022년 60회 기출문제

심화

2021년도

제51회 한국사능력검정시험 문제지

01 (가) 시대의 생활 모습으로 옳은 것은? [1점]

△△ 박물관 특별전

(가) 시대로 떠나는 시간 여행

⊙기간: 2021.○○.○○.~○○.○○.
⊙장소: △△ 박물관 특별 전시실

모시는 글

우리 박물관에서는 농경과 정착 생활이 시작된 (가) 시대 특별전을 마련하였습니다. 덧무늬 토기, 흙으로 빚은 사람 얼굴상, 갈돌과 갈판 등 다양한 유물들을 전시하고 있으니 많은 관람 바랍니다.

① 가락바퀴를 이용하여 실을 뽑았다.
② 주로 동굴이나 강가의 막집에서 살았다.
③ 지배층의 무덤으로 고인돌을 축조하였다.
④ 거푸집을 이용하여 세형 동검을 제작하였다.
⑤ 쟁기, 쇠스랑 등의 철제 농기구를 사용하였다.

02 (가) 나라에 대한 설명으로 옳은 것은? [2점]

이 유물은 중국 지린성 쑹화강 유역의 둥퇀산 유적에서 출토된 (가) 의 금동제 가면이다. 『삼국지』 동이전에 따르면 (가) 에는 여러 가(加)들이 별도로 관할하는 사출도가 있었으며, 사람을 죽여 순장하는 풍습이 행해졌다고 한다.

① 12월에 영고라는 제천 행사를 열었다.
② 신지, 읍차라고 불린 지배자가 있었다.
③ 제사장인 천군과 신성 지역인 소도가 존재하였다.
④ 대가들이 사자, 조의, 선인 등의 관리를 거느렸다.
⑤ 다른 부족의 영역을 침범하면 소나 말로 변상하였다.

03 밑줄 그은 '왕'의 업적으로 옳은 것은? [2점]

여러 신하들이 아뢰기를 "…… 신(新)은 '덕업이 날로 새로워진다'는 뜻이고, 라(羅)는 '사방(四方)을 망라한다'는 뜻이므로 이를 나라 이름으로 삼는 것이 마땅하다고 여겨집니다. 또 살펴보건대 옛날부터 국가를 가진 이는 모두 제(帝)나 왕(王)을 칭하였는데, 우리 시조께서 나라를 세운 지 지금 22대에 이르기까지 방언으로만 부르고 높이는 호칭을 정하지 못하였으니, 이제 여러 신하들이 한 마음으로 삼가 신라국왕(新羅國王)이라는 칭호를 올립니다."라고 하였다. 왕이 이를 따랐다.
-『삼국사기』-

① 병부를 설치하고 율령을 반포하였다.
② 이사부를 보내 우산국을 복속시켰다.
③ 대가야를 병합하여 영토를 확장하였다.
④ 국학을 설립하여 유학 교육을 진흥시켰다.
⑤ 자장의 건의로 황룡사 구층 목탑을 건립하였다.

04 (가) 문화유산에 대한 설명으로 옳은 것은? [3점]

학술 대회 안내

올해는 백제의 고분 중 피장자와 축조 연대가 확인되는 유일한 무덤인 (가) 발굴 50주년이 되는 해입니다. 우리 학회는 이를 기념하여 '(가) 출토 유물로 본 동아시아 문화 교류'를 주제로 학술 대회를 개최합니다.

◆ 발표 주제 ◆
- 진묘수를 통해 본 도교 사상
- 금동제 신발의 제작 기법 분석
- 금송으로 만든 관을 통해 본 일본과의 교류

- 일시: 2021년 ○○월 ○○일 13:00~17:00
- 장소: □□박물관 강당
- 주최: △△ 학회

① 서울 석촌동 고분군에 위치하고 있다.
② 나무로 곽을 짜고 그 위에 돌을 쌓았다.
③ 국보로 지정된 금동 대향로가 출토되었다.
④ 무덤의 둘레돌에 12지 신상을 조각하였다.
⑤ 중국 남조의 영향을 받아 벽돌로 축조하였다.

05 다음 사건이 일어난 시기를 연표에서 옳게 고른 것은? [2점]

> 검모잠이 국가를 다시 일으키기 위하여 당을 배반하고 왕의 외손 안순[안승]을 세워 임금으로 삼았다. 당 고종이 대장군 고간을 보내 동주도(東州道) 행군총관으로 삼고 병력을 내어 그들을 토벌하니, 안순이 검모잠을 죽이고 신라로 달아났다.
>
> -『삼국사기』-

581		612		645		668		675		698
	(가)		(나)		(다)		(라)		(마)	
수 건국		살수 대첩		안시성 전투		평양성 함락		매소성 전투		발해 건국

① (가) ② (나) ③ (다) ④ (라) ⑤ (마)

06 밑줄 그은 '대사'의 활동으로 옳은 것은? [3점]

> **부석사 창건 설화**
>
> 당에 유학했던 대사가 공부를 마치고 귀국길에 오르자 그를 사모했던 선묘라는 여인이 용으로 변하여 귀국길을 도왔다. 신라에 돌아온 대사는 불법을 전파하던 중 자신이 원하는 절을 찾았다. 그런데 그곳은 이미 다른 종파의 무리들이 있었다. 이때 선묘룡이 나타나 공중에서 커다란 바위로 변신하여 절의 지붕 위에서 떨어질 듯 말 듯 하자 많은 무리들이 혼비백산하여 달아났다. 이러한 연유로 이 절을 '돌이 공중에 떴다'는 의미의 부석사(浮石寺)로 불렀다.

① 향가 모음집인 삼대목을 편찬하였다.
② 무애가를 지어 불교 대중화에 힘썼다.
③ 화랑도의 규범으로 세속 5계를 제시하였다.
④ 화엄일승법계도를 지어 화엄 사상을 정리하였다.
⑤ 인도와 중앙아시아를 다녀와서 왕오천축국전을 남겼다.

07 (가) 시기에 있었던 사실로 옳은 것은? [2점]

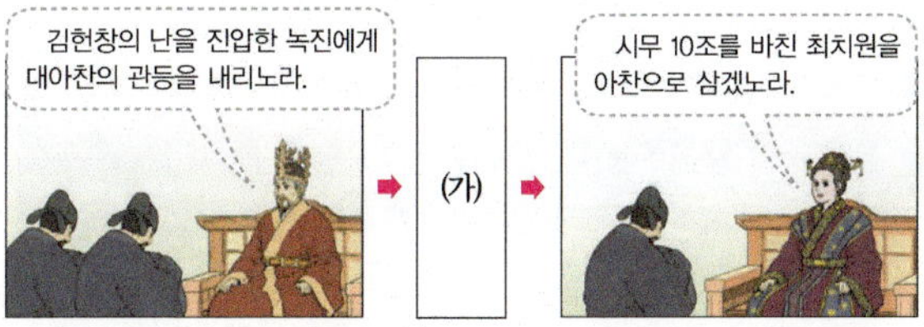

① 이차돈의 순교로 불교가 공인되었다.
② 원종과 애노가 사벌주에서 봉기하였다.
③ 관료전을 지급하고 녹읍을 폐지하였다.
④ 거칠부가 왕명을 받들어 국사를 편찬하였다.
⑤ 최고 지배자의 칭호가 마립간으로 바뀌었다.

08 (가) 국가에 대한 설명으로 옳은 것은? [1점]

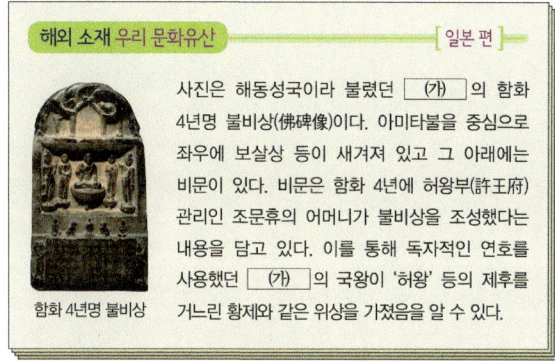

> **해외 소재 우리 문화유산** [일본 편]
>
> 
> 함화 4년명 불비상
>
> 사진은 해동성국이라 불렸던 (가) 의 함화 4년명 불비상(佛碑像)이다. 아미타불을 중심으로 좌우에 보살상 등이 새겨져 있고 그 아래에는 비문이 있다. 비문은 함화 4년에 허왕부(許王府) 관리인 조문휴의 어머니가 불비상을 조성했다는 내용을 담고 있다. 이를 통해 독자적인 연호를 사용했던 (가) 의 국왕이 '허왕' 등의 제후를 거느린 황제와 같은 위상을 가졌음을 알 수 있다.

① 9서당 10정의 군사 조직을 운영하였다.
② 성균관을 설치하여 유교 경전을 교육하였다.
③ 5경 15부 62주의 지방 행정 제도를 갖추었다.
④ 상수리 제도를 실시하여 지방 세력을 견제하였다.
⑤ 내신좌평, 위사좌평 등 6좌평의 관제를 마련하였다.

09 (가)에 해당하는 문화유산으로 옳은 것은? [2점]

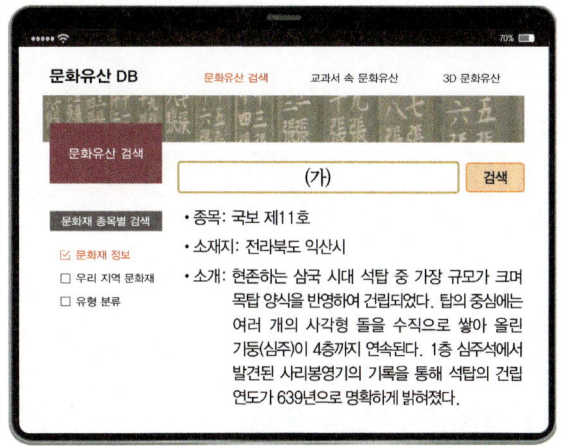

> **문화유산 DB** 문화유산 검색 교과서 속 문화유산 3D 문화유산
>
> 문화유산 검색 (가) 검색
>
> 문화재 종목별 검색
> ☑ 문화재 정보
> ☐ 우리 지역 문화재
> ☐ 유형 분류
>
> • 종목: 국보 제11호
> • 소재지: 전라북도 익산시
> • 소개: 현존하는 삼국 시대 석탑 중 가장 규모가 크며 목탑 양식을 반영하여 건립되었다. 탑의 중심에는 여러 개의 사각형 돌을 수직으로 쌓아 올린 기둥(심주)이 4층까지 연속된다. 1층 심주석에서 발견된 사리봉영기의 기록을 통해 석탑의 건립 연도가 639년으로 명확하게 밝혀졌다.

① 
② 
③ 
④ 
⑤ 

10 (가), (나) 사이의 시기에 있었던 사실로 옳은 것은? [2점]

(가) 날이 밝아오자 (여러 장수들이) 태조를 곡식더미 위에 앉히고는 군신의 예를 행하였다. 사람을 시켜 말을 달리며 "왕공(王公)께서 이미 의로운 깃발을 들어 올리셨다."라고 외치게 하였다. …… 궁예가 이 소식을 듣고는 어찌할 바를 몰라 미복(微服) 차림으로 북문을 빠져나갔다.

-『고려사절요』-

(나) 여름 6월 견훤이 막내아들 능예와 딸 애복, 애첩 고비 등과 더불어 나주로 달아나 입조를 요청하였다. …… 도착하자 그를 상보(尙父)라 일컫고 남궁(南宮)을 객관(客館)으로 주었다. 지위를 백관의 위에 두고 양주를 식읍으로 주었다.

-『고려사』-

① 견훤이 후백제를 건국하였다.
② 김흠돌이 반란을 도모하였다.
③ 장보고가 청해진을 설치하였다.
④ 신숭겸이 공산 전투에서 전사하였다.
⑤ 신검이 일리천에서 고려군에게 패배하였다.

11 다음 군사 제도를 운영한 국가에 대한 설명으로 옳은 것은? [2점]

목종 5년에 6위의 직원을 마련하여 두었는데, 뒤에 응양군(鷹揚軍)과 용호군(龍虎軍)의 2군을 설치하고, 6위의 위에 있게 하였다. 뒤에 또 중방을 설치하고, 2군·6위의 상장군과 대장군이 모두 회합하게 하였다.

① 중정대를 두어 관리를 감찰하였다.
② 9주 5소경의 지방 제도를 운영하였다.
③ 고관들의 합좌 기구인 도병마사를 설치하였다.
④ 인재를 등용하기 위하여 독서삼품과를 시행하였다.
⑤ 왕족인 부여씨와 8성의 귀족이 지배층을 이루었다.

12 (가)에 대한 고려의 대응으로 옳은 것은? [1점]

이 그림은 윤관이 (가) 을/를 정벌하고 동북 9성을 설치한 후 고려의 경계를 알리는 비석을 세우는 장면을 그린 척경입비도입니다.

① 화통도감을 두어 화포를 제작하였다.
② 박위를 파견하여 근거지를 토벌하였다.
③ 연개소문을 보내어 천리장성을 축조하였다.
④ 대장도감을 설치하여 팔만대장경을 간행하였다.
⑤ 신기군, 신보군, 항마군 등으로 구성된 별무반을 조직하였다.

13 다음 상황이 나타난 시기에 볼 수 있는 모습으로 가장 적절한 것은? [2점]

일전에 왕께서 화폐를 주조하여 재추와 문무 관료 및 군인에게 지급하라는 명을 내리셨습니다. 이에 따라 주전도감에서 해동통보를 발행하였습니다.
주전도감에서 해동통보 발행

① 구황촬요를 읽고 있는 지방관
② 시장을 감독하는 동시전의 관리
③ 초량 왜관에서 인삼을 판매하는 내상
④ 벽란도에서 물품을 거래하는 송의 상인
⑤ 낙랑군에 수출할 덩이쇠를 주조하는 장인

14 다음 사건 이후에 일어난 사실로 옳은 것은? [1점]

만적 등 6명이 북산에서 땔나무를 하다가, 공사(公私)의 노복들을 불러 모아 모의하며 말하기를, "국가에서 경인년과 계사년 이래로 높은 관직도 천예(賤隸)에서 많이 나왔으니, 장상(將相)에 어찌 씨가 있겠는가? 때가 되면 (누구나) 차지할 수 있는 것이다. 우리들이라고 어찌 뼈 빠지게 일만 하면서 채찍 아래에서 고통만 당하겠는가?"라고 하였다. 여러 노(奴)들이 모두 그렇다고 하였다. …… 가노(家奴) 순정이 한충유에게 변란을 고하자 한충유가 최충헌에게 알렸다. 마침내 만적 등 100여 명을 체포하여 강에 던졌다.

① 묘청이 서경 천도를 주장하였다.
② 쌍기가 과거제의 시행을 건의하였다.
③ 왕실의 외척인 이자겸이 난을 일으켰다.
④ 정중부가 반란을 일으켜 권력을 차지하였다.
⑤ 최우가 정방을 설치하여 인사권을 장악하였다.

15 (가) 인물의 활동으로 옳은 것은? [2점]

① 처인성에서 몽골군을 물리쳤다.
② 정변을 일으켜 목종을 폐위하였다.
③ 위화도에서 회군하여 최영을 제거하였다.
④ 교정별감이 되어 국정 전반을 장악하였다.
⑤ 전민변정도감의 책임자로서 개혁을 이끌었다.

16 밑줄 그은 '그'에 대한 설명으로 옳은 것은? [2점]

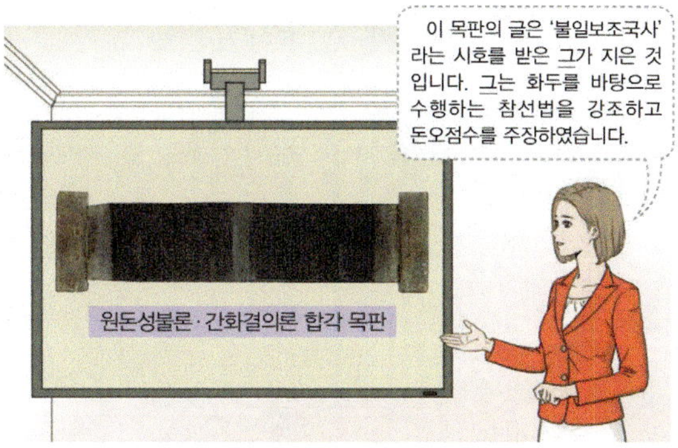

① 화왕계를 지어 국왕에게 바쳤다.
② 천태종을 개창하여 불교 통합에 힘썼다.
③ 정혜결사를 통해 불교 개혁에 앞장섰다.
④ 심성의 도야를 강조한 유불 일치설을 제창하였다.
⑤ 불교 관련 설화를 중심으로 삼국유사를 저술하였다.

17 밑줄 그은 '이 책'에 대한 설명으로 옳은 것은? [3점]

① 남북국이라는 용어를 처음 사용하였다.
② 사초와 시정기를 바탕으로 편찬하였다.
③ 단군의 고조선 건국 이야기를 수록하였다.
④ 청주 흥덕사에서 금속 활자본으로 간행되었다.
⑤ 유교 사관에 입각하여 기전체 형식으로 서술하였다.

18 (가)~(마)에 들어갈 내용으로 옳은 것은? [3점]

〈한국사 교양 강좌〉

인물로 보는 고려의 성리학

우리 박물관에서는 '인물로 보는 고려의 성리학'을 주제로 한국사를 이해하는 자리를 마련하였습니다. 관심 있는 분들의 많은 참여 바랍니다.

◈ 강좌 순서 ◈

제1강. 안향,	(가)
제2강. 이제현,	(나)
제3강. 이색,	(다)
제4강. 정몽주,	(라)
제5강. 정도전,	(마)

▪기간: 2021년 ○○월 ○○일~○○월 ○○일
▪장소: □□대학교 대강당
▪주최: △△ 박물관

① (가) – 봉사 10조를 올려 시정 개혁을 제안하다.
② (나) – 만권당에서 원의 학자들과 교유하다.
③ (다) – 9재 학당을 세워 유학 교육에 힘쓰다.
④ (라) – 경제문감을 저술하고 재상 중심의 정치를 주장하다.
⑤ (마) – 성학십도에서 군주의 도를 도식으로 설명하다.

19 밑줄 그은 '왕'의 재위 기간에 있었던 사실로 옳은 것은? [2점]

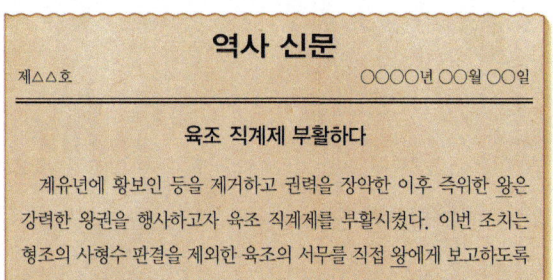

역사 신문

제△△호 ○○○○년 ○○월 ○○일

육조 직계제 부활하다

계유년에 황보인 등을 제거하고 권력을 장악한 이후 즉위한 왕은 강력한 왕권을 행사하고자 육조 직계제를 부활시켰다. 이번 조치는 형조의 사형수 판결을 제외한 육조의 서무를 직접 왕에게 보고하도록 한 것이다. 따라서 이전보다 더욱 강력한 육조 직계제가 시행될 것으로 예상된다.

① 주자소가 설치되어 계미자가 주조되었다.
② 조의제문이 발단이 되어 무오사화가 일어났다.
③ 통치 체제를 정비하기 위해 대전회통이 편찬되었다.
④ 제한된 범위의 무역을 허용한 계해약조가 체결되었다.
⑤ 현직 관리에게만 수조지를 지급하는 직전법이 시행되었다.

20 다음 검색창에 들어갈 문화유산에 대한 설명으로 옳은 것은? [1점]

파일(F) 편집(E) 보기(V) 즐겨찾기(A) 도구(T) 도움말(H)
한국의 세계 기록 유산
검색어 ▾ [ ] 검색

| 검색 결과

• 종목: 국보 제303호
• 수량: 3,243책
• 세계 기록 유산 등재 연도: 2001년
• 소개: 조선 시대 왕명의 출납, 행정 사무, 의례 등에 관해 기록한 일기이다. 편년체로 기록되었으며, 승지가 이를 국왕에게 올려 재가를 받아 최종 완성되었다. 국왕과 신하들의 국정 논의 내용 등이 상세히 수록되어 있어 실록 편찬의 기본 자료로도 활용되었다.

| 관련 이미지

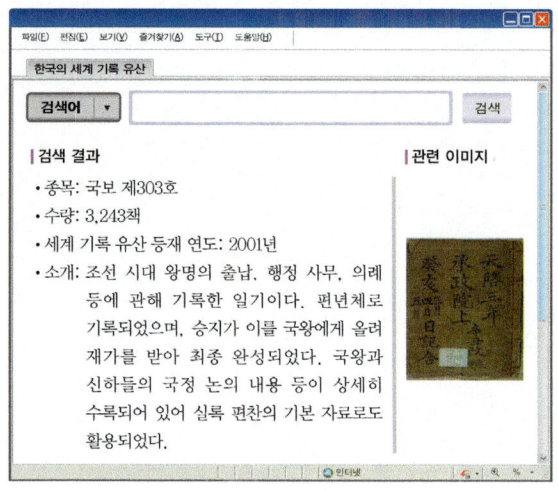

① 비국 등록이라고도 불렸다.
② 국왕의 비서 기관에서 작성하였다.
③ 세가, 지, 열전 등으로 구성되었다.
④ 우리나라 최고(最古)의 역사서이다.
⑤ 정조가 세손 시절부터 쓴 일기에서 유래하였다.

21 (가) 기구에 대한 설명으로 옳은 것은? [2점]

교활한 아전이 여러 가지로 폐단을 일으키는 것은 수령이 듣고 보는 것으로써 다 감찰할 수가 없습니다. 그러나 중앙의 경재소와 지방의 (가) 이/가 서로 들은 대로 규찰하여 교활한 아전을 억제시키고 향촌의 풍속을 유지시킨다면 풍속을 좋은 방향으로 개선하는 데 도움이 될 것입니다.

–『성종실록』–

① 좌수와 별감을 선발하여 운영되었다.
② 지방의 행정·사법·군사권을 행사하였다.
③ 5품 이하의 관원에 대한 서경권을 가졌다.
④ 조광조를 비롯한 사림의 건의로 혁파되었다.
⑤ 중앙에서 교관인 교수나 훈도가 파견되었다.

22 (가) 인물에 대한 설명으로 옳은 것은? [3점]

이곳 파주 자운 서원에는 (가) 의 위패가 모셔져 있습니다. 그는 군주가 수양해야 할 덕목과 지식을 담은 성학집요를 집필하여 임금에게 바쳤으며, 해주 향약 등을 시행하였습니다.

① 불씨잡변을 지어 불교를 비판하였다.
② 노론의 영수로 북벌론을 주장하였다.
③ 양명학을 연구하여 강화학파를 형성하였다.
④ 북한산비가 진흥왕 순수비임을 고증하였다.
⑤ 다양한 개혁 방안을 담은 동호문답을 저술하였다.

23 다음 가상 뉴스 이후에 전개된 상황으로 옳은 것은? [2점]

며칠 전 우리 군사들이 명군과 연합하여 일본군으로부터 평양성을 탈환하였습니다. 이번 승리는 불리했던 전세를 역전시킬 계기가 될 것으로 보입니다.
조·명 연합군, 평양성을 탈환하다

① 이순신이 명량에서 대승을 거두었다.
② 최무선이 진포에서 왜구를 격퇴하였다.
③ 신립이 탄금대에서 배수의 진을 치고 싸웠다.
④ 김종서가 6진을 개척하여 영토를 확장하였다.
⑤ 배중손이 삼별초를 이끌고 진도에서 항전하였다.

24 (가), (나) 사이의 시기에 있었던 사실로 옳은 것은? [2점]

> (가) 양사(兩司)가 합계하기를, "영창 대군 이의(李㼁)를 왕으로 옹립하기로 했다는 설이 이미 역적의 입에서 나왔는데 이에 대해 자복(自服)한 역적만도 한두 명에 그치지 않습니다. …… 왕법은 지극히 엄한 만큼 결코 용서해주기 어려우니 유사로 하여금 법대로 적용하여 처리하게 하소서."라고 하였다.
>
> (나) 앞서 왕에게 이괄 부자가 역적의 우두머리라고 고해바친 자가 있었다. 하지만 임금은 "필시 반역은 아닐 것이다."라고 하면서도, 이괄의 아들인 이전을 잡아오라고 명하였다. 이전은 그때 이괄의 군영에 있었고 이괄은 결국 금부도사 등을 죽이고 여러 장수들을 위협하여 난을 일으켰다.

① 국왕의 친위 부대인 장용영이 조직되었다.
② 서인이 반정을 일으켜 정권을 장악하였다.
③ 정여립 모반 사건으로 옥사가 발생하였다.
④ 허적과 윤휴 등 남인들이 대거 축출되었다.
⑤ 자의 대비의 복상 문제로 예송이 전개되었다.

25 밑줄 그은 '이 왕'이 추진한 정책으로 옳은 것은? [2점]

명릉은 이 왕과 왕비인 인현왕후의 무덤입니다. 이 왕에 대해서 알고 있는 사실을 대화 창에 올려 주세요.

경신환국 등 여러 차례 환국을 통해서 정국을 주도하였어요.
대동법을 황해도까지 확대 시행하였어요.

① 수도 방어를 위하여 금위영을 창설하였다.
② 국가의 통치 규범인 경국대전을 반포하였다.
③ 청의 요청으로 나선 정벌에 조총 부대를 파견하였다.
④ 농민들의 군역 부담을 줄여주고자 균역법을 시행하였다.
⑤ 유능한 인재를 양성하기 위해 초계문신제를 실시하였다.

26 다음 대화가 이루어진 시기의 경제 상황으로 옳지 않은 것은? [2점]

① 고액 화폐인 활구가 주조되었다.
② 담배, 면화 등 상품 작물이 재배되었다.
③ 관청에 물품을 조달하는 공인이 활동하였다.
④ 송상, 만상이 대청 무역으로 부를 축적하였다.
⑤ 광산을 전문적으로 경영하는 덕대가 등장하였다.

27 (가) 인물의 작품으로 옳은 것은? [1점]

① 
② 
③ 
④ 
⑤ 

28 밑줄 그은 '변란'에 대한 설명으로 옳은 것은? [2점]

① 홍경래가 주도하여 봉기하였다.
② 청군이 파병되는 결과를 가져왔다.
③ 흥선 대원군 집권 시기에 일어났다.
④ 삼정이정청이 설치되는 계기가 되었다.
⑤ 보국안민, 제폭구민을 기치로 내걸었다.

29 (가)~(마)에서 일어난 사실로 옳지 않은 것은? [2점]

답사 계획서

◈ 주제: 섬에서 만나는 제국주의 열강의 침입과 저항
◈ 일시: 2021년 ○○월 ○○일 09:00~18:00
◈ 경로: 외규장각 → 연무당 옛터 → 광성보 → 정족산성 → 초지진

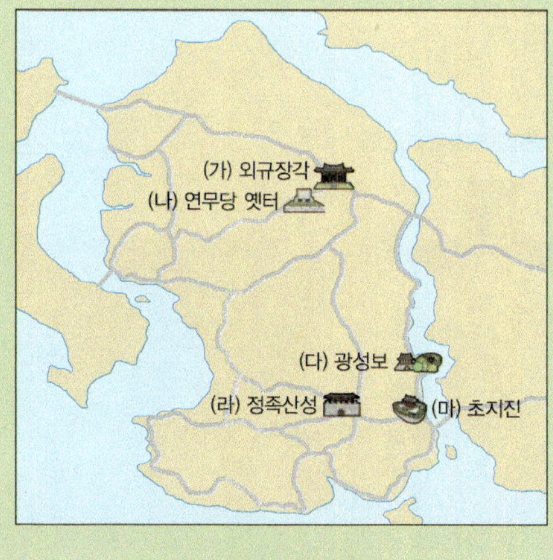

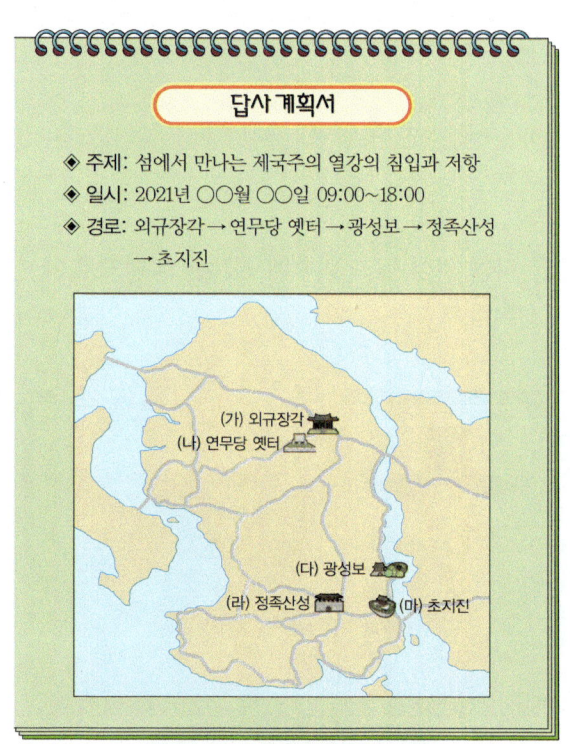

① (가) – 프랑스군이 의궤를 약탈하였다.
② (나) – 조일 수호 조규가 체결되었다.
③ (다) – 어재연 부대가 결사 항전하였다.
④ (라) – 양헌수 부대가 적군을 물리쳤다.
⑤ (마) – 영국군이 불법으로 점령하였다.

30 (가), (나) 조약에 대한 설명으로 옳은 것을 〈보기〉에서 고른 것은? [3점]

(가) **제5관** 미국 상인과 상선이 조선에 와서 무역을 할 때 입출항하는 화물은 모두 세금을 바쳐야 하며, 세금을 거두는 권한은 조선이 자주적으로 행사한다.

(나) **제37관** 조선국에서 가뭄과 홍수, 전쟁 등의 일로 국내에 양식이 부족할 것을 우려하여 일시 쌀 수출을 금지하려고 할 때에는 1개월 전에 지방관이 일본 영사관에 통지하고, 미리 그 기간을 항구에 있는 일본 상인들에게 전달하여 일률적으로 준수하는 데 편리하게 한다.

〈보 기〉

ㄱ. (가) – 최혜국 대우 내용을 포함하였다.
ㄴ. (가) – 갑신정변의 영향으로 체결되었다.
ㄷ. (나) – 방곡령 시행에 대한 규정을 명시하였다.
ㄹ. (나) – 재정 고문을 두도록 하는 조항을 담고 있다.

① ㄱ, ㄴ ② ㄱ, ㄷ ③ ㄴ, ㄷ
④ ㄴ, ㄹ ⑤ ㄷ, ㄹ

31 (가) 사절단에 대한 설명으로 옳은 것은?[2점]

한국사 동영상 제작 계획안

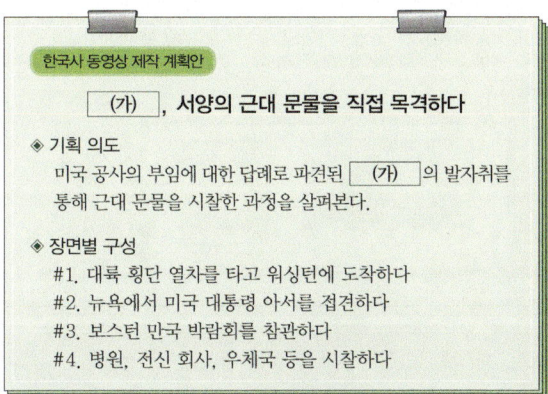

(가), 서양의 근대 문물을 직접 목격하다

◈ 기획 의도
미국 공사의 부임에 대한 답례로 파견된 (가)의 발자취를 통해 근대 문물을 시찰한 과정을 살펴본다.

◈ 장면별 구성
#1. 대륙 횡단 열차를 타고 워싱턴에 도착하다
#2. 뉴욕에서 미국 대통령 아서를 접견하다
#3. 보스턴 만국 박람회를 참관하다
#4. 병원, 전신 회사, 우체국 등을 시찰하다

① 수신사라는 이름으로 보내졌다.
② 조선책략을 들여와 국내에 소개하였다.
③ 기기국에서 무기 제조 기술을 배우고 돌아왔다.
④ 개화 반대 여론을 의식하여 비밀리에 파견되었다.
⑤ 전권대신 민영익과 부대신 홍영식 등으로 구성되었다.

32 밑줄 그은 '이 사건'에 대한 설명으로 옳은 것은? [1점]

개화 정책에 대한 불만과 구식 군인에 대한 차별 대우로 일어난 이 사건에 대해 말해 보자.
구식 군인들이 일본 공사관을 공격하였고, 이 과정에서 도시 하층민도 가담했어.
고종은 흥선 대원군에게 사태 수습을 맡겼지.

① 김옥균, 박영효 등이 주도하였다.
② 입헌 군주제 수립을 목표로 전개되었다.
③ 통리기무아문이 설치되는 배경이 되었다.
④ 일본 공사관에 경비병이 주둔하는 계기가 되었다.
⑤ 전국 각지에 척화비가 건립되는 결과를 초래하였다.

33 (가) 시기에 있었던 사실로 옳은 것은? [2점]

이제 화약을 체결하였으니 전주성에서 해산하시오.
알겠소. 대신 우리 농민군의 안전을 보장해 주시오.

남접과 북접이 연합하였으니 왜적을 몰아내는 데 온 힘을 다합시다.

① 농민군이 백산에서 4대 강령을 발표하였다.
② 우금치에서 농민군과 일본군이 격전을 벌였다.
③ 일본이 군대를 동원하여 경복궁을 점령하였다.
④ 보은에서 교조 신원을 요구하는 집회가 열렸다.
⑤ 조병갑의 탐학에 저항해 고부에서 농민 봉기가 일어났다.

34 (가)~(다)를 발표된 순서대로 옳게 나열한 것은? [3점]

> (가) 1. 문벌, 양반과 상인들의 등급을 없애고 귀천에 관계없이 인재를 선발하여 등용한다.
> 1. 공노비와 사노비에 관한 법을 일체 혁파하고 사람을 사고파는 일을 금지한다.
>
> (나) 1. 청나라에 의존하는 생각을 끊어 버리고 자주 독립의 기초를 튼튼히 세운다.
> 1. 왕실 사무와 국정 사무는 반드시 분리시켜 서로 뒤섞지 않는다.
>
> (다) 대군주 폐하께서 내리신 조칙에서 "짐이 신민(臣民)에 앞서 머리카락을 자르니, 너희들은 짐의 뜻을 잘 본받아 만국과 나란히 서는 대업을 이루라."라고 하셨다.

① (가) – (나) – (다)　② (가) – (다) – (나)
③ (나) – (가) – (다)　④ (나) – (다) – (가)
⑤ (다) – (나) – (가)

35 밑줄 그은 '관계'가 발급되던 시기에 볼 수 있는 모습으로 가장 적절한 것은? [2점]

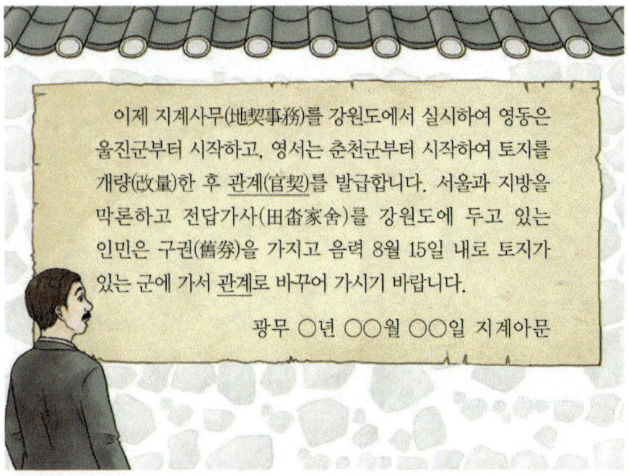
이제 지계사무(地契事務)를 강원도에서 실시하여 영동은 울진군부터 시작하고, 영서는 춘천군부터 시작하여 토지를 개량(改量)한 후 관계(官契)를 발급합니다. 서울과 지방을 막론하고 전답가사(田畓家舍)를 강원도에 두고 있는 인민은 구권(舊券)을 가지고 음력 8월 15일 내로 토지가 있는 군에 가서 관계로 바꾸어 가시기 바랍니다.

광무 ○년 ○○월 ○○일 지계아문

① 영남 만인소에 동참하는 유생
② 원수부에서 업무를 처리하는 관리
③ 남연군 묘를 도굴하려는 독일 상인
④ 제너럴 셔먼호를 불태우는 평양 관민
⑤ 통신사를 수행해 일본으로 가는 역관

36 다음 자료를 활용한 탐구 활동으로 가장 적절한 것은? [2점]

> **제1조** 중추원은 아래에 열거한 사항을 심사하고 의정(議定)하는 곳으로 할 것이다.
> 1. 법률, 칙령의 제정과 폐지 혹은 개정하는 것에 관한 사항
> 2. 의정부에서 토의를 거쳐 임금에게 상주(上奏)하는 일체 사항
>
> **제3조** 의장은 대황제 폐하가 글로 칙수(勅授)하고, 부의장은 중추원에서 공천에 따라 폐하가 칙수하며, 의관은 그 절반은 정부에서 나라에 공로가 있었던 사람을 회의에서 상주하여 추천하고 그 절반은 인민협회(人民協會) 중에서 27세 이상 되는 사람이 정치, 법률, 학식에 통달한 자를 투표해서 선거할 것이다.

① 105인 사건의 영향을 알아본다.
② 사창제 실시의 배경을 파악한다.
③ 13도 창의군의 활동을 검색한다.
④ 헤이그에 특사를 파견한 목적을 조사한다.
⑤ 관민 공동회에서 결의한 헌의 6조 내용을 분석한다.

37 (가) 지역에서 있었던 민족 운동으로 옳은 것은? [2점]

사진은 제물포에서 (가) (으)로 수차례에 걸쳐 이민자를 수송한 갤릭호와 이민자의 여권입니다. 1902년 사탕수수 농장에 노동자로 첫 이민자 백여 명이 떠난 이후 3년간 약 7천 명이 넘는 한국인이 (가) 에 이주하였습니다.
갤릭호
집조(여권)

① 일왕이 탄 마차에 폭탄을 투척하였다.
② 한인 자치 단체인 권업회를 조직하였다.
③ 민족 교육을 위해 서전서숙을 설립하였다.
④ 독립군 양성을 위해 신흥 강습소를 세웠다.
⑤ 대조선 국민군단을 조직하여 무장 투쟁을 준비하였다.

38 (가)에 대한 설명으로 옳은 것은? [1점]

국권 침탈의 아픔이 서린
중명전

• 주소: 서울특별시 중구 정동길 41-11
• 개방 시간: 09:30~17:30

⊙ 소개
지상 2층 지하 1층의 붉은 벽돌 건물인 중명전은 러시아 건축가 사바틴이 설계하였다. 이 건물은 황실의 도서관으로 사용되다가 1904년 경운궁의 대화재 이후 고종 황제의 집무실로 사용되었다. 이곳에서 이토 히로부미가 대한 제국의 외교권을 박탈하는 (가) 의 체결을 강요하였다.

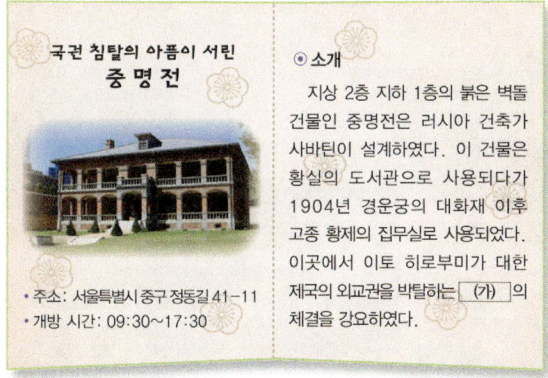

① 아관 파천의 배경이 되었다.
② 청일 전쟁 발발의 원인이 되었다.
③ 통감부가 설치되는 결과를 가져왔다.
④ 대한 제국의 군대 해산을 규정하였다.
⑤ 천주교 포교를 허용하는 조항이 들어있다.

39 교사의 질문에 대한 학생의 답변으로 옳은 것은? [2점]

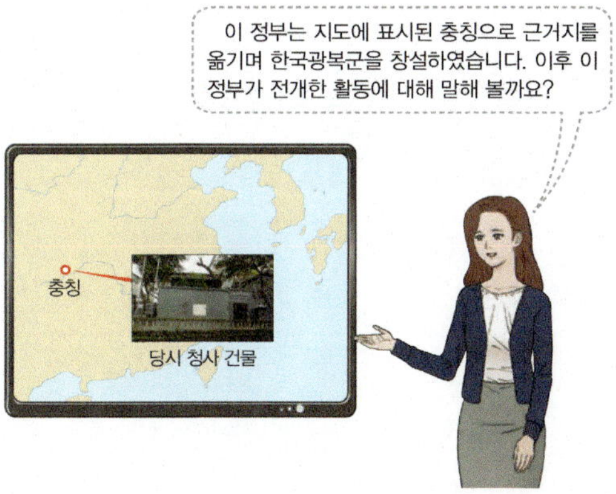

① 청산리에서 일본군을 크게 격파하였어요.
② 해조신문을 발간하여 국권 회복에 힘썼어요.
③ 삼균주의를 기초로 하는 건국 강령을 공포하였어요.
④ 오산 학교와 대성 학교를 세워 민족 교육을 전개하였어요.
⑤ 임시 사료 편찬회를 두어 한일 관계 사료집을 간행하였어요.

40 다음 법령이 시행된 시기에 있었던 사실로 옳은 것은? [2점]

> **제2조** 즉결은 정식 재판을 하지 않으며 피고인의 진술을 듣고 증빙을 취조한 후 곧바로 언도해야 한다.
> **제11조** 제8조, 제9조에 의한 유치 일수는 구류의 형기에 산입하고, 태형의 언도를 받은 자에 대하여는 1일을 태 5로 절산하여 태 수에 산입하며, 벌금 또는 과료의 언도를 받은 자에 대하여는 1일을 1원으로 절산하여 그 금액에 산입한다.

① 박문국을 설치하여 한성순보를 발행하였다.
② 황국 중앙 총상회가 상권 수호 운동을 주도하였다.
③ 근대적 개혁 추진을 위해 군국기무처가 설치되었다.
④ 강압적 통치를 목적으로 헌병 경찰제가 실시되었다.
⑤ 일본에 진 빚을 갚자는 국채 보상 운동이 전개되었다.

41 다음 자료가 발표된 이후의 사실로 옳은 것은? [2점]

> 조선 청년 독립단은 우리 2천만 민족을 대표하여 정의와 자유를 쟁취한 세계 모든 나라 앞에 독립을 성취할 것을 선언한다. …… 우리 민족은 정당한 방법으로 우리 민족의 자유를 추구할 것이나, 만일 이번에 성공하지 못하면 우리 민족은 생존의 권리를 위하여 온갖 자유행동을 취하여 최후의 일인까지 자유를 위해 뜨거운 피를 흘릴 것이니, …… 일본이 만일 우리 민족의 정당한 요구에 불응한다면 우리는 일본에 대하여 영원의 혈전을 선포하노라.
> – 재일본 동경 조선 청년 독립단 대표 11인 –

① 박상진 등이 대한 광복회를 결성하였다.
② 황성신문에 시일야방성대곡이 게재되었다.
③ 독립 협회가 중심이 되어 독립문을 건립하였다.
④ 고종의 밀지를 받아 독립 의군부가 조직되었다.
⑤ 민족 대표 33인 명의의 독립 선언서가 발표되었다.

42 밑줄 그은 '이 운동'에 대한 설명으로 옳은 것은? [1점]

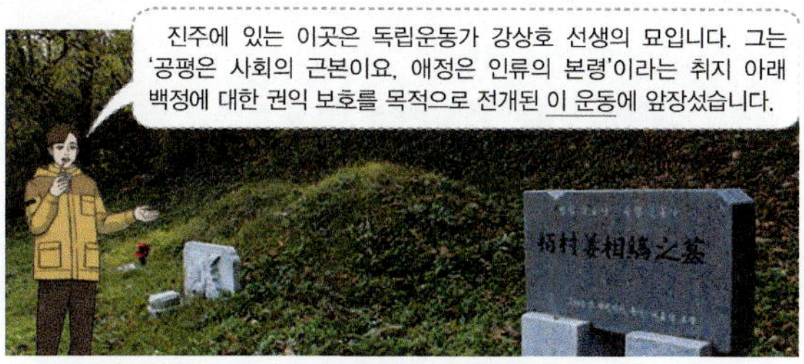

① 어린이날을 정하고 잡지 어린이를 발간하였다.
② 조선 형평사를 조직하여 사회적 차별에 맞섰다.
③ 계몽 서적의 보급을 위해 태극 서관을 설립하였다.
④ 일제가 이른바 문화 통치를 실시하는 결과를 가져왔다.
⑤ 라이징 선 석유 회사의 조선인 구타 사건을 계기로 시작되었다.

43 다음 인물의 활동으로 옳은 것은? [3점]

이달의 독립운동가

민족을 이끌 초인을 염원한 ○○○

- 생몰년: 1904~1944
- 생애 및 활동

본명은 이원록으로 경상북도 안동에서 태어났다. 1927년 조선은행 대구 지점 폭파 사건에 연루되어 옥고를 치른 그는 1932년 중국으로 건너가 김원봉이 세운 조선 혁명 군사 정치 간부 학교 제1기생으로 입교하여 독립운동에 힘썼다. 대한민국 정부는 그의 공훈을 기려 1990년 건국훈장 애국장을 추서하였다.

① 종로 경찰서에 폭탄을 투척하였다.
② 저항시 광야, 절정 등을 발표하였다.
③ 친일파 이완용을 습격하여 중상을 입혔다.
④ 영화 아리랑의 제작, 감독, 주연을 맡았다.
⑤ 조선 국혼을 강조하는 한국통사를 저술하였다.

44 (가) 부대의 활동으로 옳은 것은? [3점]

학술 대회 안내

우리 학회는 1929년 조직되어 남만주에서 항일 무장 투쟁을 전개하였던 (가) 을/를 조명하는 학술 대회를 개최합니다.

◈ 발표 주제 ◈

1. 영릉가 전투의 전개 과정
2. 1930년대 한중 항일 연합 작전의 성과
3. 총사령 양세봉에 대한 남과 북의 평가

- 일시: 2021년 ○○월 ○○일 13:00~17:00
- 장소: □□ 기념관 강당
- 주최: △△ 학회

① 흥경성에서 일본군을 격퇴하였다.
② 호가장 전투에서 크게 활약하였다.
③ 대전자령 전투에서 큰 전과를 올렸다.
④ 중국 팔로군에 편제되어 항일 전선에 참여하였다.
⑤ 연합군과 함께 인도·미얀마 전선에서 활동하였다.

45 밑줄 그은 '의거'를 일으킨 단체에 대한 설명으로 옳은 것은? [1점]

① 신채호의 조선 혁명 선언을 활동 지침으로 삼았다.
② 김구를 단장으로 하여 활발한 의열 활동을 펼쳤다.
③ 조선 총독을 저격한 강우규가 단원으로 활동하였다.
④ 이상재 등의 주도로 민립 대학 설립 운동을 전개하였다.
⑤ 진상 조사단을 파견하여 광주 학생 항일 운동을 지원하였다.

46 다음 기자 회견의 배경으로 가장 적절한 것은? [2점]

군정 장관 아놀드 소장은 12월 29일 오전 10시 30분 군정청 제1회의실에서 신문 기자단과 회견하고 신탁 통치에 관한 질문에 대략 다음과 같은 견해를 표명하고 일문일답을 하였다. "…… 신탁 통치는 조선 임시 민주 정부를 수립코자 함이 목적일 것이다. 우선 조선인이 당면한 경제 산업에 있어 유의하여 신탁 관리 문제로 모든 기관이 중지 상태로 들어가지 않기를 요망한다. 현 단계에 이르러 진실한 냉정이 필요할 것이다. 4개국을 믿고 있는 중에 직무에 충실하여야 한다."

① 좌우 합작 7원칙이 발표되었다.
② 제1차 미소 공동위원회가 결렬되었다.
③ 모스크바 삼국 외상 회의가 개최되었다.
④ 반민족 행위 특별 조사 위원회가 구성되었다.
⑤ 유엔 소총회에서 남한만의 단독 총선거가 결의되었다.

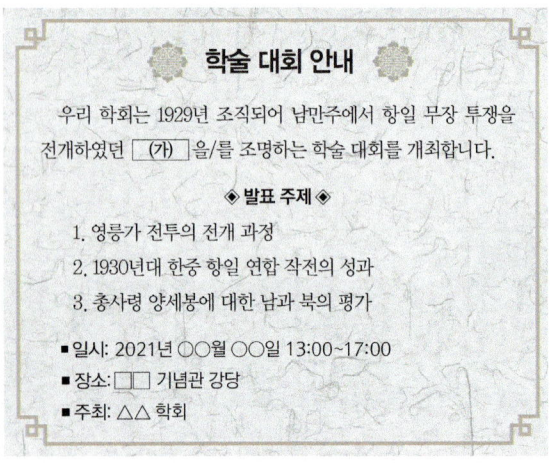

47 (가), (나) 사이의 시기에 있었던 사실로 옳은 것은? [2점]

> (가) 북한군의 공격에 밀려 낙동강 방어선으로 후퇴한 제1사단은 다부동 일대에서 북한군 제2군단의 공세에 맞서 8월 3일부터 9월 2일까지 치열한 전투를 벌였다. 이 전투에서 제1사단 12연대는 특공대를 편성, 적 전차 4대를 파괴하는 등 중요한 역할을 수행하며 전투를 승리로 이끌었다.
>
> (나) 개성에서 열린 첫 정전 회담에서 UN군 대표단은 어떠한 정치적 또는 경제적 문제의 논의를 단호히 거부하는 동시에 침략 재발의 방지를 보장하는 화평만이 전쟁을 종식시킬 수 있다고 공산군 대표단에게 경고하였다.

① 애치슨 선언이 발표되었다.
② 흥남 철수 작전이 전개되었다.
③ 여수 · 순천 10 · 19 사건이 일어났다.
④ 한미 상호 방위 조약이 체결되었다.
⑤ 부산에서 발췌 개헌안이 통과되었다.

48 교사의 질문에 대한 학생의 답변으로 옳은 것은? [2점]

① 경부 고속 도로가 개통되었어요.
② 귀속 재산 처리법이 제정되었어요.
③ 경제 협력 개발 기구(OECD)에 가입하였어요.
④ 미국과 자유 무역 협정(FTA)을 체결하였어요.
⑤ 대통령의 긴급 명령으로 금융 실명제가 실시되었어요.

49 (가) 민주화 운동에 대한 설명으로 옳은 것은? [2점]

> 노래로 읽는 한국사
>
> 임을 위한 행진곡
>
> 사랑도 명예도 이름도 남김없이
> 한평생 나가자던 뜨거운 맹세
> 동지는 간데없고 깃발만 나부껴
> 새날이 올 때까지 흔들리지 말자
> 세월은 흘러가도 산천은 안다
> 깨어나서 외치는 뜨거운 함성
> 앞서서 나가니 산 자여 따르라
>
> [해설]
> 이 곡은 (가) 당시 계엄군에 맞서 시민군으로 활동하다 희생된 고(故) 윤상원과 광주에서 야학을 운영하다 사망한 고 박기순의 영혼 결혼식에 헌정된 노래이다. 1997년 (가) 기념일이 정부 기념일로 지정된 이후 기념식에서 제창되었다.

① 3 · 1 민주 구국 선언이 발표되었다.
② 4 · 13 호헌 조치 철폐를 요구하였다.
③ 장면 내각이 출범하는 계기가 되었다.
④ 시위 도중 대학생 이한열이 희생되었다.
⑤ 신군부의 비상계엄 확대와 무력 진압에 저항하였다.

50 (가) 정부의 통일 노력으로 옳은 것은? [3점]

> □□신문
>
> 제 △△ 호 ○○○○년 ○○월 ○○일
>
> **대한민국 대통령, 중국 최초 방문**
>
> 9월 27일부터 30일까지 (가) 대통령이 대한민국 대통령으로는 최초로 중국을 공식 방문하였다. 베이징에서 진행된 회담에서 양국 정상은 지난달 성사된 한중 수교의 의의를 높이 평가하면서 우호 협력 관계를 발전시키자고 하였다. 또한 양국 정상은 한반도의 긴장 완화가 한국 국민의 이익에 부합될 뿐 아니라 동북아시아 평화와 안정에 유익하며, 이와 같은 추세가 계속 발전해 나가야 한다는 데 합의하였다.

① 남북 기본 합의서를 채택하였다.
② 7 · 4 남북 공동 성명을 발표하였다.
③ 남북 정상 회담을 처음으로 성사시켰다.
④ 이산가족 고향 방문을 최초로 실현하였다.
⑤ 경제 협력을 위한 개성 공단 건설을 추진하였다.

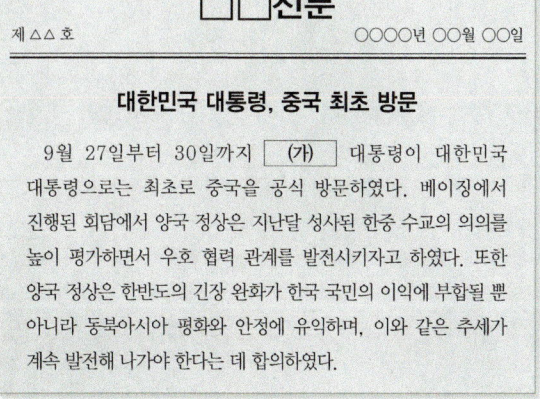

01 (가) 시대의 생활 모습으로 옳은 것은? [1점]

△△ 박물관

부여 송국리 유물 특별전

■ 기간: 2021.○○.○○.~○○.○○.
■ 장소: △△ 박물관 기획 전시실

초대의 글

우리 박물관에서는 부여 송국리 유적에서 출토된 유물을 소개하는 특별전을 마련하였습니다. (가) 시대의 대표적 유물인 민무늬 토기와 비파형 동검 등을 통해 당시의 생활 모습을 살펴보시기 바랍니다.

① 주로 동굴이나 강가의 막집에서 살았다.
② 계급이 없는 평등한 공동체 생활을 하였다.
③ 오수전, 화천 등의 중국 화폐로 교역하였다.
④ 실을 뽑기 위해 가락바퀴를 처음 사용하였다.
⑤ 의례 도구로 청동 거울과 청동 방울 등을 제작하였다.

02 (가) 인물에 대한 설명으로 옳은 것은? [2점]

연(燕)의 (가) 이/가 망명하여 오랑캐의 복장을 하고 동쪽으로 패수를 건너 준왕에게 항복하였다. …… (가) 이/가 망명자들을 꾀어내어 그 무리가 점점 많아지자, 준왕에게 사람을 보내 "한의 군대가 열 갈래로 쳐들어오니 [왕궁에] 들어가 숙위하기를 청합니다."라고 속이고 도리어 준왕을 공격하였다.
－『삼국지』 동이전－

① 한 무제가 파견한 군대와 맞서 싸웠다.
② 진번과 임둔을 복속하여 세력을 확장하였다.
③ 빈민을 구제하기 위해 진대법을 실시하였다.
④ 지방의 여러 성에 욕살, 처려근지 등을 두었다.
⑤ 연의 장수 진개의 공격을 받아 영토를 빼앗겼다.

03 다음 검색창에 들어갈 왕에 대한 설명으로 옳은 것은? [2점]

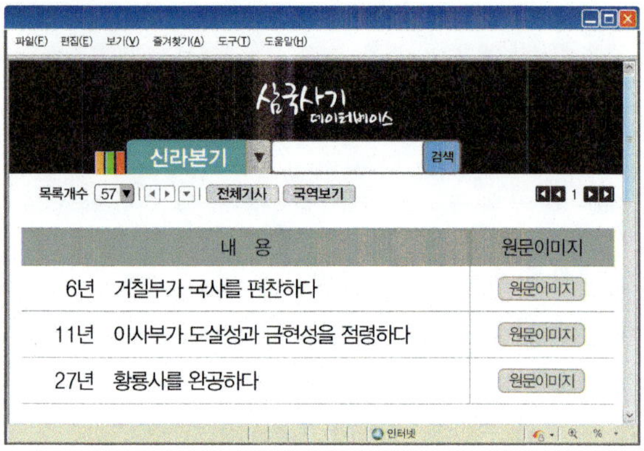
삼국사기 데이터베이스
신라본기
검색
목록개수 57
전체기사
국역보기
내 용
원문이미지
6년 거칠부가 국사를 편찬하다
11년 이사부가 도살성과 금현성을 점령하다
27년 황룡사를 완공하다
원문이미지

① 불국사 삼층 석탑을 건립하였다.
② 첨성대를 세워 천체를 관측하였다.
③ 마운령, 황초령 등에 순수비를 세웠다.
④ 금관가야를 복속하여 영토를 확대하였다.
⑤ 시장을 감독하는 관청인 동시전을 설치하였다.

04 (가), (나) 나라에 대한 설명으로 옳은 것은? [2점]

(가) 장사를 지낼 때 큰 나무 곽을 만드는데, 길이가 10여 장이나 되며 한쪽을 열어 놓아 문을 만들었다. 사람이 죽으면 모두 가매장을 해서 …… 뼈만 추려 곽 속에 안치하였다. 온 집 식구를 모두 하나의 곽 속에 넣어 두는데, 죽은 사람의 숫자대로 나무를 깎아 생전의 모습과 같이 만들었다.
－『삼국지』 동이전－

(나) 귀신을 믿기 때문에 국읍마다 한 사람을 세워 천신의 제사를 주관하게 하니 천군이라고 하였다. 또 나라마다 별읍이 있으니 소도라 하였다. 그곳에서는 큰 나무를 세우고 방울과 북을 매달아 놓고 귀신을 섬겼다. 그 안으로 도망쳐 온 사람들은 모두 돌려보내지 않았다.
－『삼국지』 동이전－

① (가) － 혼인 풍습으로 서옥제가 있었다.
② (가) － 목지국 등 많은 소국들로 이루어졌다.
③ (나) － 신지, 읍차 등의 지배자가 있었다.
④ (나) － 12월에 영고라는 제천 행사를 열었다.
⑤ (가), (나) － 여러 가(加)들이 사출도를 별도로 주관하였다.

05 (가)에 해당하는 나라에 대한 설명으로 옳은 것은? [1점]

문화재청은 (가) 고분군의 유네스코 세계유산 등재를 추진한다고 밝혔습니다. 여기에는 김해 대성동, 고령 지산동, 함안 말이산 등 7개 고분군이 포함되어 있습니다.
(가) 고분군, 유네스코 세계유산 등재 추진

① 22담로에 왕족을 파견하였다.
② 집사부를 비롯한 14부를 두었다.
③ 집집마다 부경이라는 창고가 있었다.
④ 백강에서 왜군과 함께 당군에 맞서 싸웠다.
⑤ 철이 많이 생산되어 낙랑, 왜 등에 수출하였다.

06 밑줄 그은 '이 불상'으로 옳은 것은? [1점]

국보 제119호인 이 불상은 고구려의 승려들이 만들어 유포한 천불(千佛) 중의 하나로, 경상남도 의령에서 출토되었습니다. 연가(延嘉) 7년이라는 명문이 새겨져 있어 제작 연대를 추정할 수 있습니다.

①

②

③

④

⑤

07 (가), (나) 사이의 시기에 있었던 사실로 옳은 것은? [3점]

(가) 정관 16년에 …… 여러 대신들과 건무가 의논하여 개소문을 죽이고자 하였다. 일이 누설되자 개소문은 부병을 모두 불러 모아 군병을 사열한다고 말하고 …… 왕궁으로 달려 들어가 건무를 죽인 다음 대양의 아들 장을 왕으로 세우고 스스로 막리지가 되었다.

– 『구당서』 동이전 –

(나) 건봉 원년에 …… 개소문이 죽고 아들 남생이 막리지가 되었다. 남생은 아우 남건·남산과 화목하지 못하여 각자 붕당을 만들어 서로 공격하였다. 남생은 두 아우에게 쫓겨 국내성으로 달아났다.

– 『구당서』 동이전 –

① 을지문덕이 살수에서 대승을 거두었다.
② 당이 안동도호부를 평양에 설치하였다.
③ 신라군이 매소성에서 당군을 격파하였다.
④ 복신과 도침이 부여풍을 왕으로 추대하였다.
⑤ 안승이 신라에 의해 보덕국왕으로 임명되었다.

08 밑줄 그은 '이 인물'에 대한 설명으로 옳은 것은? [2점]

이곳은 중국 양저우에 있는 이 인물의 기념관입니다. 그는 당에 유학하여 빈공과에 급제하였고, 황소의 난이 일어나자 '격황소서(檄黃巢書)'를 지어 이름을 떨쳤습니다. 또한 당에서 쓴 글을 모은 계원필경을 남겼습니다.

① 당으로 건너가 군사 동맹을 체결하였다.
② 진성 여왕에게 시무책 10여 조를 올렸다.
③ 외교 문서 작성에 능하여 청방인문표를 지었다.
④ 진골 귀족 출신으로 화랑세기, 고승전 등을 저술하였다.
⑤ 한자의 음훈을 빌려 우리말을 표기한 이두를 정리하였다.

09 (가) 국가에 대한 설명으로 옳은 것은? [2점]

> 대무예가 대장 장문휴를 보내 수군을 거느리고 등주를 공격하였다. 당 현종은 급히 대문예에게 유주의 군사를 거느리고 반격하게 하고, 태복경 김사란을 보내 신라군으로 하여금 (가) 의 남쪽을 치게 하였다. 날씨가 매우 추운 데다 눈이 한 길이나 쌓여서 군사들이 태반이나 얼어 죽으니, 공을 거두지 못하고 돌아왔다.

① 평양을 서경으로 삼아 중시하였다.
② 주자감을 설치하여 인재를 양성하였다.
③ 건원이라는 독자적 연호를 사용하였다.
④ 내신 좌평 등 6좌평의 관제를 정비하였다.
⑤ 지방관 감찰을 위해 외사정을 파견하였다.

10 (가) 인물의 활동으로 옳은 것은? [2점]

> ○ (가) 이/가 스스로 왕이라 칭하며 말하기를, "지난날 신라가 당에 군사를 청하여 고구려를 격파하였다. 그래서 평양 옛 도읍은 잡초만 무성하게 되었으니, 내가 반드시 그 원수를 갚겠다."라고 하였다.
> – 『삼국사기』 –
>
> ○ (가) 이/가 미륵불을 자칭하였다. 머리에 금책(金幘)을 쓰고 몸에는 가사를 걸쳤으며 큰아들을 청광보살, 막내아들을 신광보살이라고 불렀다.
> – 『삼국사기』 –

① 임존성에서 당군을 격퇴하였다.
② 일리천 전투에서 신검에게 승리하였다.
③ 광평성을 비롯한 여러 관서를 설치하였다.
④ 청해진을 통하여 해상 무역을 전개하였다.
⑤ 오월(吳越)에 사신을 보내고 검교태보의 직을 받았다.

11 다음 대화에 등장하는 왕의 재위 기간에 있었던 사실로 옳은 것은? [3점]

① 강감찬이 귀주에서 대승을 거두었다.
② 사신 저고여가 귀국길에 피살되었다.
③ 별무반을 창설하여 군사력을 강화하였다.
④ 거란을 배척하여 만부교 사건이 일어났다.
⑤ 서희가 외교 담판으로 강동 6주를 확보하였다.

12 (가) 시대의 정책으로 옳은 것을 〈보기〉에서 고른 것은? [2점]

> 역사 용어 해설
>
> **구제도감**
>
> 1. 기능
>
> (가) 시대에 재해가 발생했을 때 설치한 임시 기구로서 전염병 퇴치, 병자 치료 등의 임무를 수행하며 백성을 구호하였다.
>
> 2. 관련 사료
>
> 왕이 명하기를, "도성 내의 백성들이 역질에 걸렸으니 구제도감을 설치하여 이들을 치료하고, 시신과 유골은 거두어 비바람에 드러나지 않게 매장하라."라고 하였다.

〈보 기〉

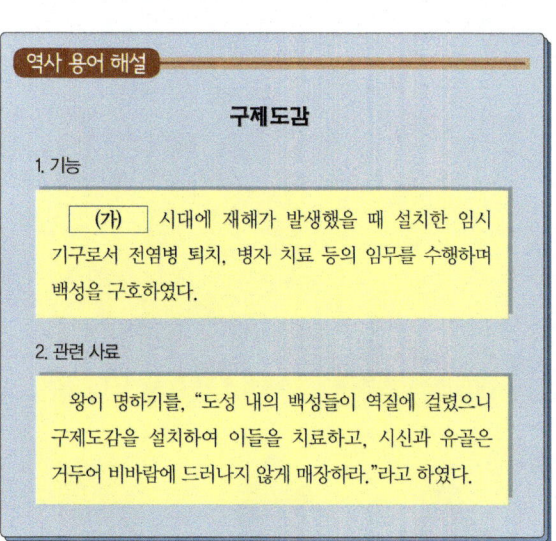

ㄱ. 기근에 대비하기 위하여 구황촬요를 간행하였다.
ㄴ. 개경에 국립 의료기관인 동서 대비원을 설치하였다.
ㄷ. 호조에서 정한 사창절목에 따라 사창제를 시행하였다.
ㄹ. 기금을 모아 그 이자로 빈민을 구휼하는 제위보를 운영하였다.

① ㄱ, ㄴ ② ㄱ, ㄷ ③ ㄴ, ㄷ ④ ㄴ, ㄹ ⑤ ㄷ, ㄹ

13 다음 상황 이후에 전개된 사실로 옳은 것은? [2점]

> 고려의 태자가 배알하니 쿠빌라이가 기뻐하며 말하기를, "고려의 세자가 스스로 오니 이는 하늘의 뜻이다."라고 하였다. 강회선무사 조양필이 말하기를, "고려는 비록 소국이나 20여 년간 군사를 동원하였어도 아직 신하가 되지 않았습니다. …… 이는 한 명의 병졸도 수고롭게 하지 않고 한 나라를 얻는 것입니다."라고 하였다.

① 쌍기의 건의로 과거제가 도입되었다.
② 동북면 병마사 김보당이 난을 일으켰다.
③ 이제현이 만권당에서 유학자들과 교류하였다.
④ 묘청 등이 중심이 되어 서경 천도를 주장하였다.
⑤ 최충헌이 봉사 10조를 올려 시정 개혁을 건의하였다.

14 (가)에 들어갈 문화유산으로 옳은 것은? [2점]

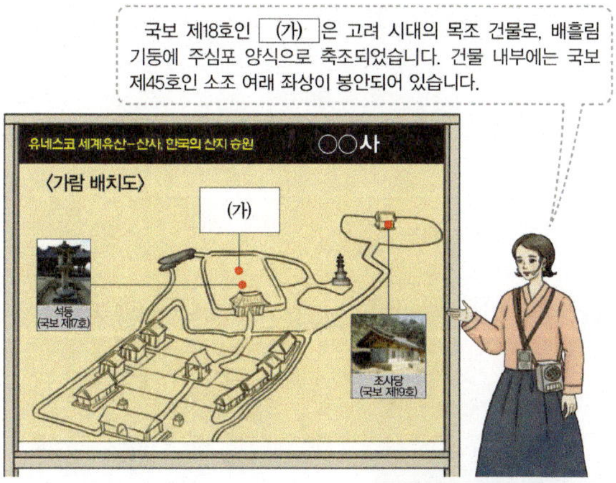

① 
공주 마곡사 대웅보전

② 
영주 부석사 무량수전

③ 
예산 수덕사 대웅전

④ 
구례 화엄사 각황전

⑤ 
안동 봉정사 극락전

15 다음 자료에 나타난 시기의 경제 상황으로 옳은 것은? [1점]

> ○ 주전도감에서 아뢰기를, "백성들이 비로소 동전 사용의 이로움을 알아 편리하게 여기고 있습니다."라고 하였다. 또한 이 해에 은병을 화폐로 삼았다. 은 1근으로 만들되 우리나라 지형을 본떠 만들었으며 속칭 활구라 하였다.
>
> ○ 저포, 은병으로 가치를 표준하여 교역하고 작은 일용품은 쌀로 가격을 계산하여 거래한다. 백성들은 그런 풍속에 익숙하여 편하게 여긴다.

① 책문 후시를 통한 교역이 활발하였다.
② 송상이 전국 각지에 송방을 설치하였다.
③ 감자, 고구마 등이 구황 작물로 재배되었다.
④ 경시서의 관리들이 수도의 시전을 감독하였다.
⑤ 광산을 전문적으로 경영하는 덕대가 나타났다.

16 다음 가상 인터뷰의 주인공에 대한 설명으로 옳은 것은? [2점]

① 불씨잡변을 지어 불교를 비판하였다.
② 칭제 건원과 금국 정벌을 주장하였다.
③ 지공거 출신으로 9재 학당을 설립하였다.
④ 최초의 서원인 백운동 서원을 건립하였다.
⑤ 충청도 지역에 대동법을 실시하자고 건의하였다.

17 (가)에 대한 설명으로 옳은 것은? [3점]

□□신문

제△△호 ○○○○년 ○○월 ○○일

(가), 보물로 지정

문화재청은 (가) 을/를 고려 시대를 다룬 역사서로는 처음으로 보물로 지정하였다. 고려의 역사를 파악하는 데 가장 중요한 원사료로서 객관성과 신뢰성이 뛰어나다는 점 등이 높게 평가되었다.

이 책은 앞 왕조의 역사를 교훈으로 삼을 목적으로 조선 초부터 편찬하기 시작해 문종 대에 완성되었다. 정인지 등이 쓴 서문에서는 사마천이 저술한 사기의 범례를 본받아 편찬하였다고 밝히고 있다.

① 남북국이라는 용어를 처음 사용하였다.
② 세가, 열전, 지, 연표 등의 체제로 구성되었다.
③ 고구려 건국 시조의 일대기를 서사시로 표현하였다.
④ 불교사를 중심으로 고대의 민간 설화를 수록하였다.
⑤ 단군 조선부터 고려 말까지의 역사를 다룬 통사이다.

18 다음 대화에 등장하는 왕에 대한 설명으로 옳은 것은? [2점]

① 금속 활자인 갑인자를 제작하였다.
② 삼수병으로 구성된 훈련도감을 창설하였다.
③ 인재 양성을 위해 초계문신제를 시행하였다.
④ 경국대전을 완성하여 통치 체제를 정비하였다.
⑤ 문하부를 폐지하고 낭사를 사간원으로 독립시켰다.

19 (가), (나) 사이의 시기에 있었던 사실로 옳은 것은? [3점]

(가) 대사헌 등이 아뢰기를, "정국공신은 책봉된 지 오래 되었지만 폐주(廢主)의 총신(寵臣)도 많이 선정되었을 뿐 아니라, 그 중에는 반정 때 뚜렷한 공을 세우지 못한 사람도 많습니다. 지금이라도 이런 폐단을 고치지 않는다면 나라가 바로 서지 않을 것이니 삭훈해야 마땅합니다."라고 하였다.

(나) 김효원과 심의겸의 두 당이 원수처럼 서로 공격하였다. 당초 심의겸이 김효원을 비방하자 김효원도 심의겸을 비난하여 각기 붕당이 나뉘어 대립하였다.

① 외척 간의 대립으로 윤임이 제거되었다.
② 조의제문이 발단이 되어 김일손 등이 화를 입었다.
③ 붕당의 폐해를 경계하기 위한 탕평비가 건립되었다.
④ 희빈 장씨 소생의 원자 책봉 문제로 환국이 발생하였다.
⑤ 폐비 윤씨 사사 사건의 전말이 알려져 김굉필 등이 처형되었다.

20 (가) 인물에 대한 설명으로 옳은 것은? [2점]

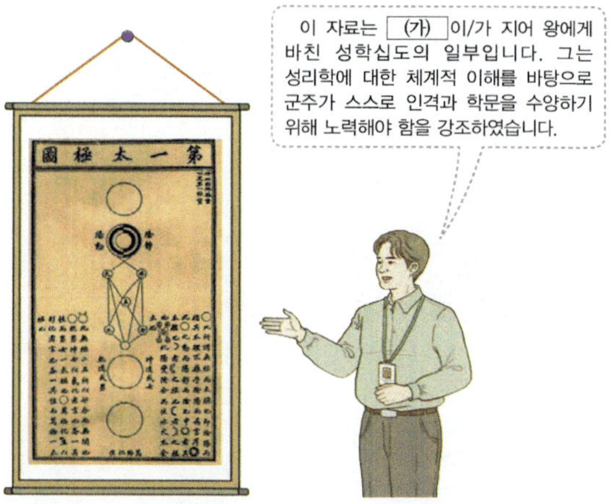

① 양명학을 연구하여 강화학파를 형성하였다.
② 일본에 다녀와서 해동제국기를 편찬하였다.
③ 예안 향약을 시행하여 향촌 교화를 위해 노력하였다.
④ 유학 경전을 주자와 달리 해석한 사변록을 저술하였다.
⑤ 가례집람을 저술하여 예학을 조선의 현실에 맞게 정리하였다.

21 (가)~(다)를 일어난 순서대로 옳게 나열한 것은? [2점]

> (가) 왕은 군사를 일으켜 왕대비를 받들어 복위시킨 뒤 경운궁에서 즉위하였다. 광해군을 폐위시켜 강화로 내쫓고 이이첨 등을 처형한 다음 전국에 대사령을 내렸다.
>
> (나) 용골대 등이 왕을 인도하여 들어가 단 아래에 북쪽을 향해 자리를 마련하고 왕에게 자리로 나아가기를 청하였다. 왕이 세 번 절하고 아홉 번 머리를 조아리는 예를 행하였다.
>
> (다) 왕은 김상용에게 도성의 일을 맡기고 종묘사직의 신주를 받들어 강화로 피난해 들어갔다. 이에 김류, 이귀, 최명길, 김자점 등의 신하들이 모두 따라갔다.

① (가) – (나) – (다)
② (가) – (다) –(나)
③ (나) – (가) – (다)
④ (나) – (다) – (가)
⑤ (다) – (가) – (나)

22 다음 상황이 나타난 시기를 연표에서 옳게 고른 것은? [3점]

1746		1776		1801		1834		1865		1876
	(가)		(나)		(다)		(라)		(마)	
속대전 간행		정조 즉위		공노비 해방		헌종 즉위		대전회통 편찬		강화도 조약

① (가) ② (나) ③ (다)
④ (라) ⑤ (마)

23 다음 왕에 대한 설명으로 옳은 것은? [1점]

① 나선 정벌에 조총 부대를 파견하였다.
② 왕의 친위 부대인 장용영을 설치하였다.
③ 청과의 국경을 정하는 백두산정계비를 세웠다.
④ 역대 문물을 정리한 동국문헌비고를 편찬하였다.
⑤ 수조권이 세습되던 수신전과 휼양전을 폐지하였다.

24 다음 주장이 제기된 시기에 볼 수 있는 모습으로 적절한 것은? [1점]

> 우리나라 은화는 연경과의 무역에 모두 써버린다. 하늘이 낸 이 보화를 가지고 비단·식물·그릇·사치품 따위를 멀리서 사들여 와 하루도 못가서 소비해 버린다. 나라에서 생산하는 은이 부족한 까닭에, 일본 은을 들여다가 간신히 채우려고 하지만 나라의 은이 모두 바닥이 난다. 병화(兵禍)가 생긴다면 장차 어떻게 대처할 것인가?
>
> –『성호사설』–

① 염포의 왜관에서 교역하는 상인
② 계해약조의 문서를 작성하는 관리
③ 과전법에 따라 토지를 지급받는 관원
④ 고추, 담배를 상품 작물로 재배하는 농민
⑤ 화통도감에서 화약 무기를 시험하는 군인

25 다음 왕에 대한 설명으로 옳은 것은? [2점]

> 왕은 늘 양역의 폐단을 염려하여 군포 한 필을 감하고 균역청을 설치하여 각 도의 어염·은결의 세를 걷어 보충하니, 그 은택을 입은 백성들은 서로 기뻐하였다. 이런 시책으로 화기(和氣)를 끌어 올려 대명(大命)을 이을 만하였다.

① 준천사를 신설하여 홍수에 대비하였다.
② 대외 관계를 정리한 동문휘고를 간행하였다.
③ 전제상정소를 두어 전분 6등법을 제정하였다.
④ 총융청과 수어청을 창설하여 도성을 방어하였다.
⑤ 삼정의 문란을 해결하기 위해 삼정이정청을 두었다.

26 (가)~(마)에 들어갈 내용으로 옳은 것은? [3점]

한국사 과제 안내문

다음 지도 및 지리서 중 하나를 선택하여 보고서를 제출하시오.

지도 및 지리서	설명
택리지	(가)
동국지도	(나)
대동여지도	(다)
동국여지승람	(라)
조선방역지도	(마)

◆ 조사 방법: 문헌 조사, 인터넷 검색 등
◆ 제출 기간: 2021년 ○○월 ○○일~○○월 ○○일
◆ 분량: A4 용지 1장 이상

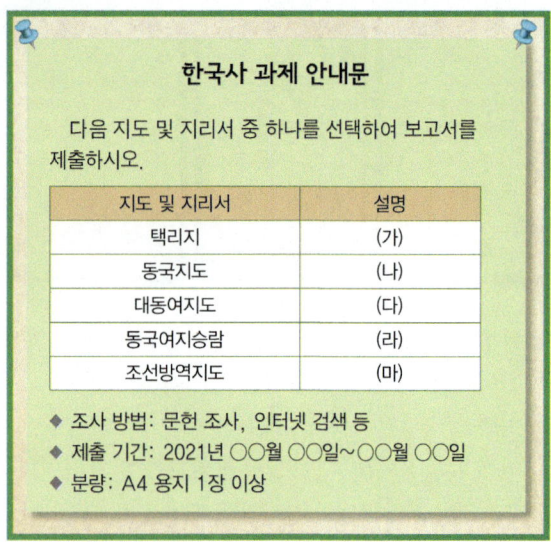

① (가) – 팔도지리지를 참고하여 성종 때 완성되었다.
② (나) – 정상기가 100리 척을 사용하여 제작하였다.
③ (다) – 한치윤이 500여 종의 자료를 참고하여 편찬하였다.
④ (라) – 복거총론에서 거주지의 이상적인 조건을 제시하였다.
⑤ (마) – 목판으로 인쇄되었으며 10리마다 눈금이 표시되어 있다.

27 (가) 인물에 대한 설명으로 옳은 것은? [2점]

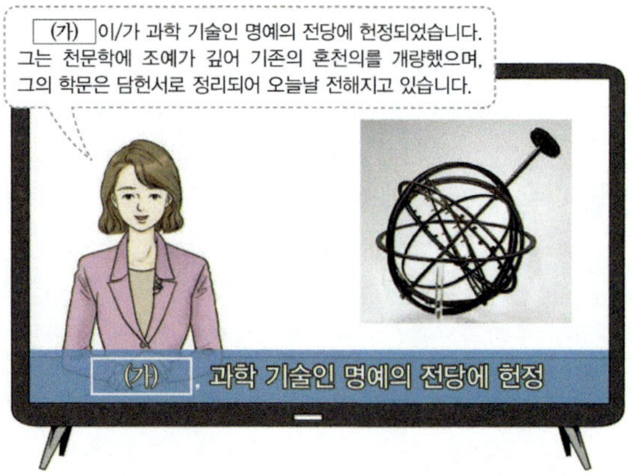

① 의산문답에서 무한 우주론을 주장하였다.
② 기기도설을 참고하여 거중기를 설계하였다.
③ 자동 시보 장치를 갖춘 자격루를 제작하였다.
④ 사상 의학을 정립한 동의수세보원을 편찬하였다.
⑤ 서양의 과학 기술을 정리한 지구전요를 저술하였다.

28 다음 대화에 나타난 사건에 대한 설명으로 옳은 것은? [1점]

① 박규수가 안핵사로 파견되었다.
② 조병갑의 탐학이 계기가 되었다.
③ 선혜청과 일본 공사관을 공격하였다.
④ 서북인에 대한 차별에 반발하여 일어났다.
⑤ 남접과 북접이 연합하여 조직적으로 전개되었다.

29 (가), (나) 사이의 시기에 있었던 사실로 옳은 것은? [2점]

(가) 대왕대비께서 전교하기를, "이번에 이렇게 만동묘를 철폐하고 다른 곳으로 옮겨 모시는 것에 대해서 선현의 혼령이 알게 되더라도 올바른 예법이라고 여기고 유감이 없을 것이다."라고 하였다.

(나) 최익현이 상소를 올려 대원군의 잘못을 탄핵하기를, "만약 그 지위가 아닌데도 국정에 관여하는 자는 단지 그 지위와 녹을 중요하게 여기기 때문입니다."라고 하였다. 왕은 너그러운 비답을 내려 특별히 그를 호조 참판에 발탁하고 총애하였다.

① 신식 군대인 별기군이 창설되었다.
② 서재필 등이 독립신문을 발행하였다.
③ 종로와 전국 각지에 척화비가 세워졌다.
④ 김옥균 등 개화 세력이 정변을 일으켰다.
⑤ 조청 상민 수륙 무역 장정을 체결하였다.

30 (가) 사절단에 대한 설명으로 옳은 것은? [2점]

> **이달의 책**
>
> 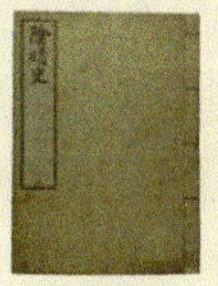
>
> 『음청사』
>
> 음청사는 (가) 로 청에 파견된 김윤식이 쓴 일기이다. 당시 청의 정치·경제·외교·문화 실상은 물론 이홍장과 나눈 대담 등이 기록되어 있어 근대사 연구에 도움이 되고 있다.

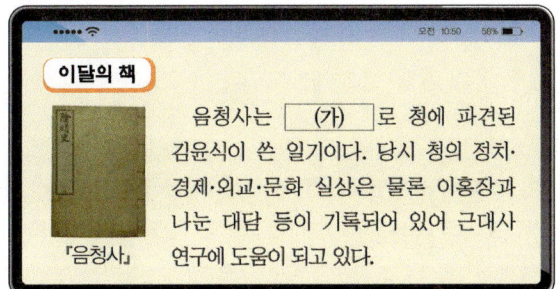

① 기기창 설립의 계기가 되었다.
② 회답 겸 쇄환사로 파견되었다.
③ 조선책략을 처음으로 소개하였다.
④ 민영익, 홍영식, 서광범 등이 참여하였다.
⑤ 개화 반대 여론으로 인해 비밀리에 출국하였다.

31 다음 상황 이후에 전개된 사실로 옳은 것은? [2점]

> 진무사 정기원의 장계에, "초지와 덕진을 제대로 지키지 못한 것도 저의 불찰인데, 광성보에서는 군사가 다치고 장수가 죽었으니 저의 죄가 더욱 큽니다."라고 하였다. 이에 전교하기를, "병가의 승패는 늘 있는 일이다. 저 흉측한 무리들이 지금 다소 물러가기는 했으나 목전의 방비를 더욱 소홀히 할 수 없다."라고 하였다.

① 평양 관민이 제너럴 셔먼호를 불태웠다.
② 로즈 제독의 함대가 양화진을 침입하였다.
③ 오페르트가 남연군 묘 도굴을 시도하였다.
④ 일본 군함 운요호가 영종도를 공격하였다.
⑤ 조선 정부가 프랑스인 선교사들을 처형하였다.

32 다음 자료에 나타난 사건에 대한 설명으로 옳은 것은? [2점]

> 이반 셰스타코프 각하
> 이 사건과 관련하여 저희가 접수한 정보에 따르면 …… 일련의 과정에서 수 명의 조선 고관들이 살해되었습니다. 또한 일본군 호위대가 개입하면서 서울 주재 청국 수비대와의 무력충돌이 일어났으며, 패배한 일본인들은 제물포로 후퇴해야만 했습니다.
>
> H. 기르스

① 김옥균, 박영효 등이 주도하였다.
② 입헌 군주제 수립을 목표로 전개되었다.
③ 통리기무아문이 설치되는 배경이 되었다.
④ 일본 공사관에 경비병이 주둔하는 계기가 되었다.
⑤ 전국 각지에 척화비가 건립되는 결과를 초래하였다.

33 다음 답사 지역에 대한 탐구 활동으로 가장 적절한 것은? [2점]

> 답사 자료집 　　　　 우리 고장 역사 탐방
>
> **우리가 살펴볼 문화유산**
>
> [동고산성]
>
> 
>
> 견훤이 세운 후백제와의 관련성을 짐작하게 해주는 수막새 등이 출토되었다.
>
> [경기전]
>
> 
>
> 태조 이성계의 어진을 모셨던 곳이며, 그 옆에는 실록을 보관하던 사고가 있었다.

① 김헌창이 반란을 일으킨 근거지를 검색한다.
② 성왕이 새롭게 도읍지로 삼은 지역을 파악한다.
③ 동학 농민군이 정부와 화약을 체결한 장소를 알아본다.
④ 강우규가 총독 사이토에게 폭탄을 투척한 곳을 찾아본다.
⑤ 신립이 배수의 진을 치고 왜군과 맞선 격전지를 조사한다.

34 (가)~(마)에 들어갈 내용으로 옳지 않은 것은? [2점]

〈 청일 전쟁 이후 열강이 침탈한 이권 〉

국가	사례
독일	(가)
일본	(나)
미국	(다)
러시아	(라)
프랑스	(마)

① (가) – 당현 금광 채굴권
② (나) – 경부선 철도 부설권
③ (다) – 운산 금광 채굴권
④ (라) – 울릉도 삼림 채벌권
⑤ (마) – 경인선 철도 부설권

35 밑줄 그은 '개혁'의 내용으로 옳은 것은? [3점]

① 통리기무아문과 12사를 설치하였다.
② 지방 행정 구역을 8도에서 23부로 개편하였다.
③ 청의 연호를 쓰지 않고 개국기년을 사용하였다.
④ 공사 노비법을 혁파하고 과부의 재가를 허용하였다.
⑤ 6조에서 8아문으로 개편하고 과거제를 폐지하였다.

36 밑줄 그은 '특사'가 파견된 배경으로 적절한 것은? [2점]

파일(F) 편집(E) 보기(V) 즐겨찾기(A) 도구(T) 도움말(H)

독립 유공자 인물 정보

- 유공자 및 포상 정보

성명	이위종
포상 연도	1962
훈격	대통령장

- 주요 활동
  1. 네덜란드에서 열린 만국 평화 회의에 특사로 파견되어 활동함
  2. 연해주에서 결성된 동의회(同義會)의 회장으로서 의병 활동을 적극적으로 지원함

인터넷

① 고종이 강제로 퇴위되었다.
② 초대 총독으로 데라우치가 부임하였다.
③ 외교권이 강탈되고 통감부가 설치되었다.
④ 기유각서를 통해 일제에 사법권을 박탈당하였다.
⑤ 미국 대통령 윌슨이 민족 자결주의를 제창하였다.

37 다음 상황이 나타난 시기를 연표에서 옳게 고른 것은? [2점]

□□신보

제△△호 ○○○○년 ○○월 ○○일

한국 창의병대가 일본 원정대를 몰살하다

지금 서울 근처 각 지방에 의병이 많이 모여 서울을 치고자 하는 모양인데, 수효는 얼마나 되는지 알 수 없으나 한 곳에는 800명 정도 된다고 한다. 해산된 한국 군인들이 선봉이 되어 기동하는데 곳곳의 철로와 전선을 끊고 일본 순검이나 철로와 전보국의 사무원을 만나는 대로 죽인다 하며 …… 녹도 땅에 의병을 치러 갔던 일본 원정대는 처참하게 몰살되었다고 한다.

1885		1894		1896		1899		1904		1910
거문도 사건	(가)	청일 전쟁	(나)	아관 파천	(다)	대한국 국제 반포	(라)	한일 의정서	(마)	국권 피탈

① (가) ② (나) ③ (다)
④ (라) ⑤ (마)

38 (가) 단체의 활동으로 옳은 것은? [1점]

이 책은 (가) 이/가 국제 연맹에 한국 독립의 당위성을 호소하기 위해 편찬한 것입니다. 여기에는 삼국 시대 이후의 한일 관계사가 기록되어 있으며, 특히 일제의 잔혹한 식민통치 방식과 3·1 운동의 전개 과정이 잘 정리되어 있습니다.

① 조선 혁명 간부 학교를 설립하였다.
② 한글 맞춤법 통일안과 표준어를 제정하였다.
③ 태극 서관을 운영하며 계몽 서적을 보급하였다.
④ 독립운동 자금 마련을 위해 독립 공채를 발행하였다.
⑤ 진상 조사단을 파견하여 광주 학생 항일 운동을 지원하였다.

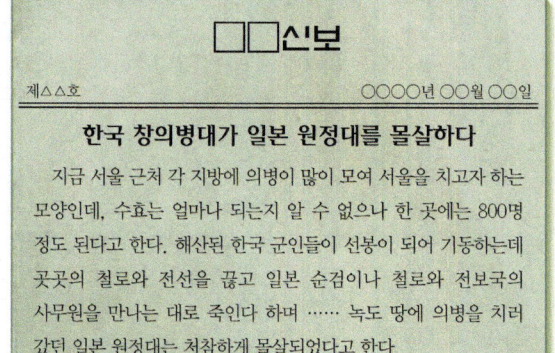

39 다음 지역에서 있었던 사실로 옳은 것은? [3점]

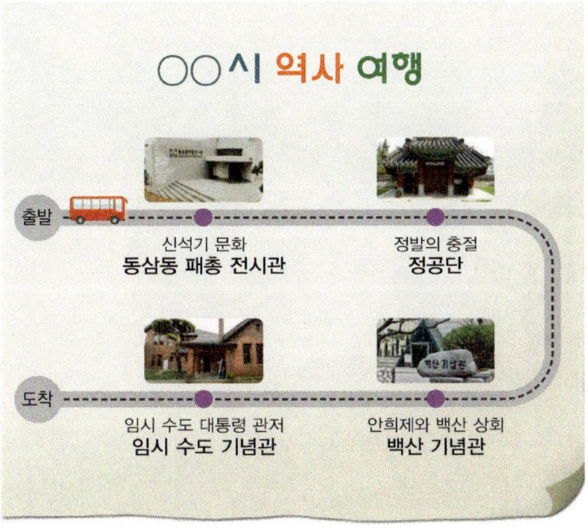

① 2 · 28 민주 운동이 시작되었다.
② 제2차 미소 공동 위원회가 개최되었다.
③ 강주룡이 을밀대 지붕에서 고공 농성을 전개하였다.
④ 박재혁이 경찰서에서 폭탄을 투척하는 의거를 일으켰다.
⑤ 지주 문재철의 횡포에 맞서 농민들이 소작 쟁의를 벌였다.

40 (가) 종교 단체의 활동으로 옳은 것은? [2점]

① 박중빈을 중심으로 새생활 운동을 펼쳤다.
② 중광단을 조직하여 무장 투쟁을 전개하였다.
③ 배재 학당을 세워 신학문 보급에 기여하였다.
④ 어린이날을 제정하고 소년 운동을 추진하였다.
⑤ 경향신문을 발행하여 민중 계몽을 위해 노력하였다.

41 다음 강령을 발표한 단체에 대한 설명으로 옳은 것은? [2점]

행동 강령

1. 여성에 대한 사회적 · 법률적 일체 차별 철폐
2. 일체 봉건적 인습과 미신 타파
3. 조혼 폐지 및 결혼의 자유
4. 인신매매 및 공창 폐지
5. 농민 부인의 경제적 이익 옹호
6. 부인 노동의 임금 차별 철폐 및 산전 산후 임금 지불
7. 부인 및 소년공의 위험 노동 및 야업 폐지

① 3 · 1 운동에 주도적으로 참여하였다.
② 상하이에서 대동 단결 선언을 발표하였다.
③ 여성 교육을 위해 이화 학당을 설립하였다.
④ 최초의 여성 권리 선언문인 여권통문을 공표하였다.
⑤ 민족주의 계열과 사회주의 계열의 여성들이 연합하였다.

42 밑줄 그은 '시기'에 볼 수 있는 모습으로 적절한 것은? [2점]

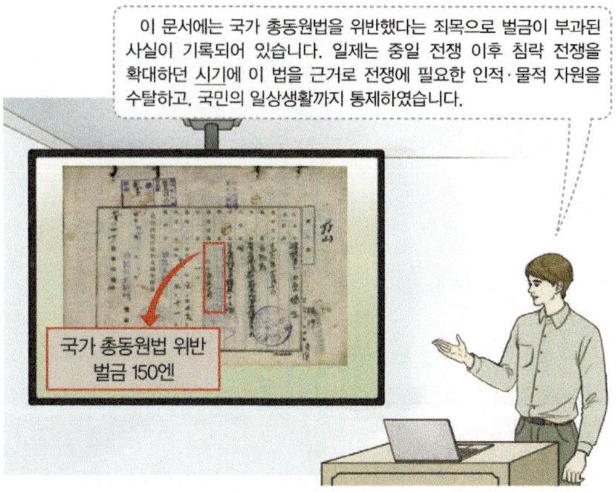

① 원산 총파업에 참여하는 노동자
② 조선 태형령 실시를 관보에 게재하는 직원
③ 조선어 학회 사건으로 탄압받는 한글 학자
④ 조선 민립 대학 기성회 창립 총회에 참석하는 교사
⑤ 경성 제국 대학 설립 업무를 수행하는 조선 총독부 관리

43 다음 검색창에 들어갈 인물의 활동으로 옳은 것은? [3점]

파일(F) 편집(E) 보기(V) 즐겨찾기(A) 도구(T) 도움말(H)

역사 인물 검색

검색어 | 검색

↳ 검색 결과

대한 제국 무관 출신으로 신민회 등에서 활동하다 일제에 체포되었다. 이후 만주와 연해주를 중심으로 민족 운동을 전개하였다. 사회주의 정당인 한인 사회당을 창당하였고, 대한민국 임시 정부의 국무총리를 역임하였다. 1995년 건국훈장 대통령장이 추서되었다.

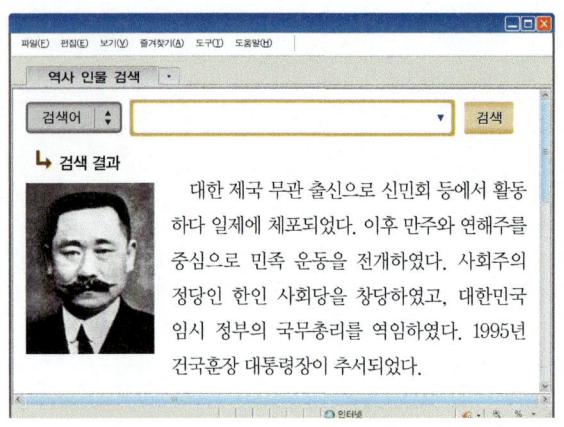

① 대한 광복군 정부 수립을 주도하였다.
② 옌안에서 조선 독립 동맹을 결성하였다.
③ 민족 교육을 위해 서전서숙을 설립하였다.
④ 고종의 밀지를 받아 독립 의군부를 조직하였다.
⑤ 의열단의 활동 강령인 조선 혁명 선언을 작성하였다.

44 (가), (나) 사이의 시기에 있었던 사실로 옳지 않은 것은? [2점]

(가) 북간도에 주둔한 아군 7백 명은 북로 사령부 소재지인 봉오동을 향해 행군하다가 적군 3백 명을 발견하였다. 아군을 지휘하는 홍범도, 최진동 두 장군은 즉시 적을 공격하여 120여 명을 살상하고 도주하는 적을 추격하였다.

－『독립신문』－

(나) 조선 혁명군 총사령 양세봉, 참모장 김학규 등은 병력을 이끌고 중국 의용군과 합세하였다. …… 아군은 승세를 몰아 적들을 30여 리 정도 추격한 끝에 영릉가성을 점령하였다.

－『광복』－

① 자유시 참변 이후 3부가 조직되었다.
② 일본군의 보복으로 간도 참변이 발생하였다.
③ 독립군 연합 부대가 청산리에서 큰 승리를 거두었다.
④ 일제가 독립군을 탄압하고자 미쓰야 협정을 체결하였다.
⑤ 스탈린에 의해 많은 한인이 중앙아시아로 강제 이주되었다.

45 (가) 군대에 대한 설명으로 옳은 것은? [1점]

이곳은 독립운동가 조성환이 태어난 여주의 보통리 고택입니다. 그는 1940년 대한민국 임시 정부 산하의 (가) 창설을 주도하고, 군무 부장으로 활동하였습니다. 이 가옥은 그의 아버지가 독립운동 자금을 마련하기 위해 매각하였다고 전해지며, 국가 민속 문화재 제126호로 지정되었습니다.

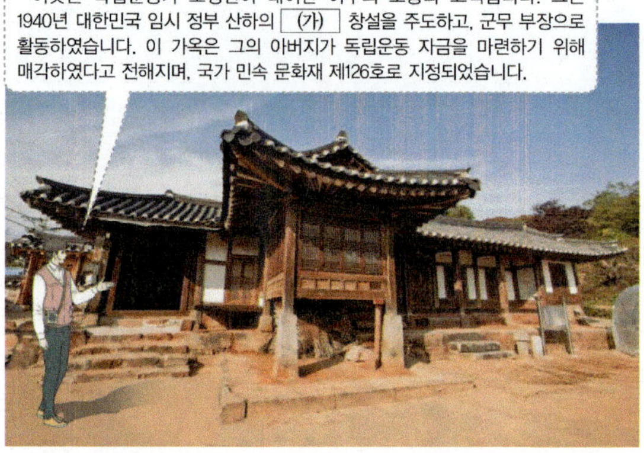

① 숭무 학교를 설립하여 독립군을 양성하였다.
② 쌍성보 전투에서 한중 연합 작전을 전개하였다.
③ 중국 팔로군과 함께 호가장 전투에서 활약하였다.
④ 국내 정진군을 조직하여 국내 진공 작전을 추진하였다.
⑤ 중국 관내(關內)에서 결성된 최초의 한인 무장 부대였다.

46 밑줄 그은 '이 사건' 이후에 있었던 사실로 옳은 것은? [2점]

역사 속 오늘

4월 11일

오늘은 부정 선거를 규탄하는 시위에 가담했다가 실종되었던 마산상고 김주열 학생의 사망이 확인된 날이다. 그가 눈에 최루탄을 맞은 상태로 마산 앞바다에서 발견된 <u>이 사건</u>을 계기로 시민들의 시위가 전국적으로 확산되었다.

① 조봉암을 중심으로 진보당이 창당되었다.
② 반민족 행위 특별 조사 위원회가 설치되었다.
③ 허정을 수반으로 하는 과도 정부가 수립되었다.
④ 귀속 재산 관리를 위해 신한 공사가 설립되었다.
⑤ 자유당이 정권 연장을 위해 직선제 개헌안을 통과시켰다.

47 다음 사건 이후의 사실로 옳은 것은? [3점]

시사만화로 보는 현대사

이 만화는 민생고 해결을 외치는 여성 노동자들이 경찰에게 과잉 진압되는 모습을 풍자하고 있다.

가발 생산 공장의 여성 노동자 180여 명이 업주의 폐업 조치에 맞서 신민당사에서 농성을 하자, 1천여 명의 무장 경찰이 폭력적으로 진압하였다. 이후 이 사건은 'YH 무역 사건'으로 역사에 기록되었다.

① 부마 민주 항쟁이 일어났다.
② 3·1 민주 구국 선언이 발표되었다.
③ 민의원과 참의원의 양원제 국회가 출범하였다.
④ 6·3 시위가 전개되고 비상 계엄령이 선포되었다.
⑤ 전태일이 근로 기준법 준수를 외치며 분신하였다.

48 (가) 정부 시기에 볼 수 있는 모습으로 적절한 것은? [2점]

사진으로 보는 (가) 정부

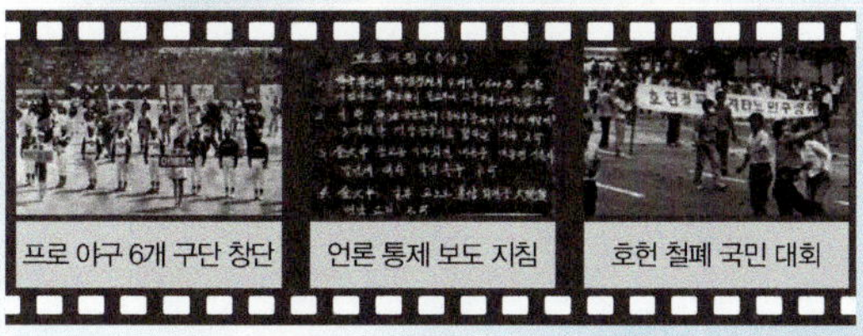

① 7·4 남북 공동 성명 발표를 취재하는 기자
② 개성 공단 착공식에 참석하고 있는 정부 관료
③ 금강호를 타고 금강산 관광을 떠나는 단체 여행객
④ 한반도 비핵화 공동 선언문을 발표하는 외교부 당국자
⑤ 최초의 이산가족 상봉 행사에 참여하는 남북 고향 방문단

49 다음 문서가 작성된 이후의 사실로 옳은 것은? [2점]

> 미셸 캉드쉬 총재 귀하
>
> 1. 첨부된 경제 계획 각서에는 향후 3년 이상 한국이 실행할 정책이 요약되어 있습니다. 이 정책은 현재의 재정적 어려움을 초래한 근본 원인을 해결하여 시장의 신뢰를 회복하며, 한국 경제를 강력하고 지속 가능한 성장의 길로 이끌 수 있을 것입니다. 이 경제 계획을 지원하기 위해 한국 정부는 향후 3년간 특별 인출권(SDR) 155억 달러 규모의 국제 통화 기금(IMF) 대기성 차관을 요청합니다.
>
> ⋮

① 전국 민주 노동조합 총연맹이 창립되었다.
② 저유가, 저금리, 저달러의 3저 호황이 있었다.
③ 제2차 석유 파동으로 경제 불황이 심화되었다.
④ 대통령 긴급 명령으로 금융 실명제가 실시되었다.
⑤ 대통령 직속 자문 기구인 노사정 위원회가 구성되었다.

50 (가)~(다) 학생이 발표한 내용을 일어난 순서대로 옳게 나열한 것은? [1점]

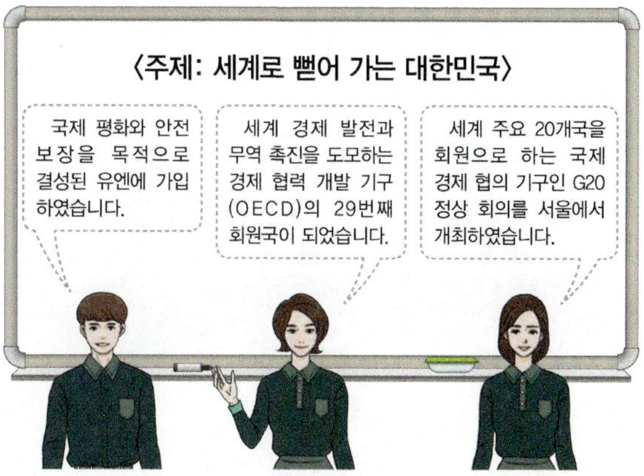

〈주제: 세계로 뻗어 가는 대한민국〉
국제 평화와 안전 보장을 목적으로 결성된 유엔에 가입하였습니다.
세계 경제 발전과 무역 촉진을 도모하는 경제 협력 개발 기구(OECD)의 29번째 회원국이 되었습니다.
세계 주요 20개국을 회원으로 하는 국제 경제 협의 기구인 G20 정상 회의를 서울에서 개최하였습니다.
(가)
(나)
(다)

① (가) - (나) - (다)
② (가) - (다) - (나)
③ (나) - (가) - (다)
④ (나) - (다) - (가)
⑤ (다) - (가) - (나)

2021년도 제53회 한국사능력검정시험 문제지

01 (가) 시대의 생활 모습으로 옳은 것은? [1점]

△△ 박물관 특별전

시간을 품은 돌, (가) 시대로의 여행

■ 기간: 2021년 ○○월 ○○일~○○월 ○○일
■ 장소: △△ 박물관 특별 전시실

초대의 글

우리 박물관에서는 찍개, 찌르개 등 뗀석기를 처음 사용한 (가) 시대 특별전을 마련하였습니다. 동아시아에 찍개 문화만 존재했다는 기존 학설을 뒤집은 연천 전곡리 출토 주먹도끼도 전시하오니 많은 관람 바랍니다.

① 가락바퀴를 이용하여 실을 뽑았다.
② 반달 돌칼을 사용하여 벼를 수확하였다.
③ 많은 인력을 동원하여 고인돌을 축조하였다.
④ 거푸집을 이용하여 세형 동검을 제작하였다.
⑤ 주로 동굴이나 강가의 막집에서 거주하였다.

02 밑줄 그은 '이 나라'에 대한 설명으로 옳은 것은? [2점]

① 신지, 읍차 등의 지배자가 있었다.
② 혼인 풍습으로 서옥제가 존재하였다.
③ 여러 가(加)들이 별도로 사출도를 주관하였다.
④ 남의 물건을 훔쳤을 때에는 12배로 갚게 하였다.
⑤ 부족 간의 경계를 중시하는 책화라는 풍속이 있었다.

03 (가)~(다)를 일어난 순서대로 옳게 나열한 것은? [3점]

(가) 온달이 왕에게 아뢰기를, "신라가 한강 이북 땅을 빼앗아 군현으로 삼았습니다. …… 저에게 군사를 주신다면 단번에 우리 땅을 반드시 되찾겠습니다."라고 하였다.

(나) 10월에 백제 왕이 병력 3만 명을 거느리고 평양성을 공격해 왔다. 왕이 군대를 내어 막다가 날아온 화살에 맞아 이달 23일에 서거하였다.

(다) 9월에 왕이 병력 3만 명을 거느리고 백제를 침략하여 도읍 한성을 함락하였다. 백제 왕 부여경을 죽이고 남녀 8천 명을 포로로 잡아 돌아왔다.

① (가) – (나) – (다)
② (가) – (다) – (나)
③ (나) – (가) – (다)
④ (나) – (다) – (가)
⑤ (다) – (나) – (가)

04 (가) 왕의 재위 기간에 있었던 사실로 옳은 것은? [2점]

① 익산에 미륵사를 창건하였다.
② 중국 남조의 양과 교류하였다.
③ 고흥에게 서기를 편찬하게 하였다.
④ 마라난타를 통해 불교를 수용하였다.
⑤ 사비로 천도하고 행정 조직을 재정비하였다.

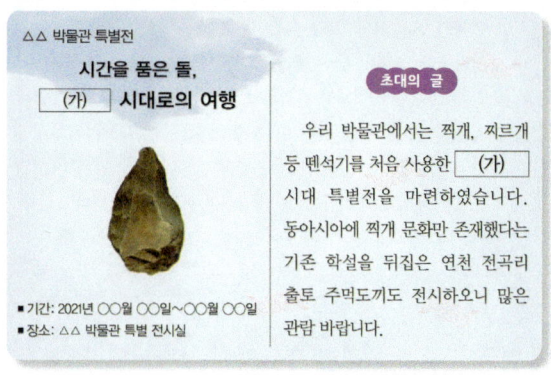

05 (가), (나) 사이의 시기에 있었던 사실로 옳은 것은? [3점]

(가) 고구려 왕이 "마목현과 죽령은 본래 우리나라 땅이니 만약 이를 돌려주지 않는다면 돌아가지 못하리라."라고 말하였다. 김춘추가 "국가의 영토는 신하가 마음대로 할 수 있는 것이 아니므로 신은 감히 명령을 따를 수 없습니다."라고 대답하니, 왕이 분노하여 그를 가두었다.

(나) 관창이 "아까 내가 적진에 들어가서 장수를 베고 깃발을 빼앗지 못한 것이 심히 한스럽다. 다시 들어가면 반드시 성공하리라."라고 말하였다. 관창은 적진에 돌입하여 용감히 싸웠으나, 계백이 그를 사로잡아 머리를 베어 말 안장에 매달아서 돌려보냈다. 이를 본 신라군이 죽음을 각오하고 진격하니 백제 군사가 대패하였다.

① 안승이 보덕국 왕으로 임명되었다.
② 신라가 당과 군사 동맹을 체결하였다.
③ 관산성 전투에서 백제 왕이 피살되었다.
④ 흑치상지가 임존성에서 군사를 일으켰다.
⑤ 부여풍이 백강에서 왜군과 함께 당군에 맞서 싸웠다.

06 다음 가상 대화 이후에 있었던 사실로 옳은 것은? [2점]

며칠 전 붉은 바지를 입은 도적들이 나라의 서남쪽에서 봉기하였다고 하네.
적고적 말이지? 7년 전에는 원종과 애노가 세금 독촉 때문에 봉기하더니, 요즘 들어 나라에 변란이 자주 일어나 걱정이구만.

① 궁예가 국호를 태봉으로 바꾸었다.
② 독서삼품과가 처음으로 실시되었다.
③ 왕의 장인인 김흠돌이 반란을 일으켰다.
④ 무열왕의 직계 자손이 왕위를 세습하였다.
⑤ 혜공왕이 귀족 세력에게 죽임을 당하였다.

07 밑줄 그은 '인물'이 활동한 시기의 경제 모습으로 옳은 것은? [1점]

① 활구라고 불리는 은병이 유통되었다.
② 중국의 농서인 농상집요가 소개되었다.
③ 면화, 고추 등이 상품 작물로 재배되었다.
④ 청해진을 중심으로 해상 무역이 전개되었다.
⑤ 수도의 시전을 감독하기 위해 경시서가 설치되었다.

08 (가) 국가에 대한 설명으로 옳은 것을 〈보기〉에서 고른 것은? [2점]

〈한국사 온라인 강좌〉

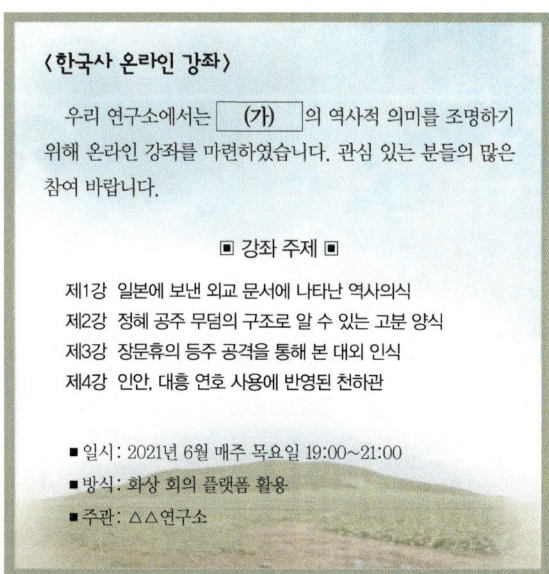

우리 연구소에서는 (가) 의 역사적 의미를 조명하기 위해 온라인 강좌를 마련하였습니다. 관심 있는 분들의 많은 참여 바랍니다.

▣ 강좌 주제 ▣

제1강 일본에 보낸 외교 문서에 나타난 역사의식
제2강 정혜 공주 무덤의 구조로 알 수 있는 고분 양식
제3강 장문휴의 등주 공격을 통해 본 대외 인식
제4강 인안, 대흥 연호 사용에 반영된 천하관

■ 일시 : 2021년 6월 매주 목요일 19:00~21:00
■ 방식 : 화상 회의 플랫폼 활용
■ 주관 : △△연구소

〈보 기〉

ㄱ. 철전인 건원중보를 발행하였다.
ㄴ. 솔빈부의 말이 특산물로 거래되었다.
ㄷ. 지방관을 감찰하고자 외사정을 파견하였다.
ㄹ. 거란도, 영주도 등을 통해 주변국과 교류하였다.

① ㄱ, ㄴ ② ㄱ, ㄷ ③ ㄴ, ㄷ
④ ㄴ, ㄹ ⑤ ㄷ, ㄹ

09 (가)에 해당하는 문화유산으로 옳은 것은? [2점]

① 
② 
③ 
④ 
⑤ 

10 다음 검색창에 들어갈 왕의 재위 기간에 있었던 사실로 옳은 것은? [2점]

고려시대 DATABASE 검색

고려사 왕대별 보기 원문 국역

시 기	내 용	원문이미지
1년	연호를 광덕으로 정하다	원문이미지
3년	후주에 토산물을 보내다	원문이미지
11년	백관의 공복을 정하다	원문이미지
19년	혜거와 탄문을 국사와 왕사로 삼다	원문이미지

① 전국에 12목을 설치하고 관리를 파견하였다.
② 주전도감을 설치하여 해동통보를 발행하였다.
③ 왕권을 강화하기 위해 노비안검법을 실시하였다.
④ 거란 침입에 대비하여 개경에 나성을 축조하였다.
⑤ 국자감에 서적포를 두어 출판을 담당하게 하였다.

11 (가) 기구에 대한 설명으로 옳은 것은? [3점]

> 시정(時政)을 논박하고 풍속을 교정하며 규찰과 탄핵 업무를 담당하였다. 국초에는 사헌대(司憲臺)라 불렀다. 성종 14년에 (가) (으)로 고쳤으며 [관원으로] 대부, 중승, 시어사, 전중(殿中)시어사, 감찰어사가 있었다.
>
> -『고려사』-

① 국정을 총괄하는 중앙 관서였다.
② 무신 집권기 최고 권력 기구였다.
③ 사간원, 홍문관과 함께 삼사로 불렸다.
④ 원 간섭기에 도평의사사로 명칭이 바뀌었다.
⑤ 소속 관원이 낭사와 함께 서경권을 행사하였다.

12 밑줄 그은 '이 왕'의 정책으로 옳은 것은? [2점]

이곳에는 이 왕과 그의 왕비인 노국 대장 공주의 영정이 봉안되어 있습니다. 조선의 종묘에 고려 왕의 신당이 조성되었다는 점이 특이합니다. 이 왕은 기철 등 친원 세력을 숙청하고 정동행성 이문소를 폐지하였습니다.

① 만권당을 두어 원의 학자들과 교유하였다.
② 신돈을 등용하여 전민변정도감을 운영하였다.
③ 쌍기의 건의를 받아들여 과거제를 실시하였다.
④ 정계와 계백료서를 지어 관리의 규범을 제시하였다.
⑤ 최승로의 시무 28조를 받아들여 통치 체제를 정비하였다.

13 (가) 국가에 대한 고려의 대응으로 옳은 것은? [2점]

> (가) 임금이 강조를 토벌한다는 구실로 친히 군사를 거느리고 와서 흥화진을 포위하였다. 양규는 도순검사가 되어 성문을 닫고 굳게 지켰다. …… (가) 이/가 강조의 편지를 위조하여 흥화진에 보내어 항복하라고 설득하였다. 양규가 말하기를, "나는 왕명을 받고 온 것이지 강조의 명령을 받은 것이 아니다."라고 하면서 항복하지 않았다.

① 광군을 조직하여 침입에 대비하였다.
② 윤관을 보내 동북 9성을 개척하였다.
③ 화통도감을 설치하여 화포를 제작하였다.
④ 강화도로 도읍을 옮겨 장기 항전을 준비하였다.
⑤ 쌍성총관부를 공격하여 철령 이북을 수복하였다.

14 다음 상황이 나타난 시기의 경제 모습으로 옳은 것은? [1점]

> ㅇ 11월에 팔관회가 열렸다. 왕이 신봉루에 들러 모든 관료에게 큰 잔치를 베풀었다. …… 송의 상인과 탐라국도 특산물을 바쳤으므로 자리를 내주어 음악을 관람하게 하였는데, 이후 상례(常例)가 되었다.
> ㅇ 대식국의 객상(客商) 보나합 등이 와서 …… 물품을 바쳤다. 관리에게 명하여 객관에서 우대하며 대접하게 하고, 돌아갈 때에는 황금과 명주를 넉넉하게 하사하였다.

① 벽란도가 국제 무역항으로 번성하였다.
② 송상이 전국 각지에 송방을 설치하였다.
③ 시장을 감독하는 관청인 동시전이 있었다.
④ 신라방을 형성하여 중국과 활발히 교역하였다.
⑤ 육의전을 제외한 시전 상인의 금난전권을 폐지하였다.

15 다음 사건이 일어난 시기를 연표에서 옳게 고른 것은? [2점]

> ㅇ 명학소의 백성 망이·망소이 등이 무리를 모아서 산행병마사라고 자칭하고는 공주를 공격하여 함락하였다.
> ㅇ 망이의 고향인 명학소를 충순현으로 승격시키고 양수탁을 현령으로, 김윤실을 현위로 임명하여 그들을 달래었다.

1104		1126		1135		1170		1231		1270
	(가)		(나)		(다)		(라)		(마)	
별무반 조직		이자겸의 난		묘청의 난		무신 정변		몽골의 침입		개경 환도

① (가) ② (나) ③ (다) ④ (라) ⑤ (마)

16 밑줄 그은 '그'에 대한 설명으로 옳은 것은? [3점]

이것은 개경 흥왕사 터에서 출토된 대각국사의 묘지명 탁본입니다. 여기에는 문종의 넷째 아들인 <u>그</u>가 송에 유학하고 돌아온 후 국청사를 중심으로 천태종을 개창한 내용이 기록되어 있습니다.

① 정혜쌍수와 돈오점수를 주장하였다.
② 무애가를 지어 불교 대중화에 힘썼다.
③ 황룡사 구층 목탑의 건립을 건의하였다.
④ 백련사 결사를 통해 불교 정화 운동을 전개하였다.
⑤ 교장도감을 설치하여 불교 경전 주석서를 편찬하였다.

17 다음 대화에 해당하는 문화유산으로 옳은 것은? [2점]

① 
② 
③ 
④ 
⑤ 

18 (가)에 들어갈 내용으로 옳지 <u>않은</u> 것은? [2점]

> 〈역사 다큐멘터리 제작 기획안〉
>
> **15세기 조선, 과학을 꽃 피우다**
>
> 1. 기획 의도: 조선 초, 부국강병과 민생 안정을 위해 과학 기술 분야에서 노력한 모습을 살펴본다.
>
> 2. 구성
> 1부 태양의 그림자로 시간을 보는 앙부일구
> 2부 (가)
> 3부 외적의 침입에 대비한 신무기, 신기전과 화차

① 기기도설을 참고하여 설계한 거중기
② 국산 약재와 치료법을 소개한 향약집성방
③ 한양을 기준으로 한 역법서인 칠정산 내편
④ 활판 인쇄술의 발달을 가져온 계미자와 갑인자
⑤ 우리나라 실정에 맞는 농법을 소개한 농사직설

19 밑줄 그의 '이 제도'에 대한 설명으로 옳은 것은? [2점]

> **#3. 궁궐 안**
>
> 성종이 경연에서 신하들과 토지 제도 개혁을 논의하고 있다.
>
> **성종**: 그대들의 의견을 말해 보도록 하라.
> **김유**: 우리나라의 수신전, 휼양전 등은 진실로 아름다운 것이지만 오히려 일이 없는 자가 앉아서 그 이익을 누린다고 하여 세조께서 과전을 없애고 <u>이 제도</u>를 만드셨습니다.

① 전지와 시지를 등급에 따라 지급하였다.
② 풍흉에 관계없이 전세 부담액을 고정하였다.
③ 현직 관리에게만 토지의 수조권을 지급하였다.
④ 관리에게 녹봉을 지급하고 수조권을 폐지하였다.
⑤ 개국 공신에게 인성, 공로를 기준으로 토지를 지급하였다.

20 다음 가상 대화의 배경에 대한 탐구 활동으로 적절한 것은? [2점]

① 수양 대군이 정권을 장악하는 과정을 정리한다.
② 자의 대비 복상 문제로 전개된 예송을 알아본다.
③ 인물성동이론을 두고 전개된 호락논쟁을 조사한다.
④ 정여립 모반 사건을 계기로 동인이 입은 피해를 분석한다.
⑤ 인현 왕후가 폐위되고 남인이 권력을 장악한 사건을 파악한다.

21 (가)에 해당하는 문화유산으로 옳은 것은? [2점]

> (가) 에 대해 알려 줄래?
>
> 조선 전기에 많이 제작된 도자기야.
>
> 회색의 태토 위에 맑게 거른 백토로 표면을 분장한 뒤 유약을 씌워 구운 도자기야.
>
> 백자가 본격적으로 생산되면서 덜 만들어지게 되었어.

①

②

③

④

⑤

22 (가) 시기에 있었던 사실로 옳은 것은? [3점]

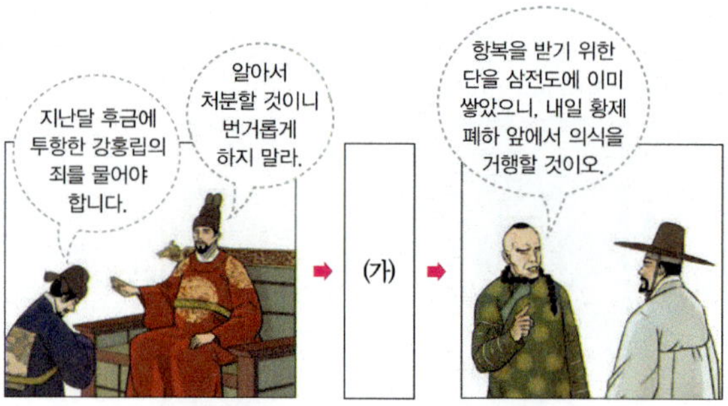

① 나선 정벌에 조총 부대가 동원되었다.
② 권율이 행주산성에서 적군을 격퇴하였다.
③ 정봉수와 이립이 용골산성에서 항쟁하였다.
④ 소현 세자와 봉림 대군 등이 청에 인질로 끌려갔다.
⑤ 외적의 침입에 대비하고자 비변사가 처음 설치되었다.

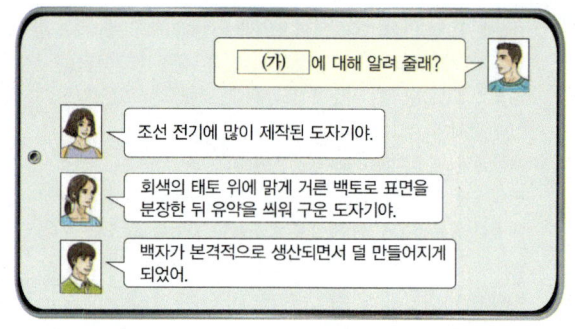

23 (가) 궁궐에 대한 설명으로 옳은 것은? [3점]

조선의 역대 왕들이 가장 많이 머문 궁궐, (가)

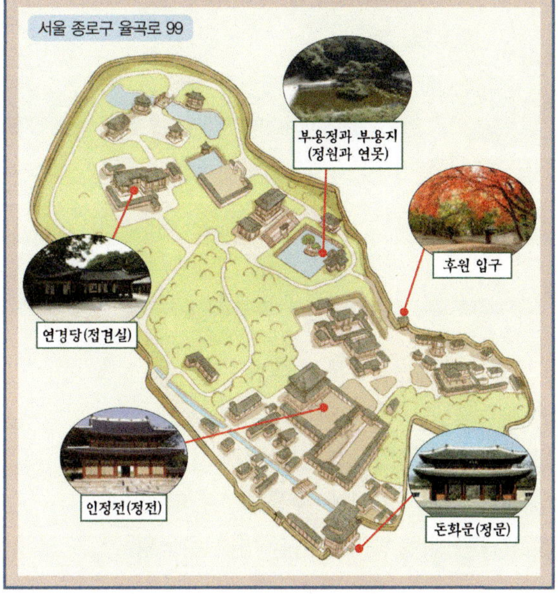

① 도성 내 서쪽에 있어 서궐로 불리었다.
② 제1차 미소 공동 위원회가 개최되었다.
③ 왕실 도서관인 규장각이 설치된 곳이다.
④ 조선 물산 공진회 개최 장소로 이용되었다.
⑤ 인목 대비가 광해군에 의해 유폐된 장소이다.

24 다음 상황이 나타난 시기에 볼 수 있는 모습으로 적절하지 <u>않은</u> 것은? [2점]

> 가만히 살펴보니, 최근 여자들이 서로 다투어 즐겨하는 것이 오직 패설(稗說)*을 숭상하는 일이다. 패설은 날로 달로 증가하여 그 종류가 이미 엄청나게 되었다. 세책가에서는 패설을 깨끗이 필사하여, 빌려 보는 자가 있으면 그 값을 받아서 이익으로 삼는다. 부녀들은 …… [패설을] 서로 다투어 빌려다가 온종일 허비하니 음식이나 술을 어떻게 만드는지, 베를 어떻게 짜는지에 대해서도 모르게 되었다.
>
> – 『번암집』 –
>
> *패설(稗說): 민간에서 떠도는 이야기를 주제로 한 소설

① 담배를 밭에 심고 있는 농민
② 염포의 왜관에서 교역하는 상인
③ 장시에서 탈춤 공연을 벌이는 광대
④ 시사(詩社)를 조직하여 활동하는 중인
⑤ 물주의 자금으로 광산을 경영하는 덕대

25 밑줄 그은 '이 사절단'에 대한 설명으로 옳은 것은? [2점]

이 해사록은 김세렴이 <u>이 사절단</u>의 부사로 일본에 다녀온 후 작성한 책입니다. 여기에는 쓰시마, 교토를 거쳐 에도까지 간 여정, 당시 일본의 지형과 풍속, 쇼군을 만난 내용 등이 담겨 있습니다.

① 암행어사의 형태로 비밀리에 파견되었다.
② 해국도지, 영환지략을 국내에 소개하였다.
③ 하정사, 성절사, 천추사 등으로 구분되었다.
④ 막부의 요청으로 파견되어 문물을 전하였다.
⑤ 기기국에서 무기 제조 기술을 습득하고 돌아왔다.

26 검색창에 들어갈 왕에 대한 설명으로 옳은 것은? [1점]

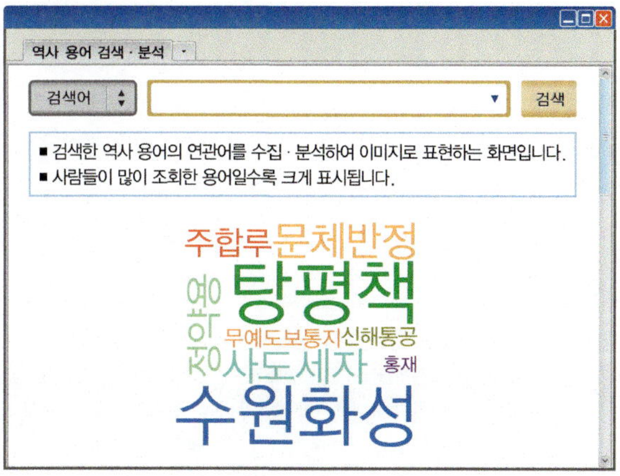

① 어영청을 중심으로 북벌을 추진하였다.
② 국왕의 친위 부대인 장용영을 설치하였다.
③ 조선의 기본 법전인 경국대전을 완성하였다.
④ 청과의 경계를 정한 백두산정계비를 세웠다.
⑤ 군역의 부담을 줄이기 위해 균역법을 제정하였다.

27 (가)~(마) 지역에 있었던 역사적 사실로 옳지 않은 것은? [2점]

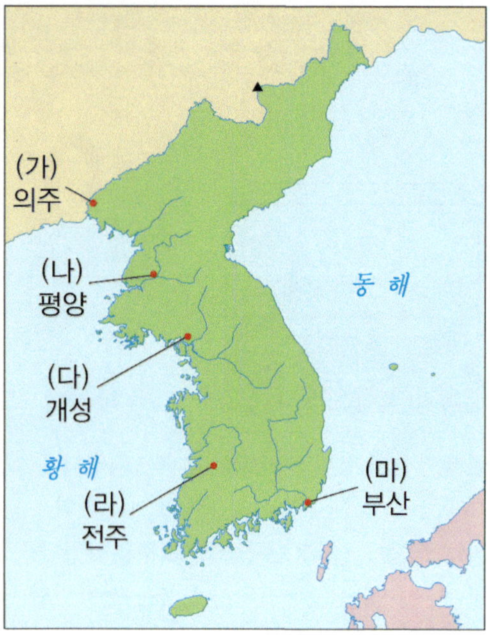

① (가) – 만상이 근거지로 삼아 청과의 무역을 전개하였다.
② (나) – 나석주가 조선 식산 은행에 폭탄을 투척하였다.
③ (다) – 만적을 비롯한 노비들이 신분 해방을 도모하였다.
④ (라) – 동학 농민군이 정부와 화해하는 약조를 맺었다.
⑤ (마) – 임진왜란 중 부사 송상현과 첨사 정발이 순절하였다.

28 (가), (나) 사이의 시기에 있었던 사실로 옳은 것은? [2점]

(가) 평안 감사가 "이달 19일에 관군이 정주성을 수복하고 두목 홍경래 등을 죽이거나 사로잡았습니다."라고 임금께 보고하였다.

(나) 경상도 안핵사 박규수는 "이번 진주의 백성들이 난을 일으킨 것은 오로지 전 우병사 백낙신이 탐욕을 부려 포학스럽게 행동한 까닭에서 연유한 것이었습니다."라고 임금께 보고하였다.

① 최제우가 동학을 창시하였다.
② 정약종 등이 희생된 신유박해가 일어났다.
③ 오페르트가 남연군 묘 도굴을 시도하였다.
④ 공신 책봉 문제로 이괄이 반란을 일으켰다.
⑤ 이인좌를 중심으로 소론 세력 등이 난을 일으켰다.

29 (가) 법전이 편찬된 시기에 볼 수 있는 모습으로 가장 적절한 것은? [3점]

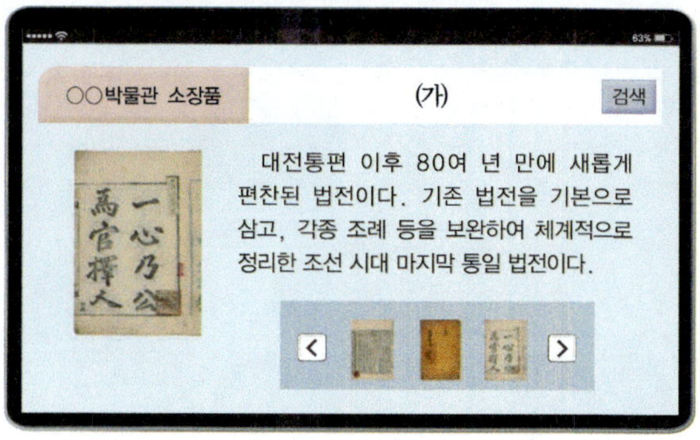

① 동의보감을 집필하는 의관
② 만동묘 복구를 건의하는 유생
③ 훈민정음을 연구하는 집현전 학자
④ 계해약조의 초안을 작성하는 관리
⑤ 성균관에 탕평비 건립을 명하는 국왕

30 (가) 사건에 대한 설명으로 옳은 것은? [2점]

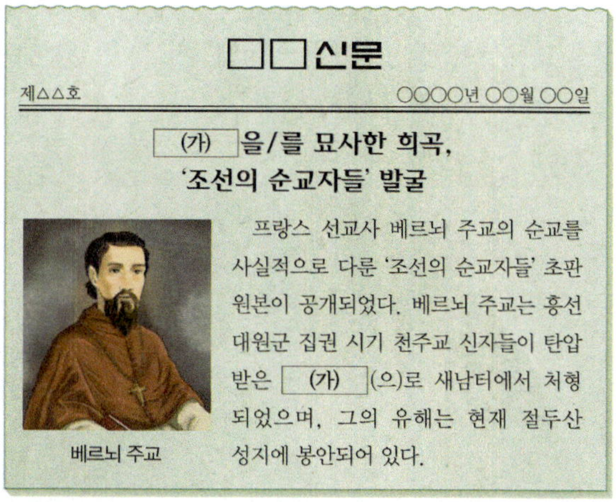

① 황사영 백서 사건의 원인이 되었다.
② 김기수가 수신사로 파견되는 결과를 가져왔다.
③ 정부가 청군의 출병을 요구하는 계기가 되었다.
④ 사태 수습을 위해 이용태가 안핵사로 파견되었다.
⑤ 로즈 제독 함대가 강화도를 침입하는 빌미가 되었다.

31 밑줄 그은 '이 사건'의 영향으로 옳은 것은? [2점]

사료로 보는 한국사

제1조
이하응을 보정성성(保定省城)으로 이송하여 청하도의 옛 관서에 거주시키도록 한다. …… 이하응에게 오가는 서신 일체는 밀봉할 수 없으며 간수 위원의 검열을 거쳐야 보낼 수 있다. 밀봉되었거나 한글로 된 서신은 위원이 반송한다.

[해설] 청으로 끌려간 흥선 대원군(이하응)을 감시하기 위해 만들어진 규정의 일부이다. 개화 정책에 대한 불만과 구식 군인에 대한 차별 대우로 일어난 이 사건을 진압한 청은 그 책임을 물어 흥선 대원군을 납치해 갔다.

① 삼정이정청이 설치되었다.
② 어재연 부대가 광성보에서 항전하였다.
③ 종로와 전국 각지에 척화비가 세워졌다.
④ 조청 상민 수륙 무역 장정이 체결되었다.
⑤ 일본 군함 운요호가 영종도를 공격하였다.

32 밑줄 그은 '이곳'이 운영되던 시기에 볼 수 있는 모습으로 가장 적절한 것은? [3점]

양화진 외국인 선교사 묘원

주요 안장자 | 헤론 | 검색

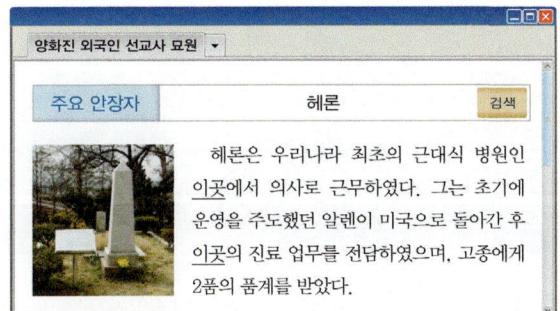

헤론은 우리나라 최초의 근대식 병원인 이곳에서 의사로 근무하였다. 그는 초기에 운영을 주도했던 알렌이 미국으로 돌아간 후 이곳의 진료 업무를 전담하였으며, 고종에게 2품의 품계를 받았다.

① 배재 학당에 입학하는 학생
② 영선사 일행으로 청에 가는 생도
③ 우정총국 개국 축하연에 참석하는 외교관
④ 연무당에서 일본과 조약을 체결하는 관리
⑤ 제너럴 셔먼호의 통상 요구를 거부하는 평양 관민

33 다음 대화 이후에 전개된 사실로 옳은 것을 〈보기〉에서 고른 것은? [2점]

군국기무처 의안에서 공노비와 사노비에 대한 법을 폐지한다는 내용을 보았다. 그대로 시행하도록 하라.
분부를 받들겠습니다.

〈보 기〉
ㄱ. 별기군이 창설되었다.
ㄴ. 한성순보가 발행되었다.
ㄷ. 교육 입국 조서가 반포되었다.
ㄹ. 재판소를 설치하여 사법권을 독립시켰다.

① ㄱ, ㄴ ② ㄱ, ㄷ ③ ㄴ, ㄷ
④ ㄴ, ㄹ ⑤ ㄷ, ㄹ

34 다음 자료에 나타난 사건이 발생한 배경으로 옳은 것은? [1점]

발신: 고무라(일본국 변리공사)
수신: 사이온지(일본국 외무대신)

지난 11일 새벽, 대군주는 급히 외국 공사관에 피신해야 한다는 거짓 밀고를 받았음. 대군주는 몹시 두려워하여 마침내 왕태자와 함께 궁녀들이 타는 가마를 타고 경계의 허술함을 틈타 밖으로 나와 러시아 공사관으로 이어하였으나, 조금도 이를 저지하는 사람이 없었음.

① 을미사변이 일어났다.
② 원수부가 설치되었다.
③ 러일 전쟁이 발발하였다.
④ 한일 신협약이 체결되었다.
⑤ 용암포 사건이 발생하였다.

35 밑줄 그은 '장정'에 대한 설명으로 옳은 것은? [3점]

이번 장정의 체결로 우리의 관세권을 일정 부분 회복했다고 하네.
그렇지만 이 장정으로 일본에 최혜국 대우를 인정해 주었다더군.

① 갑신정변의 영향으로 체결되었다.
② 방곡령 시행에 대한 규정을 명시하였다.
③ 일본 공사관에 경비병이 주둔하는 계기가 되었다.
④ 일본인 재정 고문을 두도록 하는 조항을 담고 있다.
⑤ 부산 외 2개 항구를 개항한다는 내용을 포함하였다.

36 (가) 단체에 대한 설명으로 옳은 것은? [1점]

이달의 독립운동가

국권을 지키기 위해 노력한 남궁억

• 생몰년: 1863~1939
• 생애 및 활동
서울 정동에서 태어났다. 동문학에서 교육을 받았다. 1896년 서재필 등과 함께 (가) 을/를 창립하여 활동하였다. (가) 의 의회 설립 운동이 공화제를 수립하려는 것이라는 의심을 받아 이상재 등과 함께 체포되었다. 러시아와 일본의 한국 침략을 고발하는 논설과 기사를 실은 황성신문 사장을 역임하였다. 정부는 그의 공훈을 기려 건국훈장 독립장을 추서하였다.

① 고종의 강제 퇴위 반대 운동을 전개하였다.
② 일제가 조작한 105인 사건으로 와해되었다.
③ 영은문이 있던 자리 부근에 독립문을 건립하였다.
④ 광주 학생 항일 운동의 진상 조사단을 파견하였다.
⑤ 독립 운동 자금 마련을 위해 독립 공채를 발행하였다.

37 (가), (나) 조약 사이의 시기에 있었던 사실로 옳은 것은? [2점]

(가) 제2조 일본국 정부는 한국과 타국 사이에 현존하는 조약의 실행을 완수하는 책임을 지며 한국 정부는 금후 일본국 정부의 중개를 거치지 않고서는 국제적 성질을 가진 어떤 조약이나 약속을 맺지 않을 것을 약속한다.
제3조 일본국 정부는 그 대표자로서 한국 황제 폐하의 아래에 1명의 통감을 두되, 통감은 오로지 외교에 관한 사항을 관리하기 위하여 서울에 주재하고 직접 한국 황제 폐하를 궁중에서 알현할 권리를 가진다.
(나) 제2조 한국 정부의 법령 제정 및 중요한 행정상의 처분은 미리 통감의 승인을 거친다.
제4조 한국 고등 관리를 임명하고 해임시키는 것은 통감의 동의에 의하여 집행한다.
제5조 한국 정부는 통감이 추천한 일본인을 한국 관리로 임명한다.

① 13도 창의군이 서울 진공 작전을 전개하였다.
② 관민 공동회가 개최되어 헌의 6조를 결의하였다.
③ 동학 농민군이 우금치에서 관군 및 일본군에 맞서 싸웠다.
④ 영국이 러시아를 견제하기 위해 거문도를 불법 점령하였다.
⑤ 고종이 헤이그에서 열린 만국 평화 회의에 특사를 파견하였다.

38 (가) 지역에서 있었던 민족 운동으로 옳은 것은? [2점]

이 사진은 1905년 (가) 의 유카탄반도로 계약 노동 이민자들을 수송했던 일포드호입니다. 주택 무료 임대, 높은 임금 등을 내건 모집 광고를 믿고 이 화물선을 탄 천여 명의 한국인들은 한 달 넘게 걸려 에네켄 농장에 도착했습니다. 이들은 광고와 달리 사실상 노예와 다름 없는 생활을 하였습니다.

① 권업회의 기관지로 권업신문이 발간되었다.
② 독립군 양성을 위한 숭무 학교가 설립되었다.
③ 북로 군정서가 조직되어 무장 투쟁을 실시하였다.
④ 주권 재민을 천명한 대동 단결 선언서가 작성되었다.
⑤ 유학생들이 중심이 되어 2·8 독립 선언서를 발표하였다.

39 밑줄 그은 '그'에 대한 설명으로 옳은 것은? [1점]

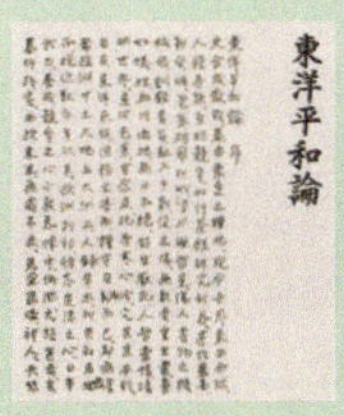

이 자료는 1910년 그가 옥중에서 저술한 동양 평화론으로, 원래 5편으로 구상되었으나 사형 집행이 앞당겨져 서문과 전감(前鑑)만 집필되었다. 일제의 한국 침략에 대한 비판과 진정한 동양 평화를 위한 한중일 삼국의 대등한 연합이 주된 내용을 이룬다. 국내에서 삼흥 학교 등을 세워 인재 양성에 힘쓰던 그는 망명하여 연해주 의병의 우영장으로 국내 진공 작전을 전개하였다. 1910년 뤼순 감옥에서 순국하였다.

① 봉오동 전투에서 일본군을 격파하였다.
② 베델과 함께 대한매일신보를 발간하였다.
③ 하얼빈역에서 이토 히로부미를 사살하였다.
④ 서전서숙을 설립하여 민족 교육을 실시하였다.
⑤ 고종의 밀지를 받아 독립 의군부를 조직하였다.

40 다음 기사가 보도된 이후의 사실로 옳은 것은? [2점]

역사신문

제△△호 ○○○○년 ○○월 ○○일

조선 관세령 폐지되다

오늘 총독부가 조선 관세령 폐지를 발표하였다. 당국은 일선융화를 위해 내린 조처라 말하지만, 앞으로 조선인들의 부담이 늘어날 것은 뻔한 이치이다. 일본산 상품이 조선에 물밀듯 밀려와 시장을 독점하여 자본과 기술에서 열세에 놓여 있는 조선의 공업을 흔적도 없게 만들 우려가 크기 때문이다. 이번 조치로 인해 조선의 제조업자들이 심각한 타격을 받을 것으로 예상된다.

① 동양 척식 주식회사가 설립되었다.
② 물산 장려 운동이 전국으로 확산되었다.
③ 메가타의 주도로 화폐 정리 사업이 실시되었다.
④ 회사 설립을 허가제로 하는 회사령이 공포되었다.
⑤ 황국 중앙 총상회의 상권 수호 운동이 전개되었다.

41 다음 대화에 나타난 민족 운동에 대한 설명으로 옳은 것은? [2점]

① 원산 총파업의 노동자들과 연대하였다.
② 치안 유지법이 제정되는 결과를 가져왔다.
③ 국민 대표 회의가 개최되는 계기가 되었다.
④ 한일 학생 간 충돌이 발단이 되어 일어났다.
⑤ 민족 협동 전선인 신간회 결성에 영향을 미쳤다.

42 밑줄 그은 '시기'에 있었던 사실로 옳은 것은? [1점]

① 만주 군벌과 일제가 미쓰야 협정을 체결하였다.
② 한국인에 한해 적용되는 조선 태형령이 공포되었다.
③ 내선일체를 강조한 황국 신민 서사의 암송이 강요되었다.
④ 강압적인 통치를 목적으로 헌병 경찰 제도가 실시되었다.
⑤ 평양 등지에서 반중 폭동을 초래한 만보산 사건이 일어났다.

43 밑줄 그은 '그'의 활동으로 옳은 것은? [2점]

이곳 난징의 천녕사 옛터는 독립군 간부 양성을 위해 설립된 조선 혁명 군사 정치 간부 학교의 훈련 장소입니다. 의열단 단장이었던 그가 설립한 이 학교는 1932년부터 3년 동안 운영되었으며 윤세주, 이육사를 비롯한 수많은 졸업생을 배출하였습니다.

① 연해주에서 대한 광복군 정부를 수립하였다.
② 대한 광복회의 총사령으로 친일파를 처단하였다.
③ 중국 국민당과 협력하여 조선 의용대를 창설하였다.
④ 만주 사변 이후 대전자령 전투에서 일본군을 격퇴하였다.
⑤ 민중의 직접 혁명을 주장하는 조선 혁명 선언을 집필하였다.

44 (가)에 들어갈 내용으로 옳은 것은? [2점]

조사 보고서

△학년 △반 이름: ○○○

■ **주제: 경성의 거리 풍경**

일제 강점기 경성은 청계천을 경계로 한국인이 사는 북촌과 일본인이 주로 사는 남촌으로 나뉘어 도시화가 이루어졌다. 도시 빈민인 토막민은 청계천이나 도시 외곽에 터를 잡았다.

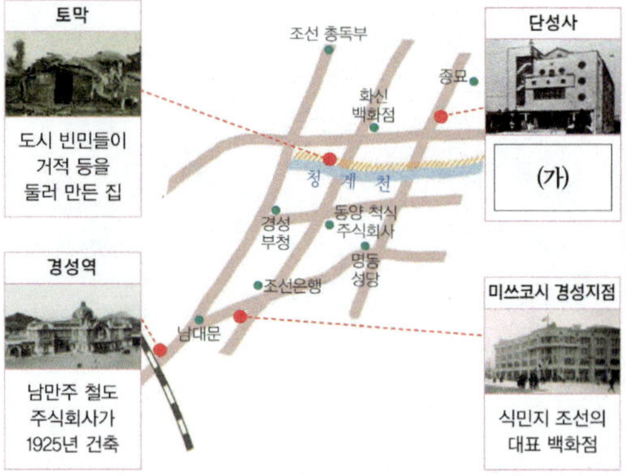

① 나운규의 아리랑이 개봉된 장소
② 기미 독립 선언서가 인쇄된 장소
③ 조선 형평사 창립 대회가 개최된 장소
④ 전형필이 수집한 문화재가 전시된 장소
⑤ 강우규가 일본 총독에게 폭탄을 던진 장소

45 다음 성명서를 발표한 이후 대한민국 임시 정부의 활동으로 옳은 것은? [2점]

> 우리는 삼천만의 한국인 및 정부를 대표하여 중국, 영국, 미국, …… 기타 국가들이 일본에 대해 전쟁을 선포한 것을 삼가 축하한다. 이것은 일본을 격패(擊敗)시키고 동아시아를 재건하는 가장 유효한 수단이다. 이에 특별히 다음과 같이 성명한다.
>
> 1. 한국 전체 인민은 현재 이미 반침략 전선에 참여한 상태이며 하나의 전투 단위로서 추축국에 전쟁을 선포한다.
> 2. 1910년의 합병 조약 및 일체 불평등 조약이 무효임을 재차 선포한다. 아울러 반침략 국가가 한국에 지닌 합리적 기득 권익을 존중한다.
> 3. 왜구를 한국, 중국 및 서태평양에서 완전히 축출하기 위하여 혈전으로 최후의 승리를 거둔다.

① 충칭에서 한국 광복군을 창설하였다.
② 국내 비밀 행정 조직으로 연통제를 두었다.
③ 파리 강화 회의에 독립 청원서를 제출하였다.
④ 의거 활동을 위해 한인 애국단을 조직하였다.
⑤ 미군과 연계하여 국내 진공 작전을 추진하였다.

46 (가) 사건에 대한 설명으로 옳은 것은? [2점]

제주도에서 발생한 (가) 당시 토벌대는 남한만의 단독 선거에 반대하는 세력을 진압한다는 명분으로 초토화 작전을 벌였고, 이 과정에서 무고한 사람들이 희생되었습니다. 법원은 오늘 이 사건으로 억울한 옥살이를 했던 피해자 335명에 대해서, 재심을 통해 무죄 판결을 내렸습니다.
(가) 옥살이 335명, 70여 년 만에 재심에서 무죄

① 허정 과도 내각이 성립되는 배경이 되었다.
② 전개 과정에서 3·1 민주 구국 선언이 발표되었다.
③ 희생자들의 명예 회복을 위해 특별법이 제정되었다.
④ 귀속 재산 처리를 위한 신한 공사 설립의 계기가 되었다.
⑤ 관련 기록물이 유네스코 세계 기록 유산으로 등재되었다.

47 다음 뉴스가 보도된 정부 시기의 사실로 옳지 않은 것은? [3점]

① 평화 통일론을 주장한 진보당의 조봉암을 제거하였다.
② 인민 혁명당 재건위 사건을 조작해 관련자를 탄압하였다.
③ 정부에 비판적인 경향신문을 폐간하는 등 언론을 통제하였다.
④ 여당 부통령 후보 당선을 위해 3 · 15 부정 선거를 자행하였다.
⑤ 반민 특위를 이끌던 국회 의원들에게 간첩 혐의를 씌워 체포하였다.

48 교사의 질문에 대한 학생의 답변으로 옳은 것은? [1점]

① 포항 제철소 1기 설비가 준공됐어요.
② 미국과 자유 무역 협정(FTA)을 체결했어요.
③ 3저 호황으로 물가가 안정되고 수출이 증가했어요.
④ 대통령의 긴급 명령으로 금융 실명제를 실시했어요.
⑤ 대통령 직속 자문 기구로 노사정 위원회가 구성됐어요.

49 (가) 민주화 운동에 대한 설명으로 옳은 것은? [1점]

① 유신 체제가 붕괴되는 계기가 되었다.
② 굴욕적인 한일 국교 정상화에 반대하였다.
③ 양원제 국회가 출현하는 결과를 가져왔다.
④ 신군부의 비상 계엄 확대가 원인이 되었다.
⑤ 호헌 철폐와 독재 타도 등의 구호를 내세웠다.

50 (가)에 들어갈 내용으로 옳은 것은? [2점]

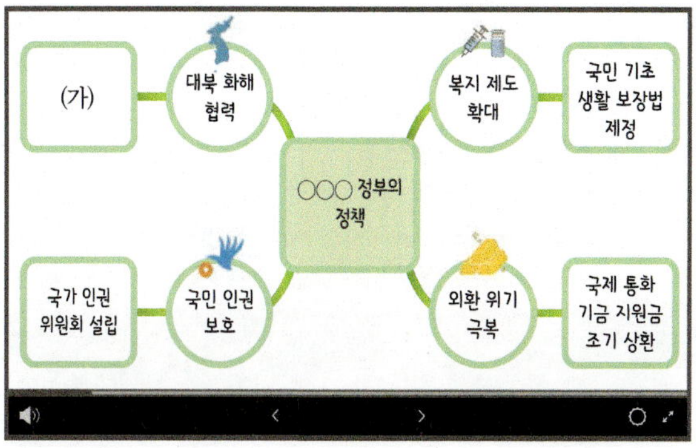

① 남북한 유엔 동시 가입
② 7 · 4 남북 공동 성명 발표
③ 한반도 비핵화 공동 선언 서명
④ 최초의 이산가족 고향 방문 실현
⑤ 남북한 교류 협력을 위한 개성 공단 조성 합의

01 (가) 시대의 생활 모습으로 옳은 것은? [1점]

경기도 김포시 신안리 유적 발굴 조사에서 총 23기의 집터가 확인되었습니다. 이 집터 내부에서 출토된 빗살무늬 토기, 갈돌, 갈판 등의 유물을 통해 정착 생활과 농경이 시작된 (가) 시대의 생활 모습을 살펴볼 수 있을 것으로 기대됩니다.
김포 신안리 집터 유적에서 빗살무늬 토기 등 출토

① 가락바퀴를 이용하여 실을 뽑았다.
② 명도전을 사용하여 중국과 교류하였다.
③ 의례 도구로 청동 방울 등을 사용하였다.
④ 거푸집을 이용하여 세형 동검을 제작하였다.
⑤ 많은 인력을 동원하여 고인돌을 축조하였다.

02 다음 자료에 해당하는 나라에 대한 설명으로 옳은 것은? [2점]

> 대군장이 없고 관직으로는 후·읍군·삼로가 있다. …… 해마다 10월이면 하늘에 제사를 지내는데, 밤낮으로 술 마시고 노래 부르며 춤추니 이를 무천이라 한다. …… 낙랑의 단궁이 그 지방에서 산출되고 무늬 있는 표범이 많다. 과하마가 있으며 바다에서는 반어가 난다.
>
> -『후한서』-

① 신성 지역인 소도가 존재하였다.
② 혼인 풍습으로 민며느리제가 있었다.
③ 읍락 간의 경계를 중시하는 책화가 있었다.
④ 제가 회의에서 나라의 중대사를 결정하였다.
⑤ 여러 가(加)들이 별도로 사출도를 주관하였다.

03 (가) 나라에 대한 탐구 활동으로 가장 적절한 것은? [2점]

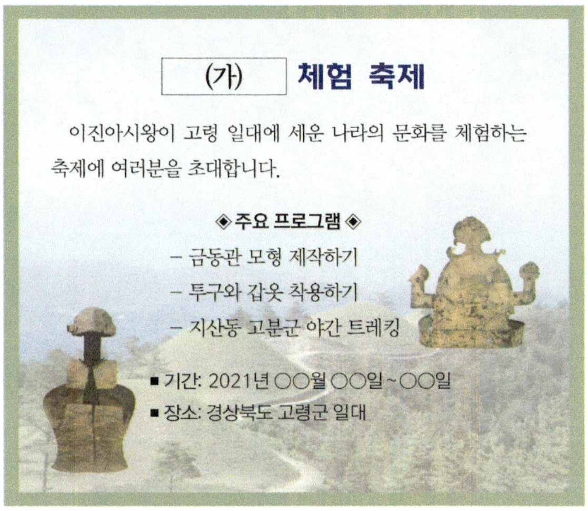

(가) 체험 축제
이진아시왕이 고령 일대에 세운 나라의 문화를 체험하는 축제에 여러분을 초대합니다.
◈ 주요 프로그램 ◈
– 금동관 모형 제작하기
– 투구와 갑옷 착용하기
– 지산동 고분군 야간 트레킹

▪ 장소: 경상북도 고령군 일대

① 범금 8조의 의미를 살펴본다.
② 임신서기석의 내용을 분석한다.
③ 안동도호부가 설치된 경위를 찾아본다.
④ 22담로에 왕족이 파견된 목적을 알아본다.
⑤ 가야 연맹의 중심지가 이동한 과정을 조사한다.

04 밑줄 그은 '이 왕'에 대한 설명으로 옳은 것은? [2점]

이것은 국보 제242호인 울진 봉평리 신라비로 병부를 설치하고 율령을 반포한 이 왕 때 건립되었습니다. 이 비석에는 신라 6부의 성격과 관등 체계, 지방 통치 조직과 촌락 구조 등 당시 사회상을 알려주는 내용이 담겨 있습니다.

① 이사부를 보내 우산국을 복속하였다.
② 관료전을 지급하고 녹읍을 폐지하였다.
③ 이차돈의 순교를 계기로 불교를 공인하였다.
④ 인재 등용을 위해 독서삼품과를 시행하였다.
⑤ 거칠부에게 명하여 국사를 편찬하게 하였다.

05 밑줄 그은 '이 국가'의 벽화로 옳지 않은 것은? [3점]

①

②

③

④

⑤

06 (가), (나) 사이의 시기에 있었던 사실로 옳은 것은? [2점]

> (가) 잔치를 크게 열어 장수와 병사들을 위로하였다. 왕과 [소]정방 및 여러 장수들은 당상(堂上)에 앉고, 의자와 그 아들 융은 당하(堂下)에 앉혔다. 때로 의자에게 술을 따르게 하니 백제의 좌평 등 여러 신하는 모두 목이 메어 울었다.
>
> (나) 사찬 시득이 수군을 거느리고 설인귀와 소부리주 기벌포에서 싸웠으나 잇달아 패배하였다. [시득은] 다시 진군하여 크고 작은 22번의 싸움에서 승리하고 4천여 명의 목을 베었다.
>
> -『삼국사기』-

① 고국원왕이 평양성에서 전사하였다.
② 성왕이 관산성 전투에서 피살되었다.
③ 김춘추가 당과의 군사 동맹을 성사시켰다.
④ 을지문덕이 살수에서 수의 군대를 물리쳤다.
⑤ 안승이 신라에 의해 보덕왕으로 임명되었다.

07 (가) 국가에 대한 설명으로 옳은 것은? [1점]

오늘 소개해 주실 자료는 무엇인가요?
이것은 일본의 이시야마사에 소장된 가구영험불정존승다라니기입니다. 해동성국이라 불린 (가) 의 사신 이거정이 가져간 것으로, 당시 양국의 교류와 불교문화를 엿볼 수 있는 중요한 자료로 평가받고 있습니다.

① 광군을 창설하여 외침에 대비하였다.
② 9서당 10정의 군사 조직을 운영하였다.
③ 광덕, 준풍 등의 독자적인 연호를 사용하였다.
④ 5경 15부 62주의 지방 행정 제도를 갖추었다.
⑤ 지방관을 감찰하기 위해 외사정을 파견하였다.

08 (가)~(다)를 일어난 순서대로 옳게 나열한 것은? [3점]

> (가) 도적들이 나라의 서남쪽에서 일어났는데, 붉은색 바지를 입어 모습을 다르게 하였기 때문에 적고적(赤袴賊)이라고 불렸다. 그들은 주와 현을 도륙하고, 수도의 서부 모량리까지 와서 민가를 노략질하고 돌아갔다.
>
> (나) 웅천주 도독 헌창은 그의 아버지 주원이 임금이 되지 못하였다는 이유로 반란을 일으켜 국호를 장안이라 하고, 연호를 세워 경운 원년이라 하였다.
>
> (다) 아찬 우징은 청해진에 있으면서 김명이 왕위를 빼앗았다는 소식을 듣고 청해진 대사 궁복에게 말하였다. "김명은 임금을 죽이고 스스로 왕이 되었으니, …… 장군의 군사를 빌려 임금과 아버지의 원수를 갚고자 합니다."
>
> -『삼국사기』-

① (가) - (나) - (다)
② (가) - (다) - (나)
③ (나) - (가) - (다)
④ (나) - (다) - (가)
⑤ (다) - (가) - (나)

09 (가)~(마) 문화유산에 대한 설명으로 옳은 것은? [3점]

답사 계획서

▣ 주제: 유네스코 세계유산 백제역사유적지구를 찾아서
▣ 기간: 2021년 ○○월 ○○일~○○일
▣ 답사 지역 및 일정 안내

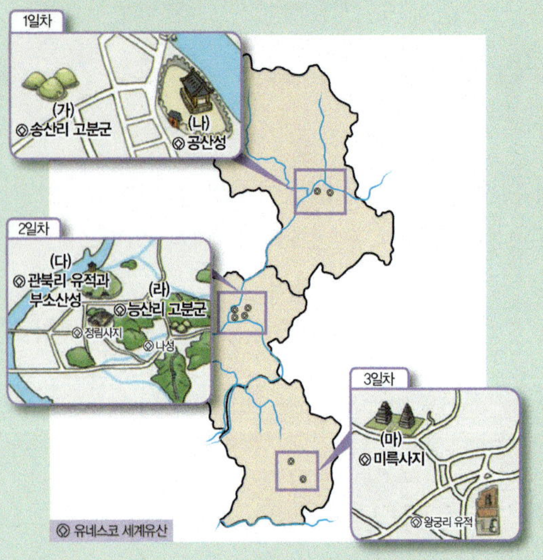

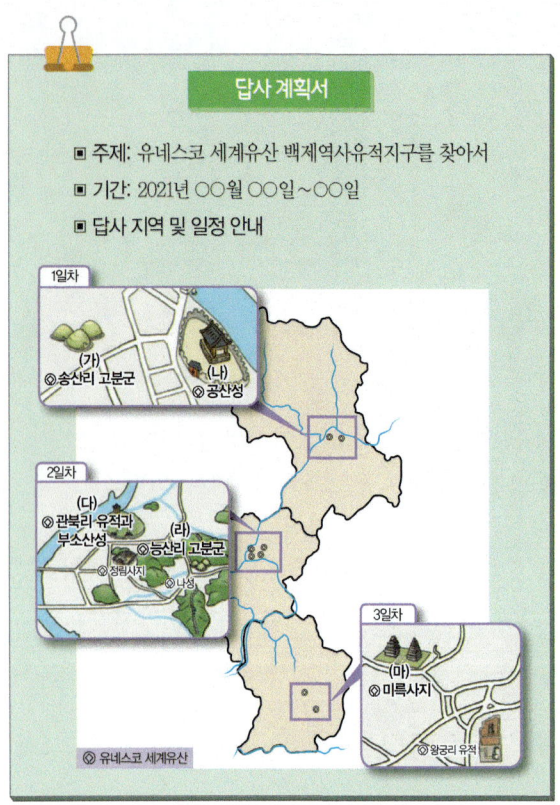

① (가) – 백제 금동 대향로가 출토되었다.
② (나) – 온조왕이 왕성으로 삼았다.
③ (다) – 재상을 선출하던 천정대가 있었다.
④ (라) – 무령왕과 왕비의 무덤이 발굴되었다.
⑤ (마) – 석탑 해체 과정에서 금제 사리봉영기가 발견되었다.

10 (가) 인물의 활동으로 옳은 것은? [2점]

○ (가) 은/는 왕의 족제(族弟)인 김부에게 왕위를 잇게 하였다. 그런 후에 왕의 아우 효렴과 재상 영경을 사로잡았다.

○ (가) 은/는 넷째 아들 금강이 키가 크고 지혜가 많아 특히 아끼어 왕위를 전하려 하니, [금강의] 형 신검, 양검, 용검 등이 이를 알고 몹시 근심하고 번민하였다.

–『삼국유사』–

① 사림원을 설치하여 개혁을 실시하였다.
② 국호를 마진으로 바꾸고 철원으로 천도하였다.
③ 김흠돌을 비롯한 진골 귀족 세력을 숙청하였다.
④ 정계와 계백료서를 지어 관리의 규범을 제시하였다.
⑤ 오월(吳越)에 사신을 보내고 검교태보의 직을 받았다.

11 밑줄 그은 '왕'의 업적으로 옳은 것은? [1점]

왕이 "중앙의 5품 이상 관리들은 각자 봉사를 올려 시정(時政)의 잘잘못을 논하라."라고 명령하였다. 최승로가 상소하였는데 대략 다음과 같은 내용이었다. "…… 이제 앞선 5대 조정의 정치와 교화에 대해서 잘되고 잘못된 행적들을 기록하고, 거울로 삼거나 경계할 만한 것들을 삼가 조목별로 아뢰겠습니다. …… 신이 또 시무(時務) 28조를 기록하여 장계와 함께 따로 봉하여 올립니다."

–『고려사절요』–

① 빈민을 구제하기 위해 흑창을 처음 설치하였다.
② 왕권을 강화하기 위해 노비안검법을 실시하였다.
③ 청연각과 보문각을 두어 학문 연구를 장려하였다.
④ 권문세족을 견제하기 위해 전민변정도감을 운영하였다.
⑤ 전국의 주요 지역에 12목을 설치하여 지방관을 파견하였다.

12 (가) 부대에 대한 설명으로 옳은 것은? [2점]

① 4군 6진을 개척하여 영토를 확장하였다.
② 원의 요청으로 일본 원정에 참여하였다.
③ 여진을 정벌하여 동북 9성을 축조하였다.
④ 처인성에서 몽골 장수 살리타를 사살하였다.
⑤ 최씨 무신 정권의 군사적 기반 역할을 하였다.

13 밑줄 그은 '역사서'에 대한 설명으로 옳은 것은? [1점]

① 남북국이라는 용어를 처음 사용하였다.
② 사초, 시정기 등을 바탕으로 편찬되었다.
③ 단군의 고조선 건국 이야기를 수록하였다.
④ 본기, 열전 등 기전체 형식으로 서술되었다.
⑤ 고구려 건국 시조의 일대기를 서사시로 표현하였다.

14 (가) 인물에 대한 설명으로 옳은 것은? [2점]

① 승려들의 전기를 담은 해동고승전을 집필하였다.
② 화엄일승법계도를 지어 화엄 사상을 정리하였다.
③ 권수정혜결사문을 작성하여 정혜쌍수를 강조하였다.
④ 불교 경전에 대한 주석서를 모아 교장을 편찬하였다.
⑤ 보현십원가를 지어 불교 교리를 대중에게 전파하였다.

15 밑줄 그은 '토지 제도'가 시행된 국가의 경제 상황으로 옳은 것은? [2점]

① 초량 왜관을 통해 일본과 무역하였다.
② 독점적 도매상인인 도고가 활동하였다.
③ 시장을 관리하는 관청인 동시전이 설치되었다.
④ 국가 주도로 삼한통보, 해동통보가 발행되었다.
⑤ 민간의 광산 개발을 허용하는 설점수세제를 시행하였다.

16 (가)에 대한 설명으로 옳은 것은? [2점]

① 군주의 도를 도식으로 설명하였다.
② 세금 수취를 위해 3년마다 작성되었다.
③ 유네스코 세계 기록 유산으로 등재되었다.
④ 거란의 침략을 물리치기 위해 제작하였다.
⑤ 충신, 효자, 열녀를 알리기 위해 간행하였다.

17 (가), (나) 사이의 시기에 있었던 사실로 옳은 것은? [3점]

> (가) 다루가치가 왕을 비난하면서 말하기를, "선지(宣旨)라 칭하고, 짐(朕)이라 칭하고, 사(赦)라 칭하니 어찌 이렇게 참람합니까?"라고 하였다. …… 이에 선지를 왕지(王旨)로, 짐을 고(孤)로, 사를 유(宥)로, 주(奏)를 정(呈)으로 고쳤다.
>
> (나) 왕이 시해당하자 태후가 종실에서 [후사를] 골라 세우고자 하니, 시중 이인임이 백관을 거느리고 우왕을 세웠다.
>
> -『고려사』-

① 화통도감을 설치하여 화포를 제작하였다.
② 유인우, 이자춘 등이 쌍성총관부를 수복하였다.
③ 정중부 등이 정변을 일으켜 권력을 장악하였다.
④ 최우가 강화도로 도읍을 옮겨 장기 항전을 준비하였다.
⑤ 명의 철령위 설치에 반발하여 요동 정벌을 추진하였다.

18 밑줄 그은 '왕'의 재위 기간에 있었던 사실로 옳은 것은? [1점]

> 왕이 말하였다. "장영실은 공교한 솜씨만 있는 것이 아니라 총명하고 뛰어나 자격루를 만들었다. 이것은 만대에 이어 전할 만한 기물로 그 공이 작지 아니하니 호군의 관직을 더해 주고자 한다." 황희가 "장영실에게만 안 될 것이 있겠습니까?"라고 하니 왕이 그대로 따랐다.

① 주자소가 설치되어 계미자가 주조되었다.
② 훈련 교범인 무예도보통지가 간행되었다.
③ 삼수병으로 구성된 훈련도감이 설치되었다.
④ 전통 한의학을 집대성한 동의보감이 완성되었다.
⑤ 우리 풍토에 맞는 농법을 정리한 농사직설이 편찬되었다.

19 (가) 기구에 대한 설명으로 옳은 것은? [2점]

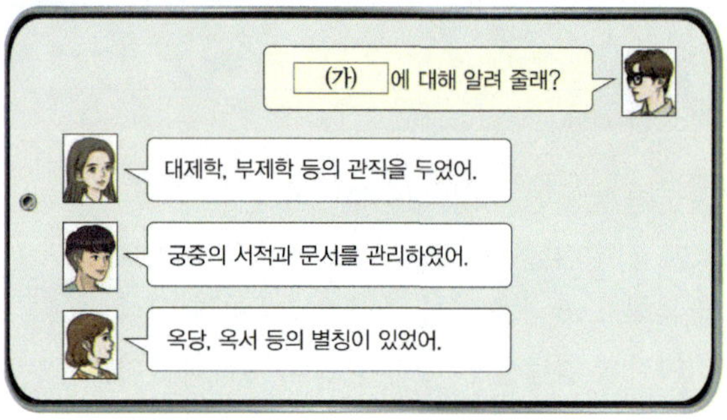

① 수도의 행정과 치안을 맡아보았다.
② 사헌부, 사간원과 함께 3사로 불렸다.
③ 을묘왜변을 계기로 상설 기구화되었다.
④ 왕의 비서 기관으로 왕명의 출납을 담당하였다.
⑤ 국왕 직속 사법 기구로 반역죄, 강상죄 등을 처결하였다.

20 (가) 교육 기관에 대한 설명으로 옳은 것은? [2점]

> 이곳은 경기도 수원시에 위치한 조선 시대 지방 교육 기관인 (가) 입니다. 대부분 지방 관아 가까운 곳에 위치하였으며 제향 공간인 대성전, 강학 공간인 명륜당, 기숙사인 동재와 서재 등으로 이루어져 있습니다.

① 전문 강좌인 7재를 운영하였다.
② 풍기 군수 주세붕이 처음 세웠다.
③ 생원과 진사에게 입학 자격을 부여하였다.
④ 중앙에서 교수나 훈도를 파견하기도 하였다.
⑤ 유학을 비롯하여 율학, 서학, 산학을 교육하였다.

21 (가), (나) 사이의 시기에 있었던 사실로 옳은 것은? [2점]

> (가) 항과 봉은 정씨의 소생이다. 왕은 어머니 윤씨가 폐위되고 죽은 것이 엄씨, 정씨의 참소 때문이라 여기고, 밤에 엄씨, 정씨를 대궐 뜰에 결박하여 놓고 손수 마구 치고 짓밟다가 항과 봉을 불러 엄씨, 정씨를 가리키며 "이 죄인을 치라."라고 하였다. …… 왕은 대비에게 "어찌하여 내 어머니를 죽였습니까?"라고 하며 불손한 말을 많이 하였다.
>
> (나) 이덕응이 진술하였다. "윤임과는 항상 대윤, 소윤이라는 말 때문에 화가 미칠까 우려하여 서로 경계하였을 뿐이었고, 모략에 대해서는 모르겠습니다. …… 윤임이 신에게 '주상이 전혀 소생할 기미가 없으니 만약 대군이 왕위를 계승하여 윤원로가 뜻을 얻게 되면 우리 집안은 멸족당할 것이다.'라고 하였습니다."

① 허적과 윤휴 등 남인이 대거 축출되었다.
② 정여립 모반 사건으로 기축옥사가 일어났다.
③ 신진 인사를 등용하기 위해 현량과가 시행되었다.
④ 조의제문이 발단이 되어 김일손 등이 처형되었다.
⑤ 붕당의 폐해를 경계하기 위해 탕평비가 건립되었다.

22 (가) 왕에 대한 설명으로 옳은 것은? [2점]

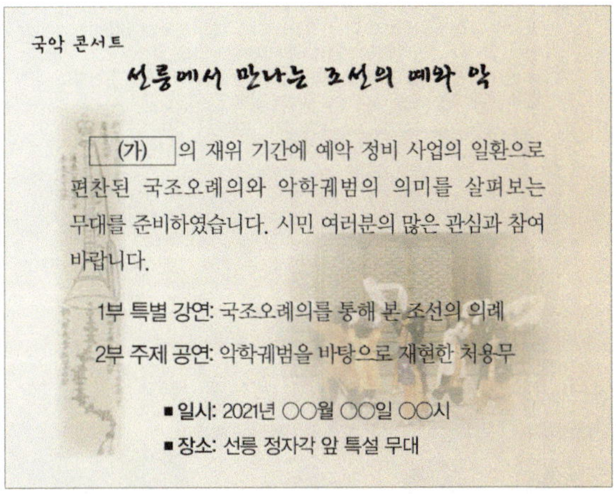

국악 콘서트
선릉에서 만나는 조선의 예와 악
(가) 의 재위 기간에 예악 정비 사업의 일환으로 편찬된 국조오례의와 악학궤범의 의미를 살펴보는 무대를 준비하였습니다. 시민 여러분의 많은 관심과 참여 바랍니다.
1부 특별 강연: 국조오례의를 통해 본 조선의 의례
2부 주제 공연: 악학궤범을 바탕으로 재현한 처용무

■ 장소: 선릉 정자각 앞 특설 무대

① 상평통보를 발행하여 법화로 사용하였다.
② 법령을 정비하여 경국대전을 반포하였다.
③ 구황촬요를 간행하여 기근에 대비하였다.
④ 초계문신제를 시행하여 문신들을 재교육하였다.
⑤ 동국문헌비고를 편찬하여 역대 문물을 정리하였다.

23 밑줄 그은 '이 전쟁' 중에 있었던 사실로 옳지 않은 것은? [2점]

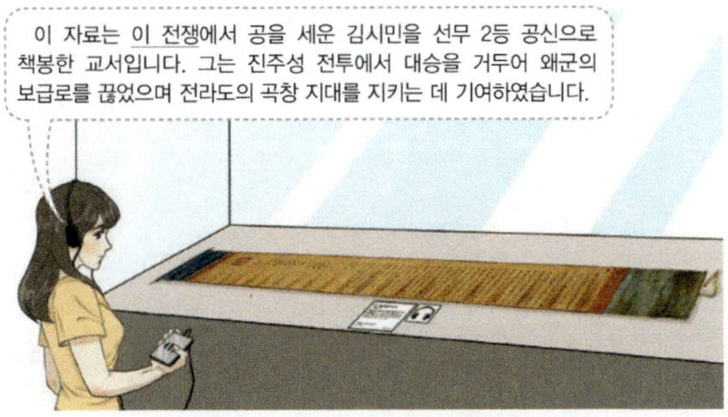

이 자료는 이 전쟁에서 공을 세운 김시민을 선무 2등 공신으로 책봉한 교서입니다. 그는 진주성 전투에서 대승을 거두어 왜군의 보급로를 끊었으며 전라도의 곡창 지대를 지키는 데 기여하였습니다.

① 임경업이 백마산성에서 항전하였다.
② 조명 연합군이 평양성을 탈환하였다.
③ 권율이 행주산성에서 크게 승리하였다.
④ 조헌이 금산에서 의병을 이끌고 활약하였다.
⑤ 이순신이 한산도 앞바다에서 학익진을 펼쳐 승리하였다.

24 (가)에 들어갈 그림으로 옳은 것은? [1점]

겸재의 시선으로 바라본 우리 강산
겸재 정선은 우리 산천의 아름다움을 사실적으로 표현한 대표적인 화가입니다. 그의 그림을 온라인으로 만나 보세요.

①

②

③

④

⑤

25 밑줄 그은 '방책'에 해당하는 내용으로 옳은 것은? [2점]

국왕께서 군포를 2필에서 1필로 감면하라는 명을 내리셨다고 들었습니다.
그렇습니다. 백성들의 군역 부담을 줄이기 위한 조치입니다. 아울러 감면으로 인한 재정 부족 문제를 해결할 수 있는 방책도 마련하라고 하셨습니다.

① 일부 부유한 양민에게 선무군관포를 징수하였다.
② 풍흉에 따라 전세를 9등급으로 차등 과세하였다.
③ 백성들에게 곡식을 빌려주는 진대법을 시행하였다.
④ 수신전, 휼양전 등의 명목으로 세습되는 토지를 폐지하였다.
⑤ 기금을 모아 그 이자로 빈민을 구제하는 제위보를 운영하였다.

26 다음 자료의 상황이 나타난 시기에 볼 수 있는 모습으로 적절하지 않은 것은? [2점]

> 비변사에서 임금에게 아뢰었다. "삼남에서 특산물로 종이를 바치는 공인이 청원하기를 '승려들의 숫자가 줄어 종이의 양이 부족한 데도 각 지방의 군영과 관아에서 먼저 가져갑니다. 이로 인해 중앙에 공물로 납부할 종이가 부족해 공인이 처벌되는 일이 이어지고 있습니다. …… 송상들이 각 사찰에 출입하며 종이를 몰래 사들여 책문에 가서 시장을 만드는 행위를 엄금해 은밀히 국경을 넘는 폐단을 없애 주십시오.'라고 하였습니다."

① 시사(詩社)를 조직하여 활동하는 중인
② 솔빈부의 특산품인 말을 수입하는 상인
③ 여러 장시를 돌며 물품을 판매하는 보부상
④ 저잣거리에서 한글 소설을 읽어 주는 전기수
⑤ 채소, 담배 등의 상품 작물을 재배하는 농민

27 밑줄 그은 '그'에 대한 설명으로 옳은 것은? [1점]

> **시(詩)로 만나는 실학자**
>
> 육지의 재화는 연경과 통하지 않고
> 바다의 상인은 왜의 물건을 실어 오지 않네
> 비유컨대 들판의 우물물과 같아
> 긷지 않으면 저절로 말라 버리네
>
> **[해설]** 이 시는 연행사의 일원으로 다녀온 그가 청의 발달한 문물을 경험하고 지은 것이다. 서얼 출신으로 규장각 검서관에 발탁된 그는 시의 내용처럼 재화를 우물물에 비유하며 소비 촉진을 통한 생산력의 증대를 주장하였다.

① 기기도설을 참고하여 거중기를 설계하였다.
② 양명학을 연구하여 강화학파를 형성하였다.
③ 북학의에서 수레와 배의 이용을 권장하였다.
④ 열하일기에서 화폐 유통의 필요성을 강조하였다.
⑤ 우서에서 사농공상의 직업적 평등을 주장하였다.

28 (가)에 대한 설명으로 옳은 것은? [3점]

이번 경매 물건은 김정호가 당시 조선의 지도 제작 기술을 집대성하여 만든 (가) 입니다. 10리마다 눈금을 표시하여 거리를 알 수 있게 하였고, 개개의 산보다 산줄기를 표시하는 데 역점을 두었습니다. 또한 군현별로 다른 색이 칠해진 채색본으로는 국내에 유일하게 남아 있는 것입니다.
OO월 경매

① 최초로 100리 척이 적용되었다.
② 전체 22첩의 목판본으로 되어 있다.
③ 우리나라에서 제작된 현존 최고(最古)의 지도이다.
④ 각 지방의 연혁, 산천, 풍속 등이 자세히 나타나 있다.
⑤ 전국의 지리 정보에 주요 인물과 역사적 사실을 병기하였다.

29 밑줄 그은 '사건'에 대한 설명으로 옳은 것은? [1점]

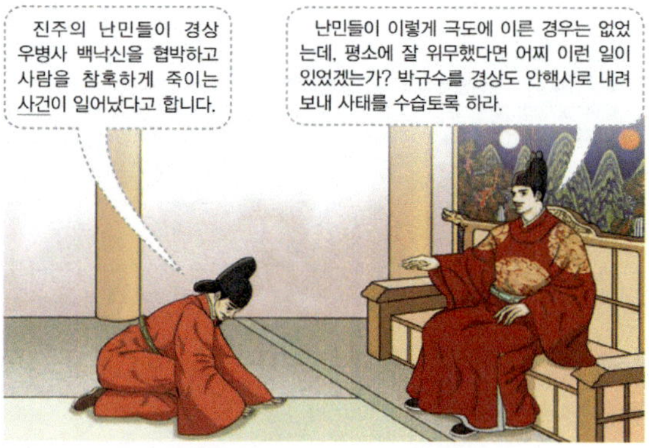

진주의 난민들이 경상 우병사 백낙신을 협박하고 사람을 참혹하게 죽이는 사건이 일어났다고 합니다.
난민들이 이렇게 극도에 이른 경우는 없었는데, 평소에 잘 위무했다면 어찌 이런 일이 있었겠는가? 박규수를 경상도 안핵사로 내려 보내 사태를 수습토록 하라.

① 청의 군대에 의해 진압되었다.
② 삼정이정청이 설치되는 계기가 되었다.
③ 서북인에 대한 차별에 반발하여 일어났다.
④ 남접과 북접이 연합하여 조직적으로 전개되었다.
⑤ 함경도와 황해도에 방곡령이 선포되는 결과를 가져왔다.

30 (가) 인물에 대한 설명으로 옳은 것은? [2점]

> ㅇ 왕이 말하였다. "요즘에 서원마다 사무를 자손들이 주관하고 붕당을 각기 주장하니, 이로 인한 폐해가 백성들에게 미치는 경우가 많다고 한다. (가) 의 분부대로 서원을 철폐하고 신주를 땅에 묻어 버리는 등의 절차를 거행하도록 전국에 알려라."
>
> ㅇ (가) 에게 군국사무를 처리하라는 명이 내려지자 그는 궐내에서 거처하며 5군영의 군사 제도를 복구하고 군량을 지급하게 하였다. 그리고 난병(亂兵)들을 물러가게 하고 대사면령을 내렸다.

① 친위 부대인 장용영을 설치하였다.
② 나선 정벌을 위해 조총 부대를 파견하였다.
③ 속대전을 편찬하여 통치 체제를 정비하였다.
④ 종로를 비롯한 전국 각지에 척화비를 세웠다.
⑤ 영은문이 있던 자리 부근에 독립문을 건립하였다.

31 밑줄 그은 '사건'이 일어난 시기를 연표에서 옳게 고른 것은? [2점]

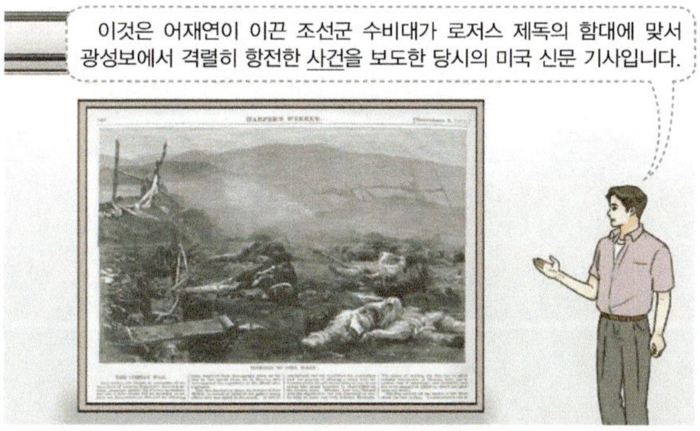

1866		1868		1876		1882		1884		1894
	(가)		(나)		(다)		(라)		(마)	
병인 박해		오페르트 도굴 사건		강화도 조약		조미 수호 통상 조약		한성 조약		청일 전쟁

① (가) ② (나) ③ (다) ④ (라) ⑤ (마)

32 (가), (나) 사이의 시기에 있었던 사실로 옳은 것은? [3점]

> (가) 수신사 김기수가 나와 엎드리니 왕이 말하였다. "전선, 화륜과 농기계에 관하여 들은 것은 없는가? 저 나라에서 이 세 가지 일을 제일 급하게 힘쓰고 있다고 하는데, 그러하던가?" 김기수가 "과연 그러하였습니다."라고 아뢰었다.
>
> (나) 어윤중이 동래부 암행어사로 임명되어 왕에게서 받은 봉해진 서신을 열어보니, "일본 조정의 논의와 정국의 형세, 풍속·인물·교빙·통상 등의 대략을 염탐하는 것이 좋겠다. 그러니 너는 일본으로 건너가 크고 작은 일들을 보고 듣되시간에 구애받지 말고 낱낱이 탐지해서 별도의 문서로 조용히 보고하라."라는 내용이었다.

① 미국에 보빙사가 파견되었다.
② 통리기무아문과 12사가 설치되었다.
③ 운요호가 강화도와 영종도를 무단 침입하였다.
④ 교원 양성을 위해 한성 사범 학교가 설립되었다.
⑤ 프랑스와 조약을 체결하여 천주교 포교가 허용되었다.

33 (가) 시기에 있었던 사실로 옳은 것은? [2점]

① 교정청이 설치되었다.
② 독립신문이 창간되었다.
③ 한성 전기 회사가 설립되었다.
④ 시모노세키 조약이 체결되었다.
⑤ 건양이라는 연호가 제정되었다.

34 밑줄 그은 '개혁'의 내용으로 옳은 것은? [1점]

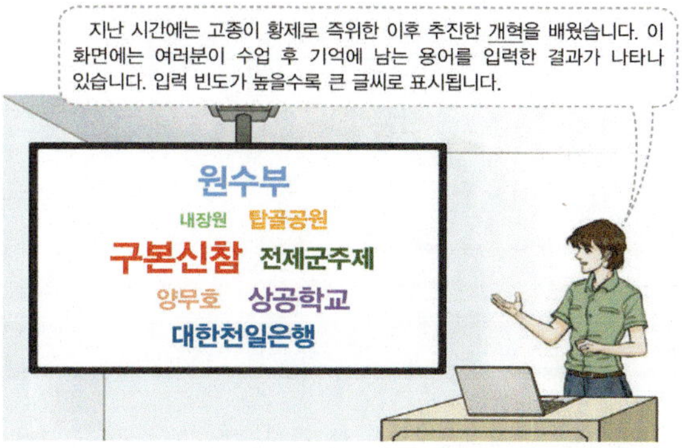

① 5군영에서 2영으로 군제를 개편하였다.
② 양전 사업을 시행하여 지계를 발급하였다.
③ 박문국을 설치하여 한성순보를 발행하였다.
④ 개혁의 방향을 제시한 홍범 14조를 반포하였다.
⑤ 서양식 근대 교육 기관인 육영 공원을 설립하였다.

35 (가) 단체의 활동으로 옳은 것은? [2점]

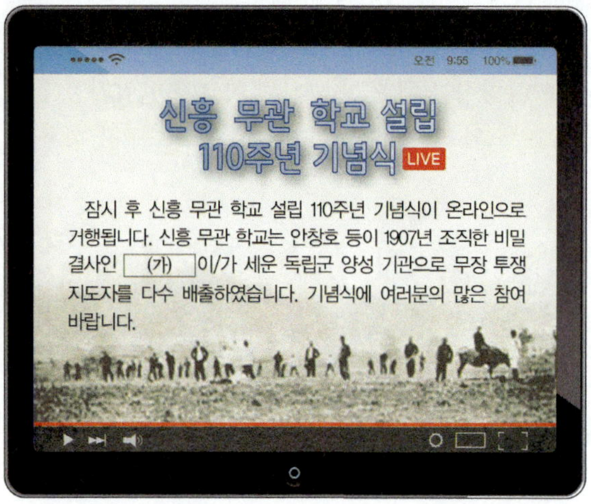

① 한글 맞춤법 통일안을 제정하였다.
② 조선 혁명 선언을 활동 지침으로 하였다.
③ 농촌 계몽을 위한 브나로드 운동을 전개하였다.
④ 독립운동 자금을 마련하기 위해 독립 공채를 발행하였다.
⑤ 대성 학교와 오산 학교를 설립하여 민족 교육을 실시하였다.

36 (가)에 들어갈 민족 운동에 대한 설명으로 옳은 것은? [2점]

① 회사령 폐지에 영향을 받았다.
② 김광제 등의 발의로 시작되었다.
③ 색동회가 주도적인 역할을 하였다.
④ 민족주의 계열과 사회주의 계열이 함께 준비하였다.
⑤ 중국, 프랑스 등의 노동 단체로부터 격려 전문을 받았다.

37 다음 조약이 체결된 이후의 사실로 옳은 것은? [3점]

> 제2조 러시아 제국 정부는 일본국이 한국에서 정치·군사·경제상의 탁월한 이익을 갖는다는 것을 인정하고 일본 제국 정부가 한국에서 필요하다고 인정하는 지도·보호·감리의 조처를 함에 있어 이를 방해하거나 간섭하지 않을 것을 약정한다.

① 영국이 거문도를 불법 점거하였다.
② 헤이그 만국 평화 회의에 특사가 파견되었다.
③ 상권 수호를 위해 황국 중앙 총상회가 조직되었다.
④ 유생 출신 유인석이 이끄는 의병이 충주성을 점령하였다.
⑤ 일본 군함이 관세 문제로 두모포에서 무력 시위를 벌였다.

38 (가) 인물에 대한 설명으로 옳은 것은? [2점]

① 조선 중립화론을 주장하였다.
② 갑신정변 실패 직후 일본으로 망명하였다.
③ 미국에서 귀국하여 독립 협회를 창립하였다.
④ 배재 학당을 설립하여 근대 교육을 보급하였다.
⑤ 참정대신 자격으로 관민 공동회에서 연설하였다.

39 다음 기사에 보도된 민족 운동에 대한 설명으로 옳은 것은? [2점]

역사 신문

제△△호 ○○○○년 ○○월 ○○일

민대총회(民大總會) 개최, 460여 명의 대표 참석

▲ 조선 민립 대학 기성회 발기 총회

조선 민립 대학 기성회 발기 총회(민대총회)가 오후 1시부터 종로 중앙청년회관에서 열렸다. 총회에서는 사업 계획을 확정하고 '이제 우리 조선인도 생존을 위해서는 대학의 설립을 빼고는 다른 길이 없도다. 만천하 동포에게 민립 대학의 설립을 제창하노니, 자매형제는 모두 와서 성원하라.'라는 요지의 발기 취지서를 발표하였다.

① 중국의 5·4 운동에 영향을 주었다.
② 사립 학교령 공포의 계기가 되었다.
③ 이상재 등이 모금 활동을 주도하였다.
④ 통감부의 방해와 탄압으로 실패하였다.
⑤ 여성 교육의 중요성을 강조한 여권통문을 발표하였다.

40 밑줄 그은 '이 지역'에서 있었던 민족 운동으로 옳은 것은? [2점]

이것은 한인 집단 거주지인 신한촌을 기념하기 위해 세운 조형물입니다. 19세기 후반 한인들의 이주가 증가하면서 건설된 신한촌은 이 지역 독립운동의 기지가 되었지만, 1937년 스탈린이 한인을 중앙아시아로 강제 이주시키면서 해체되었습니다.

① 숭무 학교를 세워 독립군을 양성하였다.
② 권업회를 창립하여 항일 신문을 발행하였다.
③ 서전서숙을 설립하여 민족 교육을 실시하였다.
④ 임병찬이 주도하여 독립 의군부를 조직하였다.
⑤ 유학생들이 중심이 되어 2·8 독립 선언서를 작성하였다.

41 (가), (나)에 들어갈 내용으로 옳은 것을 <보기>에서 고른 것은? [3점]

선비 정신으로 나라를 지킨 독립운동가

허위(1855~1908)

- 단발령 반대 의병에 참여
- 평리원 재판장 역임
- (가)
- 1962년 건국훈장 대한민국장 추서

김창숙(1879~1962)

- 을사늑약 체결 반대 상소
- 파리 장서 운동 주도
- (나)
- 1962년 건국훈장 대한민국장 추서

<보 기>

ㄱ. (가) – 관군에게 체포되어 쓰시마섬에서 순국
ㄴ. (가) – 13도창의군을 이끌고 서울 진공 작전 전개
ㄷ. (나) – 일본의 침략 과정을 서술한 한국통사 저술
ㄹ. (나) – 동양 척식 주식회사에 폭탄을 투척한 나석주 의거 지원

① ㄱ, ㄴ ② ㄱ, ㄷ ③ ㄴ, ㄷ
④ ㄴ, ㄹ ⑤ ㄷ, ㄹ

42 (가)~(다)를 공포된 순서대로 옳게 나열한 것은? [2점]

(가) 총독은 문무관 어느 쪽이라도 임용될 수 있는 길을 열 것이며, 헌병에 의한 경찰 제도를 고쳐 보통 경찰관에 의한 경찰 제도로 대신할 것이다. 또한 복제를 개정하여 일반 관리와 교원의 제복과 대검(帶劍)을 폐지하고, 조선인의 임용과 대우 등도 고려한다.

(나) 제1조 경찰서장 또는 그 직무를 취급하는 자는 그 관할 구역 안의 다음 각호의 범죄를 즉결할 수 있다.

……

제2조 즉결은 정식 재판을 하지 않으며 피고인의 진술을 듣고 증빙을 취조한 후 즉시 언도해야 한다.

(다) 제1조 치안 유지법의 죄를 범한 자에 대해 형의 집행 유예 언도가 있었을 경우 또는 소추를 필요로 하지 않기 때문에 공소를 제기하지 않은 경우에는 보호 관찰 심사회의 결의에 따라 보호 관찰에 부칠 수 있다. 형의 집행을 마치거나 또는 가출옥을 허락받았을 경우도 역시 같다.

① (가) – (나) – (다) ② (가) – (다) – (나)
③ (나) – (가) – (다) ④ (나) – (다) – (가)
⑤ (다) – (가) – (나)

43 밑줄 그은 '회의'가 개최된 시기를 연표에서 옳게 고른 것은? [2점]

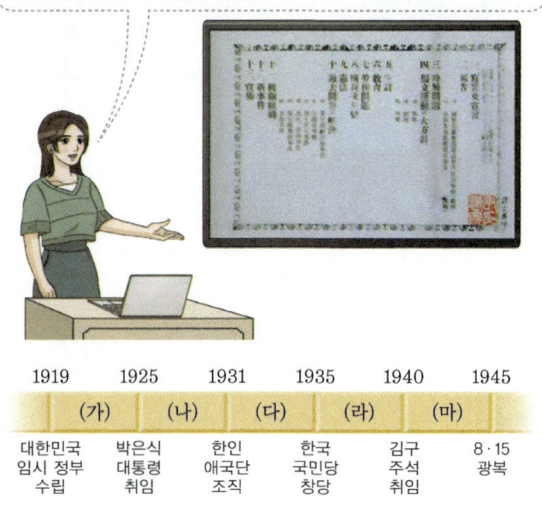

이 자료는 대한민국 임시 정부가 침체에 빠지자 독립운동의 새로운 활로와 방향을 모색하기 위해 상하이에서 개최된 <u>회의</u>의 의사일정입니다. 국내외 각지에서 온 대표들은 대한민국 임시 정부에 대한 처리를 둘러싸고 창조파와 개조파 등으로 나뉘어져 격론을 벌였습니다.

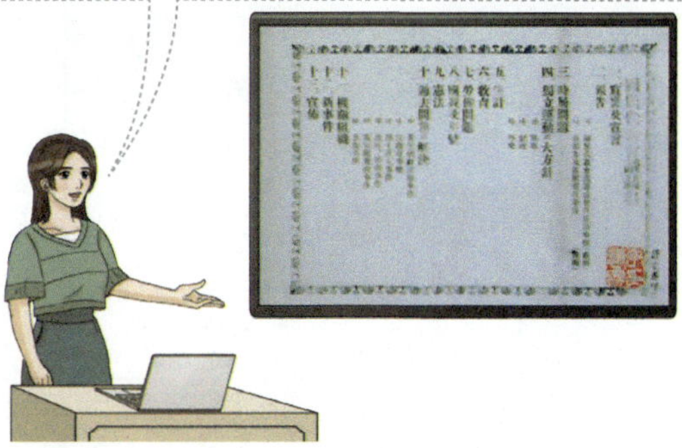

1919		1925		1931		1935		1940		1945
	(가)		(나)		(다)		(라)		(마)	
대한민국 임시 정부 수립		박은식 대통령 취임		한인 애국단 조직		한국 국민당 창당		김구 주석 취임		8·15 광복

① (가) ② (나) ③ (다) ④ (라) ⑤ (마)

44 다음 인물에 대한 설명으로 옳은 것은? [3점]

① 분단을 막기 위해 남북 협상에 참석하였다.
② 정읍에서 남한만의 단독 정부 수립을 주장하였다.
③ 삼균주의를 바탕으로 한 건국 강령을 작성하였다.
④ 대법원장으로 재임하면서 사법 제도의 기초를 다졌다.
⑤ 일제 패망과 광복에 대비하여 조선 건국 동맹을 결성하였다.

45 (가) 단체에 대한 설명으로 옳은 것은? [2점]

> (가) 의 총사령 양세봉, 참모장 김학규 등은 일부 병력을 이끌고 중국 의용군 부대와 합세하였다. 일본군과 만주군이 신빈현성의 고지대를 거점으로 삼아 먼저 공격했으나 아군이 응전하여 이를 탈취하였다. 아군은 승세를 몰아 적들을 추격한 끝에 당일 오후 3시경 영릉가성을 점령하였다. 5일간의 격렬한 전투에서 한중 연합군은 신빈현 일대 여러 곳을 점령하는 등 커다란 수확을 거두었다.

① 흥경성 전투에서 승리하였다.
② 자유시 참변 이후 세력이 약화되었다.
③ 중국 팔로군에 편제되어 항일 전선에 참여하였다.
④ 영국군의 요청으로 인도·미얀마 전선에서 활동하였다.
⑤ 북만주 지역에서 활동한 한국 독립당의 산하 부대였다.

46 밑줄 그은 '시기'에 볼 수 있는 모습으로 적절하지 <u>않은</u> 것은? [1점]

송탄유(松炭油) 자재 공출 명령서
일제가 태평양 전쟁으로 물자 부족에 시달리던 시기에 송탄유와 목탄의 할당량 공출을 명령한 문서

① 국민학교에서 공부하는 학생
② 징병제를 찬양하는 친일 지식인
③ 국민 징용령에 의해 끌려가는 청년
④ 황국 신민 서사를 암송하는 어린이
⑤ 조선 태형령을 관보에 게재하는 총독부 관리

47 (가), (나) 발표 사이의 시기에 있었던 사실로 옳은 것은? [2점]

> (가) 첫째는 국민이 원한다면 대통령직을 사임할 것이며, 둘째는 지난번 정·부통령 선거에 많은 부정이 있었다고 하니, 선거를 다시 하도록 지시하였고, 셋째는 선거로 인연한 모든 불미스러운 것을 없애게 하기 위해서, 이미 이기붕 의장이 공직에서 완전히 물러나겠다고 결정한 것이다.
>
> (나) 1. 반공을 국시의 제일 의(義)로 삼고 지금까지 형식적이고 구호에만 그친 반공 태세를 재정비 강화한다.
> 2. 유엔 헌장을 준수하고 국제 협약을 충실히 이행할 것이며 미국을 위시한 자유 우방과의 유대를 더욱 공고히 한다.
> ……
> 6. 이와 같은 우리의 과업이 성취되면 참신하고 양심적인 정치인들에게 언제든지 정권을 이양하고 우리들 본연의 임무에 복귀할 준비를 갖춘다.

① 조봉암을 중심으로 진보당이 창당되었다.
② 국가 보위 비상 대책 위원회가 설치되었다.
③ 의원 내각제를 골자로 하는 개헌이 이루어졌다.
④ 유상 매수, 유상 분배를 규정한 농지 개혁법이 제정되었다.
⑤ 긴급 조치 철폐를 요구하는 3·1 민주 구국 선언이 발표되었다.

48 다음 뉴스가 보도된 정부 시기에 있었던 사실로 옳은 것은? [2점]

① 경제 협력 개발 기구(OECD)에 가입하였다.
② 칠레와 자유 무역 협정(FTA)을 체결하였다.
③ 양성평등의 실현을 위해 호주제가 폐지되었다.
④ 5년 단임의 대통령 직선제 개헌안이 통과되었다.
⑤ 굴욕적인 대일 외교에 반대하는 6·3 시위가 일어났다.

49 (가) 정부 시기에 있었던 사실로 옳은 것은? [3점]

① 전국 민주 노동조합 총연맹이 창립되었다.
② 국제 통화 기금(IMF)의 채무를 조기 상환하였다.
③ 경제 정의 실천 시민 연합 창립 대회가 개최되었다.
④ 중학교 입시 제도를 폐지하고 무시험 추첨제를 실시하였다.
⑤ 진실·화해를 위한 과거사 정리 위원회가 처음으로 출범하였다.

50 (가)~(다) 학생이 발표한 내용을 일어난 순서대로 옳게 나열한 것은? [2점]

① (가) - (나) - (다)
② (가) - (다) - (나)
③ (나) - (가) - (다)
④ (나) - (다) - (가)
⑤ (다) - (가) - (나)

2021년도 제55회 한국사능력검정시험 문제지

01 (가) 시대의 생활 모습으로 옳은 것은? [1점]

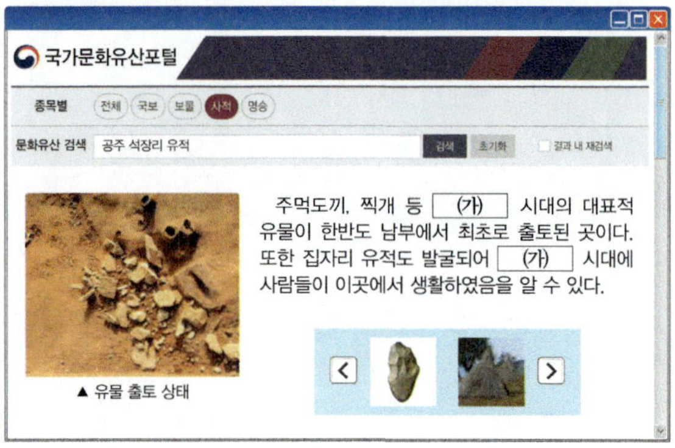

① 명도전, 반량전 등의 화폐가 유통되었다.
② 반달 돌칼을 이용하여 곡식을 수확하였다.
③ 거푸집을 이용하여 세형 동검을 만들었다.
④ 주로 동굴이나 강가의 막집에 거주하였다.
⑤ 빗살무늬 토기를 만들어 식량을 저장하였다.

02 (가), (나) 나라에 대한 설명으로 옳은 것은? [2점]

> (가) 여자의 나이가 열 살이 되기 전에 혼인을 약속하고, 신랑 집에서 맞이하여 장성할 때까지 기른다. 여자가 장성하면 여자 집으로 돌아가게 한다. 여자 집에서는 돈을 요구하는데, 신랑 집에서 돈을 지불한 후 다시 데리고 와서 아내로 삼는다.
>
> (나) 읍마다 우두머리가 있어 세력이 강대하면 신지라 하고, …… 그 다음은 읍차라 하였다. 나라에는 철이 생산되는데 예(濊), 왜(倭) 등이 와서 사간다. 무역에서 철을 화폐로 사용한다.

① (가) – 신성 지역인 소도가 존재하였다.
② (가) – 삼로라 불린 우두머리가 읍락을 다스렸다.
③ (나) – 여러 가(加)들이 별도로 사출도를 주관하였다.
④ (나) – 단궁, 과하마, 반어피 등의 특산물이 유명하였다.
⑤ (가), (나) - 한 무제가 파견한 군대의 공격으로 멸망하였다.

03 (가)~(마) 문화유산에 대한 설명으로 옳은 것은? [3점]

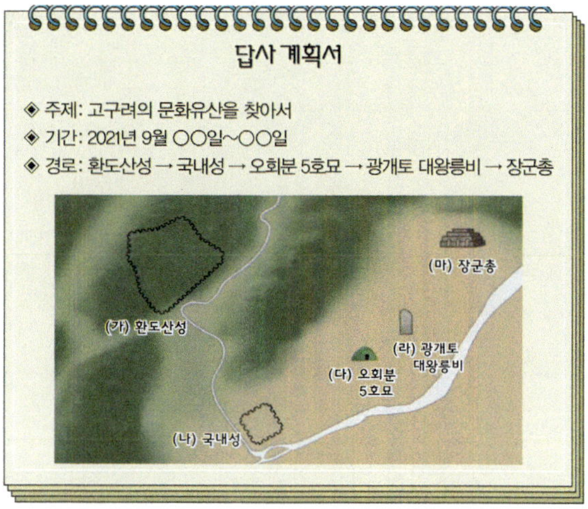

① (가) – 관구검이 이끄는 군대의 공격을 받았다.
② (나) – 고구려가 첫 번째 도읍으로 삼은 곳이다.
③ (다) – 매지권(買地券)이 새겨진 지석과 석수가 출토되었다.
④ (라) – 대가야를 정복하고 순수한 후 세운 것이다.
⑤ (마) – 돌무지덧널무덤으로 축조되었다.

04 (가), (나) 사이의 시기에 있었던 사실로 옳은 것은? [2점]

> (가) 고구려 병사는 비록 물러갔으나 성이 파괴되고 왕이 죽어서 [문주가] 왕위에 올랐다. …… 겨울 10월, 웅진으로 도읍을 옮겼다.
>
> –『삼국사기』–
>
> (나) 왕이 신라를 습격하고자 몸소 보병과 기병 50명을 거느리고 밤에 구천(狗川)에 이르렀는데, 신라 복병을 만나 그들과 싸우다가 살해되었다.
>
> –『삼국사기』–

① 익산에 미륵사가 창건되었다.
② 흑치상지가 임존성에서 군사를 일으켰다.
③ 동진에서 온 마라난타를 통해 불교가 수용되었다.
④ 지방을 통제하기 위하여 22담로에 왕족이 파견되었다.
⑤ 계백이 이끄는 결사대가 황산벌에서 신라군에 맞서 싸웠다.

05 밑줄 그은 '이 제도'에 대한 설명으로 옳은 것은? [1점]

① 원화(源花)에 기원을 두고 있다.
② 을파소의 건의로 처음 마련되었다.
③ 서얼의 관직 진출을 법으로 제한하였다.
④ 집과 수레의 크기 등 일상생활을 규제하였다.
⑤ 문무 5품 이상 관리의 자손을 대상으로 하였다.

06 다음 자료의 상황이 나타난 시기를 연표에서 옳게 고른 것은? [2점]

> 검모잠이 남은 백성들을 거두어 신라로 향하였다. 안승을 맞아들여 임금으로 삼았다. 다식(多式) 등을 신라로 보내어 고하기를, "지금 신 등이 나라의 귀족 안승을 받들어 임금으로 삼았습니다. 원컨대 변방을 지키는 울타리가 되어 영원토록 충성을 다하고자 합니다."라고 하였다. 신라 왕은 그들을 금마저에 정착하게 하였다.

612		618		645		660		676		698
살수 대첩	(가)	당 건국	(나)	안시성 전투	(다)	사비성 함락	(라)	기벌포 전투	(마)	발해 건국

① (가) ② (나) ③ (다) ④ (라) ⑤ (마)

07 (가) 국가에 대한 설명으로 옳은 것은? [2점]

① 왜에 칠지도를 만들어 보냈다.
② 2군 6위의 군사 조직을 운영하였다.
③ 신라도를 통하여 신라와 교류하였다.
④ 광평성 등의 정치 기구를 마련하였다.
⑤ 9주 5소경의 지방 행정 제도를 갖추었다.

08 (가) 인물에 대한 설명으로 옳은 것은? [1점]

다큐멘터리 공모 신청서

공모 분야	역사 – 인물 탐사 다큐멘터리
작품명	(가) 의 저서, 위대한 역사 기록이 되다
기획 의도	8세기 인도와 중앙아시아의 실상을 전해주는 중요한 기록을 남긴 신라 승려가 있다. 글로벌 시대를 맞아 (가) 의 기록이 우리에게 남긴 의미를 재조명한다.
차별화 전략	기존에 간과해 왔던 이슬람 세계와 비잔틴 제국에 대한 기록까지도 현지 답사를 통해 고증하고자 한다.
주요 촬영국	중국, 인도, 이란, 아프가니스탄, 우즈베키스탄 등

① 향가 모음집인 삼대목을 편찬하였다.
② 화랑도의 규범인 세속 5계를 제시하였다.
③ 무애가를 지어 불교 대중화에 기여하였다.
④ 구법 순례기인 왕오천축국전을 저술하였다.
⑤ 화엄일승법계도를 지어 화엄 사상을 정리하였다.

09 밑줄 그은 '이 시기'에 있었던 사실로 옳은 것은? [3점]

① 왕의 장인인 김흠돌이 난을 일으켰다.
② 거칠부가 왕명에 의해 국사를 편찬하였다.
③ 김춘추가 진골 출신 최초로 왕위에 올랐다.
④ 자장의 건의로 황룡사 9층 목탑이 건립되었다.
⑤ 체징이 9산 선문 중 하나인 가지산문을 개창하였다.

10 (가) 왕에 대한 설명으로 옳은 것은? [2점]

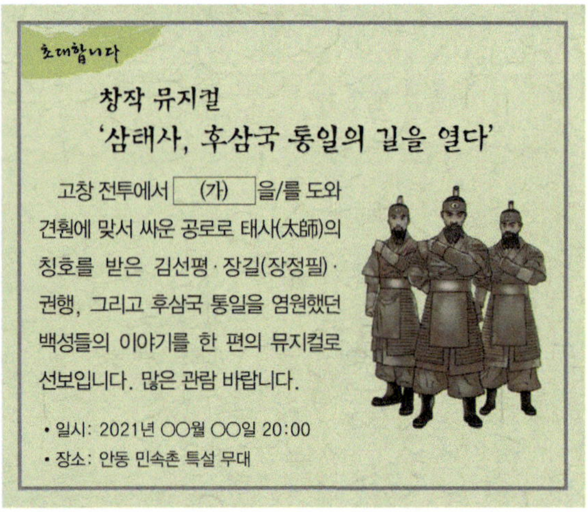

① 신라에 침입하여 경애왕을 죽게 하였다.
② 국자감에 7재라는 전문 강좌를 개설하였다.
③ 마진이라는 국호와 무태라는 연호를 사용하였다.
④ 정계와 계백료서를 지어 관리의 규범을 제시하였다.
⑤ 후주와 사신을 교환하여 대외 관계의 안정을 꾀하였다.

11 (가)~(다)를 일어난 순서대로 옳게 나열한 것은? [3점]

(가) 왕규가 광주원군을 옹립하려고 도모하였다. 왕이 깊이 잠든 틈을 타서 그의 무리로 하여금 침실에 잠입시켜 왕을 해하려 하였다.

(나) 왕이 교서를 내려 말하기를, "경전에 통하고 전적(典籍)을 널리 읽은 자들을 선발하여 경학박사와 의학박사로 삼아, 12목에 각각 1명씩 파견하여 돈독하게 가르치고 깨우치게 하라."라고 하였다.

(다) 왕이 한림학사 쌍기를 지공거로 임명하고, 시(詩)·부(賦)·송(頌)과 시무책을 시험하여 진사를 뽑게 하였다. 위봉루에 친히 나가 급제자를 발표하여, 갑과에 최섬 등 2명, 명경에 3명, 복업에 2명을 합격시켰다.

① (가) – (나) – (다)
② (가) – (다) – (나)
③ (나) – (가) – (다)
④ (나) – (다) – (가)
⑤ (다) – (가) – (나)

12 (가) 국가의 경제 상황으로 옳은 것은? [1점]

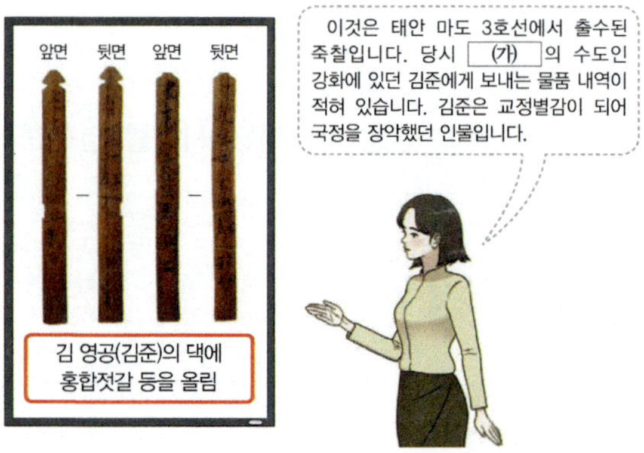

① 동시전을 설치하여 시장을 감독하였다.
② 해동통보, 활구 등의 화폐를 발행하였다.
③ 감자, 고구마 등이 구황 작물로 재배되었다.
④ 청해진을 중심으로 해상 무역이 전개되었다.
⑤ 계해약조를 맺어 일본과의 무역을 규정하였다.

13 (가), (나) 사이의 시기에 있었던 사실로 옳은 것은? [2점]

> (가) 왕이 서경에서 안북부까지 나아가 머물렀는데, 거란의 소손녕이 봉산군을 공격하여 파괴하였다는 소식을 듣자 더 가지 못하고 돌아왔다. 서희를 보내 화의를 요청하니 침공을 중지하였다.
> (나) 강감찬이 수도에 성곽이 없다 하여 나성을 쌓을 것을 요청하니 왕이 그 건의를 따라 왕가도에게 명령하여 축조하게 하였다.

① 사신 저고여가 귀국길에 피살되었다.
② 화통도감이 설치되어 화포를 제작하였다.
③ 강조가 정변을 일으켜 목종을 폐위시켰다.
④ 나세, 심덕부 등이 진포에서 왜구를 물리쳤다.
⑤ 공주 명학소에서 망이·망소이가 난을 일으켰다.

14 다음 상황 이후에 전개된 사실로 옳은 것은? [2점]

> 왕이 이분희 등에게 변발을 하지 않았다고 책망하였더니 그들이 대답하기를 "신 등이 변발하는 것을 싫어해서가 아니라 오직 뭇 사람들이 그렇게 하여 상례(常例)가 되기를 기다렸을 뿐입니다."라고 하였다. …… 왕은 입조(入朝)하였을 때에 이미 변발하였지만, 나라 사람들이 아직 하지 않았기 때문에 이를 책망한 것이다.

① 만적이 개경에서 반란을 모의하였다.
② 왕실의 외척인 이자겸이 권력을 독점하였다.
③ 유인우, 이인임 등이 쌍성총관부를 수복하였다.
④ 최충이 9재 학당을 설립하여 유학을 교육하였다.
⑤ 국정을 총괄하는 기구로 교정도감이 설치되었다.

15 다음 대화에 나타난 사건에 대한 설명으로 옳은 것은? [2점]

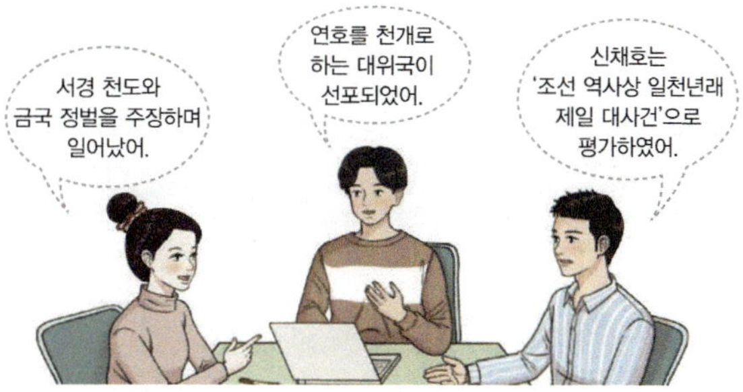

① 국왕이 나주까지 피란하였다.
② 초조 대장경 간행의 계기가 되었다.
③ 김부식 등이 이끈 관군에 의해 진압되었다.
④ 이성계가 정권을 장악하는 결과를 가져왔다.
⑤ 여진 정벌을 위한 별무반 편성에 영향을 주었다.

16 (가)~(마)에 들어갈 내용으로 옳은 것은? [2점]

한국사 과제 안내문

다음에 제시된 역사서 중 하나를 선택하여 보고서를 제출하시오.

역사서	소 개
사략	(가)
삼국사기	(나)
삼국유사	(다)
제왕운기	(라)
해동고승전	(마)

◆ 조사 방법: 문헌 조사, 인터넷 검색 등
◆ 제출 기간: 2021년 ○○월 ○○일~○○월 ○○일
◆ 분량: A4 용지 1장 이상

① (가) – 불교사를 중심으로 고대의 민간 설화를 수록
② (나) – 사초, 시정기 등을 바탕으로 실록청에서 편찬
③ (다) – 유교 사관에 입각하여 기전체 형식으로 구성
④ (라) – 단군부터 충렬왕까지의 역사를 서사시로 서술
⑤ (마) – 강목체로 고려 왕조의 역사를 정리

17 (가)에 해당하는 문화유산으로 옳은 것은? [2점]

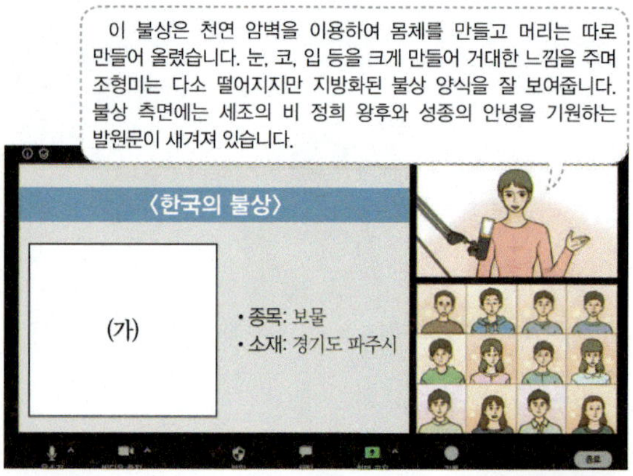

① 
② 
③ 
④ 
⑤ 

18 밑줄 그은 '왕'의 재위 시기에 있었던 사실로 옳은 것은? [2점]

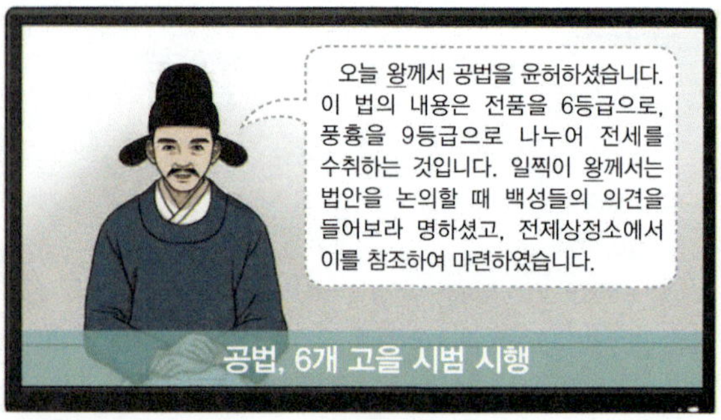

① 음악 이론 등을 집대성한 악학궤범이 완성되었다.
② 민간의 광산 개발을 허용하는 설점수세제가 시행되었다.
③ 우리 풍토에 맞는 농법을 소개한 농사직설이 편찬되었다.
④ 현직 관리에게만 수조권을 지급하는 직전법이 제정되었다.
⑤ 우리나라와 중국의 의서를 망라한 동의보감이 간행되었다.

19 다음 검색창에 들어갈 왕이 추진한 정책으로 옳은 것은? [2점]

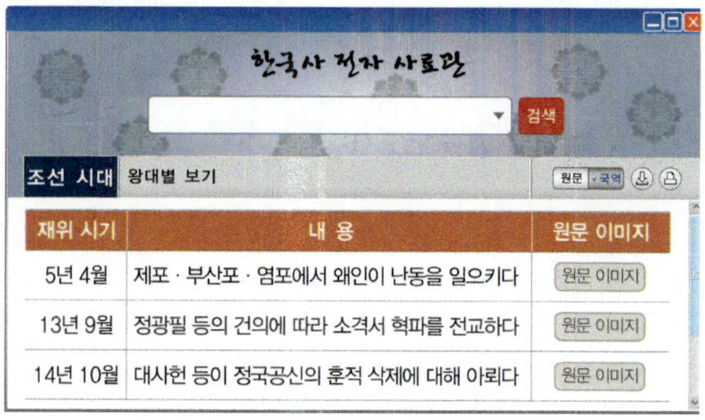

재위 시기	내 용	원문 이미지
5년 4월	제포 · 부산포 · 염포에서 왜인이 난동을 일으키다	원문 이미지
13년 9월	정광필 등의 건의에 따라 소격서 혁파를 전교하다	원문 이미지
14년 10월	대사헌 등이 정국공신의 훈적 삭제에 대해 아뢰다	원문 이미지

① 조총 부대를 나선 정벌에 파견하였다.
② 4군 6진을 설치하여 북방 영토를 개척하였다.
③ 단종 복위 운동을 계기로 집현전을 폐지하였다.
④ 국가의 의례를 정비한 국조오례의를 편찬하였다.
⑤ 신진 인사를 등용하기 위한 현량과를 실시하였다.

20 다음 상황 이후에 전개된 사실로 옳은 것은? [3점]

선전관 이용준 등이 정여립을 토벌하기 위하여 급히 전주에 내려갔다. 무리들과 함께 진안 죽도에 숨어 있던 정여립은 군관들이 체포하려 하자 자결하였다.

① 이시애가 길주를 근거지로 난을 일으켰다.
② 기축옥사로 이발 등 동인 세력이 제거되었다.
③ 양재역 벽서 사건으로 이언적 등이 화를 입었다.
④ 수양대군이 김종서 등을 살해하고 권력을 장악하였다.
⑤ 이조 전랑 임명을 둘러싸고 사림이 동인과 서인으로 나뉘었다.

21 (가) 기구에 대한 설명으로 옳은 것은? [2점]

이달의 책

내각일력은 (가) 에서 있었던 일과 업무를 기록한 책이다. (가) 은/는 정조의 명에 의해 설치된 왕실 도서관이자 학술 연구 및 정책 자문 기관으로, 이 책은 어제(御製)의 봉안, 검서 등의 소관 업무뿐만 아니라 일반 정사나 왕의 동정, 소속 관원의 근무 상황까지 수록하고 있다.

① 을묘왜변을 계기로 상설화되었다.
② 은대(銀臺), 후원(喉院)이라고도 불리었다.
③ 5품 이하 관리 임명에 서경권을 행사하였다.
④ 대사성을 중심으로 좨주, 직강 등의 관직을 두었다.
⑤ 유능한 인재를 양성하기 위한 초계문신제를 주관하였다.

22 (가)에 대한 설명으로 옳은 것은? [2점]

① 수원 화성에 외영을 두었다.
② 용호군과 함께 궁성을 호위하였다.
③ 후금의 침입에 대비하고자 창설되었다.
④ 포수, 사수, 살수의 삼수병으로 편제되었다.
⑤ 일본인 교관을 초빙하여 군사 훈련을 받았다.

23 다음 기사에 보도된 전투 이후의 사실로 옳지 않은 것은? [3점]

역사 신문

제△△호 ○○○○년 ○○월 ○○일

신립, 탄금대에서 패배

삼도 순변사 신립이 이끄는 관군이 탄금대에서 적군에게 패배, 충주 방어에 실패하였다. 신립은 탄금대에 배수진을 쳤으나, 고니시 유키나가가 이끄는 적군에게 둘러싸여 위태로운 상황에 놓였다. 신립은 종사관 김여물과 최후의 돌격을 감행하였으나 실패하자 전장에서 순절하였다.

① 김시민이 진주성에서 항쟁하였다.
② 조명 연합군이 평양성을 탈환하였다.
③ 이순신이 한산도에서 대승을 거두었다.
④ 송상현이 동래성 전투에서 항전하였다.
⑤ 권율이 행주산성에서 적군을 격퇴하였다.

24 밑줄 그은 '이 왕'에 대한 설명으로 옳은 것은? [1점]

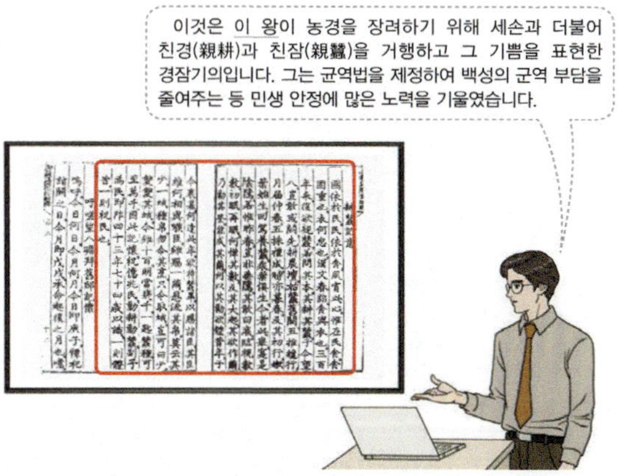

① 조선의 기본 법전인 경국대전을 완성하였다.
② 붕당의 폐해를 경계하기 위한 탕평비를 건립하였다.
③ 시전 상인의 특권을 축소한 신해통공을 실시하였다.
④ 전세를 1결당 4~6두로 고정하는 영정법을 제정하였다.
⑤ 각 궁방과 중앙 관서의 공노비 6만여 명을 해방하였다.

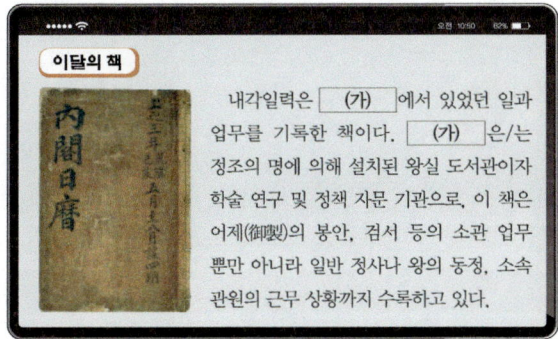

25 다음 글을 쓴 인물에 대한 설명으로 옳은 것은? [2점]

> 이 비는 아무도 아는 사람이 없어 '요승 무학이 잘못 찾아 여기에 이르렀다는 비'라고 잘못 불려 왔다. …… 탁본을 한 결과 비의 형태는 황초령비와 서로 흡사하였고, 제1행 진흥의 진(眞) 자는 약간 마멸되었으나 여러 차례 탁본을 해서 보니, 진(眞) 자임에 의심할 여지가 없었다. 마침내 진흥왕의 고비(古碑)로 정하고 보니, 1200년 전의 고적(古蹟)임이 밝혀져 무학비라고 하는 황당무계한 설이 깨지게 되었다.
>
> -『완당집』-

① 담헌서를 통해 과거제 폐지를 주장하였다.
② 역대 명필을 연구하여 추사체를 창안하였다.
③ 북학의를 저술하여 수레와 배의 이용을 권장하였다.
④ 연려실기술에서 조선의 역사를 기사 본말체로 서술하였다.
⑤ 주역을 바탕으로 수론(數論)을 전개한 구수략을 저술하였다.

26 (가) 국가에 대한 조선의 정책으로 옳은 것을 〈보기〉에서 고른 것은? [2점]

그림으로 보는 조선사 외교

이것은 기유약조로 교역이 재개된 (가) 와/과의 무역 중심지인 초량 일대를 그린 그림이다. 그림 아래 부분의 동관 지역은 (가) 상인들과 관리들의 집단 거주지였으며, 거류민 관리와 조선과의 교섭 등을 담당하던 관수의 관사(官舍)도 위치해 있었다.

〈보 기〉

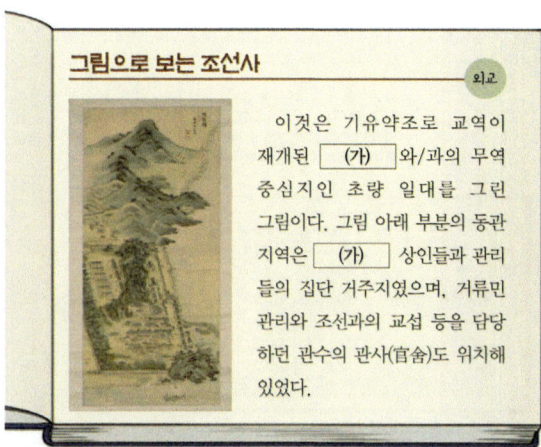

ㄱ. 막부의 요청에 따라 통신사를 파견하였다.
ㄴ. 한성에 동평관을 두어 무역을 허용하였다.
ㄷ. 하정사, 성절사, 동지사 등 사절단을 보내었다.
ㄹ. 어윤중을 서북 경략사로 임명하여 사무를 관장하였다.

① ㄱ, ㄴ　② ㄱ, ㄷ　③ ㄴ, ㄷ　④ ㄴ, ㄹ　⑤ ㄷ, ㄹ

27 (가)에 해당하는 문화유산으로 옳은 것은? [1점]

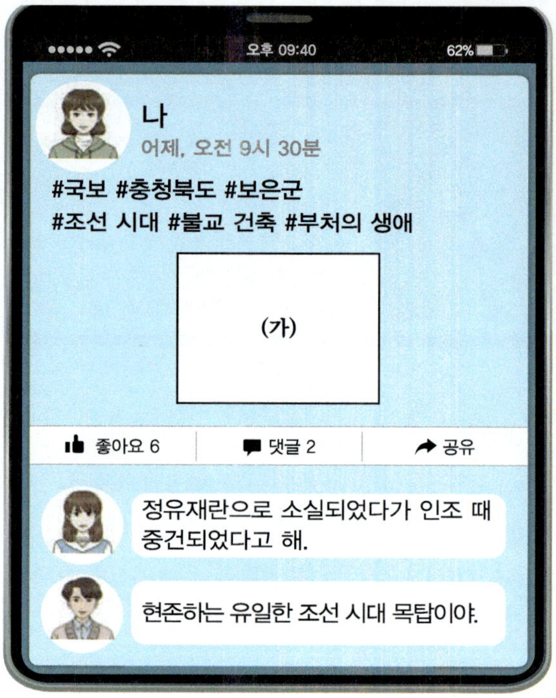

①

법주사 팔상전

②

화엄사 각황전

③

금산사 미륵전

④

무량사 극락전

⑤

마곡사 대웅보전

28 (가) 시기에 있었던 사실로 옳은 것은? [3점]

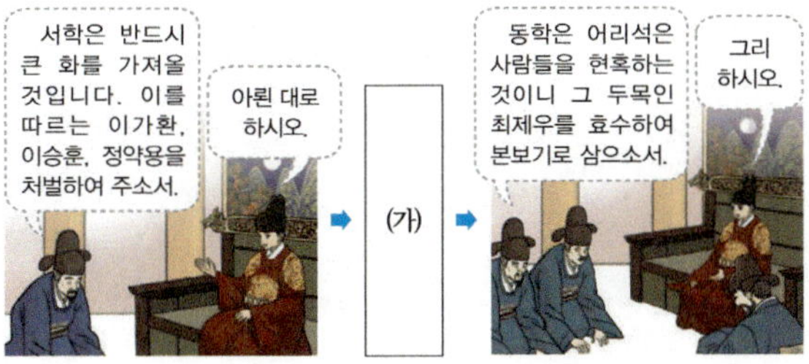

① 왕이 도성을 떠나 공산성으로 피란하였다.
② 오페르트가 남연군 묘 도굴을 시도하였다.
③ 홍경래 등이 난을 일으켜 정주성을 점령하였다.
④ 교조 신원을 요구하는 삼례 집회가 개최되었다.
⑤ 이인좌를 중심으로 한 소론 세력이 난을 일으켰다.

29 밑줄 그은 '중건' 시기에 있었던 사실로 옳은 것을 〈보기〉에서 고른 것은? [2점]

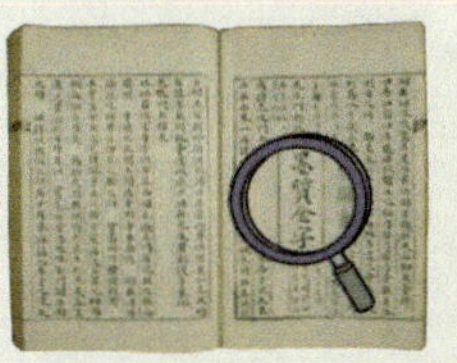

경복궁 영건일기는 한성부 주부 원세철이 경복궁 중건의 시작부터 끝날 때까지의 상황을 매일 기록한 것이다. 이 일기에 광화문 현판이 검은색 바탕에 금색 글자였음을 알려 주는 '묵질금자(墨質金字)'가 적혀 있어 광화문 현판의 옛 모습을 고증하는 근거가 되었다.

〈보 기〉

ㄱ. 비변사가 설치되었다.
ㄴ. 사창제가 실시되었다.
ㄷ. 원납전이 징수되었다.
ㄹ. 대전통편이 편찬되었다.

① ㄱ, ㄴ　② ㄱ, ㄷ　③ ㄴ, ㄷ
④ ㄴ, ㄹ　⑤ ㄷ, ㄹ

30 밑줄 그은 ㉠이 원인이 되어 발생한 사건에 대한 설명으로 옳은 것은? [2점]

해군 제독 로즈 귀하

당신이 지휘하는 해군 병력에 주저없이 호소합니다. ㉠프랑스인 주교 2명과 선교사 9명을 희생시킨 사건이 조선에서 벌어졌습니다. 이에 대한 확실한 복수가 필요합니다. 당신의 지휘로 가능한 모든 수단을 사용하여 조선에 대한 공격을 최대한 빨리 개시하도록 간곡히 요청합니다.

7월 13일 베이징에서
벨로네

① 운요호가 강화도와 영종도를 공격하였다.
② 양헌수 부대가 정족산성에서 승리하였다.
③ 정부가 청군의 출병을 요청하는 계기가 되었다.
④ 사태 수습을 위해 박규수가 안핵사로 파견되었다.
⑤ 흥선 대원군이 톈진으로 압송되는 결과를 가져왔다.

31 밑줄 그은 '이 사건'에 대한 설명으로 옳은 것은? [2점]

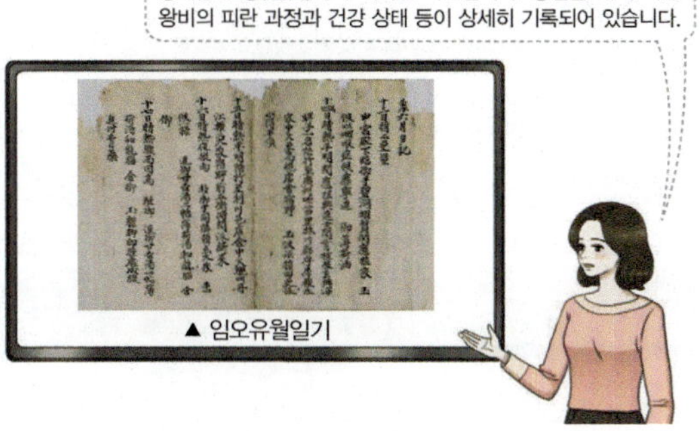
이것은 구식 군인들이 일으킨 이 사건 당시 민응식이 왕비를 호종(扈從)하며 기록한 자료입니다. 궁궐을 빠져 나온 왕비의 피란 과정과 건강 상태 등이 상세히 기록되어 있습니다.
▲ 임오유월일기

① 전개 과정에서 전주 화약이 체결되었다.
② 통리기무아문이 설치되는 배경이 되었다.
③ 우정총국 개국 축하연을 이용하여 일어났다.
④ 홍범 14조를 개혁의 기본 방향으로 제시하였다.
⑤ 일본 공사관에 경비병이 주둔하는 계기가 되었다.

32 다음 가상 대화의 상황이 나타난 시기를 연표에서 옳게 고른 것은? [2점]

1871		1876		1884		1895		1904		1909
	(가)		(나)		(다)		(라)		(마)	
신미양요		조일 수호 조규		갑신정변		삼국 간섭		한일 의정서		기유각서

① (가) ② (나) ③ (다) ④ (라) ⑤ (마)

33 (가)에 들어갈 내용으로 옳은 것은? [2점]

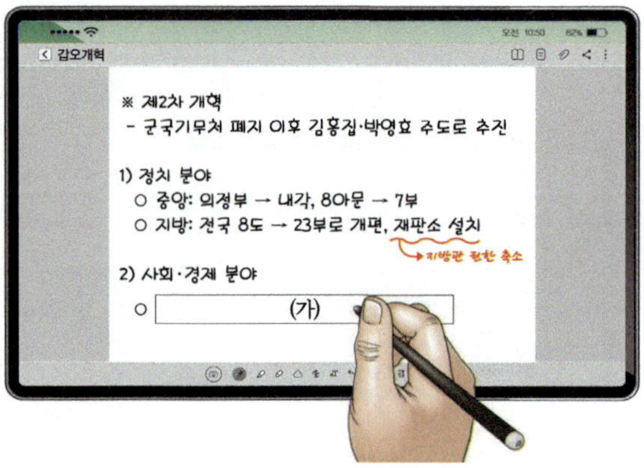

① 지계 발급
② 태양력 사용
③ 한성순보 발행
④ 공사 노비법 폐지
⑤ 교육 입국 조서 반포

34 (가) 시기에 볼 수 있는 모습으로 적절한 것은? [3점]

① 간도 관리사로 임명되는 관료
② 영화 아리랑을 관람하는 청년
③ 육영 공원에서 영어를 배우는 학생
④ 제너럴 셔먼호를 불태우는 평양 관민
⑤ 조사 시찰단으로 일본에 파견되는 통역관

35 (가)~(다) 학생이 발표한 내용을 일어난 순서대로 옳게 나열한 것은? [2점]

① (가) – (나) – (다) ② (가) – (다) – (나)
③ (나) – (가) – (다) ④ (나) – (다) – (가)
⑤ (다) – (가) – (나)

36 (가) 신문에 대한 설명으로 옳은 것은? [1점]

여기는 양기탁과 함께 (가) 을/를 창간하여 항일 언론 활동을 전개한 베델의 묘입니다. 그는 "나는 죽지만, (가) 은/는 영원히 살려 한국 동포를 구하시오."라는 유언을 남겼습니다.

① 최초로 상업 광고를 실었다.
② 천도교의 기관지로 발행되었다.
③ 우리나라 최초의 민간 신문이었다.
④ 국채 보상 운동의 확산에 기여하였다.
⑤ 일장기를 삭제한 손기정 사진을 게재하였다.

37 다음 상소가 올려진 이후의 사실로 옳은 것은? [3점]

일본이 러시아에 선전 포고한 이후 우리의 독립과 영토를 보전한다고 몇 번이나 말하였지만, 그것은 우리나라의 이익을 빼앗아 차지하려는 것이었습니다. …… 지금 저들이 황실을 보전하겠다는 말을 폐하께서는 과연 믿으십니까? 지금까지 군주의 지위가 아직 바뀌지 않았고 백성도 아직 죽지 않았으며 각국 공사도 아직 돌아가지 않았습니다. 그리고 조약서가 다행히 폐하의 인준과 참정의 인가를 받은 것이 아니니, 저들이 가지고 있는 것은 역적들이 억지로 만든 헛된 조약에 불과합니다.

① 제1차 영일 동맹이 체결되었다.
② 일본이 경인선 부설권을 인수하였다.
③ 묄렌도르프가 외교 고문으로 파견되었다.
④ 통감부가 설치되고 초대 통감이 부임하였다.
⑤ 러시아가 용암포를 점령하고 조차를 요구하였다.

38 다음 인물에 대한 설명으로 옳은 것은? [2점]

이달의 역사 인물

혼이 보존되면 국가는 부활할 것이다

○○○ (1859~1925)

국혼을 강조하며 민족의식을 고취한 역사학자이자 독립운동가이다. 일찍부터 민족 교육의 중요성을 인식하여 서우학회에서 애국 계몽 운동을 펼쳤으며, 국권 피탈 과정을 정리한 『한국통사』를 저술하였다. 1925년에는 대한민국 임시 정부 제2대 대통령에 취임하였다. 정부에서는 그의 공훈을 기리어 건국훈장 대통령장을 추서하였다.

① 진단 학회를 창립하고 진단 학보를 발행하였다.
② 여유당전서를 간행하고 조선학 운동을 전개하였다.
③ 헤이그에서 열린 만국 평화 회의에 특사로 파견되었다.
④ 평양에서 조선 물산 장려회 발기인 대회를 개최하였다.
⑤ 실천적인 유교 정신을 강조하는 유교구신론을 저술하였다.

39 (가), (나) 발표 사이의 시기에 있었던 사실로 옳은 것은? [1점]

(가) • 조선에 조선 총독부를 설치한다.
• 조선 총독부에 조선 총독을 두고 위임 범위 내에서 육해군을 통솔하고 일체의 정무를 통할하도록 한다.
• 통감부 및 그 소속 관서는 당분간 그대로 두고 조선 총독의 직무는 통감이 행하도록 한다.

(나) 총독 임용의 범위를 확장하고 경찰 제도를 개정하며, 또한 일반 관리나 교원 등의 복제를 폐지함으로써 시대의 흐름에 순응하고 …… 조선인의 임용과 대우 등에 관해 더욱 고려하여 …… 정치·사회상의 대우에서도 내지인과 동일한 취급을 할 궁극의 목적을 달성하고자 하는 바이다.

① 미곡 공출제가 실시되었다.
② 조선 태형령이 시행되었다.
③ 국민 징용령이 제정되었다.
④ 경성 제국 대학이 설립되었다.
⑤ 황국 신민 서사의 암송이 강요되었다.

40 (가) 단체에 대한 설명으로 옳은 것은? [2점]

〈영화 제작 기획안〉

청년 김상옥

▣ 기획 의도

김상옥의 주요 활동을 영화로 제작하여 독립운동가의 치열했던 삶과 항일 투쟁의 역사적 의미를 되새겨 본다.

▣ 대본 개요

1. 혁신공보를 발행하며 계몽 운동에 힘쓰다.
2. 김원봉이 조직한 (가) 의 일원이 되다.
3. 종로 경찰서에 폭탄을 투척하다.
4. 일제 경찰과 총격전을 벌이다.

① 조선 혁명 선언을 행동 강령으로 삼았다.
② 비밀 행정 조직으로 연통제를 실시하였다.
③ 고종의 밀지를 받아 결성된 비밀 단체이다.
④ 도쿄에서 일어난 이봉창 의거를 계획하였다.
⑤ 신흥 무관 학교를 세워 무장 투쟁을 준비하였다.

41 밑줄 그은 '이 운동'에 대한 설명으로 옳은 것은? [1점]

이것은 '학생의 날' 기념우표이다. 학생의 날은 1929년 한일 학생 간 충돌을 계기로 광주에서 일어나 전국으로 확산된 이 운동을 기리기 위해 1953년에 제정되었다. 우표는 이 운동의 기념탑과 당시 학생들의 울분을 함께 형상화하여 도안되었다. 학생의 날은 2006년부터 '학생 독립운동 기념일'로 명칭이 변경되었다.

① 조선 형평사를 중심으로 전개되었다.
② 순종의 인산일을 기회로 삼아 추진되었다.
③ 대한민국 임시 정부 수립에 영향을 주었다.
④ 국내에서 민족 유일당 운동이 시작되는 계기가 되었다.
⑤ 신간회 중앙 본부가 진상 조사단을 파견하여 지원하였다.

42 (가) 단체에 대한 설명으로 옳은 것은? [2점]

이것은 (가) 이/가 1933년에 만든 한글 맞춤법 통일안의 총론입니다. (가) 은/는 기관지 한글을 간행하고 외래어 표기법 통일안을 마련하는 등 우리말을 지키기 위해 노력하였습니다. 그러나 일제가 1942년에 치안 유지법 위반 명목으로 회원들을 구속하면서 활동이 중단되었습니다.
총 론
1. 한글 마춤법(綴字法)은 표준말을 그 소리대로 적되, 어법에 맞도록 함으로써 원칙을 삼는다.
2. 표준말은 대체로 현재 중류 사회에서 쓰는 서울말로 한다.
3. 문장의 각 단어는 띄어 쓰되, 토는 그 웃 말에 붙여 쓴다.

① 우리말 큰 사전 편찬을 시도하였다.
② 한글 신문인 제국신문을 간행하였다.
③ 최초로 한글에 띄어쓰기를 도입하였다.
④ 우리말 음운 연구서인 언문지를 저술하였다.
⑤ 한글 연구를 목적으로 학부 아래에 설립되었다.

43 다음 자료를 활용한 탐구 활동으로 가장 적절한 것은? [2점]

○ 내지(內地)는 심각한 식량 부족을 보여 매년 300만 석에서 500만 석의 외국 쌀을 수입하였다. …… 내지에서는 쌀의 증산에 많은 기대를 걸 수 없었다. 반면 조선은 관개 설비가 잘 갖춰지지 않아서 대부분의 논이 빗물에 의존하는 상태였기에, 토지 개량 사업을 시작한다면 천혜의 쌀 생산지가 될 수 있었다.

○ 대개 조선인들이 생산한 쌀을 내지로 반출할 때, 결코 자신들이 충분히 소비하고 남은 것을 수출하는 것이 아니다. 생계가 곤란하여 먹을 것을 먹지 못하고 파는 것이다. …… 만주산 잡곡의 수입이 증가하는 사실은 조선인의 생활난이 점점 심각해지고 있음을 실증하는 것이다.

① 산미 증식 계획의 실상을 파악한다.
② 화폐 정리 사업의 결과를 분석한다.
③ 보안회의 경제적 구국 운동을 조사한다.
④ 방곡령이 선포된 지역의 분포를 알아본다.
⑤ 동양 척식 주식회사의 설립 과정을 살펴본다.

44 (가) 종교에 대한 설명으로 옳은 것은? [2점]

> 공의 이름은 인영(寅永)인데, 뒤에 철(喆)로 고쳤다. …… 보호 조약이 체결된 뒤에 동지와 함께 오적(五賊)의 처단을 모의하였는데, 1907년에 계획이 새어 나가 일을 그르쳤다. 뒤에 (가) 을/를 제창하고 교주를 자임하였는데, 이를 바탕으로 국민을 진흥하려고 하였다. 일찍이 북간도에 가서 그의 무리와 함께 발전을 도모하였다. …… 그의 문인(門人)들은 그를 숭상하여 오백 년 이래 다시 없는 대종사로 여겼다.
>
> -『유방집』-

① 사찰령 폐지 운동을 추진하였다.
② 개벽, 신여성 등의 잡지를 발행하였다.
③ 중광단을 결성하여 무장 투쟁을 전개하였다.
④ 배재 학당을 세워 신학문 보급에 기여하였다.
⑤ 박중빈을 중심으로 새생활 운동을 추진하였다.

45 밑줄 그은 '시기'에 있었던 사실로 옳은 것은? [3점]

이것은 대한민국 임시 정부가 대일 선전 포고를 하고 연합군의 활동에 참여하던 시기에 창설된 한인 경위대의 사진입니다. 이 부대는 재미 한족 연합 위원회가 조직하였으며, 캘리포니아 주 정부의 인가를 받아 미주 한인들의 대일 전선 동참을 위해 활동하였습니다.

① 한국 독립군이 쌍성보 전투에서 승리하였다.
② 중국 군벌과 일제 사이에 미쓰야 협정이 체결되었다.
③ 독립운동의 방략을 논의하고자 국민 대표 회의가 개최되었다.
④ 사회주의 세력의 활동 방향을 밝힌 정우회 선언이 발표되었다.
⑤ 일제가 조선 사상범 예방 구금령으로 독립운동을 탄압하였다.

46 (가), (나) 발표 사이의 시기에 있었던 사실로 옳은 것은? [2점]

> (가) 우리는 다음 달에 입국할 유엔 한국 임시 위원단을 환영하는 동시에, 그들로 하여금 우리가 원하는 자주 독립의 통일 정부를 수립하는 임무를 완수하도록 최선을 다하여야 할 것이다. 우리는 어떠한 경우든지 단독 정부는 절대 반대할 것이다.
>
> (나) 올해 10월 19일 제주도 사건 진압 차 출동하려던 여수 제14연대 소속 3명의 장교 및 40여 명의 하사관들은 각 대대장의 결사적 제지에도 불구하고 남로당 계열 분자 지도하에 반란을 일으켰다. 동월 20일 8시 여수를 점령하는 한편, 좌익 단체 및 학생들을 인민군으로 편성하여 동일 8시 순천을 점령하였다.

① 제1차 미소 공동 위원회가 결렬되었다.
② 모스크바 삼국 외상 회의가 개최되었다.
③ 좌우 합작 위원회에서 좌우 합작 7원칙이 발표되었다.
④ 유상 매수, 유상 분배 원칙의 농지 개혁법이 시행되었다.
⑤ 우리나라 최초의 보통 선거인 5 · 10 총선거가 실시되었다.

47 교사의 질문에 대한 학생의 답변으로 옳은 것을 〈보기〉에서 고른 것은? [2점]

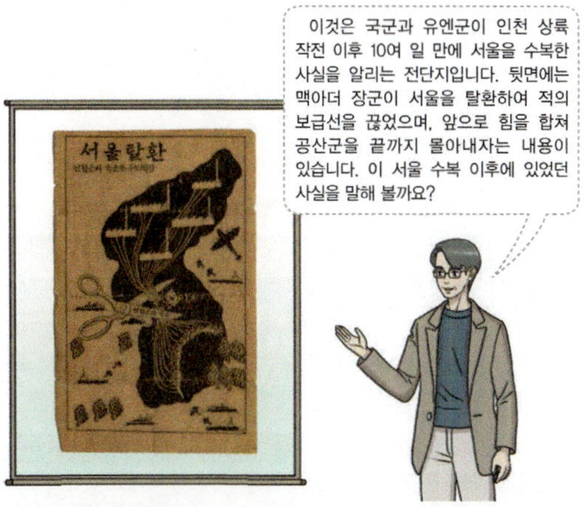

서울탈환
이것은 국군과 유엔군이 인천 상륙 작전 이후 10여 일 만에 서울을 수복한 사실을 알리는 전단지입니다. 뒷면에는 맥아더 장군이 서울을 탈환하여 적의 보급선을 끊었으며, 앞으로 힘을 합쳐 공산군을 끝까지 몰아내자는 내용이 있습니다. 이 서울 수복 이후에 있었던 사실을 말해 볼까요?

〈보 기〉

ㄱ. 애치슨 선언이 발표됐어요.
ㄴ. 흥남 철수 작전이 전개됐어요.
ㄷ. 소련의 제안으로 정전 회담이 개최됐어요.
ㄹ. 국군이 다부동 전투에서 북한군의 공세를 방어했어요.

① ㄱ, ㄴ　② ㄱ, ㄷ　③ ㄴ, ㄷ　④ ㄴ, ㄹ　⑤ ㄷ, ㄹ

48 밑줄 그은 '선거' 이후의 사실로 옳은 것은? [3점]

① 정부 형태가 내각 책임제로 바뀌었다.
② 평화 통일을 주장한 진보당의 조봉암이 처형되었다.
③ 대통령의 3선 연임을 허용하는 개헌안이 통과되었다.
④ 한일 국교 정상화에 반대하는 6·3 시위가 전개되었다.
⑤ 국회 해산과 헌법의 일부 효력 정지를 담은 유신이 선포되었다.

49 다음 자료에 나타난 민주화 운동에 대한 설명으로 옳은 것은? [1점]

껍데기 정부와 계엄 당국을 규탄한다

껍데기 과도 정부와 계엄 당국은 민주의 피맺힌 소리를 들으라! …… 모든 시민과 학생들은 처음부터 평화적이고 질서정연한 투쟁을 전개하려고 노력해 왔다. 그러나 계엄 당국이 진지하고도 순수한 데모 대열에 무차별한 사격을 가하여 남녀노소를 불문하고 수많은 사망자가 발생하였고, 부상자 및 연행자는 추계가 불가능한 실정이다. …… 계엄 당국과 정부는 광주 시민과 전 국민의 민주 염원을 묵살함은 물론 민주 투사들을 난동자·폭도로 몰아 무력으로 진압하려고 하고 있다.

① 호헌 철폐와 독재 타도 등의 구호를 내세웠다.
② 야당 총재의 국회의원직 제명으로 촉발되었다.
③ 시위 과정에서 시민군이 자발적으로 조직되었다.
④ 경무대로 향하던 시위대가 경찰의 총격을 받았다.
⑤ 박종철 고문 치사 사건의 진상 규명을 요구하였다.

50 다음 연설문을 발표한 정부 시기에 있었던 사실로 옳은 것은? [2점]

지난 5년 동안 우리 국민은 세계가 놀라워하는 업적을 이룩해 냈습니다. 외환 위기를 맞이하자 우리 국민은 '금 모으기'를 전개하여 전 세계를 감동시켰습니다. …… 금융, 기업, 공공, 노사의 4대 개혁을 고통과 희생을 감내하면서 지지하고 적극 협력함으로써 우리 경제는 3년을 앞당겨 IMF 관리 체제에서 벗어날 수 있었습니다. …… 고용 보험, 산재 보험, 건강 보험, 국민연금 등 4대 보험의 틀을 갖추고 국민 기초 생활 보장법을 시행한 것을 비롯해 선진국 수준의 복지 체제를 완비했습니다.

① G20 서울 정상 회의가 개최되었다.
② 미국과의 자유 무역 협정(FTA)이 체결되었다.
③ 금융 실명제가 대통령 긴급 명령으로 실시되었다.
④ 8·3 조치로 사채 동결 등의 특혜가 기업에게 제공되었다.
⑤ 남북 경제 교류 증진을 위한 경의선 복원 공사가 시작되었다.

한국사능력검정시험

심화 2021년도 제56회 한국사능력검정시험 문제지

01 (가) 시대의 생활 모습으로 옳은 것은? [1점]

이것은 제주 고산리 유적에서 발굴된 이른 민무늬 토기입니다. 이 토기의 출토로 우리나라의 (가) 시대가 기원전 8000년경부터 시작되었음을 알게 되었습니다. 고산리 유적에서는 화살촉, 갈돌, 갈판 등의 석기도 나왔습니다.
이른 민무늬 토기

① 고인돌, 돌널무덤 등을 만들었다.
② 거푸집을 이용하여 청동검을 제작하였다.
③ 농경과 목축을 시작하여 식량을 생산하였다.
④ 주로 동굴에 살면서 사냥과 채집 생활을 하였다.
⑤ 쟁기, 쇠스랑 등의 철제 농기구를 써서 농사를 지었다.

02 (가) 나라에 대한 설명으로 옳은 것은? [2점]

(가) 왕 해부루가 늙도록 아들이 없자 산천에 제사 지내어 대를 이을 자식을 구하였다. 그가 탄 말이 곤연에 이르러 큰 돌을 보더니 마주 대하며 눈물을 흘렸다. 왕이 이를 괴상히 여겨 사람을 시켜 그 돌을 옮기니 어린아이가 있었는데 금색의 개구리 모양이었다. …… 이름을 금와라 하고, 장성하자 태자로 삼았다.

－『삼국사기』－

① 혼인 풍습으로 서옥제가 있었다.
② 12월에 영고라는 제천 행사를 열었다.
③ 정사암에 모여 국가의 중대사를 논의하였다.
④ 철이 많이 생산되어 낙랑과 왜에 수출하였다.
⑤ 특산물로 단궁, 과하마, 반어피가 유명하였다.

03 (가) 왕의 업적으로 옳은 것은? [2점]

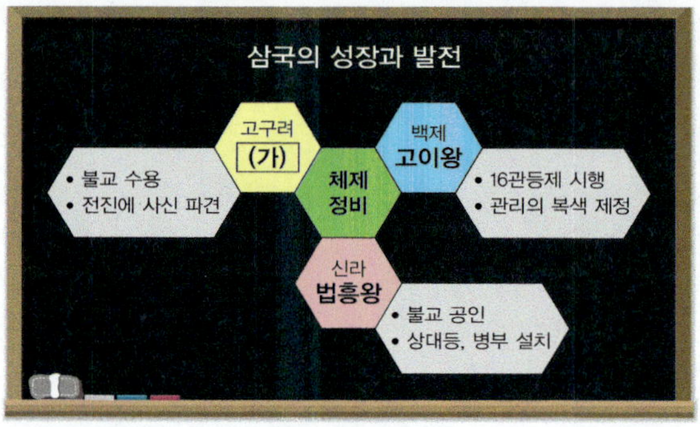

① 도읍을 국내성에서 평양으로 옮겼다.
② 태학을 설립하여 인재를 양성하였다.
③ 서안평을 공격하여 영토를 확장하였다.
④ 연가라는 독자적인 연호를 사용하였다.
⑤ 신라에 군대를 파견하여 왜를 격퇴하였다.

04 밑줄 그은 '이 지역'에서 볼 수 있는 문화유산으로 옳지 않은 것은? [2점]

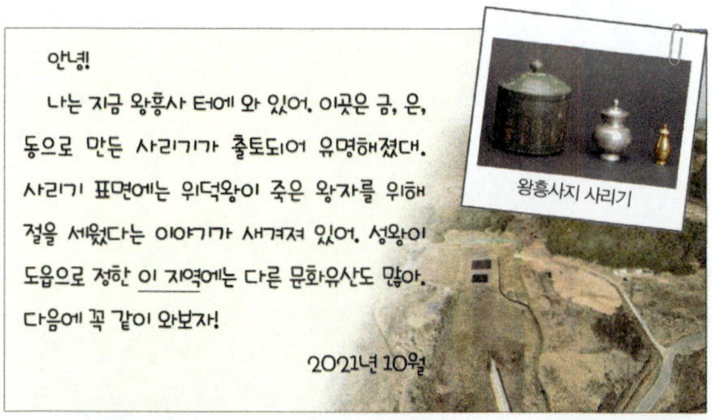

안녕!
나는 지금 왕흥사 터에 와 있어. 이곳은 금, 은, 동으로 만든 사리기가 출토되어 유명해졌대. 사리기 표면에는 위덕왕이 죽은 왕자를 위해 절을 세웠다는 이야기가 새겨져 있어. 성왕이 도읍으로 정한 이 지역에는 다른 문화유산도 많아. 다음에 꼭 같이 와보자!
2021년 10월
왕흥사지 사리기

① 
정림사지 오층 석탑

② 
능산리 고분군

③ 
관촉사 석조 미륵보살 입상

④ 
관북리 유적

⑤ 
부소산성

05 (가), (나) 사이의 시기에 있었던 사실로 옳은 것은? [3점]

(가) 왕은 당과 신라 군사들이 이미 백강과 탄현을 지났다는 소식을 듣고 장군 계백에게 결사대 5천 명을 거느리고 황산으로 가서 신라 군사와 싸우게 하였다. 계백은 4번 싸워서 모두 이겼으나 군사가 적고 힘이 모자라서 마침내 패하였다.

(나) 사찬 시득이 수군을 거느리고 소부리주 기벌포에서 설인귀와 싸웠는데 연이어 패배하였다. 그러나 이후 크고 작은 22번의 싸움에서 승리하여 4천여 명을 죽였다.

① 김흠돌이 반란을 꾀하다 처형되었다.
② 의자왕이 신라를 공격하여 대야성을 함락시켰다.
③ 을지문덕이 살수에서 수의 군대를 크게 물리쳤다.
④ 대조영이 고구려 유민을 이끌고 동모산에서 건국하였다.
⑤ 검모잠이 안승을 왕으로 추대하고 부흥 운동을 전개하였다.

06 다음 특별전에 전시될 자료로 적절하지 않은 것은? [1점]

① 
거중기

② 
금동 천문도

③ 
혼천의

④ 
칠정산 내편

⑤ 
천상열차분야지도

07 (가), (나) 인물에 대한 설명으로 옳은 것은? [2점]

① (가) – 법화 신앙을 바탕으로 백련 결사를 이끌었다.
② (가) – 화엄일승법계도를 지어 화엄 사상을 정리하였다.
③ (나) – 불교 교단을 통합하기 위해 천태종을 개창하였다.
④ (나) – 인도와 중앙아시아를 여행하고 왕오천축국전을 저술 하였다.
⑤ (가), (나) – 심성 도야를 강조한 유불 일치설을 주장하였다.

08 지도와 같이 행정 구역을 정비한 국가에 대한 설명으로 옳은 것을 〈보기〉에서 고른 것은? [3점]

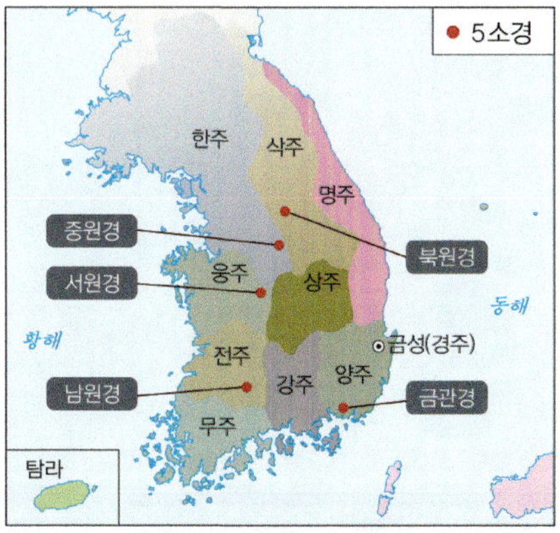

〈보 기〉

ㄱ. 9서당 10정의 군사 조직을 운영하였다.
ㄴ. 욕살, 처려근지 등을 지방관으로 파견하였다.
ㄷ. 상수리 제도를 실시하여 지방 세력을 견제하였다.
ㄹ. 북계에 병마사를 파견하여 적의 침입에 대비하였다.

① ㄱ, ㄴ ② ㄱ, ㄷ ③ ㄴ, ㄷ
④ ㄴ, ㄹ ⑤ ㄷ, ㄹ

09 (가) 국가에 대한 설명으로 옳은 것은? [2점]

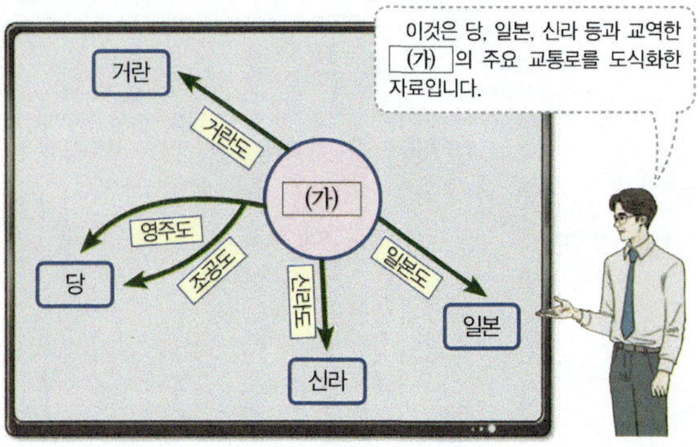

① 평양을 서경으로 삼아 중시하였다.
② 후연을 격파하고 백제를 공격하였다.
③ 지방에 22담로를 두어 왕족을 파견하였다.
④ 완도에 청해진을 설치해 해상 무역을 장악하였다.
⑤ 고구려와 당의 양식이 혼합된 벽돌무덤을 만들었다.

10 교사의 질문에 대한 학생의 답변으로 옳은 것은? [1점]

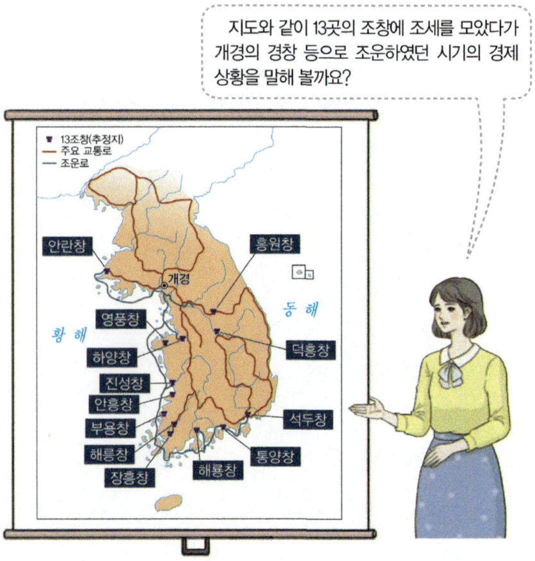

① 관료전을 지급하고 녹읍을 폐지하였어요.
② 덕대가 광산을 전문적으로 경영하였어요.
③ 고구마, 감자 등의 구황 작물을 재배하였어요.
④ 일본과의 무역을 허용하고 계해약조를 체결하였어요.
⑤ 예성강 하구의 벽란도가 국제 무역항으로 번성하였어요.

11 다음 지역에 대한 탐구 활동으로 가장 적절한 것은? [2점]

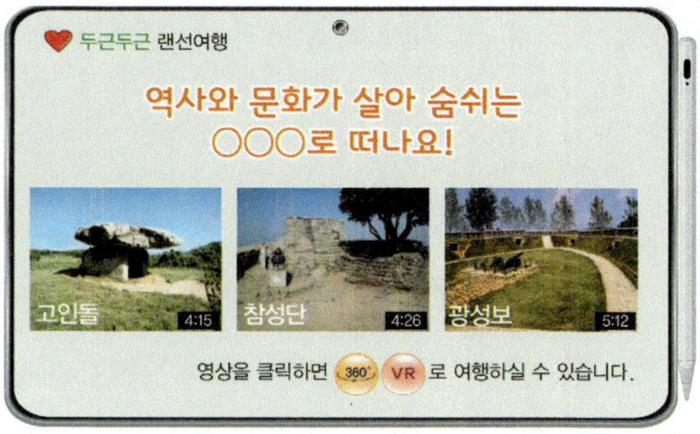

① 대몽 항쟁기에 조성된 왕릉을 조사한다.
② 김만덕의 빈민 구제 활동에 대해 알아본다.
③ 정약전이 자산어보를 저술한 곳을 검색한다.
④ 지증왕이 이사부를 보내 복속한 지역과 부속 도서를 찾아본다.
⑤ 러시아의 남하를 견제하기 위하여 영국군이 점령한 장소를 살펴본다.

12 (가) 국가에 대한 설명으로 옳은 것은? [2점]

① 각간 대공이 반란을 일으켰다.
② 광평성 등의 정치 기구를 두었다.
③ 후당과 오월에 사신을 파견하였다.
④ 고창 전투에서 후백제군과 싸워 승리하였다.
⑤ 5경 15부 62주의 지방 행정 제도를 갖추었다.

13 (가)~(라)를 일어난 순서대로 옳게 나열한 것은? [3점]

(가) 양규가 무로대에서 거란군을 습격하여 2천여 명을 죽이고, 포로가 되었던 남녀 3천여 명을 되찾았다.
(나) 거란이 장차 침입하려 하므로 군사 30만 명을 선발하여 광군이라 부르고 광군사를 설치하였다.
(다) 왕이 소손녕의 봉산군 공격 소식을 듣고 서희를 보내 화의를 요청하니 소손녕이 침공을 중지하였다.
(라) 강감찬 등이 귀주에서 거란군을 맞아 싸웠다. 고려군이 맹렬하게 공격하니 거란군이 북으로 도망쳤다.

① (가) – (나) – (다) – (라)
② (가) – (나) – (라) – (다)
③ (나) – (가) – (라) – (다)
④ (나) – (다) – (가) – (라)
⑤ (다) – (라) – (나) – (가)

14 다음 사건이 전개된 시기의 사회 모습으로 옳은 것은? [2점]

사건 일지
2월 10일 망이 등이 다시 반란을 일으켜 가야사를 습격함.
3월 11일 망이 등이 홍경원에 불을 지르고 승려 10여 명을 죽임.
6월 23일 망이가 사람을 보내 항복을 청함.
7월 20일 망이·망소이 등을 체포하여 청주 감옥에 가둠.

① 서얼이 통청 운동을 전개하였다.
② 원종과 애노가 사벌주에서 봉기하였다.
③ 적장자 위주의 상속 제도가 확립되었다.
④ 읍락 간의 경계를 중시하는 책화가 있었다.
⑤ 특수 행정 구역인 소의 주민들이 차별을 받았다.

15 다음 교서를 내린 왕의 정책으로 옳은 것은? [3점]

우리 태조께서 흑창을 두어 가난한 백성에게 진대(賑貸)하게 하셨다. 지금 백성들이 점차 늘어나고 있는데 저축한 바는 늘어나지 않았으니, 미(米) 1만 석을 더하고 이름을 의창(義倉)으로 고친다. 또한 모든 주와 부에도 각각 의창을 설치하도록 하라.

① 한양을 남경으로 승격시켰다.
② 국자감에 서적포를 설치하였다.
③ 12목을 설치하고 지방관을 파견하였다.
④ 인사 행정을 담당하던 정방을 폐지하였다.
⑤ 개경에 귀법사를 세우고 균여를 주지로 삼았다.

16 다음 구성안의 소재가 된 탑으로 옳은 것은? [1점]

○○ 박물관 실감 콘텐츠 구성안

제목	오늘, 탑을 만나다
기획 의도	증강 현실(AR) 기술을 활용하여 우리 문화유산을 실감나게 체험하는 기회 제공
대상 유물 특징	• 원의 영향을 받아 대리석으로 만든 석탑 • 원각사지 십층 석탑에 영향을 주었음
체험 내용	• 탑을 쌓으며 각 층의 구조 파악하기 • 기단부에 조각된 서유기 이야기를 퀴즈로 풀기

① 
② 
③ 
④ 
⑤ 

17 밑줄 그은 '나'에 대한 설명으로 옳은 것은? [2점]

그리운 벗에게
연경에 도착해 이제야 소식을 전하네. 예전에 충선왕이 원의 화가를 불러 그리게 한 나의 초상을 기억하는가? 잃어버렸던 그 그림을 오늘 찾았다네. 그림을 보니 만권당에서 원의 학자들과 함께 공부하던 나의 젊은 시절이 생각난다네. 혼락한 세상 편치만은 않지만 곧 개경에서 볼 수 있기를 바라네.
영원한 벗, 익재

① 역사서인 사략을 저술하였다.
② 불씨잡변을 지어 불교를 비판하였다.
③ 9재 학당을 세워 유학 교육에 힘썼다.
④ 봉사 10조를 올려 시정 개혁을 건의하였다.
⑤ 예안 향약을 시행하여 향촌 교화를 위해 노력하였다.

18 (가) 인물의 활동으로 옳은 것은? [2점]

① 북방에 4군과 6진을 설치하였다.
② 의종 복위를 도모하여 군사를 일으켰다.
③ 위화도에서 회군하여 정권을 장악하였다.
④ 여진을 정벌한 후 동북 9성을 축조하였다.
⑤ 좌·우별초와 신의군으로 삼별초를 조직하였다.

19 다음 대화가 이루어진 시기에 볼 수 있는 모습으로 가장 적절한 것은? [2점]

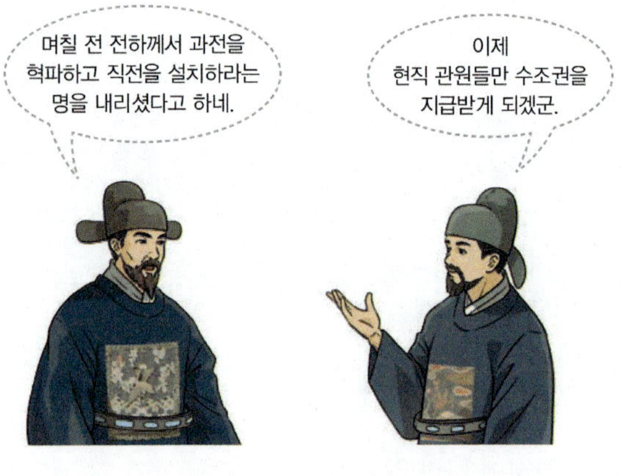

① 왕에게 직계하는 이조 판서
② 임꺽정 무리를 토벌하는 관군
③ 동몽선습을 공부하는 서당 학생
④ 동의보감을 요청하는 중국 사신
⑤ 시장에 팔기 위해 담배를 재배하는 농민

20 (가) 왕의 재위 기간에 있었던 사실로 옳은 것은? [2점]

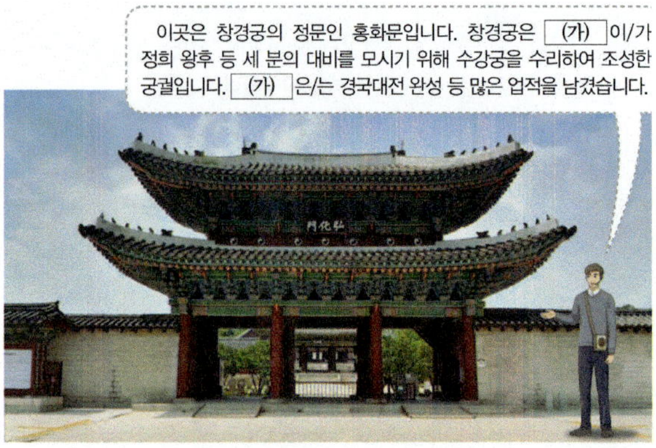

① 탕평비가 건립되었다.
② 상평통보가 주조되었다.
③ 악학궤범이 간행되었다.
④ 훈련도감이 설치되었다.
⑤ 초계문신제가 시행되었다.

21 다음 주장이 공통으로 제기된 시기를 연표에서 옳게 고른 것은? [3점]

> ㅇ 중앙에서는 홍문관·육경·대간, 지방에서는 감사와 수령이 천거한 사람들을 한 곳에 모아 시험을 치르면 많은 인재를 얻을 수 있을 것입니다. 이는 한(漢)에서 시행한 현량과의 뜻을 이은 것입니다.
>
> ㅇ 정국공신은 이미 10년이 지난 일이지만 허위가 많았습니다. 공신 기록을 유자광이 홀로 맡아서 이렇게까지 외람되었습니다. 지금 고치지 않으면 개정할 수 없을 것입니다.

1494		1504		1545		1567		1623		1659
연산군 즉위	(가)	갑자 사화	(나)	을사 사화	(다)	선조 즉위	(라)	인조 반정	(마)	기해 예송

① (가) ② (나) ③ (다) ④ (라) ⑤ (마)

22 (가) 기구에 대한 설명으로 옳은 것은? [2점]

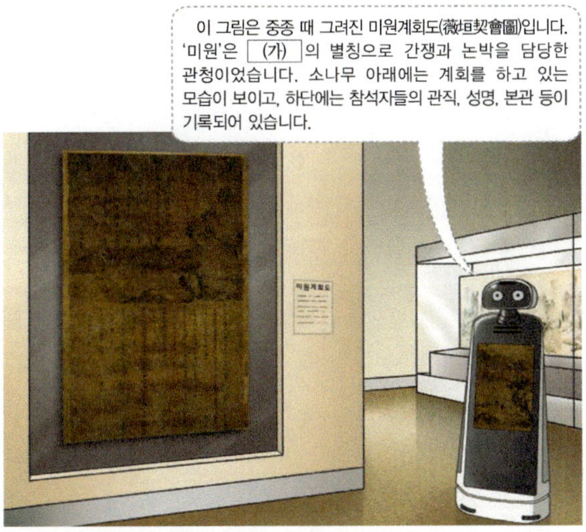

① 왕명의 출납을 관장하였다.
② 수도의 행정과 치안을 담당하였다.
③ 사헌부, 홍문관과 함께 3사로 불렸다.
④ 실록을 보관하고 관리하는 업무를 맡았다.
⑤ 반역죄, 강상죄 등을 범한 중죄인을 다스렸다.

23 밑줄 그은 '이 전란' 이후에 있었던 사실로 옳은 것은? [2점]

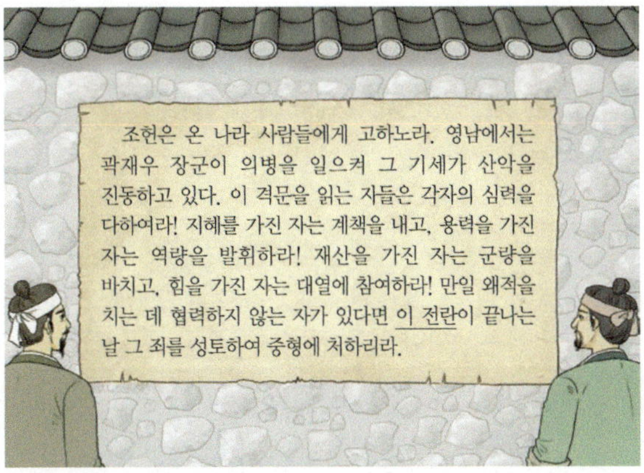

① 유정이 회답 겸 쇄환사로 일본에 파견되었다.
② 나세, 심덕부 등이 진포에서 왜구를 격퇴하였다.
③ 신숙주가 일본에 다녀와 해동제국기를 저술하였다.
④ 조선 정부의 통제에 반발하여 삼포왜란이 일어났다.
⑤ 외침에 대비하기 위해 임시 기구로 비변사가 설치되었다.

24 (가) 왕이 재위한 시기의 경제 모습으로 옳은 것은? [2점]

① 금속 화폐인 건원중보가 주조되었다.
② 시장을 감독하는 동시전이 설치되었다.
③ 울산항, 당항성이 무역항으로 번성하였다.
④ 군역의 부담을 줄이기 위해 균역법이 제정되었다.
⑤ 육의전을 제외한 시전 상인의 금난전권이 폐지되었다.

25 (가) 교육 기관에 대한 설명으로 옳은 것은? [1점]

조사 보고서

1. 주제: 조선의 교육 기관 (가) 을/를 찾아서
2. 개관
   중종 38년(1543) 풍기 군수 주세붕이 처음 건립하였다. 국왕으로부터 현판과 토지, 노비 등을 받기도 하였다. 흥선 대원군에 의해 정리되어 47곳이 남았는데, 이 중 대표적인 9곳이 유네스코 세계유산으로 등재되었다.
3. 주요 건물 배치도

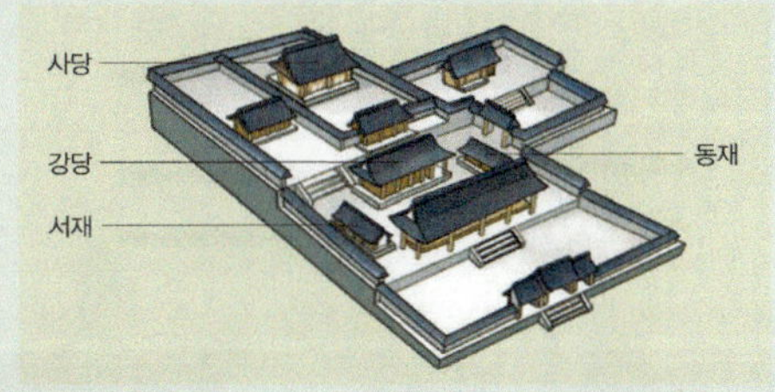

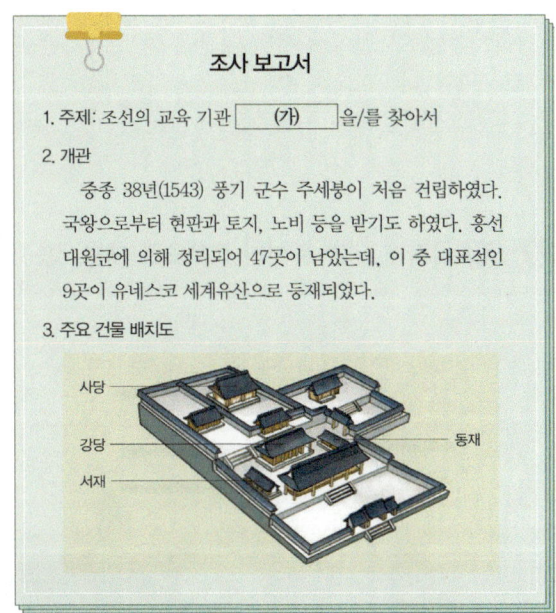

① 전국의 모든 군현에 하나씩 설치되었다.
② 선현의 제사와 유학 교육을 담당하였다.
③ 전문 강좌인 7재가 설치되어 운영되었다.
④ 중앙에서 교수나 훈도를 교관으로 파견하였다.
⑤ 소과에 합격한 생원, 진사에게 입학 자격이 부여되었다.

26 (가)~(마)에 들어갈 내용으로 옳은 것은? [3점]

〈온라인 한국사 교양 강좌〉

인물로 보는
조선 후기 사회 개혁론

우리 학회에서는 조선 후기 학자들의 다양한 개혁론을 이해하는 교양 강좌를 마련하였습니다. 많은 분들의 관심과 참여 바랍니다.

▣ 강좌 안내 ▣

제1강 이익,	(가)
제2강 홍대용,	(나)
제3강 박지원,	(다)
제4강 박제가,	(라)
제5강 정약용,	(마)

- 기간: 2021년 ○○월 ○○일~○○월 ○○일
  매주 화요일 16:00
- 방식: 화상 회의 플랫폼 활용
- 주최: ◇◇ 학회

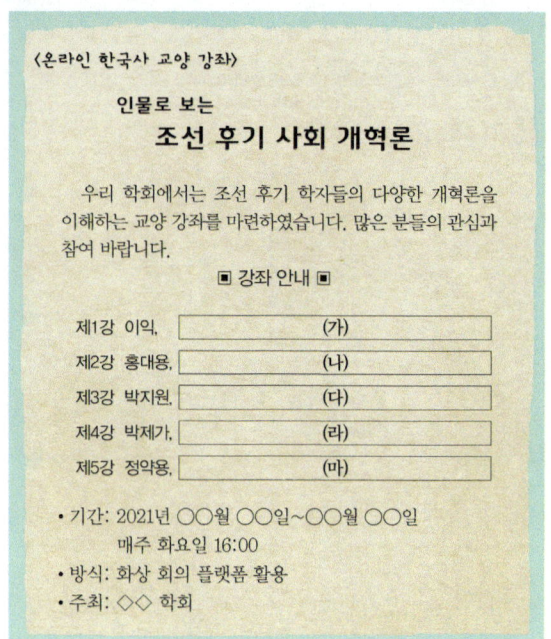

① (가) – 의산문답에서 중국 중심의 세계관을 비판하다
② (나) – 목민심서에서 지방 행정의 개혁안을 제시하다
③ (다) – 열하일기에서 수레와 선박의 필요성을 강조하다
④ (라) – 성호사설에서 사회 폐단을 여섯 가지 좀으로 규정하다
⑤ (마) – 북학의에서 절약보다 적절한 소비를 권장하다

27 (가) 국가에 대한 조선의 정책으로 옳은 것은? [2점]

① 정동행성 이문소를 폐지하였다.
② 별무반을 편성하여 침입에 대비하였다.
③ 정기적으로 연행사를 보내 교류하였다.
④ 한성에 동평관을 설치하여 무역을 허용하였다.
⑤ 통신사를 파견하여 조선의 문물을 전파하였다.

28 (가) 사건에 대한 설명으로 옳은 것은? [1점]

〈조사 보고서〉

(가)

⊙ 사건 개요
1811년 12월부터 1812년 4월까지 평안도 일대에서 발생한 농민 봉기

⊙ 관련 사료 및 지도

순무영에서 보고하다. "정주성을 점령하고 …… 남녀 총 2,983명을 생포하여, 그 중 여자와 10세 이하 남자 아이들을 제외한 1,917명을 모두 효수하였습니다." – 『순조실록』 –

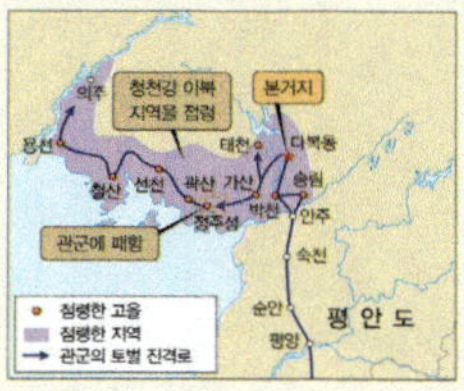

① 청의 군대에 의해 진압되었다.
② 척왜양창의를 기치로 내걸었다.
③ 선혜청과 일본 공사관을 공격하였다.
④ 사건 수습을 위해 박규수가 안핵사로 파견되었다.
⑤ 세도 정치기의 수탈과 지역 차별에 반발하여 일어났다.

29 다음 사건 이후 추진된 개혁의 내용으로 옳은 것은? [2점]

일본군의 엄호 속에 사복 차림의 일본인들이 건청궁으로 침입하였다. 그들은 왕과 왕후의 처소로 달려가 몇몇은 왕과 왕태자의 측근들을 붙잡았고, 다른 자들은 왕후의 침실로 향하였다. 폭도들이 달려들자 궁내부 대신은 왕후를 보호하기 위해 두 팔을 벌려 앞을 가로막아 섰다. …… 의녀가 나서서 손수건으로 죽은 왕후의 얼굴을 덮어 주었다.

① 과거제를 폐지하였다.
② 태양력을 시행하였다.
③ 육영 공원을 설립하였다.
④ 공사 노비법을 혁파하였다.
⑤ 통리기무아문을 설치하였다.

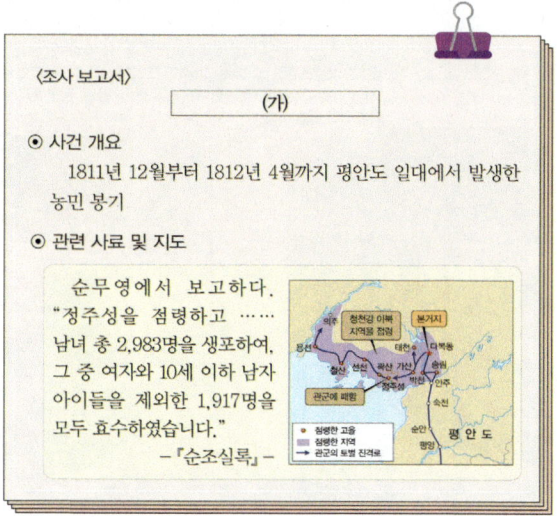

30 다음 사건이 일어난 배경으로 옳은 것은? [2점]

> 양헌수가 은밀히 정족산 전등사로 가서 주둔하였다. …… 산 위에서 매복하고 있다가 한꺼번에 북을 치고 나발을 불며 좌우에서 총을 쏘았다. 적장이 총에 맞아 말에서 떨어지고 서양인 10여 명이 죽었다. 달아나는 서양인들을 쫓아가니 그들은 동료의 시체를 옆에 끼고 급히 본진으로 도망갔다.

① 종로와 전국 각지에 척화비가 세워졌다.
② 오페르트가 남연군 묘 도굴을 시도하였다.
③ 위안스카이가 이끄는 군대가 조선에 상륙하였다.
④ 병인박해로 천주교 선교사와 신자들이 처형되었다.
⑤ 김홍집이 가지고 온 조선책략이 국내에 유포되었다.

31 다음 자료에 나타난 상황 이후 전개된 사실로 옳은 것은? [2점]

> 김옥균이 일본 공사 다케조에에게 국왕의 호위를 위해 일본군이 필요하다고 요청하였다. 그는 호위를 요청하는 국왕의 친서가 있으면 투입하겠다고 약속하였다. 친서는 박영효가 전달하기로 합의하였다. 다케조에는 조선에 주둔한 청군 1천 명이 공격해 들어와도 일본군 1개 중대면 막을 수 있다고 장담하였다.

① 신식 군대인 별기군이 창설되었다.
② 김기수가 수신사로 일본에 파견되었다.
③ 일본 군함 운요호가 영종도를 공격하였다.
④ 이만손이 주도하여 영남 만인소를 올렸다.
⑤ 우정총국 개국 축하연에서 정변이 일어났다.

32 (가) 시기에 전개된 동학 농민군의 활동으로 옳은 것은? [2점]

백산 봉기 → (가) → 전주성 점령

① 황토현에서 관군에 승리하였다.
② 남접과 북접이 논산에서 연합하였다.
③ 우금치에서 일본군과 관군에 맞서 싸웠다.
④ 집강소를 중심으로 폐정 개혁안을 실천하였다.
⑤ 조병갑의 탐학에 저항하여 고부 관아를 습격하였다.

33 다음 기사에 보도된 문화유산으로 옳은 것은? [2점]

> **□□신문**
>
> 제△△호 2020년 ○○월 ○○일
>
> **국민의 품에 안긴 조선 후기 명화**
>
> 추사 김정희의 대표작이 소장자의 뜻에 따라 ○○박물관에 기증되었다. 그동안 기탁 형태로 관리되었으나 온전히 국가에 귀속된 것이다. 이 작품은 김정희가 제주도 유배 중일 때 사제의 의리를 변함없이 지킨 제자 이상적에게 그려준 것으로, 시서화(詩書畵)의 일치를 추구하였던 조선 시대 문인화의 진수를 보여준다.

① 
② 
③ 
④ 
⑤ 

34 (가)에 들어갈 세시 풍속으로 옳은 것은? [1점]

(가)에 대해 검색해 줘.
검색 결과입니다.
1. 개관
음력 5월 5일로 수릿날이라고도 한다. 1년 중 양기가 가장 왕성한 날이라 여겼다. 무더위를 잘 견디라는 의미로 왕이 이날 신하들에게 부채를 선물하였다는 기록이 있다.
2. 관련 풍습
• 씨름, 그네뛰기
• 수리취떡 만들어 먹기
• 창포물에 머리 감기

① 한식 ② 백중 ③ 추석
④ 단오 ⑤ 정월 대보름

35 (가)에 해당하는 신문으로 옳은 것은? [1점]

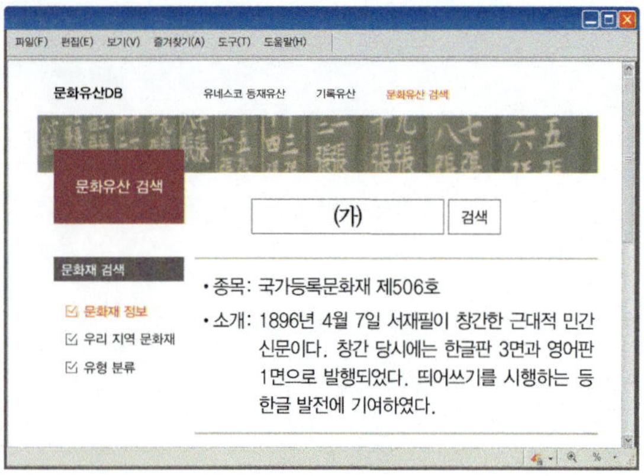

• 종목: 국가등록문화재 제506호
• 소개: 1896년 4월 7일 서재필이 창간한 근대적 민간 신문이다. 창간 당시에는 한글판 3면과 영어판 1면으로 발행되었다. 띄어쓰기를 시행하는 등 한글 발전에 기여하였다.

① 
해조신문

② 
제국신문

③ 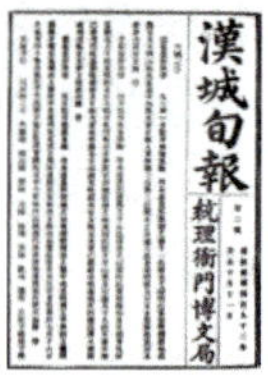
한성순보

④ 
독립신문

⑤ 
황성신문

36 다음 대화 이후에 전개된 사실로 옳은 것은? [2점]

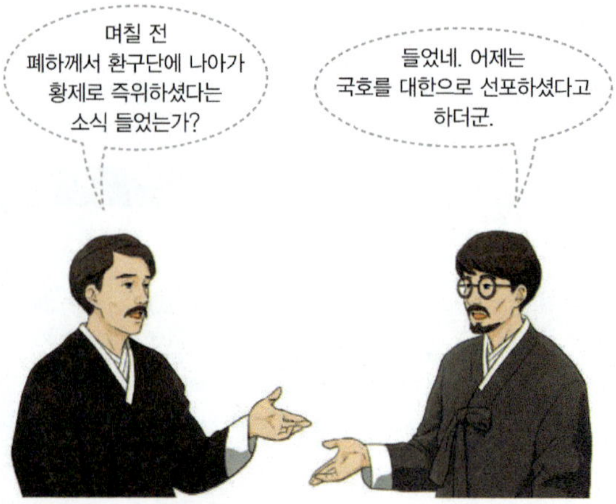

며칠 전 폐하께서 환구단에 나아가 황제로 즉위하셨다는 소식 들었는가?
들었네. 어제는 국호를 대한으로 선포하셨다고 하더군.

① 전환국이 설치되었다.
② 혜상공국이 설립되었다.
③ 보빙사가 미국에 파견되었다.
④ 조청 상민 수륙 무역 장정이 체결되었다.
⑤ 양전 사업이 실시되어 지계가 발급되었다.

37 (가) 인물에 대한 설명으로 옳은 것은? [2점]

이곳은 최근 다시 개관한 하얼빈의 (가) 기념관입니다. (가) 동상 위의 시계는 9시 30분에 멈춰 있습니다. 이토 히로부미를 저격한 바로 그 시각입니다.

① 동양 평화론을 저술하였다.
② 친일 인사인 스티븐스를 사살하였다.
③ 5적 처단을 위해 자신회를 조직하였다.
④ 명동 성당 앞에서 이완용을 습격하였다.
⑤ 동양 척식 주식회사에 폭탄을 투척하였다.

38 (가) 단체에 대한 설명으로 옳은 것을 〈보기〉에서 고른 것은? [3점]

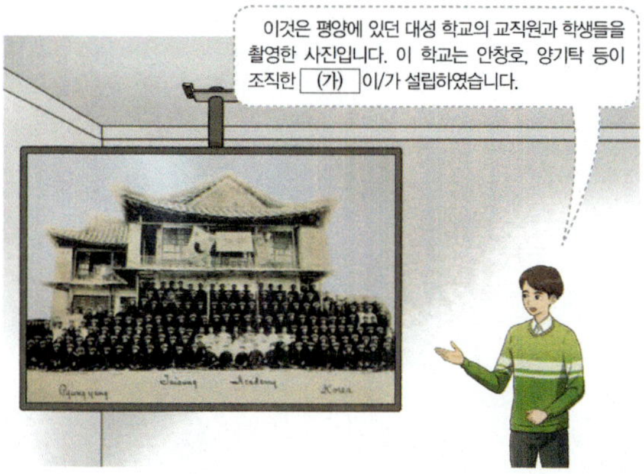

이것은 평양에 있던 대성 학교의 교직원과 학생들을 촬영한 사진입니다. 이 학교는 안창호, 양기탁 등이 조직한 (가) 이/가 설립하였습니다.

〈보 기〉

ㄱ. 태극 서관을 운영하였다.
ㄴ. 105인 사건으로 와해되었다.
ㄷ. 이륭양행에 교통국을 설치하였다.
ㄹ. 입헌 군주제 수립을 목표로 하였다.

① ㄱ, ㄴ ② ㄱ, ㄷ ③ ㄴ, ㄷ
④ ㄴ, ㄹ ⑤ ㄷ, ㄹ

39 (가) 민족 운동에 대한 설명으로 옳은 것은? [1점]

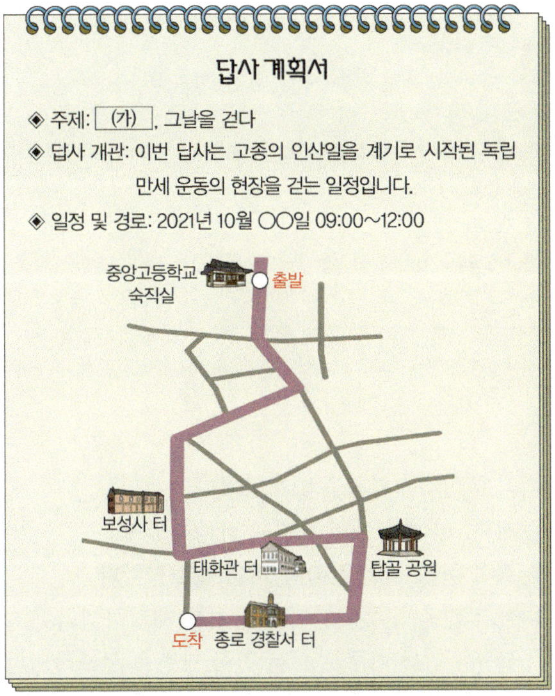

① 통감부의 방해와 탄압으로 중단되었다.
② 러시아의 절영도 조차 요구를 저지하였다.
③ 민족 대표 33인 명의의 독립 선언서가 발표되었다.
④ 대한매일신보의 후원을 받아 전국으로 확산되었다.
⑤ 한국인 학생과 일본인 학생 간의 충돌에서 비롯되었다.

40 (가)~(다) 학생이 발표한 내용을 일어난 순서대로 옳게 나열한 것은? [3점]

① (가) – (나) – (다)
② (가) – (다) – (나)
③ (나) – (가) – (다)
④ (나) – (다) – (가)
⑤ (다) – (가) – (나)

41 (가) 인물에 대한 설명으로 옳은 것은? [2점]

① 우리말 큰사전 편찬 사업을 추진하였다.
② 유교 개혁을 주장하는 유교 구신론을 제창하였다.
③ 월간지 유심을 발간하여 불교 개혁 운동에 힘썼다.
④ 진단 학회를 설립하여 실증주의 사학을 발전시켰다.
⑤ 독사신론을 저술하여 민족주의 사학의 기반을 마련하였다.

42 밑줄 그은 '시기'에 볼 수 있는 모습으로 옳은 것은? [2점]

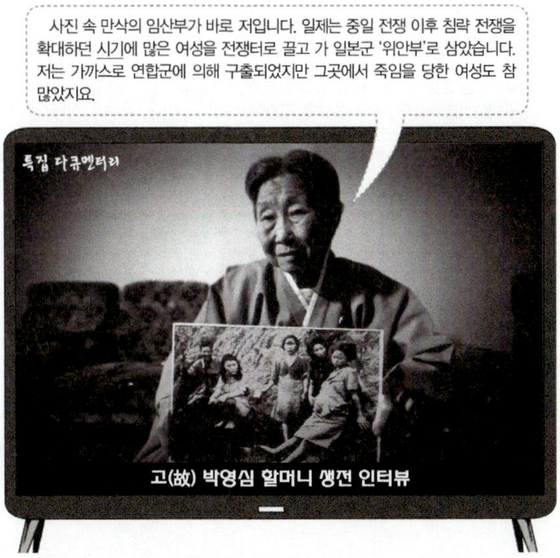

① 태형을 집행하는 헌병 경찰
② 원산 총파업에 동참하는 노동자
③ 회사령을 공포하는 총독부 관리
④ 신사 참배에 강제 동원되는 학생
⑤ 암태도 소작 쟁의에 참여하는 농민

43 (가) 단체에 대한 설명으로 옳은 것은? [2점]

【이달의 독립운동가】

민족 독립과 여성 해방을 꿈꾼

박차정(朴次貞)

(1910~1944)

부산 동래 출신. 1927년 신간회의 자매 단체로 결성된 (가) 의 중앙 집행 위원으로 활동하였다. 광주 학생 항일 운동에 동조하여 서울에서 시위를 주도하였다가 불구속으로 나온 후 중국으로 망명하였다. 1938년 조선 의용대의 부녀 복무 단장이 되어 남편 김원봉과 함께 무장 투쟁을 활발히 전개하였다. 이듬해 쿤룬산 전투에서 부상을 당해 후유증으로 순국하였다.

① 상하이에서 대동 단결 선언을 발표하였다.
② 일제의 황무지 개간권 요구를 저지하였다.
③ 여성 교육을 위해 배화 학당을 설립하였다.
④ 조선 여성의 단결과 지위 향상을 목표로 하였다.
⑤ 어린이 등의 잡지를 발간하여 소년 운동을 주도하였다.

44 (가)에 들어갈 내용으로 옳은 것은? [3점]

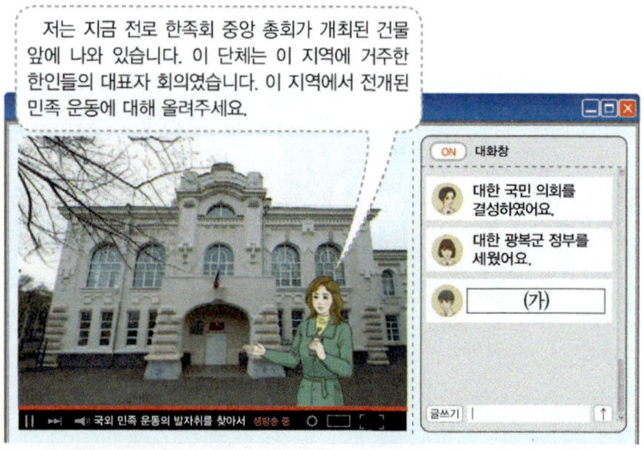

① 독립군 양성을 위해 신흥 강습소를 세웠어요.
② 권업회를 조직하여 권업신문을 발행하였어요.
③ 숭무 학교를 설립하여 무장 투쟁을 준비하였어요.
④ 한인 비행 학교를 세워 독립군 비행사를 육성하였어요.
⑤ 대일 항전을 준비하기 위해 조선 독립 동맹을 결성하였어요.

45 (가) 단체의 활동으로 옳은 것은? [2점]

접견 기록

▣ 날짜 및 장소
1943년 7월 26일, 중국 군사 위원회 접견실
▣ 참석 인물
• (가) : 주석 김구, 외무부장 조소앙 등
• 중국: 위원장 장제스 등
▣ 주요 내용
• 장제스: 한국의 완전한 독립을 실현하는 과정은 쉽지 않을 것입니다. 그러나 한국 혁명 동지들이 진심으로 단결하고 협조하여 함께 노력한다면 광복의 뜻을 이룰 수 있을 것입니다.
• 김구·조소앙: 우리의 독립 주장이 이루어질 수 있도록 귀국이 지지해 주기를 희망합니다.

① 좌우 합작 7원칙을 발표하였다.
② 개벽, 신여성 등의 잡지를 간행하였다.
③ 조선 혁명 선언을 활동 지침으로 삼았다.
④ 한글 맞춤법 통일안과 표준어를 제정하였다.
⑤ 삼균주의를 기초로 하는 건국 강령을 선포하였다.

46 다음 뉴스가 보도된 정부 시기의 사실로 옳은 것은? [2점]

오늘 대전에서는 향토 예비군 창설식이 열렸습니다. 1월 21일 북한 무장 공비의 청와대 습격 시도 사건을 계기로 자주적 방위 태세를 강화하기 위한 조치입니다.
향토 예비군 창설

① 양성 평등의 실현을 위해 호주제를 폐지하였다.
② 교육의 지표를 제시한 국민 교육 헌장을 선포하였다.
③ 사회 통합을 위한 다문화 가족 지원법을 시행하였다.
④ 공직자 윤리법을 개정하여 재산 등록을 의무화하였다.
⑤ 언론의 통폐합이 단행되고 언론 기본법을 제정하였다.

47 (가)에 들어갈 내용으로 옳은 것은? [2점]

한국사 특강

우리 연구회에서는 '제헌 헌법으로 출범한 제○공화국'이라는 주제로 시민들을 위한 한국사 특강을 마련하였습니다. 많은 관심과 참여 바랍니다.

▣ 특강 내용 ▣

제1강 (가)
제2강 농지 개혁법의 제정 과정
제3강 정전 협정의 체결

- 기간: 2021년 10월 ○○일~○○일
- 시간: 매주 목요일 15:00~17:00
- 장소: □□ 연구회

① 삼청 교육대의 설치
② 새마을 운동의 추진
③ 한일 기본 조약의 비준
④ 지방 자치제의 전면 실시
⑤ 반민족 행위 처벌법의 제정

48 (가), (나) 헌법이 제정된 시기 사이에 있었던 사실로 옳은 것은? [3점]

(가) 제39조 ① 대통령은 대통령 선거인단에서 무기명 투표로 선거한다.
제40조 ① 대통령 선거인단은 국민의 보통·평등·직접·비밀 선거에 의하여 선출된 대통령 선거인으로 구성한다.
제45조 대통령의 임기는 7년으로 하며, 중임할 수 없다.

(나) 제67조 ① 대통령은 국민의 보통·평등·직접·비밀 선거에 의하여 선출한다.
② 제1항의 선거에 있어서 최고 득표자가 2인 이상인 때에는 국회의 재적 의원 과반수가 출석한 공개 회의에서 다수표를 얻은 자를 당선자로 한다.
제70조 대통령의 임기는 5년으로 하며, 중임할 수 없다.

① 국가 재건 최고 회의를 기반으로 군정이 실시되었다.
② 조봉암이 혁신 세력을 규합하여 진보당을 창당하였다.
③ 3·15 부정 선거에 항의하는 시위가 전국으로 확산되었다.
④ 유신 체제에 저항하여 부산, 마산 등지에서 시위가 일어났다.
⑤ 호헌 철폐, 독재 타도를 요구하는 6·10 국민 대회가 개최되었다.

49 다음 담화문을 발표한 정부 시기의 경제 상황으로 옳은 것은? [1점]

헌법 제76조 제1항의 규정에 의거하여 「금융실명거래 및 비밀보장에 관한 대통령 긴급재정경제명령」을 반포합니다. …… 금융 실명제 없이는 건강한 민주주의도, 활력이 넘치는 자본주의도 꽃피울 수가 없습니다. 정치와 경제의 선진화를 이룩할 수가 없습니다. 금융 실명제는 '신한국'의 건설을 위해서 그 어느 것보다도 중요한 제도 개혁입니다.

① 경부 고속도로를 준공하였다.
② 제1차 경제 개발 5개년 계획이 추진되었다.
③ 경제 협력 개발 기구(OECD)에 가입하였다.
④ 미국과 자유 무역 협정(FTA)을 체결하였다.
⑤ 귀속 재산 처리를 위해 신한 공사가 설립되었다.

50 다음 연설이 있었던 정부 시기의 통일 노력으로 옳은 것은? [2점]

나는 3년 전 이 자리에서 서울 올림픽의 감명을 전했습니다. …… 며칠 전 남북한이 다른 의석으로 유엔에 가입한 것은 가슴 아픈 일이지만 통일을 위해 거쳐야 할 중간 단계입니다. 남북한의 두 의석이 하나로 되는 데는 오랜 시간이 걸리지 않을 것으로 믿습니다.

① 남북 정상 회담을 처음으로 개최하였다.
② 한반도 비핵화 공동 선언을 채택하였다.
③ 개성 공단 조성 사업을 추진하기로 하였다.
④ 남북 조절 위원회를 운영하기로 합의하였다.
⑤ 남북 간 이산가족 상봉을 최초로 실현하였다.

2022년도 제57회 한국사능력검정시험 문제지

01 (가) 시대의 생활 모습으로 옳은 것은? [1점]

① 소를 이용한 깊이갈이가 일반화되었다.
② 주로 동굴이나 강가의 막집에서 살았다.
③ 반달 돌칼을 사용하여 곡식을 수확하였다.
④ 실을 뽑기 위해 가락바퀴를 처음 사용하였다.
⑤ 주먹도끼, 찍개 등의 뗀석기를 만들기 시작하였다.

02 밑줄 그은 '이 나라'에 대한 설명으로 옳은 것은? [1점]

한국사 묻고 답하기 조회 수: 12,345

질문 개천절에 대해 알려 주세요.

답변
- 단군왕검이 우리 역사상 최초의 국가인 이 나라를 건국한 것을 기리는 뜻으로 제정된 국경일입니다.
- 1909년에 대종교에서 개천일로 이름 짓고 기념한 것에서 유래되었습니다.
- 매년 10월 3일에는 마니산 참성단에서 이 나라의 건국을 기념하는 행사가 거행됩니다.

① 백제와 연합하여 금성을 공격하였다.
② 마립간이라는 왕의 칭호를 사용하였다.
③ 빈민을 구제하기 위해 진대법을 실시하였다.
④ 목지국을 압도하고 지역의 맹주로 발돋움하였다.
⑤ 살인, 절도 등의 죄를 다스리는 범금 8조가 있었다.

03 (가), (나) 나라에 대한 설명으로 옳은 것은? [2점]

(가) 그 나라에는 왕이 있고, 벼슬로는 상가·대로·패자·고추가·주부·우태·승·사자·조의·선인이 있으며, 신분의 높고 낮음에 따라 각각 등급을 두었다. …… 10월에 지내는 제천 행사는 국중대회로 이름하여 동맹이라 한다.
– 『삼국지』 동이전 –

(나) 그 나라의 풍속은 산천을 중요시하여 산과 내마다 각기 구분이 있어 함부로 들어가지 않는다. …… 해마다 10월이면 하늘에 제사를 지내는데, 주야로 술을 마시고 노래를 부르며 춤추니 이를 무천이라 한다. 또 호랑이를 신으로 여겨 제사를 지낸다.
– 『삼국지』 동이전 –

① (가) – 낙랑과 왜에 철을 수출하였다.
② (가) – 서옥제라는 혼인 풍습이 있었다.
③ (나) – 연의 장수 진개의 공격을 받았다.
④ (나) – 가(加)들이 별도로 사출도를 다스렸다.
⑤ (가), (나) – 골품에 따라 관등 승진에 제한이 있었다.

04 밑줄 그은 '이 불상'으로 옳은 것은? [3점]

① 
② 
③ 
④ 
⑤ 

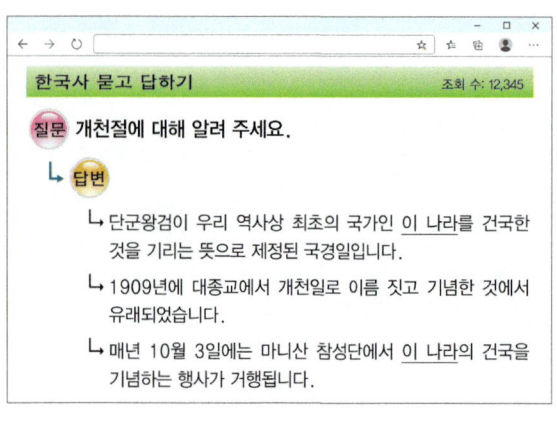

05 (가) 왕의 업적으로 옳은 것은? [2점]

이 동상은 여러 번 고구려를 격파하여 다시 강국이 되었다는 내용의 국서를 양나라에 보내는 (가) 의 모습을 형상화한 것입니다. 또한 동상 앞 석상은 중국 남조의 영향을 받아 벽돌로 축조한 (가) 의 무덤에서 출토된 진묘수 모형입니다.

① 익산에 미륵사를 창건하였다.
② 사비로 천도하고 국호를 남부여로 고쳤다.
③ 지방에 22담로를 두어 왕족을 파견하였다.
④ 평양성을 공격하여 고국원왕을 전사시켰다.
⑤ 동진에서 온 마라난타를 통해 불교를 수용하였다.

06 (가) 인물에 대한 설명으로 옳은 것은? [3점]

대한민국 방방곡곡 - 함양 상림
한국사 채널
조회 수 220,212
이번에 소개할 곳은 함양 상림입니다. 이 숲은 당에서 귀국한 (가) 이/가 천령군(현 함양군) 태수로 부임하였을 때 홍수 피해를 막기 위해 조성하였다고 합니다. 백성들의 삶을 직접 살펴본 (가) 은/는 개혁 방안을 담은 시무책 10여 조를 진성 여왕에게 올렸습니다.

① 유식의 교의를 담은 해심밀경소를 저술하였다.
② 외교 문서 작성에 능하여 청방인문표를 작성하였다.
③ 한자의 음훈을 빌려 우리말을 표기한 이두를 정리하였다.
④ 신라 말의 사회상을 보여주는 해인사 묘길상탑기를 남겼다.
⑤ 종파 간의 사상적 대립을 해소하기 위해 십문화쟁론을 지었다.

07 (가)~(다)를 일어난 순서대로 옳게 나열한 것은? [3점]

> (가) 백제의 장군 윤충이 군사를 거느리고 대야성을 공격하여 함락하였다. 이때 도독인 이찬 품석과 사지(舍知) 죽죽, 용석 등이 죽었다.
>
> (나) 신라와 당의 군사들이 의자왕의 도성을 에워싸기 위하여 소부리 벌판으로 나아갔다. 소정방이 꺼리는 바가 있어 전진하지 않자 김유신이 그를 달래서 두 나라의 군사가 용감하게 네 길로 일제히 떨쳐 일어났다.
>
> (다) 흑치상지가 도망하여 흩어진 무리들을 모으니, 열흘 사이에 따르는 자가 3만여 명이었다. …… 흑치상지가 별부장 사타상여를 데리고 험준한 곳에 웅거하여 복신과 호응하였다.

① (가) – (나) – (다)
② (가) – (다) – (나)
③ (나) – (가) – (다)
④ (나) – (다) – (가)
⑤ (다) – (가) – (나)

08 다음 정책을 실시한 왕의 재위 시기에 있었던 사실로 옳은 것은? [2점]

> ㅇ 완산주를 다시 설치하고 용원을 총관으로 삼았다. 거열주를 나누어 청주(菁州)를 두니 처음으로 9주가 되었다. 대아찬 복세를 총관으로 삼았다.
>
> ㅇ 서원소경을 설치하고 아찬 원태를 사신(仕臣)으로 삼았다. 남원소경을 설치하고 여러 주와 군의 주민들을 옮겨 그곳에 나누어 살게 하였다.

① 금관가야가 멸망하였다.
② 이사부가 우산국을 복속하였다.
③ 조세를 관장하는 품주가 설치되었다.
④ 관료전이 지급되고 녹읍이 폐지되었다.
⑤ 인재 등용을 위한 독서삼품과가 실시되었다.

09 다음 제도를 운영한 국가에 대한 설명으로 옳은 것은? [2점]

> [그 나라의] 관제에는 선조성이 있는데, 좌상·좌평장사·시중·좌상시·간의가 소속되어 있다. 중대성에는 우상·우평장사·내사·조고사인이 소속되어 있다. 정당성에는 대내상 1명을 좌·우상의 위에 두었고, 좌·우사정 각 1명을 좌·우평장사의 아래에 배치하였다. –『신당서』–

① 교육 기관으로 주자감을 두었다.
② 신라에 침입한 왜구를 격퇴하였다.
③ 9서당 10정의 군사 조직을 갖추었다.
④ 개국, 태창이라는 연호를 사용하였다.
⑤ 왕족인 부여씨와 8성의 귀족이 지배층을 이루었다.

10 (가) 인물에 대한 설명으로 옳은 것은? [2점]

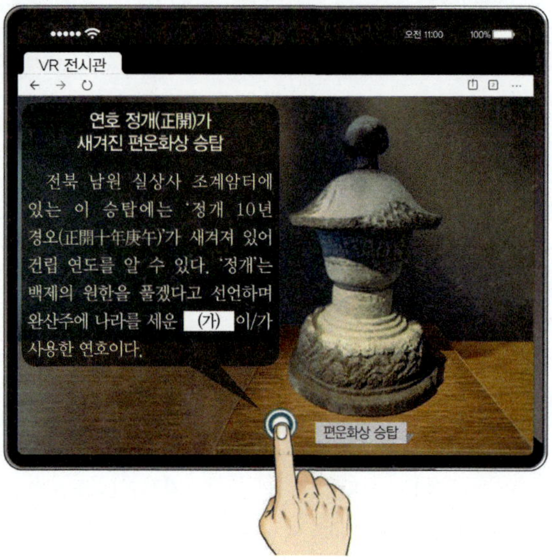

① 공산 전투에서 고려군을 크게 무찔렀다.
② 귀순한 김순식에게 왕씨 성을 하사하였다.
③ 폐정 개혁을 목표로 정치도감을 설치하였다.
④ 청해진을 근거지로 해상 무역을 전개하였다.
⑤ 광평성을 설치하고 광치나, 서사 등의 관원을 두었다.

11 다음 자료의 상황이 나타난 시기를 연표에서 옳게 고른 것은? [2점]

> 행영병마별감 승선 최홍정과 병마사 이부상서 문관이 여진 추장 거위이 등에게 타일러 말하기를, "너희가 9성의 반환을 요청했으니 마땅히 이전에 했던 약속처럼 하늘에 대해 맹세하라."라고 하였다. 추장 등은 함주 성문의 밖에 단을 설치하고 하늘에 맹세하기를, "지금 이후 대대손손 악한 마음을 품지 않고 해마다 조공을 바칠 것입니다. 이 맹세에 변함이 있으면 우리 나라[蕃土]는 멸망할 것입니다."라고 하였다. 맹세를 마치고 물러갔다. 최홍정 등은 길주부터 시작하여 차례로 9성의 전투 장비와 군량을 내지(內地)로 들여왔다.
> -『고려사』-

947		1019		1044		1104		1126		1174
	(가)		(나)		(다)		(라)		(마)	
광군사 설치		귀주 대첩		천리장성 완공		별무반 편성		이자겸의 난		조위총의 난

① (가) ② (나) ③ (다) ④ (라) ⑤ (마)

12 밑줄 그은 '이 왕'의 재위 시기에 있었던 사실로 옳은 것은? [2점]

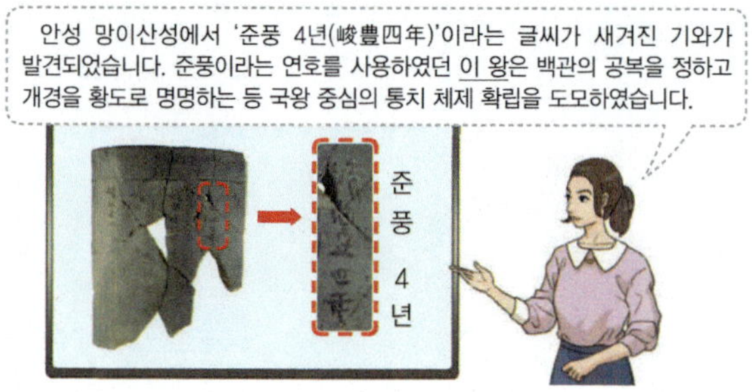

안성 망이산성에서 '준풍 4년(峻豊四年)'이라는 글씨가 새겨진 기와가 발견되었습니다. 준풍이라는 연호를 사용하였던 이 왕은 백관의 공복을 정하고 개경을 황도로 명명하는 등 국왕 중심의 통치 체제 확립을 도모하였습니다.
준 풍 4 년

① 12목에 지방관이 파견되었다.
② 쌍기의 건의로 과거제가 시행되었다.
③ 대장도감에서 팔만대장경이 간행되었다.
④ 안우, 이방실 등이 홍건적을 격파하였다.
⑤ 신돈이 전민변정도감의 책임자가 되었다.

13 다음 상황이 나타난 시기에 볼 수 있는 모습으로 가장 적절한 것은? [1점]

> 왕이 명을 내리기를, "양계와 5도의 진병법석(鎭兵法席)*에 사용되는 비용은 모두 백성들에게서 나오는 것이다. 이것은 부처를 속이고 하늘을 속이는 것이니 무슨 복이 있겠는가?"라고 하였다. 이에 중사(中使)를 파견하여 내고(內庫)의 은병 300개를 내어서 여러 도에 나누어 주었다.
> *진병법석: 병화(兵禍)를 물리치기 위해 거행한 불교 의식

① 백동화를 주조하는 전환국의 기술자
② 신해통공 시행 소식에 기뻐하는 난전 상인
③ 불법적인 상행위를 감독하는 경시서의 관리
④ 담배, 인삼 등의 상품 작물을 재배하는 농민
⑤ 물주로부터 자금을 조달받아 광산을 운영하는 덕대

14 다음 자료에 나타난 상황 이후에 전개된 사실로 옳은 것은? [2점]

> 지원(至元) 7년, 원종이 강화에서 송경(松京)으로 환도할 적에 장군 홍문계 등이 나라를 그르친 권신 임유무를 죽이고 왕이 정권을 되찾을 수 있도록 하였다. 권신의 가병, 신의군 등의 부대가 승화후(承化侯)를 옹립하고 반역을 도모하면서, 미처 강화를 떠나지 못한 신료와 군사들을 강제로 이끌고 남쪽으로 항해하여 가니 배의 행렬이 길게 이어졌다.

① 김윤후가 처인성에서 몽골군을 격퇴하였다.
② 묘청이 칭제 건원과 금국 정벌을 주장하였다.
③ 김방경의 군대가 탐라에서 삼별초를 진압하였다.
④ 최충헌이 봉사 10조를 올려 시정 개혁을 건의하였다.
⑤ 경대승이 정중부 등을 제거하고 권력을 장악하였다.

15 다음 대화에 해당하는 문화유산으로 옳은 것은? [3점]

①

안동 봉정사 극락전

②

보은 법주사 팔상전

③

구례 화엄사 각황전

④

예산 수덕사 대웅전

⑤

영주 부석사 무량수전

16 밑줄 그은 '방안'에 해당하는 내용으로 옳은 것은? [2점]

역사 신문

제△△호 ○○○○년 ○○월 ○○일

정부, 관학 진흥에 힘쓰다

최충이 세운 문헌공도를 비롯한 사학 12도에 학생이 몰려들어 사학이 크게 융성하고 있다. 이러한 상황에서 국자감 운영에 어려움을 겪게 되자, 정부는 제술업, 명경업 등에 새로 응시하려는 사람은 국자감에 300일 이상 출석해야 한다는 규정을 만드는 등 관학을 진흥하기 위한 방안을 마련하고 있다.

① 양현고를 두어 장학 기금을 마련하였다.
② 서원을 세워 후진 양성과 선현 제향에 힘썼다.
③ 초계문신제를 시행하여 문신들을 재교육하였다.
④ 만권당을 설립하여 원의 학자들과 교류하게 하였다.
⑤ 경당을 설치하여 청소년에게 글과 활쏘기를 가르쳤다.

17 (가) 인물에 대한 설명으로 옳은 것은? [2점]

이것은 마천목을 좌명공신에 봉한다는 녹권입니다. 마천목은 제2차 왕자의 난 당시 회안공 이방간과의 치열한 전투에서 (가) 이/가 승리할 수 있도록 앞장섰습니다. 이후 왕위에 오른 (가) 은/는 마천목을 3등 공신으로 책봉하였습니다.

① 과전을 혁파하고 직전을 설치하였다.
② 최무선의 건의로 화통도감을 두었다.
③ 어영청을 중심으로 북벌을 추진하였다.
④ 왕권 강화를 위해 6조 직계제를 실시하였다.
⑤ 궁중 음악을 집대성한 악학궤범을 편찬하였다.

18 (가) 사건에 대한 설명으로 옳은 것은? [2점]

김종직의 자는 계온이고 호는 점필재이며, 김숙자의 아들로 선산 사람이다. …… 효행이 있고 문장이 고결하여 당시 유학자의 으뜸으로 추앙받았는데, 후학들에게 학문을 장려하여 많은 사람이 학문을 성취하였다. 후학 중에 김굉필과 정여창 같은 이는 도학으로 명성이 있었고, 김일손, 유호인 등은 문장으로 이름을 알렸으며 그 밖에도 명성을 얻은 이가 매우 많았다. 연산군 때 유자광, 이극돈 등이 주도한 (가) 이/가 일어났을 당시 김종직은 이미 세상을 떠났지만, 화가 그의 무덤까지 미치어 부관참시를 당하였다.

① 계유정난의 배경이 되었다.
② 조의제문이 발단이 되어 일어났다.
③ 반정 공신의 위훈 삭제를 주장하였다.
④ 윤임 일파가 제거되는 결과를 가져왔다.
⑤ 동인이 남인과 북인으로 나뉘는 계기가 되었다.

19 (가) 기구에 대한 설명으로 옳은 것은? [2점]

> ㅇ 각 지역 출신 가운데 서울에 살며 벼슬하는 자들의 모임을 경재소라고 합니다. 경재소에서는 고향에 사는 유력자 중에서 강직하고 명석한 자들을 선택하여 (가) 에 두고 향리의 범법 행위를 규찰하고 풍속을 유지하였습니다.
>
> ㅇ (가) 을/를 설치하고 향임을 둔 것은 맡은 바를 중히 여긴 것이다. 수령은 임기가 정해져 있어 늘 바뀌니, 백성의 일에 뜻을 둔다 하여도 먼 곳까지 상세히 살필 겨를이 없다. 그러므로 각 지역에서 충성스럽고 부지런한 사람을 뽑아 그 지역의 기강을 맡도록 하여 수령의 눈과 귀로 삼았다.

① 주세붕이 처음 설립하였다.
② 좌수와 별감을 선발하여 운영하였다.
③ 중앙에서 교수와 훈도를 파견하였다.
④ 대성전을 세워 성현에 제사를 지냈다.
⑤ 흥선 대원군에 의해 대부분 철폐되었다.

20 (가)에 해당하는 문화유산으로 옳은 것은? [2점]

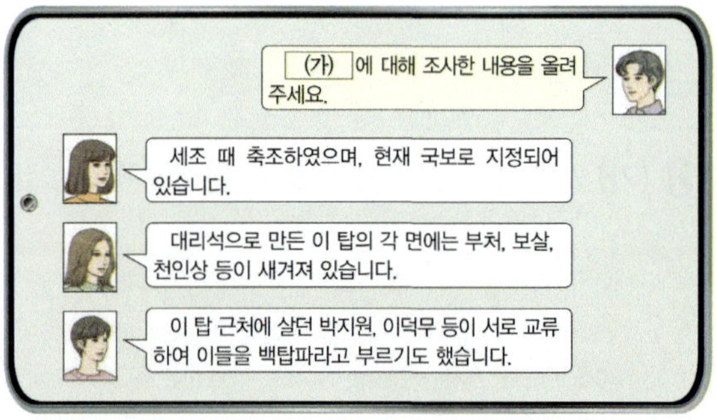

(가) 에 대해 조사한 내용을 올려 주세요.
세조 때 축조하였으며, 현재 국보로 지정되어 있습니다.
대리석으로 만든 이 탑의 각 면에는 부처, 보살, 천인상 등이 새겨져 있습니다.
이 탑 근처에 살던 박지원, 이덕무 등이 서로 교류하여 이들을 백탑파라고 부르기도 했습니다.

① 
② 
③ 
④ 
⑤ 

21 밑줄 그은 '이 전쟁' 중에 있었던 사실로 옳은 것은? [2점]

이 비각에는 홍명구 충렬비와 유림 대첩비가 나란히 세워져 있습니다. 홍명구와 유림은 이 전쟁 당시 남한산성에 피란해 있던 국왕을 구하기 위해 근왕병을 이끌고 김화에서 적을 크게 물리쳤습니다.

① 훈련도감이 설치되었다.
② 외규장각 도서가 약탈되었다.
③ 곽재우가 의령에서 의병을 일으켰다.
④ 강홍립이 이끄는 부대가 참전하였다.
⑤ 김준룡이 광교산 전투에서 승리하였다.

22 (가), (나) 사이의 시기에 있었던 사실로 옳은 것은? [3점]

> (가) 임금이 전교하기를, "내 생각에는 허적이 혹시 허견의 모반 사실을 알지 못했는가 하였는데, 문안(文案)을 보니 준기를 산속 정자에 숨긴 사실이 지금 비로소 드러났으니, 알고서도 엄호한 정황이 분명하여 감출 수가 없었다. 그저께 허적에게 사약을 내려 죽인 것도 이 때문이다."라고 하였다.
>
> (나) 임금이 명하기를, "국운이 평안하고 태평함을 회복하여 중전이 복위하였으니, 백성에게 두 임금이 없는 것은 고금을 통하는 도리이다. 장씨에게 내렸던 왕후의 지위를 거두고, 옛 작호인 희빈을 내려 주도록 하라. 다만 세자가 조석으로 문안하는 것은 폐하지 말라."라고 하였다.

① 양재역 벽서 사건이 발생하였다.
② 송시열이 관작을 삭탈당하고 유배되었다.
③ 자의 대비 복상 문제로 예송이 전개되었다.
④ 정여립 모반 사건으로 기축옥사가 일어났다.
⑤ 붕당의 폐해를 막기 위해 탕평비가 세워졌다.

23 밑줄 그은 '이 법'의 영향으로 가장 적절한 것은? [1점]

① 관청에 물품을 조달하는 공인이 등장하였다.
② 어염세, 선박세 등이 국가 재정으로 귀속되었다.
③ 전세를 풍흉에 따라 9등급으로 차등 과세하였다.
④ 양반에게도 군포를 징수하는 호포제가 시행되었다.
⑤ 재정을 보충하기 위해 지주에게 결작이 부과되었다.

24 (가), (나) 왕에 대한 설명으로 옳은 것은? [2점]

조선의 법전

▣ 속대전

(가) 때 경국대전을 개정 및 증보하여 편찬한 법전이다. 경국대전의 규정이 그대로 유지된 것은 싣지 않고, 기존 규정이 변경되거나 신설된 조목만을 수록하였다.

▣ 대전통편

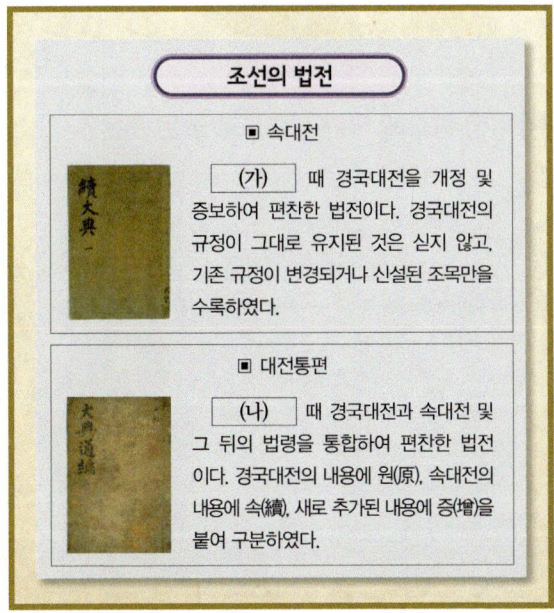

(나) 때 경국대전과 속대전 및 그 뒤의 법령을 통합하여 편찬한 법전이다. 경국대전의 내용에 원(原), 속대전의 내용에 속(續), 새로 추가된 내용에 증(增)을 붙여 구분하였다.

① (가) – 청과의 국경을 정한 백두산정계비를 세웠다.
② (가) – 왕실의 위엄을 높이기 위해 경복궁을 중건하였다.
③ (나) – 이종무를 파견하여 대마도를 정벌하였다.
④ (나) – 국왕의 친위 부대인 장용영을 설치하였다.
⑤ (가), (나) – 나선 정벌에 조총 부대를 파견하였다.

25 (가) 인물에 대한 설명으로 옳은 것은? [2점]

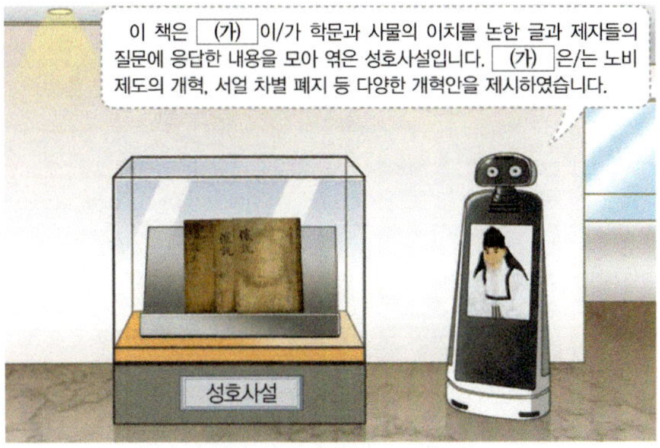

① 이벽 등과 교류하며 천주교를 받아들였다.
② 북한산비가 진흥왕 순수비임을 고증하였다.
③ 동호문답에서 수취 제도의 개혁 등을 제안하였다.
④ 가례집람을 지어 예학을 조선의 현실에 맞게 정리하였다.
⑤ 곽우록에서 토지 매매를 제한하는 한전론을 주장하였다.

26 다음 그림이 그려진 시기의 문화에 대한 설명으로 옳지 않은 것은? [1점]

이 그림은 김득신이 대장간의 모습을 묘사한 풍속화이다. 한 명이 화덕에서 달궈진 쇳덩어리를 방울집게로 집어 모루 위에 올려놓자 두 명이 쇠망치로 두드리는 모습, 도리에 매어 놓은 그네에 상체를 기대고 어깨너머로 구경하는 아이의 모습 등이 생동감 있게 표현되어 있다.

① 중인들이 시사(詩社)를 조직하였다.
② 양반의 위선을 풍자한 탈춤이 공연되었다.
③ 춘향가, 흥보가 등의 판소리가 유행하였다.
④ 금속 활자본인 직지심체요절이 간행되었다.
⑤ 홍길동전, 박씨전 등의 한글 소설이 널리 읽혔다.

27 (가) 인물에 대한 설명으로 옳은 것은? [3점]

우리 역사 속 인물 연대기

시대별	박규수	오경석	(가)	…

고대 > / 고려 > / 조선 > / **근대 >** / 현대 >

- 1867 문과에 급제함
- 1880 제2차 수신사로 일본에 파견, 국내에 조선책략을 가져옴
- 1884 한성 조약 체결 당시 전권대신을 맡음
- 1896 아관 파천 후 성난 군중에 의해 살해됨

① 총리대신으로 갑오개혁을 주도하였다.
② 베델과 함께 대한매일신보를 창간하였다.
③ 서양의 과학 기술을 정리한 지구전요를 저술하였다.
④ 강화도 조약 체결의 전말을 기록한 심행일기를 남겼다.
⑤ 유학생과 기술자들을 이끄는 영선사로 청에 파견되었다.

28 밑줄 그은 '변란'에 대한 정부의 대책으로 옳은 것은? [1점]

> 경상 감사 이돈영이 진주의 백성들이 <u>변란</u>을 일으켜 경상 우병사 백낙신을 협박하고 인명을 살상하였다고 보고하니, 왕이 하교하였다. "난민들의 행동이 극에 달했으니, 만약 평시에 백성들을 잘 위로하고 달랬다면 어찌 이런 일이 있었겠는가. 대신들은 의논하여 조처할 방안을 마련하도록 하라."

① 군 통수권 장악을 위해 원수부를 두었다.
② 각 궁방과 중앙 관서의 공노비를 해방하였다.
③ 개혁의 방향을 제시한 홍범 14조를 반포하였다.
④ 재정 문제를 해결하기 위해 당백전을 발행하였다.
⑤ 삼정의 문란을 시정하고자 삼정이정청을 설치하였다.

29 교사의 질문에 대한 학생의 답변으로 옳은 것은? [2점]

① 병인양요 발생의 배경이 되었어요.
② 갑신정변의 영향으로 체결되었어요.
③ 통감부가 설치되는 결과를 가져왔어요.
④ 거중 조정에 대한 내용이 포함되었어요.
⑤ 메가타가 재정 고문으로 부임하는 계기가 되었어요.

30 (가) 종교에 대한 설명으로 옳은 것은? [2점]

> 외무부 장관께
>
> 몇 달 전부터 서울에서는 [(가)] 교도들에 대한 이야기밖에 없습니다. …… 사흘 전 이들의 대표 21명이 궁궐 문 앞에 모여 엎드려 절하고 상소를 올렸으나 국왕은 상소 접수를 거부하였습니다. 교도들은 처형된 교조 최제우를 복권하고 [(가)] 을/를 인정해 줄 것을 정부에 청원하였습니다. …… 그러나 이는 조선 국왕이 들어줄 수 없는 사안들이었습니다.
>
> 조선 주재 프랑스 공사 H. 프랑댕

① 정혜쌍수와 돈오점수를 주장하였다.
② 포접제를 활용하여 교세를 확장하였다.
③ 박중빈을 중심으로 새생활 운동을 추진하였다.
④ 중광단을 조직하여 항일 무장 투쟁을 전개하였다.
⑤ 제사와 신주를 모시는 문제로 정부의 탄압을 받았다.

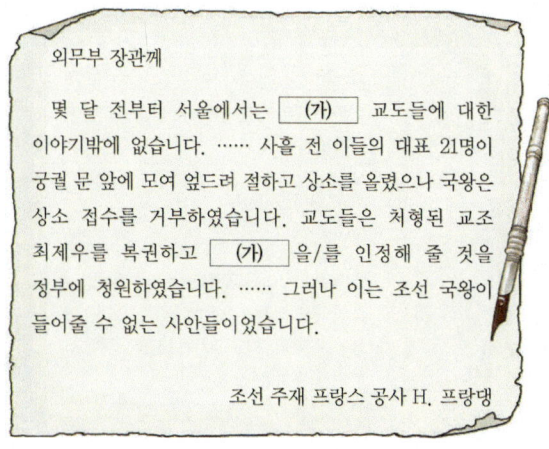

31 (가) 단체에 대한 설명으로 옳은 것은? [2점]

서울시는 고가도로 건설을 위해 독립문 이전을 결정하였습니다. 독립문은 서재필 등이 중심이 되어 창립한 (가) 이/가 왕실과 국민의 성금을 모아 세웠습니다. 중국 사신을 맞이하던 영은문 자리 부근에 있는 독립문은 이번 결정으로 원래 자리에서 약 70미터 떨어진 공터로 이전할 예정입니다.

① 만세보를 발행하여 민중 계몽에 앞장섰다.
② 고종의 강제 퇴위 반대 운동을 전개하였다.
③ 여성 권리 선언문인 여권통문을 공표하였다.
④ 독립운동 자금 마련을 위해 독립 공채를 발행하였다.
⑤ 만민 공동회를 열어 열강의 이권 침탈을 저지하였다.

32 (가)에 해당하는 지역을 지도에서 옳게 찾은 것은? [1점]

탐구 활동 계획서

○학년 ○반 이름 ○○○

1. 주제: (가) 지역을 중심으로 본 조선의 대외 관계
2. 탐구 방법: 문헌 조사, 인터넷 검색 등
3. 탐구 내용
   가. 대일 무역의 거점, 초량 왜관
   나. 개항 이후 설정된 조계의 기능
   다. 관세 문제로 일어난 두모포 수세 사건

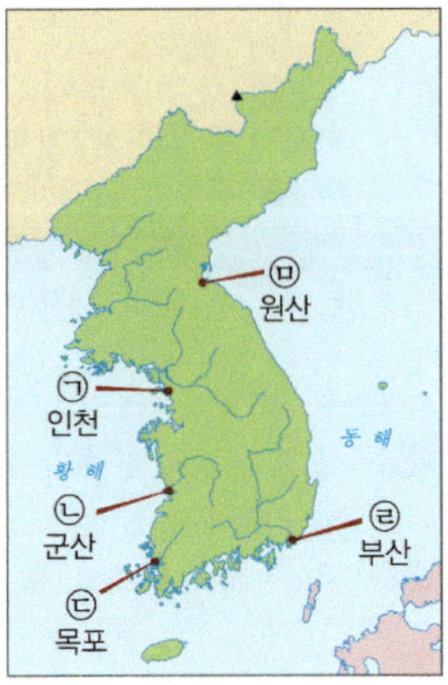

① ㉠　② ㉡　③ ㉢　④ ㉣　⑤ ㉤

33 (가)~(다) 학생이 발표한 내용을 일어난 순서대로 옳게 나열한 것은? [2점]

〈한국사 주제 발표〉
위정척사 운동과 최익현의 활동
이완용 등의 역적을 처단하라는 상소를 올리고 임병찬 등과 태인에서 의병을 일으켰어요.
도끼를 들고 대궐 앞에 엎드려 개항에 반대하는 상소를 올렸어요.
일본의 간섭하에 추진된 개혁에 반발하여, 이를 주도한 박영효, 서광범 등을 처벌하라는 상소를 올렸어요.

① (가) – (나) – (다)　② (가) – (다) – (나)
③ (나) – (가) – (다)　④ (나) – (다) – (가)
⑤ (다) – (가) – (나)

34 다음 자료를 활용한 탐구 활동으로 가장 적절한 것은? [2점]

이달 20일, 함경도 관찰사로부터 보고를 받았는데, 그 내용은 다음과 같았습니다.
"큰 수해를 당하여 조만간 여러 곡식의 피해가 클 듯한데, 콩 등은 더욱 심하여 모두 흉작이 될 것이라고 고하고 있으니, 궁핍하여 식량난을 겪을 것이 장차 불을 보듯 훤합니다. 도내(道內)의 쌀과 콩 등의 곡물에 대해서는 내년 가을걷이할 때까지를 기한으로 삼아 잠정적으로 유출을 금지하여 백성들의 식량 사정을 넉넉하게 하는 것이 마땅할까 합니다. 바라건대 통촉하시어 유출 금지 시행 1개월 전까지 일본 공사에게 알리시어, 일본의 상민들이 일체 준수하게 해주십시오."

① 화폐 정리 사업의 결과를 분석한다.
② 산미 증식 계획의 실상을 조사한다.
③ 조일 통상 장정 체결의 영향을 살펴본다.
④ 토지 조사 사업의 추진 과정을 파악한다.
⑤ 양지아문과 지계아문을 설치한 목적을 알아본다.

[35~36] 다음 자료를 읽고 물음에 답하시오.

(가) 제6도 심통성정도(心統性情圖) 중에서 하도(下圖)는 이(理)와 기(氣)를 합하여 말한 것이니, …… 예를 들면 사단(四端)의 정은 이가 발하고 기가 따르니, 본래 순선(純善)하여 악이 없으나, 반드시 이의 발함이 온전하게 이루어지기 전에 기에 가려진 연후에야 선하지 않게 됩니다. 칠정(七情)은 기가 발하고 이가 그것에 타는 것이니, 역시 선하지 않음이 없으나, 만약 기가 발하는 것이 절도에 맞지 않으면 그 이를 멸하게 되어 악이 됩니다.

(나) 유·불·도 삼교(三敎)는 각자 업(業)으로 삼아 수행하는 바가 있으니, 섞어서 하나로 할 수는 없습니다. 부처의 가르침을 행하는 것은 수신(修身)의 근본이요, 유교의 가르침을 행하는 것은 나라를 다스리는 근원이니, 수신은 다음 생을 위한 바탕이 되고, 나라를 다스리는 것은 곧 오늘날에 힘쓸 일입니다. 오늘날은 지극히 가깝고 다음 생은 지극히 먼 것인데, 가까운 것을 버리고 먼 것을 구한다면 이는 잘못된 것이 아니겠습니까.

(다) 저 불씨(佛氏)는 사람이 사악한지 정의로운지 올바른지 그른지는 가리지 않고 말하기를, "우리 부처에게 오는 자는 화를 면하고 복을 얻을 수 있다."라고 한다. 이것은 비록 열 가지의 큰 죄악을 지은 사람일지라도 부처에게 귀의하면 화를 면하게 되고, 아무리 도가 높은 선비일지라도 부처에게 귀의하지 않으면 화를 면할 수 없다는 말이다. 가령 그 말이 거짓이 아니라 할지라도 모두 사사로운 마음에서 나온 것이요, 올바른 도리가 아니므로 징계해야 할 것이다.

(라) 유교계에 3대 문제가 있는지라. 그 문제에 관해 개량하고 구신(求新)하지 않으면 우리 유교는 결코 흥왕할 수 없으리라. …… 소위 3대 문제는 무엇인가. 하나는 유교파의 정신이 오로지 제왕 측에 있고 인민 사회에 보급할 정신이 부족한 것이다. 하나는 열국을 돌아다니면서 천하를 바꾸려는 주의를 따르지 않고, "내가 학생을 구하는 것이 아니라, 학생이 나를 찾아야 한다."라는 주의를 고수한 것이다. 하나는 우리 한국의 유가는 간단하고 절실한 가르침을 요구하지 않고 지리하고 한만(汗漫)한 공부만 해 온 것이다.

35 (가)~(라)를 작성된 순서대로 옳게 나열한 것은? [2점]

① (가) – (나) – (다) – (라)
② (가) – (나) – (라) – (다)
③ (나) – (가) – (라) – (다)
④ (나) – (다) – (가) – (라)
⑤ (다) – (라) – (나) – (가)

36 (가)~(라)를 작성한 인물에 대해 탐구한 내용으로 적절한 것을 〈보기〉에서 고른 것은? [3점]

〈보 기〉

ㄱ. (가) – 자유롭고 독창적으로 경서를 해석해 사서(四書)에 대한 주자의 해석을 반박하고, 노장사상 등을 도입해 유학의 실리적 측면을 강화하려고 하였다.
ㄴ. (나) – 예기(禮記) 중 월령(月令)에 근거하여 불교 행사를 줄이고 정사를 행하도록 촉구하며 불교적 관행에 젖은 군주를 유교적 규범을 실천하는 군주로 변화시키고자 하였다.
ㄷ. (다) – 기대승과의 논쟁을 통해 성리학의 이해를 심화하였으며, 그의 사상은 제자에 의해 일본으로 전해져 일본 유학의 발전에 영향을 주었다.
ㄹ. (라) – 양명학을 통해서 기존의 유학을 개선하려 하였고, 실학의 실천 정신을 받아들여 구국 운동을 실행하는 데 관심을 기울였다.

① ㄱ, ㄴ ② ㄱ, ㄷ ③ ㄴ, ㄷ
④ ㄴ, ㄹ ⑤ ㄷ, ㄹ

37 (가)의 활동으로 옳은 것을 〈보기〉에서 고른 것은? [2점]

△△ 박물관 스탬프 투어

[제4관] 국외 독립운동의 전개

이 전시관은 국권 피탈 이후 국외에서 전개된 독립운동을 주제로 구성되어 있습니다. 특히 3·1 운동의 영향으로 수립된 (가) 의 활동에 대한 자료가 전시되어 있습니다. 자료를 잘 살펴보고 스탬프를 찍어 보세요.

제4관 이번에 찍은 스탬프는?

상하이에서 (가) 의 수립 초기에 청사로 사용한 건물 모양입니다. 이 청사에서는 임시 의정원의 회의가 개최되기도 하였습니다.

〈보 기〉

ㄱ. 민족 교육을 위해 대성 학교를 설립하였다.
ㄴ. 광주 학생 항일 운동에 진상 조사단을 파견하였다.
ㄷ. 외교 독립 활동을 위해 구미 위원부를 설치하였다.
ㄹ. 임시 사료 편찬회를 두어 한일 관계 사료집을 간행하였다.

① ㄱ, ㄴ ② ㄱ, ㄷ ③ ㄴ, ㄷ
④ ㄴ, ㄹ ⑤ ㄷ, ㄹ

38 밑줄 그은 '특사'가 파견된 배경으로 가장 적절한 것은? [1점]

> 전보 제○○○호
>
> 발신인: 하야시 외무대신(도쿄)
> 수신인: 이토 통감(한성)
>
> 헤이그에서 발행된 평화회의보는 한국 전 부총리대신 이상설 외 2명이 평화회의에 특사로 파견되었다고 보도함. 기사에는 우선 그 한국인이 평화회의 위원으로 한국 황제가 파견한 자라는 것이 기재되었고, 이어서 일본이 한국 황제의 뜻을 배반하고, 병력으로 한국의 법규 관례를 유린하고 동시에 한국의 외교권을 탈취한 점, 그 결과 자신들이 한국 황제가 파견한 위원임에도 불구하고 평화회의에 참여할 수 없음이 유감이라는 점 등이 실렸음.

① 임오군란이 일어났다.
② 집강소가 설치되었다.
③ 을사늑약이 체결되었다.
④ 조선 태형령이 제정되었다.
⑤ 대한 제국의 군대가 해산되었다.

39 밑줄 그은 ㉠ 시기에 볼 수 있는 모습으로 가장 적절한 것은? [3점]

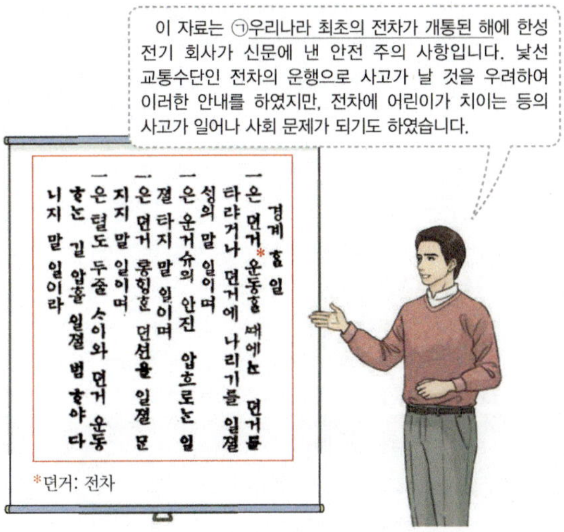

① 북학의를 저술하는 학자
② 대한국 국제를 반포하는 황제
③ 거문도를 불법 점령하는 영국군
④ 집현전에서 학문을 연구하는 관리
⑤ 제너럴 셔먼호를 불태우는 평양 관민

40 다음 자료를 활용한 탐구 주제로 가장 적절한 것은? [1점]

> **송수만 등 체포 경위 보고**
>
> 송수만은 보안회라는 것을 설립하여 그 회장이 됨. 종로 백목전 도가에서 날마다 회원을 모집하여 집회·논의하고 있는 자임. 오늘 경부와 순사 두 사람이 출장하여 송수만에게 공사관으로 동행하기를 요구하였음. …… 이때 회원과 인민들 약 200명 정도가 떠들썩하게 모여들어 송수만의 동행을 막음.

① 시전 상인의 상권 수호 운동
② 급진 개화파의 정치 개혁 운동
③ 백정들의 사회적 차별 철폐 운동
④ 농촌 계몽을 위한 브나로드 운동
⑤ 일본의 황무지 개간권 요구에 대한 반대 운동

41 (가), (나) 발표 사이의 시기에 있었던 사실로 옳은 것은? [2점]

> (가) 제1조 조선에 있어 조선인의 교육은 본령에 의한다.
> 제9조 보통학교의 수업 연한은 4년으로 한다. 단, 지방 실정에 따라 1년을 단축할 수 있다.
> (나) 제2조 총장은 조선 총독의 감독을 받아 경성 제국 대학 일반 사무를 담당하며 소속 직원을 통독(統督)한다.
> 제4조 경성 제국 대학에 예과를 둔다.

① 육영 공원이 설립되었다.
② 국문 연구소가 설치되었다.
③ 교육 입국 조서가 반포되었다.
④ 국민 교육 헌장이 발표되었다.
⑤ 조선 민립 대학 기성회가 창립되었다.

42 다음 자료에 나타난 사건의 영향으로 적절한 것은? [2점]

> **판결문**
>
> **피고인:** 이선호 외 10명
> **주 문:** 피고인들을 각 징역 1년에 처한다.
> **이 유**
> 피고인들은 이왕(李王) 전하 국장 의식을 거행할 즈음, 이를 봉송하기 위하여 지방에서 다수 조선인이 경성부로 모이는 기회를 이용하여 조선 독립운동을 선동하는 불온 문서를 비밀리에 인쇄하여 국장 당일 군중 가운데 살포하여 조선 독립 만세를 소리 높여 외쳐 조선 독립의 희망을 달성하고자 기도하였다.

① 13도 창의군이 서울 진공 작전을 전개하였다.
② 복벽주의를 내세운 독립 의군부가 조직되었다.
③ 김광제 등의 발의로 국채 보상 운동이 일어났다.
④ 통상 수교 거부 의지를 담은 척화비가 건립되었다.
⑤ 민족 유일당 운동의 일환으로 신간회가 창립되었다.

43 (가) 군사 조직에 대한 설명으로 옳은 것은? [2점]

이달의 독립운동가

홈 > 나라사랑광장 > 이달의 독립운동가

윤세주(1901~1942)

▸ 훈격: 건국훈장 독립장 ▸ 서훈 연도: 1982년

공훈록(요약)

경남 밀양 출생. 1919년 11월 만주에서 김원봉과 함께 의열단을 조직하였다. 국내에 들어온 그는 의열 투쟁을 계획하다 체포되어 수년간 옥고를 치렀다. 이후 중국 관내에서 결성된 최초의 한인 무장 조직인 (가) 의 주요 간부로 활약하였다. 1942년 타이항산에서 전사하였다.

① 홍범도가 총사령관으로 활약하였다.
② 영릉가 전투에서 일본군을 격퇴하였다.
③ 대원 일부가 한국광복군에 합류하였다.
④ 도쿄에서 2·8 독립 선언을 계획하였다.
⑤ 상하이에서 대동단결 선언을 발표하였다.

44 (가) 인물의 활동으로 옳은 것은? [3점]

도시샤 대학에 있는 이 시비는 민족 문학가인 (가) 을/를 기리기 위해 세워졌습니다. 비석에는 '죽는 날까지 하늘을 우러러'로 시작되는 그의 작품인 서시가 새겨져 있습니다. 북간도 출신인 그는 일본 유학 중 치안 유지법 위반 혐의로 체포되어 옥중에서 순국하였습니다.

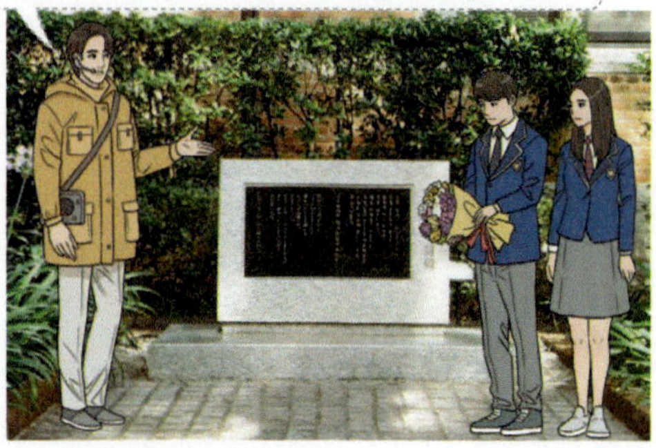

① 조선상고사를 저술하였다.
② 소설 상록수를 신문에 연재하였다.
③ 저항시 광야, 절정 등을 발표하였다.
④ 영화 아리랑의 제작과 감독을 맡았다.
⑤ 별 헤는 밤, 참회록 등의 시를 남겼다.

45 밑줄 그은 '이 시기'에 있었던 사실로 옳은 것을 〈보기〉에서 고른 것은? [2점]

OO 박물관

소장 자료 소개

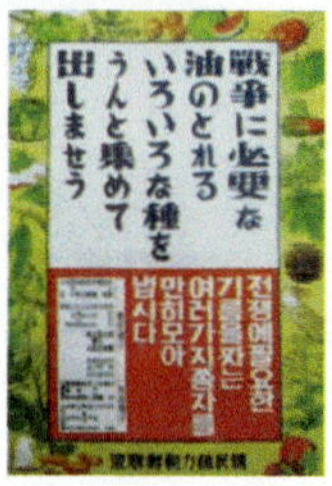

상세 정보

이 포스터는 국민 총력 조선 연맹에서 만든 것으로, 기름을 짤 각종 씨앗까지 모아서 내라고 독려하는 내용이다. 국민 총력 조선 연맹은 국가 총동원법이 시행되던 이 시기에 조직되어 일제가 전쟁에 필요한 인력과 물자를 수탈하는 데 앞장섰다.

〈보 기〉

ㄱ. 미곡 공출제가 시행되었다.
ㄴ. 황국 신민 서사의 암송이 강요되었다.
ㄷ. 회사 설립을 허가제로 하는 회사령이 실시되었다.
ㄹ. 유상 매수, 유상 분배를 규정한 농지 개혁법이 제정되었다.

① ㄱ, ㄴ ② ㄱ, ㄷ ③ ㄴ, ㄷ
④ ㄴ, ㄹ ⑤ ㄷ, ㄹ

46 (가), (나) 사이의 시기에 있었던 사실로 옳은 것은? [2점]

(가) 본관(本官)은 본관에게 부여된 태평양 미국 육군 최고 지휘관의 권한을 가지고 조선 북위 38도 이남의 지역과 주민에 대하여 군정을 설립함. 따라서 점령에 관한 조건을 다음과 같이 포고함.

제1조 조선 북위 38도 이남의 지역과 동 주민에 대한 모든 행정권은 당분간 본관의 권한하에서 시행함.

(나) 대한민국 임시 정부는 28일 김구와 김규식의 명의로 '4개국 원수에게 보내는 결의문'을 채택하고, 각계 대표 70여 명으로 신탁 통치 반대 국민 총동원 위원회를 결성하였다. 여기서 강력한 반대 투쟁을 결의하고 김구·김규식 등 9인을 위원회의 '장정위원'으로 선정하였다.

① 카이로 선언이 발표되었다.
② 조선 건국 동맹이 결성되었다.
③ 모스크바 삼국 외상 회의가 개최되었다.
④ 좌우 합작 위원회에서 좌우 합작 7원칙을 합의하였다.
⑤ 유엔 총회에서 인구 비례에 따른 남북한 총선거를 결의하였다.

47 (가) 지역에 대한 설명으로 옳은 것은? [3점]

노래로 읽는 한국사

황성옛터(荒城옛터)

황성 옛터에 밤이 되니
월색만 고요해
폐허의 설운 회포를
말하여 주노나
아 외로운 저 나그네
홀로 잠 못 이뤄
구슬픈 벌레 소리에
말없이 눈물져요

[해설]
이 곡은 전수린이 고향인 (가) 에 들렀다가 옛 궁터인 만월대를 보고 작곡한 노래로, 일제에 국권을 빼앗긴 설움을 대변하여 장안의 화제가 되었다.
이 곡의 배경인 (가) 의 만월대에서는 2007년부터 남북 공동 발굴이 이루어져 금속 활자를 비롯하여 기와 및 도자기 등 다양한 유물이 출토되었다.

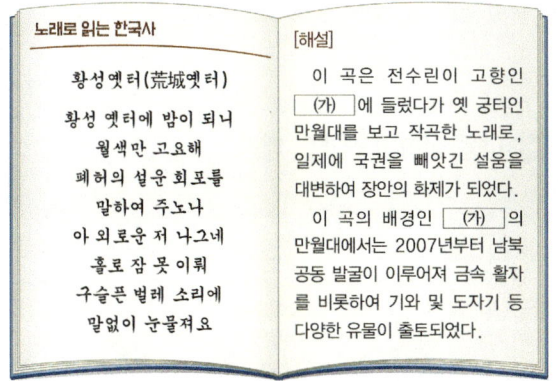

① 조선 형평사 창립총회가 개최된 곳이다.
② 동학 농민군과 정부 사이에 화약이 체결된 곳이다.
③ 서희가 소손녕과의 외교 담판을 통해 확보한 곳이다.
④ 장수왕 때 국내성에서 천도하여 도읍으로 삼은 곳이다.
⑤ 유엔군과 공산군 사이의 첫 번째 정전 회담이 열린 곳이다.

48 (가) 민주화 운동에 대한 설명으로 옳은 것은? [1점]

• 3·15 의거 기념 답사 안내 •

우리 문화원에서는 (가) 의 도화선이 된 3·15 의거의 의미를 조명하는 답사를 준비하였습니다. 부정 선거에 맞서 일어난 시민과 학생들의 민주화 의지를 되새기는 이번 답사에 많은 관심과 참여 바랍니다.
◈ 일시: 2022년 ○○월 ○○일 09:00~17:30
◈ 답사 경로

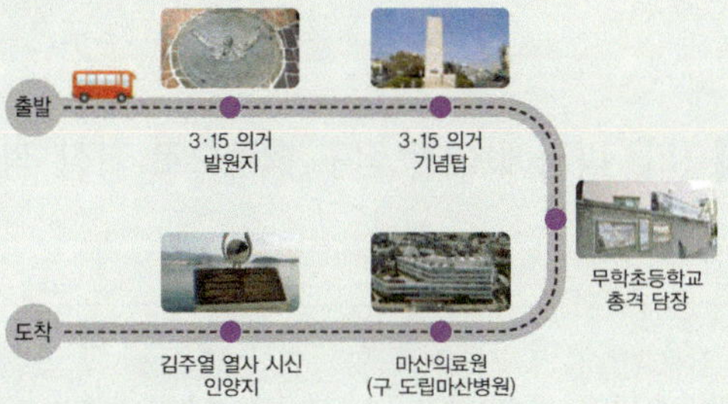

◈ 주관: □□ 문화원

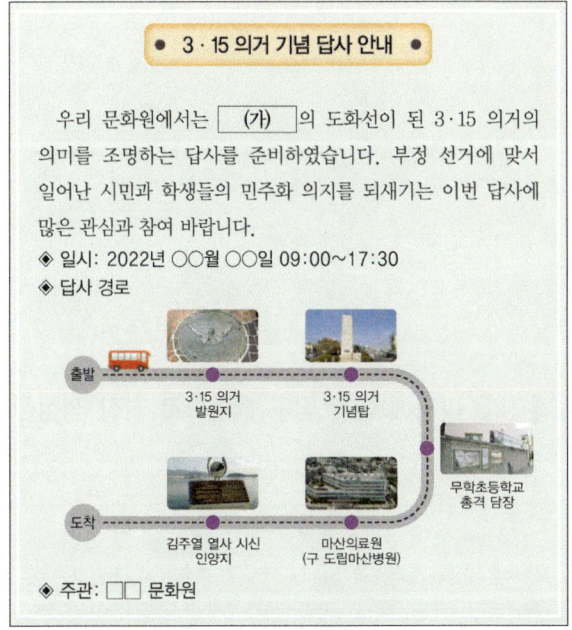

① 3선 개헌 반대 범국민 투쟁 위원회가 주도하였다.
② 이승만이 대통령직에서 물러나는 결과를 가져왔다.
③ 신군부의 비상계엄 확대와 무력 진압에 저항하였다.
④ 관련 기록물이 유네스코 세계 기록 유산으로 등재되었다.
⑤ 4·13 호헌 조치에 반발하며 호헌 철폐 등의 구호를 내세웠다.

49 다음 판결이 있었던 정부 시기의 사실로 옳은 것은? [2점]

ㅇ 김○○ 씨가 모 다방에서 동석한 사람들에게 "정부가 물가 조정한다고 하면서 물가가 오르기만 하니 정부가 국민을 기만하는 것이 아니냐.", "중앙정보부에서 모 대학교수를 잡아 조사를 하다 죽이고서는 자살하였다고 거짓 발표하였다." 등의 발언을 하여 유언비어를 유포했다는 이유로 징역 5년을 선고받았다.

ㅇ 사상계 전 대표 장준하, 백범 사상 연구소 소장 백기완이 함석헌, 계훈제 등과 개헌 청원 100만인 서명 운동에 대해 논의하고 긴급조치를 비판하였다는 이유로 각각 징역 및 자격정지 15년, 12년을 선고받았다.

① 한일 월드컵 축구 대회가 개최되었다.
② 농촌 근대화를 표방하는 새마을 운동이 추진되었다.
③ 외환 위기 극복을 위한 금 모으기 운동이 전개되었다.
④ 금융 거래 투명성을 실현하고자 금융 실명제가 시행되었다.
⑤ 한미 자유 무역 협정(FTA) 체결에 반대하는 시위가 벌어졌다.

50 (가) 정부의 통일 노력으로 옳은 것은? [2점]

수행 과제 안내문

◆ 과제: (가) 정부의 통일 노력 소개하기
◆ 안내: 제2차 남북 정상 회담을 개최한 (가) 정부의 통일 노력을 카드 뉴스로 제작해 봅시다.
◆ 주의 사항: 사진 자료는 공신력 있는 기관에서 수집할 것

〈예시〉

남북 간의 교류와 협력을 위해 경의선 철도를 시험 운행하였다.

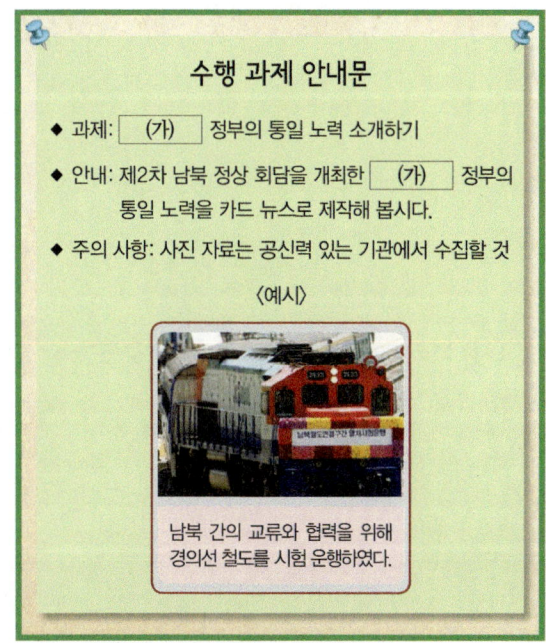

① 남북 기본 합의서를 채택하였다.
② 남북한이 유엔에 동시 가입하였다.
③ 10·4 남북 공동 선언을 발표하였다.
④ 남북 조절 위원회를 운영하기로 합의하였다.
⑤ 남북 이산가족 고향 방문단의 교환 방문을 최초로 성사하였다.

01 (가) 시대의 생활 모습으로 옳은 것은? [1점]

부산 동삼동 유적에서 출토된 빗살무늬 토기는 농경과 정착 생활이 시작된 (가) 시대의 대표적 유물 중 하나입니다. 이 유적에서는 곡물 등을 가공하는 데 사용한 갈돌과 갈판도 출토되었습니다.

① 가락바퀴를 이용하여 실을 뽑았다.
② 주로 동굴이나 막집에서 거주하였다.
③ 명도전, 반량전 등의 화폐가 유통되었다.
④ 거푸집을 이용하여 세형 동검을 만들었다.
⑤ 쟁기, 쇠스랑 등의 철제 농기구를 사용하였다.

02 (가) 나라에 대한 설명으로 옳은 것은? [2점]

> ○ 좌장군은 (가) 의 패수 서쪽에 있는 군사를 쳤으나 이를 격파해서 나가지는 못했다. …… 누선장군도 가서 합세하여 왕검성의 남쪽에 주둔했지만, 우거왕이 성을 굳게 지키므로 몇 달이 되어도 함락시킬 수 없었다.
> ○ 마침내 한 무제는 동쪽으로는 (가) 을/를 정벌하고 현도군과 낙랑군을 설치했으며, 서쪽으로는 대완과 36국 등을 병합하여 흉노 좌우의 후원 세력을 꺾었다.

① 동맹이라는 제천 행사를 열었다.
② 신지, 읍차라 불린 지배자가 있었다.
③ 도둑질한 자에게 12배로 배상하게 하였다.
④ 읍락 간의 경계를 중시하는 책화가 있었다.
⑤ 왕 아래 상, 대부, 장군 등의 관직을 두었다.

03 다음 상황이 전개된 배경으로 옳은 것은? [2점]

자네 들었는가?
백제의 동성왕이 사신을 보내 혼인을 청하셨다더군.
들었네. 우리 마립간께서 이벌찬 비지의 딸을 보내신다고 하네.

① 법흥왕이 금관가야를 병합하였다.
② 장수왕이 한성을 공격하여 함락시켰다.
③ 김유신이 비담과 염종의 반란을 진압하였다.
④ 영양왕이 온달을 보내 아단성을 공격하였다.
⑤ 김춘추가 당으로 건너가 군사 동맹을 성사시켰다.

04 (가) 나라에 대한 탐구 활동으로 가장 적절한 것은? [3점]

> 진흥왕이 이찬 이사부에게 명령하여 (가) 을/를 공격하게 하였다. 이때 사다함은 나이가 15~16세였는데 종군하기를 청하였다. …… (가) 사람들이 뜻하지 않은 병사들의 습격에 놀라 막아내지 못하였고, 대군이 승세를 타서 마침내 멸망시켰다.

① 안동도호부가 설치된 경위를 찾아본다.
② 22담로에 왕족이 파견된 목적을 알아본다.
③ 중앙 관제가 3성 6부로 정비된 계기를 파악한다.
④ 최고 지배자의 호칭인 이사금의 의미를 검색한다.
⑤ 고령 지역이 연맹의 중심지로 성장하는 과정을 조사한다.

05 밑줄 그은 '전투'가 벌어진 시기를 연표에서 옳게 고른 것은? [2점]

554		589		612		642		668		698
	(가)		(나)		(다)		(라)		(마)	
관산성 전투		수의 중국 통일		살수 대첩		보장왕 즉위		고구려 멸망		발해 건국

① (가) ② (나) ③ (다) ④ (라) ⑤ (마)

06 (가), (나) 사이의 시기에 있었던 사실로 옳은 것은? [3점]

(가) 백제의 남은 적군이 사비성으로 진입하여 항복해 살아남은 사람들을 붙잡아 가려고 하였으므로, 유수(留守) 유인원이 당과 신라 사람들을 보내 이를 쳐서 쫓아냈다. …… 당 황제가 좌위중랑장 왕문도를 웅진도독으로 삼았다.

(나) 손인사, 유인원과 신라왕 김법민은 육군을 거느려 나아가고, 유인궤와 별수(別帥) 두상과 부여융은 수군과 군량을 실은 배를 거느리고 백강으로 가서 육군과 합세하여 주류성으로 갔다. 백강 어귀에서 왜국 군사를 만나 …… 그들의 배 4백 척을 불살랐다.

① 사찬 시득이 기벌포에서 당군을 격파하였다.
② 의자왕이 윤충을 보내 대야성을 함락시켰다.
③ 복신과 도침이 부여풍을 왕으로 추대하였다.
④ 계백이 이끄는 군대가 황산벌에서 항전하였다.
⑤ 안승이 신라에 의해 보덕국왕으로 책봉되었다.

07 밑줄 그은 '시기' 신라의 경제 모습으로 옳은 것은? [2점]

이것은 일본의 귀족들이 신라에서 들어온 물품을 매입하고자 그 수량과 가격을 기록하여 일본 정부에 제출한 '매신라물해(買新羅物解)'라는 문서입니다. 통일을 이루고 9주 5소경을 설치한 이후의 시기에 일본과 교역하던 모습을 알 수 있습니다.

① 벽란도가 국제 무역항으로 번성하였다.
② 조세 수취를 위해 촌락 문서를 작성하였다.
③ 철이 많이 생산되어 낙랑군 등에 수출하였다.
④ 농업 생산력 증대를 위해 우경을 처음으로 시작하였다.
⑤ 수도에 도시부(都市部)라는 관청을 설치하여 시장을 관리하였다.

08 (가) 국가에 대한 설명으로 옳은 것은? [1점]

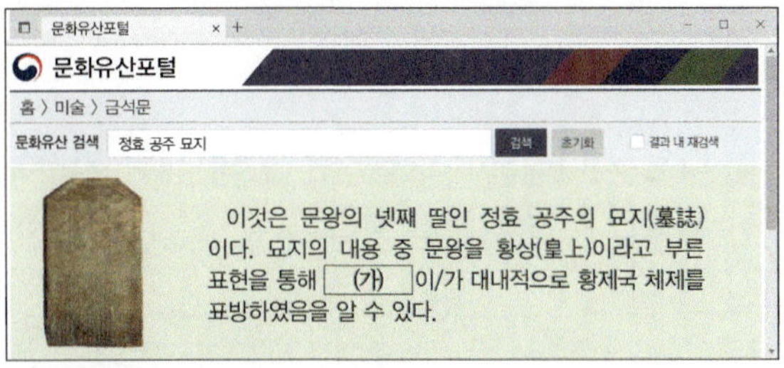

이것은 문왕의 넷째 딸인 정효 공주의 묘지(墓誌)이다. 묘지의 내용 중 문왕을 황상(皇上)이라고 부른 표현을 통해 (가) 이/가 대내적으로 황제국 체제를 표방하였음을 알 수 있다.

① 기인 제도를 실시하였다.
② 정사암 회의를 개최하였다.
③ 최고 행정 관서로 집사부를 두었다.
④ 주자감을 설치하여 인재를 양성하였다.
⑤ 광덕, 준풍 등의 독자적인 연호를 사용하였다.

09 다음 상황 이후에 전개된 사실로 옳은 것은? [2점]

왕이 구원을 요청하자, 태조는 장수에게 명하여 정예 병사 1만 명을 보내 구원하게 하였다. 견훤은 구원병이 아직 도착하지 않은 것을 알고, 겨울 11월에 갑자기 왕경(王京)에 침입하였다. 왕은 비빈, 종실 친척들과 포석정에 가서 연회를 즐기느라 적병이 이르는 것도 깨닫지 못하였다. -『삼국사기』-

① 김흠돌이 반란을 도모하였다.
② 장문휴가 당의 등주를 공격하였다.
③ 궁예가 국호를 태봉으로 바꾸었다.
④ 원종과 애노가 사벌주에서 반란을 일으켰다.
⑤ 경순왕 김부가 경주의 사심관으로 임명되었다.

10 밑줄 그은 '이 시기'에 있었던 사실로 옳은 것은? [3점]

여기는 범일대사가 창건한 굴산사가 있던 곳이야. 거대한 당간 지주는 이 절의 규모와 위상을 잘 보여주지.
굴산사는 가지산문 개창 이후 선종 불교가 유행하던 이 시기에 창건되었어.

① 원광이 세속 5계를 제시하였다.
② 김대문이 화랑세기를 저술하였다.
③ 김대성이 불국사 조성을 주도하였다.
④ 최치원이 진성여왕에게 시무책을 올렸다.
⑤ 자장의 건의로 황룡사 구층 목탑이 건립되었다.

11 다음 시나리오에 등장하는 왕의 재위 기간에 있었던 사실로 옳은 것은? [2점]

#11. 궁궐 안
과거 급제자 명단을 보며 말한다.
왕 : 몇 해 전 교육을 장려하기 위해 지방에 각각 경학박사 1명과 의학박사 1명을 보냈는데, 결과가 어떠하오?
신하 : 송승연, 전보인 등 박사들이 정성스레 가르쳐 성과가 있는 듯 하옵니다.
왕 : 12목을 설치하고, 지방민에게도 학문을 권장하는 과인의 뜻에 부합하였소. 고생한 송승연에게 국자박사를 제수하고, 전보인에게 공복과 쌀을 하사하시오.
신하 : 분부를 따르겠나이다.

① 쌍기의 건의로 과거제를 실시하였다.
② 관학 진흥을 위해 양현고를 설치하였다.
③ 국자감을 성균관으로 개칭하고 유학 교육을 강화하였다.
④ 최승로의 시무 28조를 받아들여 통치 체제를 정비하였다.
⑤ 정계와 계백료서를 지어 관리가 지켜야 할 규범을 제시하였다.

12 다음 상황이 나타난 시기의 사회 시책으로 옳은 것은? [2점]

○ 왕이 명하였다. "도성 안의 백성들이 역질에 걸렸으니 구제도감을 설치하여 치료하고, 시신과 유골은 거두어 비바람에 드러나지 않게 매장하라."
○ 중서성에서 아뢰었다. "지난해 관내 서도의 주현에 흉년이 들어 백성이 굶주리고 있습니다. 사창과 공해(公廨)의 곡식을 내어 경작을 원조하고, 가난하여 스스로 살아갈 수 없는 자는 의창을 열어 진휼하십시오."

① 유랑민을 구휼하는 활인서를 두었다.
② 백성들에게 곡식을 빌려주는 진대법을 실시하였다.
③ 국산 약재와 치료법을 소개한 향약집성방을 편찬하였다.
④ 기근에 대비하기 위해 구황촬요를 간행하여 보급하였다.
⑤ 기금을 모아 그 이자로 빈민을 구제하는 제위보를 운영하였다.

13 (가)의 침입에 대한 고려의 대응으로 옳은 것은? [2점]

병마사 박서는 김중온에게 성의 동서쪽을, 김경손에게는 성의 남쪽을 지키게 하였다. (가) 의 대군이 남문에 이르자 김경손은 12명의 용맹한 군사와 여러 성의 별초를 거느리고 성 밖으로 나가려고 하였다. …… 우별초가 모두 땅에 엎드리고 응하지 않자 김경손은 그들을 성으로 돌려 보내고 12명의 군사와 함께 나아가 싸웠다.
-『고려사』-

① 김종서를 보내 6진을 개척하였다.
② 서희를 보내 소손녕과 외교 담판을 벌였다.
③ 별무반을 조직하고 동북 9성을 축조하였다.
④ 강화도로 도읍을 옮겨 장기 항전을 준비하였다.
⑤ 화통도감을 설치하여 화약과 화포를 제작하였다.

14 다음 대화가 이루어진 시기의 경제 상황으로 옳은 것은? [1점]

몇 해 전 주전도감을 설치하고 화폐를 유통시켜 나라의 부강과 백성의 편익을 꾀하였으나, 널리 활용되지 못하고 있사옵니다.
주현에 명령하여 주식점(酒食店)을 열고 백성들에게 화폐를 활용해 음식을 사 먹을 수 있게 하여 그 이로움을 알게 하라.

① 활구라고 불리는 은병이 유통되었다.
② 특산품으로 솔빈부의 말이 유명하였다.
③ 송상이 전국 각지에 송방을 설치하였다.
④ 청해진을 설치하여 해상 무역을 전개하였다.
⑤ 시장을 감독하는 관청인 동시전이 설치되었다.

15 다음 검색창에 들어갈 역사 자료에 대한 설명으로 옳은 것은? [2점]

역사통합검색

백과사전 | 검색

▶ 시대 : 고려 후기

▶ 소개 :

건국 영웅의 일대기를 서술한 장편 서사시로 동국이상국집에 실려있다. 왕 탄생 이전의 역사, 출생과 건국, 유리왕의 즉위 과정과 저자 이규보의 감상이 적혀 있다.

▶ 원문 :

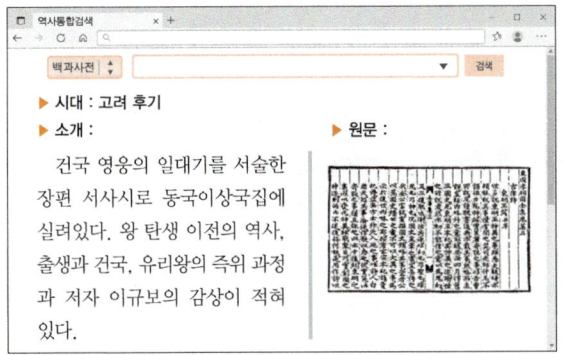

① 고구려 계승 의식이 반영되었다.
② 남북국이라는 용어가 처음 사용되었다.
③ 사초, 시정기 등을 바탕으로 편찬하였다.
④ 단군의 고조선 건국 이야기를 수록하였다.
⑤ 현존하는 우리나라 최고(最古)의 역사서이다.

16 다음 기획전에 전시될 문화유산으로 적절한 것은? [1점]

흙으로 빚은 푸른 보물

이번 기획전에서는 고려 시대 귀족 문화를 보여주는 비색의 순청자와 음각한 부분에 백토나 흑토를 채워 화려하게 장식한 상감 청자가 전시됩니다. 관심 있는 분들의 많은 관람 바랍니다.

▪**기간:** 2022년 ○○월 ○○일 ~ ○○월 ○○일
▪**장소:** △△ 박물관

① 
② 
③ 
④ 
⑤ 

17 (가) 시기에 있었던 사실로 옳은 것은? [2점]

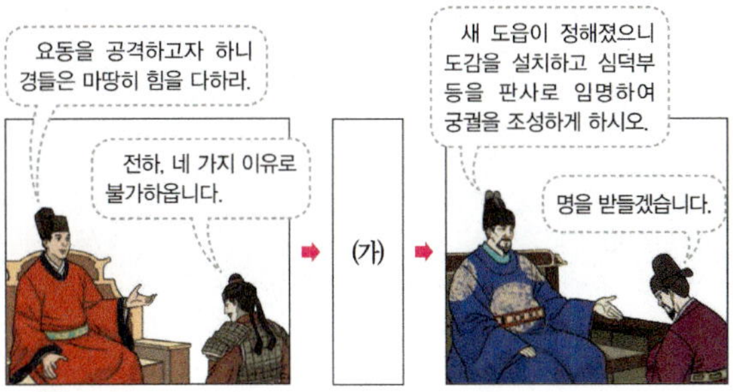

① 집현전을 계승한 홍문관이 설치되었다.
② 조준 등의 건의로 과전법이 제정되었다.
③ 국가의 기본 법전인 경국대전이 완성되었다.
④ 연분9등법을 시행하여 수취 체제가 정비되었다.
⑤ 음악 이론 등을 집대성한 악학궤범이 간행되었다.

18 (가)에 대한 조선의 정책으로 옳은 것은?[2점]

이달의 인물

우리 외교를 빛낸 인물, 이예

▪**생몰:** 1373년~1445년
▪**경력:** 통신부사, 첨지중추원사, 동지중추원사

울산의 아전 출신으로 호는 학파(鶴坡), 시호는 충숙(忠肅)이다. 수십 차례 (가) 에 파견되어 외교 문제를 해결하려고 노력하였다. 특히 조선과 (가) 사이에 세견선의 입항 규모를 정한 계해약조 체결에 기여하였다.

① 하정사, 성절사 등을 파견하였다.
② 경성, 경원에 무역소를 설치하였다.
③ 광군을 조직하여 침입에 대비하였다.
④ 부산포, 제포, 염포의 삼포를 개항하였다.
⑤ 사절 왕래를 위하여 북평관을 개설하였다.

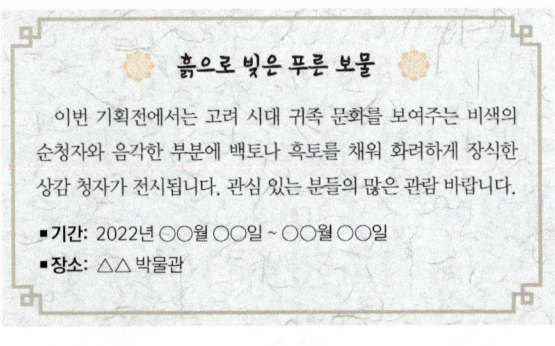

19 밑줄 그은 '전하'의 재위 기간에 있었던 사실로 옳은 것은? [3점]

> 우리 주상 전하께서는 오방의 풍토가 같지 아니하여 곡식을 심고 가꾸는 데 각기 적당한 방법이 있다고 하셨다. 이에 여러 도의 감사에게 명하기를, 주현의 나이든 농부들을 방문하여 농사지은 경험을 아뢰게 하시고 또 신(臣) 정초에게 그 까닭을 덧붙이게 하셨다. 중복된 것을 버리고, 요약한 것만 뽑아 한 편의 책으로 만들고 제목을 농사직설이라고 하였다.

① 예학을 정리한 가례집람이 저술되었다.
② 국가의 의례를 정비한 국조오례의가 완성되었다.
③ 아동용 윤리 · 역사 교재인 동몽선습이 간행되었다.
④ 효자, 충신 등의 사례를 제시한 삼강행실도가 편찬되었다.
⑤ 군주가 수양해야 할 덕목을 제시한 성학집요가 집필되었다.

20 (가) 기구에 대한 설명으로 옳은 것은? [1점]

> **이달의 책**
>
> 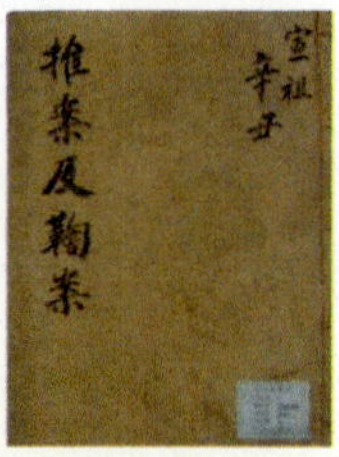
>
> 추안급국안
>
> 이 책에는 조선 시대에 왕명으로 (가) 에서 중죄인을 추국한 결과가 기록되어 있다. 조옥(詔獄)이라고도 불린 (가) 은/는 강상죄·반역죄 등을 처결하였으며 판사·도사 등의 관직이 있었다.

① 국왕 직속의 특별 사법 기구였다.
② 사림의 건의로 중종 때 폐지되었다.
③ 사헌부, 사간원과 함께 삼사로 불리었다.
④ 5품 이하의 관원에 대한 서경권을 행사하였다.
⑤ 서얼 출신의 학자들이 검서관으로 기용되었다.

21 밑줄 그은 '이 부대'에 대한 설명으로 옳은 것은? [2점]

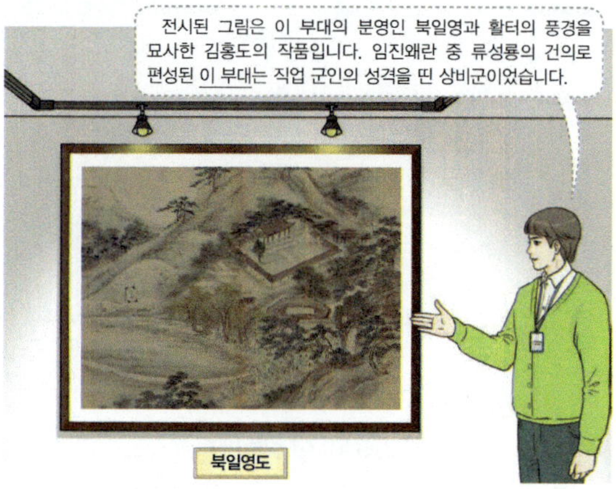

전시된 그림은 이 부대의 분영인 북일영과 활터의 풍경을 묘사한 김홍도의 작품입니다. 임진왜란 중 류성룡의 건의로 편성된 이 부대는 직업 군인의 성격을 띤 상비군이었습니다.
북일영도

① 용호군과 함께 2군으로 불렸다.
② 진도에서 용장성을 쌓고 항전하였다.
③ 국경 지역인 북계와 동계에 배치되었다.
④ 포수, 살수, 사수의 삼수병으로 편제되었다.
⑤ 국왕의 친위 부대로 수원 화성에 외영을 두었다.

22 (가), (나) 사이의 시기에 있었던 사실로 옳은 것은? [3점]

> (가) 왕에게 이괄 부자가 역적의 우두머리라고 고해바친 자가 있었다. 하지만 왕은 "반역은 아닐 것이다."라고 하면서도, 이괄의 아들인 이전을 잡아오라고 명하였다. 이에 이괄은 군영에 있던 장수들을 위협하여 난을 일으켰다.
>
> (나) 최명길을 보내 오랑캐에게 강화를 청하면서 그들의 진격을 늦추도록 하였다. 왕이 수구문(水溝門)을 통해 남한산성으로 향했다. 변란이 창졸 간에 일어났기에 도보로 따르는 신하도 있었고 성안 백성의 통곡 소리가 하늘을 뒤흔들었다. 초경을 지나 왕의 가마가 남한산성에 도착하였다.

① 정봉수가 용골산성에서 항전하였다.
② 이순신이 명량에서 대승을 거두었다.
③ 권율이 행주산성에서 적군을 격퇴하였다.
④ 서인 세력이 폐모살제를 이유로 반정을 일으켰다.
⑤ 정여립 모반 사건을 계기로 기축옥사가 발생하였다.

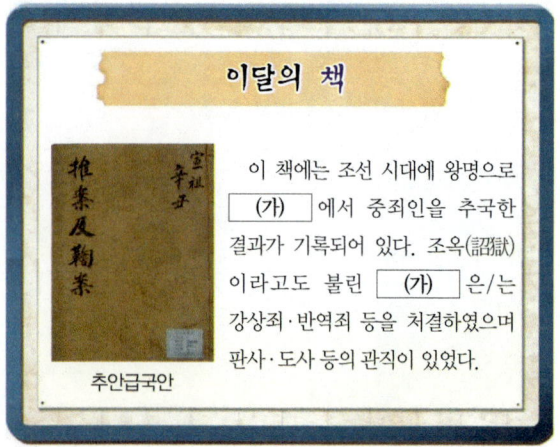

23 (가) 국가에 대한 조선의 대외 정책으로 옳은 것은? [2점]

① 박위를 파견하여 근거지를 토벌하였다.
② 백두산정계비를 세워 국경을 정하였다.
③ 한성에 동평관을 두어 무역을 허용하였다.
④ 쌍성총관부를 공격하여 철령 이북의 영토를 되찾았다.
⑤ 포로 송환을 위하여 유정을 회답 겸 쇄환사로 파견하였다.

24 밑줄 그은 '이 왕'의 업적으로 옳은 것은? [2점]

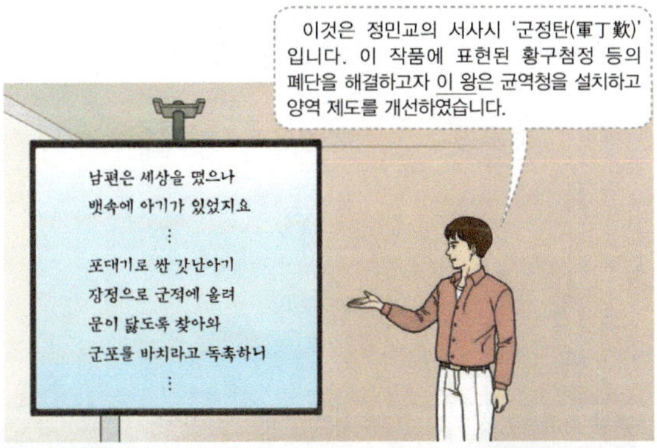

① 수도 방위를 위하여 금위영을 창설하였다.
② 속대전을 편찬하여 통치 제도를 정비하였다.
③ 삼군부를 부활시켜 군국 기무를 전담하게 하였다.
④ 초계문신제를 실시하여 젊은 문신들을 재교육하였다.
⑤ 전세를 1결당 4~6두로 고정하는 영정법을 제정하였다.

25 (가)에 들어갈 내용으로 옳은 것은? [2점]

① 상피제의 적용을 받았다.
② 잡과를 통해 선발되었다.
③ 감사 또는 방백이라 불렸다.
④ 이방, 호방 등 6방에 소속되었다.
⑤ 공음전을 경제적 기반으로 삼았다.

26 (가) 종교에 대한 설명으로 옳은 것은? [1점]

□□ 신문

제△△호 ○○○○년 ○○월 ○○일

해미순교성지, 국제성지로 지정

해미순교성지가 전 세계에 30여 곳밖에 없는 국제성지 가운데 하나로 지정되었다. 병인박해 당시 (가) 신자들이 죽임을 당한 이곳은 한국 근대사에서 중요한 종교적 의미를 지닌 지역이다. 이번 지정을 계기로 남연군 묘 등 여러 역사 유적이 있는 내포 문화권은 더욱 관심을 끌 것으로 기대된다.

① 미륵불이 세상을 구원한다고 예언하였다.
② 동경대전과 용담유사를 경전으로 삼았다.
③ 박중빈을 중심으로 새생활 운동을 전개하였다.
④ 단군 숭배 사상을 통해 민족의식을 고취하였다.
⑤ 청을 다녀온 사신들에 의하여 서학으로 소개되었다.

27 (가) 인물의 활동으로 옳은 것은? [2점]

답사 보고서

◈ 주제: 대학자 (가) 의 흔적을 찾아서

◈ 날짜: 2022년 ○○월 ○○일

◈ 지역: 경기도 남양주시 일대

◈ 소개: 흠흠신서, 마과회통 등을 저술한 (가) 은/는 정치 · 경제 등 여러 분야에 걸쳐 방대한 학문적 업적을 남겼다.

◈ 경로

여유당

문도사

묘소

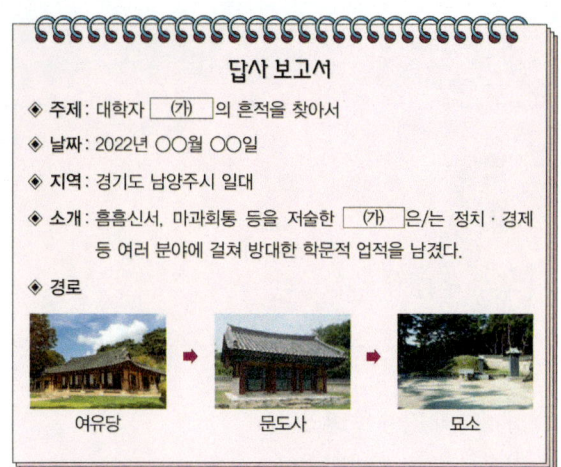

① 성호사설에서 한전론을 주장하였다.
② 양반전에서 양반의 허례와 무능을 지적하였다.
③ 의산문답에서 중국 중심의 세계관을 비판하였다.
④ 북학의에서 절약보다 적절한 소비를 권장하였다.
⑤ 경세유표에서 국가 제도의 개혁 방향을 제시하였다.

28 밑줄 그은 '시기'에 있었던 사실로 옳은 것은? [2점]

① 나선 정벌에 조총 부대가 동원되었다.
② 박규수의 건의로 삼정이정청이 설치되었다.
③ 지역 차별에 반발하여 홍경래가 봉기하였다.
④ 제너럴 셔먼호 사건을 구실로 미군이 침입하였다.
⑤ 시전 상인의 특권을 축소하는 신해통공이 단행되었다.

29 (가)에 들어갈 내용으로 가장 적절한 것은? [2점]

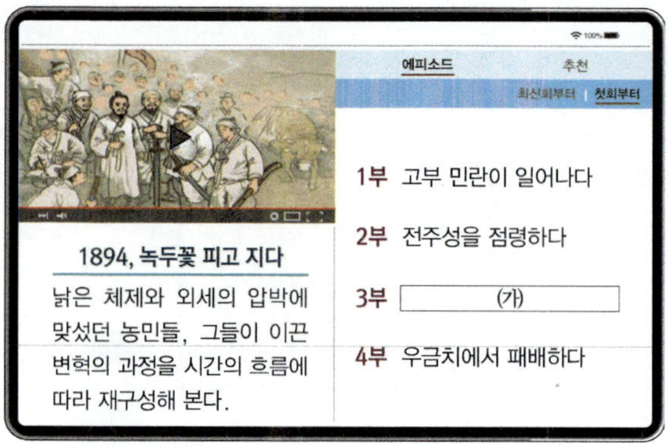

① 남북접이 논산에 집결하다
② 황토현 전투에서 승리하다
③ 백산에 모여 4대 강령을 선포하다
④ 최시형이 동학의 2대 교주가 되다
⑤ 교조 신원을 요구하는 삼례 집회가 열리다

30 다음 상황 이후의 사실로 옳은 것은? [3점]

① 알렌의 건의로 광혜원이 세워졌다.
② 박문국에서 한성순보가 발행되었다.
③ 무기 제조 공장인 기기창이 설립되었다.
④ 서울과 부산을 연결하는 경부선이 개통되었다.
⑤ 우편 사무를 관장하는 우정총국이 처음 설치되었다.

31 다음 상황이 전개된 배경으로 옳은 것은? [2점]

> 박승환은 병대(兵隊)에 대한 해산 소식을 듣고 통곡하며 부하들에게 말하기를, "이제 국가가 망하였는데도 일본인 하나를 죽이지 못하였으니 죽어도 그 죄를 씻지 못할 것이다. 나는 차마 제군들이 병대를 떠나도록 놓아둘 수 없다. 차라리 내가 죽고 말겠다."라고 하면서 결국 자결하였다.

① 정미 7조약이 체결되었다.
② 일제가 105인 사건을 조작하였다.
③ 초대 총독으로 데라우치가 부임하였다.
④ 기유각서가 일제의 강압에 의해 조인되었다.
⑤ 일진회가 한일 합방을 촉구하는 성명을 발표하였다.

32 밑줄 그은 '이 개혁'의 내용으로 옳은 것은? [2점]

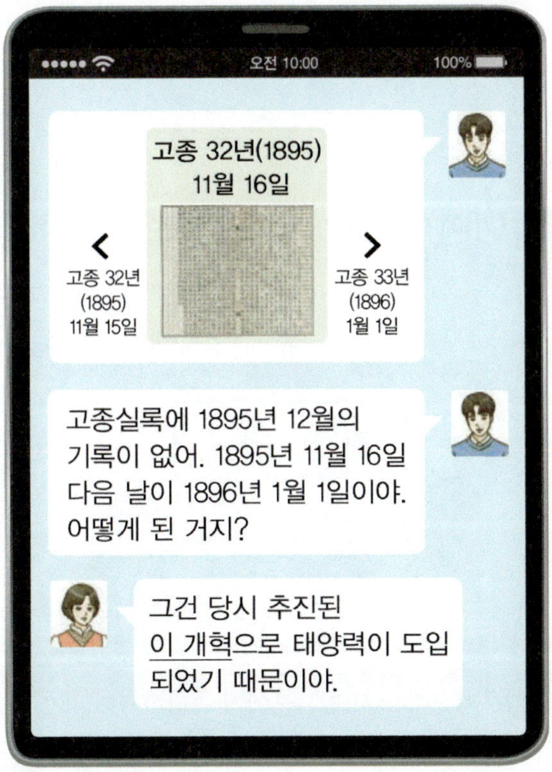

① 지계아문을 설립하였다.
② 대한국 국제를 반포하였다.
③ 건양이라는 연호를 제정하였다.
④ 개혁 추진 기구로 교정청을 설치하였다.
⑤ 군제를 개편하여 5군영을 2영으로 통합하였다.

33 밑줄 그은 '이곳'에서 있었던 민족 운동으로 옳은 것은? [2점]

우리 가족의 역사

옆 사진은 우리 할머니의 젊을 때 모습이에요. 할머니는 19살 때 사진만 보고 할아버지랑 결혼하기로 한 뒤 당시 포와(布哇)라고 불리던 이곳으로 가셨대요.

할아버지는 이미 1903년에 갤릭호를 타고 이곳으로 가셔서 사탕수수 농장에서 일하고 계셨어요. 두 분은 고된 환경에서도 열심히 일해 호놀룰루에 터전을 잡으셨고 지금도 많은 친척이 살고 있어요.

① 대종교 계열의 중광단이 결성되었다.
② 권업회가 조직되어 권업신문을 창간하였다.
③ 사회주의 계열의 한인 사회당이 조직되었다.
④ 독립군 양성을 위한 신흥 무관 학교가 설립되었다.
⑤ 대조선 국민군단이 조직되어 무장 투쟁을 준비하였다.

34 다음 기사가 나오게 된 배경으로 적절한 것은? [1점]

① 3·1 운동이 전국적으로 전개되었다.
② 조선 사상범 예방 구금령이 시행되었다.
③ 브나로드 운동이 동아일보를 중심으로 추진되었다.
④ 조선 노동 총동맹과 조선 농민 총동맹이 설립되었다.
⑤ 내선일체를 강조한 황국 신민 서사의 암송이 강요되었다.

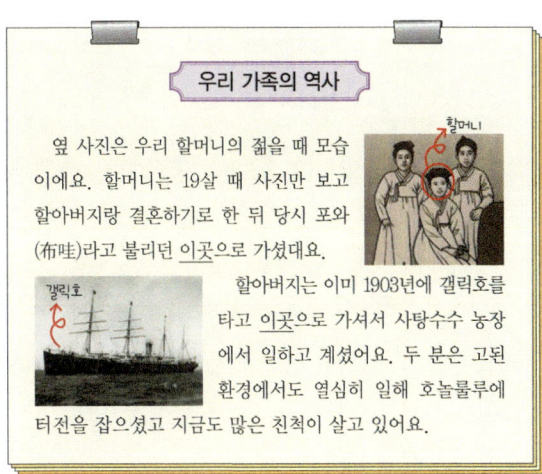

35 (가)~(다)를 작성된 순서대로 옳게 나열한 것은? [3점]

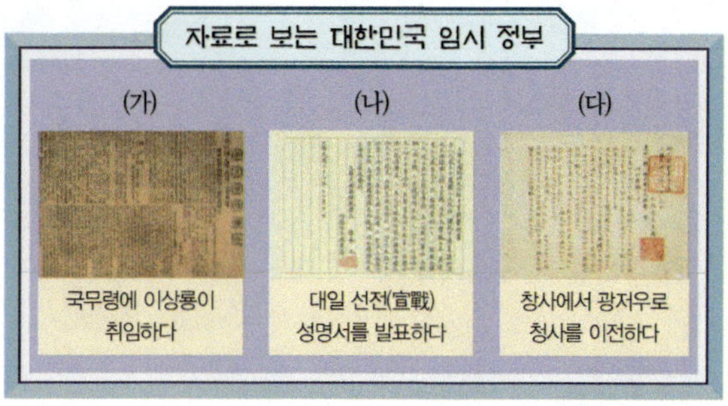

① (가) - (나) - (다)
② (가) - (다) - (나)
③ (나) - (가) - (다)
④ (나) - (다) - (가)
⑤ (다) - (가) - (나)

36 (가) 단체에 대한 설명으로 옳은 것은? [1점]

> 검사: 폭탄을 구해 숨겨 놓은 이유가 무엇인가?
> 곽재기: 재작년 3월 이후로 조선 독립을 평화적으로 요청했지만 아무 소용없었다. 그래서 우리는 상하이로 가서 육혈포와 폭탄을 구해 피로써 독립을 이루려고 하였다.
> 이성우: 폭탄으로 고위 관리를 죽이고 중요 건물을 파괴하여 독립을 쟁취하려고 하였다. 이것이 중국 지린성에서 김원봉과 함께 (가) 을/를 조직한 이유이다.
>
> \- 1921년 6월 7일 밀양 폭탄 사건 공판 기록 -

① 조선 혁명 선언을 활동 지침으로 삼았다.
② 일제의 황무지 개간권 요구를 저지하였다.
③ 복벽주의를 내세우며 의병 전쟁을 준비하였다.
④ 삼균주의를 기초로 하는 건국 강령을 발표하였다.
⑤ 단원인 이봉창이 일왕의 행렬에 폭탄을 투척하였다.

37 밑줄 그은 '시기'에 시행된 일제의 정책으로 옳은 것은? [2점]

> □□ 신문
>
> 제△△호 ○○○○년 ○○월 ○○일
>
> **나가사키에 원폭 희생자 위령비 세워져**
>
> 
>
> 재일본 대한민국 민단 주도로 나가사키에 위령비가 세워졌다. 국민 징용령이 공포된 이후의 시기에 노동자 등으로 끌려갔다가 원폭으로 희생된 한국인을 추모하는 이 비의 건립은 강제 동원과 전쟁의 참상을 기억하려는 노력의 일환으로 평가된다.

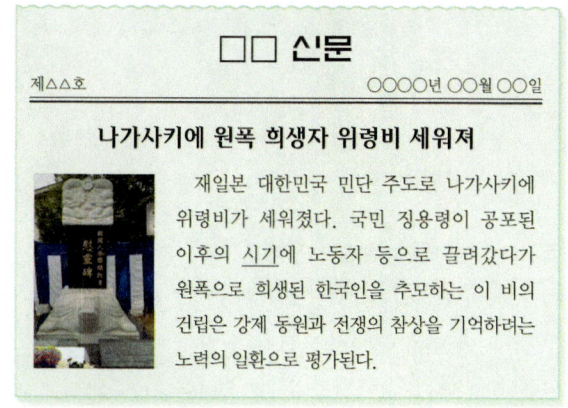

① 애국반을 조직하여 한국인의 생활을 통제하였다.
② 강압적 통치를 목적으로 헌병 경찰 제도를 실시하였다.
③ 사회주의자를 탄압하기 위한 치안 유지법을 제정하였다.
④ 회사 설립 시 총독의 허가를 받도록 하는 회사령을 공포하였다.
⑤ 근대적 토지 소유권 확립을 명분으로 토지 조사 사업을 시행하였다.

38 (가)에 대한 설명으로 옳은 것은? [2점]

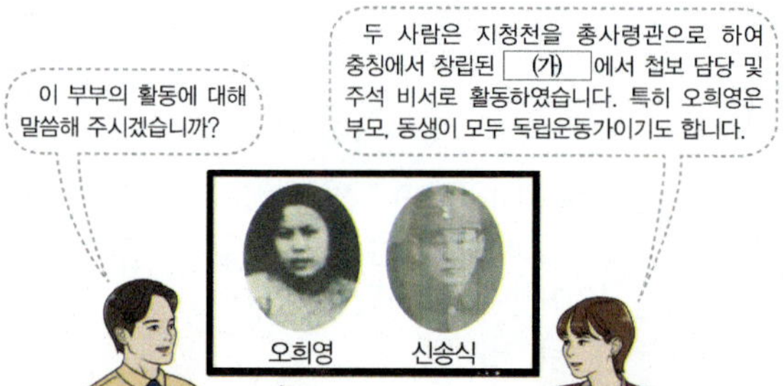

① 영릉가 전투에서 일본군에게 승리하였다.
② 중국 팔로군에 편제되어 항일 전선에 참여하였다.
③ 국내 정진군을 편성하여 국내 진공 작전을 추진하였다.
④ 중국 관내(關內)에서 결성된 최초의 한인 무장 부대이다.
⑤ 간도 참변 이후 밀산에서 집결하여 자유시로 이동하였다.

39 다음 자료의 상황이 나타나게 된 배경으로 적절한 것은? [2점]

> 우리는 조국 흥망의 관두(關頭)*에서 이 위기를 극복하기 위해 오직 민족 자결 원칙에 의하여 조국의 남북통일과 민주 독립을 촉진해야겠다. 우리 민족자주연맹 중앙집행위원회는 김구 선생과 김규식 박사의 제안에 의하여 실현되는 남북 정치 협상을 전적으로 지지하며, 이울러 그 성공을 위하여 적극적으로 협력할 것을 결의한다.
> *관두: 가장 중요한 지점

① 허정 과도 정부에서 헌법이 개정되었다.
② 통일 주체 국민 회의에서 대통령이 선출되었다.
③ 유엔 소총회에서 남한만의 단독 총선거가 결의되었다.
④ 유상 매수, 유상 분배 원칙의 농지 개혁법이 제정되었다.
⑤ 국가 보안법 개정안을 통과시킨 보안법 파동이 일어났다.

40 (가), (나) 사이의 시기에 있었던 사실로 옳은 것은? [3점]

> (가) 군사적 안전 보장의 입장에서 볼 때 태평양 지역의 정세 및 이 지역에 대한 미국의 정책은 어떤 것인가. 태평양 지역 방위선은 알류샨 열도에서 일본을 거쳐 오키나와, 필리핀 군도로 이어진다.

> (나) 상호적 합의에 의하여 미합중국의 육군, 해군과 공군을 대한민국의 영토 내와 그 부근에 배치하는 권리를 대한민국은 허락해 주고 미합중국은 수락한다.

① 좌우 합작 위원회가 출범하였다.
② 여수 순천 10 · 19 사건이 일어났다.
③ 미국 의회에서 트루먼 독트린이 발표되었다.
④ 베트남 파병에 관한 브라운 각서가 체결되었다.
⑤ 거제도 포로 수용소에 있던 반공 포로가 석방되었다.

41 밑줄 그은 '선거' 이후의 사실로 옳은 것은? [3점]

① 국회에서 국민 방위군 사건이 폭로되었다.
② 평화 통일론을 내세우던 진보당이 해체되었다.
③ 경찰이 반민족 행위 특별 조사 위원회를 습격하였다.
④ 조선 건국 준비 위원회 지부가 인민 위원회로 개편되었다.
⑤ 초대 대통령에 한해 중임 제한을 폐지하는 개헌안이 통과되었다.

42 밑줄 그은 '집회'가 열린 시기를 연표에서 옳게 고른 것은? [2점]

1948		1952		1960		1964		1972		1979
	(가)		(나)		(다)		(라)		(마)	
대한민국 정부 수립		발췌 개헌		4 · 19 혁명		6 · 3 시위		10월 유신		부마 민주 항쟁

① (가) ② (나) ③ (다) ④ (라) ⑤ (마)

43 다음 명령을 실행한 정부의 경제 정책으로 옳은 것은? [2점]

이것은 경제 관련 긴급 명령을 발표하는 사진입니다. 경부 고속 도로 개통 등으로 경제 발전에 힘쓰던 당시 정부는 사채에 허덕이는 기업을 구제하기 위해 사채 신고를 독려하고 그 상환을 동결시켜 주었습니다. 이로써 기업의 재무 구조가 개선되었으나 정경 유착이 심해지는 계기가 되기도 하였습니다.

① 제3차 경제 개발 5개년 계획을 추진하였다.
② 미국과 자유 무역 협정(FTA)을 체결하였다.
③ 귀속 재산 처리를 위해 신한 공사를 설립하였다.
④ 최저 임금 결정을 위한 최저 임금 위원회를 설치하였다.
⑤ 금융 거래의 투명성을 확보하고자 금융 실명제를 실시하였다.

44 (가) 민주화 운동에 대한 설명으로 옳은 것은? [1점]

(가) 의 현장을 찾아서

일시: 매주 토요일, 10:00
참가 대상: 시민 누구나

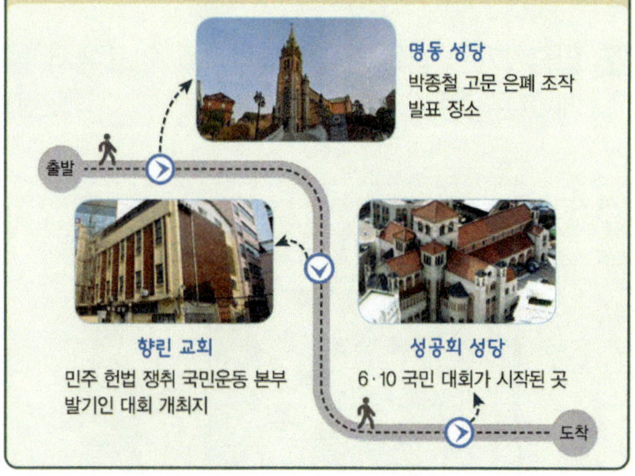

① 신군부의 비상계엄 확대가 원인이 되어 일어났다.
② 관련 기록물이 유네스코 세계 기록 유산으로 등재되었다.
③ 3·15 부정 선거에 항의하며 시위대가 경무대로 행진하였다.
④ 3·1 민주 구국 선언을 통해 긴급 조치 철폐 등을 요구하였다.
⑤ 호헌 철폐와 독재 타도 등의 구호를 내세운 시위가 확산되었다.

45 다음 뉴스가 보도된 시기 정부의 통일 노력으로 옳은 것은? [2점]

오늘 대통령은 경의선 복원 사업의 일환으로 건설된 도라산역을 미국의 부시 대통령과 함께 방문하였습니다. 정부는 이 역의 준공으로 우리나라가 유라시아와 태평양을 연결하는 물류의 중심지로 도약할 수 있을 것이라고 밝혔습니다.

① 민족 자존과 통일 번영을 위한 7·7 선언을 발표하였다.
② 최초의 이산가족 고향 방문과 예술 공연단 교환을 실현하였다.
③ 남북 정상 회담을 개최하고 6·15 남북 공동 선언을 채택하였다.
④ 7·4 남북 공동 성명을 실천하기 위한 남북 조절 위원회를 구성하였다.
⑤ 남북 사이의 화해와 불가침 및 교류·협력에 관한 합의서를 교환하였다.

46 ㉠~㉤에 대한 학생들의 의견으로 적절하지 <u>않은</u> 것은? [2점]

역사 돋보기 **역사 속 왕의 호칭**

왕이 세상을 떠난 뒤 그 이름을 높여 부르는 호칭을 묘호라고 한다. 원칙적으로 나라를 세운 왕은 '조'를, 그 나머지는 '종'을 붙였다.

우리나라 역사에서 처음으로 묘호를 쓴 왕은 신라의 ㉠태종 무열왕이다. 고려 시대는 ㉡태조만 조의 묘호가 붙여졌지만, 조선 시대에는 다양한 이유로 ㉢정조처럼 조를 붙인 왕이 여럿 있었다.

그러나 고려 후기에는 ㉣충렬왕처럼 조, 종을 붙이지 못한 왕들이 있었으며, 조선 시대에는 연산군, ㉤광해군처럼 묘호를 받지 못하고 군으로 격하되어 불린 경우도 있었다.

① 갑 : ㉠ – 백제를 멸망시키고 통일의 기초를 마련했어요.
② 을 : ㉡ – 고려 건국의 위업을 이루었어요.
③ 병 : ㉢ – 탕평책 등 여러 개혁으로 통치 체제를 재정비했어요.
④ 정 : ㉣ – 원 황실의 부마가 되었어요.
⑤ 무 : ㉤ – 중종반정으로 폐위되었어요.

47 (가) 신분에 대한 설명으로 옳은 것은? [2점]

나는 방호별감 김윤후입니다. 몽골군의 침입에 맞서 충주산성을 방어할 때 (가) 의 신분 문서를 불태워 그들의 사기를 높였습니다.
나는 군국기무처의 총재 김홍집입니다. 신분 차별 폐지에 대한 요구를 수용하여 (가) 에 관한 법을 폐지하였습니다.

① 신라에서 승진에 제한을 받았으며, 득난이라고도 불렸다.
② 고려 시대에 향, 부곡, 소에 거주하였으며, 과중한 세금을 부담하였다.
③ 조선 시대에 봉수, 역졸의 업무를 주로 담당하였다.
④ 조선 후기에 통청 운동으로 청요직 진출을 시도하였다.
⑤ 조선 순조 때 궁방과 중앙 관서에 소속된 6만여 명이 해방되었다.

48 다음 세시 풍속에 대한 탐구 활동으로 가장 적절한 것은? [2점]

이달의 세시 풍속

푸른 새잎을 밟는 날, 답청절(踏青節)

강남 갔던 제비가 돌아온다는 중삼일(重三日)은 본격적인 봄의 시작을 알리는 날이다. 이날에는 들에 나가 푸른 새잎을 밟는 풍습이 있어 답청절이라고 부른다. 답청의 풍습은 신윤복의 〈연소답청(年少踏青)〉에 잘 나타나 있다.

◈ 날짜: 음력 3월 3일
◈ 음식: 화전, 쑥떡
◈ 풍속: 노랑나비 날리기, 활쏘기

① 칠석날의 전설을 검색한다.
② 한식날의 의미를 파악한다.
③ 삼짇날의 유래를 알아본다.
④ 동짓날에 먹는 음식을 조사한다.
⑤ 단오날에 즐기는 민속놀이를 찾아본다.

49 다음 지역에서 있었던 사실로 옳은 것은? [3점]

답사 보고서

◈ 주제: 우리 고장의 역사
◈ 날짜: 2022년 ○○월 ○○일
◈ 개관
금성산과 영산강을 끼고 있는 우리 고장은 삼한 시대부터 마한의 주요 지역 가운데 하나로 발전하였고, 후삼국 시대에는 격전지였으며, 임진왜란과 일제 강점기에는 항일의 의기가 드높았던 지역이다. '전라도'라는 이름은 전주와 우리 고장의 앞 글자를 딴 것이다.
◈ 목차
1. 마한 세력의 성장, 반남면 고분군
2. □□목(牧)의 관아 부속 건물
3. 광주 학생 항일 운동의 도화선, □□역

① 인조가 피신하여 청군과 항전하였다.
② 유생 출신 유인석이 의병을 일으켰다.
③ 정문부가 왜군에 맞서 북관대첩을 이끌었다.
④ 김광제 등을 중심으로 국채 보상 운동이 시작되었다.
⑤ 왕건이 후백제를 배후에서 견제하기 위해 차지하였다.

50 (가) 섬에 대한 설명으로 옳지 <u>않은</u> 것은? [1점]

1946년 1월에 작성된 연합국 최고 사령부 문서에는 제주도, 울릉도, (가) 이/가 우리 영토로 표시되어 있습니다. (가) 은/는 우리나라 동쪽 끝에 있는 섬입니다.
KOREA

① 안용복이 일본에 건너가 우리 영토임을 주장하였다.
② 영국군이 러시아를 견제하기 위해 불법 점령하였다.
③ 러일 전쟁 때 일본이 불법으로 자국 영토로 편입하였다.
④ 대한 제국이 칙령을 통해 울릉 군수가 관할하도록 하였다.
⑤ 1877년 태정관 문서에 일본과는 무관한 지역임이 명시되었다.

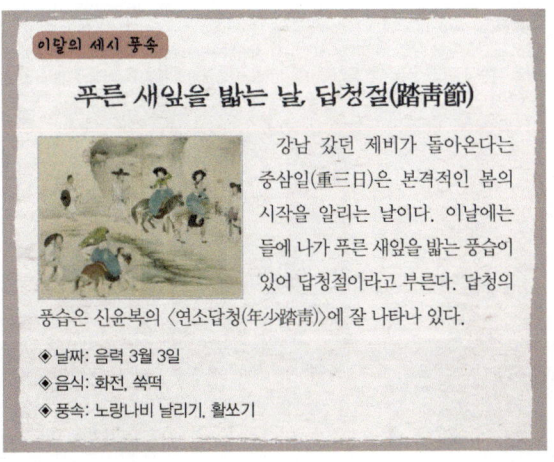

01 밑줄 그은 '이 시대'의 생활 모습으로 옳은 것은? [1점]

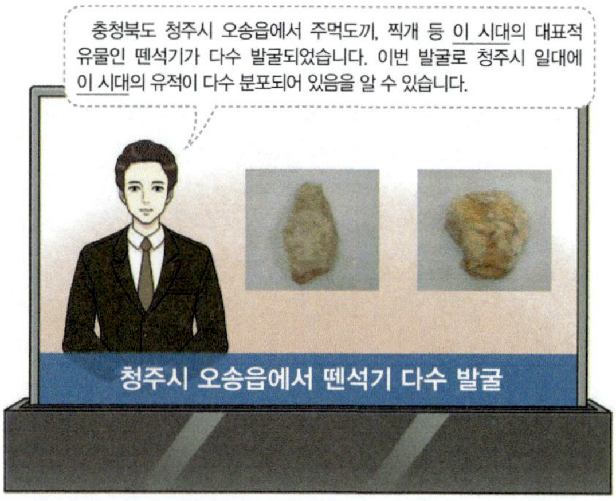

충청북도 청주시 오송읍에서 주먹도끼, 찍개 등 이 시대의 대표적 유물인 뗀석기가 다수 발굴되었습니다. 이번 발굴로 청주시 일대에 이 시대의 유적이 다수 분포되어 있음을 알 수 있습니다.
청주시 오송읍에서 뗀석기 다수 발굴

① 철제 무기로 정복 활동을 벌였다.
② 주로 동굴이나 막집에서 거주하였다.
③ 명도전을 이용하여 중국과 교역하였다.
④ 반달 돌칼을 사용하여 벼를 수확하였다.
⑤ 빗살무늬 토기를 제작하여 식량을 저장하였다.

02 (가) 나라에 대한 설명으로 옳은 것은? [2점]

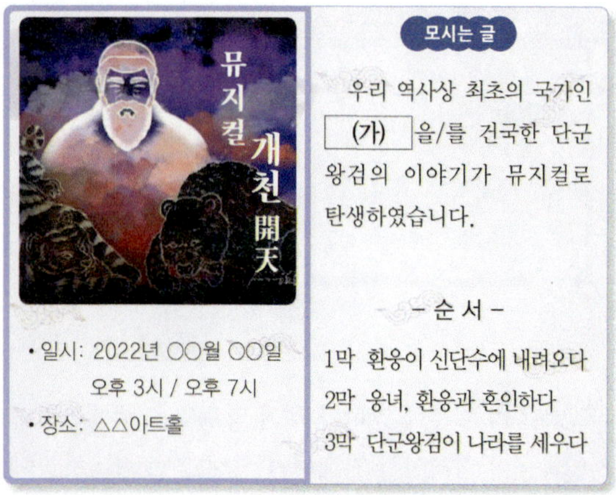

• 장소: △△아트홀

우리 역사상 최초의 국가인 (가) 을/를 건국한 단군왕검의 이야기가 뮤지컬로 탄생하였습니다.

1막 환웅이 신단수에 내려오다
2막 웅녀, 환웅과 혼인하다
3막 단군왕검이 나라를 세우다

① 무천이라는 제천 행사를 열었다.
② 신성 지역인 소도가 존재하였다.
③ 남의 물건을 훔쳤을 때에는 12배로 갚게 하였다.
④ 왕 아래 상가, 대로, 패자 등의 관직이 있었다.
⑤ 전국 7웅 중 하나인 연과 대립할 만큼 강성하였다.

03 (가), (나) 사이의 시기에 있었던 사실로 옳은 것은? [2점]

> (가) 대야성에서 패하였을 때 도독인 품석의 아내도 죽었는데, 바로 춘추의 딸이었다. [김춘추가] 말하기를, "신이 고구려에 사신으로 가서 군사를 청하여 백제에 원수를 갚고자 합니다."라고 하자 왕이 허락하였다.
>
> (나) 복신은 일찍이 군사를 거느렸는데, 이때 승려 도침과 함께 주류성에 근거하여 반란을 일으키고, 왜국에 있던 왕자 부여풍을 맞이하여 왕으로 세웠다.

① 당이 안동도호부를 설치하였다.
② 나당 연합군이 사비성을 함락하였다.
③ 신라가 매소성 전투에서 승리하였다.
④ 고구려가 신라에 침입한 왜를 격퇴하였다.
⑤ 백제와 왜의 연합군이 백강 전투에서 패배하였다.

04 (가) 인물에 대한 설명으로 옳은 것은? [2점]

이 그림은 명 대 간행된 소설에 실린 「막리지비도대전」입니다. 그림에서 당 태종을 향해 위협적으로 칼을 날리고 있는 모습으로 묘사된 인물이 (가) 입니다.
(가) 은/는 영류왕을 시해하고 대막리지가 되어 권력을 장악한 뒤, 당의 침략을 격퇴하였습니다. 이 그림을 통해 당시 중국인들이 그를 어떤 존재로 인식하고 있는지 엿볼 수 있습니다.

① 천리장성 축조를 감독하였다.
② 살수에서 수의 군대를 막아냈다.
③ 등주를 선제 공격하여 당군을 격파하였다.
④ 황산벌에서 계백이 이끄는 군대를 물리쳤다.
⑤ 안승을 왕으로 추대하고 부흥 운동을 전개하였다.

05 밑줄 그은 '왕'의 활동으로 옳은 것은? [2점]

> 왕 31년 7월에 신라가 동북쪽 변경을 빼앗아 신주(新州)를 설치하였다. …… [이듬해] 7월에 왕이 신라를 습격하려고 몸소 보병과 기병 50명을 거느리고 밤에 구천(狗川)에 이르렀다. 신라의 복병이 일어나 더불어 싸웠으나 [적의] 병사들에게 살해되었다.
>
> -『삼국사기』-

① 익산에 미륵사를 창건하였다.
② 평양성 전투에서 고국원왕을 전사시켰다.
③ 사비로 천도하고 국호를 남부여로 고쳤다.
④ 북위에 사신을 보내 고구려 공격을 요청하였다.
⑤ 동진에서 온 마라난타를 통해 불교를 수용하였다.

06 (가) 국가의 문화유산으로 옳은 것은? [1점]

메타버스 '서라벌' 오픈!
(가) 의 수도 경주의 문화유산을
아바타로 생생하게 체험해 보세요.
이벤트1 첨성대에서 별자리 찾아보기
이벤트2 포석정에서 인증샷 찍기

①

②

③

④

⑤

07 (가) 왕의 업적으로 옳은 것은? [3점]

답사 계획서

- 주제: (가) 의 자취를 따라서
- 개관: 삼국 통일의 위업을 달성한 (가) 의 발자취를 찾아가는 일정입니다.
- 일시: 2022년 6월 ○○일 09:00~17:00
- 주요 답사지 소개

월성(반월성)

왕이 거처한 궁성

동궁과 월지

왕이 건설한 별궁

감은사지

왕을 기리기 위해 아들 신문왕이 완성한 사찰의 터

대왕암

왕의 수중릉으로 알려진 곳

① 국가적인 조직으로 화랑도를 개편하였다.
② 지방관을 감찰하고자 외사정을 파견하였다.
③ 이차돈의 순교를 계기로 불교를 공인하였다.
④ 인재 등용을 위해 독서삼품과를 실시하였다.
⑤ 자장의 건의로 황룡사 구층 목탑을 건립하였다.

08 다음 자료에 나타난 시기의 경제 상황으로 옳은 것은? [2점]

> 장보고가 귀국 후 왕을 알현하여, "온 중국이 우리나라 사람을 노비로 삼고 있습니다. 바라옵건대 청해에 진을 설치하여 해적이 사람을 중국으로 잡아가는 것을 막으십시오."라고 아뢰었다. 왕이 장보고에게 군사 1만 명을 주어서 지키게 하였다.

① 은병이 화폐로 제작되었다.
② 낙랑과 왜에 철을 수출하였다.
③ 집집마다 부경이라는 창고가 있었다.
④ 덕대가 광산을 전문적으로 경영하였다.
⑤ 울산을 통해 아라비아 상인들이 왕래하였다.

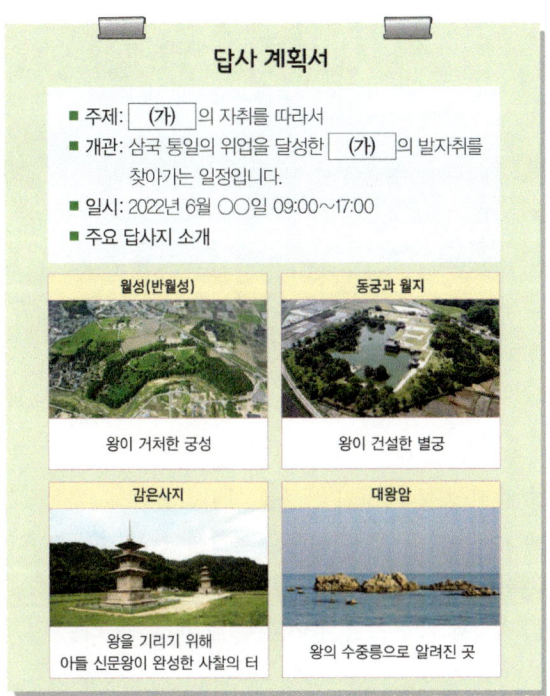

09 (가) 국가에 대한 설명으로 옳은 것은? [2점]

이곳은 해동성국이라 불렸던 (가) 의 온돌 유적으로 함경남도 신포시 오매리에서 발견되었습니다. 이 유적에서는 열기가 지나가는 통로인 고래의 숫자를 늘려서 난방의 효율을 높였다는 사실을 확인할 수 있습니다. 이는 (가) 이/가 고구려의 온돌 양식을 계승하여 발전시켰다는 사실을 잘 보여줍니다.

① 9서당과 10정을 설치하였다.
② 광평성 등의 정치 기구를 마련하였다.
③ 교육 기관으로 주자감을 설립하였다.
④ 욕살, 처려근지 등의 지방관을 두었다.
⑤ 지방에 22담로를 두어 왕족을 파견하였다.

10 (가)~(라)를 일어난 순서대로 옳게 나열한 것은? [3점]

(가) 처음으로 직관(職官)과 산관(散官) 각 품의 전시과를 제정하였다. …… 과등(科等)에 미치지 못한 자는 모두 전지 15결을 지급하였다.

(나) 역분전을 제정하였는데, 통일할 때의 조신(朝臣)이나 군사들은 관계(官階)를 따지지 않고 그 사람의 성품과 행동의 선악과 공로의 크고 작음을 보고 차등 있게 지급하였다.

(다) 쌍기가 의견을 올리니 처음으로 과거를 시행하였다. 시(詩)·부(賦)·송(頌) 및 시무책으로 시험하여 진사를 뽑았으며, 겸하여 명경업·의업·복업 등도 뽑았다.

(라) 왕이 말하기를, "비록 내 몸은 궁궐에 있지만 마음은 언제나 백성에게 치우쳐 있다. …… 이에 지방 수령들의 공(功)에 의지해 백성들의 소망에 부합하고자 12목 제도를 시행한다."라고 하였다.

① (가) – (나) – (다) – (라)
② (가) – (나) – (라) – (다)
③ (나) – (가) – (라) – (다)
④ (나) – (다) – (가) – (라)
⑤ (다) – (라) – (나) – (가)

11 다음 대화에 등장하는 왕이 추진한 정책으로 옳은 것은? [3점]

신이 싸움에서 진 이유는 적들은 기병인데 우리는 보병이라 대적할 수가 없었기 때문입니다. 새로운 부대의 창설이 필요합니다.
그렇다면 그대의 의견대로 별무반을 창설하여 여진과 맞서도록 하라.

① 천수라는 독자적 연호를 사용하였다.
② 관학을 진흥하고자 양현고를 설치하였다.
③ 주전도감을 설치하여 해동통보를 발행하였다.
④ 호족 세력을 견제하기 위해 노비안검법을 실시하였다.
⑤ 국자감을 성균관으로 개칭하고 유학 교육을 장려하였다.

12 (가), (나) 사이의 시기에 있었던 사실로 옳은 것은? [2점]

(가) 이자겸과 척준경이 왕을 위협하여 남궁(南宮)으로 거처를 옮기게 하고 안보린, 최탁 등 17인을 죽였다. 이 외에도 죽인 군사가 헤아릴 수 없을 정도였다.

(나) 이의방과 이고가 정중부를 따라가 몰래 말하기를, "오늘날 문신들은 득의양양하여 술을 취하도록 마시고 음식을 배불리 먹는데, 무신들은 모두 굶주리고 고달프니 이것을 어찌 참을 수 있습니까."라고 하였다.

① 김부식이 묘청의 반란을 진압하였다.
② 강조가 정변을 일으켜 김치양을 제거하였다.
③ 망이·망소이가 공주 명학소에서 봉기하였다.
④ 서희가 외교 담판을 벌여 강동 6주를 확보하였다.
⑤ 최충헌이 봉사 10조를 올려 시정 개혁을 건의하였다.

13 밑줄 그은 '왕'의 재위 시기에 있었던 사실로 옳은 것은? [1점]

얼마 전에 왕께서 기철과 그 일당들을 반역죄로 숙청하셨다고 하네.
나도 들었네. 정동행성 이문소도 철폐하셨다고 하더군.

① 경기에 한하여 과전법이 실시되었다.
② 정지가 관음포에서 승리를 거두었다.
③ 국정 총괄 기구로 교정도감이 설치되었다.
④ 신돈을 중심으로 전민변정 사업이 추진되었다.
⑤ 만권당이 설립되어 원과 고려의 학자가 교유하였다.

14 (가)에 대한 고려의 대응으로 옳은 것은? [2점]

> 현종 2년에 (가) 의 군주가 크게 군사를 일으켜 정벌하러 오자 왕이 남쪽으로 피란하였는데, (가) 군대는 여전히 송악성에 주둔하고 물러가지 않았습니다. 이에 현종이 여러 신하와 함께 더할 수 없는 큰 바람을 담아 대장경판을 새겨서 완성할 것을 맹세한 뒤에야 적의 군대가 스스로 물러갔습니다.
>
> -『동국이상국집』-

① 처인성에서 살리타를 사살하였다.
② 박위를 파견하여 근거지를 토벌하였다.
③ 개경을 방어하기 위해 나성을 축조하였다.
④ 삼수병으로 구성된 훈련도감을 설치하였다.
⑤ 강화도로 도읍을 옮겨 장기 항전을 준비하였다.

15 (가)에 들어갈 사진 자료로 적절한 것은? [2점]

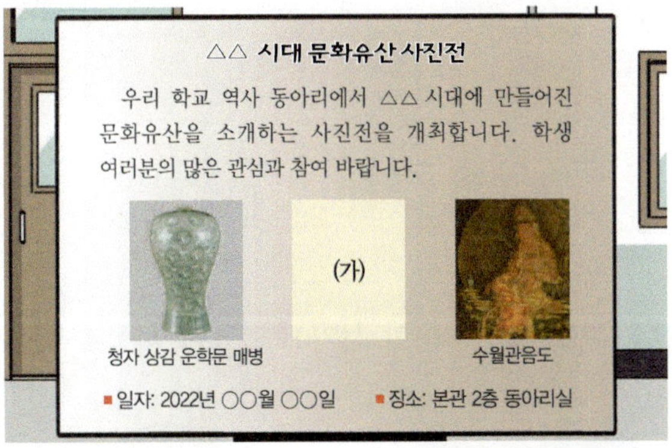

①

금동 연가 7년명 여래 입상

②

서산 용현리 마애 여래 삼존상

③

경주 분황사 모전 석탑

④

영주 부석사 무량수전

⑤

보은 법주사 팔상전

16 (가) 기구에 대한 설명으로 옳은 것은? [2점]

① 역사서 편찬과 보관을 주관하였다.
② 주로 국방과 군사 문제를 논의하였다.
③ 화폐, 곡식의 출납과 회계를 담당하였다.
④ 좌사정, 우사정의 이원적인 체제로 운영되었다.
⑤ 최우에 의해 설치되어 인사 행정을 처리하였다.

17 다음 자료에 나타난 시기의 사회 모습으로 옳은 것은? [2점]

> 인후는 …… 처음 이름은 홀랄대였다. 제국공주의 겁령구였는데, 겁령구는 중국 말로 사적으로 소속된 사람이다. 제국공주를 따라와서 중랑장에 임명되었다. 왕이 그를 장군으로 임명하고 싶어 이름을 바꾸라고 명령하자, 홀랄대가 대장군 인공수에게 말하기를 "내가 당신과 친한 사이이니 그대의 성을 빌리면 어떻겠소?"라고 하고, 드디어 성명을 바꾸어 인후라고 하였다. [인후는] 장순룡 및 차신과 더 좋은 저택을 짓기 위해 경쟁했는데, 사치스러움과 분수에 넘치는 것이 극에 달하였다.

① 최충이 9재 학당을 설립하였다.
② 빈민 구제를 위해 흑창이 설치되었다.
③ 대각국사 의천이 천태종을 개창하였다.
④ 만적이 개경에서 신분 해방을 도모하였다.
⑤ 지배층을 중심으로 변발과 호복이 유행하였다.

18 밑줄 그은 '역사서'에 대한 설명으로 옳은 것은? [1점]

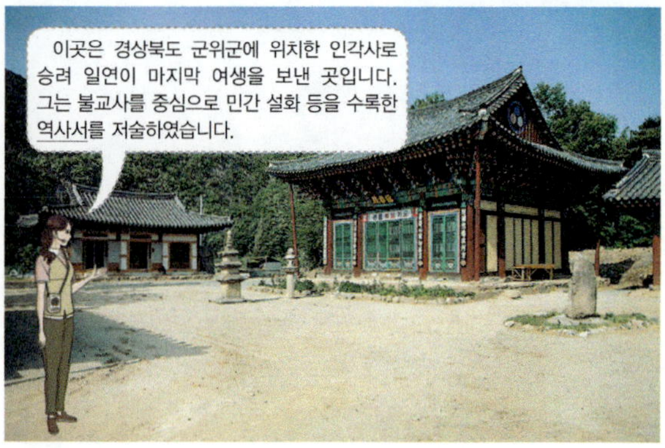

① 편년체 형식으로 기술되었다.
② 고조선의 건국 이야기가 서술되었다.
③ 남북국이라는 용어가 처음 사용되었다.
④ 왕명에 의해 고승들의 전기가 기록되었다.
⑤ 고구려 시조의 일대기가 서사시로 표현되었다.

19 밑줄 그은 '임금'의 재위 시기에 있었던 사실로 옳은 것은? [2점]

① 명의 신종을 제사하는 대보단이 설치되었다.
② 백과사전류 의서인 의방유취가 편찬되었다.
③ 왕권 강화를 위해 6조 직계제가 실시되었다.
④ 조선의 기본 법전인 경국대전이 반포되었다.
⑤ 역대 문물제도를 정리한 동국문헌비고가 간행되었다.

20 밑줄 그은 '이 사건' 이후의 사실로 옳은 것은? [2점]

① 최영에 의해 이인임 일파가 축출되었다.
② 최무선의 건의로 화통도감이 설치되었다.
③ 정도전 등이 요동 정벌 계획을 추진하였다.
④ 성삼문 등이 상왕의 복위를 꾀하다가 처형되었다.
⑤ 이종무가 왜구의 근거지인 쓰시마섬을 정벌하였다.

21 (가), (나) 사이의 시기에 있었던 사실로 옳은 것은? [3점]

(가) 유자광이 김종직의 조의제문을 구절마다 풀이해서 아뢰기를, "감히 이와 같은 부도한 말을 했으니, 청컨대 법에 의하여 죄를 다스리시옵소서. 이 문집 및 판본을 다 불태워버리고 간행한 사람까지 아울러 죄를 다스리시기를 청하옵니다."라고 하였다.

(나) 박원종 등이 궐문 밖에 진군하여 대비(大妃)에게 아뢰기를, "지금 임금이 도리를 잃어 정치가 혼란하고, 민생은 도탄에 빠지고, 종사는 위태롭습니다. 진성대군은 대소 신민의 촉망을 받은 지 이미 오래이므로, 이제 추대하고자 하오니 감히 대비의 분부를 여쭙니다."라고 하였다.

① 서인이 반정을 일으켜 정권을 장악하였다.
② 위훈 삭제를 주장한 조광조 일파가 제거되었다.
③ 이인좌를 중심으로 한 일부 소론 세력이 난을 일으켰다.
④ 폐비 윤씨 사사 사건을 빌미로 김굉필 등이 처형되었다.
⑤ 희빈 장씨 소생의 원자 책봉 문제로 환국이 발생하였다.

22 다음 기사에 나타난 시기의 경제 상황으로 옳은 것은? [1점]

역사 신문

제△△호 ○○○○년 ○○월 ○○일

초량으로 왜관 이전 결정

오늘 왕이 두모포 왜관의 초량 이전을 윤허하였다. 두모포 왜관은 일본과 국교가 재개되면서 새로 지은 왜관으로 기유약조 이후 일본과의 제한된 교역이 이루어진 곳이다. 그러나 두모포 왜관이 협소하다며 이전을 요구하는 왜인들의 잦은 요청이 있어 마침내 오늘 초량으로 이전을 결정하였다.

① 금속 화폐인 건원중보가 주조되었다.
② 솔빈부의 말이 특산물로 수출되었다.
③ 담배, 고추 등 상품 작물이 재배되었다.
④ 당항성, 영암이 국제 무역항으로 번성하였다.
⑤ 수도의 시전을 감독하기 위해 경시서가 설치되었다.

23 (가) 국가에 대한 조선의 정책으로 옳은 것은? [2점]

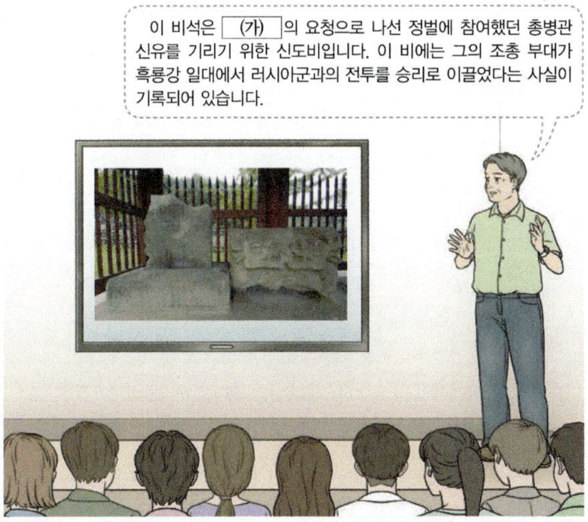

① 어영청을 중심으로 북벌을 추진하였다.
② 한성에 동평관을 두어 무역을 허용하였다.
③ 조약 체결에 대한 답례로 보빙사를 보냈다.
④ 공녀를 보내기 위해 결혼도감을 설치하였다.
⑤ 포로 송환을 위해 회답 겸 쇄환사를 파견하였다.

24 (가) 왕이 추진한 정책으로 옳은 것은? [2점]

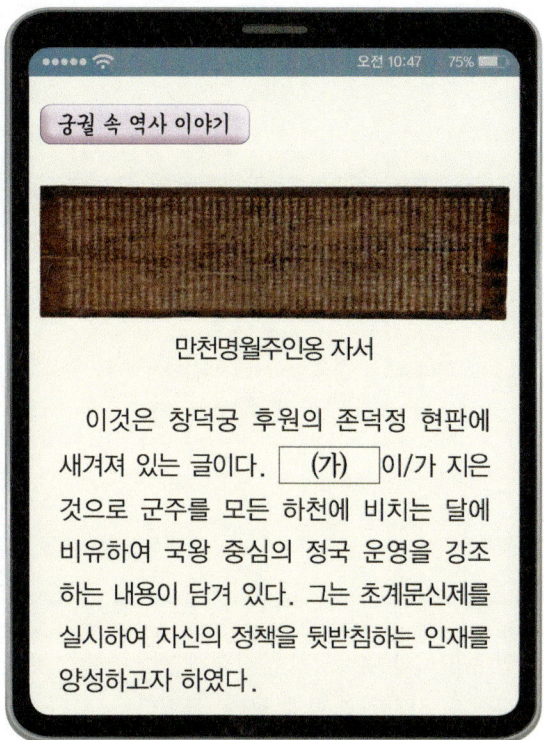

오전 10:47 75%

궁궐 속 역사 이야기

만천명월주인옹 자서

이것은 창덕궁 후원의 존덕정 현판에 새겨져 있는 글이다. (가) 이/가 지은 것으로 군주를 모든 하천에 비치는 달에 비유하여 국왕 중심의 정국 운영을 강조하는 내용이 담겨 있다. 그는 초계문신제를 실시하여 자신의 정책을 뒷받침하는 인재를 양성하고자 하였다.

① 친위 부대로 장용영을 설치하였다.
② 경기도에 한해서 대동법을 실시하였다.
③ 한양을 기준으로 한 역법서인 칠정산을 만들었다.
④ 통치 체제를 정비하기 위해 대전회통을 편찬하였다.
⑤ 직전법을 제정하여 현직 관리에게만 수조권을 지급하였다.

25 밑줄 그은 '이 시기'의 문화에 대한 설명으로 옳은 것은? [1점]

① 원각사지 십층 석탑이 건립되었다.
② 인왕제색도 등 진경 산수화가 그려졌다.
③ 주자소가 설치되어 계미자가 주조되었다.
④ 표면에 백토를 바른 분청사기가 유행하였다.
⑤ 청주 흥덕사에서 직지심체요절이 간행되었다.

26 (가) 기구에 대한 설명으로 옳은 것은? [2점]

역사 용어 해설

(가)

1. 개요

중종 때 삼포왜란을 계기로 설치되었다. 을묘왜변을 겪으면서 상설 기구화되었고, 양 난을 거치며 국정을 총괄하는 기구로 발전하였다.

2. 관련 사료

중외(中外)의 군국 기무를 모두 관장한다. …… 도제조는 현임과 전임 의정(議政)이 겸하고, 제조는 정원에 제한이 없으며 임금에게 보고하여 임명한다. 이·호·예·병·형조 판서, 양국 대장, 양도 유수, 대제학은 당연히 겸직한다.

-『속대전』-

① 업무 일지인 내각일력을 작성하였다.
② 사헌부, 사간원과 함께 3사로 불렸다.
③ 소속 관원을 은대 학사라고도 칭하였다.
④ 흥선 대원군이 집권한 시기에 혁파되었다.
⑤ 국왕 직속 사법 기구로 중죄인을 다스렸다.

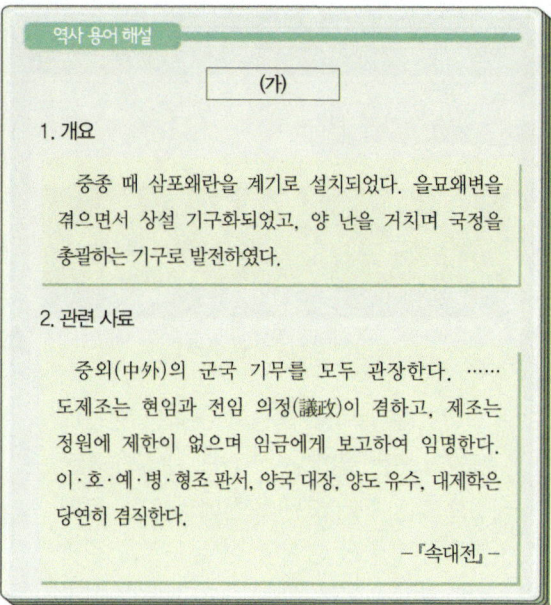

27 (가) 인물에 대한 설명으로 옳은 것은? [2점]

(가) 은/는 널리 배워 시를 잘 짓고 전고(典故)에도 밝았다. …… 발해고를 지어서 인물과 군현, 왕실 계보의 연혁 등을 상세하게 잘 엮어서 두루 모아놓으니 기뻐할 만하다. 그런데 그의 말에 왕씨가 고구려의 옛 강역을 회복하지 못하였음을 탄식한 부분이 있다. 왕씨가 옛 강역을 회복하지 못하니 계림과 낙랑의 옛터가 마침내 어두워져 스스로 천하와 단절되었다는 것이다.

① 규장각의 검서관으로 활동하였다.
② 양명학을 연구해 강화학파를 형성하였다.
③ 의산문답에서 중국 중심의 세계관을 비판하였다.
④ 북한산비가 진흥왕 순수비임을 처음으로 밝혀냈다.
⑤ 체질에 따라 치료를 달리하는 사상 의학을 확립하였다.

28 다음 대화에 나타난 사건에 대한 설명으로 옳은 것은 [1점]

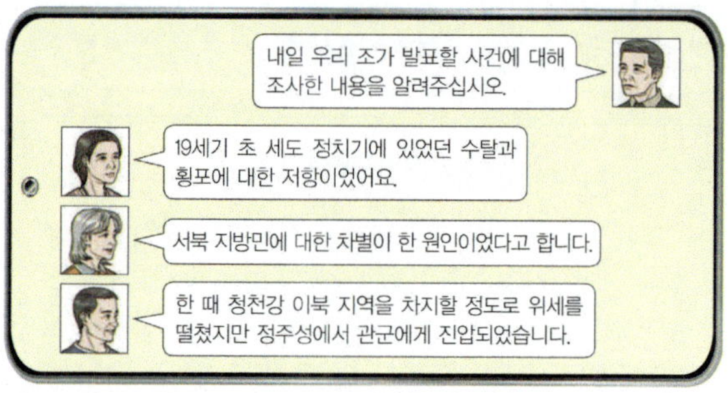

① 홍경래, 우군칙 등이 주도하였다.
② 청군이 파병되는 결과를 가져왔다.
③ 제물포 조약이 체결되는 배경이 되었다.
④ 보국안민, 제폭구민을 기치로 내걸었다.
⑤ 박규수가 안핵사로 파견되는 계기가 되었다.

29 (가)~(라) 사건에 대한 설명으로 옳은 것을 〈보기〉에서 고른 것은? [3점]

(가) 나라 안의 모든 주군(州郡)에서 공물과 부세를 보내지 않아 창고가 비고 재정이 궁핍해졌다. 왕이 관리를 보내 독촉하니 곳곳에서 도적이 벌떼처럼 일어났다. 이때 원종, 애노 등이 사벌주를 근거지로 반란을 일으켰다.

(나) 남쪽에서 적(賊)들이 봉기하였다. 가장 심한 자들은 운문을 거점으로 한 김사미와 초전을 거점으로 한 효심이었다. 이들은 유랑민을 불러 모아 주현(州縣)을 습격하여 노략질하였다.

(다) 임술년 2월 19일, 진주 백성 수만 명이 머리에 흰 수건을 두르고 손에는 나무 몽둥이를 들고 무리를 지어 진주 읍내에 모여 서리들의 가옥 수십 호를 불사르고 부수니, 그 움직임이 심상치 않았다.

(라) 군수 조병갑은 탐학이 심하여 군민들이 그 주구에 시달려왔다. 그러던 중 조병갑이 다시 만석보 보수를 빙자하여 백성을 강제 노역시키고 불법적인 징세를 자행하였기에 군민들이 더욱 한을 품게 되었다. …… 전봉준은 백성을 이끌고 일어나 관아를 습격하고 관청에서 쌓은 보를 허물어 버렸다.

〈보 기〉

ㄱ. (가) – 삼정이정청이 설치되는 계기가 되었다.
ㄴ. (나) – 무신 집권기 지배층의 수탈에 대한 저항이었다.
ㄷ. (다) – 윤원형 일파가 정국을 주도한 시기에 발생하였다.
ㄹ. (라) – 주모자가 드러나지 않기 위해 사발통문을 작성하였다.

① ㄱ, ㄴ ② ㄱ, ㄷ ③ ㄴ, ㄷ
④ ㄴ, ㄹ ⑤ ㄷ, ㄹ

30 다음 상황이 나타난 시기를 연표에서 옳게 고른 것은? [2점]

> 북경 주재 프랑스 공사가 청에 보내온 문서에 의하면, "조선에서 프랑스 주교 2명 및 선교사 9명과 조선의 많은 천주교 신자가 처형되었다. 이에 제독에게 요청하여 며칠 안으로 군대를 일으키도록 할 것이다."라고 되어 있습니다.

1863		1868		1871		1875		1882		1886
	(가)		(나)		(다)		(라)		(마)	
고종 즉위		오페르트 도굴 사건		신미양요		운요호 사건		조미 수호 통상 조약		조프 수호 통상 조약

① (가) ② (나) ③ (다) ④ (라) ⑤ (마)

31 다음 검색창에 들어갈 조약에 대한 설명으로 옳은 것은? [1점]

> 한국사 사전
>
> 조약 [ ] 검색
>
> | 검색 결과
> • 이칭: 조일 수호 조규
> • 체결 연도: 1876년
> • 협상 대표: 신헌, 구로다 기요타카
> • 주요 조항
> 제1관 조선국은 자주국이며 일본국과 평등한 권리를 가진다.
> ⋮
> 제7관 조선국 연해를 일본국의 항해자가 자유롭게 측량하도록 허가한다.
>
> | 관련 이미지

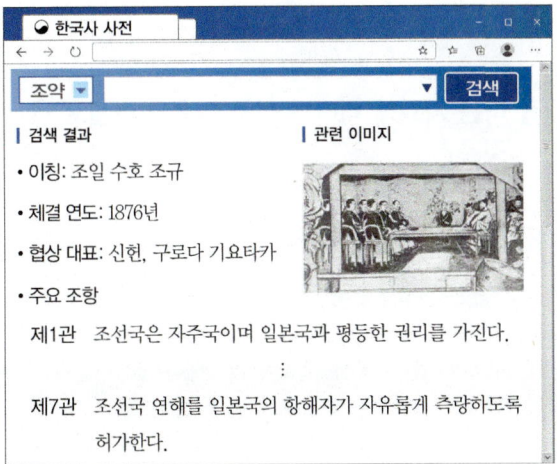

① 최혜국 대우를 최초로 규정하였다.
② 통감부가 설치되는 계기가 되었다.
③ 천주교 포교 허용의 근거가 되었다.
④ 일본 경비병의 공사관 주둔을 명시하였다.
⑤ 부산 외 2곳에 개항장이 설치되는 결과를 가져왔다.

32 다음 상황 이후에 전개된 사실로 옳은 것은? [2점]

> 17일에 홍 참판이 우정총국에서 개국 연회를 열었다. 그동안에 [담장 밖에서] 화재가 발생했다. 민 참판은 양해를 구한 뒤 화재 진압을 돕기 위해 밖으로 나갔다. 바깥에는 연회에 참석한 일본 공사를 호위하기 위해 온 일본 병사들이 두 줄로 늘어서 있었고, 그는 그들을 지나쳤다. 민 참판은 양쪽에서 공격을 받았고, …… 몸 여러 군데에 자상을 입었다.
>
> –『조지 클레이튼 포크의 일기』–

① 신식 군대인 별기군이 폐지되었다.
② 김기수를 수신사로 일본에 파견하였다.
③ 이항로와 기정진이 척화주전론을 주장하였다.
④ 왕비가 궁궐을 빠져 나와 장호원으로 피신하였다.
⑤ 개화당 정부가 수립되고 개혁 정강이 발표되었다.

33 밑줄 그은 '개혁'의 내용으로 옳은 것은? [2점]

① 원수부를 설치하였다.
② 기기창을 설립하였다.
③ 공사 노비법을 혁파하였다.
④ 태양력을 공식 채택하였다.
⑤ 한성 사범 학교 관제를 반포하였다.

34 밑줄 그은 '그'의 활동으로 옳은 것은? [2점]

① 5적 처단을 위해 자신회를 조직하였다.
② 명동 성당 앞에서 이완용을 습격하였다.
③ 하얼빈에서 이토 히로부미를 사살하였다.
④ 타이완에서 일본 육군 대장을 저격하였다.
⑤ 동양 척식 주식회사에 폭탄을 투척하였다.

35 (가) 단체에 대한 설명으로 옳은 것은? [2점]

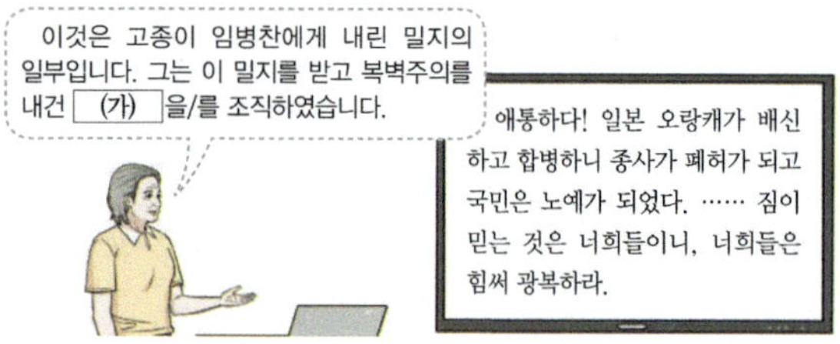

① 일본 도쿄에서 독립 선언서를 발표하였다.
② 일제가 제정한 치안 유지법으로 탄압받았다.
③ 서간도에 신흥 강습소를 세워 독립군을 양성하였다.
④ 독립운동 자금을 모으기 위해 독립 공채를 발행하였다.
⑤ 조선 총독에게 제출하기 위해 국권 반환 요구서를 작성하였다.

36 다음 상황이 나타나게 된 배경으로 가장 적절한 것은? [2점]

> 경신년 시월에 일본 토벌대들이 전 만주를 휩쓸어 애국지사들은 물론이고 농민들도 무조건 잡아다 학살하였다. …… 독립군의 성과가 컸기 때문에 그에 대한 보복으로 일본군이 대학살을 감행한 것이었다. 이것이 이른바 경신참변이다. 그래서 애국지사들은 가족들을 두고 단신으로 길림성 오상현, 흑룡강성 영안현 등으로 흩어졌다.
> -『아직도 내 귀엔 서간도 바람소리가』-

① 조선 의용대가 호가장 전투에서 활약하였다.
② 대한 독립군 등이 봉오동에서 일본군을 격파하였다.
③ 조선 혁명군이 영릉가에서 일본군에 승리를 거두었다.
④ 한국 독립군이 대전자령 전투에서 일본군을 격퇴하였다.
⑤ 대한민국 임시 정부가 직할 부대로 참의부를 결성하였다.

37 밑줄 그은 '이 시기'에 볼 수 있는 모습으로 적절한 것은? [2점]

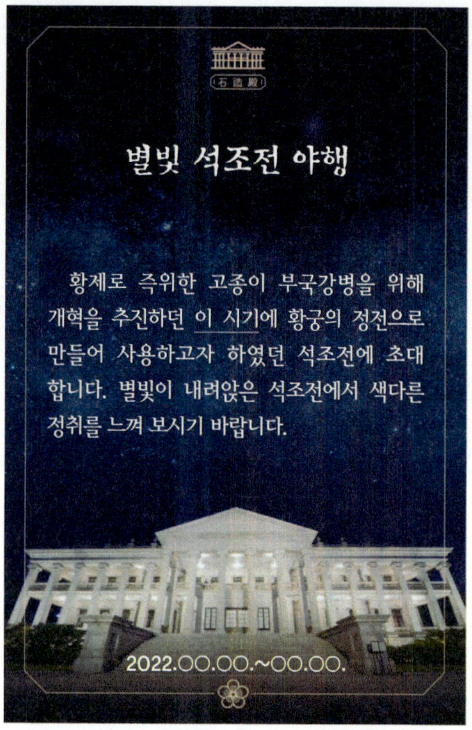

① 영선사 일행으로 청에 가는 생도
② 육영 공원에서 영어를 공부하는 학생
③ 거문도를 불법 점령하고 있는 영국 해군
④ 양전 사업을 실시하고 지계를 발급하는 관리
⑤ 보은 집회에서 교조 신원을 주장하는 동학교도

38 다음 자료에 나타난 상황 이후의 사실로 옳은 것은? [3점]

> 오늘 신문에 강화(講和) 조약 전문이 공개되었다. 러시아는 일본이 조선에서 갖고 있는 막대한 정치적·군사적·경제적 이익을 인정하고, 일본이 조선의 내정을 지도·보호 및 감리(監理)하는 데 필요하다고 여기는 어떠한 조치도 방해하거나 간섭하지 않을 것을 약속하였다. …… 러시아는 전쟁으로 교훈을 얻었다. 일본은 전쟁으로 영예를 얻었다. 조선은 전쟁으로 최악의 것을 얻었다.
> -『윤치호 일기』-

① 메가타가 재정 고문으로 부임하였다.
② 고종이 러시아 공사관으로 거처를 옮겼다.
③ 베델과 양기탁이 대한매일신보를 창간하였다.
④ 관민 공동회가 개최되어 헌의 6조를 결의하였다.
⑤ 민종식이 이끄는 의병 부대가 홍주성을 점령하였다.

39 (가) 종교에 대한 설명으로 옳은 것은? [1점]

이곳은 동학에서 시작된 종교인 (가) 소속의 방정환, 김기전 등이 인내천 사상을 바탕으로 1922년 '어린이의 날'을 선포한 장소입니다. 그들은 어린이들과 함께 이곳에서 출발하여 거리 행진을 하며 선전문을 배포한 뒤 어린이날 제정 축하 기념회를 열었습니다.

① 만세보를 발행하여 민중 계몽에 힘썼다.
② 중광단을 조직하여 무장 투쟁을 전개하였다.
③ 배재 학당을 세워 신학문 보급에 기여하였다.
④ 박중빈을 중심으로 새생활 운동을 추진하였다.
⑤ 일제의 통제에 맞서 사찰령 폐지 운동을 주도하였다.

40 (가) 인물에 대한 설명으로 옳은 것은? [3점]

여행권(여권)을 통해 본 독립운동가의 삶

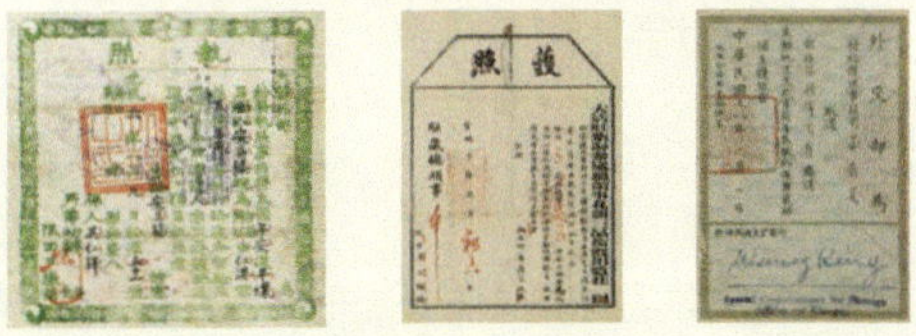

위 자료들은 독립운동가 (가) 이/가 사용한 여행권으로 미국, 중국, 멕시코 등 많은 국가들을 방문한 기록이 남아 있다. (가) 은/는 여러 국가들을 이동하면서 공립 협회, 대한인 국민회, 흥사단 등을 조직하는 데 주도적인 역할을 담당하였다. 1937년 동우회 사건으로 옥고를 치른 후 지병이 악화되어 이듬해 사망하였다.

① 일본의 침략 과정을 담은 한국통사를 저술하였다.
② 조선학 운동을 주도하여 여유당전서를 간행하였다.
③ 백산 상회를 설립하여 독립운동 자금을 마련하였다.
④ 친일 인사 스티븐스를 샌프란시스코에서 사살하였다.
⑤ 대한민국 임시 정부에서 내무총장 겸 국무총리 대리로 취임하였다.

41 밑줄 그은 '시기'에 시행된 일제의 정책으로 옳은 것은? [2점]

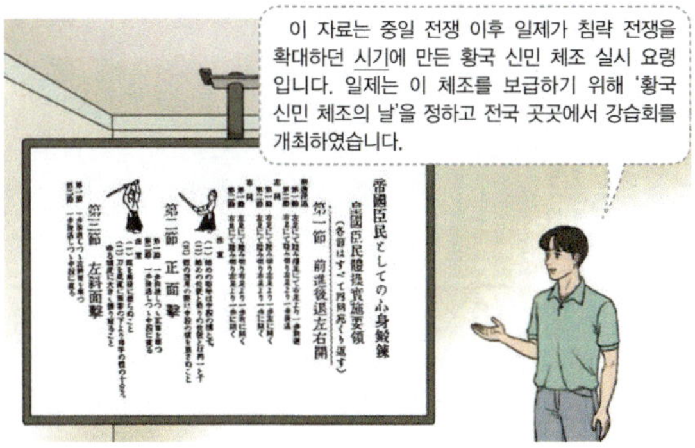

이 자료는 중일 전쟁 이후 일제가 침략 전쟁을 확대하던 시기에 만든 황국 신민 체조 실시 요령입니다. 일제는 이 체조를 보급하기 위해 '황국 신민 체조의 날'을 정하고 전국 곳곳에서 강습회를 개최하였습니다.

① 회사령을 제정하였다.
② 미쓰야 협정을 체결하였다.
③ 경성 제국 대학을 설립하였다.
④ 토지 조사 사업을 실시하였다.
⑤ 조선 사상범 예방 구금령을 공포하였다.

42 (가) 지역에 대한 탐구 활동으로 가장 적절한 것은? [1점]

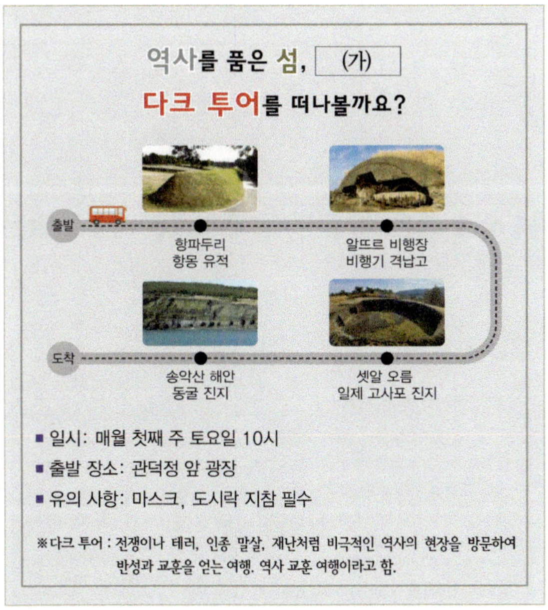

역사를 품은 섬, (가)
다크 투어를 떠나볼까요?

알뜨르 비행장 비행기 격납고

송악산 해안 동굴 진지
셋알 오름 일제 고사포 진지
■ 일시: 매월 첫째 주 토요일 10시
■ 출발 장소: 관덕정 앞 광장
■ 유의 사항: 마스크, 도시락 지참 필수
※다크 투어 : 전쟁이나 테러, 인종 말살, 재난처럼 비극적인 역사의 현장을 방문하여 반성과 교훈을 얻는 여행. 역사 교훈 여행이라고 함.

① 정약전이 자산어보를 저술한 곳을 알아본다.
② 프랑스군이 외규장각 도서를 약탈한 장소를 살펴본다.
③ 지주 문재철에 맞서 소작 쟁의가 일어난 곳을 찾아본다.
④ 4·3 사건으로 많은 주민이 희생된 주요 장소를 조사한다.
⑤ 러시아가 저탄소 설치를 위해 조차를 요구한 곳을 검색한다.

43 (가) 부대에 대한 설명으로 옳은 것은? [2점]

> 인도 전선에서 (가) 이/가 활동에 나선 이래, 각 대원은 민족의 영광을 위해 빗발치는 탄환도 두려워하지 않고 온갖 고초를 겪으며 영국군의 작전에 협조하였다. (가) 은/는 적을 향한 육성 선전, 방송, 전단 살포, 포로 신문, 정찰, 포로 훈련 등 여러 부분에서 상당한 성과를 거두었다. 그 결과 영국군 당국은 우리를 깊이 신임하고 있으며, 한국 독립에 대해서도 동정을 아끼지 않고 있다. 충칭에 거주하고 있는 한국 청년 동지들이 인도에서의 공작에 다수 참여하기를 희망한다.
>
> -「독립신문」-

① 청산리에서 일본군에 맞서 대승을 거두었다.
② 미군과 연계하여 국내 진공 작전을 계획하였다.
③ 쌍성보 전투에서 한중 연합 작전을 전개하였다.
④ 중국 의용군과 연합하여 흥경성에서 승리하였다.
⑤ 동북 항일 연군으로 개편되어 유격전을 펼쳤다.

44 밑줄 그은 '이 전쟁' 중에 있었던 사실로 옳은 것은? [3점]

> 노래로 읽는 한국사
>
> **이별의 부산 정거장**
>
> 보슬비가 소리도 없이
> 이별 슬픈 부산 정거장
> 잘 가세요 잘 있어요
> 눈물의 기적이 운다
> 한 많은 피난살이 설움도 많아
> 그래도 잊지 못할 판잣집이여
> 경상도 사투리의 아가씨가 슬피 우네
> 이별의 부산 정거장
>
> [해설]
>
> 이 곡은 <u>이 전쟁</u>의 정전 협정이 체결된 이듬해에 발표된 노래로, 낯선 부산에서의 판잣집 피란살이를 마치고 서울로 떠나는 피란민의 심정을 애절하게 묘사하였습니다. 피란살이는 힘들었지만 부산에서 만난 사람들과의 인연이 힘이 되었다는 가사를 담고 있습니다.

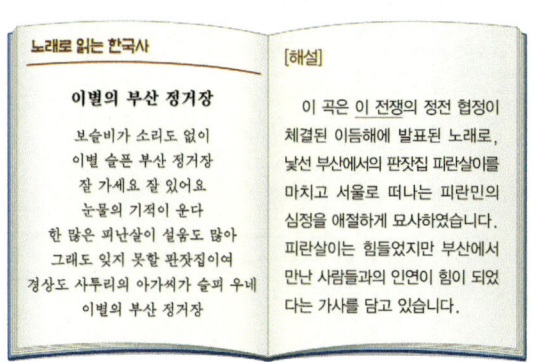

① 한미 상호 방위 조약이 체결되었다.
② 반민족 행위 특별 조사 위원회가 해체되었다.
③ 통일 주체 국민 회의에서 대통령이 선출되었다.
④ 비상 계엄이 선포된 가운데 발췌 개헌안이 통과되었다.
⑤ 국가보안법 개정안을 통과시킨 이른바 보안법 파동이 일어났다.

45 밑줄 그은 '이 사건'이 일어난 시기를 연표에서 옳게 고른 것은? [3점]

> 1. <u>이 사건</u>은 검찰이 아무런 증거도 없이 공소 사실도 특정하지 못한 채 조봉암 등 진보당 간부들에 대해 국가 변란 혐의로 기소를 하였고 ……
>
> ⋮
>
> 5. <u>이 사건</u>은 정권에 위협이 되는 야당 정치인을 제거하려는 의도에서 표적 수사에 나서 극형인 사형에 처한 것으로 민주국가에서 있어서는 안 될 비인도적, 반인권적 인권 유린이자 정치 탄압 사건이다.
>
> 6. 국가는 …… 피해자와 유가족에게 총체적으로 사과하고 화해를 이루는 등 적절한 조치를 취하여야 하며, 명예를 회복시키기 위해 형사소송법이 정한 바에 따라 재심 등 상응한 조치를 취하는 것이 필요하다.
>
> -「진실·화해를 위한 과거사 정리 위원회 조사보고서」-

1948		1954		1960		1965		1969		1974
	(가)		(나)		(다)		(라)		(마)	
대한민국 정부 수립		사사오입 개헌		4·19 혁명		한일 기본 조약		3선 개헌		인민 혁명당 재건위 사건

① (가) ② (나) ③ (다) ④ (라) ⑤ (마)

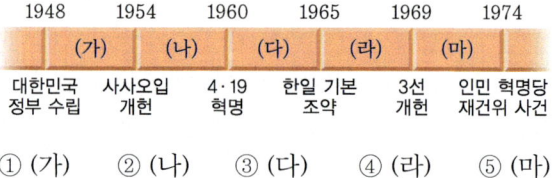

46 밑줄 그은 '이 정권' 시기에 있었던 사실로 옳지 <u>않은</u> 것은? [2점]

> **양심 선언문**
>
> 들으라! 우리는 유신 헌법의 잔인한 폭력성을, 합법을 가장한 유신 헌법의 모든 부조리와 악을 고발한다. 우리는 유신 헌법의 비민주적 허위성을 고발한다. …… 우리 대한 학도는 민족과 역사 앞에 분연히 선언한다. <u>이 정권</u>이 끝날 때까지 후퇴치 못하고 이 민족을 끝까지 못살게 군다면 자유와 평등과 정의를 뜨겁게 외치는 이 땅의 모든 시민의 준엄한 피의 심판을 면치 못하리라.

① 신민당사에서 YH 무역 노동자들이 농성을 하였다.
② 민주 회복을 위한 개헌 청원 백만인 서명 운동이 전개되었다.
③ 호헌 철폐, 독재 타도를 내세운 6·10 국민 대회가 개최되었다.
④ 야당 총재의 국회의원직 제명을 계기로 민주 항쟁이 일어났다.
⑤ 긴급 조치 철폐를 요구하는 3·1 민주 구국 선언이 발표되었다.

47 ㉠~㉤에 대한 탐구 활동으로 적절하지 않은 것은? [2점]

> 역사 돋보기 **조선이 만난 이방인**
>
> **조선 전기**에는 외부 세계와의 관계가 중국과 일본을 중심으로 류큐 등의 아시아 국가에 주로 국한되어 있었다. ㉠조선인의 외부에 대한 인식은 이들 국가에 집중되어 있었고, 조선은 중국을 비롯한 주변 국가 이외의 세계에서는 낯선 존재였다.
>
> **조선 후기**에 들어 지리 지식의 확대와 더불어 조선인의 외부 세계에 대한 인식이 점차 넓어져 갔다. 조선과 서양인의 만남은 크게 네 가지로 나누어 볼 수 있다. 첫째, 중국과 일본을 오가던 ㉡서양 선박이 난파하여 조선에 표착한 경우이다. 둘째, 크리스트교 선교를 목적으로 ㉢선교사가 직접 조선에 파견되는 경우이다. 셋째, 서양인이 ㉣조선의 해안 측량을 목적으로 해안을 탐사하는 과정에서 접촉한 경우이다. 넷째, 조선과의 ㉤교역을 목적으로 서양의 상선이 접근하는 경우이다.

① ㉠ – 해동제국기의 작성 목적을 파악한다.
② ㉡ – 하멜 표류기의 내용을 분석한다.
③ ㉢ – 프랑스 파리 외방 선교회의 활동을 알아본다.
④ ㉣ – 혼일강리역대국도지도가 제작된 과정을 조사한다.
⑤ ㉤ – 제너럴 셔먼호 사건 관련 자료를 찾아본다.

48 교사의 질문에 대한 학생의 답변으로 옳은 것은? [2점]

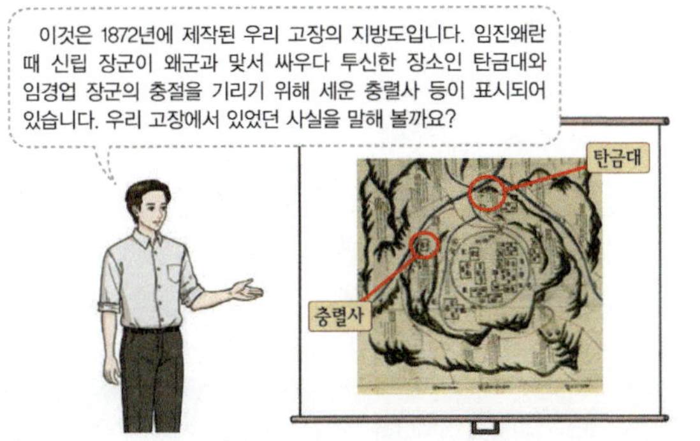

① 인조가 이괄의 난으로 피란했어요.
② 견훤이 후백제의 도읍으로 삼았어요.
③ 김윤후와 함께 관노들이 몽골군에 항전했어요.
④ 강주룡이 을밀대 지붕에서 고공농성을 벌였어요.
⑤ 박재혁이 경찰서에서 폭탄을 터뜨리는 의거를 일으켰어요.

49 다음 뉴스가 보도된 정부 시기에 있었던 사실로 옳은 것은? [3점]

① 서울 올림픽 대회가 개최되었다.
② 국가 인권 위원회가 설립되었다.
③ 전국 민주 노동조합 총연맹이 창립되었다.
④ 중국과 자유 무역 협정(FTA)이 체결되었다.
⑤ 친일 반민족 행위 진상 규명 위원회가 출범하였다.

50 다음 연설이 있었던 정부의 통일 노력으로 옳은 것은? [2점]

> 저는 지난 6월 13일 역사적인 평양 방문을 이룩했습니다. 평양을 방문할 때 저는 참으로 만감이 교차하였습니다. 분단된 조국의 땅을 처음으로 가게 된 감회도 컸고, 또 과연 이 회담에서 성공을 거둘 수 있을지 많은 염려도 갖고 북한을 방문했던 것입니다. …… 지난 6월의 평양 회담 이후 우리 한국은 두 가지를 당면 목표로 추진하고 있습니다. 첫째는 남북 간의 긴장을 완화시키는 것입니다. …… 두 번째 당면 목표는 50년 간의 단절과 불신과 적대로부터, 다시 교류와 신뢰와 동족애를 회복하는 것입니다.
>
> –「○○○ 대통령 스웨덴 의회 연설」–

① 남북 조절 위원회를 구성하였다.
② 남북한이 유엔에 동시 가입하였다.
③ 판문점에서 남북 정상 회담을 개최하였다.
④ 남북한 교류 협력을 위한 개성 공단 조성에 합의하였다.
⑤ 남북 이산가족 고향 방문단의 교환 방문을 최초로 실현하였다.

심화

2022년도 제60회 한국사능력검정시험 문제지

01 (가) 시대의 생활 모습으로 옳은 것은? [1점]

이곳은 유네스코 세계유산으로 등재된 화순 고인돌 유적입니다. 여기에는 계급이 발생한 (가) 시대의 고인돌이 밀집되어 있고, 인근에서는 덮개돌을 캐낸 채석장이 발견되어 고인돌의 축조 과정을 살펴볼 수 있습니다.

① 소를 이용하여 깊이갈이를 하였다.
② 주로 동굴이나 바위 그늘에서 살았다.
③ 반달 돌칼을 사용하여 곡물을 수확하였다.
④ 빗살무늬 토기를 제작하여 식량을 저장하였다.
⑤ 주먹도끼, 찍개 등 뗀석기를 만들기 시작하였다.

02 밑줄 그은 '이 나라'에 대한 설명으로 옳은 것은? [2점]

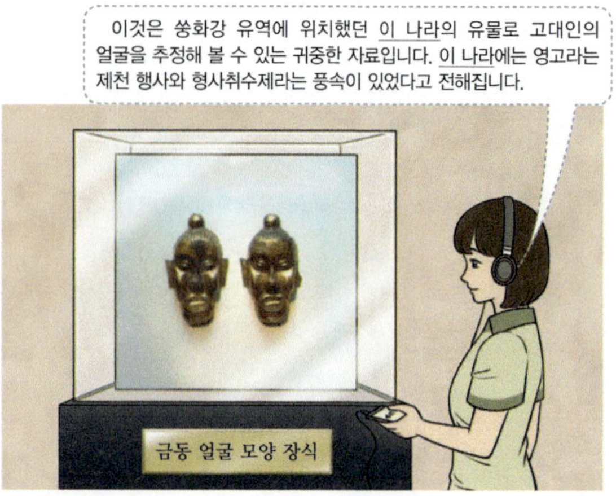

이것은 쑹화강 유역에 위치했던 이 나라의 유물로 고대인의 얼굴을 추정해 볼 수 있는 귀중한 자료입니다. 이 나라에는 영고라는 제천 행사와 형사취수제라는 풍속이 있었다고 전해집니다.

① 신성 구역인 소도를 두었다.
② 읍락 간의 경계를 중시하는 책화가 있었다.
③ 여러 가(加)들이 각각 사출도를 주관하였다.
④ 정사암 회의에서 국가의 중대사를 결정하였다.
⑤ 사회 질서를 유지하기 위해 범금 8조를 만들었다.

03 (가)나라에 대한 설명으로 옳은 것은? [2점]

수로왕이 건국했다고 전해지는 (가) 의 유적이다. 발굴 조사 결과 널무덤, 독무덤 등 600여 기의 유구와 토기, 청동기, 철기 등 5,200여 점에 이르는 유물이 출토되었다.
▲ 고분군 발굴 전경

① 법흥왕 때 신라에 복속되었다.
② 유학 교육 기관으로 주자감을 두었다.
③ 지방에 22담로를 두어 왕족을 파견하였다.
④ 화백 회의에서 국가의 중대사를 논의하였다.
⑤ 단궁, 과하마, 반어피 등의 특산물이 있었다.

04 다음 상황 이후에 전개된 사실로 옳은 것은? [3점]

> 소정방이 백제를 평정하자 흑치상지는 휘하의 무리를 이끌고 항복하였다. 소정방이 연로한 왕을 가두고 병사를 풀어 가혹하게 약탈하자, 이를 두려워한 흑치상지는 추장 10여 인과 함께 도망하여 임존산을 거점으로 반란을 일으켰다. 열흘 만에 휘하에 3만여 명이 모였으며 곧 200여 성을 되찾았다. 소정방이 병사를 이끌고 흑치상지를 공격하였지만 이기지 못하였다.
>
> -『삼국사기』-

① 을지문덕이 살수에서 승리하였다.
② 안승이 보덕국의 왕으로 임명되었다.
③ 관구검의 공격으로 환도성이 함락되었다.
④ 의자왕이 윤충을 보내 대야성을 함락시켰다.
⑤ 계백이 이끄는 결사대가 신라군에 맞서 싸웠다.

05 다음 검색창에 들어갈 왕에 대한 설명으로 옳은 것은? [2점]

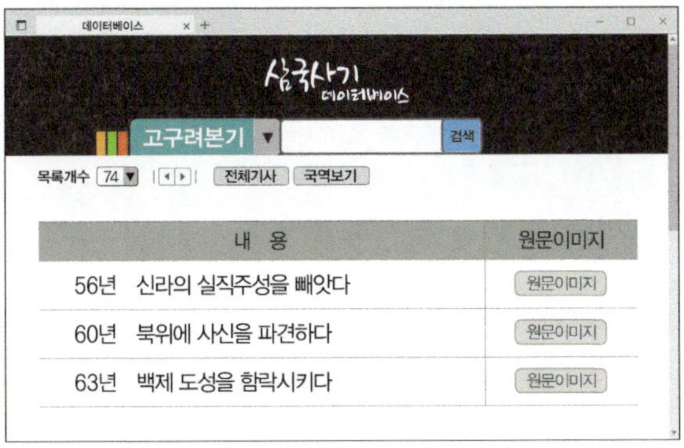

① 도읍을 국내성에서 평양으로 옮겼다.
② 낙랑군을 몰아내고 영토를 확장하였다.
③ 을파소의 건의로 진대법을 실시하였다.
④ 영락이라는 독자적 연호를 사용하였다.
⑤ 전진의 순도를 통해 불교를 수용하였다.

06 (가) 국가에 대한 설명으로 옳은 것은? [1점]

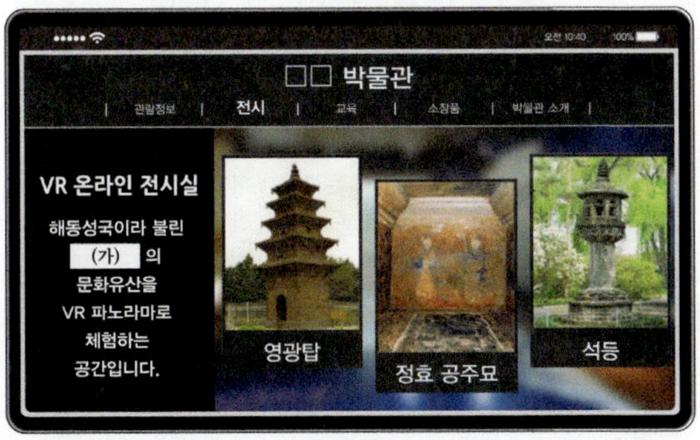

① 중정대를 두어 관리를 감찰하였다.
② 군사 조직으로 9서당 10정을 편성하였다.
③ 내신 좌평 등 6좌평의 관제를 정비하였다.
④ 상수리 제도를 시행하여 지방 세력을 견제하였다.
⑤ 왕족인 부여씨와 8성의 귀족이 지배층을 이루었다.

07 밑줄 그은 '이 승려'의 활동으로 옳은 것은? [2점]

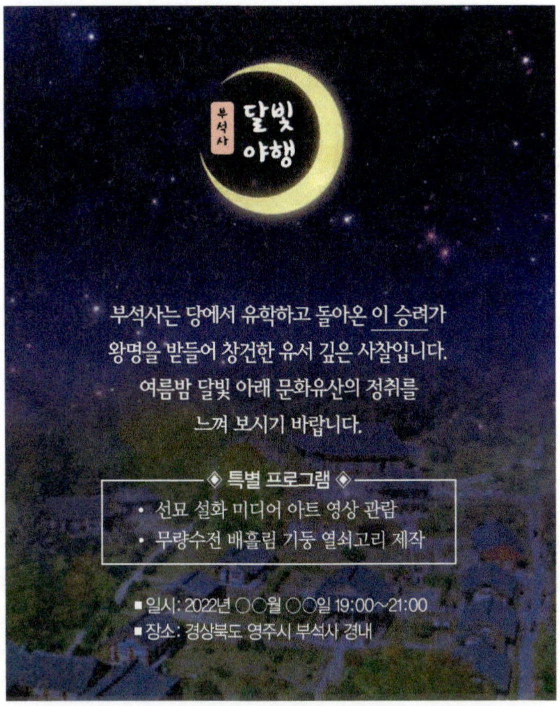

① 무애가를 지어 불교 대중화에 기여하였다.
② 화랑도의 규범으로 세속 5계를 제시하였다.
③ 구법 순례기인 왕오천축국전을 저술하였다.
④ 승려들의 전기를 담은 해동고승전을 집필하였다.
⑤ 화엄일승법계도를 지어 화엄 사상을 정리하였다.

08 밑줄 그은 '이 왕'의 업적으로 옳은 것은? [2점]

① 거칠부에게 국사를 편찬하게 하였다.
② 이사부를 보내 우산국을 복속하였다.
③ 건원이라는 독자적 연호를 사용하였다.
④ 관료전을 지급하고 녹읍을 폐지하였다.
⑤ 관리 선발을 위해 독서삼품과를 실시하였다.

09 (가) 인물에 대한 설명으로 옳은 것은? [2점]

이 사진은 (가) 이/가 세운 태봉의 철원 도성 터에서 촬영된 석등입니다. 일제 강점기에 보물로 지정되기도 했으나 지금은 비무장지대 안에 있어 존재를 확인하기 어렵습니다. 관련 연구의 진전을 위해서는 남북한의 협력이 필요합니다.

① 금마저에 미륵사를 창건하였다.
② 후당과 오월에 사신을 파견하였다.
③ 일리천 전투에서 신검의 군대를 격퇴하였다.
④ 폐정 개혁을 목표로 정치도감을 설치하였다.
⑤ 광평성을 비롯한 각종 정치 기구를 마련하였다.

10 (가)에 들어갈 불상으로 옳은 것은? [2점]

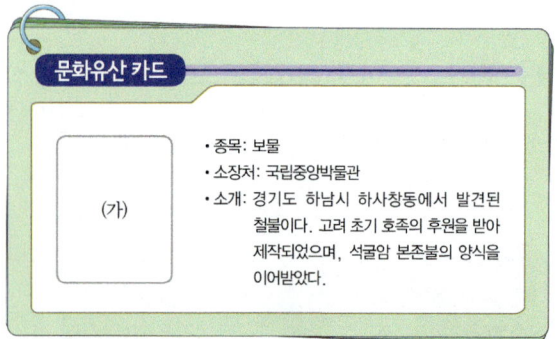

문화유산 카드

(가)

- 종목: 보물
- 소장처: 국립중앙박물관
- 소개: 경기도 하남시 하사창동에서 발견된 철불이다. 고려 초기 호족의 후원을 받아 제작되었으며, 석굴암 본존불의 양식을 이어받았다.

① 
② 
③ 
④ 
⑤ 

11 (가)~(다)를 일어난 순서대로 옳게 나열한 것은? [2점]

(가) 백관을 소집하여 금을 섬기는 문제에 대한 가부를 의논하게 하니 모두 불가하다고 하였다. 이자겸, 척준경만이 "사신을 보내 먼저 예를 갖추어 찾아가는 것이 옳습니다."라고 하니 왕이 이 말을 따랐다.

(나) 나세·심덕부·최무선 등이 왜구를 진포에서 공격해 승리를 거두고 포로 334명을 구출하였으며, 김사혁은 패잔병을 임천까지 추격해 46명을 죽였다.

(다) 몽골군이 쳐들어와 충주성을 70여 일간 포위하니 비축한 군량이 거의 바닥났다. 김윤후가 괴로워하는 군사들을 북돋우며, "만약 힘을 다해 싸운다면 귀천을 가리지 않고 모두 관작을 제수할 것이니 불신하지 말라."라고 하였다.

① (가) – (나) – (다)
② (가) – (다) – (나)
③ (나) – (가) – (다)
④ (나) – (다) – (가)
⑤ (다) – (가) – (나)

12 ㉠~㉤ 기구에 대한 설명으로 옳은 것은? [2점]

인물의 생애로 보는 고려의 정치 기구

윤관

- 출생년 미상
- 1095년 ㉠ 상서성 좌사낭중
- 1101년 ㉡ 추밀원(중추원) 지주사
- 1102년 ㉢ 어사대 어사대부
- 1103년 ㉣ 한림원 학사승지
- 1108년 ㉤ 중서문하성 문하시중
- 1111년 별세

① ㉠ – 학술 기관으로 경연을 관장하였다.
② ㉡ – 실록을 보관하고 관리하는 업무를 맡았다.
③ ㉢ – 관리의 비리를 감찰하고 풍기를 단속하였다.
④ ㉣ – 수도의 치안과 행정을 주관하였다.
⑤ ㉤ – 화폐와 곡식의 출납에 대한 회계를 담당하였다.

13 밑줄 그은 '시기'의 경제 상황으로 옳은 것은? [1점]

이달의 책

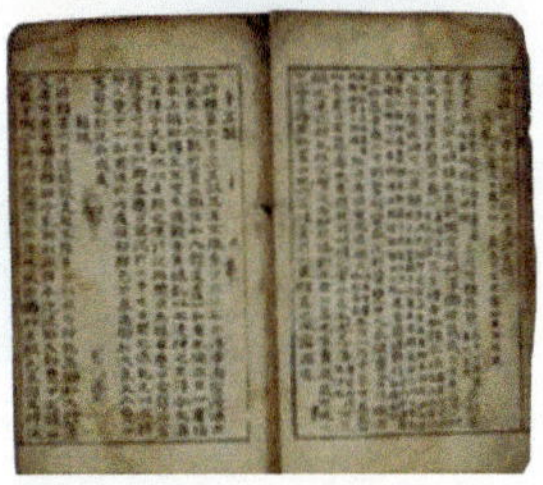

원의 간섭을 받던 시기에 이암이 우리나라에 소개했다고 전해지는 농서입니다. 원에서 편찬된 이 책은 경간(耕墾)·파종 등 10문(門)으로 구성되어 있으며, 화북 지방의 농법을 수록하고 있습니다. 특히 누에, 면화, 저마의 생산을 장려하고 있어 주목할 만합니다.

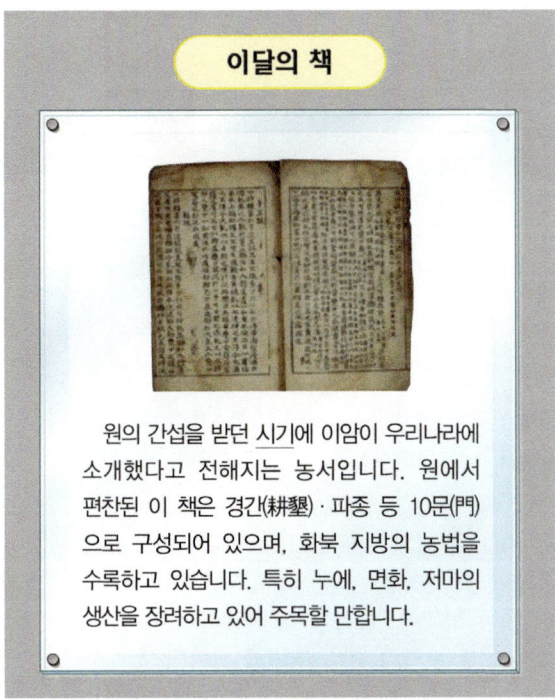

① 모내기법이 전국적으로 확산되었다.
② 초량 왜관을 통해 일본과 무역하였다.
③ 감자, 고구마 등의 작물이 재배되었다.
④ 광산을 전문적으로 경영하는 덕대가 활동하였다.
⑤ 경시서의 관리들이 시전의 상행위를 감독하였다.

14 (가) 시기에 있었던 사실로 옳은 것은? [3점]

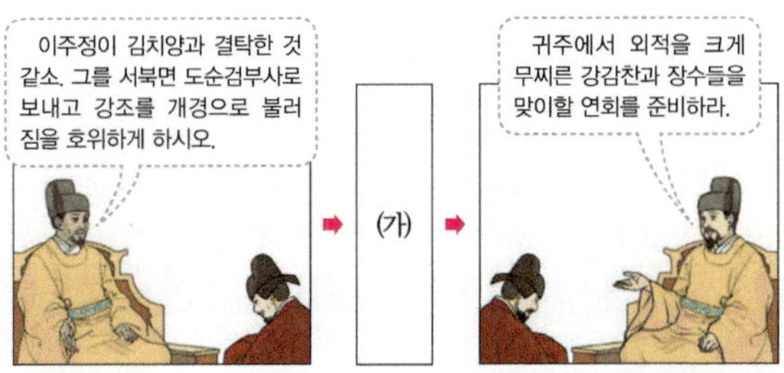

① 화통도감이 설치되어 화포가 제작되었다.
② 신돈이 전민변정도감의 설치를 건의하였다.
③ 거란이 침입하여 왕이 나주까지 피난하였다.
④ 노비안검법의 실시로 국가 재정이 확충되었다.
⑤ 신기군, 신보군, 항마군 등으로 구성된 별무반이 조직되었다.

15 다음 상황 이후에 전개된 사실로 옳은 것은? [2점]

백관이 최우의 집에 나아가 정년도목(政年都目)을 올리니, 최우가 청사에 앉아 받았다. 6품 이하는 당하(堂下)에서 두 번 절하고 땅에 엎드려 감히 고개를 들지 못하였다. 이때부터 최우는 정방을 자기 집에 두고 백관의 인사 행정을 처리하였다.

–『고려사절요』–

① 삼별초가 용장성에서 항전하였다.
② 정중부 등이 김보당의 반란을 진압하였다.
③ 빈민 구제를 위한 흑창을 처음 설치하였다.
④ 공주 명학소에서 망이·망소이가 봉기하였다.
⑤ 최충헌이 교정별감이 되어 국정을 총괄하였다.

16 (가), (나)에 해당하는 토지 제도에 대한 설명으로 옳은 것은? [3점]

(가) 문종 30년 양반 전시과를 다시 개정하였다. 제1과는 전지 100결, 시지 50결(중서령·상서령·문하시중) …… 제18과는 전지 17결(한인·잡류)로 한다.

(나) 공양왕 3년 도평의사사에서 글을 올려 과전의 지급에 관한 법제정을 건의하니 왕이 허락하였다. …… 1품부터 9품의 산직까지 나누어 18과로 하였다.

① (가) – 조준 등의 건의로 제정되었다.
② (가) – 관등과 인품을 기준으로 수조권을 주었다.
③ (나) – 개국 공신에게 역분전을 지급하였다.
④ (나) – 지급 대상 토지를 원칙적으로 경기 지역에 한정하였다.
⑤ (가), (나) – 수조권 외에 노동력을 징발할 수 있는 권한을 주었다.

17 (가)에 들어갈 내용으로 옳은 것은? [1점]

<고려 시대 유학자>

유학자	주요 활동
최승로	(가)
최충	9재 학당을 설립하여 유학 교육에 힘씀
김부식	유교 사관에 입각하여 삼국사기를 편찬함
안향	고려에 처음으로 성리학을 도입함
이제현	만권당에서 원의 학자들과 교류함

① 불씨잡변을 지어 불교를 비판함
② 인재 등용을 위해 현량과 실시를 제안함
③ 시무 28조를 올려 국가 운영 방안을 제시함
④ 지부복궐척화의소를 올려 왜양일체론을 주장함
⑤ 해주 향약을 시행하여 향촌 교화를 위해 노력함

18 (가), (나) 사이의 시기에 있었던 사실로 옳은 것은? [2점]

(가) 용진현 출신 조휘와 정주 출신 탁청이 화주 이북 지방을 몽골에 넘겨주었다. 몽골은 화주에 쌍성총관부를 설치하고 조휘를 총관으로, 탁청을 천호(千戶)로 임명하였다.

(나) 동북면 병마사 유인우가 쌍성을 함락시키자 총관 조소생, 천호 탁도경이 도망치니 화주, 등주, 정주 등이 수복되었다.

① 최윤덕이 4군을 개척하였다.
② 일본 원정을 위해 정동행성이 설치되었다.
③ 몽골 사신 저고여가 귀국길에 피살되었다.
④ 철령위 설치 문제로 요동 정벌이 추진되었다.
⑤ 서희가 외교 담판으로 강동 6주를 획득하였다.

19 (가) 궁궐에 대한 설명으로 옳은 것은? [2점]

대왕대비가 전교하였다. "(가) 은/는 우리 왕조에서 수도를 세울 때 맨 처음 지은 정궁이다. …… 그러나 불행하게도 전란에 의해 불타버린 후 미처 다시 짓지 못하여 오랫동안 뜻있는 선비들의 개탄을 자아내었다. …… 이 궁궐을 다시 지어 중흥의 큰 업적을 이루려면 여러 대신과 함께 의논해보지 않을 수 없다."

-『고종실록』-

① 근정전을 정전으로 하였다.
② 일제에 의해 동물원 등이 설치되었다.
③ 후원에 왕실 도서관인 규장각이 있었다.
④ 도성 내 서쪽에 있어 서궐이라고 불렸다.
⑤ 인목 대비가 광해군에 의해 유폐된 장소이다.

20 밑줄 그은 '전하'의 재위 기간에 있었던 사실로 옳은 것은? [2점]

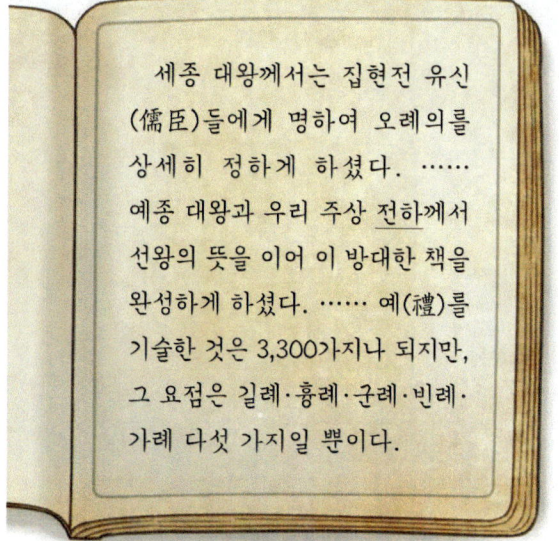

세종 대왕께서는 집현전 유신(儒臣)들에게 명하여 오례의를 상세히 정하게 하셨다. …… 예종 대왕과 우리 주상 전하께서 선왕의 뜻을 이어 이 방대한 책을 완성하게 하셨다. …… 예(禮)를 기술한 것은 3,300가지나 되지만, 그 요점은 길례·흉례·군례·빈례·가례 다섯 가지일 뿐이다.

① 국가의 기본 법전인 경국대전이 완성되었다.
② 성삼문 등이 상왕의 복위를 꾀하다가 처형되었다.
③ 육의전을 제외한 시전 상인의 금난전권이 폐지되었다.
④ 반정 공신의 위훈 삭제를 주장한 조광조가 사사되었다.
⑤ 이조 전랑 임명을 둘러싸고 김효원과 심의겸이 대립하였다.

21 (가) 기구에 대한 설명으로 옳은 것은? [2점]

은대계회도

이것은 우부승지 이현보와 그가 속한 (가) 관원들의 친목 모임을 그린 그림이다. 상단에는 계회 모습이 그려져 있고, 중단에는 축하 시, 하단에는 도승지 등 계원의 관직과 성명이 기록되어 있다. 은대는 (가) 의 별칭이며, 정원으로 약칭되기도 하였다.

① 사간원, 홍문관과 함께 삼사로 불렸다.
② 외국으로 가는 사신의 통역을 전담하였다.
③ 천문, 지리, 기후 등에 관한 사무를 맡았다.
④ 왕명 출납을 담당하는 왕의 비서 기관이었다.
⑤ 국왕 직속 사법 기구로 반역죄 등을 처결하였다.

22 (가)~(마)에 대한 설명으로 옳지 않은 것은? [2점]

답사 계획서

- 주제: 한강을 따라 만나는 역사
- 일시: 2022년 ○○월 ○○일 09:00~19:00
- 경로: 행주산성 → 절두산 순교 성지(잠두봉 유적) → 국립서울현충원 → 풍납동 토성 → 암사동 유적

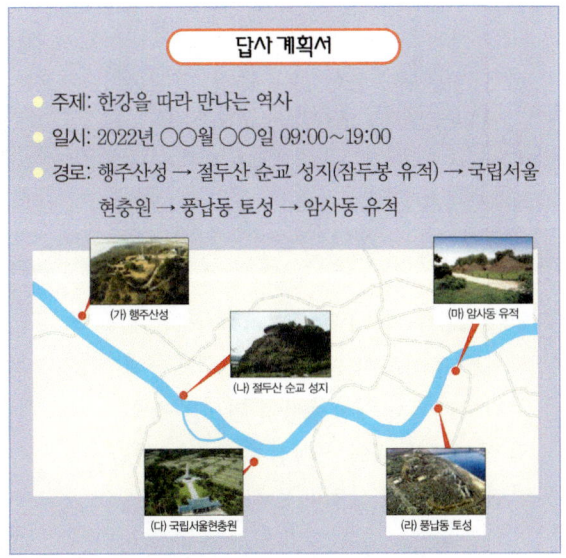

① (가) – 정봉수가 후금군을 맞아 큰 전과를 거둔 곳이다.
② (나) – 병인박해 때 많은 천주교 신자가 처형된 장소이다.
③ (다) – 6·25 전쟁 이후 조성된 국군 묘지에서 시작되었다.
④ (라) – 판축 기법을 활용하여 성벽을 쌓은 백제 토성이다.
⑤ (마) – 갈돌과 갈판 등이 출토된 신석기 시대 유적이다.

23 (가) 인물에 대한 설명으로 옳은 것은? [3점]

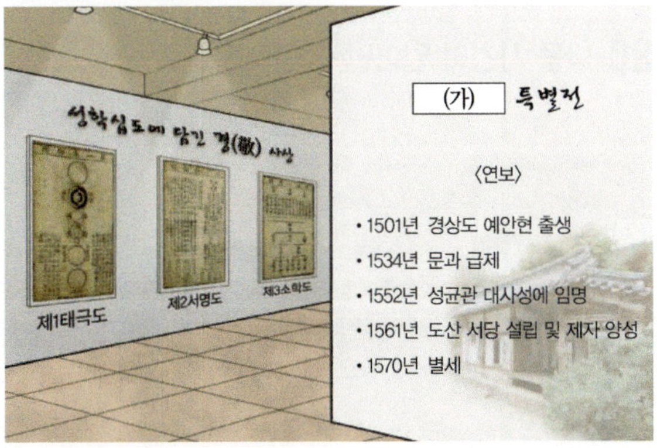

① 기대승과 사단칠정 논쟁을 전개하였다.
② 일본에 다녀와서 해동제국기를 편찬하였다.
③ 양명학을 연구하여 강화 학파를 형성하였다.
④ 기축봉사를 올려 명에 대한 의리를 내세웠다.
⑤ 무오사화의 발단이 된 조의제문을 작성하였다.

24 다음 검색창에 들어갈 인물의 활동으로 옳은 것은? [2점]

한국사 강의

인물 | 검색

검색 결과 3건

마진으로 죽을 뻔한 아이, 마과회통을 편찬하다
– 조선 시대 홍역과 천연두 치료법

강진 유배지에서 편지를 보내다
– 가족에 대한 각별한 사랑

목민심서를 저술하여 목민관의 자세를 논하다
– 지방관의 청렴과 근검, 애민 정신

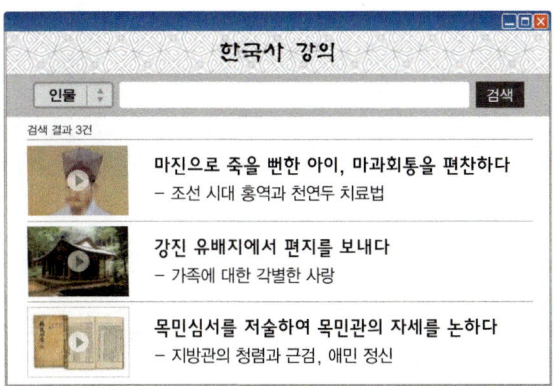

① 지봉유설에서 천주실의를 조선에 소개하였다.
② 의산문답에서 중국 중심의 세계관을 비판하였다.
③ 양반전을 지어 양반의 허례와 무능을 풍자하였다.
④ 경세유표를 집필하여 국가 제도의 개혁 방향을 제시하였다.
⑤ 금석과안록에서 북한산비가 진흥왕 순수비임을 고증하였다.

25 다음 전쟁 중 있었던 사실로 옳은 것은? [2점]

> 적군은 세 길로 나누어 곧장 한양으로 향했는데, 산을 넘고 물을 건너 마치 사람이 없는 곳에 들어가듯 했다고 한다. 조정에서 지킬 수 있다고 믿은 신립과 이일 두 장수가 병권을 받고 내려와 방어했지만 중도에 패하여 조령의 험지를 잃고, 적이 중원으로 들어갔다. 이로 인해 임금의 수레가 서쪽으로 몽진하고 도성을 지키지 못하니, 불쌍한 백성들은 모두 흉적의 칼날에 죽어가고 노모와 처자식은 이리저리 흩어져 생사를 알지 못해 밤낮으로 통곡할 뿐이었다.
>
> – 『쇄미록』 –

① 김상용이 강화도에서 순절하였다.
② 임경업이 백마산성에서 항전하였다.
③ 최영이 홍산 전투에서 크게 승리하였다.
④ 곽재우가 의병장이 되어 의령 등에서 활약하였다.
⑤ 신류가 조총 부대를 이끌고 흑룡강에서 전투를 벌였다.

26 다음 지역에 대한 탐구 활동으로 옳은 것은? [2점]

① 장용영의 외영이 설치된 위치를 파악한다.
② 홍경래가 난을 일으켜 점령한 지역을 알아본다.
③ 인조가 피신하여 청군과 항전을 벌인 곳을 찾아본다.
④ 태조의 어진을 모신 경기전이 건립된 장소를 조사한다.
⑤ 유계춘이 백낙신의 수탈에 맞서 봉기한 지역을 검색한다.

27 (가)~(라) 교육기관에 대한 설명으로 옳은 것만을 〈보기〉에서 고른 것은? [3점]

(가) 학생의 재학 연한은 9년으로 하되 우둔하여 깨우치지 못하는 자는 퇴학시키고, 재주와 기량은 있으나 아직 미숙한 자는 9년이 넘더라도 재학을 허락하였다. 관등이 대나마, 나마에 이르면 졸업하였다.

(나) 7재를 두었는데, 주역을 공부하는 여택재, 상서를 공부하는 대빙재, 모시(毛詩)를 공부하는 경덕재, 주례를 공부하는 구인재, 대례(戴禮)를 공부하는 복응재, 춘추를 공부하는 양정재, 무학을 공부하는 강예재이다.

(다) 입학생은 생원·진사인 상재생과 유학(幼學) 중에서 선발된 기재생으로 구분되었다. 이들은 동재와 서재에 기숙하면서 공부하였으며, 아침·저녁 식당에 들어가 서명하면 원점 1점을 얻었다. 원점 300점을 얻으면 관시(館試)에 응시할 수 있었다.

(라) 좌원과 우원을 두었는데, 좌원에는 젊은 현직 관리를, 우원에는 관직에 나아가지 않은 명문가 자제들을 입학시켰다. 외국인 3명을 교사로 초빙하였으며, 학생들은 졸업할 때까지 공원(公院)에서 학습에 전념하도록 하였다.

〈보 기〉

ㄱ. (가) – 신문왕이 인재 양성을 위해 설치하였다.
ㄴ. (나) – 전국의 부·목·군·현에 하나씩 설립되었다.
ㄷ. (다) – 공자 등 성현을 기리는 석전대제를 거행하였다.
ㄹ. (라) – 교육 입국 조서 반포를 계기로 세워졌다.

① ㄱ, ㄴ ② ㄱ, ㄷ ③ ㄴ, ㄷ ④ ㄴ, ㄹ ⑤ ㄷ, ㄹ

28 다음 상황이 나타난 시기에 볼 수 있는 모습으로 적절하지 않은 것은? [1점]

○ 집집마다 인삼을 심어서 돈을 물 쓰듯이 한다고 하는데, 재산을 만드는 방법으로는 이보다 나은 것이 없다고 한다.
○ 어제 울타리 밖의 몇 되지기 밭에 담배를 파종하였다.
○ 금년에는 목화가 풍년이 들었는데, 어제는 시장에서 25근에 100전이었다고 한다.

–『노상추일기』–

① 한글 소설을 읽어주는 전기수
② 시사를 조직하여 활동하는 역관
③ 주전도감에서 해동통보를 만드는 장인
④ 왕조 교체를 예언한 정감록을 읽는 양반
⑤ 한강을 무대로 상업에 종사하는 경강상인

29 (가) 시기에 있었던 사실로 옳은 것은? [3점]

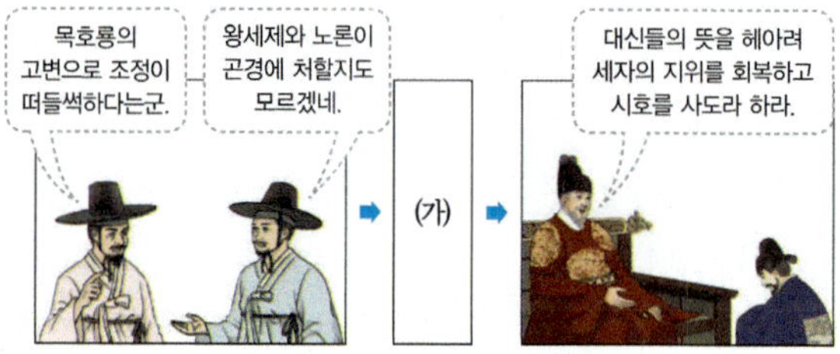

① 이괄이 반란을 일으켜 도성을 장악하였다.
② 자의 대비의 복상 문제로 예송이 전개되었다.
③ 왕위 계승을 둘러싸고 왕자의 난이 발생하였다.
④ 이인좌를 중심으로 소론 세력 등이 난을 일으켰다.
⑤ 희빈 장씨 소생의 책봉 문제로 환국이 발생하였다.

30 다음 사건이 일어난 이후의 사실로 옳은 것은? [2점]

우정국 총판 홍영식이 우정국의 개국 축하연을 열면서 각국의 공사도 초청했다. …… 8시를 알리는 종이 울리자 담장 밖에서 불길이 치솟았다. …… 우영사 민영익이 불을 끄려고 먼저 일어나서 문밖으로 나왔는데, 자객 다섯 명이 잠복하고 있다가 칼을 휘두르며 습격했다. 민영익이 중상을 입고 되돌아와서 대청 위에 쓰러졌다.

–『대한계년사』–

① 김기수가 일본에 수신사로 파견되었다.
② 평양 관민이 제너럴 셔먼호를 불태웠다.
③ 일본 군함 운요호가 영종도를 공격하였다.
④ 박규수가 삼정이정청의 설치를 건의하였다.
⑤ 청과 일본 사이에 톈진 조약이 체결되었다.

31 밑줄 그은 '이 사건'에 대한 설명으로 옳은 것은? [1점]

> **사료로 보는 한국사**
>
> 매우 가난하게 보이는 강화도에서 각하에게 보내드릴 만한 것은 아무것도 없습니다. 그러나 조선 임금이 소유하고 있지만 거처하지 않는 저택의 도서관에는 매우 중요한 서적이 많이 소장되어 있습니다. 세심하게 공들여 꾸며진 340권을 수집하였으며 기회가 되는 대로 프랑스로 보내겠습니다.
>
> \- G. 로즈 -
>
> [해설] 로즈 제독이 해군성 장관에게 보낸 서신의 일부이다. 프랑스군이 강화도를 침략한 <u>이 사건</u> 당시 외규장각 도서 등이 약탈되는 상황이 기록되어 있다.

① 청군의 개입으로 종결되었다.
② 제물포 조약의 체결로 이어졌다.
③ 오페르트 도굴 사건이 계기가 되었다.
④ 양헌수 부대가 정족산성에서 적군을 물리쳤다.
⑤ 영국 함대가 거문도를 점령하는 배경이 되었다.

32 (가) 시기에 있었던 사실로 옳지 <u>않은</u> 것은? [2점]

고종은 이곳 환구단에서 황제 즉위식을 거행하고, 경운궁에서 국호를 (가) (으)로 선포했습니다. 환구단은 일제에 의해 헐려버렸고 지금은 황궁우가 외로이 남아 있습니다.
황궁우
환구단

① 대한국 국제를 반포하였다.
② 황제 직속의 원수부를 설치하였다.
③ 이범윤을 간도 관리사로 파견하였다.
④ 지계아문을 설립하여 지계를 발급하였다.
⑤ 통역관 양성을 목적으로 동문학을 설립하였다.

33 다음 자료에 나타난 사업에 대한 설명으로 옳은 것은? [1점]

> 한국에서 유통되는 백동화에 대한 처분안을 들어보면,
> 갑(甲) 구 백동화는 1개당 신화폐 2전 5리의 비율로 교환한다.
> 을(乙) 부정한 구 백동화는 1개당 신화폐 1전의 비율로 매수한다. 매수를 바라지 않는 것은 정부가 그것을 절단하여 소유자에게 환부한다.
> 병(丙) 형체와 품질이 화폐라고 인정하기 어려운 것은 정부가 매수하지 않는다.
> ⋮
> 이른바 폐제(幣制) 개혁은 통화를 금절(禁絕)하여 소의 뿔을 바로잡으려다가 소를 죽이는 결과를 가져왔습니다.
>
> \-「한국 폐제 개혁에 관한 진정서」-

① 독립 협회가 반대 운동을 전개하였다.
② 재정 고문 메가타의 주도로 시행되었다.
③ 동양 척식 주식회사가 중심이 되어 실시하였다.
④ 은본위제가 본격적으로 실시되는 배경이 되었다.
⑤ 함경도 관찰사 조병식이 방곡령을 선포하는 계기가 되었다.

34 다음 가상 뉴스에서 보도하는 사건이 일어난 시기를 연표에서 옳게 고른 것은? [2점]

군대 해산에 대한 반발이 거세지고 있습니다. 오늘 시위대 대대장 박승환이 자결한 데 이어 시위대 부대원들이 해산을 거부하고 무장 봉기해 일본군과 남대문 일대에서 치열한 총격전을 벌이고 있습니다.

군대 해산에 맞서 시위대 봉기

1882		1894		1896		1904		1905		1910
임오 군란	(가)	갑오 개혁	(나)	아관 파천	(다)	러일 전쟁 발발	(라)	을사 늑약	(마)	국권 피탈

① (가) ② (나) ③ (다) ④ (라) ⑤ (마)

35 밑줄 그은 '나'의 활동으로 옳은 것은? [2점]

① 여유당전서를 간행하고 조선학 운동을 주도하였다.
② 유교의 개혁을 주장하는 유교 구신론을 제창하였다.
③ 조선사 편수회에 들어가 조선사 편찬에 참여하였다.
④ 조선사회경제사에서 식민 사학의 정체성론을 반박하였다.
⑤ 민중의 직접 혁명을 주장한 조선 혁명 선언을 작성하였다.

36 다음 기사가 보도된 이후의 사실로 옳은 것은? [2점]

> **역사 신문**
>
> 제△△호 ○○○○년 ○○월 ○○일
>
> **전차 운행 중 사망 사고 발생**
>
> 오늘 종로 거리를 달리던 전차에 다섯 살 난 아이가 치여 죽는 사고가 발생하였다. 이를 목격한 사람들이 격노하여 전차를 부수었고, 이어 달려오던 전차까지 전복시켜 파괴하고 기름을 뿌려 불태웠다. 동대문에서 성대한 개통식을 열고 전차를 운행한 지 한 달도 되지 않아 참혹한 사건이 발생한 것이다.

① 미국에 보빙사를 파견하였다.
② 베델이 대한매일신보를 창간하였다.
③ 이만손 등이 영남 만인소를 올렸다.
④ 신식 군대인 별기군(교련병대)이 창설되었다.
⑤ 통리기무아문을 설치하여 개혁을 추진하였다.

37 밑줄 그은 '이 시기'에 시행된 일제의 정책으로 옳은 것은? [1점]

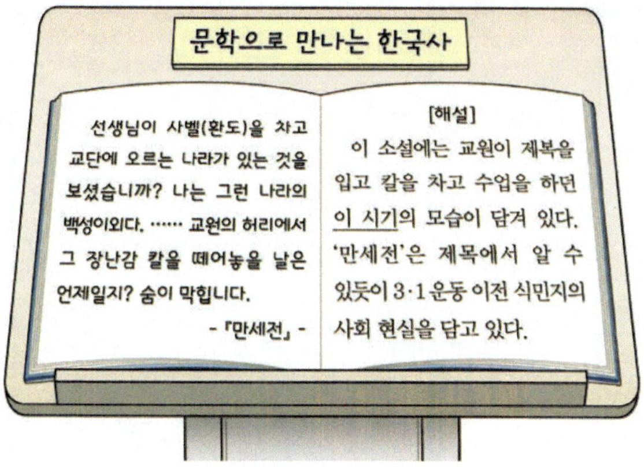

① 애국반을 조직하였다.
② 회사령을 시행하였다.
③ 치안 유지법을 제정하였다.
④ 미곡 공출제를 실시하였다.
⑤ 국가 총동원법을 공포하였다.

38 (가) 민족 운동에 대한 설명으로 옳은 것은? [2점]

① 통감부의 탄압으로 중단되었다.
② 국채 보상 기성회를 중심으로 전개되었다.
③ 자작회, 토산 애용 부인회 등이 활동하였다.
④ 한성 은행, 대한 천일 은행 등이 설립되는 계기가 되었다.
⑤ 일본, 프랑스 등지의 노동 단체로부터 격려 전문을 받았다.

39 (가) 부대에 대한 설명으로 옳은 것은? [3점]

〈 이달의 독립운동가 〉

호가장 전투에서 순국한 열사들

중국 우한(武漢)에서 창설된 한인 무장 부대의 일부는 화북으로 이동하여 1941년 7월 타이항산에서 (가) 을/를 결성하였다. (가) 의 무장선전대로 활동하던 손일봉, 최철호, 박철동, 이정순은 호가장 전투에서 다른 대원들이 포위망을 벗어날 때까지 일본군과 싸우다 장렬히 순국하였다. 정부는 이들의 공훈을 기려 1993년 애국장을 추서하였다.

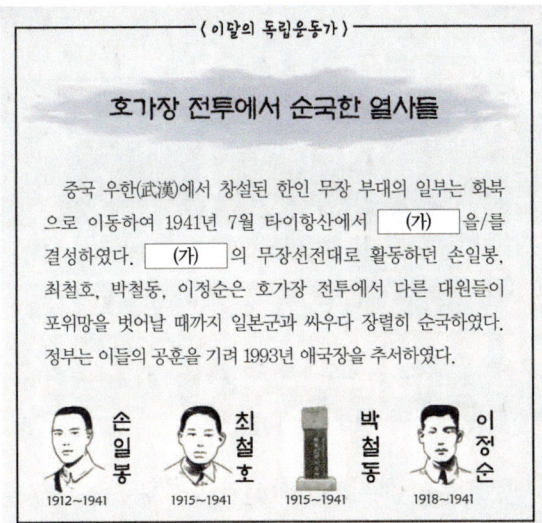

① 봉오동 전투에서 일본군을 격파하였다.
② 총사령 양세봉의 지휘 아래 활동하였다.
③ 미군과 연계하여 국내 진공 작전을 계획하였다.
④ 조선 독립 동맹 산하의 군사 조직으로 개편되었다.
⑤ 간도 참변 이후 조직을 정비하고 자유시로 이동하였다.

40 (가) 단체에 대한 설명으로 옳은 것은? [2점]

① 중일 전쟁 발발 이후에 조직되었다.
② 조선 혁명 간부 학교를 설립하였다.
③ 이봉창, 윤봉길 등이 단원으로 활동하였다.
④ 대전자령 전투에서 일본군을 상대로 승리하였다.
⑤ 일제가 조작한 105인 사건으로 조직이 해체되었다.

41 (가), (나) 사이의 시기에 있었던 사실로 옳은 것은? [2점]

(가)

□□일보
제△△호 ○○○○년 ○○월 ○○일

하지 중장, 특별 성명 발표

오늘 오전 조선 주둔 미군 최고 사령관 하지 중장은 미소 공동 위원회 무기 휴회에 관한 중대 성명서를 발표하였다. 이는 덕수궁 석조전에서의 역사적인 개막 이후 49일 만의 일이다.

(나)

□□일보
제△△호 ○○○○년 ○○월 ○○일

제2차 미소 공동 위원회 개막

미소 공동 위원회는 제1차 회의가 무기 휴회 된 지 만 1년 16일 만인 오늘 오후 2시 정각에 시내 덕수궁 석조전에서 고대하던 제2차 회의의 역사적 막을 열었다.

① 여수·순천 10·19 사건이 일어났다.
② 모스크바 3국 외상 회의가 개최되었다.
③ 반민족 행위 특별 조사 위원회가 출범하였다.
④ 좌우 합작 위원회가 좌우 합작 7원칙을 발표하였다.
⑤ 유엔 총회에서 인구 비례에 의한 남북 총선거가 의결되었다.

42 다음 사건이 일어난 시기를 연표에서 옳게 고른 것은? [2점]

이날 본회의는 하오 8시 정각에 개의되어 전원 위원회의 '발췌 조항 전원 합의' 보고를 접수한 후 김종순 의원의 각 조항 설명이 있은 다음, 질의도 대체 토의도 아무것도 없이 …… 표결은 기립 표결로 작정하여 재석 166인 중 163표로써 실로 역사적인 결정을 보았다. 표결이 끝나자 신익희 임시 의장은 정중 침통한 태도로써 "본 헌법 개정안은 헌법 제98조 제3항에 의하여 결정된 것을 선포한다."고 최후의 봉을 힘있게 3타 하였으며 그 음성은 몹시도 떨렸다.

1948		1953		1959		1964		1976		1987
5·10 총선거	(가)	정전 협정 체결	(나)	경향신문 폐간	(다)	6·3 시위	(라)	3·1 민주 구국 선언	(마)	6·29 민주화 선언

① (가) ② (나) ③ (다) ④ (라) ⑤ (마)

43 (가) 민주화 운동에 대한 설명으로 옳은 것은? [2점]

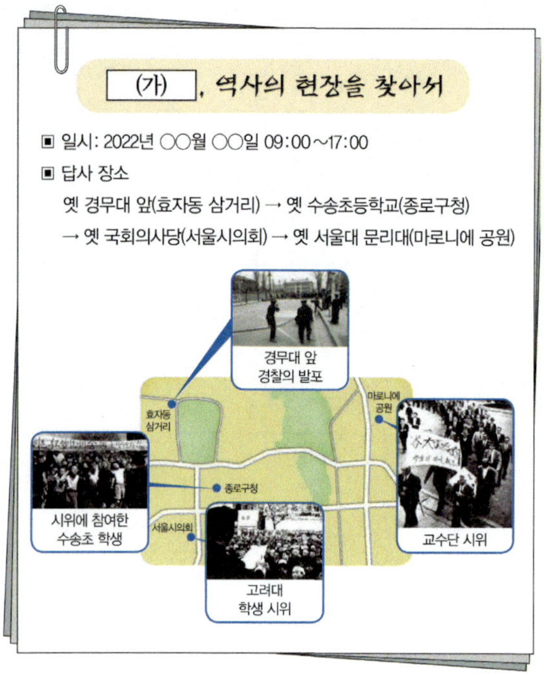

① 장면 내각이 출범하는 배경이 되었다.
② 유신 체제가 붕괴되는 결과를 가져왔다.
③ 한일 국교 정상화에 반대하여 일어났다.
④ 신군부의 비상 계엄 확대가 원인이 되었다.
⑤ 호헌 철폐와 독재 타도 등의 구호를 내세웠다.

44 밑줄 그은 '현행 헌법'에 대한 설명으로 옳은 것은? [3점]

① 내각 책임제를 채택하였다.
② 대통령의 연임을 3회로 제한하였다.
③ 대통령에게 국회 해산권을 부여하였다.
④ 대통령의 임기를 7년 단임제로 정하였다.
⑤ 국회를 참의원과 민의원의 양원제로 규정하였다.

45 (가) 정부 시기의 경제 상황으로 옳은 것은? [1점]

① 한미 자유 무역 협정(FTA)이 체결되었다.
② 저유가 · 저금리 · 저달러의 3저 호황이 있었다.
③ 원조 물자를 가공하는 삼백 산업이 발달하였다.
④ 대통령 긴급 명령으로 금융실명제가 실시되었다.
⑤ 농촌의 근대화를 표방한 새마을 운동이 전개되었다.

46 (가)~(마)에 대한 설명으로 옳지 <u>않은</u> 것은? [3점]

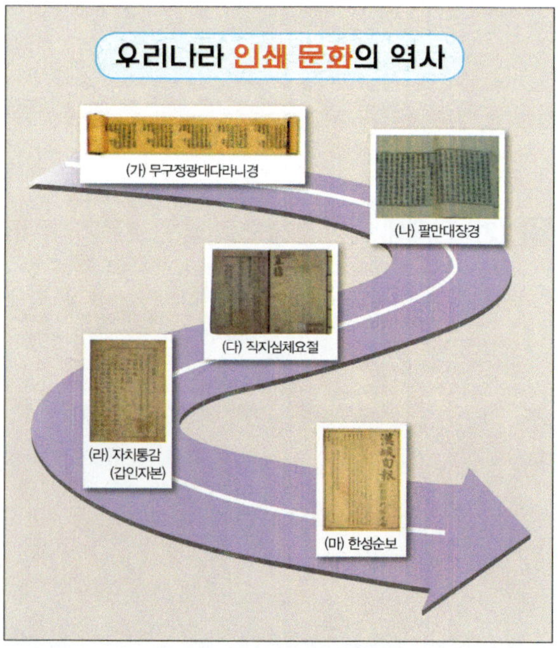

① (가) – 주자소를 설치하여 인쇄하였다.
② (나) – 대장도감에서 판각한 목판으로 찍었다.
③ (다) – 청주 흥덕사에서 금속 활자로 간행하였다.
④ (라) – 이천, 장영실 등이 제작한 활자로 인쇄하였다.
⑤ (마) – 납으로 만든 활자를 사용해 박문국에서 발행하였다.

47 밑줄 그은 '이 정부' 시기에 있었던 사실로 옳지 않은 것은? [2점]

천주교 정의 구현 전국 사제단과 민주 언론 운동 협의회가 이 정부에서 각 언론사에 하달한 보도지침 자료를 공개하는 기자회견 장면입니다. 이후 이 사건의 관련자들은 남영동 치안본부 대공분실로 연행되었으며, 국가보안법 위반 등의 죄목으로 기소되어 고초를 겪었습니다.
「보도지침」 자료공개기자회견

① 서울 올림픽이 개최되었다.
② 야간 통행 금지가 해제되었다.
③ 박종철 고문 치사 사건이 발생하였다.
④ 프로 야구가 6개 구단으로 출범하였다.
⑤ 남북 이산가족 고향 방문이 최초로 이루어졌다.

48 다음 뉴스가 보도된 정부 시기에 있었던 사실로 옳은 것은? [3점]

대통령은 오늘 남북 고위급 회담 타결 상황을 보고받고, 내일 북한 대표단을 접견하기로 했습니다. 청와대 고위 관계자는 남북 사이의 화해와 불가침 및 교류 협력에 관한 합의서 채택에 완전히 합의한 것은 남북 관계에 큰 전환을 이룬 것이라고 평가했습니다.
대통령, 내일 북한 대표단 접견

① 제2차 남북 정상 회담이 개최되었다.
② 경제 협력 개발 기구(OECD)에 가입하였다.
③ 남북 조절 위원회가 설치되어 통일 방안이 논의되었다.
④ 북방 외교를 추진하여 중국 등 사회주의 국가들과 수교하였다.
⑤ 남북한의 교류 협력을 위한 개성 공업 지구 건설에 합의하였다.

49 (가)~(마)에 들어갈 내용으로 옳지 않은 것은? [2점]

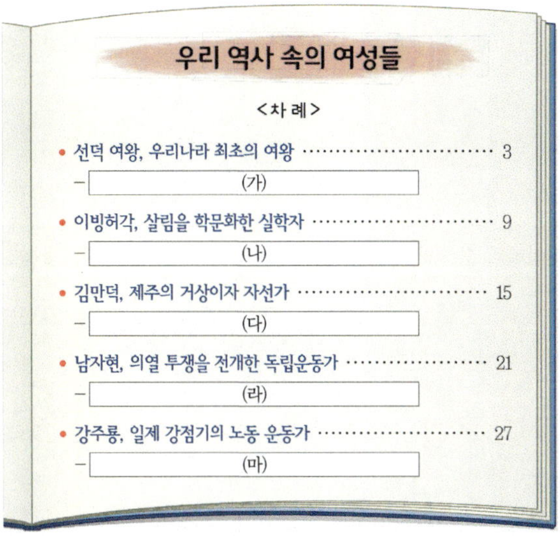

① (가) – 첨성대와 황룡사 구층 목탑을 세우다
② (나) – 가정 생활의 지혜를 담은 규합총서를 저술하다
③ (다) – 재산을 기부하여 흉년에 굶주린 백성들을 구제하다
④ (라) – 한국 광복군의 기관지 광복을 발행하다
⑤ (마) – 임금 삭감에 저항하여 을밀대 지붕에서 농성하다

50 밑줄 그은 '이날'에 해당하는 세시풍속으로 옳은 것은? [1점]

이곳은 남원 광한루원의 오작교입니다. 조선 시대 남원 부사 장의국이 헤어져 있던 견우와 직녀가 오작교에서 만난다는 전설을 형상화하여 만들었습니다. 음력 7월 7일인 이날에는 여인들이 별을 보며 바느질 솜씨가 좋아지기를 비는 풍속이 있었습니다.

① 단오 ② 칠석 ③ 백중
④ 동지 ⑤ 한식

한국사능력검정시험

한국사능력검정시험 심화

정답과 해설

한국사능력검정시험 심화 정답과 해설

2021년도 제51회 한국사능력검정시험

문제 106p

01	02	03	04	05	06	07	08	09	10
①	①	②	⑤	④	④	②	③	③	④
11	12	13	14	15	16	17	18	19	20
③	⑤	④	⑤	③	③	③	②	⑤	②
21	22	23	24	25	26	27	28	29	30
①	⑤	①	②	①	①	④	④	⑤	②
31	32	33	34	35	36	37	38	39	40
⑤	④	③	①	②	⑤	⑤	③	③	④
41	42	43	44	45	46	47	48	49	50
⑤	②	②	①	②	③	②	①	⑤	①

01

정답 ①

해설

제시된 지문의 '농경과 정착 생활 시작', '갈돌과 갈판'을 통해 (가) 시대가 신석기 시대임을 알 수 있다. 신석기 시대에는 농경과 목축을 시작하였고, 이로 인해 정착 생활이 가능해졌다. 갈돌과 갈판은 열매, 씨앗의 껍질을 벗기거나 가루를 만드는 신석기 시대의 대표적인 도구이다.

① 가락바퀴를 이용하여 실을 뽑았다. → 신석기 시대에 대한 설명이다.
② 주로 동굴이나 강가의 막집에서 살았다. → 구석기 시대에 대한 설명이다.
③ 지배층의 무덤으로 고인돌을 축조하였다. → 청동기 시대에 대한 설명이다.
④ 거푸집을 이용하여 세형 동검을 제작하였다. → 초기 철기 시대에 대한 설명이다.
⑤ 쟁기, 쇠스랑 등의 철제 농기구를 사용하였다. → 철기 시대에 대한 설명이다.

02

정답 ①

해설

제시된 지문의 '사출도'를 통해 (가) 나라가 부여임을 알 수 있다. 부여에는 마가, 우가, 저가, 구가 등 가축 이름을 딴 가들이 있었고, 여러 가들은 사출도라는 행정 구획을 통치하였다.

① 12월에 영고라는 제천 행사를 열었다. → 부여에 대한 설명이다.
② 신지, 읍차라고 불린 지배자가 있었다. → 삼한에 대한 설명이다.
③ 제사장인 천군과 신성 지역인 소도가 존재하였다. → 삼한에 대한 설명이다.
④ 대가들이 사자, 조의, 선인 등의 관리를 거느렸다. → 고구려에 대한 설명이다.
⑤ 다른 부족의 영역을 침범하면 소나 말로 변상하였다. → 동예에 대한 설명이다.

03

정답 ②

해설

제시된 지문의 '신은 덕업이 날로 새로워진다 ~ 라는 사방을 망라한다'를 통해 '신라' 국호를 처음 사용한 지증왕임을 알 수 있다. 지증왕 시기 신라는 나라 이름을 사로국에서 신라로 바꾸고, 왕 칭호도 마립간에서 왕으로 변경하였다. 또한 우산국을 복속하고, 신라 수도 금성에 동시를 설치하여 상공업을 활성화시켰으며 우경도 시작하였다.

① 병부를 설치하고 율령을 반포하였다. → 법흥왕 시기에 대한 설명이다.
② 이사부를 보내 우산국을 복속시켰다. → 지증왕 시기에 대한 설명이다.
③ 대가야를 병합하여 영토를 확장하였다. → 진흥왕 시기에 대한 설명이다.
④ 국학을 설립하여 유학 교육을 진흥시켰다. → 신문왕 시기에 대한 설명이다.
⑤ 자장의 건의로 황룡사 구층 목탑을 건립하였다. → 선덕여왕 시기에 대한 설명이다.

04

정답 ⑤

해설

제시된 지문의 '백제의 고분 중 피장자와 축조 연대가 확인되는 유일한 무덤'을 통해 (가) 문화유산이 무령왕릉임을 알 수 있다. 무령왕릉을 발굴할 때 무덤의 주인이 누구인지 알려주는 묘지석이 발견되어 해당 무덤이 백제 무령왕의 무덤이라는 것을 알 수 있었다.

① 서울 석촌동 고분군에 위치하고 있다. → 서울 석촌동에 있는 계단식 돌무지무덤은 무덤 주인이 누군지 확인이 안 되어 석촌동 고분이라고 부른다. 이 고분은 고구려 돌무지무덤과 비슷하여 백제 건국 주도 세력이 고구려 계통이라는 것을 뒷받침해 준다.
② 나무로 곽을 짜고 그 위에 돌을 쌓았다. → 통일 이전 신라의 대표적인 무덤 양식인 돌무지 덧널무덤으로, 도굴이 어려워 많은 부장품이 남아 있다.
③ 국보로 지정된 금동 대향로가 출토되었다. → 부여 능산리 절터에서 출토된 백제 시대 향로이다.
④ 무덤의 둘레돌에 12지 신상을 조각하였다. → 통일 이후 신라에서 등장한 작은 굴식 돌방무덤으로, 봉토 주위에 둘레돌을 두르고 12지신을 조각한 것이 특징이다.
⑤ 중국 남조의 영향을 받아 벽돌로 축조하였다. → 무령왕릉에 대한 설명이다.

05

정답 ④

해설

제시된 지문의 '검모잠', '안승'을 통해 제시된 사건이 고구려 부흥 운동임을 알 수 있다.
668년 나 · 당 연합군의 공격으로 평양성이 함락되고 고구려가 멸망하자, 검모잠 등이 보장왕의 서자 안승을 왕으로 추대하여 부흥 운동을 전개하였다. 당나라가 고구려 멸망 이후 평양에 안동도호부를 설치하는 등 한반도 전체를 차지하려는 야욕을 드러내자 신라는 금마저(오늘날 익산)에 보덕국을 세우고 안승을 왕으로 추대하는 등 고구려 부흥 운동을 지원하여 당 세력을 같이 축출하려고 하였다.
따라서 정답은 (라) 시기이다.

06

정답 ④

해설

제시된 지문의 '부석사'를 통해 밑줄 그은 '대사'는 의상임을 알 수 있다. 통일 신라 문무왕 시기 당에 유학을 다녀온 의상은 화엄 사상을 정립하였고, 부석사를 중건하여 화엄종을 개창하였다.
① 향가 모음집인 삼대목을 편찬하였다. → 통일 신라 진성여왕 시기 대구화상에 대한 설명이다.
② 무애가를 지어 불교 대중화에 힘썼다. → 통일 신라 원효에 대한 설명이다.
③ 화랑도의 규범으로 세속 5계를 제시하였다. → 통일 신라 원광에 대한 설명이다.
④ 화엄일승법계도를 지어 화엄 사상을 정리하였다. → 통일 신라 의상에 대한 설명이다.
⑤ 인도와 중앙아시아를 다녀와서 왕오천축국전을 남겼다. → 통일 신라 혜초에 대한 설명이다.

07

정답 ②

해설

제시된 지문의 '김헌창의 난을 진압'을 통해 통일 신라 41대 헌덕왕 시기와, '시무 10조', '최치원'을 통해 통일 신라 51대 진성여왕 시기 사이에 있었던 사건을 물어보는 문제임을 알 수 있다.
헌덕왕 시기에는 김헌창이 아버지 김주원이 왕위를 계승하지 못한 것에 불만을 품고 난을 일으켰고, 진성여왕 시기에는 최치원이 당의 빈공과에 급제하고 토황소격문을 통해 이름을 떨친 후 신라에 돌아와 사회 개혁을 위해 진성여왕에게 시무 10조를 올렸으나 개혁이 제대로 실행되지 않았다.
① 이차돈의 순교로 불교가 공인되었다. → 신라 23대 법흥왕 시기에 대한 설명이다.
② 원종과 애노가 사벌주에서 봉기하였다. → 통일신라 진성여왕 시기에 대한 설명이다. 원종과 애노의 난은 889년에 일어났고, 최치원이 시무 10조를 바친 것은 894년의 일이다.
③ 관료전을 지급하고 녹읍을 폐지하였다. → 통일 신라 31대 신문왕 시기에 대한 설명이다.
④ 거칠부가 왕명을 받들어 국사를 편찬하였다. → 신라 24대 진흥왕 시기에 대한 설명이다.
⑤ 최고 지배자의 칭호가 마립간으로 바뀌었다. → 신라 17대 내물왕 시기에 대한 설명이다.

08

정답 ③

해설

제시된 지문의 '해동성국'을 통해 (가) 국가가 발해임을 알 수 있다. 발해는 선왕 때 영토를 가장 크게 확장해서 전성기를 맞이하였고, 이후 중국으로부터 바다 동쪽의 융성한 국가라는 '해동성국'으로 불렸다.
① 9서당 10정의 군사 조직을 운영하였다. → 통일 신라 신문왕 시기에 9서당 10정의 군사 조직이 마련되었다.
② 성균관을 설치하여 유교 경전을 교육하였다. → 성균관은 조선 시대 최고 교육기관이다.
③ 5경 15부 62주의 지방 행정 제도를 갖추었다. → 발해의 지방 행정 제도에 대한 설명이다.
④ 상수리 제도를 실시하여 지방 세력을 견제하였다. → 통일 신라 신문왕 시기에 지방 세력을 견제하기 위해 상수리 제도를 운영하였다.
⑤ 내신좌평, 위사좌평 등 6좌평의 관제를 마련하였다. → 백제 고이왕 시기에 6좌평의 관제를 마련하였다.

09

정답 ③

해설

제시된 지문의 '익산', '목탑 양식을 반영하여 건립'을 통해 (가)는 백제의 익산 미륵사지 석탑임을 알 수 있다.

①

②

③

④

⑤

① 부여 정림사지 5층 석탑 → 백제 사비에 위치한 석탑으로, 백제를 멸망시킨 당 장수 소정방이 백제를 정벌한 기념탑이라는 글귀를 남겨 한때 평제탑이라고 잘못 불리어지는 수모를 겪었다.
② 다보탑 → 불국사에 있는 다보탑은 통일 신라의 석탑으로, 일반 석탑과는 달리 특이한 형태를 띠고 있어 예술성이 뛰어난 것으로 평가받고 있다.
③ 익산 미륵사지 석탑 → 목탑에서 석탑으로 넘어가는 과도기 형태의 탑으로 목탑 양식을 계승한 석탑이다. 우리나라에 남아 있는 가장 오래된 석탑이다.
④ 영광탑 → 당의 영향을 받아 벽돌로 만든 발해의 석탑이다.
⑤ 익산 왕궁리 5층 석탑 → 백제의 석탑으로, 무왕이 수도로 삼았던 익산의 왕궁터에 남아 있다.

10

정답 ④

해설

제시된 지문의 (가)는 '태조(왕건) ~ 군신의 예를 행하였다.', '궁예가 ~ 북문을 빠져나갔다.'를 통해 918년 왕건이 궁예를 몰아내고 왕위에 오른 것임을 알 수 있고, (나)는 '견훤이 ~ 입조를 요청하였다.'를 통해 935년 견훤이 고려에 투항한 시기임을 알 수 있다.
① 견훤이 후백제를 건국하였다. → 900년에 완산주에 건국하였다.
② 김흠돌이 반란을 도모하였다. → 통일 신라 신문왕 시기에 대한 설명이다.
③ 장보고가 청해진을 설치하였다. → 통일 신라 흥덕왕 시기에 대한 설명이다.
④ 신숭겸이 공산 전투에서 전사하였다. → 927년 후백제의 견훤이 신라 수도 금성을 공격하여 경애왕을 살해하고 돌아가

는 길에 공산에서 고려군과 전투를 벌였다.
⑤ 신검이 일리천에서 고려군에게 패배하였다. → 936년 견훤이 고려에 투항한 이후 고려·견훤 연합군은 일리천에서 신검이 이끄는 후백제군을 격파하여 후삼국을 통일하였다.

Plus note

- **후삼국 통일 과정**
  후백제 건국(900년) → 후고구려 건국(901년) → 후고구려에서 마진으로 국호 변경(904년) → 마진에서 태봉으로 국호 변경(911년) → 고려 건국(918년) → 공산 전투(927년) → 고창 전투(930년) → 견훤 금산사로 유폐(935년), 고려에 투항 → 신라 경순왕이 고려에 투항(935년) → 일리천 전투(936년) → 후삼국 통일(936년)

11

정답 ③

해설

제시된 지문의 '2군 6위'를 통해 고려의 군사 조직임을 알 수 있다. 중앙군인 2군 6위 중 2군은 친위 부대였고, 6위는 수도 경비와 국경 방어를 담당하였다.
① 중정대를 두어 관리를 감찰하였다. → 발해의 중앙 정치 조직에 대한 설명이다.
② 9주 5소경의 지방 제도를 운영하였다. → 통일 신라의 지방 제도에 대한 설명이다.
③ 고관들의 합좌 기구인 도병마사를 설치하였다. → 고려의 중앙 정치 조직에 대한 설명이다.
④ 인재를 등용하기 위하여 독서삼품과를 시행하였다. → 통일 신라의 인재 등용 제도에 대한 설명이다.
⑤ 왕족인 부여씨와 8성의 귀족이 지배층을 이루었다. → 백제의 지배층에 대한 설명이다.

12

정답 ⑤

해설

제시된 지문의 '윤관', '동북 9성'을 통해 (가)는 여진임을 알 수 있다. 숙종 시기에 별무반을 조직하고 이후 예종 시기에 윤관은 별무반을 이끌고 여진족을 토벌하여 동북 9성을 축조하였다.
① 화통도감을 두어 화포를 제작하였다. → 고려 우왕 시기에 왜구를 물리치기 위해 화통도감을 설치하고 화약을 제작하였다.
② 박위를 파견하여 근거지를 토벌하였다. → 고려 창왕 시기에 왜구의 근거지였던 쓰시마섬을 정벌하였다.
③ 연개소문을 보내어 천리장성을 축조하였다. → 당 침입에 대비하기 위해 천리장성을 축조하였다.
④ 대장도감을 설치하여 팔만대장경을 간행하였다. → 고려는 불교의 힘으로 몽골의 침입을 격퇴하기 위해 팔만대장경을 간행하였다.
⑤ 신기군, 신보군, 항마군 등으로 구성된 별무반을 조직하였다. → 고려 숙종 시기에 여진의 침입에 대비하기 위해 윤관의 건의에 따라 별무반을 조직하였다.

13

정답 ④

해설

제시된 지문의 '주전도감에서 해동통보를 발행'을 통해 고려와 관련이 있음을 알 수 있다. 고려 숙종 때 의천의 건의에 따라 화폐 주조를 담당하는 주전도감을 설치하여 삼한통보, 해동통보 등을 발행하였다.
① 구황촬요를 읽고 있는 지방관 → 조선 명종 때 간행된 것으로, 잡곡이나 도토리 가공법 등 흉년에 대비할 수 있는 내용으로 구성되어 있다.
② 시장을 감독하는 동시전의 관리 → 신라 지증왕 때 시장 관리 감독 기관인 동시전을 설치하였다.
③ 초량 왜관에서 인삼을 판매하는 내상 → 초량 왜관은 조선 후기에 일본인들과 교역하기 위해 부산에 설립한 무역 기구이다.
④ 벽란도에서 물품을 거래하는 송의 상인 → 고려 시대에는 예성강 하구의 벽란도가 국제 무역항으로 번성하였다.
⑤ 낙랑군에 수출할 덩이쇠를 주조하는 장인 → 철이 풍부하게 생산된 가야에서는 낙랑군 등에 덩이쇠를 수출하였다.

14

정답 ⑤

해설

제시된 지문의 '만적'을 통해 고려 무신 집권 시기 중 최충헌 집권 시기임을 알 수 있다. 최충헌 집권 시기에 사노비였던 만적은 신분 해방과 정권 탈취를 위해 반란을 일으키고자 하였으나 사전에 발각되어 실패하였다.
① 묘청이 서경 천도를 주장하였다. → 고려 인종 시기에 대한 설명이다. 무신 집권 이전 시기이다.
② 쌍기가 과거제의 시행을 건의하였다. → 고려 광종 시기에 대한 설명이다. 무신 집권 이전 시기이다.
③ 왕실의 외척인 이자겸이 난을 일으켰다. → 고려 인종 시기에 대한 설명이다. 무신 집권 이전 시기이다.
④ 정중부가 반란을 일으켜 권력을 차지하였다. → 고려 의종 시기에 발생한 무신정변에 대한 설명이다. 최충헌 집권 이전 시기이다.
⑤ 최우가 정방을 설치하여 인사권을 장악하였다. → 최충헌의 뒤를 이어 최우가 정권을 장악하였다.

15

정답 ③

해설

제시된 지문의 '황산대첩비'를 통해 (가) 인물이 이성계임을 알 수 있다. 이성계는 1380년 우왕 때 황산대첩을 통해 왜구의 침입을 격퇴하였다.
① 처인성에서 몽골군을 물리쳤다. → 김윤후에 대한 설명이다.
② 정변을 일으켜 목종을 폐위하였다. → 강조에 대한 설명이다.
③ 위화도에서 회군하여 최영을 제거하였다. → 이성계에 대한 설명이다.
④ 교정별감이 되어 국정 전반을 장악하였다. → 최충헌에 대한 설명이다.
⑤ 전민변정도감의 책임자로서 개혁을 이끌었다. → 신돈에 대한 설명이다.

16

정답 ③

해설

제시된 지문의 '보조국사', '돈오점수'를 통해 밑줄 그은 '그'가 지눌임을 알 수 있다. 지눌은 먼저 불성을 깨달은 다음에 점진적인 수행으로 깨달음을 확인해야 한다는 돈오점수를 강조하였고, 선과 교학을 나란히 수행하자는 정혜쌍수를 내세우며 조계종을 창시하였다. 산림에 은둔하여 예불, 독경, 노동에 힘써 승려 본연의 자세로 돌아가자는 개혁 운동인 수선사 결사(정혜결사)를 제창하였다. 순천 송광사에 중심을 둔 수선사 결사 운동은 개혁적인 승려들과 지방민의 적극적인 호응을 얻어 활발하게 전개되었다.

① 화왕계를 지어 국왕에게 바쳤다. → 설총에 대한 설명이다.
② 천태종을 개창하여 불교 통합에 힘썼다. → 의천에 대한 설명이다.
③ 정혜결사를 통해 불교 개혁에 앞장섰다. → 지눌에 대한 설명이다.
④ 심성의 도야를 강조한 유불 일치설을 제창하였다. → 혜심에 대한 설명이다.
⑤ 불교 관련 설화를 중심으로 삼국유사를 저술하였다. → 일연에 대한 설명이다.

17

정답 ③

해설

제시된 지문의 '이승휴', '중국과 구별되는 우리 역사의 독자성을 강조'를 통해 밑줄 그은 '이 책'은 제왕운기임을 알 수 있다. 『제왕운기』의 상권은 중국 역사의 흐름을 노래하였고, 하권은 단군 조선부터 이승휴가 살았던 시대인 충렬왕 때까지의 시기를 칠언과 오언으로 노래하였다. 우리 역사를 중국사와 대등하게 파악하고, 요동 동쪽 지역을 중국과 다른 소중화의 세계로 인식하여 우리 민족 문화의 독자성을 강조하였다.

① 남북국이라는 용어를 처음 사용하였다. → 발해고에 대한 설명이다.
② 사초와 시정기를 바탕으로 편찬하였다. → 조선왕조실록에 대한 설명이다.
③ 단군의 고조선 건국 이야기를 수록하였다. → 제왕운기에 대한 설명이다.
④ 청주 흥덕사에서 금속 활자본으로 간행되었다. → 직지심체요절에 대한 설명이다.
⑤ 유교 사관에 입각하여 기전체 형식으로 서술하였다. → 삼국사기에 대한 설명이다.

18

정답 ②

해설

- (가) : 안향은 충렬왕 때 고려에 처음 성리학을 소개하였다.
- (나) : 이제현은 1314년 충선왕의 부름을 받아 만권당에 머물며 원의 유명한 학자 · 문인들과 교류하였고, 이후 고려에 들어와 성리학을 가르쳤다. 1342년에는 시문, 사록에 관한 설화를 모아 『역옹패설』을 저술하였다.
- (다) : 이색은 원의 과거에 급제하였으며, 공민왕 때 성균관 대사성이 되어 정몽주 · 길재 · 정도전 · 권근 등의 제자들을 길러내어 성리학을 더욱 확산시켰다.
- (라) : 정몽주는 고려 말기의 성리학자로 성리학 확산에 기여하였고, 고려에 대한 충심을 꺾지 않아 이방원에 의해 제거된 인물이다.
- (마) : 정도전은 『불씨잡변』 등을 저술하여 성리학의 우월함을 주장하고, 『조선경국전』 · 『경제문감』을 저술하여 재상 중심의 정치를 주장하였다.

① (가) – 봉사 10조를 올려 시정 개혁을 제안하다. → 최충헌에 대한 설명이다.
② (나) – 만권당에서 원의 학자들과 교유하다. → 이제현에 대한 설명이다.
③ (다) – 9재 학당을 세워 유학 교육에 힘쓰다. → 최충에 대한 설명이다.
④ (라) – 경제문감을 저술하고 재상 중심의 정치를 주장하다. → 정도전에 대한 설명이다.
⑤ (마) – 성학십도에서 군주의 도를 도식으로 설명하다. → 이황에 대한 설명이다.

19

정답 ⑤

해설

제시된 지문의 '계유년에 황보인 등을 제거', '육조 직계제 부활'을 통해 밑줄 그은 '왕'은 조선 세조임을 알 수 있다. 수양대군(세조)은 1453년 계유정난을 일으켜 김종서, 황보인 등을 제거하고 정권을 장악한 뒤 단종의 선양으로 왕위에 올랐다. 세조는 강력한 왕권을 행사하기 위하여 통치 체제를 6조 직계제로 고쳤고, 그동안 정치 참여가 제한되었던 종친들을 등용하였다. 또한 과전법으로 인해 새로 관직에 임용되는 자들에게 나누어 줄 토지가 부족해지자 이를 시정하기 위해 직전법을 시행하여 현직 관리에게만 수조지를 지급하였다.

① 주자소가 설치되어 계미자가 주조되었다. → 조선 태종 시기에 대한 설명이다.
② 조의제문이 발단이 되어 무오사화가 일어났다. → 조선 연산군 시기에 대한 설명이다.
③ 통치 체제를 정비하기 위해 대전회통이 편찬되었다. → 조선 고종 시기에 대한 설명이다.
④ 제한된 범위의 무역을 허용한 계해약조가 체결되었다. → 조선 세종 시기에 대한 설명이다.
⑤ 현직 관리에게만 수조지를 지급하는 직전법이 시행되었다. → 조선 세조 시기에 대한 설명이다.

20

정답 ②

해설

제시된 지문의 '조선 시대 왕명의 출납', '승지'를 통해 제시된 문화유산이 승정원일기임을 알 수 있다. 조선 시대 국왕의 동정과 관련된 내용을 기록한 일기로, 2001년에 세계 기록 유산에 등재되었다. 승정원일기는 조선 시대 국왕의 비서 기관인 승정원에서 왕명의 출납, 각종 행정 사무와 의례(儀禮) 등에 관해 기록한 일기로 조선 초기 세종대부터 작성되었으나 조선 전기의 일기는 임진왜란, 이괄의 난 등을 거치면서 소실되었고, 현재는 1623년(인조 1) 3월부터 1910년(융희 4) 8월까지 288년간의 일기만 전해지고 있다.

① 비국 등록이라고도 불렸다. → 비변사에 대한 설명이다.
② 국왕의 비서 기관에서 작성하였다. → 승정원일기에 대한 설명이다.
③ 세가, 지, 열전 등으로 구성되었다. → 삼국사기에 대한 설명이다.
④ 우리나라 최고(最古)의 역사서이다. → 삼국사기에 대한 설명이다.
⑤ 정조가 세손 시절부터 쓴 일기에서 유래하였다. → 일성록에 대한 설명이다.

21

정답 ①

해설

제시된 지문의 '교활한 아전을 억제시키고 향촌의 풍속을 유지'를 통해 (가) 기구가 유향소임을 알 수 있다. 유향소는 지방 사족들을 중심으로 구성된 향촌 자치적인 성격의 기구로, 수령 감시 및 보좌, 향리 규찰, 풍속 규정 등의 역할을 담당하였다. 한편 경재소는 유향소를 통제하기 위해 설치된 중앙기구이다.

① 좌수와 별감을 선발하여 운영되었다. → 유향소에 대한 설명이다.

② 지방의 행정 · 사법 · 군사권을 행사하였다. → 조선 시대 지방관인 수령에 대한 설명이다.

③ 5품 이하의 관원에 대한 서경권을 가졌다. → 조선 시대 삼사에 대한 설명이다.

④ 조광조를 비롯한 사림의 건의로 혁파되었다. → 도교적 제사를 거행하는 소격서에 대한 설명이다.

⑤ 중앙에서 교관인 교수나 훈도가 파견되었다. → 조선 시대 향교에 대한 설명이다. 참고로 고려 시대 향교는 경학박사나 의학박사가 파견되었다.

22

정답 ⑤

해설

제시된 지문의 '성학집요', '해주 향약'을 통해 (가) 인물이 이이임을 알 수 있다. 이이는 현명한 신하가 군주를 가르쳐 그 기질을 변화시켜야 한다는 내용을 담은 『성학집요』를 저술하고, 해주 향약을 시행하였다. 이보다는 기(氣)의 역할을 강조하였으며, 그에 따라 현실적이고 개혁적인 성향을 보였다. 그가 저술한 『동호문답』에서는 통치 체제의 정비와 수취 제도의 개혁 등 현실적인 방안을 제시하였다.

① 불씨잡변을 지어 불교를 비판하였다. → 정도전에 대한 설명이다.

② 노론의 영수로 북벌론을 주장하였다. → 송시열에 대한 설명이다.

③ 양명학을 연구하여 강화학파를 형성하였다. → 정제두에 대한 설명이다.

④ 북한산비가 진흥왕 순수비임을 고증하였다. → 김정희에 대한 설명이다.

⑤ 다양한 개혁 방안을 담은 『동호문답』을 저술하였다. → 이이에 대한 설명이다.

23

정답 ①

해설

제시된 지문의 '명군과 연합하여 ~ 평양성을 탈환'을 통해 1593년 1월 임진왜란 시기 평양성 탈환에 대한 것임을 알 수 있다.

1592년 4월 임진왜란을 일으킨 일본은 5월에 한양을 점령하고 6월에는 평양, 함경도까지 차지하였다. 1593년 1월 명나라의 원군이 조선군과 합세하여 평양성을 탈환하였고, 2월에는 권율이 행주산성에서 왜군을 격파하여 대승을 거두었다. 일본군은 경상도 해안 일대로 물러나 휴전을 제의하였다. 하지만 1597년 명과 일본 사이의 강화 회담이 결렬되고 일본군이 다시 침입해 왔다(정유재란). 원균이 이끄는 조선 수군은 칠천량에서 일본군에 크게 패배하였고, 다시 삼도수군통제사로 임명된 이순신은 9월 명량에서 13척의 배로 10배 이상의 일본군을 맞아 적을 대파하였다.

① 이순신이 명량에서 대승을 거두었다. → 1597년 왜군이 다시 침공하면서 정유재란이 일어났다. 이때 이순신이 명량에서 왜군을 대파하였다.

② 최무선이 진포에서 왜구를 격퇴하였다. → 1380년 고려 우왕 시기에 최무선이 진포 대첩에서 왜구를 격퇴하였다.

③ 신립이 탄금대에서 배수의 진을 치고 싸웠다. → 1592년 신립이 충주 탄금대에서 배수의 진을 치고 결사적으로 싸웠으나 패배하였다.

④ 김종서가 6진을 개척하여 영토를 확장하였다. → 조선 세종 시기에 4군 6진을 개척하여 영토를 확장하였다.

⑤ 배중손이 삼별초를 이끌고 진도에서 항전하였다. → 고려 후기에 조정이 몽골과 강화를 하자 이에 반발한 배중손이 삼별초를 이끌고 진도에서 항전하였다.

24

정답 ②

해설

제시된 지문의 (가)는 '영창 대군 이의를 왕으로 옹립하기로 했다'를 통해 광해군 시기임을, (나)는 '이괄 부자'를 통해 인조 시기임을 알 수 있다.

선조의 뒤를 이어 왕위에 오른 광해군은 대내적으로 전후 복구 사업을 실시하면서 대외적으로는 명과 후금 사이에서 신중한 중립 외교 정책으로 대처하였다. 이러한 광해군의 중립 외교 정책은 명에 대한 의리와 명분을 중시하는 양반 사대부의 비판을 받았다. 또한, 광해군이 이복동생인 영창 대군을 죽이고 계모인 인목 대비를 핍박하자, 인륜에 어긋나는 정치를 한다는 비판의 목소리가 높아졌다. 이를 구실로 권력에서 밀려나 있던 서인이 중심이 되어 정변을 일으켰다. 이로써 광해군이 폐위되고 1623년 인조가 왕위에 올랐다(인조반정). 이후 인조반정의 논공행상에 불만을 품고 1624년 이괄이 평안북도에서 반란을 일으켰다. 반란군이 서울까지 점령하여 인조는 일시적으로 수도를 떠나 공주까지 피난하는 어려움을 겪기도 하였다.

① 국왕의 친위 부대인 장용영이 조직되었다. → 조선 정조 시기에 대한 설명이다.

② 서인이 반정을 일으켜 정권을 장악하였다. → 인조반정에 대한 설명이다.

③ 정여립 모반 사건으로 옥사가 발생하였다. → 조선 선조 시기에 대한 설명이다.

④ 허적과 윤휴 등 남인들이 대거 축출되었다. → 조선 숙종 시기에 대한 설명이다.

⑤ 자의 대비의 복상 문제로 예송이 전개되었다. → 조선 현종 시기에 대한 설명이다.

25

정답 ①

해설

제시된 지문의 '인현 왕후'를 통해 밑줄 그은 '이 왕'은 조선 숙종임을 알 수 있다.

인현 왕후는 숙종의 계비로, 인현 왕후와 희빈 장씨를 둘러싸고 기사환국, 갑술환국이 일어났다. 숙종은 상황에 따라 한 당파를 일거에 내몰고 상대 당파에 정권을 모두 위임하는 편당적 인사 관리로 정국을 운영하였다. 이렇게 정국이 급격하게 바뀌는 환국이 나타남에 따라 특정 붕당이 정권을 독점하는 일당 전제화의 추세가 대두되었다.

조선 후기에는 5군영 체제로의 군사제도 정비가 이루어졌는데, 임진왜란 때 훈련도감을 설치하였고, 인조 때 어영청, 총융청, 수어청을 설치하였다. 이후 숙종 때는 금위영을 설치하면서 5군영 체제가 완비되었다. 금위영은 훈련도감 · 어영청과 더불어 국왕 호위와 수도 방어의 핵심 군영이었다.

① 수도 방어를 위하여 금위영을 창설하였다. → 조선 숙종 시

기에 대한 설명이다.
② 국가의 통치 규범인 경국대전을 반포하였다. → 조선 성종 시기에 대한 설명이다.
③ 청의 요청으로 나선 정벌에 조총 부대를 파견하였다. → 조선 효종 시기에 대한 설명이다.
④ 농민들의 군역 부담을 줄여주고자 균역법을 시행하였다. → 조선 영조 시기에 대한 설명이다.
⑤ 유능한 인재를 양성하기 위해 초계문신제를 실시하였다. → 조선 정조 시기에 대한 설명이다.

26 정답 ①

해설

제시된 지문의 '금난전권 철폐', '육의전 제외'를 통해 조선 후기의 경제 상황에 대한 것임을 알 수 있다. 정조는 육의전을 제외한 시전 상인들의 금난전권을 철폐하는 신해통공을 반포하여 사상들의 자유로운 상업 활동을 보장하였다.

① 고액 화폐인 활구가 주조되었다. → 고려 숙종 시기에 대한 설명이다.
② 담배, 면화 등 상품 작물이 재배되었다. → 조선 후기 경제 상황에 대한 설명이다.
③ 관청에 물품을 조달하는 공인이 활동하였다. → 조선 후기 경제 상황에 대한 설명이다.
④ 송상, 만상이 대청 무역으로 부를 축적하였다. → 조선 후기 경제 상황에 대한 설명이다.
⑤ 광산을 전문적으로 경영하는 덕대가 등장하였다. → 조선 후기 경제 상황에 대한 설명이다.

27 정답 ④

해설

제시된 지문의 '미인도'를 통해 (가) 인물이 신윤복임을 알 수 있다.

① 
② 
③ 
④ 
⑤ 

① 씨름도 → 조선 후기 풍속화가인 김홍도의 작품이다.
② 고사관수도 → 조선 후기 문인 화가인 강희안의 작품이다.
③ 파적도 → 조선 후기 풍속화가인 김득신의 작품이다.
④ 월하정인 → 조선 후기 풍속화가인 신윤복의 작품이다.
⑤ 영통동구도 → 조선 후기 강세황의 작품이다.

28 정답 ④

해설

제시된 지문의 '안핵사 박규수', '진주의 백성들이 변란', '경상 우병사 백낙신이 탐욕'을 통해 임술 농민 봉기(진주 농민 봉기)임을 알 수 있다.
철종 때 경상 우병사 백낙신의 수탈을 견디다 못한 진주 농민들이 몰락한 양반 출신인 유계춘 등을 중심으로 봉기를 일으켰다. 안핵사 박규수가 사건을 해결하기 위해 파견되어 삼정 문란이 원인임을 알고 철종에게 건의해 삼정이정청을 설치하게 하였으나 효과가 없었다.

① 홍경래가 주도하여 봉기하였다. → 조선 순조 시기에 발생한 홍경래의 난에 대한 설명이다.
② 청군이 파병되는 결과를 가져왔다. → 임오군란에 대한 설명이다.
③ 흥선 대원군 집권 시기에 일어났다. → 병인양요, 신미양요 등에 대한 설명이다.
④ 삼정이정청이 설치되는 계기가 되었다. → 임술 농민 봉기(진주 농민 봉기)에 대한 설명이다.
⑤ 보국안민, 제폭구민을 기치로 내걸었다. → 동학 농민 운동에 대한 설명이다.

29 정답 ⑤

해설

- (가) 외규장각 : 1866년 병인박해로 프랑스 신부들이 처형당하자 프랑스는 이를 구실로 강화도를 무력 침공하였다(병인양요). 프랑스군은 40여 일 만에 물러가면서 의궤를 비롯한 외규장각의 도서를 약탈하였다.
- (나) 연무당 옛터 : 조일 수호 조규(강화도 조약)가 강화도의 연무당에서 체결되었다. 연무당은 성을 지키는 군사들이 무술을 연마하는 곳이다.
- (다) 광성보 : 1871년 미국은 제너럴 셔먼호의 책임을 묻겠다고 하면서 신미양요를 일으켰다. 미국은 강화 해협의 조선군 진지를 공격하였으며, 광성보를 수륙 양면으로 공격하였다. 광성보 전투에서 조선군은 어재연·어재순 형제를 비롯하여 350여 명이 전사하였다.
- (라) 정족산성 : 병인양요 때 김포의 문수산성에서 한성근 부대가 서울로 진격하는 프랑스 군을 격퇴하였다. 강화도 남쪽의 정족산성에서는 양헌수 부대가 치열한 격전을 벌여 프랑스군 30여 명을 사살하였다
- (마) 초지진 : 신미양요 때 미군에게 점령당한 곳이다.

① (가) – 프랑스군이 의궤를 약탈하였다. → 외규장각에 대한 설명이다.
② (나) – 조일 수호 조규가 체결되었다. → 연무당 옛터에 대한 설명이다.
③ (다) – 어재연 부대가 결사 항전하였다. → 광성보에 대한 설명이다.
④ (라) – 양헌수 부대가 적군을 물리쳤다. → 정족산성에 대한 설명이다.
⑤ (마) – 영국군이 불법으로 점령하였다. → 거문도에 대한 설명이다. 영국군이 러시아의 남하를 견제하기 위해 1885~1887년까지 불법으로 점령한 곳이다.

30 정답 ②

해설

제시된 지문의 (가)는 '미국 상인 ~ 세금을 바쳐야 하며'를 통해 해당 조약이 1882년 체결한 조·미 수호 통상 조약임을, (나)는 '쌀 수출을 금지하려고 할 때에는 1개월 전에 지방관이 일본 영사관에 통지'를 통해 해당 조약이 1883년 체결한 조·일 통상 장정임을 알 수 있다.
1882년에 조선은 청의 중재로 미국과 조·미 수호 통상 조약을 체결하였다. 이 조약에는 양국 가운데 한 나라가 제3국의 압박을 받으면 서로 도와준다는 거중 조정 조항이 있고, 치외법

권과 최혜국 대우의 규정도 포함되어 있었다. 또한 비록 낮은 비율일지라도 수출입 상품에 대해 관세를 부과하는 규정을 담고 있었다.
1876년 강화도 조약 직후 체결된 조·일 무역 규칙은 일본 수출입 상품에 대한 무항세(무관세)와 양곡의 무제한 유출을 허용하였다. 1883년에 개정된 조·일 통상 장정은 관세 자주권을 일부 회복하였으나, 일본에 최혜국 대우를 인정하였다. 개정된 조·일 통상 장정의 37조에는 방곡령 선포 시 상대국에 1개월 전에 서면 통고해야 한다는 규정이 추가되었다.
ㄱ. (가) – 최혜국 대우 내용을 포함하였다. → 1882년 체결한 조·미 수호 통상 조약에 대한 설명이다.
ㄴ. (가) – 갑신정변의 영향으로 체결되었다. → 1884년 체결한 한성 조약, 톈진 조약에 대한 설명이다.
ㄷ. (나) – 방곡령 시행에 대한 규정을 명시하였다. → 1883년 체결한 조·일 통상 장정에 대한 설명이다.
ㄹ. (나) – 재정 고문을 두도록 하는 조항을 담고 있다. → 1904년 체결한 제1차 한·일 협약에 대한 설명이다.
따라서 정답은 ㄱ, ㄷ이다.

31

정답 ⑤

해설

제시된 지문의 '미국 공사의 부임에 대한 답례로 파견된'을 통해 (가) 사절단이 보빙사임을 알 수 있다.
1882년에 조·미 수호 통상 조약이 체결되고 1883년에 미국 공사 푸트가 내한하자 이에 대한 답례와 양국 간 친선을 위해 보빙사를 미국으로 파견하였다. 명성황후의 조카였던 민영익을 단장으로 하고 홍영식, 유길준, 서광범 등이 수행한 보빙사 일행은 뉴욕, 보스턴, 워싱턴 등지에서 근대 시설을 시찰하고 대통령을 접견하기도 하였다. 이때 수행원으로 따라간 유길준이 보스턴에 남아서 유학하였는데, 이때의 경험을 쓴 책이 『서유견문』이다.
① 수신사라는 이름으로 보내졌다. → 강화도 조약 체결 이후 근대 문물을 시찰하기 위해 조선 정부는 일본에 수신사를 파견하였다.
② 조선책략을 들여와 국내에 소개하였다. → 2차 수신사로 일본에 다녀온 김홍집이 국내에 소개하였다.
③ 기기국에서 무기 제조 기술을 배우고 돌아왔다. → 청의 근대 무기 제조술을 습득하기 위해 김윤식을 중심으로 영선사가 파견되었다.
④ 개화 반대 여론을 의식하여 비밀리에 파견되었다. → 일본의 산업 시설을 둘러보기 위해 조사 시찰단이 비밀리에 파견되었다.
⑤ 전권대신 민영익과 부대신 홍영식 등으로 구성되었다. → 보빙사에 대한 설명이다.

32

정답 ④

해설

제시된 지문의 '구식 군인에 대한 차별 대우로 일어난'을 통해 밑줄 그은 '이 사건'이 임오군란임을 알 수 있다.
임오군란은 1882년 6월에 구식 군인들이 일으킨 폭동으로, 구식 군인들에 대한 차별 대우와 민씨 정권의 개화 정책에 대한 보수파들의 불만이 겹쳐 일어났다. 도시 하층 빈민들도 합류하여 일본 공사관을 습격하고 별기군의 일본인 교관을 사살하였다. 군인과 도시 빈민들이 궁궐까지 침입하자 고종은 대원군을 불러 사태 수습을 위임하였고, 흥선 대원군은 통리기무아문과 별기군을 폐지하여 민씨 정권 주도의 개화 정책을 중단하고, 5군영과 삼군부를 부활시켰다. 그러나 민비 측의 지원을 받은 청군이 군란을 진압하였고, 대원군은 톈진으로 압송되었다.
군란이 진압된 후 조선 정부는 사건을 진압해준 청나라와 조·청 수륙 무역 장정을 체결하였고, 일본과는 제물포 조약과 조·일 수호 조규 속약을 맺었다. 제물포 조약은 군란의 주모자 처벌, 조선 정부의 사과와 배상금 5만 원 지급, 일본 공사관 경비 병력의 주둔을 규정하였다.
① 김옥균, 박영효 등이 주도하였다. → 1884년 갑신정변에 대한 설명이다.
② 입헌 군주제 수립을 목표로 전개되었다. → 1884년 갑신정변에 대한 설명이다.
③ 통리기무아문이 설치되는 배경이 되었다. → 개화 정책을 총괄하는 통리기무아문은 1880년에 설치되었다. 임오군란 이전에 설치된 것이다.
④ 일본 공사관에 경비병이 주둔하는 계기가 되었다. → 1882년 임오군란에 대한 설명이다.
⑤ 전국 각지에 척화비가 건립되는 결과를 초래하였다.
→ 1871년 신미양요 이후 척화비가 설립되었다.

33

정답 ③

해설

제시된 지문의 (가) 시기는 '화약 체결', '전주성'을 통해 1894년 5월 체결한 전주 화약과, '남접과 북접이 연합'을 통해 1894년 9월 2차 우금치 전투 발발 이전에 해당하는 내용을 찾는 문제임을 알 수 있다.
1894년 3월에 봉기한 동학 농민군은 황토현과 황룡촌 전투에서 승리하고 전주성을 점령하였다. 민씨 정권의 요청으로 청나라 군대가 아산만에 상륙하자 일본군도 톈진 조약을 구실로 인천에 대규모 병력을 상륙시켰다. 농민군은 외세의 개입으로 사태가 악화될 것을 우려하여 관군과 전주 화약을 맺고 스스로 해산하였다. 하지만 일본이 1894년 6월 경복궁을 점령하고 내정간섭을 하자 청일 전쟁이 발발하였다. 그러자 해산된 동학 농민군은 외세를 몰아낸다는 명분으로 남접(전라도 동학 농민군)과 북접(충청도 동학 농민군)이 합세하여 공주 우금치에서 일본군과 관군의 연합 부대와 전투를 벌였으나 크게 패하였다.
① 농민군이 백산에서 4대 강령을 발표하였다. → 1894년 1월 발생한 고부 봉기에 대한 설명이다. 고부 군수 조병갑의 횡포로 발생하였다.
② 우금치에서 농민군과 일본군이 격전을 벌였다. → 2차 동학 농민 운동에 대한 설명이다.
③ 일본이 군대를 동원하여 경복궁을 점령하였다. → 전주 화약 체결 이후 일본군이 기습적으로 경복궁을 점령하였다.
④ 보은에서 교조 신원을 요구하는 집회가 열렸다. → 1893년 동학 교도들이 충청도 보은에서 교조 최제우의 명예 회복을 요구하는 집회를 개최하였다.
⑤ 조병갑의 탐학에 저항해 고부에서 농민 봉기가 일어났다. → 1894년 1월 발생한 고부 봉기에 대한 설명이다.

34 정답 ①

해설

제시된 지문의 (가)는 '공노비와 사노비에 관한 법을 일체 혁파하고'를 통해 1894년 7월 반포한 제1차 갑오개혁임을, (나)는 '청나라에 의존하는 생각을 끊어 버리고', '왕실 사무와 국정 사무를 분리'를 통해 1895년 1월 반포한 홍범 14조임을, (다)는 '짐이 ~ 머리카락을 자르니'를 통해 1895년 10월 반포한 을미개혁임을 알 수 있다.
따라서 정답은 (가) – (나) – (다)이다.

35 정답 ②

해설

제시된 지문의 '광무', '지계아문'을 통해 밑줄 그은 '관계'가 발급되던 시기는 대한 제국 시기임을 알 수 있다.
대한제국은 조세 수입을 늘리고 근대적인 토지 소유권 제도를 확립하기 위해 1898년 양지아문을 설치하고 미국인 측량사를 초빙해 양전 사업을 실시하였다. 또한 토지대장에 기록된 소유권 확인을 위해 지계아문을 설치하고 지계 발급 업무를 시작하였다. 하지만 1904년 2월에 러일전쟁이 발발하여 사업 수행이 곤란하게 되자 양전 · 지계 사업은 중단되었다.

① 영남 만인소에 동참하는 유생 → 1881년 조선책략 유포에 반발하여 이만손이 영남 만인소를 올리며 개화 반대 운동을 전개하였다.
② 원수부에서 업무를 처리하는 관리 → 대한 제국 시기에 반포한 광무개혁에서 황제의 군권 장악을 위해 원수부를 설치하고, 황제가 육해군을 통솔하도록 하였다.
③ 남연군 묘를 도굴하려는 독일 상인 → 1868년 독일 상인 오페르트는 조선에 통상을 요구하기 위해 흥선 대원군의 아버지인 남연군 묘를 도굴하려고 하였다.
④ 제너럴 셔먼호를 불태우는 평양 관민 → 1866년 미국 상선 제너럴 셔먼호가 대동강을 거슬러 올라와 통상을 요구하며 행패를 부리자 평양 관민이 제너럴 셔먼호를 불태웠다.
⑤ 통신사를 수행해 일본으로 가는 역관 → 임진왜란 이후 에도 막부는 쇼군의 국제적 지위를 인정받기 위해 조선에 통신사 파견을 요청하였다.

36 정답 ⑤

해설

제시된 지문의 '중추원', '인민협회'를 통해 제시된 자료가 독립협회와 관련 있음을 알 수 있다.
독립협회는 1898년 10월 말에 독립 협회 회원과 정부 대신들이 참석하는 관민 공동회를 종로에서 개최하여 '헌의 6조'라는 건의문을 채택하였다. 이 건의문은 황제의 전제권을 인정하되 각부 대신과 중추원의 의회 기능을 강화하여 입헌군주제로 바꿀 것을 목표로 한 것이었다. 고종 황제는 1898년 11월 이 건의문을 받아들여 시행할 것을 약속하고, 국왕 자문 기구인 중추원을 근대적 상원 형태로 개편하기로 하였다. 이에 따라 중추원 의원 중 25명은 황제와 정부가 임명하고, 나머지 25명은 독립 협회에서 선출하는 중추원 신관제가 제정 · 공포되었다. 중추원 관제 개편은 의회 설립을 통해 근대적인 입헌군주제를 수립하려는 시도였다.

① 105인 사건의 영향을 알아본다. → 신민회에 대한 설명이다.
② 사창제 실시의 배경을 파악한다. → 흥선 대원군은 환곡의 폐단을 시정하기 위해 향촌에서 자치적으로 운영하는 사창제를 실시하였다.
③ 13도 창의군의 활동을 검색한다. → 1907년 정미의병 때 이인영, 허위 등은 전국 의병 연합 부대인 13도 창의군을 결성하고 서울 진공 작전을 시도하였다.
④ 헤이그에 특사를 파견한 목적을 조사한다. → 1907년 고종은 을사늑약의 부당성을 알리기 위해 만국 평화 회의가 열리던 네덜란드 헤이그에 특사를 파견하였다.
⑤ 관민 공동회에서 결의한 헌의 6조 내용을 분석한다. → 1898년 독립 협회는 관민 공동회에서 헌의 6조를 결의하였다.

37 정답 ⑤

해설

제시된 지문의 '사탕수수 농장에 노동자로 첫 이민자'를 통해 (가) 지역이 하와이임을 알 수 있다. 하와이에서 사탕수수 경작을 위한 노동 이민을 요청하자 대한 제국 정부가 이민을 알선하였고, 이에 따라 한국 농민들이 갤릭호를 타고 하와이의 사탕수수 농장으로 이민하였다.

① 일왕이 탄 마차에 폭탄을 투척하였다. → 한인 애국단의 이봉창이 일본 도쿄에서 일왕이 탄 마차에 폭탄을 던졌다.
② 한인 자치 단체인 권업회를 조직하였다. → 연해주 지역에서 한민회는 한인 자치 단체인 권업회를 조직하였다.
③ 민족 교육을 위해 서전서숙을 설립하였다. → 민족 교육을 위해 북간도 지역에 서전서숙이 설립되었다.
④ 독립군 양성을 위해 신흥 강습소를 세웠다. → 신민회는 독립군 양성을 위해 서간도 지역에 신흥 강습소를 세웠다.
⑤ 대조선 국민군단을 조직하여 무장 투쟁을 준비하였다. → 대조선 국민군단은 박용만이 하와이에서 조직한 단체이다.

38 정답 ③

해설

제시된 지문의 '대한 제국의 외교권을 박탈'을 통해 (가)는 을사조약임을 알 수 있다. 러 · 일 전쟁에서 승리한 일본은 덕수궁 중명전에서 1905년 을사조약 체결을 강요하여 대한 제국의 외교권을 박탈하였다.

① 아관 파천의 배경이 되었다. → 1895년 발생한 을미사변에 대한 설명이다.
② 청일 전쟁 발발의 원인이 되었다. → 동학 농민군을 진압하기 위해 조선 정부가 청에 원군을 요청하였고, 톈진 조약에 따라 일본도 조선에 군대를 파견하였다. 이후 일본이 경복궁을 점령하고 조선의 내정을 간섭하면서 조선을 둘러싼 청일 전쟁이 일어났다.
③ 통감부가 설치되는 결과를 가져왔다. → 1905년 체결한 을사조약에 대한 설명이다.
④ 대한 제국의 군대 해산을 규정하였다. → 1907년 체결한 한일 신협약에 대한 설명이다.
⑤ 천주교 포교를 허용하는 조항이 들어있다. → 1866년 체결한 조프 수호 통상 조약에 대한 설명이다.

39

정답 ③

해설

제시된 지문의 '충칭으로 근거지를 옮기며 한국 광복군을 창설'을 통해 1940년대의 대한민국 임시 정부에 대한 것임을 알 수 있다.

1940년 9월 충칭에 정착한 임시 정부는 한국 광복군을 창설하고, 국무위원제를 주석 중심제로 개편하여 행정과 군사를 총괄하도록 하였다. 1941년 11월에는 대한민국 건국 강령을 발표하였다. 건국 강령은 1930년대에 조소앙이 제창한 삼균주의를 바탕으로 삼아 정치적으로는 보통 선거를 통한 민주 공화국 건설, 경제적으로는 토지의 국유화, 토지 개혁 실시 등의 내용을 담고 있다.

① 청산리에서 일본군을 크게 격파하였어요. → 1920년 10월 김좌진의 북로 군정서군 등 독립군 연합 부대는 청산리에서 일본군을 크게 격파하였다.
② 해조신문을 발간하여 국권 회복에 힘썼어요. → 1908년 연해주로 이주한 한인들은 민족의식을 고취하기 위해 해조신문을 발간하는 등 국권 회복을 위해 노력하였다.
③ 삼균주의를 기초로 하는 건국 강령을 공포하였어요. → 1941년 충칭으로 이동한 대한민국 임시 정부는 조소앙의 삼균주의를 기초로 하는 건국 강령을 공포하였다.
④ 오산 학교와 대성 학교를 세워 민족 교육을 전개하였어요. → 1907년 신민회는 실력 양성을 위해 정주에 오산 학교, 평양에 대성 학교를 세웠다.
⑤ 임시 사료 편찬회를 두어 한일 관계 사료집을 간행하였어요. → 1919년 대한민국 임시 정부는 임시 사료 편찬회를 설치하고 박은식을 중심으로 한일 관계 사료집을 간행하여 민족 독립 의식을 고취하고자 하였다.

40

정답 ④

해설

제시된 지문의 '즉결', '태형'을 통해 제시된 법령이 시행된 시기가 1910년 일제의 무단 통치 시기임을 알 수 있다. 일제는 무단 통치 시기에 정식 재판을 거치지 않고도 즉결로 처벌할 수 있도록 하고, 한국인에 한해서만 태형을 실시하였다.

① 박문국을 설치하여 한성순보를 발행하였다 → 1883년 인쇄와 출판을 관장하기 위해 박문국을 설치하고, 우리나라 최초의 근대적 신문인 한성순보를 발행하였다.
② 황국 중앙 총상회가 상권 수호 운동을 주도하였다. → 1898년 서울 상인들과 독립협회 회원 일부가 황국 중앙 총상회를 설립하여 외국인들의 불법적인 상업 활동에 반대하는 등 상권 수호 운동을 전개하였다.
③ 근대적 개혁 추진을 위해 군국기무처가 설치되었다. → 청일 전쟁에서 승기를 잡은 일본이 1894년 군국기무처를 설치하고 1차 갑오개혁을 단행하였다.
④ 강압적 통치를 목적으로 헌병 경찰제가 실시되었다. → 1910년대 무단 통치 시기에 대한 설명이다.
⑤ 일본에 진 빚을 갚자는 국채 보상 운동이 전개되었다. → 1907년 대구를 시작으로 국채 보상 운동이 전개되었다.

41

정답 ⑤

해설

제시된 지문의 '재일본 동경 조선 청년 독립단'을 통해 제시된 자료가 1919년 발생한 2·8 독립 선언임을 알 수 있다. 도쿄 유학생들은 윌슨의 민족 자결주의에 자극을 받아 도쿄에서 독립 선언서와 결의문을 낭독하고, 이를 각국 대사관과 일본 정부 및 의회에 보내려 하였다. 이들의 계획은 일본 경찰의 제지로 실패하였으나, 3·1 운동 발발에 큰 자극을 주었다.

① 박상진 등이 대한 광복회를 결성하였다. → 대한 광복회는 1915년에 대구에서 박상진이 군대식으로 조직한 단체로, 국권 회복과 민주 공화국 수립을 목표로 여러 활동을 전개하였다.
② 황성신문에 시일야방성대곡이 게재되었다. → 을사조약 체결에 반발하여 1905년 장지연이 황성신문에 시일야방성대곡을 게재하여 일본을 규탄하였다.
③ 독립 협회가 중심이 되어 독립문을 건립하였다. → 1897년 과거 중국 사신을 맞이하던 영은문을 헐어버리고 그 자리에 독립 의식을 고취하기 위하여 독립문을 건립하였다.
④ 고종의 밀지를 받아 독립 의군부가 조직되었다. → 고종의 밀지를 받아 1912년 임병찬이 전라도 지방을 중심으로 복벽주의를 주장하며 독립 의군부를 조직하였다.
⑤ 민족 대표 33인 명의의 독립 선언서가 발표되었다. → 도쿄 유학생들이 발표한 2·8 독립 선언은 국내에 큰 자극을 주어 민족 대표 33인이 독립 선언서를 발표하고 3·1 운동을 전개하는 계기가 되었다.

42

정답 ②

해설

제시된 지문의 '백정에 대한 권익 보호를 목적'을 통해 밑줄 그은 '이 운동'은 형평 운동임을 알 수 있다. 갑오개혁으로 신분 제도가 법적으로는 철폐되었지만 사회적으로는 백정에 대한 차별이 계속되자, 백정에 대한 사회적 차별 철폐를 요구하는 형평 운동을 전개하였다.

① 어린이날을 정하고 잡지 어린이를 발간하였다. → 천도교 소년회를 중심으로 전개된 소년운동에 대한 설명이다.
② 조선 형평사를 조직하여 사회적 차별에 맞섰다. → 진주에서 이학찬을 중심으로 백정에 대한 권익을 보호하기 위해 전개된 형평 운동에 대한 설명이다.
③ 계몽 서적의 보급을 위해 태극 서관을 설립하였다. → 신민회에 대한 설명이다.
④ 일제가 이른바 문화 통치를 실시하는 결과를 가져왔다. → 1919년 3·1 운동에 대한 설명이다.
⑤ 라이징 선 석유 회사의 조선인 구타 사건을 계기로 시작되었다. → 1929년 원산 총파업에 대한 설명이다.

43

정답 ②

해설

'이원록'은 이육사의 본명이다. 이육사는 중국에서 조선 혁명 군사 정치 간부 학교를 졸업한 후에 일제의 감시로 체포와 구금 생활을 반복하며 건강이 매우 나빠졌다. 이후 이육사는 시와 글을 통해 민족운동을 전개하는 길을 선택했고, 시집 『문장』과 함께 「광야」, 「절정」, 「청포도」 등 다양한 시들을 발표하였다.

① 종로 경찰서에 폭탄을 투척하였다. → 김상옥에 대한 설명이다.
② 저항시 광야, 절정 등을 발표하였다. → 이육사에 대한 설명이다.
③ 친일파 이완용을 습격하여 중상을 입혔다. → 이재명에 대한

설명이다.
④ 영화 아리랑의 제작, 감독, 주연을 맡았다. → 나운규에 대한 설명이다.
⑤ 조선 국혼을 강조하는 한국통사를 저술하였다. → 박은식에 대한 설명이다.

44

정답 ①

해설

제시된 지문의 '영릉가 전투', '총사령 양세봉'을 통해 (가) 부대가 조선 혁명군임을 알 수 있다. 양세봉이 이끈 조선 혁명군은 1930년 초 남만주 일대에서 중국 의용군과 연합하여 흥경성 · 영릉가 전투 등에서 일본군에 승리를 거두었다.
① 흥경성에서 일본군을 격퇴하였다. → 조선 혁명군에 대한 설명이다.
② 호가장 전투에서 크게 활약하였다. → 조선 의용군에 대한 설명이다.
③ 대전자령 전투에서 큰 전과를 올렸다. → 한국 독립군에 대한 설명이다.
④ 중국 팔로군에 편제되어 항일 전선에 참여하였다. → 조선 의용군에 대한 설명이다.
⑤ 연합군과 함께 인도 · 미얀마 전선에서 활동하였다. → 한국 광복군에 대한 설명이다.

45

정답 ②

해설

제시된 지문의 '윤봉길의 상하이 훙커우 공원 의거'를 통해 밑줄 그은 '의거'를 일으킨 단체가 한인 애국단임을 알 수 있다.
김구는 1931년 침체에 빠진 임시 정부에 활기를 불어넣기 위해 한인 애국단을 조직하였다. 한인 애국단의 첫 거사는 1932년 1월 이봉창이 도쿄에서 일왕이 타고 가는 마차를 향해 폭탄을 던진 사건이다. 비록 일왕을 제거하지는 못하였지만, 이봉창의 의거는 국내외에 큰 파문을 일으켰다. 이후 중국의 상하이 신문에 '안타깝게 일왕을 제거하지 못했다.'는 기사가 실리자 일본이 상하이 사변을 일으켰고, 이후 승리한 일본은 상하이 훙커우 공원에서 일왕의 생일과 승전을 축하하는 기념식을 열었다. 1932년 4월 훙커우 공원 기념식장에 참석한 윤봉길은 기념식 단상에 폭탄을 던져 다수의 일본군 장성과 고관들을 처단하였다.
① 신채호의 조선 혁명 선언을 활동 지침으로 삼았다. → 의열단에 대한 설명이다.
② 김구를 단장으로 하여 활발한 의열 활동을 펼쳤다. → 한인 애국단에 대한 설명이다.
③ 조선 총독을 저격한 강우규가 단원으로 활동하였다. → 대한 노인단에 대한 설명이다.
④ 이상재 등의 주도로 민립 대학 설립 운동을 전개하였다. → 조선 민립 대학 기성회에 대한 설명이다.
⑤ 진상 조사단을 파견하여 광주 학생 항일 운동을 지원하였다. → 신간회에 대한 설명이다.

46

정답 ③

해설

제시된 지문의 '신탁 통치에 ~ 견해를 표명'을 통해 다음 기자 회견이 모스크바 3국 외상 회의 이후에 열린 것임을 알 수 있다. 1945년 12월 개최된 모스크바 3국 외상에서 민주적인 임시 정부 수립과 이를 위한 미소 공동 위원회의 설치, 새로 수립된 임시 정부와 협의를 거친 최고 5년간의 신탁 통치 등이 결정되었다. 회의 결과가 공식적으로 발표되기 전부터 신탁 통치를 둘러싼 좌 · 우 대립이 격화되기 시작했다.
① 좌우 합작 7원칙이 발표되었다. → 이승만이 단독 정부 수립 운동을 전개하자 중도 세력은 좌우 합작 위원회를 조직하고 1946년 10월 좌우 합작 7원칙을 발표하였다.
② 제1차 미소 공동위원회가 결렬되었다. → 1646년 3월 제1차 미소 공동위원회가 개최되었으나 참여 단체 및 정당 문제를 둘러싸고 결렬되었다.
③ 모스크바 삼국 외상 회의가 개최되었다. → 1945년 12월 미국 · 영국 · 소련의 외상들이 모스크바에서 회의를 열어 한반도 문제에 대해 논의하였다.
④ 반민족 행위 특별 조사 위원회가 구성되었다. → 1948년 9월 제헌 국회에서 반민족 행위 처벌법을 제정하고, 그해 10월 반민족 행위 특별 조사 위원회가 구성되었다.
⑤ 유엔 소총회에서 남한만의 단독 총선거가 결의되었다. → 1948년 2월 유엔 소총회에서 남한만의 단독 총선거 실시를 결정하였다.

47

정답 ②

해설

제시된 지문의 (가)는 '낙동강 방어선으로 후퇴'를 통해 1950년 6 · 25 전쟁 초반임을, (나)는 '첫 정전 회담'을 통해 1951년 7월임을 알 수 있다.
1950년 6월 25일 새벽 4시에 남침을 감행한 북한군은 남침 개시 3일 만에 서울을 함락하였다. 북한군은 남하를 계속하여, 9월 무렵에는 경상도 일부와 제주도를 제외한 대부분의 지역을 점령하였다. 낙동강을 사이에 두고 북한군과 치열한 전투를 벌이던 국군과 유엔군은 인천 상륙 작전에 성공하여 전세를 역전시켰다. 국군과 유엔군은 9월 28일에 서울을 수복하였고, 이어서 10월에는 평양을 함락하고 압록강에 이르렀다. 하지만 중국군이 전쟁에 개입하게 되면서 전황은 바뀌었다. 국군과 유엔군은 흥남 철수를 시작으로 1951년 1월 서울을 다시 빼앗기게 되었다(1 · 4후퇴). 이후 38도선 부근에서 전선이 교착 상태를 보이자, 소련의 제안에 따라 1951년 7월 개성에서 정전 회담 처음 시작되었다.
① 애치슨 선언이 발표되었다. → 1950년 1월 미국의 국무장관 애치슨은 미국의 태평양 방위선에서 한국과 타이완 등을 제외한다고 발표하였다. 이는 6 · 25 전쟁의 배경이 되었다.
② 흥남 철수 작전이 전개되었다. → 중공군 합류로 불리해진 국군과 유엔군이 1950년 12월에 흥남 철수 작전을 전개하였다.
③ 여수 · 순천 10 · 19 사건이 일어났다. → 1948년 10월에 여수 · 순천 10 · 19 사건이 일어났다.
④ 한미 상호 방위 조약이 체결되었다. → 1953년 10월에 한미 상호 방위 조약이 체결되었다.
⑤ 부산에서 발췌 개헌안이 통과되었다. → 1952년에 부산에서 발췌 개헌안이 통과되었다.

48 정답 ①

해설

제시된 지문의 '제2차 경제 개발 5개년 계획'을 통해 박정희 정부 시기의 경제 상황임을 알 수 있다.
제1 · 2차 경제 개발 5개년 계획(1962~1971)에서는 풍부하고 값싼 노동력을 이용하여 섬유, 가발과 같은 노동 집약적 공업 제품을 수출하는 데 집중하였다. 이 기간에는 국가 기간산업을 육성하기 위해 울산 공업단지와 마산 수출 자유 지역이 조성되고, 포항제철이 설립되기 시작하였다. 1970년에 개통된 경부 고속 도로는 경제 개발의 상징이 되었다. 한 · 일 협정으로 얻게 된 자금과 베트남 파병에 따른 베트남 특수는 경제 발전에 큰 보탬이 되었다.

① 경부 고속 도로가 개통되었어요. → 박정희 정부 시기에 대한 설명이다. 1970년 제2차 경제 개발 계획 시기에 개통되었다.
② 귀속 재산 처리법이 제정되었어요. → 이승만 정부 시기에 대한 설명이다.
③ 경제 협력 개발 기구(OECD)에 가입하였어요. → 김영삼 정부 시기에 대한 설명이다.
④ 미국과 자유 무역 협정(FTA)을 체결하였어요. → 노무현 정부 시기에 대한 설명이다.
⑤ 대통령의 긴급 명령으로 금융 실명제가 실시되었어요. → 김영삼 정부 시기에 대한 설명이다.

49 정답 ⑤

해설

제시된 지문의 '임을 위한 행진곡'을 통해 (가) 민주화 운동이 5 · 18 민주화 운동임을 알 수 있다.
12 · 12 사태로 권력을 장악한 신군부 세력은 1980년 5월 17일 비상계엄을 전국으로 확대하고, 모든 정치 활동을 금지하였다. 광주에서는 5월 18일부터 27일까지 조속한 민주 정부 수립, 신군부 세력의 퇴진, 계엄령 철폐 등을 요구하는 시위가 전개되었다. 신군부는 광주 시민의 시위를 진압하기 위해 계엄군을 투입하여 무차별 진압을 하였고, 시민들은 계엄군의 폭력으로부터 자신들을 지키기 위해 시민군을 조직하여 맞섰다.

① 3 · 1 민주 구국 선언이 발표되었다. → 1976년에 긴급 조치의 철폐와 박정희 정권의 퇴진을 주장하는 3 · 1 민주 구국 선언이 발표되었다.
② 4 · 13 호헌 조치 철폐를 요구하였다. → 전두환 정부 시기에 일어난 6월 민주 항쟁에 대한 설명이다.
③ 장면 내각이 출범하는 계기가 되었다. → 이승만 정부 시기에 일어난 4 · 19 혁명에 대한 설명이다.
④ 시위 도중 대학생 이한열이 희생되었다. → 전두환 정부 시기에 일어난 6월 민주 항쟁에 대한 설명이다.
⑤ 신군부의 비상계엄 확대와 무력 진압에 저항하였다. → 전두환 정부 시기에 일어난 5 · 18 민주화 운동에 대한 설명이다.

50 정답 ①

해설

제시된 지문의 '최초로 중국을 공식 방문', '한중 수교'를 통해 (가) 정부가 노태우 정부임을 알 수 있다.
노태우 정부는 1988년 서울 올림픽 대회의 성공적 개최를 발판으로 남북 간 화해와 교류를 모색하고, 소련과 동유럽의 민주화 운동에도 주목하며 북방외교를 추진하였다. 그 결과 동유럽 각국, 소련, 중국과 수교를 맺었다. 그 결과 남북한은 1991년 유엔에 동시 가입하고, 남북 관계가 통일을 지향하는 특수한 관계임을 인정하며 '남북 사이의 화해와 불가침 및 교류 협력에 관한 합의서(남북 기본 합의서)'를 채택하였다.

① 남북 기본 합의서를 채택하였다. → 노태우 정부 시기에 대한 설명이다.
② 7 · 4 남북 공동 성명을 발표하였다. → 박정희 정부 시기에 대한 설명이다.
③ 남북 정상 회담을 처음으로 성사시켰다. → 김대중 정부 시기에 대한 설명이다.
④ 이산가족 고향 방문을 최초로 실현하였다. → 전두환 정부 시기에 대한 설명이다.
⑤ 경제 협력을 위한 개성 공단 건설을 추진하였다. → 김대중 정부 시기에 대한 설명이다.

2021년도 제52회 한국사능력검정시험

문제 118p

01	02	03	04	05	06	07	08	09	10
⑤	②	③	③	⑤	②	④	②	②	③
11	12	13	14	15	16	17	18	19	20
①	④	③	②	④	①	②	⑤	①	③
21	22	23	24	25	26	27	28	29	30
②	②	①	④	①	②	①	④	③	①
31	32	33	34	35	36	37	38	39	40
④	⑤	③	⑤	②	③	⑤	④	④	④
41	42	43	44	45	46	47	48	49	50
⑤	③	①	⑤	④	③	①	⑤	⑤	①

01

정답 ⑤

해설

제시된 지문의 '부여 송국리 유적', '민무늬 토기'를 통해 (가) 시대는 청동기 시대임을 알 수 있다.

송국리 유적은 청동기 시대의 대표적인 유적지로, 탄화미, 반달 돌칼, 붉은 간 토기, 송국리식 토기 등이 발견되었다. 또한 비파형 동검은 만주부터 한반도 전역에 이르는 지역에서 출토되는 대표적인 청동기 유물이고, 민무늬 토기는 청동기 시대의 대표적인 토기이다.

① 주로 동굴이나 강가의 막집에서 살았다. → 구석기 시대에 대한 설명이다.
② 계급이 없는 평등한 공동체 생활을 하였다. → 구석기 · 신석기 시대에 대한 설명이다.
③ 오수전, 화천 등의 중국 화폐로 교역하였다. → 철기 시대에 대한 설명이다.
④ 실을 뽑기 위해 가락바퀴를 처음 사용하였다. → 신석기 시대에 대한 설명이다.
⑤ 의례 도구로 청동 거울과 청동 방울 등을 제작하였다. → 청동기 시대에 대한 설명이다.

02

정답 ②

해설

제시된 지문의 '오랑캐의 복장을 하고', '준왕에게 항복'을 통해 (가) 인물이 위만임을 알 수 있다.

중국의 진 · 한 교체기에 고조선으로 망명한 위만은 고조선(중국 입장에서 오랑캐)의 의복을 입고 왔다. 그는 준왕의 신임을 받아 서쪽 변경을 수비하는 임무를 맡았는데, 이후 세력을 키운 위만이 준왕을 몰아내고 위만 조선을 건국하였다.

① 한 무제가 파견한 군대와 맞서 싸웠다. → 위만의 손자 우거왕에 대한 설명이다.
② 진번과 임둔을 복속하여 세력을 확장하였다. → 위만 조선 시기에 대한 설명이다.
③ 빈민을 구제하기 위해 진대법을 실시하였다. → 고구려 고국천왕 시기에 대한 설명이다.
④ 지방의 여러 성에 욕살, 처려근지 등을 두었다. → 욕살, 처려근지는 고구려 지방의 여러 성에 파견한 지방관이다.
⑤ 연의 장수 진개의 공격을 받아 영토를 빼앗겼다. → 고조선에 대한 설명이다.

03

정답 ③

제시된 지문의 '거칠부가 국사를 편찬', '황룡사를 완공'을 통해 검색창에 들어갈 왕이 신라 진흥왕임을 알 수 있다. 진흥왕은 거칠부를 시켜 역사서인 『국사』를 편찬하게 하였고, 불교 진흥을 위해 황룡사를 건립하였다.

① 불국사 삼층 석탑을 건립하였다. → 통일 신라 경덕왕 시기에 대한 설명이다.
② 첨성대를 세워 천체를 관측하였다. → 신라 선덕여왕에 대한 설명이다.
③ 마운령, 황초령 등에 순수비를 세웠다. → 신라 진흥왕 시기에 대한 설명이다.
④ 금관가야를 복속하여 영토를 확대하였다. → 신라 법흥왕 시기에 대한 설명이다.
⑤ 시장을 감독하는 관청인 동시전을 설치하였다. → 신라 지증왕 시기에 대한 설명이다.

04

정답 ③

해설

제시된 지문의 (가)는 '사람이 죽으면 모두 가매장을 해서'를 통해 옥저임을 알 수 있고, (나)는 '천군', '소도'를 통해 삼한임을 알 수 있다.

옥저는 가족이 죽으면 시체를 가매장하였다가 나중에 그 뼈를 추려서 가족 공동 무덤에 안치하는 장례 풍습이 있었고, 삼한은 정치적 지배자인 신지 · 읍차, 종교적 지배자인 천군, 천군이 주관하는 소도가 따로 있어 제정 분리 사회였음을 알 수 있다.

① (가) – 혼인 풍습으로 서옥제가 있었다. → 고구려에 대한 설명이다.
② (가) – 목지국 등 많은 소국들로 이루어졌다. → 삼한에 대한 설명이다.
③ (나) – 신지, 읍차 등의 지배자가 있었다. → 삼한에 대한 설명이다.
④ (나) – 12월에 영고라는 제천 행사를 열었다. → 부여에 대한 설명이다.
⑤ (가), (나) – 여러 가(加)들이 사출도를 별도로 주관하였다. → 부여에 대한 설명이다.

05

정답 ⑤

해설

제시된 지문의 '김해 대성동, 고령 지산동'을 통해 (가)는 가야임을 알 수 있다. 김해 대성동은 금관가야의 고분군이고, 고령 지산동은 대가야의 고분군이다.

① 22담로에 왕족을 파견하였다. → 백제 무령왕 시기에 대한 설명이다.
② 집사부를 비롯한 14부를 두었다. → 통일 신라에 대한 설명이다.
③ 집집마다 부경이라는 창고가 있었다. → 고구려는 집집마다 부경이라는 창고를 두어 피정복민으로부터 획득한 곡식을 저장하였다.
④ 백강에서 왜군과 함께 당군에 맞서 싸웠다. → 백제 부흥 운동에 대한 설명이다.
⑤ 철이 많이 생산되어 낙랑, 왜 등에 수출하였다. → 가야에 대한 설명이다.

06

정답 ②

해설

제시된 지문의 '고구려', '연가 7년'을 통해 밑줄 그은 '이 불상'은 연가 7년명 금동여래 입상임을 알 수 있다. 연가 7년명 금동여래 입상은 중국 북조 양식을 따르고 있으나 강인한 인상과 은은한 미소는 고구려만의 특징이다.

①  ②  ③ 

④  ⑤ 

① 금동관음보살좌상 → 원에서 유행한 티벳 불상의 영향을 받아 고려 시대에 만들어진 불상이다.
② 연가 7년명 금동여래 입상 → 고구려 시대에 만들어진 불상이다.
③ 이불병좌상 → 발해의 대표적인 불상이다.
④ 금제여래좌상 → 통일 신라 시대의 대표적인 불상이다.
⑤ 금동 미륵보살 반가 사유상 → 국보 78호로 지정된 삼국 시대 불상이다.

07

정답 ④

해설

제시된 지문의 (가)는 '개소문은 ~ 아들 장(보장왕)을 왕으로 세우고 스스로 막리지가 되었다.'를 통해 642년 발생한 연개소문의 정변에 대한 것임을 알 수 있고, (나)는 '개소문이 죽고', '남생은 ~ 국내성으로 달아났다.'를 통해 연개소문 사후 권력 쟁탈전이 일어난 내용임을 알 수 있다.
영류왕의 친당 정책으로 불만을 느낀 연개소문은 영류왕을 죽이고 보장왕을 세우는 정변을 일으켜 권력을 장악하였다. 이후 당군이 영류왕의 보복을 명분으로 침략하였으나 고구려는 당군을 물리치며 승리하였다. 하지만 연개소문 사후 자식들의 권력 쟁탈전으로 고구려의 정치는 혼란스러운 상황이었고 결국 668년 나·당 연합군에 의해 평양성이 함락되면서 고구려는 멸망하였다.
① 을지문덕이 살수에서 대승을 거두었다. → 612년 살수대첩에 대한 설명으로 (가) 이전의 일이다.
② 당이 안동도호부를 평양에 설치하였다. → 668년 고구려 멸망 이후 당이 안동도호부를 평양에 설치하였다.
③ 신라군이 매소성에서 당군을 격파하였다. → 고구려 멸망 이후 당의 한반도 지배 야욕에 대항하여 나·당 전쟁이 일어났고, 신라군은 675년 매소성 전투에서 당군을 격파하였다.
④ 복신과 도침이 부여풍을 왕으로 추대하였다. → 660년 백제 멸망 이후 복신과 도침은 부여풍을 왕으로 추대하는 등 백제 부흥 운동을 전개하였다.
⑤ 안승이 신라에 의해 보덕국왕으로 임명되었다. → 신라가 당의 세력을 축출하는 데 고구려 유민을 이용하고자 674년 익산에 보덕국을 세우고 안승을 보덕국왕으로 임명하였다.

08

정답 ②

해설

제시된 지문의 '빈공과에 급제', '계원필경'을 통해 밑줄 그은 '이 인물'이 최치원임을 알 수 있다.
최치원은 신라 말의 6두품 출신으로, 당의 외국인 대상 과거 시험인 빈공과에 급제하였고, 이후 당에서 반란을 일으킨 황소의 난을 평정하기 위해 '토황소격문'을 지어 이름을 떨쳤다. 진성여왕 시기에 신라로 귀국한 최치원은 '시무 10여 조의 개혁안'을 왕에게 올렸으나 받아들여지지 않자 정치에서 물러나 은둔생활을 하며 남은 여생을 마쳤다. 최치원의 시문집인 『계원필경』은 현존하는 가장 오래된 개인 문집이다.
① 당으로 건너가 군사 동맹을 체결하였다. → 김춘추에 대한 설명이다.
② 진성 여왕에게 시무책 10여 조를 올렸다. → 최치원에 대한 설명이다.
③ 외교 문서 작성에 능하여 청방인문표를 지었다. → 강수에 대한 설명이다.
④ 진골 귀족 출신으로 화랑세기, 고승전 등을 저술하였다. → 김대문에 대한 설명이다.
⑤ 한자의 음훈을 빌려 우리말을 표기한 이두를 정리하였다. → 설총에 대한 설명이다.

09

정답 ②

해설

제시된 지문의 '대무예', '장문휴'를 통해 (가) 국가는 발해임을 알 수 있다. 발해 무왕(대무예)은 대당 강경책을 전개하여 장문휴의 수군을 보내 당의 산둥 지방을 선제공격하였다.
① 평양을 서경으로 삼아 중시하였다. → 고려에 대한 설명이다.
② 주자감을 설치하여 인재를 양성하였다. → 주자감은 발해의 국립 대학으로, 여기에서 귀족 자제에게 유학 경전과 한문학을 가르쳤다.
③ 건원이라는 독자적 연호를 사용하였다. → 신라 법흥왕 시기에 대한 설명이다.
④ 내신 좌평 등 6좌평의 관제를 정비하였다. → 백제 고이왕 시기에 대한 설명이다.
⑤ 지방관 감찰을 위해 외사정을 파견하였다. → 통일 신라 문무왕 시기에 대한 설명이다.

10

정답 ③

해설

제시된 지문의 '원수를 갚겠다.', '미륵불을 자칭'을 통해 (가) 인물이 궁예임을 알 수 있다. 궁예는 901년 고구려 부흥을 내걸고 송악에 고구려를 건국하였다. 그러나 미륵 신앙에 지나치게 심취하여 전제 공포 정치를 행하였고, 결국 신하들에 의해 축출되었다.
① 임존성에서 당군을 격퇴하였다. → 백제 멸망 후 임존성에서 흑치상지가 백제 부흥 운동을 전개하였다.
② 일리천 전투에서 신검에게 승리하였다. → 935년 아들 신검에게 쫓겨난 견훤이 왕건에게 투항하자 936년 일리천 전투에서 왕건이 후백제의 신검을 상대로 승리하였다.
③ 광평성을 비롯한 여러 관서를 설치하였다. → 후고구려의 궁예는 국정 총괄 기관인 광평성을 비롯한 여러 관서를 설치하였다.
④ 청해진을 통하여 해상 무역을 전개하였다. → 통일 신라의 장보고는 현재의 완도에 청해진을 설치하고 서해와 남해의

해상 무역권을 장악하였다.
⑤ 오월(吳越)에 사신을 보내고 검교태보의 직을 받았다. → 후백제의 견훤은 중국의 오월, 후당에 사신을 보내 적극적인 외교 관계를 맺었다.

11

정답 ①

해설

제시된 지문의 '거란이 침략했을 때 ~ 나주까지 피란', '초조 대장경 조판'을 통해 고려 현종 시기임을 알 수 있다.
고려 현종 때 거란이 강조의 정변을 구실로 강동 6주를 요구하며 재침입하자, 현종이 나주까지 피난 가기는 하였지만 양규의 활약으로 결국 거란을 물리쳤다. 또한 거란 2차 침입 시기부터 불력으로 거란의 침입을 물리치기 위해 초조대장경 조판이 시작되었다.
① 강감찬이 귀주에서 대승을 거두었다. → 고려 현종 시기에 대한 설명이다.
② 사신 저고여가 귀국길에 피살되었다. → 고려 고종 시기에 대한 설명이다.
③ 별무반을 창설하여 군사력을 강화하였다. → 고려 숙종 시기에 대한 설명이다.
④ 거란을 배척하여 만부교 사건이 일어났다. → 고려 태조 왕건 시기에 대한 설명이다.
⑤ 서희가 외교 담판으로 강동 6주를 확보하였다. → 고려 성종 시기에 대한 설명이다.

Plus note

- 거란 침입 순서
  1차 침입(성종 시기) : 서희의 외교 담판으로 강동 6주 획득
  2차 침입(현종 시기) : 양규의 활약
  2차 침입(현종 시기) : 강감찬의 귀주대첩

12

정답 ④

해설

제시된 지문의 '구제도감'을 통해 (가) 시대가 고려 시대임을 알 수 있다. 구제도감은 고려 예종 때 병자 치료 및 빈민 구제를 위해 임시로 설치한 구호 시설이다.
ㄱ. 기근에 대비하기 위하여 구황촬요를 간행하였다. → 조선 명종 시기에 대한 설명이다.
ㄴ. 개경에 국립 의료기관인 동서 대비원을 설치하였다. → 고려 시대에 빈민 치료를 위해 개경과 서경에 설치하였다.
ㄷ. 호조에서 정한 사창절목에 따라 사창제를 시행하였다. → 흥선대원군이 환곡의 문란을 시정하기 위해 시행하였다.
ㄹ. 기금을 모아 그 이자로 빈민을 구휼하는 제위보를 운영하였다. → 고려 광종 때 빈민을 구호하기 위해 설치한 재단이다.
따라서 정답은 ㄴ, ㄹ이다.

13

정답 ③

해설

제시된 지문의 '고려의 태자가 ~ 쿠빌라이가 기뻐하며 말하기를'을 통해 고려 태자(후에 원종)와 쿠빌라이가 만나 고려와 원이 강화를 체결하는 상황임을 알 수 있다. 그러므로 원 간섭 시기에 있었던 것을 묻는 문제이다.
① 쌍기의 건의로 과거제가 도입되었다. → 고려 광종 시기에 대한 설명이다.
② 동북면 병마사 김보당이 난을 일으켰다. → 무신 집권 시기에 대한 설명이다.
③ 이제현이 만권당에서 유학자들과 교류하였다. → 원 간섭 시기에 대한 설명이다.
④ 묘청 등이 중심이 되어 서경 천도를 주장하였다. → 고려 인종 시기에 대한 설명이다.
⑤ 최충헌이 봉사 10조를 올려 시정 개혁을 건의하였다. → 무신 집권 시기에 대한 설명이다.

14

정답 ②

해설

제시된 지문의 '고려 시대의 목조 건물', '배흘림기둥', '주심포 양식', '소조 여래 좌상 봉안'을 통해 (가)에 들어갈 문화유산이 영주 부석사 무량수전임을 알 수 있다.
부석사는 문무왕 시기에 의상이 창건하였다. 화엄종을 개창한 의상은 부석사에서 40일간 법회를 열어 화엄 사상을 전파함으로써 부석사는 화엄종의 중심 사찰로 성장하였다. 부석사 안에는 무량수전, 조사당, 소조 여래 좌상, 조사당 벽화 등의 문화유산이 있다.

① 
② 
③ 
④ 
⑤ 

① 공주 마곡사 대웅보전 → 조선 후기에 중건된 사찰로 다포 양식의 팔작지붕으로 건립된 2층 건축물이다.
② 영주 부석사 무량수전 → 고려 시대에 중건된 사찰로 주심포 양식과 함께 배흘림기둥, 팔작지붕 등으로 구성된 목조 건축물이다.
③ 예산 수덕사 대웅전 → 고려 시대에 중건된 사찰로 주심포식 건축물이다.
④ 구례 화엄사 각황전 → 조선 후기에 중건된 사찰로 다포 양식의 팔작지붕으로 건립된 2층 건축물이다.
⑤ 안동 봉정사 극락전 → 고려 시대에 중건된 사찰로 주심포식 건물이다. 현존하는 가장 오래된 목조 건축물이다.

15

정답 ④

해설

제시된 지문의 '주전도감', '활구'를 통해 고려 숙종 시기임을 알 수 있다. 고려 숙종 시기에는 화폐를 만드는 주전도감을 설치하고, 삼한통보, 삼한중보, 해동통보, 해동중보, 동국통보, 동국중보, 은병(활구) 등의 화폐를 발행하였다.
① 책문 후시를 통한 교역이 활발하였다. → 책문 후시는 조선 후기에 대청 무역을 전개하던 곳이다.
② 송상이 전국 각지에 송방을 설치하였다. → 송상은 조선 후기의 사상으로, 개성을 근거지로 삼아 활동하였고, 송방이라는 지점을 전국에 설치하였다.
③ 감자, 고구마 등이 구황 작물로 재배되었다. → 감자, 고구마 등의 구황 작물은 조선 후기에 들어왔다.
④ 경시서의 관리들이 수도의 시전을 감독하였다. → 경시서는

고려 시대에 수도 개경에서 매점매석과 같은 시전의 상행위를 감독한 기관이었다.
⑤ 광산을 전문적으로 경영하는 덕대가 나타났다. → 광산을 전문적으로 경영하는 덕대는 조선 후기에 나타났다.

16

정답 ①

해설

제시된 지문의 '조선경국전', '재상 중심의 정치 강조'를 통해 주인공은 정도전임을 알 수 있다.
① 불씨잡변을 지어 불교를 비판하였다. → 정도전에 대한 설명이다.
② 칭제 건원과 금국 정벌을 주장하였다. → 묘청에 대한 설명이다.
③ 지공거 출신으로 9재 학당을 설립하였다. → 최충에 대한 설명이다.
④ 최초의 서원인 백운동 서원을 건립하였다. → 주세붕에 대한 설명이다.
⑤ 충청도 지역에 대동법을 실시하자고 건의하였다. → 김육에 대한 설명이다.

17

정답 ②

해설

제시된 지문의 '고려 시대를 다룬 역사서', '문종 대에 완성', '사마천이 저술한 사기의 범례를 본받아 편찬'을 통해 『고려사』임을 알 수 있다. 세종 때 정인지 등이 편찬하기 시작한 『고려사』는 문종 때 완성되었는데, 기전체 형식의 역사서로 세가, 열전, 지, 연표 등의 체제로 구성되어 있다.
① 남북국이라는 용어를 처음 사용하였다. → 유득공의 『발해고』에 대한 설명이다.
② 세가, 열전, 지, 연표 등의 체제로 구성되었다. → 『고려사』에 대한 설명이다.
③ 고구려 건국 시조의 일대기를 서사시로 표현하였다. → 이규보의 『동명왕편』에 대한 설명이다.
④ 불교사를 중심으로 고대의 민간 설화를 수록하였다. → 일연의 『삼국유사』에 대한 설명이다.
⑤ 단군 조선부터 고려 말까지의 역사를 다룬 통사이다. → 서거정 등이 편찬한 『동국통감』에 대한 설명이다.

18

정답 ⑤

해설

제시된 지문의 '하륜', '육조에서 직계하자고 건의'를 통해 조선 태종 시기임을 알 수 있다. 6조 직계제는 태종과 세조 때에 실시하였지만, 하륜이 태종 때 활약한 인물이기 때문에 태종에 대한 문제이다.
① 금속 활자인 갑인자를 제작하였다. → 조선 세종 시기에 대한 설명이다.
② 삼수병으로 구성된 훈련도감을 창설하였다. → 조선 선조 시기에 대한 설명이다.
③ 인재 양성을 위해 초계문신제를 시행하였다. → 조선 정조 시기에 대한 설명이다.
④ 경국대전을 완성하여 통치 체제를 정비하였다. → 조선 성종 시기에 대한 설명이다.
⑤ 문하부를 폐지하고 낭사를 사간원으로 독립시켰다. → 조선 태종 시기에 대한 설명이다.

19

정답 ①

해설

제시된 지문의 (가)는 '정국공신', '삭훈'을 통해 중종 때 조광조의 개혁 정치에 대한 것임을 알 수 있고, (나)는 '김효원과 심의겸의 두 당이 원수처럼 공격'을 통해 선조 시기 이조전랑 임명 문제로 동서 분당 분열 상황임을 알 수 있다.
중종 시기 조광조는 정국공신(중종반정 때 공을 세운 공신) 중에 가짜 공신도 있다고 하여 이들에 대한 공신 자격을 박탈할 것을 요구하였는데, 이는 훈구 세력의 반발로 이어졌고, 결국 기묘사화가 일어나는 원인이 되었다. 또한 선조 시기에 붕당 정치가 시작되었는데 이는 정국을 주도하게 된 사림이 척신 정치 잔재 청산 문제와 이조전랑 임명 문제를 둘러싸고 동인과 서인으로 분화하면서 시작되었다.
① 외척 간의 대립으로 윤임이 제거되었다. → 명종 시기에 발생한 을사사화에 대한 설명이다.
② 조의제문이 발단이 되어 김일손 등이 화를 입었다. → 연산군 시기에 발생한 무오사화에 대한 설명이다. (가) 이전에 발생한 사건이다.
③ 붕당의 폐해를 경계하기 위한 탕평비가 건립되었다. → 영조 시기에 대한 설명이다. (나) 이후에 발생한 사건이다.
④ 희빈 장씨 소생의 원자 책봉 문제로 환국이 발생하였다. → 숙종 시기에 발생한 기사환국에 대한 설명이다. (나) 이후에 발생한 사건이다.
⑤ 폐비 윤씨 사사 사건의 전말이 알려져 김굉필 등이 처형되었다. → 연산군 시기에 발생한 갑자사화에 대한 설명이다. (가) 이전에 발생한 사건이다.

20

정답 ③

해설

제시된 지문의 '성학십도'를 통해 (가) 인물이 이황임을 알 수 있다. 이황은 『성학십도』를 통해 현명한 신하가 군주에게 성학을 가르쳐야 한다고 주장하였다.
① 양명학을 연구하여 강화학파를 형성하였다. → 소론 출신인 정제두에 대한 설명이다.
② 일본에 다녀와서 해동제국기를 편찬하였다. → 조선 세조 시기에 활동한 신숙주에 대한 설명이다.
③ 예안 향약을 시행하여 향촌 교화를 위해 노력하였다. → 이황에 대한 설명이다.
④ 유학 경전을 주자와 달리 해석한 사변록을 저술하였다. → 박세당에 대한 설명이다.
⑤ 가례집람을 저술하여 예학을 조선의 현실에 맞게 정리하였다. → 김장생에 대한 설명이다.

21

정답 ②

해설

제시된 지문의 (가)는 '광해군 폐위'를 통해 인조반정(1623)에 대한 것임을 알 수 있고, (나)는 '왕이 세 번 절하고 아홉 번 머리를 조아리는 예를 행하였다.'를 통해 인조 시기에 청이 침입한 병자호란(1636)으로 삼전도에서 굴욕적인 항복의 예를 행하는 상황임을 알 수 있고, (다)는 '강화로 피난', '최명길'을 통해 후금이 침입한 정묘호란(1627) 당시 강화도로 피난 간 상황임을 알 수 있다.
따라서 정답은 (가) – (다) – (나)이다.

22

정답 ②

해설

제시된 지문의 '윤지충', '어머니의 장례에도 신주를 모시지 않았습니다.'를 통해 정조 시기에 발생한 신해박해임을 알 수 있다. 정조 때 윤지충이 모친상에서 신주를 불사르고 천주교식으로 장례를 치른 진산 사건이 발생하자, 정조는 윤지충을 처형하는 등 신해박해(1791)가 일어났다.
따라서 정답은 (나) 시기이다.

23

정답 ①

해설

제시된 지문의 '청에 볼모로 끌려갔다가 돌아온 왕자', '북벌'을 통해 제시된 왕은 조선 효종임을 알 수 있다. 효종은 즉위 전 청에 볼모로 끌려갔다가 돌아와 왕위에 오른 후에는 송시열, 이완 등을 등용하여 군대를 양성하는 등 북벌을 준비하였다. 또한 청이 러시아의 남하에 대항하기 위해 원군을 요청하자, 효종은 조총 부대를 파견하여 나선 정벌에 참여하였다. 하지만 이후 북벌 정책은 효종의 갑작스런 죽음으로 실행에 옮기지는 못하였다.

① 나선 정벌에 조총 부대를 파견하였다. → 조선 효종 시기에 대한 설명이다.
② 왕의 친위 부대인 장용영을 설치하였다. → 조선 정조 시기에 대한 설명이다.
③ 청과의 국경을 정하는 백두산정계비를 세웠다. → 조선 숙종 시기에 대한 설명이다.
④ 역대 문물을 정리한 동국문헌비고를 편찬하였다. → 조선 영조 시기에 대한 설명이다.
⑤ 수조권이 세습되던 수신전과 휼양전을 폐지하였다. → 조선 세조 시기에 대한 설명이다.

24

정답 ④

해설

제시된 지문의 '은화는 연경과의 무역에 모두 써버린다.', '나라의 은이 모두 바닥이 난다.'를 통해 제시된 내용이 조선 후기임을 알 수 있다. 조선 후기에는 청과의 무역이 활발해지면서 청의 화폐였던 은이 많이 필요하게 되었다. 조선 정부는 교역에 필요한 은이 부족하자 일본에서 은을 들여오기도 하였고, 은광이 많이 개발되기도 하였다.

① 염포의 왜관에서 교역하는 상인 → 염포는 조선 전기에 개항된 삼포 중 하나였는데, 중종 때 삼포왜란이 일어난 이후 삼포 중 제포만 개항하게 되었다.
② 계해약조의 문서를 작성하는 관리 → 조선 세종 시기에 삼포를 도항하는 세견선(무역선) 통제에 관해 계해약조를 체결하였다.
③ 과전법에 따라 토지를 지급받는 관원 → 고려 말 공양왕 시기에 실시된 과전법에 따라 조선 전기의 관원들은 토지의 수조권을 지급받았다.
④ 고추, 담배를 상품 작물로 재배하는 농민 → 조선 후기에는 상품 작물을 재배하여 소득을 올렸다.
⑤ 화통도감에서 화약 무기를 시험하는 군인 → 고려 말 최무선의 건의에 따라 우왕 시기에 화약 및 화기의 제조를 담당하는 화통도감이 설치되었다.

25

정답 ①

해설

제시된 지문의 '군포 한 필을 감하고 균역청을 설치'를 통해 제시된 왕이 조선 영조임을 알 수 있다. 영조 때 군역의 부담을 줄이기 위해 군포 부담을 2필에서 1필로 줄이는 균역법을 실시하였다. 군포 경감에 따른 부족분을 보충하기 위해 결작(1결당 곡식 2두), 어 · 염세, 선박세, 선무군관포(1인당 포 1필) 등도 거두었다. 또한 홍수 때 범람을 막고 주거환경을 개선하기 위해 준천사를 설치하여 청계천 준설 사업을 추진하였다.

① 준천사를 신설하여 홍수에 대비하였다. → 조선 영조 시기에 대한 설명이다.
② 대외 관계를 정리한 동문휘고를 간행하였다. → 조선 정조 시기에 대한 설명이다.
③ 전제상정소를 두어 전분 6등법을 제정하였다. → 조선 세종 시기에 대한 설명이다.
④ 총융청과 수어청을 창설하여 도성을 방어하였다. → 조선 인조 시기에 대한 설명이다.
⑤ 삼정의 문란을 해결하기 위해 삼정이정청을 두었다. → 조선 철종 시기에 대한 설명이다.

26

정답 ②

해설

① (가) – 팔도지리지를 참고하여 성종 때 완성되었다. → 『동국여지승람』에 대한 설명이다.
② (나) – 정상기가 100리 척을 사용하여 제작하였다. → 『동국지도』에 대한 설명이다.
③ (다) – 한치윤이 500여 종의 자료를 참고하여 편찬하였다. → 『해동역사』에 대한 설명이다.
④ (라) – 복거총론에서 거주지의 이상적인 조건을 제시하였다. → 『택리지』에 대한 설명이다.
⑤ (마) – 목판으로 인쇄되었으며 10리마다 눈금이 표시되어 있다. → 『대동여지도』에 대한 설명이다.

Plus note

- **택리지** : 18세기 중엽 이중환이 편찬한 것으로 30년간 국토 답사로 얻은 지식을 토대로 각 지역의 자연환경과 물산, 풍속, 인심 등을 분석하고 어느 곳이 살기 좋은 곳인가를 논한 인문 지리서이다.
- **동국지도** : 영조 시기에 정상기가 제작한 지도로 최초로 100리 척을 사용하여 지도 제작의 과학화에 크게 기여하였다.
- **대동여지도** : 순조 시기에 김정호는 청구도라는 지도책을 먼저 발간하였고, 이후 1861년 철종 시기에는 목판본 대동여지도를 완성하였다. 대동여지도는 22첩의 분첩으로 거리를 알 수 있도록 10리마다 눈금이 표시되어 있다.
- **동국여지승람** : 성종 시기에 양성지 등이 팔도지리지를 편찬하였고, 이후 팔도지리지와 세종실록지리지 등을 참고하여 동국여지승람을 편찬하였다. 동국여지승람은 군현의 연혁, 지세, 인물, 풍속, 산물, 교통 등을 자세히 수록하였다.
- **조선방역지도** : 명종 시기에 제작되어 임진왜란 때 대마도로 유출되었던 것을 1930년 다시 되찾아온 지도이다. 각 군과 현마다 색을 다르게 하였으며 만주와 대마도를 우리의 영토로 표기한 것에서 조선 전기 영토 의식을 엿볼 수 있다.

27

정답 ①

해설

제시된 지문의 '혼천의 개량', '담헌서'를 통해 (가) 인물이 홍대용임을 알 수 있다. 이용후생 학파(중상학파) 실학자인 홍대용은 과학 연구에 힘써 혼천의를 제작하였고, 김석문과 함께 지전설을 주장하였다. 홍대용의 대표 저서로는 『담헌서』, 『의산문답』 등이 있다.

① 의산문답에서 무한 우주론을 주장하였다. → 홍대용에 대한 설명이다.
② 기기도설을 참고하여 거중기를 설계하였다. → 정약용에 대한 설명이다.
③ 자동 시보 장치를 갖춘 자격루를 제작하였다. → 장영실에 대한 설명이다.
④ 사상 의학을 정립한 동의수세보원을 편찬하였다. → 이제마에 대한 설명이다.
⑤ 서양의 과학 기술을 정리한 지구전요를 저술하였다. → 최한기에 대한 설명이다.

28

정답 ④

해설

제시된 지문의 '우두머리는 성은 홍', '우군칙'을 통해 제시된 사건이 1811년 발생한 홍경래의 난임을 알 수 있다. 조선 순조 때 몰락 양반 출신 홍경래는 우군칙, 오용진 등과 함께 평안도 지역을 중심으로 난을 일으켰다. 당시 평안도는 경제적으로 다른 지방에 비해 앞서가는 곳이었고, 인구 성장 속도도 전국에서 가장 빨랐다. 대청 무역이 발달하여 대상인으로 성장한 사람들이 많았고 광산 개발 또한 활발하였다. 그러나 서북인들이 정치 권력에서는 소외되었으며, 중앙 정부로부터 멸시를 받아 불만이 컸다. 홍경래의 난은 이런 평안도민의 지역 차별에 대한 불만을 배경으로 하여 일어났다.

① 박규수가 안핵사로 파견되었다. → 진주 농민 봉기(=임술 농민 봉기)에 대한 설명이다.
② 조병갑의 탐학이 계기가 되었다. → 동학 농민 운동 중 고부 봉기에 대한 설명이다.
③ 선혜청과 일본 공사관을 공격하였다. → 임오군란에 대한 설명이다.
④ 서북인에 대한 차별에 반발하여 일어났다. → 홍경래의 난에 대한 설명이다.
⑤ 남접과 북접이 연합하여 조직적으로 전개되었다. → 동학 농민 운동 중 2차 봉기인 우금치 전투에 대한 설명이다.

29

정답 ③

해설

제시된 지문의 (가)는 '만동묘를 철폐'를 통해 흥선 대원군 집권 시기(1863~1873)임을, (나)는 '최익현이 상소', '대원군의 잘못을 탄핵'을 통해 흥선 대원군이 하야한 내용임을 알 수 있다.
만동묘는 임진왜란 때 조선을 도와준 명 신종과 마지막 황제인 명 의종의 제사를 지내던 곳인데, 흥선 대원군 집권기에 철폐되었고, 이후 흥선 대원군의 서원 정리 등에 불만을 가지고 있던 유생들은 고종의 친정을 요구하며 흥선 대원군이 물러날 것을 요구하자 결국 1873년 최익현의 상소를 계기로 흥선 대원군이 하야하였다.

① 신식 군대인 별기군이 창설되었다. → 별기군(1881)은 흥선 대원군이 하야한 이후 통리기무아문을 통해 창설되었다.
② 서재필 등이 독립신문을 발행하였다. → 1896년 4월 창간되었다.
③ 종로와 전국 각지에 척화비가 세워졌다. → 1871년 신미양요 이후 흥선 대원군이 통상 수교 거부 의지를 널리 알리기 위해 종로와 전국 각지에 척화비를 세웠다.
④ 김옥균 등 개화 세력이 정변을 일으켰다. → 1884년 갑신정변에 대한 설명이다.
⑤ 조청 상민 수륙 무역 장정을 체결하였다. → 1882년 임오군란 이후 조청 상민 수륙 무역 장정이 체결되었다.

30

정답 ①

해설

제시된 지문의 '청에 파견된 김윤식'을 통해 (가) 사절단이 영선사임을 알 수 있다. 조선 정부는 1881년 청의 근대 무기 제조술을 습득하기 위해 김윤식을 중심으로 영선사를 파견하였다.

① 기기창 설립의 계기가 되었다. → 청에 파견된 영선사에 대한 설명이다.
② 회답 겸 쇄환사로 파견되었다. → 미국에 파견된 보빙사에 대한 설명이다.
③ 조선책략을 처음으로 소개하였다. → 일본에 파견된 수신사에 대한 설명으로, 제2차 수신사로 일본에 파견되었던 김홍집이 『조선책략』을 처음으로 국내에 소개하였다.
④ 민영익, 홍영식, 서광범 등이 참여하였다. → 미국에 파견된 보빙사에 대한 설명이다.
⑤ 개화 반대 여론으로 인해 비밀리에 출국하였다. → 일본에 암행의 성격으로 파견된 조사시찰단에 대한 설명이다.

31

정답 ④

해설

제시된 지문의 '광성보'를 통해 1871년 발생한 신미양요임을 알 수 있다.
미국 로저스 제독이 1866년 발생한 제너럴 셔먼호 사건을 구실로 통상 수교를 요구하며 강화도에 침입하였다. 이때 미군이 초지진과 덕진진을 점령하고 광성보를 공격하자 어재연 등이 항쟁하였으나 패전하였다.

① 평양 관민이 제너럴 셔먼호를 불태웠다. → 1866년 대동강 앞바다에서 발생한 사건으로 신미양요의 원인이 되었다.
② 로즈 제독의 함대가 양화진을 침입하였다. → 1866년 프랑스가 강화도를 침입한 병인양요에 대한 설명이다.
③ 오페르트가 남연군 묘 도굴을 시도하였다. → 1868년 오페르트 도굴 사건에 대한 설명이다.
④ 일본 군함 운요호가 영종도를 공격하였다. → 1875년 운요호 사건에 대한 설명이다.
⑤ 조선 정부가 프랑스인 선교사들을 처형하였다. → 1866년 병인박해에 대한 설명으로 이후 프랑스가 침입한 병인양요가 발생하였다.

32

정답 ⑤

해설

제시된 지문의 '일본군 호위대가 개입', '청국 수비대와의 무력 충돌'을 통해 1884년 갑신정변임을 알 수 있다. 김옥균 등 급진 개화파는 정부의 청에 대한 사대 정책과 미온적인 개화 정책에 불만을 품고 일본 공사의 지원을 약속받아 정변을 일으켰다. 그러나 정변은 청군의 개입으로 3일 만에 종결되었다.

① 최익현, 민종식 등이 주도하였다. → 을사의병에 대한 설명이다.
② 구본신참에 입각하여 개혁이 추진되었다. → 광무개혁에 대한 설명이다.
③ 김기수가 수신사로 파견되는 결과를 가져왔다. → 강화도 조약에 대한 설명이다.
④ 외규장각 건물이 불타고 의궤가 약탈당하였다. → 병인양요에 대한 설명이다.
⑤ 조선과 일본이 한성 조약을 체결하는 계기가 되었다. → 갑신정변에 대한 설명이다.

33

정답 ③

해설

제시된 지문의 '견훤이 세운 후백제', '경기전'을 통해 전주 지역임을 알 수 있다. 견훤은 지금의 전주인 완산주를 도읍으로 후백제를 건국하였다(900). 또한 태조 이성계의 어전을 모신 경기전과 실록을 보관하던 전주사고도 전주에 있다.
① 김헌창이 반란을 일으킨 근거지를 검색한다. → 통일 신라 시대에 웅천주 도독 김헌창이 반란을 일으켰다. 웅천주는 지금의 공주 지역이다.
② 성왕이 새롭게 도읍지로 삼은 지역을 파악한다. → 백제 성왕이 새롭게 도읍지로 삼은 지역은 사비로, 현재의 부여 지역이다.
③ 동학 농민군이 정부와 화약을 체결한 장소를 알아본다. → 동학 농민군은 정부와 전주에서 화약을 체결하였다.
④ 강우규가 총독 사이토에게 폭탄을 투척한 곳을 찾아본다. → 대한 노인단 소속인 강우규가 조선 총독으로 새로 부임해 오던 사이토에게 폭탄을 투척한 곳은 지금의 서울역이다.
⑤ 신립이 배수의 진을 치고 왜군과 맞선 격전지를 조사한다. → 임진왜란 때 신립이 배수의 진을 치고 왜군과 맞선 격전지는 충주 탄금대이다.

34

정답 ⑤

해설

1896년 아관파천을 계기로 러시아를 비롯한 열강의 이권 침탈이 본격화되었다. 이들은 왕실을 보호해 주겠다는 명목으로 경제적 이권을 요구하였으며, 왕실은 이들에게 이권을 양도하는 대신 그들의 보호하에 독립을 보장받고자 하였다. 러시아는 압록강과 두만강, 울릉도의 삼림 채벌권을 차지하였고, 운산의 금광은 미국, 은산 금광은 영국, 당현 금광은 독일, 직산 탄광은 일본이 채굴권을 획득하였다. 특히 열강들이 관심을 기울인 것은 철도 부설권이었는데 미국이 경인선, 프랑스가 경의선, 일본이 경부선을 각각 획득하였으나 이후 러·일 전쟁 중 물자 수송을 위해 경인선과 경의선 부설권을 일본이 차지하였다.
① (가) – 당현 금광 채굴권 → 독일의 이권 침탈
② (나) – 경부선 철도 부설권 → 일본의 이권 침탈
③ (다) – 운산 금광 채굴권 → 미국의 이권 침탈
④ (라) – 울릉도 삼림 채벌권 → 러시아의 이권 침탈
⑤ (마) – 경인선 철도 부설권 → 일본의 이권 침탈(경인선 철도 부설권은 1896년 미국이 철도 부설권을 가지고 있다가 1897년 일본에 양도하였다.)

35

정답 ②

해설

제시된 지문의 '군국기무처 폐지', '김홍집과 박영효가 주도하는 내각'을 통해 밑줄 그은 '개혁'이 2차 갑오개혁임을 알 수 있다. 청·일 전쟁에서 승기를 잡은 일본은 군국기무처를 폐지하고, 갑신정변의 주도자로 일본에 망명해 있던 박영효 등을 귀국시켜 김홍집·박영효 중심의 친일 내각을 구성하고 2차 갑오개혁을 추진하였다.
① 통리기무아문과 12사를 설치하였다. → 개화 정책을 총괄한 통리기무아문과 실무를 담당한 12사는 개항 직후인 1880년에 설치되었다.
② 지방 행정 구역을 8도에서 23부로 개편하였다. → 2차 갑오개혁에 대한 설명이다.
③ 청의 연호를 쓰지 않고 개국기년을 사용하였다. → 1차 갑오개혁에 대한 설명이다.
④ 공사 노비법을 혁파하고 과부의 재가를 허용하였다. → 1차 갑오개혁에 대한 설명이다.
⑤ 6조에서 8아문으로 개편하고 과거제를 폐지하였다. → 1차 갑오개혁에 대한 설명이다.

36

정답 ③

해설

제시된 지문의 '이위종', '네덜란드에서 열린 만국 평화 회의'를 통해 밑줄 그은 '특사'가 헤이그 특사임을 알 수 있다. 을사조약 체결에 반발하여 고종은 이준, 이상설, 이위종을 네덜란드 만국 평화 회의가 열리는 헤이그에 특사로 파견하여 을사조약의 부당함을 국제적으로 호소하고자 하였으나 일제의 방해로 실패하였다.
① 고종이 강제로 퇴위되었다. → 헤이그 특사의 결과에 대한 설명이다.
② 초대 총독으로 데라우치가 부임하였다. → 1910년 8월 한·일 병합 조약을 체결하고 일본은 통감부를 총독부로 개편하고 초대 총독으로 데라우치가 부임하였다.
③ 외교권이 강탈되고 통감부가 설치되었다. → 1905년 을사조약으로 외교권이 강탈되고 통감부가 설치되자 고종이 헤이그에 특사를 파견하였다.
④ 기유각서를 통해 일제에 사법권을 박탈당하였다. → 1909년 기유각서를 통해 일제에 사법권을 박탈당하였다.
⑤ 미국 대통령 윌슨이 민족 자결주의를 제창하였다. → 1919년 1월 제1차 세계 대전 이후 미국 대통령 윌슨이 민족 자결주의를 제창하였고, 이는 국내에도 영향을 미쳐 3·1 운동이 일어났다.

37

정답 ⑤

해설

제시된 지문의 '해산된 한국 군인들이 선봉이 되어'를 통해 제시된 내용이 1907년 헤이그 특사 파견을 구실로 고종이 강제 퇴위하자 이에 불만을 품고 일어난 정미의병임을 알 수 있다. 이후 일제는 한·일 신협약(정미 7조약)을 체결하고 대한 제국의 군대를 해산시켰는데, 정미의병 때 해산된 군인들이 합류하여 의병의 규모와 군사력이 확대되었다.
따라서 정답은 (마) 시기이다.

38

정답 ④

해설

제시된 지문의 '한일 관계 사료집'을 통해 (가) 단체는 대한민국 임시 정부임을 알 수 있다. 대한민국 임시 정부는 일제의 역사 왜곡 단체인 조선사 편수회에 대항하여 사료 편찬소를 설치하였고, 여기에서 『한일 관계 사료집』을 간행하였다. 이를 통해 민족 독립 의식을 고취하고 자주독립의 당위성을 제시하고자 하였다.

① 조선 혁명 간부 학교를 설립하였다. → 의열단에 대한 설명이다.
② 한글 맞춤법 통일안과 표준어를 제정하였다. → 조선어 학회에 대한 설명이다.
③ 태극 서관을 운영하며 계몽 서적을 보급하였다. → 신민회에 대한 설명이다.
④ 독립운동 자금 마련을 위해 독립 공채를 발행하였다. → 대한민국 임시 정부에 대한 설명이다.
⑤ 진상 조사단을 파견하여 광주 학생 항일 운동을 지원하였다. → 신간회에 대한 설명이다.

39

정답 ④

해설

제시된 지문의 '동삼동', '임시 수도'를 통해 제시된 지역이 부산임을 알 수 있다.
부산 동삼동 유적지에서는 신석기 시대의 패총 유적이 발견되었고, 임진왜란 때에는 부산진에서 정발이 왜군에 맞서 싸웠으나 패배하였다. 백산 상회는 일제 강점기에 안희제가 설립한 민족 기업으로, 대한민국 임시 정부에 군자금을 운반하였으며, 6·25 전쟁 때 부산은 우리나라의 임시 수도였다.

① 2·28 민주 운동이 시작되었다. → 1960년 자유당이 야당인 민주당의 선거 유세장에 가지 못하도록 하자 이에 반발하여 대구 시내 고등학생들이 2·28 민주 운동을 전개하였다.
② 제2차 미소 공동 위원회가 개최되었다. → 1947년 제2차 미소 공동 위원회는 서울 덕수궁 석조전에서 개최되었다.
③ 강주룡이 을밀대 지붕에서 고공 농성을 전개하였다. → 1931년 평원 고무 공장 여공이었던 강주룡이 평양 을밀대 지붕에서 고공 농성을 전개하였다.
④ 박재혁이 경찰서에서 폭탄을 투척하는 의거를 일으켰다. → 1920년 의열단원 박재혁은 부산 경찰서에 폭탄을 투척하였다.
⑤ 지주 문재철의 횡포에 맞서 농민들이 소작 쟁의를 벌였다. → 1923년 전남 신안의 암태도 주민들이 지주 문재철의 횡포에 맞서 소작 쟁의를 벌였다.

40

정답 ④

해설

제시된 지문의 '개벽', '별건곤'을 통해 (가) 종교 단체가 천도교임을 알 수 있다. 천도교는 기관지인 만세보를 비롯하여 개벽, 어린이, 별건곤 등의 잡지를 간행하였다. 손병희의 사위였던 방정환은 1921년 김기전 등과 함께 천도교 소년회를 조직하여 본격적으로 소년 운동을 전개하였다. 1922년 5월 1일 처음으로 '어린이날'을 제정하고 1923년부터 기념식을 거행하였다. 또한 우리나라 최초의 순수 아동 잡지인 『어린이』를 창간하였다.

① 박중빈을 중심으로 새생활 운동을 펼쳤다. → 원불교에 대한 설명이다.
② 중광단을 조직하여 무장 투쟁을 전개하였다. → 대종교에 대한 설명이다.
③ 배재 학당을 세워 신학문 보급에 기여하였다. → 개신교에 대한 설명이다.
④ 어린이날을 제정하고 소년 운동을 추진하였다. → 천도교에 대한 설명이다.
⑤ 경향신문을 발행하여 민중 계몽을 위해 노력하였다. → 천주교에 대한 설명이다.

41

정답 ⑤

해설

제시된 지문의 '여성에 대한 사회적·법률적 차별 철폐'를 통해 제시된 강령을 발표한 단체가 근우회임을 알 수 있다. 근우회는 신간회의 자매단체로 여성계의 민족 유일당 운동의 결과 조직되었다. 여성 의식 계몽 운동을 전개한 것은 물론 노동·농민 운동에도 참여하였다.

① 3·1 운동에 주도적으로 참여하였다. → 천도교, 불교 등 종교계 인사를 중심으로 3·1 운동이 전개되었다.
② 상하이에서 대동 단결 선언을 발표하였다. → 상하이에서 국민 주권과 공화주의를 내세우며 신한혁명당이 대동 단결 선언을 제창하였다.
③ 여성 교육을 위해 이화 학당을 설립하였다. → 이화 학당은 개신교 선교사인 스크랜튼이 설립한 우리나라 최초의 여학교이다.
④ 최초의 여성 권리 선언문인 여권통문을 공표하였다. → 찬양회에서 최초의 여성 권리 선언문인 여권통문을 공표하였다.
⑤ 민족주의 계열과 사회주의 계열의 여성들이 연합하였다. → 신간회의 자매조직인 근우회는 민족주의 계열과 사회주의 계열의 여성들이 민족 유일당 운동의 일환으로 조직한 단체이다.

42

정답 ③

해설

제시된 지문의 '중일 전쟁 이후', '국가 총동원법'을 통해 밑줄 그은 '시기'는 1930~1940년대의 민족 말살 통치 시기임을 알 수 있다. 일제는 1937년 중일 전쟁 등 전쟁을 확대하면서 한국인들을 전쟁에 동원하기 위해 1938년 국가 총동원법을 제정하며 인적·물적 수탈을 강화하였다.

① 원산 총파업에 참여하는 노동자 → 일본인 감독이 한국인 노동자 구타 사건을 계기로 일어난 원산 총파업은 1929년에 발생하였다.
② 조선 태형령 실시를 관보에 게재하는 직원 → 한국인에게만 차별적으로 적용하는 조선 태형령은 1912년에 제정되었다.
③ 조선어 학회 사건으로 탄압받는 한글 학자 → 조선어 학회 사건은 1942년에 발생하였다.
④ 조선 민립 대학 기성회 창립 총회에 참석하는 교사 → 한국인 본위의 고등 교육 기관 설립을 위한 민립 대학 설립 운동은 1922년에 전개되었다.
⑤ 경성 제국 대학 설립 업무를 수행하는 조선 총독부 관리 → 한국인의 민립 대학 설립 운동을 무마하기 위해 일제는 1924년에 경성 제국 대학을 설립하였다.

43 정답 ①

해설

제시된 지문의 '한인 사회당을 창당', '대한민국 임시 정부의 국무총리'를 통해 검색창에 들어갈 인물이 이동휘임을 알 수 있다. 이동휘는 최초의 사회주의 단체인 한인 사회당을 러시아 하바롭스크에서 창립하였고, 대한민국 임시 정부의 초대 국무총리를 역임하였다.

① 대한 광복군 정부 수립을 주도하였다. → 이동휘에 대한 설명이다.
② 옌안에서 조선 독립 동맹을 결성하였다. → 김두봉에 대한 설명이다.
③ 민족 교육을 위해 서전서숙을 설립하였다. → 이상설에 대한 설명이다.
④ 고종의 밀지를 받아 독립 의군부를 조직하였다. → 임병찬에 대한 설명이다.
⑤ 의열단의 활동 강령인 조선 혁명 선언을 작성하였다. → 신채호에 대한 설명이다.

44 정답 ⑤

해설

제시된 지문의 (가)는 '봉오동'을 통해 1920년 6월 일본군을 물리친 봉오동 전투임을, (나)는 '양세봉', '영릉가성'을 통해 1932년 조선 혁명군의 영릉가 전투임을 알 수 있다.

1920년 일본군은 독립군을 소탕하기 위해 봉오동을 기습 공격하였는데 대한 독립군 등의 독립군 연합 부대에 패하였고, 이후 1930년대에는 일본의 만주사변으로 인해 한 · 중 연합작전이 전개되었다. 대표적으로 남만주 지역에서는 조선 혁명군이 중국 의용군과 연합하여 영릉가 · 흥경성 전투에서 일본군에 큰 승리를 거두었습니다.

① 자유시 참변 이후 3부가 조직되었다. → 자유시 참변 이후 독립군들은 조직을 정비하여 참의부(1923), 정의부(1924), 신민부(1925)의 3부를 조직하였다.
② 일본군의 보복으로 간도 참변이 발생하였다. → 1920년 10월 간도 참변이 발생하였다.
③ 독립군 연합 부대가 청산리에서 큰 승리를 거두었다. → 1920년 10월 청산리 대첩에서 독립군 연합 부대가 승리를 거두었다.
④ 일제가 독립군을 탄압하고자 미쓰야 협정을 체결하였다. → 1925년 일제는 만주 군벌과 미쓰야 협정을 체결하였다.
⑤ 스탈린에 의해 많은 한인이 중앙아시아로 강제 이주되었다. → 1937년 스탈린에 의해 연해주에 거주하던 많은 한인들이 중앙아시아로 강제 이주되었다.

45 정답 ④

해설

제시된 지문의 '1940년 대한민국 임시 정부 산하에 창설'을 통해 (가) 군대가 한국 광복군임을 알 수 있다. 1940년 충칭에 정착한 대한민국 임시 정부는 정규군으로 한국 광복군을 창설하였다.

① 숭무 학교를 설립하여 독립군을 양성하였다. → 무관 양성을 위해 이근영, 조병하 등이 멕시코에 숭무 학교를 설립하였다.
② 쌍성보 전투에서 한중 연합 작전을 전개하였다. → 한국 독립군이 쌍성보 전투에서 중국 호로군과 연합 작전을 수행하였다.
③ 중국 팔로군과 함께 호가장 전투에서 활약하였다. → 조선 의용군이 중국 팔로군과 연합하여 호가장 전투에서 활약하였다.
④ 국내 정진군을 조직하여 국내 진공 작전을 추진하였다. → 한국 광복군이 미국 전략 정보국의 도움을 받아 국내 정진군을 조직하여 국내 진공 작전을 추진하였다.
⑤ 중국 관내(關內)에서 결성된 최초의 한인 무장 부대였다. → 조선 의용대는 중국 관내에서 결성된 최초의 한인 무장 부대이다.

46 정답 ③

해설

제시된 지문의 '김주열 학생 사망'을 통해 밑줄 그은 '이 사건'이 1960년 발생한 4 · 19 혁명임을 알 수 있다. 1960년 3월 15일 마산에서 부정선거를 규탄하는 시위 군중에게 경찰이 발포하여 수십 명의 사상자가 발생하였다. 이 자리에 있었던 김주열 학생이 실종되었다가 마산 앞바다에서 눈에 최루탄이 박혀 사망한 채로 발견되었다. 이에 많은 시민들이 분노하여 4 · 19 혁명이 일어나는 기폭제가 되었다.

① 조봉암을 중심으로 진보당이 창당되었다. → 1956년 조봉암 중심의 진보당이 창당되었다.
② 반민족 행위 특별 조사 위원회가 설치되었다. → 1948년 9월에 반민족 행위 처벌법이 제정되어 그 법에 따라 반민족 행위 특별 조사 위원회가 설치되었다.
③ 허정을 수반으로 하는 과도 정부가 수립되었다. → 1960년 4 · 19 혁명 이후 이승만이 하야하고 허정을 수반으로 하는 과도 정부가 수립되었다.
④ 귀속 재산 관리를 위해 신한 공사가 설립되었다. → 1946년 미군정은 동양 척식 주식회사의 재산과 일본인이 소유하였던 농지 등 귀속 재산을 관리하기 위해 신한 공사를 설립하였다.
⑤ 자유당이 정권 연장을 위해 직선제 개헌안을 통과시켰다. → 1952년 자유당은 대통령 직선제를 골자로 하는 발췌 개헌안을 통과시켰다.

47 정답 ①

해설

'YH 무역 사건'은 1979년 6월에 발생하였다. YH 무역의 노조가 노동 운동 탄압과 부당한 폐업에 저항하며 신민당사를 점거하고 농성을 벌였는데, 경찰의 과잉 진압으로 여성 노동자가 사망하였다. 이 사건으로 김영삼 전 신민당 총재가 국회에서 제명되자 부산, 마산 등지에서 유신 체제에 반대하는 부마 민주 항쟁이 일어났다.

① 부마 민주 항쟁이 일어났다. → 1979년 10월 YH 무역 사건 이후 부마 민주 항쟁이 일어났다.
② 3 · 1 민주 구국 선언이 발표되었다. → 1976년 윤보선, 김대중 등 재야 인사들이 명동 성당에서 긴급 조치 철폐, 박정희 정권 퇴진 등을 요구하는 3 · 1 민주 구국 선언을 발표하였다.
③ 민의원과 참의원의 양원제 국회가 출범하였다. → 1960년 4 · 19 혁명 직후 내각책임제와 양원제를 골자로 하는 3차 개헌이 이루어지고 새 헌법에 따라 총선거가 실시되어 참의원과 민의원 양원제 국회가 출범하였다.
④ 6 · 3 시위가 전개되고 비상 계엄령이 선포되었다. → 1964년 국민들이 굴욕적인 한 · 일 회담에 반대하며 6 · 3 시위를 전개하였다.
⑤ 전태일이 근로 기준법 준수를 외치며 분신하였다. → 1970년 전태일이 근로 기준법 준수를 외치며 분신하였다.

48

정답 ⑤

해설

제시된 지문의 '프로 야구 창단', '언론 통제', '호헌 철폐 국민 대회'를 통해 (가) 정부가 전두환 정부임을 알 수 있다. 전두환 정부는 민주화 운동을 탄압하고 언론을 통제하는 등 강경책을 실시하면서 한편으로 프로 야구를 창단하는 등 유화책을 시행하였다. 그러나 1987년 국민들은 끊임없이 민주화와 대통령 직선제를 요구하였고, 4 · 13 호헌 조치에 맞서 호헌 철폐 국민대회인 6월 민주 항쟁이 전개되었다.

① 7 · 4 남북 공동 성명 발표를 취재하는 기자 → 박정희 정부 시기에 대한 설명이다.
② 개성 공단 착공식에 참석하고 있는 정부 관료 → 노무현 정부 시기에 대한 설명이다.
③ 금강호를 타고 금강산 관광을 떠나는 단체 여행객 → 김대중 정부 시기에 대한 설명이다.
④ 한반도 비핵화 공동 선언문을 발표하는 외교부 당국자 → 노태우 정부 시기에 대한 설명이다.
⑤ 최초의 이산가족 상봉 행사에 참여하는 남북 고향 방문단 → 전두환 정부 시기에 대한 설명이다.

49

정답 ⑤

해설

제시된 지문의 '국제 통화 기금 대기성 차관 요청'을 통해 1997년 김영삼 정부가 국제 통화 기금(IMF)에 구제 금융 지원을 요청하기 위해 작성한 문서임을 알 수 있다. 김영삼 정부는 금융 기관의 부실, 대비 없는 외환 시장 개방 등으로 외환 위기가 발생하였고, 결국 국제 통화 기금(IMF)의 지원을 받게 되었다. 이후 김대중 정부는 외환 위기를 극복하기 위해 기업 구조 조정, 금융 개혁 등을 추진하여, 2001년 8월 국제 통화 기금(IMF) 관리 체제를 조기에 벗어날 수 있었다. 김대중 정부 때에는 민주노총과 전교조가 합법화되었으며, 외환 위기를 극복하는 과정에서 노사정 위원회가 구성되었다.

① 전국 민주 노동조합 총연맹이 창립되었다. → 1995년 전국 민주 노동조합 총연맹, 즉 민주노총이 결성되었다.
② 저유가, 저금리, 저달러의 3저 호황이 있었다. → 1980년대 중엽 전두환 정부 시기에 대한 설명이다.
③ 제2차 석유 파동으로 경제 불황이 심화되었다. → 1979년 박정희 정부 시기에 대한 설명이다.
④ 대통령 긴급 명령으로 금융 실명제가 실시되었다. → 1993년 김영삼 정부 시기에 대한 설명이다.
⑤ 대통령 직속 자문 기구인 노사정 위원회가 구성되었다. → 김대중 정부 시기에 대한 설명이다.

50

정답 ①

해설

(가)는 '유엔에 가입'을 통해 1991년 남북이 유엔에 동시 가입한 노태우 정부 시기임을, (나)는 '경제 협력 개발 기구의 회원국'을 통해 1996년 우리나라가 OECD에 가입한 김영삼 정부 시기임을, (다)는 'G20 정상 회의'를 통해 2010년 아시아 최초로 G20 정상 회의가 개최되었던 이명박 정부 시기임을 알 수 있다.
따라서 정답은 (가) – (나) – (다)이다.

2021년도 제53회 한국사능력검정시험

문제 130p

01	02	03	04	05	06	07	08	09	10
⑤	①	④	②	②	①	④	④	④	③
11	12	13	14	15	16	17	18	19	20
⑤	②	①	①	④	⑤	③	①	③	①
21	22	23	24	25	26	27	28	29	30
④	③	③	②	④	②	②	①	②	⑤
31	32	33	34	35	36	37	38	39	40
④	①	⑤	①	②	③	⑤	②	③	②
41	42	43	44	45	46	47	48	49	50
⑤	③	③	①	⑤	③	②	①	⑤	⑤

01

정답 ⑤

해설

제시된 지문의 '뗀석기'를 통해 구석기 시대임을 알 수 있다.

① 가락바퀴를 이용하여 실을 뽑았다. → 신석기 시대이다.
② 반달 돌칼을 사용하여 벼를 수확하였다. → 청동기 시대이다.
③ 많은 인력을 동원하여 고인돌을 축조하였다. → 청동기 시대이다.
④ 거푸집을 이용하여 세형 동검을 제작하였다. → 철기 시대이다.
⑤ 주로 동굴이나 강가의 막집에서 거주하였다. → 구석기 시대이다.

02

정답 ①

해설

제시된 지문의 '천군', '소도'를 통해 삼한임을 알 수 있다.

① 신지, 읍차 등의 지배자가 있었다. → 삼한에 대한 설명이다.
② 혼인 풍습으로 서옥제가 존재하였다. → 고구려에 대한 설명이다.
③ 여러 가(加)들이 별도로 사출도를 주관하였다. → 부여에 대한 설명이다.
④ 남의 물건을 훔쳤을 때에는 12배로 갚게 하였다. → 부여, 고구려에 대한 설명이다.
⑤ 부족 간의 경계를 중시하는 책화라는 풍속이 있었다. → 동예에 대한 설명이다.

03

정답 ④

해설

제시된 지문의 (가)는 '온달', '신라가 한강 이북 땅을 빼앗아'를 통해 6세기 이후 상황임을, (나)는 '백제 왕이 ~ 평양성을 공격'을 통해 4세기 후반에 백제 근초고왕의 침입으로 고국원왕이 평양성에서 전사한 시기임을, (다)는 '왕이 ~ 백제를 침략하여 도읍 한성을 함락'을 통해 5세기 고구려 장수왕이 백제 개로왕을 죽이고 한강 유역을 차지한 시기임을 알 수 있다.
따라서 순서는 (나) – (다) – (가)이다.

04

정답 ②

해설

제시된 지문의 '22담로에 왕족 파견'을 통해 6세기 백제 무령왕임을 알 수 있다. 무령왕은 22담로에 왕족을 파견하여 지방에 대한 통제를 강화하는 등 국력을 회복하려 노력하였으며, 밖으로는 남조의 양과 문화를 활발히 교류하였다. 공주 송산리에서 발굴된 벽돌무덤 양식의 무령왕릉은 이를 뒷받침하는 대표적인 사례이다.

① 익산에 미륵사를 창건하였다. → 백제 무왕 시기에 대한 설명이다.
② 중국 남조의 양과 교류하였다. → 백제 무령왕 시기에 대한 설명이다.
③ 고흥에게 서기를 편찬하게 하였다. → 백제 근초고왕 시기에 대한 설명이다.
④ 마라난타를 통해 불교를 수용하였다. → 백제 침류왕 시기에 대한 설명이다.
⑤ 사비로 천도하고 행정 조직을 재정비하였다. → 백제 성왕 시기에 대한 설명이다.

05

정답 ②

해설

제시된 지문의 (가)는 '마목현과 죽령은 본래 우리나라 땅', '김춘추'를 통해 642년 대야성 전투로 김춘추의 딸과 사위가 의자왕에 의해 사망하자 김춘추가 고구려에 가서 군사 동맹을 청하는 상황이고, (나)는 '관창'을 통해 660년에 황산벌 전투에서 화랑 관창의 죽음을 계기로 신라군이 백제군에 승리한 상황임을 알 수 있다.

642년 신라는 대야성 등 여러 성을 백제에게 빼앗겨 위기에 처하였다. 이에 김춘추를 고구려에 보내 도움을 요청하였으나 실패하였다. 신라는 다시 김춘추를 당에 파견하여 도움을 요청하였고, 당이 이를 받아들여 648년 나 · 당 동맹이 체결되었다. 이후 나 · 당 동맹군은 660년 백제를 공격하였으며, 김유신이 이끄는 신라군은 백제 계백의 결사대를 황산벌에서 격파하고 백제의 도읍인 사비성을 함락시켰다.

① 안승이 보덕국 왕으로 임명되었다. → 문무왕은 고구려 멸망 이후 안승을 보덕국 왕으로 임명하였다(674년).
② 신라가 당과 군사 동맹을 체결하였다. → 648년 나 · 당 동맹을 체결하였다.
③ 관산성 전투에서 백제 왕이 피살되었다. → 554년에 백제 성왕이 신라를 공격하다 관산성 전투에서 피살되었다.
④ 흑치상지가 임존성에서 군사를 일으켰다. → 백제 멸망 이후 흑치상지가 백제 부흥 운동을 전개하였다.
⑤ 부여풍이 백강에서 왜군과 함께 당군에 맞서 싸웠다. → 백제 멸망 이후 부여풍이 왜군과 함께 백강 전투에 나섰으나 당군에 패하였다.

Plus note

- **삼국통일 과정**
  나 · 당 연합(648) → 백제 멸망(660) → 웅진도독부 설치(660), 계림도독부 설치(663) → 백제 부흥 운동 → 고구려 멸망(668) → 고구려 부흥 운동 → 신라의 대응(금마저에 보덕국 왕으로 고구려 왕자 안승을 추대, 웅진도독부 축출 후 소부리주 설치) → 나 · 당 전쟁[매소성 전투(675), 기벌포 전투(676)] → 삼국통일(676)

06

정답 ①

해설

제시된 지문의 '적고적', '원종과 애노'를 통해 통일 신라 하대인 진성여왕 시기임을 알 수 있다.

진성여왕 시기에 원종과 애노의 난이 일어나고, 적고적으로 불린 반란군이 경주 외곽까지 진격했다. 한편 죽주에서 기훤, 원주에서 양길, 전주에서 견훤 등이 봉기하였는데, 차츰 지식인층이 합류하면서 독자적인 정권을 수립하는 단계로 발전하였다. 이 혼란한 시기에 견훤은 전라도 해안 지방의 군사력과 호족 세력을 토대로 900년에 완산주(전주)에 도읍을 정하고 국호를 후백제라 하였다. 궁예는 권력 투쟁에 밀려난 신라 왕족의 후예로, 송악(개성)에 도읍을 정하고 후고구려를 건국하였다(901). 견훤과 궁예에 의해 영토가 나누어지자 신라의 실질적인 통치 영역은 경주를 중심으로 한 주변 지역으로 한정되었다.

① 궁예가 국호를 태봉으로 바꾸었다. → 후고구려에서 마진(904), 이후 태봉(911)으로 국호를 변경하였다.
② 독서삼품과가 처음으로 실시되었다. → 통일 신라 원성왕 시기에 유교 경전의 이해 수준을 평가하여 관리로 등용하는 독서삼품과가 처음으로 실시되었다.
③ 왕의 장인인 김흠돌이 반란을 일으켰다. → 통일 신라 신문왕 시기에 대한 설명이다.
④ 무열왕의 직계 자손이 왕위를 세습하였다. → 통일 신라 문무왕~혜공왕 시기에 대한 설명이다.
⑤ 혜공왕이 귀족 세력에게 죽임을 당하였다. → 혜공왕(765~780) 시기에 일어난 96각간의 난으로 혜공왕이 피살되었다.

07

정답 ④

해설

제시된 지문의 '법화원'을 통해 밑줄 그은 '인물'이 장보고임을 알 수 있다. 산둥반도의 적산 법화원은 장보고가 지은 사찰이다. 장보고는 9세기 초 흥덕왕 때 완도에 청해진을 설치하고 해적을 소탕하여 남해와 황해의 해상 무역권을 장악하였다. 장보고는 당과 일본에 견당매물사, 회역사 등으로 불리는 교역 사절과 교관선(무역선)을 파견하였다.

① 활구라고 불리는 은병이 유통되었다. → 고려 숙종 시기에 발행한 화폐이다.
② 중국의 농서인 농상집요가 소개되었다. → 고려 원 간섭기에 이암이 중국의 농서인 『농상집요』를 고려에 소개하였다.
③ 면화, 고추 등이 상품 작물로 재배되었다. → 조선 후기에 대한 설명이다.
④ 청해진을 중심으로 해상 무역이 전개되었다. → 장보고에 대한 설명이다.
⑤ 수도의 시전을 감독하기 위해 경시서가 설치되었다. → 고려 시대에 수도에 설치한 시전의 감독기관으로 경시서를 두었다.

08

정답 ④

해설

제시된 지문의 '일본에 보낸 외교문서', '정혜 공주 무덤'을 통해 (가) 국가는 발해임을 알 수 있다. 발해는 목축이나 수렵이 경제 생활에서 중요한 위치를 차지하였는데 특히, 솔빈부에서는 명마가 많이 생산되었으며, 돼지나 소도 사육되었다. 또한 『신당서』 발해전에 의하면 발해에는 일본도, 신라도, 조공도, 영주도, 거란도 등 모두 5개의 교통로가 있었다고 한다. 일본도는 발해의 수도였던 상경 용천부에서 동경 용원부를 지나 일본으로 향하는 길이며, 신라도는 동경 용원부를 출발하여 남해부를 경유하여 신라의 수도에 이르는 길이었다.
ㄱ. 철전인 건원중보를 발행하였다. → 고려 성종 시기에 발행한 최초의 철전이다.
ㄴ. 솔빈부의 말이 특산물로 거래되었다. → 발해에 대한 설명이다.
ㄷ. 지방관을 감찰하고자 외사정을 파견하였다. → 통일 신라 문무왕 시기에 외사정을 파견하였다.
ㄹ. 거란도, 영주도 등을 통해 주변국과 교류하였다. → 발해에 대한 설명이다.
따라서 정답은 ㄴ, ㄹ이다.

09 정답 ④

해설

제시된 지문의 '백제의 미소'를 통해 백제 서산 용현리 마애여래삼존상임을 알 수 있다. 서산 용현리 마애여래삼존상(충남 서산)은 여래 입상을 중심으로 양쪽에 보살상이 있다. 이 불상은 소박한 옷차림을 하고 있으며 빛이 비치는 방향에 따라 다양한 미소를 띤 표정을 보여 준다.

① 
② 
③ 
④ 
⑤ 

① 안동 이천동 마애여래입상
② 경주 남산 칠불암 마애석불
③ 영암 월출산 마애여래좌상
④ 서산 용현리 마애여래삼존상
⑤ 파주 용미리 마애이불입상

10 정답 ③

해설

제시된 지문의 '연호를 광덕', '백관의 공복을 정하다'를 통해 고려 광종임을 알 수 있다. 광종은 지배층의 위계질서를 확립하기 위해 백관의 공복을 제정하였으며, 국왕의 권위를 높이기 위해 황제를 칭하고, 광덕 · 준풍 등 독자적인 연호를 사용하기도 하였다. 또한 노비안검법을 시행하여(956), 본래 양민이었으나 후삼국 시대 혼란기에 호족 세력에 의해 불법으로 노비가 된 자를 다시 양민으로 돌아가게 하였다. 이를 통해 호족 세력의 경제적 · 군사적 기반을 약화시키고 국가의 재정 기반과 왕권을 안정시켰다.
① 전국에 12목을 설치하고 관리를 파견하였다. → 고려 성종 시기에 대한 설명이다.
② 주전도감을 설치하여 해동통보를 발행하였다. → 고려 숙종 시기에 대한 설명이다.
③ 왕권을 강화하기 위해 노비안검법을 실시하였다. → 고려 광종 시기에 대한 설명이다.
④ 거란 침입에 대비하여 개경에 나성을 축조하였다. → 고려 현종 시기에 대한 설명이다.
⑤ 국자감에 서적포를 두어 출판을 담당하게 하였다. → 고려 숙종 시기에 대한 설명이다.

11 정답 ⑤

해설

제시된 지문의 '풍속을 교정', '사헌대', '고려사'를 통해 (가) 기구는 고려 시대 어사대임을 알 수 있다. 어사대는 정치의 잘잘못을 논하고 관리의 비리를 감찰하는 기구로 어사대의 관원은 중서문하성의 낭사와 함께 대간으로 불리었다. 대간은 왕의 잘못을 논하는 간쟁과 잘못된 왕명을 시행하지 않고 돌려보내는 봉박, 관리의 임명과 법령의 개정이나 폐지 등에 동의하는 서경 등의 권한을 가지고 있었다.
① 국정을 총괄하는 중앙 관서였다. → 중서문하성에 대한 설명이다.
② 무신 집권기 최고 권력 기구였다. → 교정도감에 대한 설명이다.
③ 사간원, 홍문관과 함께 삼사로 불렸다. → 조선 시대 사헌부에 대한 설명이다.
④ 원 간섭기에 도평의사사로 명칭이 바뀌었다. → 도병마사에 대한 설명이다.
⑤ 소속 관원이 낭사와 함께 서경권을 행사하였다. → 어사대에 대한 설명이다.

12 정답 ②

해설

제시된 지문의 '기철 등 친원 세력을 숙청', '정동행성 이문소를 폐지'를 통해 밑줄 그은 '이 왕'은 공민왕임을 알 수 있다. 공민왕은 원 · 명 교체기를 이용하여 대외적으로 반원 자주 정책을 실현하고, 대내적으로 왕권 강화에 힘썼다. 공민왕은 고려의 내정을 간섭하던 정동행성 이문소를 폐지하고, 원의 간섭으로 바뀌었던 관제를 복구하였으며, 몽골풍을 없애는 등의 정책을 추진하였다. 또 무력으로 쌍성총관부를 공격하여 철령 이북의 땅을 수복하였고, 나아가 고구려의 옛 땅을 되찾기 위해 요동 지방을 공략하였다. 또한 신진 사대부의 진출을 억제하고 있던 정방을 폐지하였으며, 신돈을 등용하여 권문세족이 부당하게 빼앗은 토지와 노비를 본래의 소유주에게 돌려주고, 불법적으로 노비가 된 자를 양민으로 해방시켜주기 위해 전민변정도감을 설치하였다.
① 만권당을 두어 원의 학자들과 교유하였다. → 충선왕 시기에 대한 설명이다.
② 신돈을 등용하여 전민변정도감을 운영하였다. → 공민왕 시기에 대한 설명이다.
③ 쌍기의 건의를 받아들여 과거제를 실시하였다. → 고려 광종 시기에 대한 설명이다.
④ 정계와 계백료서를 지어 관리의 규범을 제시하였다. → 고려 태조 왕건에 대한 설명이다.
⑤ 최승로의 시무 28조를 받아들여 통치 체제를 정비하였다. → 고려 성종 시기에 대한 설명이다.

13

정답 ①

해설

제시된 지문의 '강조를 토벌한다는 구실', '양규는 ~ 성문을 닫고'를 통해 (가) 국가는 거란(요)임을 알 수 있다. 일찍이 고려를 건국한 왕건은 발해를 멸망시킨 거란을 적대시하여, 거란 사신을 귀양 보내고 조공품으로 보내온 낙타 50필을 만부교 밑에서 굶겨 죽였다(만부교 사건). 정종 때는 광군사(光軍司)를 설치하고 광군 30만을 조직해 거란 침입에 대비하였다.

① 광군을 조직하여 침입에 대비하였다. → 정종은 거란 침입에 대비하여 광군을 조직하였다.
② 윤관을 보내 동북 9성을 개척하였다. → 윤관은 별무반을 이끌고 여진을 몰아낸 뒤 동북 9성을 개척하였다.
③ 화통도감을 설치하여 화포를 제작하였다. → 우왕 때 화통도감을 설치하고 화포를 제작하여 왜구 격퇴에 활용하였다.
④ 강화도로 도읍을 옮겨 장기 항전을 준비하였다. → 최우는 몽골과의 장기 항전을 위해 강화도로 도읍을 옮겼다.
⑤ 쌍성총관부를 공격하여 철령 이북을 수복하였다. → 공민왕은 쌍성총관부를 공격하여 몽골로부터 철령 이북을 수복하였다.

14

정답 ①

해설

제시된 지문의 '팔관회'는 하늘, 산신, 용왕 등의 토속신에 제사를 지내는 일종의 축제로 고려 시대에 성행하였다. 이 행사에는 송과 여진을 비롯한 외국 사신과 상인까지 참여하여 왕에게 축하 선물을 바치는 등 국제적인 행사로 치러졌다.

① 벽란도가 국제 무역항으로 번성하였다. → 고려 시대 경제 모습에 대한 설명이다.
② 송상이 전국 각지에 송방을 설치하였다. → 조선 후기 경제 모습에 대한 설명이다.
③ 시장을 감독하는 관청인 동시전이 있었다. → 신라 지증왕 시기에 대한 설명이다.
④ 신라방을 형성하여 중국과 활발히 교역하였다. → 통일 신라 경제 모습에 대한 설명이다.
⑤ 육의전을 제외한 시전 상인의 금난전권을 폐지하였다. → 조선 정조 시기에 대한 설명이다.

15

정답 ④

해설

제시된 지문의 '망이 · 망소이'를 통해 무신 집권 시기임을 알 수 있다. 1170년에 정중부, 이의방 등이 무신 정변을 일으켜 의종을 폐위한 후 명종을 세워 정권을 장악하였다. 무신 정권에 반발하여 서경 유수 조위총이 서경에서 반란을 일으키자 많은 농민이 가세하여 지방관의 탐학을 국가에 호소하였다. 공주 명학소에서 망이 · 망소이 형제가 과도한 수취에 반발하여 봉기하였다. 정부는 명학소를 충순현으로 승격시켜 무마하였으나 이들이 봉기를 계속하자 군대를 파견하여 토벌하였다.
따라서 정답은 (라) 시기이다.

16

정답 ⑤

해설

제시된 지문의 '대각국사', '문종의 넷째 아들'을 통해 밑줄 그은 '그'는 대각국사 의천임을 알 수 있다. 의천은 흥왕사를 근거지로 삼아 화엄종을 중심으로 교종을 통합하려 하였으며, 국청사를 중심으로 천태종을 창시하여 교종의 입장에서 선종을 통합하고자 하였다. 교선 통합을 사상적으로 뒷받침하기 위해 의천은 이론의 연마와 실천을 아울러 강조하는 교관겸수를 제창하였다. 또한 초조대장경의 내용을 보완하기 위해 교장도감을 설치하고 불교 경전 주석서인 교장을 편찬하였다. 이를 위해 의천은 고려는 물론이고 송과 요, 일본의 대장경에 대한 주석서를 모아 불서 목록인 『신편제종 교장총록』을 편찬하였다.

① 정혜쌍수와 돈오점수를 주장하였다. → 지눌에 대한 설명이다.
② 무애가를 지어 불교 대중화에 힘썼다. → 원효에 대한 설명이다.
③ 황룡사 구층 목탑의 건립을 건의하였다. → 자장에 대한 설명이다.
④ 백련사 결사를 통해 불교 정화 운동을 전개하였다. → 요세에 대한 설명이다.
⑤ 교장도감을 설치하여 불교 경전 주석서를 편찬하였다. → 의천에 대한 설명이다.

17

정답 ③

해설

제시된 지문의 '원의 영향', '원각사지 십층 석탑에 영향'을 통해 경천사지 10층 석탑임을 알 수 있다. 고려 후기 충목왕 때 건립된 경천사지 10층 석탑은 화강암이 아닌 대리석으로 만들어졌고, 원에서 유행하던 티베트 불교(라마교)의 영향을 받아 화려한 조각이 새겨져 있다. 조선 세조 때 만든 원각사지 10층 석탑은 그 영향을 받은 것으로 보인다.

①

②

③

④

⑤

① 안동 법흥사지 7층 전탑이다.
② 경주 불국사 다보탑이다.
③ 경천사지 10층 석탑이다.
④ 익산 미륵사지 석탑이다.
⑤ 월정사 8각 9층 석탑이다.

18

정답 ①

해설

제시된 지문의 '앙부일구', '신기전'을 통해 조선 세종 시기임을 알 수 있다.

조선 초기에는 주로 농업과 관련하여 천문학이 발달하였다. 천문학의 발달에 따라 역학도 발전하였는데, 세종 때에는 중국의 수시력과 아라비아의 회회력을 참고하여 『칠정산』을 만들었다. 『칠정산』은 우리나라 역사상 최초로 한양을 기준으로 천체 운동을 정확하게 계산한 역법서이다. 또 시간을 측정하기 위해 해시계(앙부일구)와 물시계 등 여러 종류의 시계를 만들었다. 또한 조선 초기에는 인쇄 기술도 발달하였는데, 태종 때에는 주자소를 설치하고 구리로 계미자를 주조하였으며, 세종 때에는 갑인자를 주조하였다.

① 기기도설을 참고하여 설계한 거중기 → 조선 후기 정조 때 정약용이 『기기도설』을 참고하여 거중기를 개발하였다.
② 국산 약재와 치료법을 소개한 향약집성방 → 조선 전기 세종 시기이다.
③ 한양을 기준으로 한 역법서인 칠정산 내편 → 조선 전기 세종 시기이다.
④ 활판 인쇄술의 발달을 가져온 계미자와 갑인자 → 조선 전기 태종, 세종 시기이다.
⑤ 우리나라 실정에 맞는 농법을 소개한 농사직설 → 조선 전기 세종 시기이다.

Plus note

- **세종 시기 편찬 의서** : 『향약집성방』, 『의방유취』(의학 백과사전)
- **세종 시기 편찬 농서** : 『농사직설』

19

정답 ③

해설

제시된 지문의 '세조께서 과전을 없애고'를 통해 밑줄 그은 '이 제도'는 직전법임을 알 수 있다. 조선 초기에 시행된 과전법은 전·현직 관리에게 경기 지역의 토지를 과전으로 지급하였는데, 받은 사람이 죽거나 반역하면 국가에 반환하도록 규정하였다. 죽은 관료의 가족들이 생계를 유지할 수 있도록 하기 위해 재혼하지 않은 부인에게는 수신전, 20세 미만의 자녀에게는 휼양전이라는 명목으로 토지를 지급하여 세습이 가능하도록 하였는데, 그러자 현직 관리에게 지급할 토지가 점차 부족하게 되었고, 세조 때는 현직 관리에게만 과전을 지급하는 직전법을 시행하였다.

① 전지와 시지를 등급에 따라 지급하였다. → 고려 시대 전시과에 대한 설명이다.
② 풍흉에 관계없이 전세 부담액을 고정하였다. → 조선 인조 시기에 시행한 영정법에 대한 설명이다.
③ 현직 관리에게만 토지의 수조권을 지급하였다. → 조선 세조 시기의 직전법에 대한 설명이다.
④ 관리에게 녹봉을 지급하고 수조권을 폐지하였다. → 조선 명종 시기에 직전법을 폐지하면서 관리에게 녹봉을 지급하고 수조권을 폐지하였다.
⑤ 개국 공신에게 인성, 공로를 기준으로 토지를 지급하였다. → 고려 태조 시기에 시행한 역분전에 대한 설명이다.

20

정답 ①

해설

제시된 지문의 '노산군이 이곳 영월에 유배'를 통해 단종(노산군)이 폐위되고 유배된 강원도 영월임을 알 수 있다.

문종이 일찍 죽고 어린 단종이 즉위하면서 왕권이 크게 약화되었다. 정치의 실권은 김종서, 황보인 등 재상들이 쥐고 있었다. 이에 수양대군이 계유정난(1453)을 일으켜 김종서 등을 제거하고 정권을 장악한 뒤 단종을 상왕으로 하고 왕위에 올랐다. 그러나 1456년 성삼문 등의 사육신 등이 단종 복위를 꾀하다가 발각되자 단종을 노산군으로 강등시키고 강원도 영월로 유배 보내었다. 이 사건을 계기로 세조는 집현전과 경연을 없애고 공신이나 언관들의 활동을 견제하였다.

① 수양 대군이 정권을 장악하는 과정을 정리한다. → 조선 단종 시기에 대한 설명이다.
② 자의 대비 복상 문제로 전개된 예송을 알아본다. → 조선 현종 시기에 대한 설명이다.
③ 인물성동이론을 두고 전개된 호락논쟁을 조사한다. → 18세기에 노론 내부에서 호락논쟁이 전개되었다.
④ 정여립 모반 사건을 계기로 동인이 입은 피해를 분석한다. → 조선 선조 시기에 정여립 모반 사건을 계기로 서인이 동인을 대거 숙청하였다.
⑤ 인현 왕후가 폐위되고 남인이 권력을 장악한 사건을 파악한다. → 숙종 시기의 기사환국에 대한 설명이다.

21

정답 ④

해설

제시된 지문의 '조선 전기에 많이 제작된 도자기'를 통해 (가)는 조선 전기에 주로 생산된 분청사기임을 알 수 있다. 고려 말에 나타난 분청사기는 조선 전기에 그릇의 형태와 무늬를 넣는 기법이 크게 발전하며 절정을 이루었다. 분청사기는 안정감이 있으면서도 실용적인 형태와 소박하고 천진스러운 무늬가 어우러져 정형화되지 않은 멋을 나타내었다. 조선 중기부터 세련된 백자가 본격적으로 생산되면서 분청사기는 점차 그 생산이 줄어들었다.

①

②
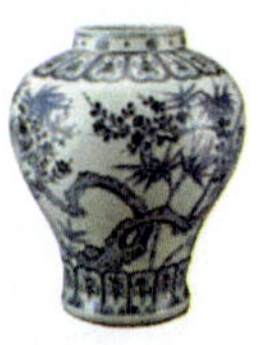
③

④

⑤

① 청자 상감운학문 매병 → 고려 중기에 유행한 상감청자이다.
② 백자 청화매죽문 항아리 → 조선 중기에 유행한 백자이다.
③ 청자 참외모양 병 → 고려 전기에 유행한 순청자이다.
④ 분청사기 조화 어문 편병 → 조선 전기에 유행한 분청사기이다.
⑤ 삼채 향로 → 만주 영안시 삼령 3호 무덤에서 출토된 발해 향로이다.

22

정답 ③

해설

제시된 지문의 '후금에 투항한 강홍립', '항복을 받기 위한 단을 삼전도에'를 통해 (가) 시기는 조선 인조 시기에 명의 요청으로 후금을 침략했던 1619년부터 병자호란 이후 인조가 삼전도에서 항복을 했던 1637년 사이에 발생한 사건을 묻는 문제이다.

1623년에 서인은 광해군의 중립 외교와 영창대군 사사를 이유로 들어 인조반정을 일으키고 광해군과 북인 세력을 몰아내고 친명 배금 정책을 추진하였다. 이에 후금은 광해군을 위해 보복한다는 명분으로 3만 명의 군대를 이끌고 쳐들어왔다(정묘호란, 1627년). 정봉수와 이립 등은 의병을 일으켜 후금과 싸웠는데, 특히 정봉수는 철산의 용골산성에서 큰 전과를 거두었다. 후금은 보급로가 끊어지자 강화를 제의하였고, 조선은 이를 받아들여 후금과 형제 관계를 맺었다. 하지만 이후 후금이 청으로 국호를 변경하고 조선에 군신관계를 요구하였으나 조선이 이를 거절하자 재침입하였다(병자호란, 1636년).

① 나선 정벌에 조총 부대가 동원되었다. → 조선 효종 시기에 대한 설명이다.
② 권율이 행주산성에서 적군을 격퇴하였다. → 조선 선조 시기 임진왜란에 대한 설명이다.
③ 정봉수와 이립이 용골산성에서 항쟁하였다. → 조선 인조 시기 정묘호란 대한 설명이다.
④ 소현 세자와 봉림 대군 등이 청에 인질로 끌려갔다. → 인조가 삼전도에서 항복한 직후 소현 세자와 봉림 대군 등이 청에 인질로 끌려갔다.
⑤ 외적의 침입에 대비하고자 비변사가 처음 설치되었다. → 조선 중종 시기 삼포왜란 이후 비변사가 임시기구로 처음 설치되었다.

23

정답 ③

해설

제시된 지문의 '조선 역대 왕들이 가장 많이 머문 궁궐', '부용정과 부용지'를 통해 (가) 궁궐은 창덕궁임을 알 수 있다. 창덕궁은 태종 1405년 경복궁의 이궁으로 지어졌으며, 이웃한 창경궁과 함께 '동궐'이라 불렀다. 임진왜란으로 모든 궁궐이 소실되어 광해군 때에 재건된 창덕궁은 1867년 흥선 대원군에 의해 경복궁이 중건되기 전까지 258년 동안 조선의 법궁(法宮) 역할을 하였다. 또한 조선의 궁궐 중 가장 오랜 기간 동안 임금들이 거처했던 궁궐이다. 특히 정조는 부용지 주변에 규장각을 세웠는데 규장각은 역대 왕의 글과 책을 수집 · 보관하기 위한 왕실 도서관의 역할을 하였다.

① 도성 내 서쪽에 있어 서궐로 불리었다. → 경희궁은 경복궁의 서쪽에 있어 서궐로 불리었다.
② 제1차 미소 공동 위원회가 개최되었다. → 경운궁(덕수궁)에 대한 설명이다.
③ 왕실 도서관인 규장각이 설치된 곳이다. → 창덕궁에 대한 설명이다.
④ 조선 물산 공진회 개최 장소로 이용되었다. → 1915년에 조선총독부가 경복궁에서 조선 물산 공진회를 개최하였다.
⑤ 인목 대비가 광해군에 의해 유폐된 장소이다. → 경운궁(덕수궁)에 대한 설명이다.

24

정답 ②

해설

제시된 지문의 '여자들이 서로 다투어 즐겨하는 것이 오직 패설을 숭상'을 통해 조선 후기에 민간에서 소설이 유행한 모습임을 알 수 있다. 세책가(세책점)는 일종의 도서 대여점으로, 소설책을 필사한 뒤 대여료를 받고 빌려주는 곳이었다. 정조 때 활약한 채제공은 『번암집』에서 이러한 세태를 비판하였다.

① 담배를 밭에 심고 있는 농민 → 조선 후기에 대한 설명이다.
② 염포의 왜관에서 교역하는 상인 → 조선 전기 세종 때 염포에 왜관이 설치되었으나 중종 때 삼포왜란(1510) 이후 폐지되었다.
③ 장시에서 탈춤 공연을 벌이는 광대 → 조선 후기에 대한 설명이다.
④ 시사(詩社)를 조직하여 활동하는 중인 → 조선 후기에 대한 설명이다.
⑤ 물주의 자금으로 광산을 경영하는 덕대 → 조선 후기에 대한 설명이다.

25

정답 ④

해설

제시된 지문의 '일본에 다녀온 후', '쇼군을 만난 내용'을 통해 밑줄 그은 '이 사절단'은 임진왜란 이후 파견된 조선 통신사임을 알 수 있다.

임진왜란 이후 일본과 교류가 단절되었으나, 일본에서 권력을 잡은 도쿠가와 이에야스(에도 막부)의 요청으로 국교가 재개되고 통신사가 파견됨으로써 두 나라 사이에 평화가 유지되었다. 일본은 막부의 실권자인 쇼군(將軍)이 바뀔 때마다 그 권위를 국제적으로 인정받기 위하여 조선에 사절의 파견을 요청해 왔다. 이에 조선은 1607년부터 1811년까지 12회에 걸쳐 통신사를 파견하였다. 일본은 수백 명이나 되는 통신사 일행을 국빈으로 예우하고, 이들을 통하여 조선의 선진 학문과 기술을 배우고자 하였다. 조선 통신사는 외교 사절이자 조선의 선진 문화를 일본에 전해준 문화 전파자였다.

① 암행어사의 형태로 비밀리에 파견되었다. → 일본에 파견한 조사 시찰단에 대한 설명이다.
② 해국도지, 영환지략을 국내에 소개하였다. → 조선 후기 청에 다녀온 역관들에 대한 설명이다.
③ 하정사, 성절사, 천추사 등으로 구분되었다. → 조선 전기 명에 파견한 사신에 대한 설명이다.
④ 막부의 요청으로 파견되어 문물을 전하였다. → 조선 통신사에 대한 설명이다.
⑤ 기기국에서 무기 제조 기술을 습득하고 돌아왔다. → 청에 파견한 영선사에 대한 설명이다.

Plus note

- **삼국통일 과정『해사록(海槎錄)** : 김세렴이 1636년(인조 14) 통신사의 부사로 일본에 다녀온 후 매일매일의 여정을 일기 형식으로 적은 글

26

정답 ②

해설

제시된 지문의 '탕평책', '수원화성'을 통해 조선 정조임을 알 수 있다. 정조는 적극적인 탕평책(준론 탕평)을 추진하여 영조 때의 척신과 환관 등을 제거하였고, 권력에서 배제되었던 소론과 남인 계열 인사들을 중용하였다. 또 붕당의 비대화를 막고 자신의 권력과 정책을 뒷받침하기 위해 새로운 인물이나 중 · 하급 관리 가운데 유능한 인사를 재교육하는 초계문신 제도를 시행하였다. 또한 왕실 도서관의 기능을 하던 규장각에 비서실의 기능을 부여하고, 친위 부대인 장용영을 설치하여 왕권을 뒷받침하는 군사 기반으로 삼았다.

① 어영청을 중심으로 북벌을 추진하였다. → 조선 효종 시기에 대한 설명이다.
② 국왕의 친위 부대인 장용영을 설치하였다. → 조선 정조 시기에 대한 설명이다.
③ 조선의 기본 법전인 경국대전을 완성하였다. → 조선 성종 시기에 대한 설명이다.
④ 청과의 경계를 정한 백두산정계비를 세웠다. → 조선 숙종 시기에 대한 설명이다.
⑤ 군역의 부담을 줄이기 위해 균역법을 제정하였다. → 조선 영조 시기에 대한 설명이다.

27

정답 ②

해설

(가) 의주 – 17세기 중엽부터 청과의 무역이 활발해지면서, 개시와 후시가 열렸다. 의주의 중강 개시에서는 양국 관리의 입회 아래 교역이 이루어졌다. 의주의 중강 개시에서 거래가 금지된 말과 인삼 등의 품목은 중강 후시에서 사신들의 감시를 피해 거래되었다. 의주의 만상은 중강 후시 · 책문 후시 등에서 청과의 사무역을 통해 성장하였다.

(다) 개성 – 최충헌의 사노비였던 만적이 누구나 공경대부가 될 수 있다고 주장하며 개성에서 노비들을 모아 신분 해방 운동을 모의하였지만 실패로 끝나고 말았다.

(라) 전주 – 1894년 3월에 봉기한 동학 농민군은 황토현 전투, 황룡촌 전투에서 승리하고 전주성을 점령하였다. 조선 정부의 요청으로 청의 군대가 아산만에 상륙하자, 일본도 톈진 조약을 구실로 군대를 파견하였다. 외세의 개입으로 사태가 악화될 것을 우려한 농민군은 관군과 전주 화약을 맺고 스스로 해산하였다.

(마) 부산 – 1592년 4월 13일에 일본이 20만의 병력으로 조선을 침략하면서 임진왜란이 시작되었다. 부산진에서 정발, 동래성에서 송상현이 분전하였지만 일본군을 막아 낼 수 없었다. 일본군은 부산 상륙 후 세 갈래로 나뉘어 북상하여 충주 탄금대에서 신립의 부대를 격파한 후 20일 만에 한양에 입성하였다.

① (가) – 만상이 근거지로 삼아 청과의 무역을 전개하였다.
→ 의주에 대한 설명이다.
② (나) – 나석주가 조선 식산 은행에 폭탄을 투척하였다.
→ 1926년에 나석주는 서울의 조선 식산 은행과 동양 척식 주식회사에 폭탄을 던졌으나 실패하자 스스로 목숨을 끊었다.
③ (다) – 만적을 비롯한 노비들이 신분 해방을 도모하였다.
→ 개경에 대한 설명이다.
④ (라) – 동학 농민군이 정부와 화해하는 약조를 맺었다.
→ 전주에 대한 설명이다.
⑤ (마) – 임진왜란 중 부사 송상현과 첨사 정발이 순절하였다.
→ 부산에 대한 설명이다.

28

정답 ①

해설

제시된 지문의 (가)는 '홍경래'를 통해 1811년 순조 시기에 세도 정권의 수탈과 횡포에 맞서 평안도에서 봉기를 일으킨 홍경래의 난임을, (나)는 '진주의 백성들이 난을 일으킨'을 통해 1862년 철종 시기에 경상도 우병사 백낙신의 횡포로 농민들이 봉기한 진주 농민 봉기(=임술 농민 봉기)임을 알 수 있다.

동학은 1860년 철종 시기에 경주 출신의 몰락 양반 최제우가 서학에 반대하여 창시한 종교이다. 동학의 교리는 유 · 불 · 선의 장점을 취하고 천주교의 교리도 일부 받아들였으며, 주문과 부적 등 민간신앙의 요소들을 결합하였다. 동학이 삼남 지방을 중심으로 급속히 전파되자, 정부는 교조 최제우를 '세상을 어지럽히고 백성을 현혹한다(혹세무민).'는 죄목으로 체포하여 처형하였다.

① 최제우가 동학을 창시하였다. → 1860년 철종 시기에 대한 설명이다.
② 정약종 등이 희생된 신유박해가 일어났다. → 1801년 순조 즉위 직후에 대한 설명이다.
③ 오페르트가 남연군 묘 도굴을 시도하였다. → 1868년 흥선 대원군 집권 시기에 대한 설명이다.
④ 공신 책봉 문제로 이괄이 반란을 일으켰다. → 1624년 인조 시기에 대한 설명이다.
⑤ 이인좌를 중심으로 소론 세력 등이 난을 일으켰다. → 영조 시기에 대한 설명이다.

29

정답 ②

해설

제시된 지문의 '대전통편 이후', '조선 시대 마지막 통일 법전'을 통해 (가) 법전은 흥선 대원군 집권 시기에 간행된 『대전회통』임을 알 수 있다. 1863년에 고종이 즉위하고 고종의 아버지인 흥선 대원군이 정치적 실권을 잡고 있던 시기에 『대전회통』과 『육전조례』 등의 법전을 편찬하여 통치 체제를 재정비하였다. 또한 흥선 대원군은 서원을 전국에 47개소만 남기고 600여 개소를 혁파하였으며, 명의 신종 사당인 만동묘도 폐지하였다. 흥선 대원군의 서원 철폐 조치에 반대하여 유생들은 만동묘와 서원 복설을 건의하는 상소를 올리기도 하였다.

① 동의보감을 집필하는 의관 → 광해군 시기에 대한 설명이다.
② 만동묘 복구를 건의하는 유생 → 흥선 대원군 집권 시기에 대한 설명이다.
③ 훈민정음을 연구하는 집현전 학자 → 조선 세종 시기에 대한 설명이다.
④ 계해약조의 초안을 작성하는 관리 → 조선 세종 시기에 대한 설명이다.
⑤ 성균관에 탕평비 건립을 명하는 국왕 → 조선 영조 시기에 대한 설명이다.

30

정답 ⑤

해설

제시된 지문의 '흥선 대원군 집권 시기', '천주교 신자들 탄압'을 통해 (가) 사건은 병인박해임을 알 수 있다.

흥선 대원군은 1866년 9명의 프랑스 선교사를 포함한 8,000여 명의 천주교인들을 탄압하였는데, 선교사의 처형을 구실로 프랑스의 극동 함대 사령관 로즈 제독은 7척의 군함을 이끌고 1866년 강화도를 침입하였다(병인양요). 이에 김포의 문수산성에서 한성근은 한성으로 진격하는 프랑스 군대를 격퇴하였고, 강화도 정족산성에서는 양헌수가 프랑스군을 맞아 치열한 접전을 벌였다. 프랑스군은 40여 일 만에 물러나면서 강화성 내의 관아에 불을 지르고 외규장각 의궤와 보물 등을 약탈한 뒤 철군하였다.

① 황사영 백서 사건의 원인이 되었다. → 황사영은 신유박해(1801) 사건의 전말과 조선에서 천주교 활동을 할 수 있게 요청하는 글을 비단에 적었으나 사전에 발각되었다.
② 김기수가 수신사로 파견되는 결과를 가져왔다. → 강화도 조약에 대한 설명이다.
③ 정부가 청군의 출병을 요구하는 계기가 되었다. → 동학 농민 운동에 대한 설명이다.
④ 사태 수습을 위해 이용태가 안핵사로 파견되었다. → 고부 농민 봉기에 대한 설명이다.
⑤ 로즈 제독 함대가 강화도를 침입하는 빌미가 되었다. → 병인박해에 대한 설명이다.

31 정답 ④

해설

제시된 지문의 '청으로 끌려간 흥선 대원군'을 통해 밑줄 그은 '이 사건'은 1882년 발생한 임오군란임을 알 수 있다. 구식 군인들은 민씨 일파 및 별기군의 일본 교관을 사살하고, 일본 공사관을 습격하였다. 청은 조선 정부의 요청으로 군대를 파병하여 임오군란을 진압하고 흥선 대원군을 군란의 책임자로 몰아 텐진으로 압송하였다. 이후 청은 조선에 군대를 계속 주둔시키는 한편, 조청 상민 수륙 무역 장정을 체결하여 유리한 조건으로 조선과 통상 관계를 맺었다. 그리고 마젠창과 독일인 묄렌도르프를 고문으로 파견하여 조선의 내정과 외교에 간섭하였다.

① 삼정이정청이 설치되었다. → 진주 농민 봉기에 대한 설명이다.
② 어재연 부대가 광성보에서 항전하였다. → 신미양요에 대한 설명이다.
③ 종로와 전국 각지에 척화비가 세워졌다. → 신미양요 이후 척화비가 설립되었다.
④ 조청 상민 수륙 무역 장정이 체결되었다. → 임오군란에 대한 설명이다.
⑤ 일본 군함 운요호가 영종도를 공격하였다. → 운요호 사건 이후 강화도 조약이 체결되었다.

32 정답 ①

해설

제시된 지문의 '우리나라 최초의 근대식 병원'을 통해 밑줄 그은 '이곳'은 광혜원(제중원)임을 알 수 있다.
갑신정변 때 알렌이 부상을 당한 민영익을 치료한 것을 인연으로 정부는 1885년 근대식 병원인 광혜원(후에 제중원)을 설립하고 알렌에게 운영을 맡겼다. 이후 1904년에 최초의 근대식 사립병원인 세브란스로 개칭되었다.
개항기에 선교사들은 기독교를 전파하고 서양 문화를 보급하기 위해 여러 곳에 사립학교를 세웠다. 1885년에는 배재 학당(아펜젤러), 1886년에는 경신 학교(언더우드)와 여학생을 위한 이화 학당(스크랜턴), 정신 여학교(엘러스) 등이 세워졌다. 고종은 청과 일본을 배제하고 미국을 통해 서양 문물을 도입하기 위해 선교사들의 학교 설립을 적극 지원하였다.

① 배재 학당에 입학하는 학생 → 1885년 선교사들에 의해 설립되었다.
② 영선사 일행으로 청에 가는 생도 → 1881년에 영선사 김윤식 일행이 청에 파견되었다.
③ 우정총국 개국 축하연에 참석하는 외교관 → 1884년에 우정총국 개국 축하연이 열렸고, 이때 갑신정변이 발생하였다.
④ 연무당에서 일본과 조약을 체결하는 관리 → 1876년에 강화도의 연무당에서 일본과 강화도 조약을 체결하였다.
⑤ 제너럴 셔먼호의 통상 요구를 거부하는 평양 관민 → 1866년에 제너럴 셔먼호가 평양에서 통상을 요구하며 횡포를 부렸으나, 이후 평양 주민들과 평양감사 박규수에 의해 불타 소실되었다.

33 정답 ⑤

해설

제시된 지문의 '군국기무처', ' 공노비와 사노비에 대한 법을 폐지'를 통해 1894년 실시한 1차 갑오개혁임을 알 수 있다.
군국기무처는 국정에 관한 일체의 개혁 안건을 의결하기 위해 만든 임시회의 기구로, 총재관 김홍집을 비롯하여 어윤중, 김윤식, 유길준 등 모두 17명으로 구성되었다. 군국기무처는 1차 갑오개혁을 추진하였다. 하지만 청 · 일 전쟁에서 승기를 잡은 일본은 군국기무처를 폐지하고, 김홍집 · 박영효 연립 내각을 구성하여 2차 갑오개혁을 단행하였다. 그 내용으로는 의정부를 내각으로 바꾸고, 8아문을 7부로 개편하였으며, 전국의 8도를 23부로 재편하고, 부 · 목 · 군 · 현 등 다양한 행정 구역 명칭을 군으로 통일하였다. 아울러 재판소를 설치하여 사법 제도의 근대화를 꾀하였으며, 교육 입국 조서를 반포하고 교육 개혁을 추진하였다. 이에 따라 한성 사범학교, 소학교, 외국어 학교 등이 세워졌다.

ㄱ. 별기군이 창설되었다. → 1881년에 통리기무아문에서 별기군을 창설하였다.
ㄴ. 한성순보가 발행되었다. → 1883년에 박문국에서 창간한 최초의 신문이다.
ㄷ. 교육 입국 조서가 반포되었다. → 2차 갑오개혁에 대한 설명이다.
ㄹ. 재판소를 설치하여 사법권을 독립시켰다. → 2차 갑오개혁에 대한 설명이다.

따라서 정답은 ㄷ, ㄹ이다.

34 정답 ①

해설

제시된 지문의 '러시아 공사관으로 이어'를 통해 1896년 2월에 일어난 아관파천임을 알 수 있다.
청 · 일 전쟁 이후 일본은 청과 시모노세키 조약을 체결하고 청으로부터 요동반도를 할양받기로 한다. 하지만 삼국간섭으로 일본의 뜻대로 되지 않았고, 조선의 민씨 일파는 이런 일본의 간섭에서 벗어나기 위해 러시아에 접근하였다. 일본은 러시아를 끌어들여 일본을 배척하는 세력의 핵심이 왕비라고 생각하고, 경복궁을 침범하여 명성황후를 살해하는 을미사변을 저질렀다(1895). 을미사변 이후 신변의 위협을 느낀 고종은 1896년 러시아 공사관으로 거처를 옮겼고(아관 파천), 이를 계기로 김홍집 내각은 붕괴되고 을미개혁은 중단되었다. 이후 친러 성향의 내각이 수립되어 러시아의 정치적 간섭이 강화되었고, 열강의 이권 침탈도 심해졌다.

① 을미사변이 일어났다. → 조선의 친러 정책 실시로 인해 발생하였다.
② 원수부가 설치되었다. → 대한 제국 시기 광무개혁에 대한 설명이다.
③ 러일 전쟁이 발발하였다. → 1904년에 일본의 기습 공격으로 러일 전쟁이 발발하였다.
④ 한일 신협약이 체결되었다. → 1907년에 고종이 강제 퇴위하고 한일 신협약이 체결되었다.

⑤ 용암포 사건이 발생하였다. → 1903년에 러시아가 용암포 조차를 시도한 사건이 발생하였다.

35 정답 ②

해설

제시된 지문의 '관세권을 일정 부분 회복', '최혜국 대우'를 통해 밑줄 그은 '장정'은 1883년 체결한 조 · 일 통상 장정임을 알 수 있다.

강화도 조약 직후 체결된 조 · 일 무역 규칙(=1차 조 · 일 통상 장정)은 일본 수출입 상품에 대한 무항세(무관세)와 양곡의 무제한 유출을 허용하였다. 1883년에 개정된 조 · 일 통상 장정은 관세 자주권을 일부 회복하였으나, 일본에 최혜국 대우를 인정하였다. 또한 방곡령 실시 항목도 있었는데, 방곡령 선포 시 상대국에 1개월 전에 서면 통고해야 한다는 규정이 추가되었다.

① 갑신정변의 영향으로 체결되었다. → 한성 조약, 톈진 조약에 대한 설명이다.
② 방곡령 시행에 대한 규정을 명시하였다. → 조 · 일 통상 장정에 대한 설명이다.
③ 일본 공사관에 경비병이 주둔하는 계기가 되었다. → 임오군란에 대한 설명이다.
④ 일본인 재정 고문을 두도록 하는 조항을 담고 있다. → 1904년 1차 한 · 일 협약에 대한 설명이다.
⑤ 부산 외 2개 항구를 개항한다는 내용을 포함하였다. → 강화도 조약에 대한 설명이다.

36 정답 ③

해설

제시된 지문의 '1896년 서재필 등과 함께 창립'을 통해 (가) 단체는 독립협회임을 알 수 있다.

독립협회는 조선이 청의 속국에서 벗어나 독립국이 된 것을 기념하기 위해 청의 사신을 맞이하던 영은문을 헐고 독립문을 세웠으며, 청의 사신을 영접하던 모화관을 독립관으로 개조하였다. 독립문 건립을 위해 기금을 내면 누구나 독립협회 회원이 될 수 있었으므로 학생, 여성, 노동자, 상인, 농민 등 광범위한 사회 계층이 기금 마련에 참여하였다. 이후 토론회와 강연회를 개최하여 민권 의식과 자주 의식을 고취해 나갔다.

① 고종의 강제 퇴위 반대 운동을 전개하였다. → 1906년에 결성된 대한자강회에 대한 설명이다.
② 일제가 조작한 105인 사건으로 와해되었다. → 1907년 결성된 신민회에 대한 설명이다.
③ 영은문이 있던 자리 부근에 독립문을 건립하였다. → 독립협회에 대한 설명이다.
④ 광주 학생 항일 운동의 진상 조사단을 파견하였다. → 1927년 결성된 신간회에 대한 설명이다.
⑤ 독립 운동 자금 마련을 위해 독립 공채를 발행하였다. → 1919년 조직된 대한민국 임시 정부에 대한 설명이다.

37 정답 ⑤

해설

제시된 지문의 (가)는 '일본국 정부의 중개를 거치지 않고서는', '1명의 통감'을 통해 1905년 체결한 을사조약임을, (나)는 '통감이 추천한 일본인을 한국 관리로 임명'을 통해 1907년 통감의 권한 확대와 각 부처 차관 임명을 규정한 한일 신협약임을 알 수 있다.

을사조약이 체결되자 고종은 을사늑약의 부당성과 일제의 침략성을 널리 알리고자 제2차 만국 평화 회의가 열리고 있던 네덜란드의 헤이그에 1907년 이상설, 이준, 이위종을 특사로 파견하여 을사늑약이 무효임을 국제 사회에 알리고자 하였다. 일제는 헤이그 특사 파견을 문제 삼아 고종 황제를 강제로 퇴위시키고 순종을 즉위시켰다. 이어 일제는 1907년 한일 신협약(정미 7조약)을 체결하여 각 부처에 일본인 차관을 임명하였다. 그리고 대한 제국의 군대를 해산함으로써 일본의 침략에 군사적 대응을 하지 못하게 하였다.

① 13도 창의군이 서울 진공 작전을 전개하였다. → 한일 신협약으로 해산된 군인이 정미의병에 합류하면서 13도 창의군이 결성되었다.
② 관민 공동회가 개최되어 헌의 6조를 결의하였다. → 1898년 10월 독립협회가 주도하여 관민 공동회가 개최되었다.
③ 동학 농민군이 우금치에서 관군 및 일본군에 맞서 싸웠다. → 1894년에 동학 농민군이 우금치에서 관군 및 일본군에 맞서 싸웠다.
④ 영국이 러시아를 견제하기 위해 거문도를 불법 점령하였다. → 1885년에 영국군이 러시아를 견제하기 위해 거문도를 불법 점령하였다.
⑤ 고종이 헤이그에서 열린 만국 평화 회의에 특사를 파견하였다. → 1907년 한일 신협약 체결 이전에 발생한 사건이다.

38 정답 ②

해설

제시된 지문의 '에네켄 농장'을 통해 (가) 지역은 멕시코임을 알 수 있다.

에네켄 농장은 1905년에 멕시코로 이민을 온 한인들이 생계를 잇기 위해서 일하였던 농장으로, 멕시코 한인의 절반 이상이 이곳에서 노동하여 멕시코 한인의 상징으로 알려져 있다. 이곳 멕시코 이주민들은 독립군을 양성하기 위해 숭무 학교를 세웠다.

① 권업회의 기관지로 권업신문이 발간되었다. → 연해주에 대한 설명이다.
② 독립군 양성을 위한 숭무 학교가 설립되었다. → 멕시코에 대한 설명이다.
③ 북로 군정서가 조직되어 무장 투쟁을 실시하였다. → 북간도에 대한 설명이다.
④ 주권 재민을 천명한 대동 단결 선언서가 작성되었다. → 1917년에 상하이에서 신규식, 박은식, 신채호, 박용만, 조소앙 등이 '대동 단결 선언'을 발표하여 임시 정부 수립을 제창하였다.
⑤ 유학생들이 중심이 되어 2 · 8 독립 선언서를 발표하였다. → 일본 동경에 대한 설명이다.

39 정답 ③

해설

제시된 지문의 '동양 평화론'을 통해 밑줄 그은 '그'는 안중근임을 알 수 있다.

안중근은 1909년 3월 단지회라는 비밀결사를 조직하고, 1909년 10월 만주 하얼빈역에서 초대 통감 이토 히로부미를 사살하여 체포되었다. 안중근은 조사 과정에서 자신을 대한의군 참모중장이라 밝히며 이토 히로부미를 사살한 것은 한국의 독립과 동양 평화를 위한 것임을 밝혔다. 안중근은 1910년 3월 옥중에서 『동양평화론』을 집필하던 중 형이 집행되어 순국하였다.

① 봉오동 전투에서 일본군을 격파하였다. → 홍범도에 대한 설명이다.

② 베델과 함께 대한매일신보를 발간하였다. → 양기탁에 대한 설명이다.
③ 하얼빈역에서 이토 히로부미를 사살하였다. → 안중근에 대한 설명이다.
④ 서전서숙을 설립하여 민족 교육을 실시하였다. → 이상설, 이동녕 등이 1906년 북간도 용정에서 서전서숙을 설립하였다.
⑤ 고종의 밀지를 받아 독립 의군부를 조직하였다. → 임병찬에 대한 설명이다.

40

정답 ②

해설

제시된 지문의 '조선 관세령 폐지', '조선의 제조업자들이 심각한 타격'을 통해 1923년 관세 철폐로 인해 일본 상품이 대량으로 밀려들어 오자 나타난 상황임을 알 수 있다. 이에 실력 양성 운동의 하나로 물산 장려 운동이 전개되었다. 물산 장려 운동은 조만식, 이상재 등 민족주의 계열이 중심이 되어 1923년 경성에서 조선 물산 장려회가 조직되면서 '내 살림은 내 것으로', '조선 사람 조선 것으로'라는 구호 아래 물산 장려 운동이 전국으로 확산되었다. 지방에서도 자작회, 토산 장려회 등의 단체들이 조직되어 토산품 애용, 금주 · 단연 등을 실천하자고 주장하였다.

① 동양 척식 주식회사가 설립되었다. → 1908년에 동양 척식 주식회사가 설립되었다.
② 물산 장려 운동이 전국으로 확산되었다. → 1920년대 물산 장려 운동이 전국으로 확산되었다.
③ 메가타의 주도로 화폐 정리 사업이 실시되었다. → 일본의 재정 고문 메가타가 1905년 화폐 정리 사업을 추진하였다.
④ 회사 설립을 허가제로 하는 회사령이 공포되었다. → 1910년에 조선 총독부가 회사령을 공포하였다.
⑤ 황국 중앙 총상회의 상권 수호 운동이 전개되었다. → 1898년에 황국 중앙 총상회가 결성되었다.

41

정답 ⑤

해설

제시된 지문의 '융희 황제의 인산일'을 통해 6 · 10 만세 운동(1926)임을 알 수 있다.

1926년 순종이 별세하자 민족주의 진영과 사회주의 진영은 학생들과 연합하여 순종의 인산일을 기하여 만세 시위를 벌이기로 계획하였다. 6 · 10 만세 운동을 통해 사회주의 계열과 민족주의 계열은 이때의 협력 경험을 바탕으로 서로 단결할 수 있는 토대를 마련하였다. 1926년 비타협적 민족주의자들은 일부 사회주의자와 함께 조선 민흥회를 결성하였다. 곧이어 사회주의자들은 정우회 선언을 발표하여 비타협적 민족주의 세력과의 제휴를 주장하였다. 이런 움직임을 바탕으로 비타협적 민족주의자들과 사회주의자들은 1927년 신간회를 창설하였다.

① 원산 총파업의 노동자들과 연대하였다. → 1929년에 원산 총파업이 전개되었다.
② 치안 유지법이 제정되는 결과를 가져왔다. → 1925년에 사회주의를 탄압하기 위해 치안 유지법이 제정되었다.
③ 국민 대표 회의가 개최되는 계기가 되었다. → 1923년에 상하이에서 국민 대표 회의가 개최되었다.
④ 한일 학생 간 충돌이 발단이 되어 일어났다. → 1929년 광주 학생 항일 운동에 대한 설명이다.
⑤ 민족 협동 전선인 신간회 결성에 영향을 미쳤다. → 6 · 10 만세 운동 이후 신간회가 창설되었다.

42

정답 ③

해설

제시된 지문의 '중일 전쟁을 일으킨 일제가 침략 전쟁을 확대하던 시기'를 통해 밑줄 그은 '시기'는 1937년 이후 시기임을 알 수 있다. 일제는 1937년에는 중일 전쟁을 일으키고, 1941년에는 태평양 전쟁을 일으켰다. 일제는 침략 전쟁을 확대하면서 우리나라를 병참 기지로 만들고, 동시에 한국인을 침략 전쟁에 원활하게 동원하기 위해 아침마다 천황이 사는 궁을 향해 절하는 궁성 요배를 강요하였고, 천황에게 충성을 맹세하는 황국 신민 서사를 외우게 하였다. 또한, 서울 남산에 신궁을 짓고 전국 여러 지역에 신사를 세워 참배를 강요하며 민족 말살 정책을 시행하였다.

① 만주 군벌과 일제가 미쓰야 협정을 체결하였다. → 1925년 미쓰야 협정을 체결하였다.
② 한국인에 한해 적용되는 조선 태형령이 공포되었다. → 1912년 조선 태형령이 공포되었다.
③ 내선일체를 강조한 황국 신민 서사의 암송이 강요되었다. → 1937년 황국 신민 서사가 제정된 후 암송이 강요되었다.
④ 강압적인 통치를 목적으로 헌병 경찰 제도가 실시되었다. → 1910년 무단 통치 시기에 헌병 경찰 제도가 실시되었다.
⑤ 평양 등지에서 반중 폭동을 초래한 만보산 사건이 일어났다. → 1931년에 만보산 사건이 일어나 한중 갈등이 격화되었다.

43

정답 ③

해설

제시된 지문의 '의열단 단장'을 통해 밑줄 그은 '그'는 김원봉임을 알 수 있다.

김원봉은 1919년 지린(길림)에서 의열단을 결성하고 주로 일제의 식민 통치 기관 파괴와 침략 원흉을 응징하는 활동을 벌였다. 그러나 의열 투쟁만으로는 민족 해방을 쟁취하기 어렵다고 판단한 의열단은 보다 체계적인 군사 훈련을 하기 위해 1926년 단장 김원봉을 비롯한 단원들이 황포 군관 학교에 입교하여 군사 교육 및 간부 훈련을 받았다. 1932년에는 중국 국민당 정부의 지원으로 난징에 조선 혁명 (군사 정치) 간부 학교를 설립하여 군사 훈련을 실시하고 독립운동 지도자를 양성하였다. 그 후 의열단은 중국 국민당 정부의 지원을 받아 중국 관내 최초 군사 조직인 조선 의용대를 창설하여 항일 투쟁을 전개해 나갔다.

① 연해주에서 대한 광복군 정부를 수립하였다. → 이상설, 이동휘 등에 대한 설명이다.
② 대한 광복회의 총사령으로 친일파를 처단하였다. → 박상진에 대한 설명이다.
③ 중국 국민당과 협력하여 조선 의용대를 창설하였다. → 김원봉에 대한 설명이다.
④ 만주 사변 이후 대전자령 전투에서 일본군을 격퇴하였다. → 지청천이 이끈 한국 독립군에 대한 설명이다.
⑤ 민중의 직접 혁명을 주장하는 조선 혁명 선언을 집필하였다. → 신채호에 대한 설명이다.

44

정답 ①

해설

'단성사'는 1907년 일반 극장으로 설립되어 1918년 박승필이 인수한 이후 최초의 상설 영화관으로 바뀌게 되었고, 1926년에는 나운규의 '아리랑'을 개봉하였다. 나운규 감독 · 출연의 '아리랑'은 일제하에서 민족의 아픔과 설움을 담은 작품이었다.

① 나운규의 아리랑이 개봉된 장소 → 단성사에 대한 설명이다.
② 기미 독립 선언서가 인쇄된 장소 → 천도교 재단이 운영하던 인쇄소 보성사에서 기미 독립 선언서를 인쇄하였다.
③ 조선 형평사 창립 대회가 개최된 장소 → 1923년 진주에서 창립 대회가 열렸다.
④ 전형필이 수집한 문화재가 전시된 장소 → 간송미술관에 대한 설명이다.
⑤ 강우규가 일본 총독에게 폭탄을 던진 장소 → 1919년 강우규는 서울역에서 새로 부임하는 일본 총독에게 폭탄을 던졌다.

45

정답 ⑤

해설

제시된 지문의 성명서는 1941년 12월 임시 정부가 태평양 전쟁 발발 직후 발표한 대일본 선전포고문이다. 대한민국 임시 정부는 1940년 지청천을 총사령관, 이범석을 참모장에 임명하여 한국 광복군을 창설하였다. 한국 광복군은 1942년 김원봉이 이끄는 조선 의용대 병력을 편입하여 군사력을 증강하였고, 1943년에는 영국군의 협조 요청으로 미얀마 · 인도 전선에 배치되어 포로 심문, 전단 살포 등을 담당하였다. 한국 광복군은 미군 OSS(미육군 전략처)와 협약을 맺고, 1945년 국내 정진군을 조직하여 국내 진공 작전을 추진하였으나 일본의 패망으로 실행되지 못했다.

① 충칭에서 한국 광복군을 창설하였다. → 1940년 창설되었다.
② 국내 비밀 행정 조직으로 연통제를 두었다. → 1919년에 연통제를 두었다.
③ 파리 강화 회의에 독립 청원서를 제출하였다. → 1919년에 김규식을 파견하여 독립 청원서를 제출하였다.
④ 의거 활동을 위해 한인 애국단을 조직하였다. → 1931년에 김구가 한인 애국단을 조직하였다.
⑤ 미군과 연계하여 국내 진공 작전을 추진하였다. → 1945년 국내 정진군을 조직하여 국내 진공 작전을 추진하였다.

46

정답 ③

해설

제시된 지문의 '제주도에서 발생', '남한만의 단독 선거에 반대하는 세력'을 통해 (가) 사건은 제주 4 · 3 사건임을 알 수 있다.
4 · 3 사건은 1947년 3월 1일부터 1954년 9월 21일까지 제주도에서 발생한 남로당 무장대와 토벌대 간의 무력 충돌과 토벌대의 진압 과정에서 다수의 주민들이 희생당한 사건이다. 이후 2000년에 '제주 4 · 3 사건 진상 규명과 희생자 명예 회복에 관한 특별법'이 제정되어 제주 4 · 3 사건 진상 규명 및 희생자 명예 회복 위원회가 설치되어 정부 차원의 진상 조사를 실시하였다. 조사 결과 2003년 10월 정부의 제주 4 · 3 사건 진상 조사 보고서가 채택되고, 대통령의 공식 사과 등이 이루어졌다. 4 · 3 특별법 따라 제주 4 · 3 평화재단이 설립되었으며, 제주특별자치도 제주시 명림로 430(봉개동)에 제주 4 · 3 평화공원이 조성되었다.

① 허정 과도 내각이 성립되는 배경이 되었다. → 1960년 4 · 19 혁명으로 허정 과도 내각이 성립되었다.
② 전개 과정에서 3 · 1 민주 구국 선언이 발표되었다. → 1972년 유신 헌법 제정 후 긴급 조치의 철폐와 박정희 정권의 퇴진을 주장하는 3 · 1 민주 구국 선언이 발표되었다.
③ 희생자들의 명예 회복을 위해 특별법이 제정되었다. → 제주 4 · 3 사건에 대한 설명이다.
④ 귀속 재산 처리를 위한 신한 공사 설립의 계기가 되었다. → 1946년에 귀속 재산 처리를 위해 신한 공사가 설립되었다.
⑤ 관련 기록물이 유네스코 세계 기록 유산으로 등재되었다. → 5 · 18 민주화 운동 기록물이 세계 기록 유산으로 등재되었다.

47

정답 ②

해설

제시된 지문의 '보안법 무효'를 통해 이승만 정부 시기임을 알 수 있다. 자유당이 보안법 개정안을 통과시킨 것은 이승만 정부 시기의 사실이다.
1956년 제3대 대통령 선거에서 이승만이 대통령에 당선되었지만, 무소속의 조봉암 후보가 총 유효 투표의 30%에 해당하는 표를 얻으며 이승만의 강력한 도전자로 떠올랐다. 이승만 정부는 1959년 진보당을 창당한 조봉암에게 간첩 혐의를 씌워 사형에 처하였다. 한편 이승만 정부는 1958년 국가 보안법을 개정하고, 정부에 비판적인 경향신문을 폐간하는 등 언론을 탄압하며 독재 정치를 강화하였다. 이후 제4대 정 · 부통령 선거에서 야당의 대통령 후보였던 조병옥이 사망함에 따라, 단독 후보가 된 이승만의 당선은 확실시되었다. 이에 이승만 정부는 부통령에 여당인 자유당의 이기붕 후보를 당선시키기 위해 3 · 15 부정선거를 자행하는 등 온갖 부정을 저질렀다.

① 평화 통일론을 주장한 진보당의 조봉암을 제거하였다. → 이승만 정부 시기에 대한 설명이다.
② 인민 혁명당 재건위 사건을 조작해 관련자를 탄압하였다. → 박정희 정부 시기에 유신 헌법 제정으로 '전국민주청년학생연합회(민청학련)'가 유신 철폐를 주장하자 정부는 '인민혁명당 재건위원회 사건'을 조작하여 수많은 학생들을 구속하고 사형시켰다.
③ 정부에 비판적인 경향신문을 폐간하는 등 언론을 통제하였다. → 이승만 정부 시기에 대한 설명이다.
④ 여당 부통령 후보 당선을 위해 3 · 15 부정 선거를 자행하였다. → 이승만 정부 시기에 대한 설명이다.
⑤ 반민 특위를 이끌던 국회 의원들에게 간첩 혐의를 씌워 체포하였다. → 이승만 정부 시기에 대한 설명이다.

48

정답 ①

해설

제시된 지문의 '새마을 운동'을 통해 박정희 정부 시기임을 알 수 있다.
박정희 정부는 산업화의 진전에 따라 도시와 농촌 간의 소득 격차가 더욱 커지자 1970년부터 농가의 소득 증대와 농촌의 환경 개선에 역점을 둔 새마을 운동을 추진하였다. 근면, 자조, 협동을 내세운 새마을 운동은 도로 정비, 주택 개량 등 농촌의 생활 환경을 개선하였다. 이후 새마을 운동은 도시와 직장으로 확대되고, 전국적인 의식 개혁 운동으로 확산되었다. 또한 1960년대 제1, 2차 경제 개발 5개년 계획에 이어 1970년대에 시행된 제3, 4차 경제 개발 5개년 계획은 중화학 공업의 육성에 주력하여 포항 제철을 시작으로 조선, 자동차, 정유, 전자 단지가 건설되었다. 그 결과 1970년대 말에는 중화학 공업의 비중이 경공업을 앞질렀다.
① 포항 제철소 1기 설비가 준공됐어요. → 박정희 정부 시기에 대한 설명이다.
② 미국과 자유 무역 협정(FTA)을 체결했어요. → 노무현 정부 시기에 대한 설명이다.
③ 3저 호황으로 물가가 안정되고 수출이 증가했어요. → 전두환 정부 시기에 대한 설명이다.
④ 대통령의 긴급 명령으로 금융 실명제를 실시했어요. → 김영삼 정부 시기에 대한 설명이다.
⑤ 대통령 직속 자문 기구로 노사정 위원회가 구성됐어요. → 김대중 정부 시기에 대한 설명이다.

49

정답 ⑤

해설

제시된 지문의 '박종철 열사 추모 시위', '대통령 직선제 개헌 요구'를 통해 (가) 민주화 운동은 1987년 발생한 6월 민주화 운동임을 알 수 있다.
1987년 박종철이 경찰의 고문으로 사망하는 사건이 발생하자, 대학생들을 중심으로 시위 운동이 점차 확산되었다. 그 가운데 전두환은 7년 단임의 간선제를 고수하는 4 · 13 호헌 조치를 발표하였다. 호헌 조치에 대한 국민의 반대 시위가 전국으로 퍼지는 가운데, 6월 9일 연세대학교 학생 이한열이 경찰의 최루탄에 맞아 쓰러졌다. 6월 10일 전국 18개 도시에서 호헌 철폐, 독재 타도, 직선제 쟁취를 요구하는 시위가 일어났으며, 26일에는 100만 명이 넘는 시민이 시위에 참여하였다. 결국, 전두환 정부는 6 · 29 선언을 통해 대통령 직선제 수용을 선언하였다. 이로 말미암아 여야 합의로 5년 단임의 직선제를 주요 내용으로 하는 개헌을 단행하였다.
① 유신 체제가 붕괴되는 계기가 되었다. → 1979년 부 · 마 항쟁에 대한 설명이다.
② 굴욕적인 한일 국교 정상화에 반대하였다. → 1964년 6 · 3 시위에 대한 설명이다.
③ 양원제 국회가 출현하는 결과를 가져왔다. → 1960년 4 · 19 혁명에 대한 설명이다.
④ 신군부의 비상 계엄 확대가 원인이 되었다. → 1980년 5 · 18 민주화 운동에 대한 설명이다.
⑤ 호헌 철폐와 독재 타도 등의 구호를 내세웠다. → 1987년 6월 민주화 운동에 대한 설명이다.

50

정답 ⑤

해설

제시된 지문의 '외환 위기 극복'을 통해 김대중 정부 시기임을 알 수 있다.
김대중 정부는 남북 외교 관계를 햇볕 정책으로 추진하였다. 현대그룹 정주영 명예 회장이 두 차례에 걸쳐 소떼를 몰고 북한을 방문한 것을 계기로 1998년 금강산 해로 관광이 시작되었다. 이후 2000년 6월 김대중 대통령이 평양을 방문하여 김정일 국방 위원장과 정상 회담을 개최하고 6 · 15 남북 공동 선언을 채택하였다. 이 선언에는 통일 문제의 자주적 해결, 1국가 2체제의 통일 방안 협의, 이산가족 문제의 조속한 해결, 경제 협력 등의 내용이 담겨 있었다. 6 · 15 남북 공동 선언의 결과 이산가족 방문단의 서울 · 평양 동시 상봉과 비전향 장기수의 북송이 이루어졌고, 경의선 복원 착공과 개성 공단 건설 등의 사업이 진행되었다.

① 남북한 유엔 동시 가입 → 노태우 정부 시기에 대한 설명이다.
② 7 · 4 남북 공동 성명 발표 → 박정희 정부 시기에 대한 설명이다.
③ 한반도 비핵화 공동 선언 서명 → 노태우 정부 시기에 대한 설명이다.
④ 최초의 이산가족 고향 방문 실현 → 전두환 정부 시기에 대한 설명이다.
⑤ 남북한 교류 협력을 위한 개성 공단 조성 합의 → 김대중 정부 시기에 대한 설명이다.

2021년도 제54회 한국사능력검정시험

문제 142p

01	02	03	04	05	06	07	08	09	10
①	③	⑤	③	⑤	⑤	④	④	⑤	⑤
11	**12**	**13**	**14**	**15**	**16**	**17**	**18**	**19**	**20**
⑤	③	④	③	④	③	②	⑤	②	④
21	**22**	**23**	**24**	**25**	**26**	**27**	**28**	**29**	**30**
③	②	①	③	①	②	③	②	②	④
31	**32**	**33**	**34**	**35**	**36**	**37**	**38**	**39**	**40**
②	②	①	②	⑤	②	②	①	③	②
41	**42**	**43**	**44**	**45**	**46**	**47**	**48**	**49**	**50**
④	③	①	④	①	⑤	③	①	⑤	③

01

정답 ①

해설

제시된 지문의 '빗살무늬 토기, 갈돌, 갈판'을 통해 신석기 시대임을 알 수 있다.

① 가락바퀴를 이용하여 실을 뽑았다. → 신석기 시대이다.
② 명도전을 사용하여 중국과 교류하였다. → 철기 시대이다.
③ 의례 도구로 청동 방울 등을 사용하였다. → 청동기 시대이다.
④ 거푸집을 이용하여 세형 동검을 제작하였다. → 철기 시대이다.
⑤ 많은 인력을 동원하여 고인돌을 축조하였다. → 청동기 시대이다.

02

정답 ③

해설

제시된 지문의 '후 · 읍군 · 삼로', '무천'을 통해 동예임을 알 수 있다.

① 신성 지역인 소도가 존재하였다. → 삼한에 대한 설명이다.
② 혼인 풍습으로 민며느리제가 있었다. → 옥저에 대한 설명이다.
③ 읍락 간의 경계를 중시하는 책화가 있었다. → 동예에 대한 설명이다.
④ 제가 회의에서 나라의 중대사를 결정하였다. → 고구려에 대한 설명이다.
⑤ 여러 가(加)들이 별도로 사출도를 주관하였다. → 부여에 대한 설명이다.

03

정답 ⑤

해설

제시된 지문의 '고령 일대'를 통해 대가야임을 알 수 있다.

① 범금 8조의 의미를 살펴본다. → 고조선에 대한 설명이다.
② 임신서기석의 내용을 분석한다. → 임신서기석은 신라의 화랑들이 돌에 남긴 약속이다.
③ 안동도호부가 설치된 경위를 찾아본다. → 고구려 멸망 이후 당이 고구려의 직접 지배를 이유로 평양에 설치한 최고 군정 기구이다.
④ 22담로에 왕족이 파견된 목적을 알아본다. → 백제 무령왕에 대한 설명이다.
⑤ 가야 연맹의 중심지가 이동한 과정을 조사한다. → 고구려 광개토대왕이 신라를 침입한 왜를 물리치는 과정에서 금관가야가 쇠퇴하였다. 이후 대가야가 후기 가야 연맹을 주도하였다.

04

정답 ③

해설

제시된 지문의 '울진 봉평리 신라비로 병부를 설치하고 율령을 반포'를 통해 신라의 법흥왕임을 알 수 있다. 법흥왕은 율령을 반포하고 체제를 정비하였으며(16관등), 금관가야를 복속하였다. 또한 이차돈의 순교로 불교를 공인하였으며, 독자적인 연호로 건원을 사용하였다.

① 이사부를 보내 우산국을 복속하였다. → 지증왕 시기에 대한 설명이다.
② 관료전을 지급하고 녹읍을 폐지하였다. → 신문왕 시기에 대한 설명이다.
③ 이차돈의 순교를 계기로 불교를 공인하였다. → 법흥왕 시기에 대한 설명이다.
④ 인재 등용을 위해 독서삼품과를 시행하였다. → 원성왕 시기에 대한 설명이다.
⑤ 거칠부에게 명하여 국사를 편찬하게 하였다 → 진흥왕 시기에 대한 설명이다.

05

정답 ⑤

해설

제시된 지문의 '고분 벽화', '도읍이었던 지안과 평양 일대에 주로 남아 있는데'를 통해 '이 국가'는 고구려임을 알 수 있다.

①

②

③

④

⑤

① 고구려 수산리 고분 벽화의 곡예사와 묘주이다.
② 고구려 무용총의 접객도(손님맞이)이다.
③ 고구려 강서대묘의 사신도 벽화이다.
④ 고구려 각저총의 씨름도이다.
⑤ 조선 시대 밀양 박익의 벽화묘이다.

06

정답 ⑤

해설

제시된 지문의 (가)는 '[소]정방 및 여러 장수'를 통해 나 · 당 연합군에 의한 백제 멸망 시기임을, (나)는 '설인귀와 소부리주 기벌포에서 싸웠으나'를 통해 나 · 당 전쟁 중 기벌포 전투임을 알 수 있다.

① 고국원왕이 평양성에서 전사하였다. → 4세기(371년) 백제 근초고왕 시기에 대한 설명이다.
② 성왕이 관산성 전투에서 피살되었다. → 6세기(554년) 신라 진흥왕 시기에 대한 설명이다.
③ 김춘추가 당과의 군사 동맹을 성사시켰다. → 648년 신라 진덕여왕 시기에 대한 설명이다.
④ 을지문덕이 살수에서 수의 군대를 물리쳤다. → 612년 고구려 영양왕 시기에 대한 설명이다.
⑤ 안승이 신라에 의해 보덕왕으로 임명되었다. → 신라는 고구려 부흥 운동을 지원하여 당 세력을 견제하려 하였다.

Plus note

- **삼국통일 과정**
  나 · 당 연합(648) → 백제 멸망(660) → 웅진도독부 설치(660), 계림도독부 설치(663) → 백제 부흥 운동 → 고구려 멸망(668) → 고구려 부흥 운동 → 신라의 대응(금마저에 보덕국 왕으로 고구려 왕자 안승을 추대, 웅진도독부 축출 후 소부리주 설치) → 나 · 당 전쟁[매소성 전투(675), 기벌포 전투(676)] → 삼국통일(676)

07

정답 ④

해설

제시된 지문의 '해동성국'을 통해 (가) 국가는 발해임을 알 수 있다.
① 광군을 창설하여 외침에 대비하였다. → 고려 정종 시기에 대한 설명이다.
② 9서당 10정의 군사 조직을 운영하였다. → 통일 신라 신문왕 시기에 대한 설명이다.
③ 광덕, 준풍 등의 독자적인 연호를 사용하였다. → 고려 광종 시기에 대한 설명이다.
④ 5경 15부 62주의 지방 행정 제도를 갖추었다. → 발해 선왕 시기에 대한 설명이다.
⑤ 지방관을 감찰하기 위해 외사정을 파견하였다. → 통일 신라 문무왕 시기에 대한 설명이다.

08

정답 ④

해설

제시된 지문의 (가)는 '적고적(赤袴賊)'을 통해 통일 신라 51대 진성여왕 시기 발생한 '적고적의 난'임을, (나)는 '웅천주 도독 헌창'을 통해 41대 헌덕왕 시기 발생한 '김헌창의 난'임을, (다)는 '청해진 대사 궁복'을 통해 42대 흥덕왕 이후 시기임을 알 수 있다.
따라서 정답은 (나) – (다) – (가)이다.

09

정답 ⑤

해설

① (가) – 백제 금동 대향로가 출토되었다. → 부여 능산리 절터에서 출토된 백제의 향로이다.
② (나) – 온조왕이 왕성으로 삼았다. → 위례성(한강 유역)에 대한 설명이다.
③ (다) – 재상을 선출하던 천정대가 있었다. → 부여에 있긴 하지만 바위 같은 장소이다.
④ (라) – 무령왕과 왕비의 무덤이 발굴되었다. → 웅진(공주)에 대한 설명이다.
⑤ (마) – 석탑 해체 과정에서 금제 사리봉영기가 발견되었다. → 익산 미륵사지 석탑에 대한 설명이다.

Plus note

- **송산리 고분군** : 백제 웅진에 위치한 왕족의 무덤군
- **공산성** : 백제 웅진(공주)에 위치한 백제 도성
- **관북리 유적과 부소산성** : 백제 사비(부여) 시기 왕궁 유적
- **능산리 고분군** : 백제 사비 시기 왕족의 무덤군
- **미륵사지 석탑** : 목탑 양식을 계승한 석탑, 현존 최고(最古) 탑

10

정답 ⑤

해설

제시된 지문의 '[금강의] 형 신검, 양검'을 통해 (가) 인물은 견훤임을 알 수 있다. 신라의 장군 출신인 견훤은 900년에 완산주를 도읍으로 하고 후백제를 건립하였다. 하지만 막내아들 금강에게 왕위를 전하려 하자, 큰아들 신검이 반란을 일으켜 금산사로 쫓겨났다. 이후 고려로 탈출한 견훤은 왕건의 도움으로 일리천 전투에서 아들 신검에게 승리하고 후백제를 되찾았으나, 왕건에게 나라를 바쳐 936년 후백제는 고려에 복속되었다.
① 사림원을 설치하여 개혁을 실시하였다. → 충선왕 시기에 대한 설명이다.
② 국호를 마진으로 바꾸고 철원으로 천도하였다. → 궁예에 대한 설명이다.
③ 김흠돌을 비롯한 진골 귀족 세력을 숙청하였다. → 신문왕 시기에 대한 설명이다.
④ 정계와 계백료서를 지어 관리의 규범을 제시하였다. → 왕건 시기에 대한 설명이다.
⑤ 오월(吳越)에 사신을 보내고 검교태보의 직을 받았다. → 견훤 시기에 대한 설명이다.

11

정답 ⑤

해설

제시된 지문의 '최승로', '시무(時務) 28조'를 통해 밑줄 그은 '왕'은 고려 성종임을 알 수 있다. 성종은 지방 행정 조직으로 12목을 설치하고 지방관을 파견하였으며, 중앙 정치 조직으로 2성 6부제를 설치하였다. 또한 유학 교육기관으로 중앙에는 국자감, 지방에는 향교를 마련하였다.
① 빈민을 구제하기 위해 흑창을 처음 설치하였다. → 고려 왕건 시기에 대한 설명이다.
② 왕권을 강화하기 위해 노비안검법을 실시하였다. → 광종 시기에 대한 설명이다.
③ 청연각과 보문각을 두어 학문 연구를 장려하였다. → 고려 예종 시기에 대한 설명이다.
④ 권문세족을 견제하기 위해 전민변정도감을 운영하였다. → 공민왕 시기에 대한 설명이다.
⑤ 전국의 주요 지역에 12목을 설치하여 지방관을 파견하였다. → 고려 성종 시기에 대한 설명이다.

12

정답 ③

해설

제시된 지문의 '신기군, 신보군, 항마군'을 통해 (가) 부대는 고려 숙종 시기 여진과의 항쟁을 위해 윤관의 건의로 설치한 별무반임을 알 수 있다.
① 4군 6진을 개척하여 영토를 확장하였다. → 조선 세종 시기에 대한 설명이다. 최윤덕과 김종서를 각각 파견하여 현재 철령 이북 영토를 점령하게 하였다.
② 원의 요청으로 일본 원정에 참여하였다. → 원 간섭 시기에 대한 설명이다. 일본 원정에 두 차례 참여하였으나 실패하였다.
③ 여진을 정벌하여 동북 9성을 축조하였다. → 윤관은 별무반을 이끌고 여진 토벌 후, 점령한 지역에 동북 9성을 축조하였다. 하지만 이후 관리의 어려움과 여진의 간곡한 반환 요청으로 여진에게 돌려주었다.
④ 처인성에서 몽골 장수 살리타를 사살하였다. → 몽골 2차 침략 시기에 처인성의 부곡민들과 승병이었던 김윤후가 항쟁하여 살리타를 사살하였다.

⑤ 최씨 무신 정권의 군사적 기반 역할을 하였다. → 최우 정권 시기에 만든 군사 조직인 삼별초(좌별초, 우별초, 신의군)에 대한 설명이다.

13

정답 ④

해설

제시된 지문의 '묘청의 난을 진압한 뒤', '유교 사관을 바탕'을 통해 밑줄 그은 '역사서'는 김부식이 인종의 명을 받아 편찬한 삼국사기임을 알 수 있다. 삼국사기는 현존하는 가장 오래된 역사서로 유교적 합리주의 사관에 입각해 신라 중심으로 서술되어 있다. 또한 본기(왕의 업적), 열전(신하들의 업적) 등의 기전체 형식으로 서술되었다.

① 남북국이라는 용어를 처음 사용하였다. → 유득공의 발해고에 대한 설명이다.
② 사초, 시정기 등을 바탕으로 편찬되었다. → 조선왕조실록에 대한 설명이다.
③ 단군의 고조선 건국 이야기를 수록하였다. → 삼국유사, 제왕운기 등에 대한 설명이다.
④ 본기, 열전 등 기전체 형식으로 서술되었다. → 김부식의 삼국사기에 대한 설명이다.
⑤ 고구려 건국 시조의 일대기를 서사시로 표현하였다. → 이규보의 동명왕편에 대한 설명이다.

14

정답 ③

해설

제시된 지문의 '순천 송광사', '돈오점수'를 통해 (가) 인물은 보조국사 지눌임을 알 수 있다. 지눌은 무신 시대에 활약한 선종계 승려로, 선종을 중심으로 교종을 통합하려고 수선사 결사 운동을 순천 송광사에서 전개하였다. 이를 뒷받침하는 이론으로 권수정혜결사문을 작성하여 정혜쌍수와 돈오점수를 주장하여 조계종을 창시하였다.

① 승려들의 전기를 담은 해동고승전을 집필하였다. → 고려 각훈에 대한 설명이다.
② 화엄일승법계도를 지어 화엄 사상을 정리하였다. → 통일 신라 의상에 대한 설명이다.
③ 권수정혜결사문을 작성하여 정혜쌍수를 강조하였다. → 고려 지눌에 대한 설명이다.
④ 불교 경전에 대한 주석서를 모아 교장을 편찬하였다. → 고려 의천에 대한 설명이다. 의천은 교종을 중심으로 선종을 통합하여 천태종을 창시하였다.
⑤ 보현십원가를 지어 불교 교리를 대중에게 전파하였다. → 고려 균여에 대한 설명이다.

15

정답 ④

해설

제시된 지문의 '인품을 배제', '관직과 위계의 높고 낮음을 기준', '전지와 시지'를 통해 밑줄 그은 '토지 제도'는 고려 목종 시기에 개정된 개정 전시과임을 알 수 있다.

① 초량 왜관을 통해 일본과 무역하였다. → 조선 시대에 대한 설명이다.
② 독점적 도매상인인 도고가 활동하였다. → 조선 후기에 대한 설명이다.
③ 시장을 관리하는 관청인 동시전이 설치되었다. → 신라 지증왕 시기에 대한 설명이다.
④ 국가 주도로 삼한통보, 해동통보가 발행되었다. → 고려 숙종 시기에 대한 설명이다.
⑤ 민간의 광산 개발을 허용하는 설점수세제를 시행하였다. → 조선 후기에 대한 설명이다.

Plus note

전시과 개편	시기	특징
시정 전시과	경종	전 · 현직관리 지급, 인품 적용, 4색 공복 기준 지급, 무신 우대
개정 전시과	목종	전 · 현직관리 지급, 인품 배제, 18과 기준으로 지급, 문신 우대
경정 전시과	문종	현직관리 지급, 18과 기준으로 지급, 무신 차별 시정, 무신과 무신 지급량 비슷, 공음전 법제화(문벌 귀족 경제력 강화)

16

정답 ③

해설

제시된 지문의 '청주 흥덕사에서 금속 활자로 간행'을 통해 (가)는 직지심체요절임을 알 수 있다. 현존하는 가장 오래된 금속 활자인 직지심체요절은 현재 프랑스 국립도서관에 보관되어 있으며 유네스코 세계기록유산으로 등재되어있다.

① 군주의 도를 도식으로 설명하였다. → 이황이 편찬한 성학십도에 대한 설명이다.
② 세금 수취를 위해 3년마다 작성되었다. → 통일 신라 민정문서에 대한 설명이다.
③ 유네스코 세계 기록 유산으로 등재되었다. → 직지심체요절에 대한 설명이다.
④ 거란의 침략을 물리치기 위해 제작하였다. → 대구 부인사에서 간행한 초조대장경에 대한 설명이다.
⑤ 충신, 효자, 열녀를 알리기 위해 간행하였다. → 조선 세종 시기에 편찬한 삼강행실도에 대한 설명이다.

17

정답 ②

해설

제시된 지문의 (가)는 '다루가치'를 통해 원 간섭기임을, (나)는 '이인임이 백관을 거느리고 우왕을 세웠다.'를 통해 공민왕 시해 이후임을 알 수 있다.

① 화통도감을 설치하여 화포를 제작하였다. → 고려 말 우왕 시기에 최무선이 화약을 개발하고 화통도감(1377년)을 설치하였다. (나) 이후 상황이다.
② 유인우, 이자춘 등이 쌍성총관부를 수복하였다. → 공민왕 시기에 무력을 이용해 쌍성총관부를 수복하였다.
③ 정중부 등이 정변을 일으켜 권력을 장악하였다. → 무신정변에 대한 설명이다. (가) 이전 상황이다.
④ 최우가 강화도로 도읍을 옮겨 장기 항전을 준비하였다. → 몽골 1차 침입 이후 최우 정권은 수도를 강화도로 천도하였다. (가) 이전 상황이다.
⑤ 명의 철령위 설치에 반발하여 요동 정벌을 추진하였다. → 우왕 시기에 명이 철령 이북 땅을 요구하며 철령위를 설치하려 하자 요동 정벌을 추진하였다. 하지만 이성계의 위화도회군으로 실패하였다. (나) 이후 상황이다.

18 정답 ⑤

해설

제시된 지문의 '장영실'을 통해 밑줄 그은 '왕'은 조선 세종임을 알 수 있다.

① 주자소가 설치되어 계미자가 주조되었다. → 조선 태종 시기에 대한 설명이다.
② 훈련 교범인 무예도보통지가 간행되었다. → 조선 정조 시기에 대한 설명이다.
③ 삼수병으로 구성된 훈련도감이 설치되었다. → 조선 선조 시기에 대한 설명이다.
④ 전통 한의학을 집대성한 동의보감이 완성되었다. → 조선 광해군 시기에 대한 설명이다.
⑤ 우리 풍토에 맞는 농법을 정리한 농사직설이 편찬되었다. → 조선 세종 시기에 대한 설명이다.

19 정답 ②

해설

제시된 지문의 '궁중의 서적과 문서를 관리', '옥당'을 통해 조선 성종 시기에 마련된 홍문관임을 알 수 있다. 홍문관은 조선 시대 사헌부, 사간원과 더불어 삼사에 포함되는 언론 기구이다. 학문 연구 및 인재 양성, 경연 실시, 왕의 정치적 자문 등의 역할을 한다.

① 수도의 행정과 치안을 맡아보았다. → 한성부에 대한 설명이다.
② 사헌부, 사간원과 함께 3사로 불렸다. → 홍문관에 대한 설명이다.
③ 을묘왜변을 계기로 상설 기구화되었다. → 비변사에 대한 설명이다.
④ 왕의 비서 기관으로 왕명의 출납을 담당하였다. → 승정원에 대한 설명이다.
⑤ 국왕 직속 사법 기구로 반역죄, 강상죄 등을 처결하였다. → 의금부에 대한 설명이다.

20 정답 ④

해설

제시된 지문의 '지방 교육 기관', '대성전'을 통해 (가) 교육 기관은 향교임을 알 수 있다. 향교는 고려 시대와 조선 시대의 지방 교육 기관으로, 고려의 향교는 중앙에서 경학박사와 의학박사를 파견하여 학생들을 교육하였다면, 조선의 향교는 중앙에서 교수나 훈도를 파견하여 교육하였다. 또한 조선 시대 중앙 교육 기관인 성균관과 지방 교육 기관인 향교는 성현(공자, 맹자 등)의 제사를 지내는 대성전(문묘)이 위치하고 있지만, 사립 교육 기관인 서원에는 유학자의 위패를 모신 사당이 존재할 뿐 대성전은 없다.

① 전문 강좌인 7재를 운영하였다. → 고려 국자감에 대한 설명이다.
② 풍기 군수 주세붕이 처음 세웠다. → 조선 서원에 대한 설명이다.
③ 생원과 진사에게 입학 자격을 부여하였다. → 조선 성균관에 대한 설명이다.
④ 중앙에서 교수나 훈도를 파견하기도 하였다. → 조선 향교에 대한 설명이다.
⑤ 유학을 비롯하여 율학, 서학, 산학을 교육하였다. → 고려 국자감에 대한 설명이다.

21 정답 ③

해설

제시된 지문의 (가)는 '어찌하여 내 어머니를 죽였습니까?'를 통해 연산군 시기에 폐비 윤씨의 죽음을 둘러싸고 발생한 갑자사화임을, (나)는 '대윤, 소윤'을 통해 명종 시기에 발생한 을사사화임을 알 수 있다.

① 허적과 윤휴 등 남인이 대거 축출되었다. → 조선 숙종 시기에 발생한 경신환국에 대한 설명이다.
② 정여립 모반 사건으로 기축옥사가 일어났다. → 조선 선조 시기에 서인 세력인 정철이 정여립 모반 사건을 계기로 동인을 탄압한 사건에 대한 설명이다.
③ 신진 인사를 등용하기 위해 현량과가 시행되었다. → 조선 중종 시기에 등용된 조광조의 개혁 정책으로 인해 기묘사화가 발생하였다.
④ 조의제문이 발단이 되어 김일손 등이 처형되었다. → 조선 연산군 시기에 발생한 무오사화에 대한 설명이다.
⑤ 붕당의 폐해를 경계하기 위해 탕평비가 건립되었다 → 조선 영조 시기에 대한 설명이다.

Plus note

- **사화 발생 순서** : 무오사화(연산군 4, 1498년) → 갑자사화(연산군 10, 1504년) → 기묘사화(중종 14, 1519년) → 을사사화(명종 즉위, 1545년)

22 정답 ②

해설

제시된 지문의 '국조오례의와 악학궤범'을 통해 (가) 왕은 조선 성종임을 알 수 있다. 성종은 국가의 다섯 가지 예법을 정리한 예법서로 국조오례의를, 음악 이론서로 악학궤범을 간행하게 하였다. 또한 세조 시기에 편찬하기 시작한 경국대전을 완성하여 반포하였다.

① 상평통보를 발행하여 법화로 사용하였다. → 조선 숙종 시기에 대한 설명이다.
② 법령을 정비하여 경국대전을 반포하였다. → 조선 성종 시기에 대한 설명이다.
③ 구황촬요를 간행하여 기근에 대비하였다. → 조선 명종 시기에 대한 설명이다.
④ 초계문신제를 시행하여 문신들을 재교육하였다. → 조선 정조 시기에 대한 설명이다.
⑤ 동국문헌비고를 편찬하여 역대 문물을 정리하였다 → 조선 영조 시기에 대한 설명이다.

23 정답 ①

해설

제시된 지문의 '김시민', '진주성 전투'를 통해 밑줄 그은 '이 전쟁'은 임진왜란임을 알 수 있다.

① 임경업이 백마산성에서 항전하였다. → 병자호란(1637년)에 대한 설명이다.
② 조명 연합군이 평양성을 탈환(1593년)하였다. → 임진왜란에 대한 설명이다.
③ 권율이 행주산성에서 크게 승리(1593년)하였다. → 임진왜란에 대한 설명이다.
④ 조헌이 금산에서 의병을 이끌고 활약(1592년)하였다. → 임진왜란에 대한 설명이다.
⑤ 이순신이 한산도 앞바다에서 학익진(1592년)을 펼쳐 승리하였다.
→ 임진왜란에 대한 설명이다.

Plus note

- **전개 과정**
  일본이 정명가도를 주장하며 조선 침입 → 부산, 동래성 함락 → 신립, 충주 탄금대 전투 패배 → 선조, 의주로 피난 → 한양 함락 → 평양성 함락 → 옥포해전 첫 승리 → 사천해전 거북선 첫 사용 → 한산도 대첩(이순신 장군) → 1차 진주성 전투(김시민 장군) → 조 · 명 연합군 평양성 탈환 → 행주대첩(권율 장군) → 2차 진주 대첩(논개 활약) → 휴전 협상, 결렬 → 명량해전 → 노량해전

24

정답 ③

해설

제시된 지문의 '겸재 정선'을 통해 조선 후기 유행한 진경산수화를 찾는 문제임을 알 수 있다. 진경산수화는 자연을 사실적으로 묘사한 것이 특징인 화풍으로 조선 후기에 유행하였다. 겸재 정선의 대표작으로 인왕제색도, 금강전도 등이 있다.

①

②

③

④

⑤

① 강세황, 송도기행첩에 나온 영통골 입구도
② 김홍도, 송석원시사야연도
③ 정선, 인왕제색도
④ 안견, 몽유도원도
⑤ 정수영, 한임강명승도권

25

정답 ①

해설

제시된 지문의 '군포를 2필에서 1필로 감면'을 통해 조선 영조 시기에 실시한 균역법임을 알 수 있다. 줄어든 군포를 보충하기 위한 방책으로 결작(1결당 쌀 2두), 어 · 염세, 선무군관포(1인당 포 1필), 선박세 등이 있다.

① 일부 부유한 양민에게 선무군관포를 징수하였다. → 부족분을 보충하기 위한 방책 중 하나이다.
② 풍흉에 따라 전세를 9등급으로 차등 과세하였다. → 조선 세종 시기에 실시한 공법에 대한 설명이다.
③ 백성들에게 곡식을 빌려주는 진대법을 시행하였다. → 고구려 고국천왕 시기에 대한 설명이다.
④ 수신전, 휼양전 등의 명목으로 세습되는 토지를 폐지하였다. → 조선 세조 시기에 대한 설명이다.
⑤ 기금을 모아 그 이자로 빈민을 구제하는 제위보를 운영하였다. → 고려 광종 시기에 대한 설명이다.

26

정답 ②

해설

제시된 지문의 '송상', '책문'을 통해 조선 후기 경제 상황임을 알 수 있다.

① 시사(詩社)를 조직하여 활동하는 중인 → 조선 후기 중인들이 시사를 조직하여 활동하였다.
② 솔빈부의 특산품인 말을 수입하는 상인 → 솔빈부는 발해의 행정 구역이다.
③ 여러 장시를 돌며 물품을 판매하는 보부상 → 조선 후기 경제 상황에 대한 설명이다.
④ 저잣거리에서 한글 소설을 읽어 주는 전기수 → 조선 후기에 발달한 서민 문화로는 한글 소설, 사설시조, 판소리, 탈놀이, 민화가 대표적이다.
⑤ 채소, 담배 등의 상품 작물을 재배하는 농민 → 조선 후기 경제 상황에 대한 설명이다.

27

정답 ③

해설

제시된 지문의 '서얼 출신', '규장각 검서관', '재화를 우물물에 비유하며 소비 촉진'을 통해 밑줄 그은 '그'는 조선 후기 실학자(중상학파) 박제가임을 알 수 있다. 박제가는 북학의를 통해 수레와 선박의 중요성을 강조하였으며, 절약보다는 소비를 강조한 경제관을 나타냈다.

① 기기도설을 참고하여 거중기를 설계하였다. → 정약용에 대한 설명이다.
② 양명학을 연구하여 강화학파를 형성하였다. → 정제두에 대한 설명이다.
③ 북학의에서 수레와 배의 이용을 권장하였다. → 박제가에 대한 설명이다.
④ 열하일기에서 화폐 유통의 필요성을 강조하였다. → 박지원에 대한 설명이다.
⑤ 우서에서 사농공상의 직업적 평등을 주장하였다. → 유수원에 대한 설명이다.

28

정답 ②

해설

제시된 지문의 '김정호', '10리마다 눈금을 표시'를 통해 (가)는 대동여지도임을 알 수 있다. 철종 시기에 고산자 김정호가 제작한 대동여지도는 10리마다 눈금이 표시되어 있으며, 목판본인 대동여지도는 절첩, 분첩(22첩으로 나누어져 있음)으로 이루어져 있다.

① 최초로 100리 척이 적용되었다. → 조선 영조 시기에 간행된 정상기의 동국지도에 대한 설명이다.
② 전체 22첩의 목판본으로 되어 있다. → 대동여지도에 대한 설명이다.
③ 우리나라에서 제작된 현존 최고(最古)의 지도이다. → 조선 태종 시기에 간행된 혼일강리역대국도지도에 대한 설명이다.
④ 각 지방의 연혁, 산천, 풍속 등이 자세히 나타나 있다. → 조선 중종 시기에 간행된 신증동국여지승람에 대한 설명이다.
⑤ 전국의 지리 정보에 주요 인물과 역사적 사실을 병기하였다. → 조선 후기 김수홍의 조선팔도고금총람도에 대한 설명이다.

29

정답 ②

해설

제시된 지문의 '진주의 난민', '박규수를 경상도 안핵사'를 통해 밑줄 그은 '사건'은 철종 시기에 발생한 진주 농민 봉기(임술 농민 봉기)임을 알 수 있다. 진주 관리 백낙신의 횡포로 농민봉기가 발생하자 정부는 안핵사 박규수를 파견하여 사건을 규명하라 하였다. 박규수가 삼정의 문란이 원인임을 알고 철종에게 삼정의 문란을 바로 잡기 위한 삼정이정청 설치를 건의하여 설치

하였으나 효과는 미비하였다.
① 청의 군대에 의해 진압되었다. → 임오군란, 갑신정변에 대한 설명이다.
② 삼정이정청이 설치되는 계기가 되었다. → 진주 농민 봉기에 대한 설명이다.
③ 서북인에 대한 차별에 반발하여 일어났다. → 홍경래의 난에 대한 설명이다.
④ 남접과 북접이 연합하여 조직적으로 전개되었다. → 동학 농민 운동에 대한 설명이다.
⑤ 함경도와 황해도에 방곡령이 선포되는 결과를 가져왔다. → 1883년 2차 조일통상장정과 관련된 설명이다.

30

정답 ④

해설

제시된 지문의 '서원을 철폐', '5군영의 군사 제도를 복구'를 통해 (가) 인물은 흥선 대원군임을 알 수 있다. 흥선 대원군은 정치적, 경제적으로 여러 가지 정책을 실시하였는데, 그중 정치적으로 왕권 강화를 위해 비변사를 폐지하고 의정부와 삼군부의 기능을 부활시켰다. 그리고 대전회통, 육전조례 등의 법전을 편찬하여 통치 체제를 정비하였으며, 서원을 철폐하여 47개만 남겼다. 또한 경복궁을 중건하기 위해 기부금인 원납전과 고액 화폐인 당백전을 발행하여 왕권 강화에 힘썼다. 경제적으로는 양전 사업을 실시하여 국가 재정을 확충하였고, 호포제를 실시하여 양반에게도 군포를 납부하게 하였으며, 환곡제의 폐단을 바로잡기 위해 사창제를 실시하였다.
① 친위 부대인 장용영을 설치하였다. → 조선 정조 시기에 대한 설명이다.
② 나선 정벌을 위해 조총 부대를 파견하였다. → 조선 효종 시기에 대한 설명이다.
③ 속대전을 편찬하여 통치 체제를 정비하였다. → 조선 영조 시기에 대한 설명이다.
④ 종로를 비롯한 전국 각지에 척화비를 세웠다. → 흥선 대원군 집권 시기에 대한 설명이다.
⑤ 영은문이 있던 자리 부근에 독립문을 건립하였다. → 조선 고종 시기에 독립협회의 활동에 대한 설명이다.

31

정답 ②

해설

제시된 지문의 '어재연'을 통해 밑줄 그은 '이 사건'은 1871년 발생한 신미양요임을 알 수 있다. 1866년 미국의 상선 제너럴셔먼호가 대동강 앞바다에서 평양감사 박규수와 주민들에 의해 소실되자, 5년 뒤 이를 핑계로 미국의 함대가 강화도를 공격한 신미양요가 발생하였다. 이때 강화도 광성보에서 어재연 장군이 항쟁하였으나 안타깝게 전사하였고 조선 군대는 패전하였다. 하지만 미국은 강화 등의 조약 체결 없이 철수하였다.
따라서 정답은 (나) 시기이다.

32

정답 ②

해설

제시된 지문의 (가)는 '수신사 김기수'를 통해 강화도 조약 체결 직후임을, (나)는 '어윤중이 동래부 암행어사로 임명', '일본으로 건너가 크고 작은 일들을 보고 듣되'를 통해 1881년 조사시찰단 파견 시기임을 알 수 있다. 1876년 강화도 조약 체결 이후 조약의 내용을 협의하기 위해 1차 수신사로 김기수를 파견하였고, 이후 1880년 2차 수신사로 김홍집이 일본에 다녀온 후 개혁 기구인 통리기무아문이 설치되었다. 통리기무아문에서는 일본에 암행의 성격으로 조사시찰단, 중국에 영선사도 각각 파견하였다.
① 미국에 보빙사가 파견되었다. → 1882년 조 · 미 수호 통상 조약 체결 이후 1883년에 미국에 사절단으로 보빙사가 파견되었다.
② 통리기무아문과 12사가 설치되었다. → 1880년 개혁 기구인 통리기무아문이 설치되었다.
③ 운요호가 강화도와 영종도를 무단 침입하였다. → 1875년 강화도 조약 이전이다.
④ 교원 양성을 위해 한성 사범 학교가 설립되었다. → 1895년 2차 갑오개혁에 교육 입국 조서를 반포하고 한성 사범 학교, 소학교, 외국어 학교 등이 설립되었다.
⑤ 프랑스와 조약을 체결하여 천주교 포교가 허용되었다. → 1886년 조 · 프 통상 조약을 체결하여 천주교 포교가 허용되었다.

33

정답 ①

해설

제시된 지문의 (가) 시기는 '폐정 개혁'을 통해 1894년 발생한 동학 농민 운동 당시 전주 화약 체결과 '군국기무처, 과거제 폐지'를 통해 1차 갑오개혁 사이에 해당하는 시기를 묻는 문제임을 알 수 있다.
① 교정청이 설치되었다. → 전주화약 체결 당시 정부 주도의 개혁 기구로 교정청이 설치되었다.
② 독립신문이 창간되었다. → 1896년 4월 서재필에 의해 독립신문이 창간되었다.
③ 한성 전기 회사가 설립되었다. → 1898년 1월 서울에 한성 전기 회사가 설립되었다.
④ 시모노세키 조약이 체결되었다. → 1895년 청 · 일전쟁 종료 이후 청과 일본이 체결하였다.
⑤ 건양이라는 연호가 제정되었다. → 1895년 을미개혁 당시 건양이라는 연호가 제정되었다.

Plus note

- **동학 농민 운동 전개 과정**
  교조 신원 복원 운동(보은집회, 삼례집회) → 전라 고부 군수 조병갑의 횡포 → 고부 봉기 → 안핵사 이용태의 학정 → 동학 농민군 1차 봉기, 백산 봉기(1894.3) → 황토현 · 황룡촌 전투 → 농민군 전주성 점령 → 정부가 청에 도움 요청, 톈진조약에 의거하여 일본군도 투입 → 전주화약 체결(1894.6), 폐정 개혁안 합의, 교정청 설치 → 일본의 경복궁 점령 → 청 · 일전쟁 발발 → 전쟁 중 1차 갑오개혁(1894.7~1894.12) → 동학 농민군 2차 봉기, 공주 우금치 전투 → 2차 갑오개혁 → 청 · 일전쟁 종료(시모노세키 조약)

34

정답 ②

해설

제시된 지문의 '원수부', '구본신참'을 통해 밑줄 그은 '개혁'은 대한 제국 시기 고종이 실시한 광무개혁임을 알 수 있다. 광무개혁은 대한국 국제를 반포하여 황제권의 무한함을 강조하였고, 원수부를 설치하여 황제가 군권을 장악하였다. 또한 간도 지역 교민 보호를 위해 간도 관리사로 이범윤을 파견하고, 양전 사업(토지 측량)을 실시하여 지계를 발급하였다.

① 5군영에서 2영으로 군제를 개편하였다. → 1880년 개혁 기구인 통리기무아문을 통해 신식 군대 별기군을 창설하고 구식 군대를 5군영에서 2영으로 개편하였다.
② 양전 사업을 시행하여 지계를 발급하였다. → 광무개혁에 대한 설명이다.
③ 박문국을 설치하여 한성순보를 발행하였다. → 1883년 우리나라 최초 발행한 신문으로 정부의 정책을 알리는 관보이다.
④ 개혁의 방향을 제시한 홍범 14조를 반포하였다. → 1894년 2차 갑오개혁을 실시하기 위해 고종이 종묘에서 홍범 14조를 반포하였다.
⑤ 서양식 근대 교육 기관인 육영 공원을 설립하였다. → 1886년 설립된 최초의 근대식 관립 교육기관이다.

35

정답 ⑤

해설

제시된 지문의 '신흥 무관 학교', '1907년 조직한 비밀 결사'를 통해 (가) 단체는 신민회임을 알 수 있다. 1907년 결성된 신민회는 안창호, 양기탁을 주축으로 하는 공화정을 표방하는 애국 계몽 단체이다. 만주에 사관학교를 만들어 독립군을 양성하고, 태극서관, 자기 회사 등을 설립하여 경제력을 마련하였으며, 민족교육을 위해 대성 학교와 오산 학교를 설립하였다. 하지만 1911년 데라우치 총독 암살 미수 혐의(105인 사건)를 받고 해산되었다.

① 한글 맞춤법 통일안을 제정하였다. → 조선어 학회에 대한 설명이다.
② 조선 혁명 선언을 활동 지침으로 하였다. → 의열단에 대한 설명이다.
③ 농촌 계몽을 위한 브나로드 운동을 전개하였다. → 동아일보에서 실시한 농촌 계몽 운동에 대한 설명이다.
④ 독립운동 자금을 마련하기 위해 독립 공채를 발행하였다. → 대한민국 임시 정부에 대한 설명이다.
⑤ 대성 학교와 오산 학교를 설립하여 민족 교육을 실시하였다. → 신민회에 대한 설명이다.

36

정답 ②

해설

제시된 지문의 '일본에서 도입한 차관을 갚기 위해'를 통해 (가)는 국채 보상 운동임을 알 수 있다. 1907년 2월 대구의 광문사 사장 김광제와 부사장 서상돈은 금연을 통해 국채를 갚아 나가자는 국채 보상 운동을 제창하였다.

① 회사령 폐지에 영향을 받았다. → 물산 장려 운동에 대한 설명이다.
② 김광제 등의 발의로 시작되었다. → 국채 보상 운동에 대한 설명이다.
③ 색동회가 주도적인 역할을 하였다. → 1923년 방정환 주도로 소년 운동과 아동 문학을 위해 설립된 단체이다.
④ 민족주의 계열과 사회주의 계열이 함께 준비하였다. → 신간회에 대한 설명이다.
⑤ 중국, 프랑스 등의 노동 단체로부터 격려 전문을 받았다 → 원산 노동자 총파업에 대한 설명이다.

37

정답 ②

해설

제시된 지문의 '러시아 제국 정부는 일본국이 한국에서 ~ 방해하거나 간섭하지 않을 것'을 통해 러 · 일전쟁(1904년~1905년) 이후 체결한 포츠머스 조약(1905.9) 내용임을 알 수 있다. 일본은 포츠머스 조약 체결 이후 조선에 대한 우위권을 선점하고 을사조약을 체결, 외교권을 박탈하였다. 이에 고종이 일본의 만행을 세계만방에 알리기 위해 헤이그 특사를 파견하였으나 일본의 방해로 성공하지 못하였고, 고종은 이를 구실로 폐위되었다. 1907년 한 · 일신협약(정미7조약)을 체결하고, 군대를 해산시켰으며, 1909년 기유각서로 사법권 박탈, 1910년 경찰권마저 박탈하고 한일병합조약을 체결하였다.

① 영국이 거문도를 불법 점거하였다. → 1884년 갑신정변 이후에 거문도 사건(1885~1887)이 발생하였다.
② 헤이그 만국 평화 회의에 특사가 파견되었다. → 1907년에 헤이그 특사가 파견되었다.
③ 상권 수호를 위해 황국 중앙 총상회가 조직되었다. → 1899년 서울에서 창립된 시전 상회 단체이다.
④ 유생 출신 유인석이 이끄는 의병이 충주성을 점령하였다. → 1895년 을미의병에 대한 설명이다.
⑤ 일본 군함이 관세 문제로 두모포에서 무력 시위를 벌였다. → 1878년에 발생한 사건이다.

38

정답 ①

해설

제시된 지문의 '서유견문'을 통해 (가) 인물은 유길준임을 알 수 있다. 그는 갑신정변 이후 독일의 부영사 부들러와 함께 조선 중립화론을 주장한 인물이다.

① 조선 중립화론을 주장하였다. → 유길준에 대한 설명이다.
② 갑신정변 실패 직후 일본으로 망명하였다. → 김옥균, 박영효에 대한 설명이다.
③ 미국에서 귀국하여 독립 협회를 창립하였다. → 서재필에 대한 설명이다.
④ 배재 학당을 설립하여 근대 교육을 보급하였다. → 선교사 아펜젤러에 대한 설명이다.
⑤ 참정대신 자격으로 관민 공동회에서 연설하였다. → 박정양에 대한 설명이다.

39

정답 ③

해설

제시된 지문의 '조선 민립 대학 기성회 발기 총회'를 통해 1920년대에 실시한 실력 양성 운동 중 민립 대학 설립 운동임을 알 수 있다.

① 중국의 5 · 4 운동에 영향을 주었다. → 1919년 3 · 1 운동에 대한 설명이다.
② 사립 학교령 공포의 계기가 되었다. → 1908년 사립 학교령이 공포되었다.
③ 이상재 등이 모금 활동을 주도하였다. → 1923년 서울에서 이상재 등이 민립 대학 설립을 위해 모금 활동을 주도하였다.
④ 통감부의 방해와 탄압으로 실패하였다. → 애국 계몽 운동과 국채 보상 운동에 대한 설명이다.
⑤ 여성 교육의 중요성을 강조한 여권통문을 발표하였다. → 1898년 9월 1일 서울 북촌의 양반 여성들이 발표하였다.

40

정답 ②

해설

제시된 지문의 '신한촌', '중앙아시아로 강제 이주'를 통해 밑줄 그은 '이 지역'은 연해주임을 알 수 있다.

① 숭무 학교를 세워 독립군을 양성하였다. → 멕시코에 설립한 독립군 양성 학교이다.
② 권업회를 창립하여 항일 신문을 발행하였다. → 연해주에 설

립한 독립운동 단체이다.
③ 서전서숙을 설립하여 민족 교육을 실시하였다. → 북간도에 민족주의자들이 설립한 학교이다.
④ 임병찬이 주도하여 독립 의군부를 조직하였다. → 전라도 지역에서 조직된 독립운동 단체이다.
⑤ 유학생들이 중심이 되어 2 · 8 독립 선언서를 작성하였다. → 도쿄에서 유학생들이 주도한 민족운동이다.

41

정답 ④

해설

허위는 정미의병에 합류하여 13도 창의군을 결성하고 서울 진공 작전을 전개하였다. 김창숙은 국내에서 모금한 자금의 일부를 유자명에게 주어 폭탄과 권총 등 무기를 구입하게 하여 전달받은 뒤, 톈진으로 가서 의열단원인 나석주 · 이승춘을 만나 김구의 편지와 무기, 자금을 전해주면서 의거를 지원하였다.

ㄱ. (가) – 관군에게 체포되어 쓰시마섬에서 순국 → 1905년 을사의병을 이끌다 쓰시마섬에서 순국한 최익현에 대한 설명이다.
ㄴ. (가) – 13도 창의군을 이끌고 서울 진공 작전 전개 → 이인영이 주도하다 부친의 부음(訃音)으로 지휘권을 허위에게 맡겼다.
ㄷ. (나) – 일본의 침략 과정을 서술한 한국통사 저술 → 박은식에 대한 설명이다.
ㄹ. (나) – 동양 척식 주식회사에 폭탄을 투척한 나석주 의거 지원 → 김창숙에 대한 설명이다.

따라서 정답은 ㄴ, ㄹ이다.

42

정답 ③

해설

제시된 지문의 (가)는 '경찰 제도를 고쳐 보통 경찰관'을 통해 1920년 문화 통치 시기임을, (나)는 '범죄를 즉결할 수 있다.'를 통해 1910년 무단 통치 시기 중 헌병 경찰의 권한인 즉결처분권(1910)임을, (다)는 '보호 관찰 심사회의 결의'를 통해 1936년 제정된 조선 사상범 보호 관찰령임을 알 수 있다. 조선 사상범 보호 관찰령은 일제가 반체제 운동을 탄압하기 위하여 만든 법으로, 이 법에 따라 치안 유지법을 위반하여 징역형을 선고받고 형기를 마친 사상범에게는 보호사를 두어 거주 · 여행 · 통신 등을 감시하도록 했다.

따라서 정답은 (나) – (가) – (다)이다.

43

정답 ①

해설

제시된 지문의 '창조파와 개조파'를 통해 밑줄 그은 '회의'가 1923년에 개최된 국민대표회의 임을 알 수 있다. 국민대표회의는 임시 정부를 해체하고 새로운 정부를 수립하자는 창조파와 조직 또는 내용만 개편하자는 개조파로 나뉘어져 회의를 진행했으나, 의견 수렴이 되지 않아 결렬되었다. 이후 현상 유지파(김구 세력) 위주로 대한민국 임시 정부를 이끌게 되었다.

따라서 정답은 (가) 시기이다.

44

정답 ④

해설

제시된 지문의 '김병로'는 일제 강점기에 변호사로 활동하면서 항일운동 관련 각종 사건을 수임하여 항일 운동가들의 변호를 자처했다. 대한민국 정부 수립 후 1대 · 2대 대법원장으로 재직했다.

① 분단을 막기 위해 남북 협상에 참석하였다. → 김구, 김규식에 대한 설명이다.
② 정읍에서 남한만의 단독 정부 수립을 주장하였다. → 이승만에 대한 설명이다.
③ 삼균주의를 바탕으로 한 건국 강령을 작성하였다. → 조소앙에 대한 설명이다.
④ 대법원장으로 재임하면서 사법 제도의 기초를 다졌다. → 김병로에 대한 설명이다.
⑤ 일제 패망과 광복에 대비하여 조선 건국 동맹을 결성하였다. → 여운형에 대한 설명이다.

45

정답 ①

해설

제시된 지문의 '총사령 양세봉', '영릉가성을 점령'을 통해 (가) 단체는 조선 혁명군임을 알 수 있다. 1930년대 초 조선 혁명군은 중국 의용군과 합세하여 영릉가 · 흥경성 전투에서 활약하였다.

① 흥경성 전투에서 승리하였다. → 조선 혁명군에 대한 설명이다.
② 자유시 참변 이후 세력이 약화되었다. → 대한독립군단에 대한 설명이다.
③ 중국 팔로군에 편제되어 항일 전선에 참여하였다. → 조선 의용대에 대한 설명이다.
④ 영국군의 요청으로 인도 · 미얀마 전선에서 활동하였다. → 한국 광복군에 대한 설명이다.
⑤ 북만주 지역에서 활동한 한국 독립당의 산하 부대였다. → 한국 독립군에 대한 설명이다.

46

정답 ⑤

해설

제시된 지문의 '태평양 전쟁'을 통해 밑줄 그은 '시기'는 1941년 이후인 민족 말살 통치 시기임을 알 수 있다.

① 국민학교에서 공부하는 학생 → 1941년 심상소학교에서 국민학교로 개칭되었다가 1996년 김영삼 정부 시기에 초등학교로 개편되었다.
② 징병제를 찬양하는 친일 지식인 → 1943년 징병제가 실시되어 일제 패망 시까지 유지되었다.
③ 국민 징용령에 의해 끌려가는 청년 → 1939년 국민 징용령이 실시되어 일제 패망 시까지 유지되었다.
④ 황국 신민 서사를 암송하는 어린이 → 1937년 황국 신민 서사가 제정되어 일제 패망 시까지 유지되었다.
⑤ 조선 태형령을 관보에 게재하는 총독부 관리 → 1910년 무단 통치 시기에 실시하였다.

47

정답 ③

해설

제시된 지문의 (가)는 '정 · 부통령 선거에 많은 부정'을 통해 1960년 3 · 15 부정선거로 인한 4 · 19 혁명 시기임을, (나)는 '반공을 국시의 제일 의(義)', '참신하고 양심적인 정치인들에게 언제든지 정권을 이양'을 통해 1961년 5 · 16 군사정변 시기임을 알 수 있다.

3 · 15 부정선거 이후 이승만은 하야하였으며, 허정 과도 내각이 수립되었다. 이후 의원내각제 실시, 양원제 실시, 간선제 실시 등의 내용을 포함한 3차 개헌(1960)을 단행하고 간선제에 따라 대통령 윤보선, 국무총리 장면이 선출되면서 장면 내각이

수립되었다. 하지만 국민들의 민심을 제대로 수습하지 못하고, 정치인들은 구파와 신파가 대립하는 등 국내는 더욱 혼란하였다. 이때 박정희가 5 · 16 군사정변으로 권력을 장악하였다.
① 조봉암을 중심으로 진보당이 창당되었다. → 1956년 이승만 정부 시기에 대한 설명이다.
② 국가 보위 비상 대책 위원회가 설치되었다. → 1980년 전두환 정부 시기에 대한 설명이다.
③ 의원 내각제를 골자로 하는 개헌이 이루어졌다. → 1960년 3차 개헌에 대한 설명이다.
④ 유상 매수, 유상 분배를 규정한 농지 개혁법이 제정되었다. → 1949년 이승만 정부 시기에 대한 설명이다.
⑤ 긴급 조치 철폐를 요구하는 3 · 1 민주 구국 선언이 발표되었다. → 1976년 박정희 정부 시기에 대한 설명이다.

48 정답 ①

해설

제시된 지문의 '조선 총독부 건물의 철거'를 통해 1995년 김영삼 정부 시기임을 알 수 있다.
① 경제 협력 개발 기구(OECD)에 가입하였다. → 김영삼 정부 시기에 대한 설명이다.
② 칠레와 자유 무역 협정(FTA)을 체결하였다. → 노무현 정부 시기에 대한 설명이다.
③ 양성평등의 실현을 위해 호주제가 폐지되었다. → 노무현 정부 시기에 대한 설명이다.
④ 5년 단임의 대통령 직선제 개헌안이 통과되었다. → 전두환 정부 시기에 대한 설명이다.
⑤ 굴욕적인 대일 외교에 반대하는 6 · 3 시위가 일어났다. → 박정희 정부 시기에 대한 설명이다.

49 정답 ⑤

해설

제시된 지문의 '질병 관리 본부 출범'을 통해 노무현 정부임을 알 수 있다. 노무현 정부는 진실 · 화해를 위한 과거사 정리 위원회를 구성하고 제주 4 · 3 사건을 공식적으로 사과하기도 하였다.
① 전국 민주 노동조합 총연맹이 창립되었다. → 김영삼 정부 시기에 대한 설명이다.
② 국제 통화 기금(IMF)의 채무를 조기 상환하였다. → 김대중 정부 시기에 대한 설명이다.
③ 경제 정의 실천 시민 연합 창립 대회가 개최되었다. → 노태우 정부 시기에 대한 설명이다.
④ 중학교 입시 제도를 폐지하고 무시험 추첨제를 실시하였다. → 1968년 박정희 정부 시기에 대한 설명이다.
⑤ 진실 · 화해를 위한 과거사 정리 위원회가 처음으로 출범하였다 → 노무현 정부 시기에 대한 설명이다.

50 정답 ③

해설

제시된 지문의 (가)는 1988년 노태우 대통령이 통일 외교 정책의 기본 방향을 담아 발표한 대통령의 특별 선언이고(7 · 7 선언), (나)에서 최초 이산가족이 상봉한 것은 1985년 전두환 정부 시기이고, (다)에서 개성 공단 조성에 합의한 것은 김대중 정부 시기이다.
따라서 정답은 (나) – (가) – (다)이다.

2021년도 제55회 한국사능력검정시험

문제 154p

01	02	03	04	05	06	07	08	09	10
④	②	①	④	④	④	③	④	⑤	④
11	12	13	14	15	16	17	18	19	20
②	②	③	③	③	④	①	③	⑤	②
21	22	23	24	25	26	27	28	29	30
⑤	④	④	②	②	①	①	③	③	②
31	32	33	34	35	36	37	38	39	40
⑤	③	⑤	①	③	④	④	⑤	②	①
41	42	43	44	45	46	47	48	49	50
⑤	①	①	③	⑤	⑤	③	⑤	③	⑤

01 정답 ④

해설

제시된 지문의 '주먹도끼, 찍개'를 통해 구석기 시대임을 알 수 있다.
① 명도전, 반량전 등의 화폐가 유통되었다. → 철기 시대이다.
② 반달 돌칼을 이용하여 곡식을 수확하였다. → 청동기 시대이다.
③ 거푸집을 이용하여 세형 동검을 만들었다. → 철기 시대이다.
④ 주로 동굴이나 강가의 막집에 거주하였다. → 구석기 시대이다.
⑤ 빗살무늬 토기를 만들어 식량을 저장하였다. → 신석기 시대이다.

02 정답 ②

해설

제시된 지문의 (가)는 '여자 나이가 열 살이 되기 전에 혼인을 약속하고'를 통해 옥저의 민며느리제임을, (나)는 '신지', '읍차'를 통해 삼한임을 알 수 있다.
① (가) – 신성 지역인 소도가 존재하였다. → 삼한의 제사장인 천군이 다스리는 신성 지역으로 소도가 있었다.
② (가) – 삼로라 불린 우두머리가 읍락을 다스렸다. → 옥저와 동예에 대한 설명이다.
③ (나) – 여러 가(加)들이 별도로 사출도를 주관하였다. → 부여에 대한 설명이다.
④ (나) – 단궁, 과하마, 반어피 등의 특산물이 유명하였다. → 동예에 대한 설명이다.
⑤ (가), (나) – 한 무제가 파견한 군대의 공격으로 멸망하였다. → 고조선에 대한 설명이다.

03 정답 ①

해설

① (가) – 관구검이 이끄는 군대의 공격을 받았다. → 환도산성에 대한 설명이다.
② (나) – 고구려가 첫 번째 도읍으로 삼은 곳이다. → 졸본성에 대한 설명이다.
③ (다) – 매지권(買地券)이 새겨진 지석과 석수가 출토되었다. → 무령왕릉에 대한 설명이다.
④ (라) – 대가야를 정복하고 순수한 후 세운 것이다. → 진흥왕 순수비에 대한 설명이다.
⑤ (마) – 돌무지덧널무덤으로 축조되었다. → 신라 초기의 무덤 양식에 대한 설명이다.

Plus note

- **환도산성** : 3세기 고구려 동천왕이 요동 지역으로 세력을 확장하려 하자 위나라의 관구검이 환도산성 일부 지역을 침입하였다.
- **국내성** : 고구려의 두 번째 도읍지로서 도읍 순서는 졸본 → 국내성 → 평양성 순이다.
- **오회분 5호묘** : 고구려 귀족의 무덤 중에서 유일하게 일반인에게 공개된 곳으로 사방의 벽면에는 청룡, 백호, 주작, 현무를 그린 사신도가 있고, 천장에는 신선들과 용을 그려 놓았다.
- **광개토 대왕릉비** : 국내성에 위치하고 있으며 아들인 장수왕이 아버지의 무덤에 세운 비석이다.
- **장군총** : 고구려 초기 무덤 양식인 돌무지무덤으로 장수왕의 무덤일 것으로 추정하고 있다.

04

정답 ④

해설

제시된 지문의 (가)는 '문주', '웅진으로 도읍을 옮겼다.'를 통해 5세기 고구려 장수왕의 남진 정책으로 한강을 빼앗긴 백제가 웅진으로 천도한 시기임을, (나)는 '왕이 신라를 습격', '신라 복병을 만나 살해되었다.'를 통해 6세기 중반 백제 성왕 시기임을 알 수 있다. 성왕은 신라 진흥왕과 함께 고구려의 한강 유역을 차지하고 한강 하류 지역을 일시적으로 다스렸으나 진흥왕의 배신으로 한강 유역을 빼앗겼다. 이에 한강 유역을 차지하기 위해 관산성 전투에 참여하러 가다 신라 복병을 만나 살해되었다.

① 익산에 미륵사가 창건되었다. → 성왕(26대) 이후 무왕(30대) 시기에 대한 설명이다.
② 흑치상지가 임존성에서 군사를 일으켰다. → 백제 멸망 후 백제 부흥 운동에 대한 설명이다(663년).
③ 동진에서 온 마라난타를 통해 불교가 수용되었다. → 4세기 침류왕(15대)에 대한 설명으로 성왕 이전이다.
④ 지방을 통제하기 위하여 22담로에 왕족이 파견되었다. → 6세기 초 무령왕(25대)에 대한 설명이다.
⑤ 계백이 이끄는 결사대가 황산벌에서 신라군에 맞서 싸웠다. → 의자왕 시기 황산벌 전투에 대한 설명이다(660년).

05

정답 ④

해설

제시된 지문의 '6두품인 자네는', '더 이상 올라갈 수 없다'를 통해 '이 제도'는 신라의 골품제임을 알 수 있다.

① 원화(源花)에 기원을 두고 있다. → 화랑도에 대한 설명이다.
② 을파소의 건의로 처음 마련되었다. → 고구려 진대법에 대한 설명이다.
③ 서얼의 관직 진출을 법으로 제한하였다. → 조선 시대 문과에 대한 설명이다.
④ 집과 수레의 크기 등 일상생활을 규제하였다. → 신라 시대 골품제에 대한 설명이다.
⑤ 문무 5품 이상 관리의 자손을 대상으로 하였다. → 고려 시대 음서에 대한 설명이다.

06

정답 ④

해설

제시된 지문의 '검모잠', '안승'을 통해 고구려 부흥 운동임을 알 수 있다.
660년 백제 멸망 이후 백제 부흥 운동이 일어났고, 668년 고구려 멸망 이후 고구려 부흥 운동이 발생하였다. 신라는 고구려 왕자 안승을 금마저(오늘날 익산)에 보덕국을 세우고 왕으로 추대하였다. 신라가 고구려 부흥 운동을 도와준 까닭은 고구려 세력을 포섭하여 당 세력을 몰아내기 위한 회유책의 일환이었다. 따라서 정답은 (라) 시기이다.

07

정답 ③

해설

제시된 지문의 '동경 용원부'를 통해 (가) 국가는 발해임을 알 수 있다.

① 왜에 칠지도를 만들어 보냈다. → 백제 근초고왕에 대한 설명이다.
② 2군 6위의 군사 조직을 운영하였다. → 고려 군사 조직에 대한 설명이다.
③ 신라도를 통하여 신라와 교류하였다. → 발해가 신라와 교류한 교통로가 신라도이다.
④ 광평성 등의 정치 기구를 마련하였다. → 후삼국 시대 태봉의 최고 관서에 대한 설명이다.
⑤ 9주 5소경의 지방 행정 제도를 갖추었다. → 통일 신라에 대한 설명이다.

08

정답 ④

해설

제시된 지문의 '인도와 중앙아시아의 ~ 기록'을 통해 (가) 인물은 혜초임을 알 수 있다. 그는 인도를 다녀와 왕오천축국전을 저술하였다.

① 향가 모음집인 삼대목을 편찬하였다. → 진성여왕 시기 각간 위홍과 대구화상이 삼대목을 편찬하였으나 현존하지는 않는다.
② 화랑도의 규범인 세속 5계를 제시하였다. → 신라 진평왕 시기 원광법사에 대한 설명이다.
③ 무애가를 지어 불교 대중화에 기여하였다. → 원효에 대한 설명이다.
④ 구법 순례기인 왕오천축국전을 저술하였다. → 혜초에 대한 설명이다.
⑤ 화엄일승법계도를 지어 화엄 사상을 정리하였다. → 의상에 대한 설명이다.

09

정답 ⑤

해설

제시된 지문의 '김주원', '김헌창'을 통해 '이 시기'는 통일 신라 하대인 헌덕왕 시기임을 알 수 있다. 통일 신라 혜공왕 이후 150년간 왕이 20명이나 바뀔 정도로 신라 하대는 진골 귀족들의 왕권 다툼이 치열한 시기였다. 중앙 세력의 권력 다툼으로 지방 통제력이 상실되자 지방에서 스스로를 '성주'나 '장군'으로 칭하면서 호족 세력이 성장하기 시작하였다. 그들은 선종과 풍수지리설을 기반으로 세력을 키워나갔다.

① 왕의 장인인 김흠돌이 난을 일으켰다. → 신라 중대인 신문왕 시기에 대한 설명이다.
② 거칠부가 왕명에 의해 국사를 편찬하였다. → 신라 상대인 진흥왕에 대한 설명이다.
③ 김춘추가 진골 출신 최초로 왕위에 올랐다. → 신라 중대인 무열왕 시기에 대한 설명이다.
④ 자장의 건의로 황룡사 9층 목탑이 건립되었다. → 신라 상대인 선덕여왕 시기에 대한 설명이다.

⑤ 체징이 9산 선문 중 하나인 가지산문을 개창하였다. → 신라 하대에 대한 설명이다.

Plus note

• 삼국사기에 따른 시대별 구분

신라 상대	박혁거세(1대) ~ 진덕여왕(28대)
신라 중대	무열왕(29대) ~ 혜공왕(36대)
신라 하대	선덕왕(37대) ~ 경순왕(56대)

10

정답 ④

해설

제시된 지문의 '고창 전투', '(가)을/를 도와 견훤에 맞서'를 통해 (가) 왕은 왕건임을 알 수 있다.

① 신라에 침입하여 경애왕을 죽게 하였다.→ 견훤에 대한 설명이다.
② 국자감에 7재라는 전문 강좌를 개설하였다. → 고려 예종 시기에 대한 설명이다.
③ 마진이라는 국호와 무태라는 연호를 사용하였다. → 후고구려의 궁예에 대한 설명이다.
④ 정계와 계백료서를 지어 관리의 규범을 제시하였다. → 태조 왕건이 신하들의 도리를 강조한 책으로 현존하지 않는다.
⑤ 후주와 사신을 교환하여 대외 관계의 안정을 꾀하였다. → 고려 광종 시기에 대한 설명이다.

11

정답 ②

해설

제시된 지문의 (가)는 '왕규', '왕을 해하려'를 통해 고려 혜종 시기임을, (나)는 '12목에 각각 1명'을 통해 고려 성종 시기임을, (다)는 '쌍기를 지공거로 임명'을 통해 고려 광종 시기임을 알 수 있다.

따라서 순서는 (가) – (다) – (나)이다.

Plus note

왕규는 광주를 기반으로 한 강대한 호족 세력으로, 왕실의 외척이 되어 막강한 권력을 장악했었다. 고려 혜종 때에 자신의 외손자인 광주원군을 왕위에 올리기 위해 왕규의 난을 일으켰으나 왕위 쟁탈전에 패배한 후 처형당했다.

12

정답 ②

해설

제시된 지문의 '강화에 있던 김준에게 보내는 물품'을 통해 (가) 국가는 고려임을 알 수 있다. 강화도를 수도로 삼았던 때는 몽골이 침입하였을 시기로 최우 때 강화도로 천도하였고 김준이 후에 집권하였다.

① 동시전을 설치하여 시장을 감독하였다. → 신라 지증왕 시기에 대한 설명이다.
② 해동통보, 활구 등의 화폐를 발행하였다. → 고려 숙종 시기에 대한 설명이다.
③ 감자, 고구마 등이 구황 작물로 재배되었다. → 조선 후기에 대한 설명이다.
④ 청해진을 중심으로 해상 무역이 전개되었다. → 신라 장보고에 대한 설명이다.
⑤ 계해약조를 맺어 일본과의 무역을 규정하였다. → 조선 세종 시기에 대한 설명이다.

13

정답 ③

해설

제시된 지문의 (가)는 '거란의 소손녕', '서희'를 통해 거란의 1차 침입 시기임을, (나)는 '강감찬', '나성을 쌓을 것'을 통해 거란의 3차 침입 이후 상황임을 알 수 있다. 강감찬은 거란의 3차 침입 이후 거란의 침입에 대비하여 수도 주변에 나성을 쌓고 압록강에서 도련포까지 천리장성을 축조하였다.

① 사신 저고여가 귀국길에 피살되었다. → 몽골 침입의 원인이 되었다.
② 화통도감이 설치되어 화포를 제작하였다. → 고려 우왕 시기에 화통도감이 설치되었다(1377년).
③ 강조가 정변을 일으켜 목종을 폐위시켰다. → 고려 목종 시기에 발생하였다. 이를 계기로 거란의 2차 침입이 발생했다.
④ 나세, 심덕부 등이 진포에서 왜구를 물리쳤다. → 고려 우왕 시기에 최무선이 화약을 이용해 진포에서 왜구를 물리쳤다.
⑤ 공주 명학소에서 망이 · 망소이가 난을 일으켰다. → 무신 집권기에 발생한 난이다.

14

정답 ③

해설

제시된 지문의 '변발'을 통해 몽골식 변발을 했던 원 간섭기임을 알 수 있다. 원은 동녕부(서경), 탐라총관부(제주), 쌍성총관부(화주) 지역을 차지하고 직접 영토를 점령하려 하였으나, 충렬왕의 요청으로 동녕부, 탐라총관부는 고려에 돌려주었고 쌍성총관부만 직접 지배하였다. 이후 쌍성총관부는 공민왕 시기에 무력을 이용해 탈환하였다.

① 만적이 개경에서 반란을 모의하였다. → 무신 집권 시기로 원 간섭기 이전이다.
② 왕실의 외척인 이자겸이 권력을 독점하였다. → 무신 집권 이전 시기이다.
③ 유인우, 이인임 등이 쌍성총관부를 수복하였다. → 공민왕 시기에 수복하였다.
④ 최충이 9재 학당을 설립하여 유학을 교육하였다. → 무신 집권 이전 시기이다.
⑤ 국정을 총괄하는 기구로 교정도감이 설치되었다. → 교정도감은 무신 집권 세력인 최충헌이 설치한 무신 최고기구이다.

15

정답 ③

해설

제시된 지문의 '서경 천도', '금국 정벌'을 통해 묘청의 난에 대한 문제임을 알 수 있다. 인종 시기에 발생한 묘청의 난은 묘청을 주축으로 하는 서경파 세력들이 풍수지리설을 기반으로 서경 천도를 단행하려 하였다. 그러나 서경에 축조하던 대화궁이 번개로 인해 화재가 발생하자 결국 천도가 무산되었다. 이에 묘청 세력은 서경에 대위국이라는 국가를 세우고 연호를 천개로 하는 등 반란을 도모하였다. 하지만 묘청의 난은 김부식 등이 이끄는 관군에 의해 결국 진압되었다.

① 국왕이 나주까지 피란하였다. → 거란 2차 침입 당시 현종이 나주로 피란하였다.
② 초조 대장경 간행의 계기가 되었다. → 거란 2차 침입 시기에 불심으로 막고자 간행하였다.

③ 김부식 등이 이끈 관군에 의해 진압되었다. → 묘청의 난에 대한 설명이다.
④ 이성계가 정권을 장악하는 결과를 가져왔다. → 위화도 회군에 대한 설명이다.
⑤ 여진 정벌을 위한 별무반 편성에 영향을 주었다. → 여진을 토벌한 윤관에 대한 설명이다.

16 정답 ④

해설

① (가) – 불교사를 중심으로 고대의 민간 설화를 수록 → 삼국유사에 대한 설명이다.
② (나) – 사초, 시정기 등을 바탕으로 실록청에서 편찬 → 조선왕조실록에 대한 설명이다.
③ (다) – 유교 사관에 입각하여 기전체 형식으로 구성 → 삼국사기에 대한 설명이다.
④ (라) – 단군부터 충렬왕까지의 역사를 서사시로 서술 → 제왕운기에 대한 설명이다.
⑤ (마) – 강목체로 고려 왕조의 역사를 정리 → 본조편년강목에 대한 설명이다.

Plus note

- 「**사략**」: 고려 후기 이제현이 편찬한 역사서로 신진사대부의 정통의식과 대의명분을 강조하였다.
- 「**삼국사기**」: 김부식이 유교 사관에 입각하여 기전체 형식으로 쓴 현존하는 가장 오래된 역사서이다.
- 「**삼국유사**」: 일연이 불교적 관점에서 쓴 역사서로 고대의 민간설화를 수록하고 있다.
- 「**제왕운기**」: 고려 충렬왕 시기 이승휴가 편찬한 것으로 단군부터 충렬왕까지의 역사를 서사시로 서술하였다. 또한 중국과 대등하게 우리 역사를 부각시킴으로써 민족의 자주의식을 회복하기 위해 간행되었다.
- 「**해동고승전**」: 삼국 시대 승려 30명의 전기를 수록한 것으로 각훈이 편찬하였다.

17 정답 ①

해설

제시된 지문의 '암벽을 이용하여 몸체를 만들고', '조형미는 다소 떨어지지만 지방화된 불상 양식', '경기도 파주시'를 통해 '파주 용미리 마애이불입상'임을 알 수 있다.

①

②

③

④

⑤

① 파주 용미리 마애이불입상
② 관봉 석조여래좌상
③ 안동 이천동 마애여래입상
④ 논산 관촉사 석조미륵보살입상
⑤ 충주 미륵리 석조여래입상

18 정답 ③

해설

제시된 지문의 '공법', '전품을 6등급', '풍흉을 9등급'을 통해 밑줄 그은 '왕'은 조선 세종임을 알 수 있다.
① 음악 이론 등을 집대성한 악학궤범이 완성되었다. → 조선 성종 시기에 대한 설명이다.
② 민간의 광산 개발을 허용하는 설점수세제가 시행되었다. → 조선 후기에 대한 설명이다.
③ 우리 풍토에 맞는 농법을 소개한 농사직설이 편찬되었다. → 세종 시기에 대한 설명이다.
④ 현직 관리에게만 수조권을 지급하는 직전법이 제정되었다. → 세조 시기에 대한 설명이다.
⑤ 우리나라와 중국의 의서를 망라한 동의보감이 간행되었다. → 광해군 시기 허준에 대한 설명이다.

19 정답 ⑤

해설

제시된 지문의 '제포 · 부산포 · 염포에 왜인이 난동', '훈적 삭제'를 통해 삼포왜란과 조광조의 개혁이 일어났던 조선 중종 시기임을 알 수 있다. 중종 시기에 훈구를 견제하기 위해 등용된 조광조는 위훈 삭제, 현량과 실시, 소격서 폐지, 소학 교육 실시, 향약 보급 시도 등의 개혁을 단행하였으나 기묘사화로 정계에서 축출되었다.
① 조종 부대를 나선 정벌에 파견하였다. → 효종 시기에 대한 설명이다.
② 4군 6진을 설치하여 북방 영토를 개척하였다. → 세종 시기에 대한 설명이다.
③ 단종 복위 운동을 계기로 집현전을 폐지하였다. → 세조 시기에 대한 설명이다.
④ 국가의 의례를 정비한 국조오례의를 편찬하였다. → 조선 성종 시기에 대한 설명이다.
⑤ 신진 인사를 등용하기 위한 현량과를 실시하였다. → 중종 시기에 대한 설명이다.

20 정답 ②

해설

제시된 지문의 '정여립'을 통해 선조 시기 발생한 정여립 모반 사건임을 알 수 있다. 동인 측 인사였던 정여립의 모반 사건으로 서인 측 인사인 정철이 사건을 담당하게 되었다. 하지만 너무 가혹한 처벌로 인해 동인 측의 미움을 산 정철은 이후 건저의 사건으로 정계에서 축출되었고, 정철의 처리를 둘러싸고 동인에서 온건파인 남인과 강경파인 북인으로 분열되었다.
① 이시애가 길주를 근거지로 난을 일으켰다. → 세조의 중앙 집권 정책에 불만을 품은 이시애가 일으킨 난이다.
② 기축옥사로 이발 등 동인 세력이 제거되었다. → 정여립 모반 사건으로 동인이 다수 처벌된 사건이다.
③ 양재역 벽서 사건으로 이언적 등이 화를 입었다. → 명종 시기 외척으로서 정권을 잡고 있던 윤원형 세력이 반대파 인물들을 숙청한 사건이다.

④ 수양대군이 김종서 등을 살해하고 권력을 장악하였다. → 단종 시기 계유정난으로 수양대군이 권력을 장악하였다.
⑤ 이조 전랑 임명을 둘러싸고 사림이 동인과 서인으로 나뉘었다. → 선조 시기에 대한 설명으로 정여립 모반 사건 이전에 분열되었다.

21

정답 ⑤

해설

제시된 지문의 '정조의 명에 의해 설치된 왕실 도서관'을 통해 (가) 기구는 규장각임을 알 수 있다.
① 을묘왜변을 계기로 상설화되었다. → 비변사에 대한 설명이다.
② 은대(銀臺), 후원(喉院)이라고도 불리었다. → 승정원에 대한 설명이다.
③ 5품 이하 관리 임명에 서경권을 행사하였다. → 사헌부, 사간원의 관원에 대한 설명이다.
④ 대사성을 중심으로 좨주, 직강 등의 관직을 두었다. → 성균관에 대한 설명이다.
⑤ 유능한 인재를 양성하기 위한 초계문신제를 주관하였다. → 규장각에 대한 설명이다.

22

정답 ④

해설

제시된 지문의 '5군영 중 가장 먼저 설치된'을 통해 (가)는 훈련도감임을 알 수 있다. 임진왜란 중 중앙군인 5위를 5군영 체제로 개편하면서 가장 먼저 훈련도감이 창설되었다. 훈련도감은 삼수병(포수, 살수, 사수)으로 편제되어 있다. 이후 인조 시기 어영청, 총융청, 수어청이 창설되고, 숙종 시기 금위영이 창설되면서 5군영 체제가 완성되었다.
① 수원 화성에 외영을 두었다. → 장용영에 대한 설명이다.
② 용호군과 함께 궁성을 호위하였다. → 고려 시대 중앙군인 2군 6위 중 2군(응양군, 용호군)에 대한 설명이다.
③ 후금의 침입에 대비하고자 창설되었다. → 인조 시기 창설된 어영청에 대한 설명이다.
④ 포수, 사수, 살수의 삼수병으로 편제되었다. → 훈련도감에 대한 설명이다.
⑤ 일본인 교관을 초빙하여 군사 훈련을 받았다. → 개항 이후 통리기무아문을 통해 설치된 신식 군대 별기군에 대한 설명이다.

23

정답 ④

해설

제시된 지문의 '신립, 탄금대에서 패배'를 통해 임진왜란에 대한 내용임을 알 수 있다.
① 김시민이 진주성에서 항쟁하였다. → 탄금대 전투 이후에 발생하였다.
② 조명 연합군이 평양성을 탈환하였다. → 탄금대 전투 이후에 발생하였다.
③ 이순신이 한산도에서 대승을 거두었다. → 탄금대 전투 이후에 발생하였다.
④ 송상현이 동래성 전투에서 항전하였다. → 탄금대 전투 이전에 발생하였다.
⑤ 권율이 행주산성에서 적군을 격퇴하였다. → 탄금대 전투 이후에 발생하였다.

Plus note

• **임진왜란전개 과정**
일본이 정명가도를 주장하며 조선 침입 → 부산, 동래성 함락 → 신립, 충주 탄금대 전투 패배 → 선조, 의주로 피난 → 한양 함락 → 평양성 함락 → 옥포해전 첫 승리 → 사천해전 거북선 첫 사용 → 한산도 대첩(이순신 장군) → 1차 진주성 전투(김시민 장군) → 조 · 명 연합군 평양성 탈환 → 행주대첩(권율 장군) → 2차 진주 대첩(논개 활약) → 휴전 협상, 결렬 → 명량해전 → 노량해전

24

정답 ②

해설

제시된 지문의 '균역법 제정'을 통해 '이 왕'은 영조임을 알 수 있다.
① 조선의 기본 법전인 경국대전을 완성하였다. → 성종에 대한 설명이다.
② 붕당의 폐해를 경계하기 위한 탕평비를 건립하였다. → 영조에 대한 설명이다.
③ 시전 상인의 특권을 축소한 신해통공을 실시하였다. → 정조에 대한 설명이다.
④ 전세를 1결당 4~6두로 고정하는 영정법을 제정하였다. → 인조에 대한 설명이다.
⑤ 각 궁방과 중앙 관서의 공노비 6만여 명을 해방하였다. → 순조에 대한 설명이다.

25

정답 ②

해설

제시된 지문의 '진흥왕의 고비', '완당집'을 통해 추사 김정희임을 알 수 있다. 진흥왕 북한산 순수비는 제시된 지문의 내용처럼 무학비라는 설이 있었으나 김정희가 북한산 순수비 탁본을 떠 살펴본 결과 진흥왕 순수비임을 밝혔다. 또한 완당집은 김정희의 문집이다.
① 담헌서를 통해 과거제 폐지를 주장하였다. → 홍대용에 대한 설명이다.
② 역대 명필을 연구하여 추사체를 창안하였다. → 김정희에 대한 설명이다.
③ 북학의를 저술하여 수레와 배의 이용을 권장하였다. → 박제가에 대한 설명이다.
④ 연려실기술에서 조선의 역사를 기사 본말체로 서술하였다. → 이긍익에 대한 설명이다.
⑤ 주역을 바탕으로 수론(數論)을 전개한 구수략을 저술하였다. → 최석정에 대한 설명이다.

26

정답 ①

해설

제시된 지문의 '기유약조', '초량'을 통해 (가) 국가는 일본임을 알 수 있다. 조선 광해군 시기 임진왜란 이후 단절된 국교를 재개하기 위해 기유약조를 체결하였다. 기유약조는 일본 대마도와 조선을 통행하는 세견선(무역선)의 통제에 관해 규정한 조약이다.
ㄱ. 막부의 요청에 따라 통신사를 파견하였다. → 일본에 대한 설명이다.

ㄴ. 한성에 동평관을 두어 무역을 허용하였다. → 일본에 대한 설명이다.
ㄷ. 하정사, 성절사, 동지사 등 사절단을 보내었다. → 명 · 청에 대한 설명이다.
ㄹ. 어윤중을 서북 경략사로 임명하여 사무를 관장하였다. → 청에 대한 설명이다.
따라서 정답은 ㄱ, ㄴ이다.

27

정답 ①

해설

제시된 지문의 '현존하는 유일한 조선 시대 목탑'을 통해 (가)는 법주사 팔상전임을 알 수 있다. 선지에 나온 건축물 모두 조선 후기(17~18C) 조성된 탑으로 이 시대에는 다층 건물이 유행하였다. 그럼에도 불구하고 법주사 팔상전만 목탑으로 불리는 까닭은 건축물 위에 탑의 상륜부가 있는 구조이기 때문이다.

① 
② 
③ 
④ 
⑤ 

① 법주사 팔상전
② 화엄사 각황전
③ 금산사 미륵전
④ 무량사 극락전
⑤ 마곡사 대웅보전

Plus note

- **탑의 구조** : 기단부 → 탑신부 → 상륜부

28

정답 ③

해설

제시된 지문의 (가) 시기는 '서학', '이승훈, 정약용을 처벌'을 통해 순조 시기에 발생한 천주교 박해(신유박해, 1801년)와 '동학', 최제우를 효수'를 통해 철종 시기 사이에 발생한 사건을 물어보는 문제임을 알 수 있다. 최제우는 철종 시기(1860년) 동학을 창시하였다. 이후 정부의 박해로 인해 경주에서 체포되어 서울로 압송되는 도중 철종이 죽자 1864년 고종 즉위 1년 41세의 나이로 참형에 처해졌다.
① 왕이 도성을 떠나 공산성으로 피란하였다. → 1624년 인조 시기에 발생한 이괄의 난에 대한 설명이다.
② 오페르트가 남연군 묘 도굴을 시도하였다. → 1866년 흥선 대원군 집권 시기 독일의 상인 오페르트에 대한 설명이다.
③ 홍경래 등이 난을 일으켜 정주성을 점령하였다. → 1811년 순조 시기에 평안도 지역 차별에 대한 불만으로 발생한 난이다.
④ 교조 신원을 요구하는 삼례 집회가 개최되었다. → 1892년 고종 시기 동학의 교조 신원 복원 운동에 대한 설명이다.
⑤ 이인좌를 중심으로 한 소론 세력이 난을 일으켰다. → 1728년 영조 시기에 발생한 사건으로 왕의 정통성을 부정하며 발생한 난이다.

29

정답 ③

해설

제시된 지문의 '경복궁 중건'을 통해 흥선 대원군 집권 시기임을 알 수 있다. 흥선 대원군은 왕권 강화를 위해 비변사 폐지, 의정부와 삼군부의 기능 부활, 대전회통, 육전조례 등의 법전 편찬, 만동묘 철폐(명의 황제에게 제사지내는 사당), 경복궁 중건, 서원 축소 등의 여러 가지 정책을 실시하였다. 또한 민생 안정책으로는 호포제(양반에게도 군대 세금 부과), 양전 사업 (토지조사), 사창제 등을 실시하였다.
ㄱ. 비변사가 설치되었다. → 삼포왜란(중종 시기) 이후 비변사가 임시 기구로 설치되었다가 을묘왜변(명종 시기) 이후 상설화되었다.
ㄴ. 사창제가 실시되었다. → 흥선 대원군 집권 시기에 해당한다.
ㄷ. 원납전이 징수되었다. → 흥선 대원군 집권 시기에 해당한다.
ㄹ. 대전통편이 편찬되었다. → 정조 시기에 편찬되었다.
따라서 정답은 ㄴ, ㄷ이다.

30

정답 ②

해설

제시된 지문의 ㉠은 병인박해에 대한 내용이다. 따라서 ㉠이 원인이 되어 발생한 사건인 병인양요에 대해 물어보는 문제임을 알 수 있다. 1866년 발생한 병인양요는 프랑스가 강화도를 침범한 사건으로 양헌수 부대가 정족산성에서, 한성근 부대가 문수산성에서 각각 항쟁하였다. 프랑스가 철군하면서 강화도에 있는 외규장각의 의궤를 약탈하고 방화하였다.
① 운요호가 강화도와 영종도를 공격하였다. → 운요호 사건(1875년)에 대한 설명이다.
② 양헌수 부대가 정족산성에서 승리하였다. → 병인양요(1866년)에 대한 설명이다.
③ 정부가 청군의 출병을 요청하는 계기가 되었다. → 임오군란(1882년), 갑신정변(1884년)에 대한 설명이다.
④ 사태 수습을 위해 박규수가 안핵사로 파견되었다. → 임술 농민 봉기(1862년)에 대한 설명이다.
⑤ 흥선 대원군이 텐진으로 압송되는 결과를 가져왔다. → 임오군란(1882년)에 대한 설명이다.

31

정답 ⑤

해설

제시된 지문의 '구식 군인들이 일으킨'을 통해 '이 사건'은 임오군란임을 알 수 있다. 강화도 조약 체결 이후 개혁 기구인 통리기무아문을 통해 신식 군대인 별기군이 창설되고, 구식 군대는 5군영에서 2영으로 개편되었다. 이에 불만을 품은 구식 군대와 도시 하층민 세력이 합세하여 일본 공사관을 습격하면서 1882년 임오군란이 발생하였다. 조선 정부는 청나라에 도움을 요청해 난을 진압하였으며, 그 결과 청과는 조 · 청 상민 수륙 무역 장정이 체결되어 청 상인의 내지 무역이 허용되었고, 일본과는 제물포 조약이 체결되어 배상금을 지불하고, 일본 공사관에 경비병이 주둔하게 되었다.
① 전개 과정에서 전주 화약이 체결되었다. → 동학 농민 운동에 대한 설명이다.
② 통리기무아문이 설치되는 배경이 되었다. → 초기 개화 정책에 대한 설명이다.
③ 우정총국 개국 축하연을 이용하여 일어났다. → 갑신정변에 대한 설명이다.

④ 홍범 14조를 개혁의 기본 방향으로 제시하였다. → 2차 갑오개혁 대한 설명이다.
⑤ 일본 공사관에 경비병이 주둔하는 계기가 되었다. → 임오군란 이후 체결한 제물포 조약에 대한 설명이다.

32

정답 ③

해설

제시된 지문의 '영국군이 이 섬에 들어와', '러시아의 남진을 막는다는 구실'을 통해 영국 군대가 거문도를 점령한 거문도 사건임을 알 수 있다. 갑신정변 이후 러시아의 남진 정책이 이루어지자 영국이 이를 막는다는 구실로 1885년~1887년 거문도를 점령하였다.
따라서 정답은 (다) 시기이다.

33

정답 ⑤

해설

제시된 지문은 2차 갑오개혁에 대한 내용이다. 홍범 14조 발표 이후 김홍집 · 박영효 연립 내각에서 실시한 2차 갑오개혁은 내각 7부 체제로 개편, 전국 8도를 23부로 개편, 재판소 설치(사법권 분리), 군제 개편(훈련대, 시위대), 교육 입국 조서 반포, 육의전 폐지, 상리국 폐지 등의 개혁을 실시하였다.
① 지계 발급 → 광무개혁에 대한 설명이다.
② 태양력 사용 → 을미개혁에 대한 설명이다.
③ 한성순보 발행 → 박문국에서 발행한 우리나라 최초 정부 정책을 알리는 신문이다.
④ 공사 노비법 폐지 → 1차 갑오개혁에 대한 설명이다.
⑤ 교육 입국 조서 반포 → 2차 갑오개혁에 대한 설명이다.

34

정답 ①

해설

제시된 지문의 '고종이 황제로 즉위한 이후'를 통해 (가) 시기는 대한제국 시기(1897년 10월 ~ 1904년 러 · 일 전쟁 이전)임을 알 수 있다.
① 간도 관리사로 임명되는 관료 → 1903년 대한제국 시기에 간도 관리사로 이범윤을 파견하였다.
② 영화 아리랑을 관람하는 청년 → 1926년 상영되었다.
③ 육영 공원에서 영어를 배우는 학생 → 1886년 최초의 관립 학교인 육영공원이 설립되었다.
④ 제너럴 셔먼호를 불태우는 평양 관민 → 1866년 제너럴 셔먼호 사건이 발생하였다.
⑤ 조사 시찰단으로 일본에 파견되는 통역관 → 1881년 조사 시찰단이 파견되었다.

35

정답 ③

해설

제시된 지문의 (가)는 '최익현, 신돌석 등이 의병'을 통해 1905년 을사의병임을, (나)는 '을미사변과 단발령 시행에 반발'을 통해 1895년 을미의병임을, (다)는 '13도 창의군 결성'을 통해 1907년 시기임을 알 수 있다. 1907년 결성된 정미의병은 고종의 강제 퇴위와 군대 해산 등에 불만을 품고 결성되었다. 이후 해산된 군인이 합류하면서 '13도 창의군'이 결성되어 서울 진공 작전을 전개하였으나 실패하였다.
따라서 순서는 (나) – (가) – (다)이다.

36

정답 ④

해설

제시된 지문의 '양기탁', '베델'을 통해 (가) 신문은 대한매일신보임을 알 수 있다. 영국인 베델이 발행인으로 참여하여 일본의 탄압을 가장 적게 받은 신문이기도 하다. 1907년 대구에서 시작된 국채 보상 운동을 적극 후원하였다. 하지만 1910년 8월 일제 강점기가 시작되면서 매일신보로 개창한 대한매일신보는 총독부의 기관지로 전락하였다.
① 최초로 상업 광고를 실었다. → 한성주보에 대한 설명이다.
② 천도교의 기관지로 발행되었다. → 만세보에 대한 설명이다.
③ 우리나라 최초의 민간 신문이었다. → 독립신문에 대한 설명이다.
④ 국채 보상 운동의 확산에 기여하였다. → 대한매일신보에 대한 설명이다.
⑤ 일장기를 삭제한 손기정 사진을 게재하였다. → 동아일보에 대한 설명이다.

37

정답 ④

해설

제시된 지문의 '일본이 러시아에 선전 포고한 이후'를 통해 러 · 일 전쟁(1904년~1905년) 발발 시기임을 알 수 있다. 러 · 일 전쟁 중 일본의 승리가 거의 확실시되자 일본은 미국과 가쓰라 · 태프트 밀약, 영국과 2차 영 · 일 동맹을 체결하여 조선 점령에 대한 우위권을 확보하였다. 이후 러 · 일 전쟁에서 승리한 일본은 러시아와 포츠머스 강화 조약을 체결하여 러시아가 조선에 간섭하지 않을 것을 명시하였다. 이후 일본은 조선과 을사조약(1905년)을 체결해 외교권을 박탈하고, 통감부를 설치하였다.
① 제1차 영일 동맹이 체결되었다. → 1902년 러 · 일 전쟁 이전 시기이다.
② 일본이 경인선 부설권을 인수하였다. → 1896년 미국이 차지한 경인선 부설권은 1897년 일본에 양도되었고 이후 1899년 9월 우리나라 최초로 경인선이 개통되었다.
③ 묄렌도르프가 외교 고문으로 파견되었다. → 1882년 임오군란에 대한 설명이다.
④ 통감부가 설치되고 초대 통감이 부임하였다. → 1905년 을사조약에 대한 설명이다.
⑤ 러시아가 용암포를 점령하고 조차를 요구하였다. → 1903년 압록강 주변에서 벌채사업을 추진하던 러시아가 용암포 및 압록강 하구 일대를 불법으로 무단 점령하고, 대한제국에 벌채권을 요구했으나, 일본과 영국 등의 항의와 간섭으로 실패한 사건이다.

38

정답 ⑤

해설

제시된 지문의 '한국통사', '임시 정부 제2대 대통령'을 통해 박은식임을 알 수 있다.
① 진단 학회를 창립하고 진단 학보를 발행하였다. → 이병도, 손진태 등에 대한 설명이다.
② 여유당전서를 간행하고 조선학 운동을 전개하였다. → 정인보, 문일평, 안재홍 등에 대한 설명이다.
③ 헤이그에서 열린 만국 평화 회의에 특사로 파견되었다. → 이상설, 이준, 이위종에 대한 설명이다.
④ 평양에서 조선 물산 장려회 발기인 대회를 개최하였다. → 조만식 등에 대한 설명이다.
⑤ 실천적인 유교 정신을 강조하는 유교구신론을 저술하였다. → 박은식에 대한 설명이다.

39

정답 ②

해설

제시된 지문의 (가)는 '조선 총독부를 설치'를 통해 1910년 무단 통치 시작 시기임을, (나)는 '경찰 제도를 개정'을 통해 보통 경찰제를 실시한 1920년 문화 통치 시작 시기임을 알 수 있다.

① 미곡 공출제가 실시되었다. → 1940년 민족 말살 통치 시기에 실시되었다.
② 조선 태형령이 시행되었다. → 1910년 무단 통치 시기에 시행되었다.
③ 국민 징용령이 제정되었다. → 1939년 민족 말살 통치 시기에 실시되었다.
④ 경성 제국 대학이 설립되었다. → 1924년 문화 통치 시기에 설립되었다.
⑤ 황국 신민 서사의 암송이 강요되었다. → 1937년 황국 신민 서사가 제정되었다.

40

정답 ①

해설

제시된 지문의 '김상옥', '김원봉이 조직', '종로 경찰서에 폭탄 투척'을 통해 (가) 단체는 의열단임을 알 수 있다.

① 조선 혁명 선언을 행동 강령으로 삼았다. → 1923년 신채호가 작성한 의열단의 행동 지침에 대한 설명이다.
② 비밀 행정 조직으로 연통제를 실시하였다. → 대한민국 임시 정부에 대한 설명이다.
③ 고종의 밀지를 받아 결성된 비밀 단체이다. → 임병찬이 조직한 독립 의군부에 대한 설명이다.
④ 도쿄에서 일어난 이봉창 의거를 계획하였다. → 김구가 조직한 한인 애국단에 대한 설명이다.
⑤ 신흥 무관 학교를 세워 무장 투쟁을 준비하였다. → 신민회에 대한 설명이다.

41

정답 ⑤

해설

제시된 지문의 '1929년 한일 학생 간 충돌을 계기로 광주에서 일어나'를 통해 '이 운동'은 광주 학생 항일 운동임을 알 수 있다.

① 조선 형평사를 중심으로 전개되었다. → 진주에서 백정들이 실시한 형평운동(신분차별 폐지 운동)에 대한 설명이다.
② 순종의 인산일을 기회로 삼아 추진되었다. → 6 · 10 만세 운동에 대한 설명이다.
③ 대한민국 임시 정부 수립에 영향을 주었다. → 3 · 1 운동에 대한 설명이다.
④ 국내에서 민족 유일당 운동이 시작되는 계기가 되었다. → 6 · 10 만세 운동에 대한 설명이다.
⑤ 신간회 중앙 본부가 진상 조사단을 파견하여 지원하였다. → 광주 학생 항일 운동에 대한 설명이다.

42

정답 ①

해설

제시된 지문의 '1933년에 만든 한글 맞춤법 통일안'을 통해 (가) 단체는 조선어 학회임을 알 수 있다. 1921년 조선어 연구회를 계승하면서 1931년 조직된 조선어 학회는 한글 맞춤법 통일안 제정, 외래어 표기법 통일안 간행, 우리말 큰 사전 편찬을 시도하였다.

① 우리말 큰 사전 편찬을 시도하였다. → 조선어 학회에 대한 설명이다.
② 한글 신문인 제국신문을 간행하였다. → 이종일에 대한 설명이다.
③ 최초로 한글에 띄어쓰기를 도입하였다. → 존 로스에 대한 설명이다.
④ 우리말 음운 연구서인 언문지를 저술하였다. → 유희에 대한 설명이다.
⑤ 한글 연구를 목적으로 학부 아래에 설립되었다. → 국문 연구소에 대한 설명이다.

43

정답 ①

해설

제시된 지문의 '내지는 심각한 식량 부족', '조선인들이 생산한 쌀을 내지로 반출'을 통해 1920년에 실시한 산미 증식 계획의 결과임을 알 수 있다. 1920년 일본은 자국의 식량 부족 문제를 해결하기 위해 조선에서 쌀을 증식해서 일본으로 반출하려는 산미 증식 계획을 실시하였다. 하지만 증식에는 성공했으나 목표량보다 미달이라, 조선에서 쌀을 반출하기 시작하자 국내에선 심각한 식량 부족 사태가 발생하였다.
따라서 정답은 ①이다.

44

정답 ③

해설

제시된 지문의 '이름은 인영인데, 뒤에 철로 고쳤다.', '오적의 처단을 모의'를 통해 (가) 종교는 대종교임을 알 수 있다. 나철은 을사조약 체결 이후 오적 암살단(자신회)을 조직하여 오적의 처단을 모의하였고, 1909년에 창시한 대종교는 단군을 숭상한 종교로 북만주에 중광단을 결성하고 무장 투쟁을 전개하기도 하였다.

① 사찰령 폐지 운동을 추진하였다. → 불교에 대한 설명이다.
② 개벽, 신여성 등의 잡지를 발행하였다. → 천도교에 대한 설명이다.
③ 중광단을 결성하여 무장 투쟁을 전개하였다. → 대종교에 대한 설명이다.
④ 배재 학당을 세워 신학문 보급에 기여하였다. → 개신교에 대한 설명이다.
⑤ 박중빈을 중심으로 새생활 운동을 추진하였다. → 원불교에 대한 설명이다.

45

정답 ⑤

해설

제시된 지문의 '대일 선전 포고를 하고 연합군의 활동에 참여하던 시기에 창설'을 통해 대한민국 임시 정부가 1940년 충칭으로 이동한 이후 시기임을 알 수 있다. 대한민국 임시 정부는 충칭으로 이동한 이후 한국 광복군을 창설(1940년)하고 이듬해 대한민국 건국 강령을 선포하였다. 또한 한국 광복군 일부가 연합군에 합류하여 국내 진공 작전을 계획하였다.

① 한국 독립군이 쌍성보 전투에서 승리하였다. → 1932년에 승리한 전투이다.
② 중국 군벌과 일제 사이에 미쓰야 협정이 체결되었다. → 1925년에 체결되었다.
③ 독립운동의 방략을 논의하고자 국민 대표 회의가 개최되었다. → 1923년에 개최되었다.

④ 사회주의 세력의 활동 방향을 밝힌 정우회 선언이 발표되었다.
→ 1926년에 발표되었다.
⑤ 일제가 조선 사상범 예방 구금령으로 독립운동을 탄압하였다.
→ 1941년에 제정되었다.

46

정답 ⑤

해설

제시된 지문의 (가)는 '다음 달에 입국할 유엔 한국 임시 위원단을 환영'을 통해 1947년 2월 유엔 총회에서 한반도 인구비례 총선거 실시 결정 이후의 상황임을, (나)는 '제주도 사건 진압 차', '여수', '순천'을 통해 1948년 10월 발생한 여수 · 순천 10 · 19 사건임을 알 수 있다.

① 제1차 미소 공동 위원회가 결렬되었다. → 1946년 3월에 실시되었다.
② 모스크바 삼국 외상 회의가 개최되었다. → 1945년 12월에 개최되었다.
③ 좌우 합작 위원회에서 좌우 합작 7원칙이 발표되었다.
→ 1946년 10월에 발표되었다.
④ 유상 매수, 유상 분배 원칙의 농지 개혁법이 시행되었다.
→ 1949년 6월에 제정되어 1950년 3월에 시행되었다.
⑤ 우리나라 최초의 보통 선거인 5 · 10 총선거가 실시되었다.
→ 1948년 5월 10일에 실시되었다.

47

정답 ③

해설

제시된 지문의 '인천 상륙 작전 이후 10여 일'을 통해 1950년 9월 이후 상황에 대해 물어보는 문제임을 알 수 있다.

ㄱ. 애치슨 선언이 발표됐어요. → 애치슨 선언은 1950년 1월 미국 국무장관인 애치슨이 미국의 극동 방위선을 발표한 선언이다.
ㄴ. 흥남 철수 작전이 전개됐어요. → 중국군의 개입으로 전세가 불리해지자, 1950년 12월 함경도 흥남에서 철수 작전이 전개되었다.
ㄷ. 소련의 제안으로 정전 회담이 개최됐어요. → 1953년 7월 정전 회담이 이루어졌다.
ㄹ. 국군이 다부동 전투에서 북한군의 공세를 방어했어요.
→ 다부동 전투는 낙동강에서 일어난 전투로 1950년 8월 발생하였다.

따라서 정답은 ㄴ, ㄷ이다.

48

정답 ⑤

해설

제시된 지문의 '김대중 후보', '박정희 후보가 영구 집권'을 통해 1971년 실시된 7대 대통령 선거임을 알 수 있다. 이 선거로 박정희는 김대중 후보를 근소한 차이로 누르고 7대 대통령이 되었고 이후 헌법을 개정(유신 헌법)하면서 유신 체제가 시작되었다.

① 정부 형태가 내각 책임제로 바뀌었다. → 1960년 3차 개헌에 대한 설명이다. 이후 장면 내각이 수립되었다.
② 평화 통일을 주장한 진보당의 조봉암이 처형되었다.
→ 1958년 발생한 진보당 사건에 대한 설명이다.
③ 대통령의 3선 연임을 허용하는 개헌안이 통과되었다.
→ 1969년 박정희 정부 시기에 실시한 6차 개헌에 대한 내용이다.
④ 한일 국교 정상화에 반대하는 6 · 3 시위가 전개되었다.
→ 1954년 박정희 정부 시기에 대한 설명이다.
⑤ 국회 해산과 헌법의 일부 효력 정지를 담은 유신이 선포되었다.
→ 1972년 7차 개헌(유신 헌법)이 선포되었다.

49

정답 ③

해설

제시된 지문의 '계엄 당국', '순수한 데모 대열에 무차별한 사격'을 통해 1980년 5 · 18 민주화 운동임을 알 수 있다. 5 · 18 민주화 운동 관련 기록물은 유네스코 세계기록유산에 등재되어 있다.

① 호헌 철폐와 독재 타도 등의 구호를 내세웠다. → 1987년 6월 민주 항쟁에 대한 설명이다.
② 야당 총재의 국회의원직 제명으로 촉발되었다. → 1979년 부 · 마 민주 항쟁에 대한 설명이다.
③ 시위 과정에서 시민군이 자발적으로 조직되었다. → 5 · 18 민주화 운동에 대한 설명이다.
④ 경무대로 향하던 시위대가 경찰의 총격을 받았다. → 1960년 4 · 19 혁명에 대한 설명이다.
⑤ 박종철 고문 치사 사건의 진상 규명을 요구하였다. → 1987년 6월 민주 항쟁에 대한 설명이다.

50

정답 ⑤

해설

제시된 지문의 'IMF 관리 체제에서 벗어날 수 있었습니다.'를 통해 김대중 정부 시기임을 알 수 있다.

① G20 서울 정상 회의가 개최되었다. → 이명박 정부 시기에 대한 설명이다.
② 미국과의 자유 무역 협정(FTA)이 체결되었다. → 노무현 정부 시기에 대한 설명이다.
③ 금융 실명제가 대통령 긴급 명령으로 실시되었다. → 김영삼 정부 시기에 대한 설명이다.
④ 8 · 3 조치로 사채 동결 등의 특혜가 기업에게 제공되었다.
→ 박정희 정부 시기에 대한 설명이다.
⑤ 남북 경제 교류 증진을 위한 경의선 복원 공사가 시작되었다.
→ 김대중 정부 시기에 대한 설명이다.

2021년도 제56회 한국사능력검정시험

문제 168p

01	02	03	04	05	06	07	08	09	10
③	②	②	③	⑤	①	②	②	⑤	⑤
11	**12**	**13**	**14**	**15**	**16**	**17**	**18**	**19**	**20**
①	②	④	⑤	③	⑤	①	③	①	③
21	**22**	**23**	**24**	**25**	**26**	**27**	**28**	**29**	**30**
②	③	①	⑤	②	③	③	⑤	②	④
31	**32**	**33**	**34**	**35**	**36**	**37**	**38**	**39**	**40**
⑤	①	④	④	④	⑤	①	①	③	④
41	**42**	**43**	**44**	**45**	**46**	**47**	**48**	**49**	**50**
③	④	④	②	⑤	②	⑤	⑤	③	②

01

정답 ③

해설

제시된 지문의 '이른 민무늬 토기'를 통해 신석기 시대임을 알 수 있다.

① 고인돌, 돌널무덤 등을 만들었다. → 청동기 시대이다.
② 거푸집을 이용하여 청동검을 제작하였다. → 청동기 시대이다.
③ 농경과 목축을 시작하여 식량을 생산하였다. → 신석기 시대이다.
④ 주로 동굴에 살면서 사냥과 채집 생활을 하였다. → 구석기 시대이다.
⑤ 쟁기, 쇠스랑 등의 철제 농기구를 써서 농사를 지었다. → 철기 시대이다.

02

정답 ②

해설

제시된 지문의 '해루부', '금와'를 통해 부여임을 알 수 있다. 고구려 동명성왕의 건국 신화에 등장하는 부여의 왕이 금와왕이다.

① 혼인 풍습으로 서옥제가 있었다. → 고구려의 풍습이다.
② 12월에 영고라는 제천 행사를 열었다. → 부여의 제천 행사이다.
③ 정사암에 모여 국가의 중대사를 논의하였다. → 백제의 귀족 회의 기구이다.
④ 철이 많이 생산되어 낙랑과 왜에 수출하였다. → 변한(가야)에 대한 설명이다.
⑤ 특산물로 단궁, 과하마, 반어피가 유명하였다. → 동예의 특산물이다.

03

정답 ②

해설

제시된 지문의 '불교 수용', '전진에 사신 파견'을 통해 고구려에서 중국 전진으로부터 불교를 수용한 소수림왕에 관한 문제임을 알 수 있다.

① 도읍을 국내성에서 평양으로 옮겼다. → 장수왕에 대한 설명이다.
② 태학을 설립하여 인재를 양성하였다. → 소수림왕에 대한 설명이다.
③ 서안평을 공격하여 영토를 확장하였다. → 미천왕에 대한 설명이다.
④ 연가라는 독자적인 연호를 사용하였다. → 장수왕에 대한 설명이다.
⑤ 신라에 군대를 파견하여 왜를 격퇴하였다. → 광개토대왕에 대한 설명이다.

04

정답 ③

해설

제시된 지문의 '성왕이 도읍으로 정한'을 통해 이 지역은 백제의 사비성(현재 충남 부여)임을 알 수 있다.

①

②

③

④

⑤

① 정림사지 오층 석탑 → 백제 사비의 정림사터에 있는 백제의 석탑이다.
② 능산리 고분군 → 백제 사비에 위치한 고분군으로 모두 7기로 이루어져 있다.
③ 관촉사 석조 미륵보살 입상 → 충남 논산에 위치하고 있다.
④ 관북리 유적 → 백제 사비에 위치한 궁궐터이다.
⑤ 부소산성 → 백제 사비에 위치한 도성으로 성왕 시기 축조된 것으로 추정된다.

05

정답 ⑤

해설

제시된 지문의 (가)는 '계백에게 결사대 5천 명'을 통해 황산벌 전투(660)임을, (나)는 '기벌포에서 설인귀와 싸웠는데'를 통해 나당전쟁(676)임을 알 수 있다. 나당 연합군은 먼저 백제를 멸망시킨 후, 고구려를 점령하였다. 그 과정에서 백제와 고구려의 부흥 운동이 각각 일어났다. 하지만 부흥 운동은 성공하지 못하였고, 이후 당의 한반도 지배 야욕이 드러나자 신라는 나당전쟁을 통해 승리한 후 당을 대동강 이북으로 몰아내고 삼국을 통일하였다.

① 김흠돌이 반란을 꾀하다 처형되었다. → 신문왕 시기로 통일 이후이다.
② 의자왕이 신라를 공격하여 대야성을 함락시켰다. → (가) 이전 시기이다.
③ 을지문덕이 살수에서 수의 군대를 크게 물리쳤다. → (가) 이전 시기로 살수대첩(612)에 관한 내용이다.
④ 대조영이 고구려 유민을 이끌고 동모산에서 건국하였다. → 발해 건국(698)에 대한 내용으로 (나) 이후 시기이다.
⑤ 검모잠이 안승을 왕으로 추대하고 부흥 운동을 전개하였다. → 백제 멸망 후 백제 부흥 운동에 대한 내용이다(663).

Plus note

- **백제 부흥 운동** : 흑치상지, 도침, 복신
- **고구려 부흥 운동** : 고연무, 검모잠, 안승

06

정답 ①

해설

제시된 지문의 '덕흥리 고분의 별자리 벽화'를 통해 천문 관측 문화재를 물어보는 문제임을 알 수 있다.

①

②

③

④

⑤

① 거중기 → 정조 시기 무거운 것을 도르래의 원리를 이용해 들어올리던 기구이다. 천문과 관계가 없다.
② 금동 천문도 → 양산 통도사 성보박물관에 소장하고 있는 천문기록물이다.
③ 혼천의 → 목재로 만든 천체 관측 기구이다.
④ 칠정산 내편 → 우리나라 고유의 천문 역법서이다.
⑤ 천상열차분야지도 → 조선 태조 때 고구려의 천문도를 바탕으로 돌에 새긴 별자리 지도이다.

07

정답 ②

해설

제시된 지문의 (가)는 '부석사'를 통해 의상대사, (나)는 '무애가'를 통해 원효대사임을 알 수 있다.
① (가) – 법화 신앙을 바탕으로 백련 결사를 이끌었다. → 요세에 대한 설명이다.
② (가) – 화엄일승법계도를 지어 화엄 사상을 정리하였다. → 의상에 대한 설명이다.
③ (나) – 불교 교단을 통합하기 위해 천태종을 개창하였다. → 의천에 대한 설명이다.
④ (나) – 인도와 중앙아시아를 여행하고 왕오천축국전을 저술하였다. → 혜초에 대한 설명이다.
⑤ (가), (나) – 심성 도야를 강조한 유불 일치설을 주장하였다. → 혜심에 대한 설명이다.

08

정답 ②

해설

제시된 행정구역의 '5소경'을 통해 통일 신라 시대임을 알 수 있다.
ㄱ. 9서당 10정의 군사 조직을 운영하였다. → 통일 신라의 군사 조직이다.
ㄴ. 욕살, 처려근지 등을 지방관으로 파견하였다. → 고구려의 지방관이다.
ㄷ. 상수리 제도를 실시하여 지방 세력을 견제하였다. → 통일 신라의 지방세력 견제책이다.
ㄹ. 북계에 병마사를 파견하여 적의 침입에 대비하였다. → 고려의 행정구역에 대한 내용이다.
따라서 정답은 ㄱ, ㄷ이다.

09

정답 ⑤

해설

제시된 자료의 '신라도', '거란도', '일본도'를 통해 발해의 교역로임을 알 수 있다. 따라서 제시된 (가) 국가는 발해이다.
① 평양을 서경으로 삼아 중시하였다. → 고려 시대이다.
② 후연을 격파하고 백제를 공격하였다. → 고구려 소수림왕 시기이다.
③ 지방에 22담로를 두어 왕족을 파견하였다. → 백제의 지방특수행정구역이다.
④ 완도에 청해진을 설치해 해상 무역을 장악하였다. → 통일 신라 시기 장보고가 청해진을 설치하였다.
⑤ 고구려와 당의 양식이 혼합된 벽돌무덤을 만들었다. → 발해 정효공주의 무덤 형태이다.

10

정답 ⑤

해설

제시된 자료의 '개경의 경창 등으로 조운하였던 시기'를 통해 고려 시대임을 알 수 있다. 고려와 조선은 세금을 지방의 조창에서 거두어 보관하였다가 조운로를 통해 수도에 있는 경창으로 운반하기 때문에 수도가 개경임을 알 수 있고, 개경은 고려의 수도이다.
① 관료전을 지급하고 녹읍을 폐지하였어요. → 통일 신라 신문왕 시기이다.
② 덕대가 광산을 전문적으로 경영하였어요. → 조선 후기이다.
③ 고구마, 감자 등의 구황 작물을 재배하였어요. → 조선 후기이다.
④ 일본과 무역을 허용하고 계해약조를 체결하였어요. → 조선 세종 시기이다.
⑤ 예성강 하구의 벽란도가 국제 무역항으로 번성하였어요. → 벽란도는 고려의 대표 무역항구이다.

11

정답 ①

해설

제시된 자료의 '고인돌', '참성단' 을 통해 강화도임을 알 수 있다.
① 대몽 항쟁기에 조성된 왕릉을 조사한다. → 대몽 항쟁기에 최우 정권은 수도를 강화도로 천도하였다. 당시 집권했던 왕들의 왕릉이 강화도에 위치해 있다.
② 김만덕의 빈민 구제 활동에 대해 알아본다. → 제주도에 대한 내용이다.
③ 정약전이 자산어보를 저술한 곳을 검색한다. → 흑산도에 대한 내용이다.
④ 지증왕이 이사부를 보내 복속한 지역과 부속 도서를 찾아본다. → 울릉도에 대한 내용이다.
⑤ 러시아의 남하를 견제하기 위하여 영국군이 점령한 장소를 살펴본다. → 거문도에 대한 내용이다.

12

정답 ②

해설

제시된 지문의 '궁예가 세운', '비무장 지대'를 통해 (가) 국가가 후고구려임을 알 수 있다.
① 각간 대공이 반란을 일으켰다. → 통일 신라 시대에 발생한 반란이다.
② 광평성 등의 정치 기구를 두었다. → 후고구려의 정치기구이다.

③ 후당과 오월에 사신을 파견하였다. → 후백제 견훤에 대한 설명이다.
④ 고창 전투에서 후백제군과 싸워 승리하였다. → 고려 태조 왕건에 대한 설명이다.
⑤ 5경 15부 62주의 지방 행정 제도를 갖추었다. → 발해의 행정구역이다.

13

정답 ④

해설

고려 2대 왕인 정종 시기에 거란의 침입을 막기 위해 광군을 조직하였다. 이후 성종 시기 거란의 1차 침입, 이후 현종 시기 2차, 3차 침입이 있었으나 1차 침입 시기에는 서희가 외교 담판으로 강동 6주를 획득하였고, 2차 침입 시기에는 양규의 활약, 3차 침입 시기에는 강감찬이 귀주대첩에서 승리하여 거란을 물리쳤다.

(가) '양규' → 거란의 2차 침입
(나) '광군' → 거란군의 침입에 대비하여 조직된 특수군
(다) '서희' → 거란의 1차 침입
(라) '강감찬', '귀주' → 거란의 3차 침입
따라서 정답은 (나) – (다) – (가) – (라)이다.

14

정답 ⑤

해설

제시된 지문의 '망이 · 망소이'를 통해 고려 시대 무신 집권기임을 알 수 있다. 공주 명학소에 살던 망이 · 망소이 형제는 명학소를 현으로 승격해줄 것을 요구하며 반란을 일으켰다. 고려 시대의 특수행정구역인 향 · 부곡 · 소에 거주하는 양민들은 일반 주 · 군 · 현에 거주하는 양민들보다 차별 대우가 심하였다.

① 서얼이 통청 운동을 전개하였다. → 조선 후기에 전개된 운동이다.
② 원종과 애노가 사벌주에서 봉기하였다. → 통일 신라 하대인 진성여왕 시기이다.
③ 적장자 위주의 상속 제도가 확립되었다. → 조선 후기에 대한 설명이다.
④ 읍락 간의 경계를 중시하는 책화가 있었다. → 동예의 풍습이다.
⑤ 특수 행정 구역인 소의 주민들이 차별을 받았다. → 고려에 대한 설명이다.

15

정답 ③

해설

제시된 지문의 '의창으로 고친다.'를 통해 고려 성종 시기임을 알 수 있다. 성종은 지방에 12목의 행정구역을 설치하고 지방 세력을 견제하기 위해 지방관을 파견하였다. 또한 물가조절 기관으로 상평창을 두었다.

① 한양을 남경으로 승격시켰다. → 문종에 대한 설명이다.
② 국자감에 서적포를 설치하였다. → 숙종에 대한 설명이다.
③ 12목을 설치하고 지방관을 파견하였다. → 성종에 대한 설명이다.
④ 인사 행정을 담당하던 정방을 폐지하였다. → 공민왕에 대한 설명이다.
⑤ 개경에 귀법사를 세우고 균여를 주지로 삼았다. → 광종에 대한 설명이다.

16

정답 ⑤

해설

제시된 지문의 '원의 영향을 받아', '원각사지 십층 석탑에 영향'을 통해 고려 후기 제작된 경천사지 10층 석탑임을 알 수 있다. 현재 국립중앙박물관에 위치하고 있다.

①

②

③

④

⑤

① 불국사 3층 석탑(석가탑)
② 화엄사 4사자 3층 석탑
③ 진전사지 3층 석탑
④ 월정사 8각 9층 석탑
⑤ 경천사지 10층 석탑

17

정답 ①

해설

제시된 지문의 '만권당에서 원의 학자들과 함께 공부'를 통해 고려 후기 학자이자 문신인 이제현임을 알 수 있다.

① 역사서인 사략을 저술하였다. → 이제현이 저술한 것으로 성리학적 정통과 명분의식을 담고 있다.
② 불씨잡변을 지어 불교를 비판하였다. → 정도전에 대한 설명이다.
③ 9재 학당을 세워 유학 교육에 힘썼다. → 최충에 대한 설명이다.
④ 봉사 10조를 올려 시정 개혁을 건의하였다. → 최충헌에 대한 설명이다.
⑤ 예안 향약을 시행하여 향촌 교화를 위해 노력하였다. → 이황에 대한 설명이다.

18

정답 ③

해설

제시된 지문의 '황산에서 왜구를 격퇴'를 통해 (가) 인물은 이성계임을 알 수 있다.

① 북방에 4군과 6진을 설치하였다. → 세종에 대한 설명이다.
② 의종 복위를 도모하여 군사를 일으켰다. → 무신정변 이후 발생한 김보당의 난에 대한 설명이다.
③ 위화도에서 회군하여 정권을 장악하였다. → 이성계에 대한 설명이다.
④ 여진을 정벌한 후 동북 9성을 축조하였다. → 윤관에 대한 설명이다.
⑤ 좌 · 우별초와 신의군으로 삼별초를 조직하였다. → 최우에 대한 설명이다.

19

정답 ①

해설

제시된 지문의 '과전을 혁파하고 직전을 설치'를 통해 조선 세조 시기의 토지제도인 직전법임을 알 수 있다. 고려 말 공양왕 시기에 실시된 과전법은 신진사대부의 경제력 마련을 위한 토지제도로 전·현직관리 및 수신전, 휼양전까지 지급하였다. 하지만 수조권을 지급할 토지가 점차 부족해지자 조선 세조는 수신전, 휼양전을 폐지하고 현직관리에게만 수조권을 지급하는 직전법을 실시하였다.

① 왕에게 직계하는 이조 판서 → 6조 직계제에 대한 설명으로, 조선 태종과 세조 시기에는 6조에서 의정부를 거치지 않고 왕에게 상소를 직접 직계하여 올렸다.
② 임꺽정 무리를 토벌하는 관군 → 명종 시기 임꺽정의 난에 대한 설명이다.
③ 동몽선습을 공부하는 서당 학생 → 중종 시기에 편찬한 아동 역사서이다.
④ 동의보감을 요청하는 중국 사신 → 광해군 시기 허준에 의해 편찬되었다.
⑤ 시장에 팔기 위해 담배를 재배하는 농민 → 조선 후기에 볼 수 있는 경제 상황이다.

20

정답 ③

해설

제시된 지문의 '경국대전 완성'을 통해 (가) 왕은 조선 성종임을 알 수 있다. 경국대전은 세조 때 편찬하기 시작하여 성종 시기에 완성되었다.

① 탕평비가 건립되었다. → 영조에 대한 설명이다.
② 상평통보가 주조되었다. → 조선 인조 시기에 제작되었으나, 유통에 실패하고 이후 숙종 시기에 재주조되어 법화로 채택되었다.
③ 악학궤범이 간행되었다. → 성종 시기에 제작된 음악 이론서이다.
④ 훈련도감이 설치되었다. → 임진왜란 중에 개편된 중앙군으로 5군영 체제 중 처음 설치되었다.
⑤ 초계문신제가 시행되었다. → 정조 시기에 마련된 관리 재교육 제도이다.

21

정답 ②

해설

제시된 지문의 '현량과'를 통해 조선 중종 시기 사림의 수장 조광조의 개혁안임을 알 수 있다. 조광조는 위훈 삭제, 현량과 실시, 소격서 폐지, 소학교육 보급, 향약보급 시도 등의 여러 개혁을 실시하였으나 기묘사화로 축출되었다.
따라서 정답은 (나) 시기이다.

Plus note

- **사화 발생 순서**
  무오사화 → 갑자사화 → 기묘사화 → 을사사화

22

정답 ③

해설

제시된 지문의 '간쟁과 논박을 담당한 관청'을 통해 (가) 기구는 사간원임을 알 수 있다. 조선 시대 삼사 중 하나인 사간원은 국왕에게 잘못을 고변하는 간쟁과 논박을 담당하였다.

① 왕명의 출납을 관장하였다. → 승정원에 대한 설명이다.
② 수도의 행정과 치안을 담당하였다. → 한성부에 대한 설명이다.
③ 사헌부, 홍문관과 함께 3사로 불렸다. → 사간원에 대한 설명이다.
④ 실록을 보관하고 관리하는 업무를 맡았다. → 춘추관에 대한 설명이다.
⑤ 반역죄, 강상죄 등을 범한 중죄인을 다스렸다. → 의금부에 대한 설명이다.

Plus note

- **삼사**
  - 사헌부 : 관리 감찰 기구
  - 사간원 : 간쟁 기구
  - 홍문관 : 왕의 자문 기구

23

정답 ①

해설

제시된 지문의 '곽재우 장군'을 통해 '이 전란'은 임진왜란임을 알 수 있다.

① 유정이 회답 겸 쇄환사로 일본에 파견되었다. → 임진왜란 이후 포로 교환 등을 위해 유정이 일본에 파견되었다.
② 나세, 심덕부 등이 진포에서 왜구를 격퇴하였다. → 고려 말에 발생하였다.
③ 신숙주가 일본에 다녀와 해동제국기를 저술하였다. → 조선 세조 시기에 편찬하였다.
④ 조선 정부의 통제에 반발하여 삼포왜란이 일어났다. → 중종 시기에 발생하였다.
⑤ 외침에 대비하기 위해 임시 기구로 비변사가 설치되었다. → 중종 시기에 발생한 삼포왜란 때 임시 기구로 비변사가 처음 설치되었다.

24

정답 ⑤

해설

제시된 지문의 '수원 화성', '장용영'을 통해 (가) 왕은 정조임을 알 수 있다. 정조는 시전 상인들의 특권이었던 금난전권을 폐지(신해통공)함으로써 난전을 활성화하고 상공업을 진흥시켰다.

① 금속 화폐인 건원중보가 주조되었다. → 고려 성종 시기에 대한 설명이다.
② 시장을 감독하는 동시전이 설치되었다. → 신라 지증왕 시기에 대한 설명이다.
③ 울산항, 당항성이 무역항으로 번성하였다. → 당항성은 신라가 한강을 차지한 이후 중국과 교역한 대표 항구이다.
④ 군역의 부담을 줄이기 위해 균역법이 제정되었다. → 영조 시기에 대한 설명이다.
⑤ 육의전을 제외한 시전 상인의 금난전권이 폐지되었다. → 정조 시기에 대한 설명이다.

25

정답 ②

해설

제시된 지문의 '주세붕이 처음 건립', '흥선 대원군에 의해 정리'를 통해 (가) 교육기관은 서원임을 알 수 있다. 서원은 주세붕에 의해 처음 건립된 백운동 서원을 시작으로 조선 시대 지방에 건립된 사립 교육기관이다. 세조 이후 지방에서 사림들이 유학자에게 제사지내고 후진을 양성하기 위한 교육기관으로 만들어졌다.

① 전국의 모든 군현에 하나씩 설치되었다. → 향교에 대한 설명이다.
② 선현의 제사와 유학 교육을 담당하였다. → 서원에 대한 설명이다.
③ 전문 강좌인 7재가 설치되어 운영되었다. → 국자감에 대한 설명이다.
④ 중앙에서 교수나 훈도를 교관으로 파견하였다. → 향교에 대한 설명이다.
⑤ 소과에 합격한 생원, 진사에게 입학 자격이 부여되었다. → 성균관에 대한 설명이다.

26

정답 ③

해설

제시된 지문은 조선 후기 다양한 개혁론을 주장한 실학자들에 대해 묻는 문제이다.

① (가) – 의산문답에서 중국 중심의 세계관을 비판하다 → 홍대용에 대한 설명이다.
② (나) – 목민심서에서 지방 행정의 개혁안을 제시하다 → 정약용에 대한 설명이다.
③ (다) – 열하일기에서 수레와 선박의 필요성을 강조하다 → 박지원에 대한 설명이다.
④ (라) – 성호사설에서 사회 폐단을 여섯 가지 좀으로 규정하다 → 이익에 대한 설명이다.
⑤ (마) – 북학의에서 절약보다 적절한 소비를 권장하다 → 박제가에 대한 설명이다.

Plus note

- **중농학파(토지개혁 주장)** : 유형원, 이익, 정약용
- **중상학파(상공업 진흥 주장)** : 박제가, 홍대용, 박지원, 유수원

27

정답 ③

해설

제시된 지문의 '모화관', '병자호란'을 통해 (가) 국가는 청나라임을 알 수 있다. 청 사신들이 조선을 방문할 때 맞이했던 문으로는 영은문이 있고, 청 사신들이 머물던 곳으로는 모화관이 있었다.

① 정동행성 이문소를 폐지하였다. → 고려 공민왕 시기 원나라의 내정간섭 기구이다.
② 별무반을 편성하여 침입에 대비하였다. → 고려 숙종 시기 여진을 물리치기 위해 설치한 군대이다.
③ 정기적으로 연행사를 보내 교류하였다. → 연행사는 청에 파견한 사신이다.
④ 한성에 동평관을 설치하여 무역을 허용하였다. → 일본 사신이 조선에 와서 머물던 숙소이다.
⑤ 통신사를 파견하여 조선의 문물을 전파하였다 → 임진왜란 이후 일본에 파견한 사절단이다.

28

정답 ⑤

해설

제시된 지문의 '평안도 일대에서 발생한 농민 봉기'를 통해 (가) 사건은 홍경래의 난임을 알 수 있다. 순조 시기 발생한 홍경래의 난은 세도 정치 시기 수탈 및 평안도 지역 차별에 반발하여 몰락한 양반 홍경래가 주도하여 발생한 사건이다.

① 청의 군대에 의해 진압되었다. → 임오군란에 대한 설명이다.
② 척왜양창의를 기치로 내걸었다. → 동학 농민 운동에 대한 설명이다.
③ 선혜청과 일본 공사관을 공격하였다. → 임오군란에 대한 설명이다.
④ 사건 수습을 위해 박규수가 안핵사로 파견되었다. → 임술 농민 봉기에 대한 설명이다.
⑤ 세도 정치기의 수탈과 지역 차별에 반발하여 일어났다. → 홍경래의 난에 대한 설명이다.

29

정답 ②

해설

제시된 지문의 '건청궁', '죽은 왕후'를 통해 명성황후 시해 사건인 을미사변임을 알 수 있다. 청일전쟁의 승리로 승기를 잡은 일본은 이후 삼국간섭으로 청으로부터 할양받은 요동지역을 반환하게 된다. 조선은 이에 삼국간섭의 주도 국가인 러시아 세력을 끌어들이는 친러 정책을 펼친다. 조선에 대한 우위권 점령에서 밀려나게 된 일본은 위기감을 갖고 친러 정책의 대표 수장인 명성황후를 시해하였다. 이후 조선에서 다시 우위권을 점령하게 된 일본은 친일 내각을 수립하고 을미개혁을 단행하게 된다.

① 과거제를 폐지하였다. → 1차 갑오개혁에 대한 설명이다.
② 태양력을 시행하였다. → 을미개혁에 대한 설명이다.
③ 육영 공원을 설립하였다. → 1886년 설립된 최초 관립학교이다.
④ 공사 노비법을 혁파하였다. → 1차 갑오개혁에 대한 설명이다.
⑤ 통리기무아문을 설치하였다. → 1880년 설치된 개혁 기구이다.

Plus note

- **을미개혁(1895)** : 우편사무 재개, 소학교령 실시, 태양력 사용, 연호 사용(건양), 종두법 실시, 단발령 실시, 군제 개편(친위대, 진위대)

30

정답 ④

해설

제시된 지문의 '양헌수', '정족산'을 통해 1866년 발생한 병인양요임을 알 수 있다. 1866년 흥선 대원군의 천주교 박해 사건인 병인박해가 원인이 되어, 그해 프랑스가 강화도를 침입한 사건이다.

① 종로와 전국 각지에 척화비가 세워졌다. → 신미양요 이후에 척화비가 건립되었다.
② 오페르트가 남연군 묘 도굴을 시도하였다. → 1868년 독일 상인 오페르트가 도굴을 시도하였다.
③ 위안스카이가 이끄는 군대가 조선에 상륙하였다. → 1882년 임오군란이 발생하자 조선 정부는 청에 군사적 도움을 요청하였고, 이에 위안스카이가 이끄는 군대가 조선에 들어왔다.
④ 병인박해로 천주교 선교사와 신자들이 처형되었다. → 병인양요의 원인이다.
⑤ 김홍집이 가지고 온 조선책략이 국내에 유포되었다. → 2차

수신사로 일본에 간 김홍집이 조선책략을 국내에 들여왔다(1881년).

Plus note

- **흥선 대원군 집권 시기 외세 침입 순서**
  병인박해(1866) → 제너럴 셔먼호 사건(1866) → 병인양요(1866) → 오페르트 도굴사건(1868) → 신미양요(1871) → 척화비 건립(1871)

31

정답 ⑤

해설

제시된 지문의 '김옥균이 일본 공사 다케조에에게 ~ 일본군이 필요하다고 요청'을 통해 1884년 급진 개화파에 의해 발생한 갑신정변임을 알 수 있다. 우정총국 개국 축하연에서 정변을 일으킨 급진 개화파 김옥균, 박영효 등은 정변 당시 국왕을 경우궁으로 피신시킨 뒤 일본 공사 다케조에에게 호위를 요청하였다.

① 신식 군대인 별기군이 창설되었다. → 1881년 개혁 기구인 통리기무아문을 중심으로 별기군이 창설되었다.
② 김기수가 수신사로 일본에 파견되었다. → 1881년 강화도 조약 내용을 협의하기 위해 1차 수신사로 김기수가 일본에 파견되었다.
③ 일본 군함 운요호가 영종도를 공격하였다. → 1875년 발생한 운요호 사건을 계기로 강화도 조약이 체결되었다.
④ 이만손이 주도하여 영남 만인소를 올렸다. → 1881년 2차 수신사 김홍집이 들여온 조선책략의 연미 정책으로 영남 만인소가 발생하였다.
⑤ 우정총국 개국 축하연에서 정변이 일어났다. → 갑신정변에 대한 설명이다.

32

정답 ①

해설

1894년 발생한 동학 농민 운동은 전라 고부 군수 조병갑의 횡포로 고부 지역에서 시작되었다. 정부는 이를 해결하기 위해 안핵사 이용태를 파견하였으나 이용태의 사건 해결 과정에 불만을 품은 농민들이 백산에서 봉기(1차 봉기)하였다. 정부는 관군을 투입해 진압하려 하였으나 황룡촌 전투, 황토현 전투에서 관군이 모두 패하고 동학 농민군은 전주성을 점령하였다. 이에 정부는 청나라에 도움을 요청하였다. 청군이 국내에 투입되자 톈진 조약에 의거해 일본군도 국내에 주둔하게 되었다. 외세 개입에 불안함을 느낀 동학 농민군은 정부와 전주 화약을 체결하고 해산하였다. 하지만 청 · 일군은 자국으로 돌아가지 않았고, 조선에서 청 · 일 전쟁이 발발하였다. 해산한 농민군은 청 · 일 전쟁이 발발하자 전라도 동학 농민군 남접과 충청도 동학 농민군 북접이 합세하여 서울로 진격하려 출발하였으나, 서울에서 전라도로 내려오던 관군과 일본군에 맞서 공주 우금치에서 전투(2차 봉기) 끝에 패전하였다.

① 황토현에서 관군에 승리하였다. → (가)에 해당한다.
② 남접과 북접이 논산에서 연합하였다. → 2차 봉기에 해당한다.
③ 우금치에서 일본군과 관군에 맞서 싸웠다. → 2차 봉기에 해당한다.
④ 집강소를 중심으로 폐정 개혁안을 실천하였다. → 전주 화약에 대한 설명이다.
⑤ 조병갑의 탐학에 저항하여 고부 관아를 습격하였다. → 백산 봉기 이전에 해당한다.

33

정답 ④

해설

제시된 지문의 '김정희가 제주도 유배', '사제의 의리'를 통해 김정희가 제주도 유배 당시 제자 이상적에게 그려준 국보 180호 세한도임을 알 수 있다.

①

②

③

④

⑤

① 정선, 인왕제색도
② 강세황, 영통골 입구도
③ 안견, 몽유도원도
④ 김정희, 세한도
⑤ 신윤복, 월하정인

34

정답 ④

해설

제시된 지문의 '음력 5월 5일로 수릿날'을 통해 단오임을 알 수 있다. 단오에 남자들은 씨름을 하고, 여자들은 그네뛰기를 주로 한다.

35

정답 ④

해설

제시된 지문의 '서재필이 창간', '근대적 민간 신문', '한글판 3면과 영어판 1면'을 통해 독립신문임을 알 수 있다.

①

②
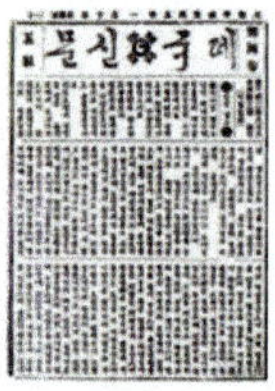
③

漢城旬報
④

독립신문
⑤

皇城新聞

① 해조신문 → 연해주에서 창간되었던 일간 신문이다.
② 제국신문 → 1898년 창간되었던 순한글 신문이다.
③ 한성순보 → 1883년 박문국에서 발행한 최초의 관보이다.
④ 독립신문 → 1896년 발행한 최초 민간신문이다.
⑤ 황성신문 → 1898년 창간되었던 국한문 혼용 신문이다. 을사조약 체결 당시 장지연의 '시일야방성대곡' 사설을 실었다.

36

정답 ⑤

해설

제시된 지문의 '환구단', '국호를 대한'을 통해 1897년 10월 대한 제국이 수립되었음을 알 수 있다.

① 전환국이 설치되었다. → 1883년 설치된 화폐 발행 기관으로, 1904년에 폐지되었다.
② 혜상공국이 설립되었다. → 1883년 보부상을 보호하기 위하여 설치한 기관으로, 1885년 상리국으로 개칭되었다.
③ 보빙사가 미국에 파견되었다. → 1883년 조미 수호 통상 조약의 체결과 미국 공사의 파견에 대한 답례로 조선에서 미국에 파견한 외교 사절단이다.
④ 조청 상민 수륙 무역 장정이 체결되었다. → 1882년 임오군란 이후 조선과 청나라가 맺은 조약으로, 두 나라 상인의 수륙 양면에 걸친 통상에 관해 체결한 조약이다.
⑤ 양전 사업이 실시되어 지계가 발급되었다. → 대한 제국 수립 이후 실시한 광무개혁(1898)에 대한 설명이다.

37

정답 ①

해설

제시된 지문의 '하얼빈', '이토 히로부미 저격'을 통해 (가) 인물이 안중근임을 알 수 있다.

① 동양 평화론을 저술하였다. → 안중근이 이토 히로부미를 저격한 후 뤼순감옥 투옥 당시에 저술한 책으로 끝까지 탈고하지 못하고 사형이 집행되었다.
② 친일 인사인 스티븐스를 사살하였다. → 장인환, 전명운에 대한 설명이다.
③ 5적 처단을 위해 자신회를 조직하였다. → 나철, 오기호에 대한 설명이다.
④ 명동 성당 앞에서 이완용을 습격하였다. → 이재명에 대한 설명이다.
⑤ 동양 척식 주식회사에 폭탄을 투척하였다. → 나석주에 대한 설명이다.

38

정답 ①

해설

제시된 지문의 '대성 학교', '안창호, 양기탁'을 통해 (가) 단체가 신민회임을 알 수 있다. 신민회는 안창호, 양기탁이 결성한 비밀결사 단체로 공화정 수립을 목표로 하였다. 자금 마련을 위해 태극 서관과 자기 회사를 설립하고, 대성 학교와 오산 학교를 설립하여 민족 교육 운동에도 활발한 움직임을 보였다. 하지만 105인 사건으로 신민회는 해체되었다.

ㄱ. 태극 서관을 운영하였다. → 신민회에서 운영한 출판 회사이다.
ㄴ. 105인 사건으로 와해되었다. → 데라우치 총독 암살 미수 사건(105인 사건) 관련 모함으로 신민회는 와해되었다.
ㄷ. 이륭양행에 교통국을 설치하였다. → 대한민국 임시 정부에서 설치한 정보 수집 기관이다.
ㄹ. 입헌 군주제 수립을 목표로 하였다. → 신민회는 공화정 수립을 목표로 하였다.

따라서 정답은 ㄱ. ㄴ이다.

39

정답 ③

해설

제시된 지문의 '고종의 인산일', '독립 만세 운동'을 통해 (가) 민족 운동은 1919년 발생한 3 · 1 운동임을 알 수 있다.

① 통감부의 방해와 탄압으로 중단되었다. → 1910년 8월 29일 이후는 통감부가 아닌 총독부가 설립되어 민족 운동을 탄압하였다. 통감부는 일제 강점기 이전에 설립된 기관이다.
② 러시아의 절영도 조차 요구를 저지하였다. → 독립협회의 만민 공동회에 대한 설명이다.
③ 민족 대표 33인 명의의 독립 선언서가 발표되었다. → 3 · 1 운동에 대한 설명이다.
④ 대한매일신보의 후원을 받아 전국으로 확산되었다. → 대구에서 시작된 국채 보상 운동에 대한 설명이다.
⑤ 한국인 학생과 일본인 학생 간의 충돌에서 비롯되었다. → 1929년 발생한 광주 학생 항일운동에 대한 설명이다.

40

정답 ④

해설

제시된 지문의 (가)는 3부 성립, (나)는 봉오동 전투, (다)는 청산리 전투이다.

따라서 정답은 (나) – (다) – (가)이다.

Plus note

- **1920년대 만주 지역의 독립운동 순서**
  봉오동 전투 → 훈춘 사건 → 청산리 전투 → 간도참변 → 밀산으로 이동, 전열 재정비 → 자유시 참변 → 3부 성립(참의부, 정의부, 신민부) → 미쓰야 협정 → 3부 통합(혁신의회, 국민부)

41

정답 ③

해설

제시된 지문의 '님의 침묵'을 통해 (가) 인물은 한용운임을 알 수 있다.

① 우리말 큰사전 편찬 사업을 추진하였다. → 조선어 학회에 대한 설명이다.
② 유교 개혁을 주장하는 유교 구신론을 제창하였다. → 박은식에 대한 설명이다.
③ 월간지 유심을 발간하여 불교 개혁 운동에 힘썼다. → 한용운에 대한 설명이다.
④ 진단 학회를 설립하여 실증주의 사학을 발전시켰다. → 이병도, 손진태에 대한 설명이다.
⑤ 독사신론을 저술하여 민족주의 사학의 기반을 마련하였다. → 신채호에 대한 설명이다.

42

정답 ④

해설

제시된 지문의 '위안부'를 통해 밑줄 그은 '시기'는 1930년대 민족 말살 통치 시기임을 알 수 있다. 1938년 국가 총동원법을 제정한 일제는 조선을 인적 · 물적으로 수탈하기 시작하였다. 인적 수탈로는 징용, 징병 등의 위안부, 정신대, 지원병, 학도 지원병 등이 있으며, 물적 수탈로는 공납과 미곡 공출, 금속 공출 등이 해당된다.

① 태형을 집행하는 헌병 경찰 → 1910년대 무단 통치 시기이다.
② 원산 총파업에 동참하는 노동자 → 1929년 문화 통치 시기이다.
③ 회사령을 공포하는 총독부 관리 → 1910년 무단 통치 시기이다.
④ 신사 참배에 강제 동원되는 학생 → 1930년대 민족 말살 통치 시기이다.
⑤ 암태도 소작 쟁의에 참여하는 농민 → 1923년 문화 통치 시기이다.

43

정답 ④

해설

제시된 지문의 '신간회의 자매 단체'를 통해 (가) 단체는 근우회임을 알 수 있다. 근우회는 신간회의 자매 단체로 1927년 창설되었으며 항일 여성 운동 단체이다. 여성의 해방 인식 확산을 주장하며 주로 활동하였다.
① 상하이에서 대동 단결 선언을 발표하였다. → 1917 신규식, 조소앙, 신채호 등이 주도하여 임시 정부 수립을 위해 발표하였다.
② 일제의 황무지 개간권 요구를 저지하였다. → 보안회에 대한 설명이다.
③ 여성 교육을 위해 배화 학당을 설립하였다. → 1898년 선교사가 설립한 학교이다.
④ 조선 여성의 단결과 지위 향상을 목표로 하였다. → 근우회에 대한 설명이다.
⑤ 어린이 등의 잡지를 발간하여 소년 운동을 주도하였다. → 천도교의 소년회에 대한 설명이다.

44

정답 ②

해설

제시된 지문의 '대한 국민 의회', '대한 광복군 정부'를 통해 연해주 지역임을 알 수 있다.
① 독립군 양성을 위해 신흥 강습소를 세웠어요. → 서간도에 대한 설명이다.
② 권업회를 조직하여 권업신문을 발행하였어요. → 연해주에 대한 설명이다.
③ 숭무 학교를 설립하여 무장 투쟁을 준비하였어요. → 멕시코에 대한 설명이다.
④ 한인 비행 학교를 세워 독립군 비행사를 육성하였어요. → 미국에 대한 설명이다.
⑤ 대일 항전을 준비하기 위해 조선 독립 동맹을 결성하였어요. → 중국 옌안(화북 지역)에 대한 설명이다.

45

정답 ⑤

해설

제시된 지문의 '주석 김구'를 통해 (가) 단체는 대한민국 임시 정부임을 알 수 있다. 1940년 충칭으로 근거지를 옮긴 후 대한민국 임시 정부는 산하 군대로 한국 광복군을 창설하고, 1941년에 조소앙의 삼균주의를 기초로 하는 대한민국 건국 강령을 선포하였다.
① 좌우 합작 7원칙을 발표하였다. → 좌우 합작 위원회(여운영, 김규식 설립)에 대한 설명이다.
② 개벽, 신여성 등의 잡지를 간행하였다. → 천도교에 대한 설명이다.
③ 조선 혁명 선언을 활동 지침으로 삼았다. → 의열단에 대한 설명이다.
④ 한글 맞춤법 통일안과 표준어를 제정하였다. → 조선어 학회에 대한 설명이다.
⑤ 삼균주의를 기초로 하는 건국 강령을 선포하였다. → 대한민국 임시 정부에 대한 설명이다.

46

정답 ②

해설

제시된 지문의 '향토 예비군 창설', '무장 공비의 청와대 습격'을 통해 박정희 정부 시기임을 알 수 있다. 1968년 김신조 등 무장 공비 31명이 청와대를 습격하기 위해 침투하였다. 무장 공비를 소탕한 후 박정희 정부는 향토 예비군을 창설하고, 주민등록증을 발급하기 시작하였다.
① 양성 평등의 실현을 위해 호주제를 폐지하였다. → 노무현 정부에 대한 설명이다.
② 교육의 지표를 제시한 국민 교육 헌장을 선포하였다. → 박정희 정부에 대한 설명이다.
③ 사회 통합을 위한 다문화 가족 지원법을 시행하였다. → 이명박 정부에 대한 설명이다.
④ 공직자 윤리법을 개정하여 재산 등록을 의무화하였다. → 김영삼 정부에 대한 설명이다.
⑤ 언론의 통폐합이 단행되고 언론 기본법을 제정하였다. → 전두환 정부에 대한 설명이다.

47

정답 ⑤

해설

제시된 지문의 '제헌 헌법으로 출범'을 통해 이승만 정부 시기임을 알 수 있다.
① 삼청 교육대의 설치 → 전두환 정부에 대한 설명이다.
② 새마을 운동의 추진 → 박정희 정부에 대한 설명이다.
③ 한일 기본 조약의 비준 → 박정희 정부에 대한 설명이다.
④ 지방 자치제의 전면 실시 → 김영삼 정부에 대한 설명이다.
⑤ 반민족 행위 처벌법의 제정 → 이승만 정부에 대한 설명이다.

48

정답 ⑤

해설

제시된 지문의 (가)는 '대통령 선거인단'을 통해 1980년 제정된 8차 개헌 내용이고, (나)는 '대통령의 임기는 5년 ~ 중임할 수 없다.'를 통해 1987년 제정된 9차 개헌임을 알 수 있다. 1980~1987년은 전두환 정부 집권 시기이다.
① 국가 재건 최고 회의를 기반으로 군정이 실시되었다. → 5 · 16 군사 정변으로 권력을 장악한 박정희에 대한 설명이다.
② 조봉암이 혁신 세력을 규합하여 진보당을 창당하였다. → 1956년 이승만 정부에 대한 설명이다.
③ 3 · 15 부정 선거에 항의하는 시위가 전국으로 확산되었다. → 1960년 이승만 정부에 대한 설명이다.
④ 유신 체제에 저항하여 부산, 마산 등지에서 시위가 일어났다. → 1979년 박정희 정부에 대한 설명이다.
⑤ 호헌 철폐, 독재 타도를 요구하는 6 · 10 국민 대회가 개최되었다. → 1987년 전두환 정부에 대한 설명이다.

Plus note

- 8차 개헌(전두환) → 1987 6월 민주 항쟁 → 9차 개헌(1987)

49 정답 ③

해설

제시된 지문의 '금융실명거래'를 통해 김영삼 정부 시기임을 알 수 있다.

① 경부 고속도로를 준공하였다.
→ 박정희 정부에 대한 설명이다.
② 제1차 경제 개발 5개년 계획이 추진되었다.
→ 박정희 정부에 대한 설명이다.
③ 경제 협력 개발 기구(OECD)에 가입하였다.
→ 김영삼 정부에 대한 설명이다.
④ 미국과 자유 무역 협정(FTA)을 체결하였다.
→ 노무현 정부에 대한 설명이다.
⑤ 귀속 재산 처리를 위해 신한 공사가 설립되었다.
→ 미군정 시기에 대한 설명이다.

50 정답 ②

해설

제시된 지문의 '서울 올림픽', '유엔에 가입'을 통해 노태우 정부 시기임을 알 수 있다.

① 남북 정상 회담을 처음으로 개최하였다.
→ 김대중 정부에 대한 설명이다.
② 한반도 비핵화 공동 선언을 채택하였다.
→ 노태우 정부에 대한 설명이다.
③ 개성 공단 조성 사업을 추진하기로 하였다.
→ 김대중 정부에 대한 설명이다.
④ 남북 조절 위원회를 운영하기로 합의하였다.
→ 박정희 정부에 대한 설명이다.
⑤ 남북 간 이산가족 상봉을 최초로 실현하였다.
→ 전두환 정부에 대한 설명이다.

2022년도 제57회 한국사능력검정시험

문제 180p

01	02	03	04	05	06	07	08	09	10
③	⑤	②	②	③	④	①	④	①	①
11	12	13	14	15	16	17	18	19	20
④	②	③	③	①	①	④	②	②	①
21	22	23	24	25	26	27	28	29	30
⑤	②	①	④	⑤	④	①	⑤	④	②
31	32	33	34	35	36	37	38	39	40
⑤	④	④	③	④	④	⑤	③	②	⑤
41	42	43	44	45	46	47	48	49	50
⑤	⑤	③	⑤	①	③	⑤	②	②	③

01 정답 ③

해설

제시된 지문의 '고인돌'을 통해 청동기 시대임을 알 수 있다.

① 소를 이용한 깊이갈이가 일반화되었다. → 고려 시대이다.
② 주로 동굴이나 강가의 막집에서 살았다. → 구석기 시대이다.
③ 반달 돌칼을 사용하여 곡식을 수확하였다. → 청동기 시대이다.
④ 실을 뽑기 위해 가락바퀴를 처음 사용하였다. → 신석기 시대이다.
⑤ 주먹도끼, 찍개 등의 뗀석기를 만들기 시작하였다. → 구석기 시대이다.

02 정답 ⑤

해설

제시된 지문의 '단군왕검', '최초의 국가'를 통해 '이 나라'는 고조선임을 알 수 있다. 고조선은 사회 질서를 유지하기 위해 범금 8조를 만들었는데, 현재는 3개 조항만 전해지고 있다.

① 백제와 연합하여 금성을 공격하였다. → 가야와 왜가 백제와 연합하여 신라의 수도인 금성을 공격하였다.
② 마립간이라는 왕의 칭호를 사용하였다. → 신라 내물왕부터 소지왕까지 사용한 왕의 칭호이다.
③ 빈민을 구제하기 위해 진대법을 실시하였다. → 고구려 고국천왕 시기에 을파소의 건의에 따라 빈민을 구제하기 위한 진대법을 실시하였다.
④ 목지국을 압도하고 지역의 맹주로 발돋움하였다. → 마한을 주도하였던 목지국을 압도하고 지역의 맹주로 발돋움한 나라는 백제이다.
⑤ 살인, 절도 등의 죄를 다스리는 범금 8조가 있었다. → 고조선에 대한 설명이다.

03 정답 ②

해설

제시된 지문의 (가)는 '동맹'을 통해 고구려임을, (나)는 '무천'을 통해 동예임을 알 수 있다.

① (가) – 낙랑과 왜에 철을 수출하였다. → 변한(가야)에 대한 설명이다.
② (가) – 서옥제라는 혼인 풍습이 있었다. → 고구려의 혼인 풍습에 대한 설명이다.
③ (나) – 연의 장수 진개의 공격을 받았다. → 고조선의 부왕시

기에 연나라의 공격을 받았다.
④ (나) – 가(加)들이 별도로 사출도를 다스렸다. → 부여의 사출도 마가, 우가, 저가, 구가에 대한 설명이다.
⑤ (가), (나) – 골품에 따라 관등 승진에 제한이 있었다. → 신라의 골품제에 대한 설명이다.

04

정답 ②

해설

제시된 지문의 '일본 교토 고류사의 불상'을 통해 삼국 시대 불상인 금동 미륵보살 반가 사유상임을 알 수 있다. 일본 고류사의 불상은 목조로 만들어진 미륵보살 반가 사유상으로 우리나라 금동 미륵보살 반가 사유상과 모양의 매우 비슷해서 삼국의 문화가 일본에 전파되었음을 알 수 있다.

①

②

③

④

⑤

① 경주 구황동 금제여래입상 → 통일 신라 초기에 제작되었다.
② 금동 미륵보살 반가 사유상 → 정답이다.
③ 이불병좌상 → 발해의 대표적인 불상이다.
④ 연가 7년명 금동여래입상 → 고구려의 대표적인 불상이다.
⑤ 하남 하사창동 철조석가여래좌상 → 고려 시대의 대표적인 철불이다.

05

정답 ③

해설

제시된 지문의 '중국 남조의 영향', '벽돌로 축조'를 통해 (가) 왕은 백제 무령왕임을 알 수 있다.
① 익산에 미륵사를 창건하였다. → 백제 무왕에 대한 설명이다.
② 사비로 천도하고 국호를 남부여로 고쳤다. → 백제 성왕에 대한 설명이다.
③ 지방에 22담로를 두어 왕족을 파견하였다. → 백제 무령왕에 대한 설명이다.
④ 평양성을 공격하여 고국원왕을 전사시켰다. → 백제 근초고왕에 대한 설명이다.
⑤ 동진에서 온 마라난타를 통해 불교를 수용하였다. → 백제 침류왕에 대한 설명이다.

06

정답 ④

해설

제시된 지문의 '시무책 10여 조'를 통해 (가) 인물은 최치원임을 알 수 있다. 6두품 출신의 최치원은 당의 빈공과에 합격 후 당에서 관직생활을 하다 진성여왕 시기에 신라로 건너와 시무책 10여 조의 개혁안을 제시하였다. 저서로는 계원필경(최치원의 시문집), 토황소격문, 제왕연대력 등이 있다.

① 유식의 교의를 담은 해심밀경소를 저술하였다. → 원측에 대한 설명이다.
② 외교 문서 작성에 능하여 청방인문표를 작성하였다. → 강수에 대한 설명이다.
③ 한자의 음훈을 빌려 우리말을 표기한 이두를 정리하였다. → 설총에 대한 설명이다.
④ 신라 말의 사회상을 보여주는 해인사 묘길상탑기를 남겼다. → 최치원에 대한 설명이다.
⑤ 종파 간의 사상적 대립을 해소하기 위해 십문화쟁론을 지었다. → 원효에 대한 설명이다.

07

정답 ①

해설

(가) '대야성 공격'을 통해 백제 의자왕 때의 대야성 공격임을 알 수 있다(642). 이때 대야성을 지키던 김춘추의 사위인 품석과 딸이 사망하였다.
(나) '신라와 당의 군사', '의자왕의 도성을 에워싸기'를 통해 백제 멸망 때임을 알 수 있다(660). 나당 연합군이 백제의 수도 사비성을 함락함으로써 백제는 멸망하였다.
(다) '흑치상지'를 통해 백제 부흥 운동에 대한 것임을 알 수 있다(663). 백제가 멸망한 후 복신, 도침, 흑치상지 등이 백제 부흥 운동을 전개하였다.
따라서 순서는 (가) – (나) – (다)이다.

08

정답 ④

해설

제시된 지문의 '처음으로 9주가 되었다.'를 통해 제시된 정책을 실시한 왕이 통일 신라 신문왕임을 알 수 있다. 신문왕은 지방 제도를 9주 5소경으로 정비하였다.
① 금관가야가 멸망하였다. → 법흥왕에 대한 설명이다.
② 이사부가 우산국을 복속하였다. → 지증왕에 대한 설명이다.
③ 조세를 관장하는 품주가 설치되었다. → 진흥왕에 대한 설명이다.
④ 관료전이 지급되고 녹읍이 폐지되었다. → 신문왕에 대한 설명이다.
⑤ 인재 등용을 위한 독서삼품과가 실시되었다. → 원성왕에 대한 설명이다.

09

정답 ①

해설

제시된 지문의 '선조성', '중대성', '정당성'을 통해 제시된 제도를 운영한 국가가 발해임을 알 수 있다. 발해의 3성은 정당성, 선조성, 중대성으로 이루어졌고, 정당성의 장관인 대내상이 국정을 총괄하였다.
① 교육 기관으로 주자감을 두었다. → 발해의 유학교육기관이다.
② 신라에 침입한 왜구를 격퇴하였다. → 고구려 광개토대왕에 대한 설명이다.
③ 9서당 10정의 군사 조직을 갖추었다. → 통일 신라 군사조직에 대한 설명이다.
④ 개국, 태창이라는 연호를 사용하였다. → 신라 진흥왕에 대한 설명이다.
⑤ 왕족인 부여씨와 8성의 귀족이 지배층을 이루었다. → 백제의 지배층에 대한 설명이다.

10 　　정답 ①

해설

제시된 지문의 '완산주에 나라를 세운'을 통해 (가) 인물이 견훤임을 알 수 있다. 신라 하대의 혼란을 틈타 견훤이 지방의 군사력과 호족 세력을 바탕으로 완산주에 도읍을 정하고 후백제를 건국하였다.

① 공산 전투에서 고려군을 크게 무찔렀다. → 견훤에 대한 설명이다.
② 귀순한 김순식에게 왕씨 성을 하사하였다. → 태조 왕건에 대한 설명이다.
③ 폐정 개혁을 목표로 정치도감을 설치하였다. → 고려 충목왕에 대한 설명이다.
④ 청해진을 근거지로 해상 무역을 전개하였다. → 통일 신라 장보고에 대한 설명이다. 현재의 완도에 청해진을 설치하여 해상 무역을 전개하였다.
⑤ 광평성을 설치하고 광치나, 서사 등의 관원을 두었다. → 궁예에 대한 설명이다. 국정 총괄 기관인 광평성을 설치하고 광치나, 서사 등의 관원을 두었다.

11 　　정답 ④

해설

제시된 지문의 '너희가 9성의 반환을 요청했으니'를 통해 동북 9성 설치 이후 여진이 돌려줄 것을 요청한 상황임을 알 수 있다. 고려 숙종 시기에 윤관이 여진을 토벌하기 위해 별무반을 창설하고, 이후 예종 시기에 여진을 토벌하고 동북 9성을 설치하였다. 이후 여진은 고려에 조공을 바칠 것을 약조하며 동북 9성 반환을 요구하였다.
따라서 정답은 (라)이다.

12 　　정답 ②

해설

제시된 지문의 '준풍 4년', '백관의 공복'을 통해 '이 왕'은 고려 광종임을 알 수 있다.

① 12목에 지방관이 파견되었다. → 고려 성종 시기에 대한 설명이다.
② 쌍기의 건의로 과거제가 시행되었다. → 고려 광종 시기에 대한 설명이다.
③ 대장도감에서 팔만대장경이 간행되었다. → 고려 고종 시기에 대한 설명이다. 강화도 선원사에 대장도감을 설치하고 팔만대장경을 조판하였다(1236~1251).
④ 안우, 이방실 등이 홍건적을 격파하였다. → 공민왕 시기에 대한 설명이다.
⑤ 신돈이 전민변정도감의 책임자가 되었다. → 공민왕 시기에 대한 설명이다.

13 　　정답 ③

해설

제시된 지문의 '양계와 5도', '은병'을 통해 고려 시대임을 알 수 있다.

① 백동화를 주조하는 전환국의 기술자 → 조선 후기에 대한 설명이다.
② 신해통공 시행 소식에 기뻐하는 난전 상인 → 정조 시기에 대한 설명이다. 신해통공의 시행으로 말미암아 육의전을 제외한 시전 상인의 금난전권이 폐지되었다.
③ 불법적인 상행위를 감독하는 경시서의 관리 → 경시서로 수도(개경)의 시전을 감독하기 시작한 것은 고려 목종 시기로(재위 997~1009) 추정된다.
④ 담배, 인삼 등의 상품 작물을 재배하는 농민 → 조선 후기에 대한 설명이다.
⑤ 물주로부터 자금을 조달받아 광산을 운영하는 덕대 → 조선 후기에 대한 설명이다.

14 　　정답 ③

해설

제시된 지문의 '원종이 강화에서 송경으로 환도할 적에', '승화후를 옹립하고'를 통해 삼별초의 항쟁임을 알 수 있다. 원종이 개경으로 환도를 단행하자 삼별초는 승화후를 자신들의 왕으로 옹립하고 원나라에 항쟁하였다.

① 김윤후가 처인성에서 몽골군을 격퇴하였다. → 몽골 2차 침입 시기이다.
② 묘청이 칭제 건원과 금국 정벌을 주장하였다. → 묘청의 난에 대한 설명이다.
③ 김방경의 군대가 탐라에서 삼별초를 진압하였다. → 삼별초의 항쟁에 대한 설명이다.
④ 최충헌이 봉사 10조를 올려 시정 개혁을 건의하였다. → 무신 정권 시기이다.
⑤ 경대승이 정중부 등을 제거하고 권력을 장악하였다. → 무신 정권 시기이다.

Plus note

- **무신 정권 변천 과정**
  이의방 → 정중부 → 경대승 → 이의민 → 최충헌 → 최우 → 최항 → 최의 → 김준 → 임연, 임유무

15 　　정답 ①

해설

제시된 지문의 '현존하는 가장 오래된 목조 건축물', '주심포 양식'을 통해 고려 시대 목조 건축물임을 알 수 있고, 주어진 대화 속 문화유산은 안동 봉정사 극락전임을 알 수 있다. 국보 제15호로 13세기 초~중기에 지어진 것으로 추정된다.

①

②

③

④

⑤

① 안동 봉정사 극락전 → 정답이다.
② 보은 법주사 팔상전 → 조선 후기의 건축물이다.
③ 구례 화엄사 각황전 → 조선 후기의 건축물이다.
④ 예산 수덕사 대웅전 → 고려 충렬왕 대에 지어진 건축물이다.
⑤ 영주 부석사 무량수전 → 고려 시대에 지어진 건축물이다. 배흘림 기둥에 주심포 양식으로 축조되었다. 건물 내부에는 국보 제45호인 소조 아미타 여래 좌상이 봉안되어 있다.

16

정답 ①

해설

제시된 지문의 '문헌공도', '사학 12도 융성'을 통해 고려 시대 사학이 융성한 시기임을 알 수 있다. 이로 인해 관학이 위축되자 관학을 진흥하기 위한 방안을 마련하였다.

① 양현고를 두어 장학 기금을 마련하였다. → 정답이다.
② 서원을 세워 후진 양성과 선현 제향에 힘썼다. → 서원은 조선 중기 사림이 지방에 설치한 교육기관으로 최초의 서원인 백운동 서원이 조선 중종 시기에 세워졌다.
③ 초계문신제를 시행하여 문신들을 재교육하였다. → 조선 정조 시기에 대한 설명이다.
④ 만권당을 설립하여 원의 학자들과 교류하게 하였다. → 고려 충선왕 시기에 원나라 연경(지금의 북경)에 세운 독서당이다.
⑤ 경당을 설치하여 청소년에게 글과 활쏘기를 가르쳤다. → 고구려의 지방 교육기관으로 장수왕이 평양으로 천도 후 설립하였다.

Plus note

• **관학 진흥책**
숙종 시기 – 서적포 : 국자감에 두었던 출판부
예종 시기 – 국자감을 국학으로 개칭
양현고 : 국학의 장학 재단
전문7재 : 국학에 설치한 7종의 전문 강좌
청연각, 보문각 : 도서관 겸 학문연구소

17

정답 ④

해설

제시된 지문의 '2차 왕자의 난'을 통해 (가) 인물은 이방원(태종)임을 알 수 있다. 태조 7년인 1398년 8월에 일어난 것이 1차 왕자의 난 이고, 1400년 1월에 일어난 것이 2차 왕자의 난(방간의 난 또는 박포의 난 이라고 함)이다. 태종은 2차 왕자의 난 이후 권력을 장악하고 왕권 강화를 위해 6조 직계제를 처음 실시하였다.

① 과전을 혁파하고 직전을 설치하였다. → 세조 시기에 대한 설명이다.
② 최무선의 건의로 화통도감을 두었다. → 고려 우왕 시기에 대한 설명이다.
③ 어영청을 중심으로 북벌을 추진하였다. → 효종 시기에 대한 설명이다.
④ 왕권 강화를 위해 6조 직계제를 실시하였다. → 태종 시기에 대한 설명이다.
⑤ 궁중 음악을 집대성한 악학궤범을 편찬하였다. → 성종 시기에 대한 설명이다.

18

정답 ②

해설

제시된 지문의 '김종직', '부관참시'를 통해 (가) 사건은 무오사화임을 알 수 있다. 조선 전기 사림파의 수장인 김종직이 쓴 수양대군(세조)의 왕위 찬탈을 비난하는 내용의 글인 조의제문이 발단이 되어 무오사화가 발생하였다.

① 계유정난의 배경이 되었다. → 계유정난이 일어난 것은 단종 원년인 1453년의 일이다. 수양대군이 김종서 등을 살해하고 권력을 장악하였다.
② 조의제문이 발단이 되어 일어났다. → 정답이다.
③ 반정 공신의 위훈 삭제를 주장하였다. → 조광조가 실시한 정책으로 기묘사화의 배경이 되었다. 이 사건으로 조광조가 축출되었다.
④ 윤임 일파가 제거되는 결과를 가져왔다. → 명종 시기 발생한 을사사화에 대한 설명이다.
⑤ 동인이 남인과 북인으로 나뉘는 계기가 되었다. → 선조 시기 발생한 건저의 사건(세자 책봉 문제)으로 정철의 처리 문제를 둘러싸고 강경파인 북인과 온건파인 남인으로 나뉘었다.

Plus note

• **사화 발생 순서**
무오사화 → 갑자사화 → 기묘사화 → 을사사화

19

정답 ②

해설

제시된 지문의 '경재소', '향리의 범법 행위를 규찰하고 풍속을 유지'를 통해 (가) 기구는 유향소임을 알 수 있다. 유향소는 지방 양반 자치조직으로 좌수(유향소의 장)와 별감(유향소의 차석)을 선발하여 운영하였으며, 수령을 보좌 · 자문하고 향리를 감찰하며 백성들을 교화하는 역할을 하였다. 또한 유향소를 통제하기 위해 설치한 중앙 기구로 경재소를 두었다.

① 주세붕이 처음 설립하였다. → 백운동 서원에 대한 설명이다.
② 좌수와 별감을 선발하여 운영하였다. → 유향소에 대한 설명이다.
③ 중앙에서 교수와 훈도를 파견하였다. → 향교에 대한 설명이다.
④ 대성전을 세워 성현에 제사를 지냈다. → 성균관과 향교에 대한 설명이다.
⑤ 흥선 대원군에 의해 대부분 철폐되었다 → 서원에 대한 설명이다.

20

정답 ①

해설

제시된 지문의 '세조 때 축조', '대리석으로 만든 이 탑'을 통해 (가)는 경천사지 10층 석탑(고려 말)의 영향을 받아 만들어진 원각사지 10층 석탑임을 알 수 있다.

①

②

③

④

⑤

① 원각사지 10층석탑 → 정답이다.
② 익산 미륵사지 석탑 → 백제 무왕 시기에 축조되었다.
③ 다보탑 → 통일 신라 경덕왕 시기에 축조되었다.

④ 부여 정림사지 5층 석탑 → 백제 사비성에 위치하고 있다.
⑤ 발해 영광탑 → 8~10세기에 건립된 발해 시대의 전탑(모전 석탑)으로 영광탑 또는 발해 전탑으로도 불린다.

21 정답 ⑤

해설

제시된 지문의 '남한산성에 피란해 있던 국왕'을 통해 '이 전쟁'은 병자호란임을 알 수 있다. 청이 조선에 군신관계를 요구하자 조선의 척화파 신하들이 이를 거절하였다. 이를 명분으로 청이 침략하였고 인조는 남한산성으로 피란하였다.
① 훈련도감이 설치되었다. → 임진왜란에 대한 설명이다.
② 외규장각 도서가 약탈되었다. → 병인양요에 대한 설명이다.
③ 곽재우가 의령에서 의병을 일으켰다. → 임진왜란에 대한 설명이다.
④ 강홍립이 이끄는 부대가 참전하였다. → 광해군 시기에 대한 설명이다.
⑤ 김준룡이 광교산 전투에서 승리하였다. → 병자호란에 대한 설명이다.

22 정답 ②

해설

제시된 지문의 (가)는 '허적에게 사약'을 통해 경신환국임을, (나)는 '장씨에게 내렸던 왕후의 지위를 거두고'를 통해 갑술환국임을 알 수 있다. 숙종 시기 급격한 집권당의 교체인 환국이 발생하였다. 기사환국 시기 서인의 수장인 송시열이 장희빈의 소생을 세자로 책봉하는 데 반대하자 숙종은 송시열의 관작을 삭탈하고 유배하였다.
① 양재역 벽서 사건이 발생하였다. → 명종 시기 윤원형 세력이 반대파 인물들을 숙청한 사건이다.
② 송시열이 관작을 삭탈당하고 유배되었다. → 숙종 시기 기사환국에 대한 설명이다.
③ 자의 대비 복상 문제로 예송이 전개되었다. → 현종 시기 발생한 예송논쟁에 대한 설명이다.
④ 정여립 모반 사건으로 기축옥사가 일어났다. → 선조 시기에 대한 설명이다.
⑤ 붕당의 폐해를 막기 위해 탕평비가 세워졌다. → 영조 시기에 대한 설명이다.

Plus note

- **환국 순서**
  - 경신환국(서인) : 남인이 대거 실각하여 정권에서 물러난 사건
  - 기사환국(남인) : 남인이 희빈 장씨의 소생인 원자를 세자로 책봉하는 문제를 둘러싸고 서인을 몰아내고 재집권한 일
  - 갑술환국(서인) : 숙종이 인현왕후 복위에 반대한 남인 축출

23 정답 ①

해설

제시된 지문의 '방납의 폐단', '토지 결수를 기준으로 공물 납부'를 통해 대동법임을 알 수 있다. 가호를 기준으로 특산물을 납부하던 공납은 임진왜란 이후 백성들이 가장 힘들어했던 세금이다. 광해군은 공납의 기준을 가호 대신 토지 결수를 기준으로(1결당 쌀 12두) 바꾸고 공물을 현물 대신 쌀, 베 등 쉬운 것으로 대신 내게 하는 대동법을 실시하였다.
① 관청에 물품을 조달하는 공인이 등장하였다. → 대동법의 결과로 공인이 등장하였다.
② 어염세, 선박세 등이 국가 재정으로 귀속되었다. → 영조 시기 균역법에 대한 설명이다.
③ 전세를 풍흉에 따라 9등급으로 차등 과세하였다. → 세종 시기 공법에 대한 설명이다.
④ 양반에게도 군포를 징수하는 호포제가 시행되었다. → 흥선 대원군 시기에 대한 설명이다.
⑤ 재정을 보충하기 위해 지주에게 결작이 부과되었다. → 영조 시기 균역법에 대한 설명이다.

Plus note

- **공납** : 지방의 특산물을 현물로 내는 세금 제도

24 정답 ④

해설

제시된 지문의 (가)는 '속대전'을 통해 영조임을, (나)는 '대전통편'을 통해 정조임을 알 수 있다.
① (가) – 청과의 국경을 정한 백두산정계비를 세웠다. → 숙종 시기에 대한 설명이다.
② (가) – 왕실의 위엄을 높이기 위해 경복궁을 중건하였다. → 흥선 대원군 시기에 대한 설명이다.
③ (나) – 이종무를 파견하여 대마도를 정벌하였다. → 세종 시기에 대한 설명이다.
④ (나) – 국왕의 친위 부대인 장용영을 설치하였다. → 정조 시기에 대한 설명이다.
⑤ (가), (나) – 나선 정벌에 조총 부대를 파견하였다. → 효종 시기에 대한 설명이다.

25 정답 ⑤

해설

제시된 지문의 '성호사설'을 통해 (가) 인물은 조선 후기 실학자 이익임을 알 수 있다.
① 이벽 등과 교류하며 천주교를 받아들였다. → 이승훈, 정약용 형제 등에 대한 설명이다.
② 북한산비가 진흥왕 순수비임을 고증하였다. → 김정희에 대한 설명이다.
③ 동호문답에서 수취 제도의 개혁 등을 제안하였다. → 이이에 대한 설명이다.
④ 가례집람을 지어 예학을 조선의 현실에 맞게 정리하였다. → 김장생에 대한 설명이다.
⑤ 곽우록에서 토지 매매를 제한하는 한전론을 주장하였다. → 이익에 대한 설명이다.

26 정답 ④

해설

제시된 그림은 조선 후기의 화원 김득신의 야장단련(풍속화)이라는 작품이다.
① 중인들이 시사(詩社)를 조직하였다. → 조선 후기에 대한 설명이다.

② 양반의 위선을 풍자한 탈춤이 공연되었다. → 조선 후기에 대한 설명이다.
③ 춘향가, 흥보가 등의 판소리가 유행하였다. → 조선 후기에 대한 설명이다.
④ 금속 활자본인 직지심체요절이 간행되었다. → 고려 우왕 시기에 간행되었다(1377).
⑤ 홍길동전, 박씨전 등의 한글 소설이 널리 읽혔다. → 조선 후기에 대한 설명이다.

27

정답 ①

해설

제시된 지문의 '2차 수신사', '조선책략'을 통해 (가) 인물은 김홍집임을 알 수 있다. 일본에 2차 수신사로 파견된 김홍집은 중국 관리 황준헌(=황쭌셴)으로부터 외교 방안이 수록된 조선책략을 받아 들여오게 된다(1880). 이 책에는 러시아를 방어하기 위해서는 중국과 친하고, 일본과 결합하고, 미국과 연합해야 한다는 내용이 수록되어 있다. 조선의 위정척사파들은 연미 정책에 반대해서 이만손을 중심으로 한 영남만인소 운동을 일으켰다(1881).

① 총리대신으로 갑오개혁을 주도하였다. → 김홍집에 대한 설명이다.
② 베델과 함께 대한매일신보를 창간하였다. → 양기탁에 대한 설명이다.
③ 서양의 과학 기술을 정리한 지구전요를 저술하였다. → 최한기에 대한 설명이다.
④ 강화도 조약 체결의 전말을 기록한 심행일기를 남겼다. → 신헌에 대한 설명이다.
⑤ 유학생과 기술자들을 이끄는 영선사로 청에 파견되었다. → 김윤식에 대한 설명이다.

28

정답 ⑤

해설

제시된 지문의 '진주의 백성들', '경상 우병사 백낙신'을 통해 '변란'은 진주 농민 봉기(임술 농민 봉기)임을 알 수 있다. 철종 시기에 발생한 진주 농민 봉기는 백낙신의 수탈 및 횡포로 발생하였고 이를 해결하기 위해 안핵사 박규수가 파견되었다. 박규수는 삼정의 문란이 원인이라 여기고 철종에게 이를 해결하기 위해 삼정이정청 설치를 주장하였다.

① 군 통수권 장악을 위해 원수부를 두었다. → 대한 제국 시기 고종이 실시한 광무개혁에 대한 설명이다.
② 각 궁방과 중앙 관서의 공노비를 해방하였다. → 순조 시기에 대한 설명이다.
③ 개혁의 방향을 제시한 홍범 14조를 반포하였다. → 고종이 종묘에서 홍범 14조를 반포 후 2차 갑오개혁을 실시하였다.
④ 재정 문제를 해결하기 위해 당백전을 발행하였다. → 흥선대원군이 경복궁 중건을 위해 발행한 고액 화폐이다.
⑤ 삼정의 문란을 시정하고자 삼정이정청을 설치하였다. → 임술 농민 봉기에 대한 설명이다.

29

정답 ④

해설

제시된 지문의 '최혜국 대우', '조선이 서양 국가와 최초로 체결'을 통해 조 · 미 수호 통상 조약임을 알 수 있다. 조 · 미 수호 통상 조약은 1882년 고종 시기에 조선과 미국 간에 국교와 통상을 목적으로 체결한 조약이다. 내용으로는 최혜국 대우, 관세, 치외법권(영사재판권), 거중 조정(조선이 제3국에 의해 위기를 겪을 때 미국 정부가 평화적으로 해결하게 도와줌) 등이 있다.

① 병인양요 발생의 배경이 되었어요. → 병인박해에 대한 설명이다.
② 갑신정변의 영향으로 체결되었어요. → 한성 조약에 대한 설명이다.
③ 통감부가 설치되는 결과를 가져왔어요. → 을사늑약에 대한 설명이다.
④ 거중 조정에 대한 내용이 포함되었어요. → 조 · 미 수호 통상 조약에 대한 설명이다.
⑤ 메가타가 재정 고문으로 부임하는 계기가 되었어요. → 1차 한일협약에 대한 설명이다.

30

정답 ②

해설

제시된 지문의 '교조 최제우를 복권'을 통해 (가) 종교는 동학임을 알 수 있다. 동학교도들은 자신들의 종교를 인정받기 위해 억울하게 죽은 교조 최제우의 신원을 회복하기 위해 서울에서 교조신원 복원운동을 실시하였다.

① 정혜쌍수와 돈오점수를 주장하였다. → 고려 시대 지눌에 대한 설명이다. 따라서 종교는 불교이다.
② 포접제를 활용하여 교세를 확장하였다. → 포접제란 동학의 교도 관리를 위해 만든 조직으로 교주를 중심으로 그 아래 몇십 개의 포를 두고 각 포 아래 수십 개의 접을 두는 제도이다. 남접과 북접이 여기에 대표적으로 해당된다.
③ 박중빈을 중심으로 새생활 운동을 추진하였다. → 원불교에 대한 설명이다.
④ 중광단을 조직하여 항일 무장 투쟁을 전개하였다. → 1909년 창시된 대종교 세력이 만든 항일 독립운동 단체로, 이후 북로 군정서에 편입되어 항일 무장 투쟁을 전개하였다.
⑤ 제사와 신주를 모시는 문제로 정부의 탄압을 받았다. → 천주교에 대한 설명이다.

31

정답 ⑤

해설

제시된 지문의 '독립문', '서재필'을 통해 (가) 단체는 독립협회임을 알 수 있다.

갑신정변 실패 후 미국으로 망명했던 서재필을 비롯한 개화파 지식인들은 1896년 〈독립신문〉을 창간하고 이어 독립협회를 설립했다. 이들은 먼저 청으로부터의 자주독립을 상징하는 독립문을 건립하고, 청의 사신을 접대하던 모화관을 독립관으로 고쳤다. 또한 종로광장에서 만민 공동회를 열어 자주 국권과 민권 등을 요구하는 민의를 담은 내용을 정부에 주장했다. 이후 독립협회는 관민 공동회를 통해 개혁 내각을 수립하고 의회 개설도 추진했으나 고종의 해산 명령으로 1898년 12월 해산하였다.

① 만세보를 발행하여 민중 계몽에 앞장섰다. → 천도교(동학)에 대한 설명이다.
② 고종의 강제 퇴위 반대 운동을 전개하였다. → 대한자강회에 대한 설명이다.
③ 여성 권리 선언문인 여권통문을 공표하였다. → 북촌 양반 여성들이 주도하였다.
④ 독립운동 자금 마련을 위해 독립 공채를 발행하였다. → 대한민국 임시 정부에 대한 설명이다.
⑤ 만민 공동회를 열어 열강의 이권 침탈을 저지하였다. → 독립협회에 대한 설명이다.

32 정답 ④

해설

제시된 지문의 '초량 왜관'을 통해 (가)는 부산임을 알 수 있다. 왜관은 조선과 일본의 외교와 무역이 진행된 곳으로, 초량 왜관은 부산에 네 번째로 조성된 왜관이다. 순서를 보면, 조선 전기 부산포 왜관, 임진왜란 직후 절영도 왜관, 선조 시기(1607) 두모포 왜관에 이은 네 번째이다.
따라서 정답은 ㉣이다.

33 정답 ④

해설

제시된 지문의 (가)는 '태인에서 의병'을 통해 1905년 을사의 병임을, (나)는 '개항에 반대하는 상소'를 통해 1876년 강화도 조약 시기임을, (다)는 '일본의 간섭하에 추진된 개혁'을 통해 1894년 갑오개혁 시기 임을 알 수 있다.
따라서 순서는 (나) – (다) – (가)이다.

34 정답 ③

해설

제시된 지문의 '쌀과 콩 등의 곡물에 ~ 잠정적으로 유출을 금지', '시행 1개월 전까지 일본 공사에게 알리시어'를 통해 방곡령 선포 상황임을 알 수 있다. 1883년 체결된 조일 통상 장정의 방곡령 실시 조항을 근거로 황해도와 함경도에서 방곡령을 시행하려 하였으나 일본의 방해로 방곡령이 취소되었다.

① 화폐 정리 사업의 결과를 분석한다. → 1904년 일본의 재정 고문 메가타에 의해 실시되었다.
② 산미 증식 계획의 실상을 조사한다. → 1920년 일본이 자국 내 부족한 식량문제를 해결하기 위해 실시하였다.
③ 조일 통상 장정 체결의 영향을 살펴본다. → 방곡령, 관세, 최혜국 대우 조항 등이 있다.
④ 토지 조사 사업의 추진 과정을 파악한다. → 1910년대 일본은 식민지 운영에 필요한 재원 마련을 위해 조선의 토지를 합법적으로 수탈하기 위한 목적으로 실시하였다.
⑤ 양지아문과 지계아문을 설치한 목적을 알아본다. → 대한 제국 시기에 토지를 조사하고 지계를 발급하기 위해 설치하였다.

35 정답 ④

해설

제시된 지문의 (가)는 '이가 발하고 기가 따르니'를 통해 이황의 「성학십도」임을, (나)는 '부처의 가르침 ~ 수신의 근본이요, 유교의 가르침 ~ 나라를 다스리는 근원'을 통해 최승로의 「시무 28조」임을, (다)는 '불씨'를 통해 정도전의 「불씨잡변」임을, (라)는 '유교계에 3대 문제가 있는지라'를 통해 박은식의 「유교구신론」임을 알 수 있다.

(가) 이황 : 조선 후기
(나) 최승로 : 고려 전기
(다) 정도전 : 조선 전기
(라) 박은식 : 1909년
따라서 정답은 (나) – (다) – (가) – (라)

36 정답 ④

해설

제시된 보기의 ㄱ은 박세당, ㄴ은 최승로, ㄷ은 이황, ㄹ은 박은식에 대한 설명이다.
따라서 정답은 ㄴ, ㄹ이다.

37 정답 ⑤

해설

제시된 지문의 '상하이에서 ~ 수립 초기 청사'를 통해 대한민국 임시 정부임을 알 수 있다.

ㄱ. 민족 교육을 위해 대성 학교를 설립하였다. → 신민회
ㄴ. 광주 학생 항일 운동에 진상 조사단을 파견하였다. → 신간회
ㄷ. 외교 독립 활동을 위해 구미 위원부를 설치하였다. → 대한민국 임시 정부
ㄹ. 임시 사료 편찬회를 두어 한일 관계 사료집을 간행하였다. → 대한민국 임시 정부

따라서 정답은 ㄷ, ㄹ이다.

38 정답 ③

해설

제시된 지문의 '이상설 외 2명이 평화회의에 특사'를 통해 헤이그 특사임을 알 수 있다. 을사조약(1905) 체결 후 고종은 네덜란드 만국평화회의에 특사 3명을 파견하여 일본에 의한 부당한 조약임을 세계만방에 알리려 하였으나 일본의 방해로 성공하지 못했다.

① 임오군란이 일어났다. → 1882년에 구식 군인들에 의해 발생한 사건이다.
② 집강소가 설치되었다. → 동학 농민 운동에 대한 설명이다.
③ 을사늑약이 체결되었다. → 이후 헤이그 특사가 파견되었다.
④ 조선 태형령이 제정되었다. → 1910년대 무단 통치 시기에 일제에 의해 제정되었다.
⑤ 대한 제국의 군대가 해산되었다. → 한일신협약(정미 7조약)에 대한 설명이다.

39 정답 ②

해설

제시된 지문의 '우리나라 최초의 전차가 개통된 해'를 통해 ㉠ 시기는 1899년임을 알 수 있다. 1898년 1월 한성전기회사가 설립된 후 이듬해인 1899년 5월에 서대문과 청량리까지 첫 전차가 개통되었다. 이후 1899년 9월엔 우리나라 최초의 철도 경인선이 개통되었다.

① 북학의를 저술하는 학자 → 조선 정조 시기에 활동한 박제가에 대한 설명이다.
② 대한국 국제를 반포하는 황제 → 1899년 대한 제국의 법으로 제정되었다.
③ 거문도를 불법 점령하는 영국군 → 1885~1887년에 거문도 사건이 발생하였다.
④ 집현전에서 학문을 연구하는 관리 → 조선 전기 세종~세조 시기이다.
⑤ 제너럴 셔먼호를 불태우는 평양 관민 → 1866년 대동강 앞바다에 미국 상선 제너럴 셔먼호 사건이 발생하였다.

40

정답 ⑤

해설

제시된 지문의 '보안회'를 통해 애국 계몽 단체인 보안회 활동에 대해 물어보는 문제임을 알 수 있다.
① 시전 상인의 상권 수호 운동 → 황국 중앙 총상회에 대한 설명이다.
② 급진 개화파의 정치 개혁 운동 → 갑신정변(1884)에 대한 설명이다.
③ 백정들의 사회적 차별 철폐 운동 → 백정들이 실시한 형평운동에 대한 설명이다.
④ 농촌 계몽을 위한 브나로드 운동 → 동아일보에서 주관한 농촌 계몽 운동에 대한 설명이다.
⑤ 일본의 황무지 개간권 요구에 대한 반대 운동 → 보안회에 대한 설명이다.

41

정답 ⑤

해설

제시된 지문의 (가)는 '보통학교의 수업 연한은 4년'을 통해 1911년 발표한 조선 교육령임을, (나)는 '경성 제국 대학'을 통해 1924년 경성 제국 대학이 설립된 시기임을 알 수 있다.
① 육영 공원이 설립되었다. → 1886년 우리나라 최초의 관립 학교로 설립되었다.
② 국문 연구소가 설치되었다. → 1907년 지석영, 주시경이 중심이 되어 국어 문법을 연구하기 위해 설치되었다.
③ 교육 입국 조서가 반포되었다. → 1895년 2차 갑오개혁 시기에 대한 설명이다.
④ 국민 교육 헌장이 발표되었다. → 1968년 박정희 정부에 대한 설명이다.
⑤ 조선 민립 대학 기성회가 창립되었다. → 1923년에 창립되었다.

42

정답 ⑤

해설

제시된 지문의 '이왕(李王) 전하 국장 의식'을 통해 순종의 국장일인 1926년 6월에 발생한 6 · 10 만세 운동임을 알 수 있다. 고종의 국장일에는 3 · 1 운동이 일어났다.
① 13도 창의군이 서울 진공 작전을 전개하였다. → 1908년 정미의병에 대한 설명이다.
② 복벽주의를 내세운 독립 의군부가 조직되었다. → 1912년 임병찬에 대한 설명이다.
③ 김광제 등의 발의로 국채 보상 운동이 일어났다. → 1907년 대구에서 시작되었다.
④ 통상 수교 거부 의지를 담은 척화비가 건립되었다. → 1871년 흥선 대원군에 대한 설명이다.
⑤ 민족 유일당 운동의 일환으로 신간회가 창립되었다. → 1926년 6 · 10 만세 운동으로 민족 유일당 운동의 신호탄이 됨에 따라 이를 계기로 1927년 신간회가 창립되었다.

43

정답 ③

해설

제시된 지문의 '중국 관내에서 결성된 최초의 한인 무장 조직'을 통해 (가) 군사 조직은 조선 의용대임을 알 수 있다. 1938년 중국 한커우(=우한)에서 국민당의 지원으로 창설된 조선 의용대는 1941년 김원봉 중심의 일부 세력이 한국광복군에 합류해서 항일 투쟁을 전개하였다.
① 홍범도가 총사령관으로 활약하였다. → 대한 독립군에 대한 설명이다.
② 영릉가 전투에서 일본군을 격퇴하였다. → 조선 혁명군에 대한 설명이다.
③ 대원 일부가 한국광복군에 합류하였다. → 조선 의용대에 대한 설명이다.
④ 도쿄에서 2 · 8 독립 선언을 계획하였다. → 일본에서 유학하는 학생들에 대한 설명이다.
⑤ 상하이에서 대동단결 선언을 발표하였다. → 신한혁명당에 대한 설명이다.

44

정답 ⑤

해설

제시된 지문의 '죽는 날까지 하늘을 우러러', '서시'를 통해 (가) 인물은 윤동주임을 알 수 있다.
① 조선상고사를 저술하였다. → 신채호에 대한 설명이다.
② 소설 상록수를 신문에 연재하였다. → 심훈에 대한 설명이다.
③ 저항시 광야, 절정 등을 발표하였다. → 이육사에 대한 설명이다.
④ 영화 아리랑의 제작과 감독을 맡았다. → 나운규에 대한 설명이다.
⑤ 별 헤는 밤, 참회록 등의 시를 남겼다. → 윤동주에 대한 설명이다.

45

정답 ①

해설

제시된 지문의 '국가 총동원법이 시행'을 통해 '이 시기'는 1930년대 민족 말살 통치 시기임을 알 수 있다. 국가 총동원법은 1938년 제정된 것으로 인적, 물적 자원을 수탈하기 위해 일제가 제정한 법령이다. 인적 수탈로는 징용(국민징용령), 징병(지원병제, 학도지원병제, 징병제), 위안부, 근로정신대 등이 있고, 물적 수탈로는 배급(식량 배급제), 공출(미곡 · 금속 공출제) 등이 있다.
ㄱ. 미곡 공출제가 시행되었다. → 1940년 시행되었다.
ㄴ. 황국 신민 서사의 암송이 강요되었다. → 1937년 황국 신민 서사가 제정되었다.
ㄷ. 회사 설립을 허가제로 하는 회사령이 실시되었다. → 1910년대 무단 통치 시기에 실시하였다.
ㄹ. 유상 매수, 유상 분배를 규정한 농지 개혁법이 제정되었다. → 1949년 이승만 정부 시기에 제정되었다.
따라서 정답은 ㄱ, ㄴ이다.

46

정답 ③

해설

제시된 지문의 (가)는 '38도 이남의 지역과 주민에 대하여 군정을 설립함'을 통해 1945년 미군정 통치 시기임을, (나)는 '신탁통치 반대 국민 총동원 위원회'를 통해 1945년 12월 28일 신탁통치 반대 운동을 했던 시기임을 알 수 있다. 일제의 잔재를 청산한다는 명분으로 38도선을 기준으로 하여 북쪽은 소련군이 남쪽은 미군정이 각각 들어와 통치하였다. 이후 1945년 12월 모스크바 3상회의에서 신탁 통치 결의안이 발표되자 김구와 김규식 등은 신탁 통치 반대 투쟁을 실시하였다.

① 카이로 선언이 발표되었다. → 1943년에 발표되었다.
② 조선 건국 동맹이 결성되었다. → 1944년에 결성되었다.
③ 모스크바 삼국 외상 회의가 개최되었다. → 1945년 12월 16일에 개최되었다.
④ 좌우 합작 위원회에서 좌우 합작 7원칙을 합의하였다. → 1946년에 합의하였다.
⑤ 유엔 총회에서 인구 비례에 따른 남북한 총선거를 결의하였다. → 1947년 남북한 총선거를 결의하였으나 북한과 소련의 반대로 실시되지 못했다. 이후 유엔 소총회에서 선거 가능 지역만 선거가 결의되자 1948년 5월 10일 남한의 단독 선거가 실시되었다.

47

정답 ⑤

해설

제시된 지문의 '옛 궁터인 만월대', '남북 공동 발굴'을 통해 (가) 지역은 고려 수도였던 개경(현재 개성)임을 알 수 있다. 만월대는 고려 시대 태조가 창건하여 거처하던 궁궐터이다.
① 조선 형평사 창립총회가 개최된 곳이다. → 진주에서 개최되었다.
② 동학 농민군과 정부 사이에 화약이 체결된 곳이다. → 전주에서 체결되었다.
③ 서희가 소손녕과의 외교 담판을 통해 확보한 곳이다. → 강동 6주에 대한 설명이다. 강동 6주는 압록강 이남 지역에 해당된다.
④ 장수왕 때 국내성에서 천도하여 도읍으로 삼은 곳이다. → 평양에 대한 설명이다.
⑤ 유엔군과 공산군 사이의 첫 번째 정전 회담이 열린 곳이다. → 6 · 25 전쟁의 정전 회담은 1951년 7월 개성에서 본회담을 시작하였고, 이후 1951년 10월에 회담 장소를 판문점으로 옮겼다.

48

정답 ②

해설

제시된 지문의 '3 · 15 의거'를 통해 (가)는 4 · 19 민주화 운동임을 알 수 있다. 1960년 4대 대통령 선거에서 부정한 선거로 대통령과 부통령이 당선되자 학생들이 중심이 되어 4 · 19 민주화 운동이 발생하였다. 그 결과 이승만이 대통령직에서 하야하였다.
① 3선 개헌 반대 범국민 투쟁 위원회가 주도하였다. → 박정희 정부가 1969년 3선 개헌을 단행하자 3선 개헌 반대 운동이 일어났다.
② 이승만이 대통령직에서 물러나는 결과를 가져왔다. → 4 · 19 민주화 운동에 대한 설명이다.
③ 신군부의 비상계엄 확대와 무력 진압에 저항하였다. → 1980년 5 · 18 민주화 운동에 대한 설명이다.
④ 관련 기록물이 유네스코 세계 기록 유산으로 등재되었다. → 1980년 5 · 18 민주화 운동에 대한 설명이다.
⑤ 4 · 13 호헌 조치에 반발하며 호헌 철폐 등의 구호를 내세웠다. → 1987년 6월 민주항쟁에 대한 설명이다.

49

정답 ②

해설

제시된 지문의 '개헌 청원 100만인 서명 운동', '긴급조치를 비판'을 통해 박정희 정부 시기임을 알 수 있다. 박정희 정부 시기인 1972년 유신 헌법(7차 개헌)을 발표하자 개헌에 반대하는 운동이 여러 곳에서 발생하였다.
① 한일 월드컵 축구 대회가 개최되었다. → 김대중 정부에 대한 설명이다.
② 농촌 근대화를 표방하는 새마을 운동이 추진되었다. → 박정희 정부에 대한 설명이다.
③ 외환 위기 극복을 위한 금 모으기 운동이 전개되었다. → 김대중 정부에 대한 설명이다.
④ 금융 거래 투명성을 실현하고자 금융 실명제가 시행되었다. → 김영삼 정부에 대한 설명이다.
⑤ 한미 자유 무역 협정(FTA) 체결에 반대하는 시위가 벌어졌다. → 노무현 정부에 대한 설명이다.

50

정답 ③

해설

제시된 지문의 '제2차 남북 정상 회담 개최'를 통해 노무현 정부 시기임을 알 수 있다. 2000년 6월 김대중 정부 시기에는 제1차 남북 정상 회담이 개최되었고, 2007년 10월에는 제2차 남북 정상 회담 개최되었다.
① 남북 기본 합의서를 채택하였다. → 노태우 정부에 대한 설명이다.
② 남북한이 유엔에 동시 가입하였다. → 노태우 정부에 대한 설명이다.
③ 10 · 4 남북 공동 선언을 발표하였다. → 노무현 정부에 대한 설명이다.
④ 남북 조절 위원회를 운영하기로 합의하였다. → 박정희 정부에 대한 설명이다.
⑤ 남북 이산가족 고향 방문단의 교환 방문을 최초로 성사하였다. → 전두환 정부에 대한 설명이다.

2022년도 제58회 한국사능력검정시험

문제 192p

01	02	03	04	05	06	07	08	09	10
①	⑤	②	⑤	④	③	②	④	⑤	④
11	12	13	14	15	16	17	18	19	20
④	⑤	④	①	①	③	②	④	④	①
21	22	23	24	25	26	27	28	29	30
④	①	②	②	④	⑤	⑤	④	①	④
31	32	33	34	35	36	37	38	39	40
①	③	⑤	①	②	①	①	③	③	⑤
41	42	43	44	45	46	47	48	49	50
②	③	①	⑤	③	⑤	⑤	③	⑤	②

01

정답 ①

해설

제시된 지문의 '빗살무늬 토기'를 통해 신석기 시대임을 알 수 있다.

① 가락바퀴를 이용하여 실을 뽑았다. → 신석기 시대이다.
② 주로 동굴이나 막집에서 거주하였다. → 막집은 구석기 시대이다.
③ 명도전, 반량전 등의 화폐가 유통되었다. → 철기 시대이다.
④ 거푸집을 이용하여 세형 동검을 만들었다. → 철기 시대이다.
⑤ 쟁기, 쇠스랑 등의 철제 농기구를 사용하였다. → 철기 시대이다.

02

정답 ⑤

해설

제시된 지문의 '왕검성', '우거왕'을 통해 고조선임을 알 수 있다. 왕검성은 고조선의 수도이다.

① 동맹이라는 제천 행사를 열었다. → 고구려의 제천행사이다.
② 신지, 읍차라 불린 지배자가 있었다. → 삼한의 군장이다.
③ 도둑질한 자에게 12배로 배상하게 하였다. → 부여와 고구려의 법에 해당한다.
④ 읍락 간의 경계를 중시하는 책화가 있었다. → 동예의 풍습이다.
⑤ 왕 아래 상, 대부, 장군 등의 관직을 두었다. → 고조선의 관직에 해당한다.

03

정답 ②

해설

제시된 지문의 '마립간', '동성왕의 혼인'을 통해 백제는 동성왕, 신라는 소지마립간 시기임을 알 수 있다. 5세기 말 고구려의 장수왕, 문자왕 시기에 고구려가 가장 강성해지자 이를 견제하기 위한 정책으로 백제 동성왕과 신라 소지마립간이 결혼동맹을 통해 연맹을 맺으려고 하였다.

① 법흥왕이 금관가야를 병합하였다. → 6세기 초 신라 법흥왕 시기이다.
② 장수왕이 한성을 공격하여 함락시켰다. → 5세기 장수왕이 남진 정책으로 한강 유역을 차지하자 백제, 신라가 연합하여 고구려를 견제하였다.
③ 김유신이 비담과 염종의 반란을 진압하였다. → 신라 선덕여왕 시기이다.
④ 영양왕이 온달을 보내 아단성을 공격하였다. → 7세기 초 고구려 영양왕 시기이다.
⑤ 김춘추가 당으로 건너가 군사 동맹을 성사시켰다. → 나당동맹은 신라 진덕여왕 시기인 648년에 체결하였다.

04

정답 ⑤

해설

제시된 지문의 '진흥왕이 이찬 이사부에게 명령하여'를 통해 진흥왕이 멸망시킨 대가야임을 알 수 있다.

① 안동도호부가 설치된 경위를 찾아본다. → 고구려 멸망 후 당나라가 설치한 것이다.
② 22담로에 왕족이 파견된 목적을 알아본다. → 백제 무령왕 시기이다.
③ 중앙 관제가 3성 6부로 정비된 계기를 파악한다. → 발해의 중앙관제이다.
④ 최고 지배자의 호칭인 이사금의 의미를 검색한다. → 신라 내물왕 이전에 사용했던 왕 칭호이다.
⑤ 고령 지역이 연맹의 중심지로 성장하는 과정을 조사한다. → 경북 고령지역에 대가야 연맹이 위치하고 있었다.

05

정답 ④

해설

제시된 지문의 '안시성'을 통해 고구려와 당의 전투 상황임을 알 수 있다. 안시성 싸움은 645년 고구려 보장왕 시기이다.

Plus note

- 순서
  589년 수의 중국 통일 → 612년 영양왕 시기 살수대첩 → 수 멸망, 당 건국 → 천리장성 축조 → 연개소문의 정변 → 안시성 전투

06

정답 ③

해설

제시된 지문의 '웅진도독으로 삼았다.', '백강', '주류성'을 통해 (가)는 백제 멸망 직후 웅진도독부를 설치한 660년 시기이고, (나)는 663년 부여풍이 왜군과 함께 당에 맞서 싸운 백제 부흥 운동임을 알 수 있다.

① 사찬 시득이 기벌포에서 당군을 격파하였다. → 기벌포는 당나라와 신라의 나 · 당 전쟁 중 하나이다.
② 의자왕이 윤충을 보내 대야성을 함락시켰다. → 대야성 전투는 백제 멸망 즉 (가) 이전이다.
③ 복신과 도침이 부여풍을 왕으로 추대하였다. → 부여풍을 왕으로 추대하여 백제 부흥 운동을 전개하였다.
④ 계백이 이끄는 군대가 황산벌에서 항전하였다. → 백제 멸망 전 신라와 백제의 마지막 전투이다.
⑤ 안승이 신라에 의해 보덕국왕으로 책봉되었다. → 고구려 부흥 운동에 대한 설명이다.

07

정답 ②

해설

제시된 지문의 '9주 5소경'을 통해 통일 신라 시대임을 알 수 있다.
① 벽란도가 국제 무역항으로 번성하였다. → 고려 시대 국제 무역항이다.
② 조세 수취를 위해 촌락 문서를 작성하였다. → 신라 민정문서(신라 촌락문서)에 대한 설명으로 통일 신라 시대 서원경 부근 4개 촌락에 대해 인구수, 가호수, 가축수, 과실수 등을 자세히 작성한 문서이다.
③ 철이 많이 생산되어 낙랑군 등에 수출하였다. → 삼한 중 변한에 대한 설명이다.
④ 농업 생산력 증대를 위해 우경을 처음으로 시작하였다. → 6세기 초 신라 지증왕 시기이다.
⑤ 수도에 도시부(都市部)라는 관청을 설치하여 시장을 관리하였다. → 백제 중앙 행정관청 중 하나이다.

08

정답 ④

해설

제시된 지문의 '문왕', '정효 공주'를 통해 발해임을 알 수 있다.
① 기인 제도를 실시하였다. → 고려 시대의 호족 견제책이다.(인질제도)
② 정사암 회의를 개최하였다. → 백제의 귀족회의이다.
③ 최고 행정 관서로 집사부를 두었다. → 신라 시대 왕의 비서 기관이다.
④ 주자감을 설치하여 인재를 양성하였다. → 발해의 유학교육 기관이다.
⑤ 광덕, 준풍 등의 독자적인 연호를 사용하였다. → 고려 광종의 연호이다.

09

정답 ⑤

해설

제시된 지문의 '태조', '견훤'을 통해 후삼국 시대 순서를 물어보는 문제임을 알 수 있다. 후백제 견훤은 신라를 침략하여 포석정에서 연회를 즐기던 경애왕을 자살하게 만들고, 김부(경순왕)를 왕위에 올린다. 그 뒤 신라를 도우러 온 고려와 공산전투(927)에서 대립하지만 왕건이 대패하고 물러나게 되고, 이후 고창전투(930)에서 고려가 승리하게 된다. 이후 신라가 복속되자 김부를 경주의 사심관으로 임명한다.
① 김흠돌이 반란을 도모하였다. → 신라 신문왕 시기이다.
② 장문휴가 당의 등주를 공격하였다. → 발해 무왕 시기이다.
③ 궁예가 국호를 태봉으로 바꾸었다. → 고려 건국(918년) 이전으로 후고구려에서 태봉으로 국호 변경은 911년이다.
④ 원종과 애노가 사벌주에서 반란을 일으켰다. → 통일 신라 하대 진성여왕 시기이다.
⑤ 경순왕 김부가 경주의 사심관으로 임명되었다. → 935년 신라가 고려 왕건에게 투항하며 복속을 희망하자 경순왕을 경주의 사심관으로 임명하였다.

10

정답 ④

해설

제시된 지문의 '선종 불교가 유행하던 시기'를 통해 통일 신라 하대임을 알 수 있다. 이 시기에는 승려의 사리를 보관하는 승탑도 유행하였다.
① 원광이 세속 5계를 제시하였다. → 신라 상대 진평왕 시기이다.
② 김대문이 화랑세기를 저술하였다. → 신라 중대 학자이자 정치가인 김대문이 지은 책이다.
③ 김대성이 불국사 조성을 주도하였다. → 신라 중대 경덕왕 시기이다.
④ 최치원이 진성여왕에게 시무책을 올렸다. → 통일 신라 하대 진성여왕 시기이다. 지나친 세금 수취로 백성들의 불만이 고조되어 원종과 애노의 난 등 민란이 가장 많이 발생하였다.
⑤ 자장의 건의로 황룡사 구층 목탑이 건립되었다. → 신라 상대 선덕여왕 시기이다.

Plus note

• 삼국사기 기록에 따른 시대 구분

신라 상대	신라 중대	신라 하대
박혁거세 ~진덕여왕	무열왕~혜공왕	선덕왕~경순왕

11

정답 ④

해설

제시된 지문의 '12목을 설치하고'를 통해 고려 성종 시기임을 알 수 있다.
① 쌍기의 건의로 과거제를 실시하였다. → 고려 광종 시기이다.
② 관학 진흥을 위해 양현고를 설치하였다. → 고려 시대의 장학재단으로 고려 예종 시기이다.
③ 국자감을 성균관으로 개칭하고 유학 교육을 강화하였다. → 고려 공민왕 시기이다.
④ 최승로의 시무 28조를 받아들여 통치 체제를 정비하였다. → 고려 성종 시기이다.
⑤ 정계와 계백료서를 지어 관리가 지켜야 할 규범을 제시하였다. → 태조 왕건 시기이다.

12

정답 ⑤

해설

제시된 지문의 '구제도감', '의창'을 통해 고려 시대의 사회시책을 묻는 문제임을 알 수 있다.
① 유랑민을 구휼하는 활인서를 두었다. → 조선 시대이다.
② 백성들에게 곡식을 빌려주는 진대법을 실시하였다. → 고구려 시대이다.
③ 국산 약재와 치료법을 소개한 향약집성방을 편찬하였다. → 조선 세종 시기이다.
④ 기근에 대비하기 위해 구황촬요를 간행하여 보급하였다. → 조선 명종 시기이다.
⑤ 기금을 모아 그 이자로 빈민을 구제하는 제위보를 운영하였다. → 고려 광종 시기이다.

13

정답 ④

해설

제시된 지문의 '우별초'를 통해 고려 무신 시대에 구성된 삼별초임을 알 수 있다. 삼별초는 몽골과 강화협정 당시 끝까지 항쟁한 부대로, 강화도→진도→제주도로 도읍을 옮겨 장기 항전을 준비하였다.
① 김종서를 보내 6진을 개척하였다. → 여진족에 대한 설명이다.
② 서희를 보내 소손녕과 외교 담판을 벌였다. → 거란족에 대

한 설명이다.

③ 별무반을 조직하고 동북 9성을 축조하였다. → 여진족에 대한 설명이다.

④ 강화도로 도읍을 옮겨 장기 항전을 준비하였다. → 삼별초에 대한 설명이다.

⑤ 화통도감을 설치하여 화약과 화포를 제작하였다. → 왜구에 대한 설명이다.

14 정답 ①

해설

제시된 지문의 '주전도감'은 고려 숙종 때 화폐 주조를 위하여 설치된 관서이다. 이 시기에는 은 1근을 이용하여 활구라고 불리는 은병을 만들어 유통하였다.

① 활구라고 불리는 은병이 유통되었다. → 고려 시대이다.

② 특산품으로 솔빈부의 말이 유명하였다. → 발해 시기이다.

③ 송상이 전국 각지에 송방을 설치하였다. → 조선 시대이다.

④ 청해진을 설치하여 해상 무역을 전개하였다. → 통일 신라 시대이다.

⑤ 시장을 감독하는 관청인 동시전이 설치되었다. → 신라 지증왕 시기이다.

15 정답 ①

해설

제시된 지문의 '이규보'의 대표 작품은 동명왕편이다. 동명왕편은 고구려 동명왕에 관해 쓴 장편 서사시로 고구려 계승의식이 나타난다.

① 고구려 계승 의식이 반영되었다. → 이규보의 동명왕편에 잘 나타나 있다.

② 남북국이라는 용어가 처음 사용되었다. → 조선 후기 정조 시기 유득공의 발해고에 대한 설명이다.

③ 사초, 시정기 등을 바탕으로 편찬하였다. → 조선왕조실록에 대한 설명이다.

④ 단군의 고조선 건국 이야기를 수록하였다. → 대표적으로 일연의 삼국유사와 이승휴의 제왕운기에 수록되어 있다.

⑤ 현존하는 우리나라 최고(最古)의 역사서이다. → 김부식의 삼국사기에 대한 설명이다.

16 정답 ③

해설

제시된 지문은 고려 시대 상감청자에 대한 내용이다. 상감기법은 음각(안으로 판 부분)한 부분에 흰 흙을 채워 무늬를 새긴 기법이다.

①

②

③

④

⑤

① 도기 연유인화문 항아리→ 통일 신라

② 청동 은입사 물가풍경무늬 정병 → 고려 시대

③ 청자 상감운학문 매병 → 고려 시대

④ 백자 청화매죽문 항아리 → 조선 후기

⑤ 분청사기 상감운룡문 항아리 → 조선 전기

17 정답 ②

해설

제시된 지문의 '네 가지 이유로 불가하옵니다.'를 통해 이성계의 4대 불가론임을 알 수 있다. (가) 시기가 지나고, 조선을 건국하는 상황을 통해 (가)는 조선 건국 이전 상황을 찾으면 된다.

① 집현전을 계승한 홍문관이 설치되었다. → 조선 성종 시기이다.

② 조준 등의 건의로 과전법이 제정되었다. → 고려말 공양왕 시기이다.

③ 국가의 기본 법전인 경국대전이 완성되었다. → 조선 성종 시기이다.

④ 연분9등법을 시행하여 수취 체제가 정비되었다. → 조선 세종 시기이다.

⑤ 음악 이론 등을 집대성한 악학궤범이 간행되었다. → 조선 성종 시기이다.

Plus note

- **조선 건국 과정**
  명의 철령 이북 땅 요구 → 요동 정벌 단행(이성계의 4대 불가론) → 위화도회군(1388) → 신진사대부 분열 → 과전법 실시(1391) → 온건파 제거 → 조선 건국(1392) → 한양 천도(1394)

18 정답 ④

해설

제시된 지문의 '계해약조'를 통해 조선 세종 시기 일본과 체결한 조약임을 알 수 있다. 조선 세종 시기에 일본과의 대외정책으로 교린정책을 시행하였다. 강경책으로는 이종무 장군을 파견하여 쓰시마섬을 토벌하게 하였으며, 회유책으로 삼포 개항, 계해약조를 체결하였다. 계해약조란 쓰시마섬과 왕래하는 세견선(무역선)에 관한 규정을 명시한 조약이다.

① 하정사, 성절사 등을 파견하였다. → 명나라, 청나라에 보내던 사신이다.

② 경성, 경원에 무역소를 설치하였다. → 여진 회유책으로 조선 태종 시기이다.

③ 광군을 조직하여 침입에 대비하였다. → 고려 정종 시기에 거란군의 침입에 대비하기 위해 마련한 특수군이다.

④ 부산포, 제포, 염포의 삼포를 개항하였다. → 조선 세종 시기이다.

⑤ 사절 왕래를 위하여 북평관을 개설하였다. → 조선 시대에 여진 사신을 접대한 곳이다.

19 정답 ④

해설

제시된 지문의 '농사직설'을 통해 조선 세종 시기임을 알 수 있다.

① 예학을 정리한 가례집람이 저술되었다. → 조선 중기 김장생이 편찬하였다.

② 국가의 의례를 정비한 국조오례의가 완성되었다. → 조선 성종 시기이다.

③ 아동용 윤리 · 역사 교재인 동몽선습이 간행되었다. → 조선 중종 시기 박세무가 편찬하였다.
④ 효자, 충신 등의 사례를 제시한 삼강행실도가 편찬되었다. → 조선 세종 시기이다.
⑤ 군주가 수양해야 할 덕목을 제시한 성학집요가 집필되었다. → 조선 중기 율곡 이이가 편찬하였다.

20

정답 ①

해설

제시된 지문의 '중죄인을 추국'을 통해 조선 시대 의금부임을 알 수 있다. 의금부는 국왕 직속 사법 기구로 반역죄, 강상죄 등을 처결하였다.
① 국왕 직속의 특별 사법 기구였다. → 의금부에 대한 설명이다.
② 사림의 건의로 중종 때 폐지되었다. → 소격서에 대한 설명이다.
③ 사헌부, 사간원과 함께 삼사로 불리었다. → 홍문관에 대한 설명이다.
④ 5품 이하의 관원에 대한 서경권을 행사하였다. → 조선 시대 사간원, 사헌부에 대한 설명이다.
⑤ 서얼 출신의 학자들이 검서관으로 기용되었다 → 규장각에 대한 설명이다.

21

정답 ④

해설

제시된 지문의 '임진왜란', '직업 군인'을 통해 훈련도감임을 알 수 있다. 임진왜란 당시 창설된 훈련도감은 직업 군인으로 포수로만 이루어졌는데, 이후 포수 · 살수 · 사수의 삼수병으로 구성되었다. 이후 인조 때 어영청, 수어청, 총융청 그리고 숙종 때 금위영이 마련되면서 5군영 체제가 완성되었다.
① 용호군과 함께 2군으로 불렸다. → 용호군은 응양군과 함께 고려 시대 중앙군인 2군에 대한 설명이다.
② 진도에서 용장성을 쌓고 항전하였다. → 삼별초에 대한 설명이다.
③ 국경 지역인 북계와 동계에 배치되었다. → 고려 시대 양계(동계, 북계)에 배치된 지방군 주진군에 대한 설명이다.
④ 포수, 살수, 사수의 삼수병으로 편제되었다. → 훈련도감에 대한 설명이다.
⑤ 국왕의 친위 부대로 수원 화성에 외영을 두었다. → 정조의 친위 부대인 장용영에 대한 설명이다.

22

정답 ①

해설

제시된 지문의 (가)에서 '이괄 부자'를 통해 이괄의 난, (나)에서 '최명길', '남한산성'을 통해 병자호란 상황임을 알 수 있다. 평안병사 겸 부원수로 임명된 이괄은 인조반정 공신이지만, 논공행상에 불만을 가지다가, 반란을 일으켜 서울로 진격했다. 한때 서울을 점령하기도 했지만 결국 진압되었고, 잔여세력이 후금으로 도망쳐 조선침공을 종용하였다. 이에 후금이 침략한 정묘호란이 발발하였다. 형제관계를 체결하고 돌아간 후금은 이후 청으로 국호를 변경하고 조선에 군신관계 체결을 요구하였으나 조선이 이를 거절하자 재침입하여 병자호란이 발발하였다. 병자호란 당시 인조는 원래 강화도로 피난하려 하였지만, 후금의 군대 진격 속도가 빨라 강화도로 가지 못하고 남한산성으로 피난 가게 되었다.

① 정봉수가 용골산성에서 항전하였다. → 정묘호란 때의 일이다.
② 이순신이 명량에서 대승을 거두었다. → 임진왜란 때의 일이다.
③ 권율이 행주산성에서 적군을 격퇴하였다. → 임진왜란 때의 일이다.
④ 서인 세력이 폐모살제를 이유로 반정을 일으켰다. → 광해군이 폐위된 사건 즉 인조반정에 대한 설명으로 이괄의 난보다 앞 시기이다.
⑤ 정여립 모반 사건을 계기로 기축옥사가 발생하였다. → 기축옥사는 정여립 모반사건을 계기로 서인세력이 동인세력을 탄압한 사건으로 선조 시기에 발생했다.

23

정답 ②

해설

제시된 지문의 '만상'을 통해 (가)는 청나라임을 알 수 있다. 만상은 조선 후기 의주지역을 중심으로 청과의 무역을 주도했던 대표적 사상이다.
① 박위를 파견하여 근거지를 토벌하였다. → 박위는 고려 말 장군으로, 대마도를 토벌했다.
② 백두산정계비를 세워 국경을 정하였다. → 백두산정계비는 백두산에 설치한 조선과 청나라의 경계에 대한 비석이다. 이후 비문의 지명 해석을 놓고 영토 분쟁이 발생했다.
③ 한성에 동평관을 두어 무역을 허용하였다. → 동평관은 조선 전기 왜의 사신이 한성에 머무르던 장소이다.
④ 쌍성총관부를 공격하여 철령 이북의 영토를 되찾았다. → 고려 말 원 간섭기에 공민왕이 이곳을 공격하여 되찾았다.
⑤ 포로 송환을 위하여 유정을 회답 겸 쇄환사로 파견하였다 → 임진왜란 시기 유정스님에 대한 설명이다.

24

정답 ②

해설

제시된 지문의 '균역청'을 통해 조선 영조에 대한 문제임을 알 수 있다. 조선 후기 양난 이후 먹고살기 힘든 백성들에게 균역청을 통해 군포를 2필에서 1필만 걷게 한 균역법을 실시하였다.
① 수도 방위를 위하여 금위영을 창설하였다. → 금위영 창설은 숙종 시기이다.
② 속대전을 편찬하여 통치 제도를 정비하였다. → 속대전 편찬은 영조 시기이다.
③ 삼군부를 부활시켜 군국 기무를 전담하게 하였다. → 고종의 아버지 흥선 대원군은 왕권을 강화시키기 위해 비변사를 폐지하고 의정부, 삼군부의 기능을 부활시켰다.
④ 초계문신제를 실시하여 젊은 문신들을 재교육하였다. → 초계문신제는 관리를 재교육하기 위한 제도로 정조 시기에 실시하였다.
⑤ 전세를 1결당 4~6두로 고정하는 영정법을 제정하였다. → 영정법은 토지에 대한 세율을 풍흉, 토지 등급에 따라 구분하지 않고 전세를 4~6결로 고정화한 것으로 인조 시기이다.

25

정답 ④

해설

조선 시대 지방통치인 '직역'에 대한 문제임을 알 수 있다. 1단계 힌트의 '단안'은 향리의 명단이고, 2단계 힌트의 '연조귀감'은 향리의 사적을 집약 정리한 역사서이다. 3단계 힌트의 '지방 행정 실무 담당'을 통해 향리임을 더욱더 확실히 알 수 있다.
① 상피제의 적용을 받았다. → 상피제는 중앙에서 파견한 관리

가 자신의 연고와 관련 있는 지역에 가지 못하게 하는 제도로서 고려와 조선에서 시행되었다.
② 잡과를 통해 선발되었다. → 잡과로 기술관을 뽑았는데, 중인인 경우가 대부분이었다.
③ 감사 또는 방백이라 불렸다. → 감사, 방백은 지방행정 최고 권력자로 관찰사라 부른다.
④ 이방, 호방 등 6방에 소속되었다. → 지방의 행정 실무를 담당하는 향리층에 대한 설명이다.
⑤ 공음전을 경제적 기반으로 삼았다. → 고려의 문벌귀족에 대한 설명이다.

26

정답 ⑤

해설

제시된 지문의 '해미순교성지', '병인박해'를 통해 천주교에 대한 문제임을 알 수 있다.
① 미륵불이 세상을 구원한다고 예언하였다. → 불교에 대한 설명이다.
② 동경대전과 용담유사를 경전으로 삼았다. → 동경대전과 용담유사는 동학의 2대 교주 최시형이 쓴 동학 경전이다.
③ 박중빈을 중심으로 새생활 운동을 전개하였다. → 원불교에 대한 설명이다.
④ 단군 숭배 사상을 통해 민족의식을 고취하였다. → 대종교에 대한 설명이다.
⑤ 청을 다녀온 사신들에 의하여 서학으로 소개되었다. → 처음에 천주교는 청에 사신으로 파견된 조선의 관리가 서양 선교사로부터 '천주실의'라는 책을 받아 국내에 들여오면서부터 서학으로 소개되었다가, 그것이 차차 종교처럼 믿고 따르면서 확산되었다.

27

정답 ⑤

해설

제시된 지문의 '흠흠신서', '마과회통'을 통해 조선 후기 실학자 정약용에 대한 문제임을 알 수 있다.
① 성호사설에서 한전론을 주장하였다. → 한전론은 토지의 하한선을 제시한 토지개혁론으로 이익이 주장하였다.
② 양반전에서 양반의 허례와 무능을 지적하였다. → 한문학 서적인 양반전은 박지원의 저서이다.
③ 의산문답에서 중국 중심의 세계관을 비판하였다. → 의산문답은 홍대용의 저서이다.
④ 북학의에서 절약보다 적절한 소비를 권장하였다. → 북학의는 박제가의 저서이다.
⑤ 경세유표에서 국가 제도의 개혁 방향을 제시하였다 → 경세유표는 정약용의 저서이다.

28

정답 ④

해설

제시된 지문의 '만동묘 철거', '서원 철폐'를 통해 흥선 대원군 집권 시기에 대한 문제임을 알 수 있다. 만동묘는 임진왜란 때 조선을 도와준 명 황제에 대한 제사를 지내는 사당으로 송시열 제자들이 만들었고, 국가가 추후에 공인해주었다. 흥선 대원군은 사적으로 명나라 황제에 제사지내는 행위가 참람된다고 생각했으며, 집권 초 만동묘 철거를 명했다.
① 나선 정벌에 조총 부대가 동원되었다. → 나선 정벌은 청을 도와 러시아와 했던 전투로 효종 시기이다.
② 박규수의 건의로 삼정이정청이 설치되었다. → 임술농민봉기 당시 삼정 문란을 수습하기 위한 기구이다. 철종 시기이다.
③ 지역 차별에 반발하여 홍경래가 봉기하였다. → 세도정치 시기인 순조 시기이다.
④ 제너럴 셔먼호 사건을 구실로 미군이 침입하였다. → 흥선 대원군 섭정 시기인 1866년 제너럴 셔먼호 사건이 원인이 되어 1871년 미국이 침입한 신미양요가 발생하였다.
⑤ 시전 상인의 특권을 축소하는 신해통공이 단행되었다. → 정조 시기이다.

29

정답 ①

해설

제시된 지문은 동학농민운동 순서에 대한 문제이다. 동학은 1860년경 경주지역 몰락 양반인 최제우에 의해 창시되었고, 최제우는 1863년 체포되어 백성들을 미혹시켰다는 죄명으로 처형되었다. 이후 제자 최시형을 2대 교주로 세우고, 본격적으로 확산되었다. 세력이 커지자 동학은 1890년대 교조신원운동을 펼쳐 최제우의 억울한 죽음을 신원하는 한편, 조정의 공인을 받고자 하였다. 1892년 교조신원운동을 위해 전라도 삼례에 집결한 것이 삼례집회이다. 수천 명이 모인 이 집회에서 동학은 자신들의 교세를 눈으로 확인했으며, 포교의 자유를 인정하라는 요구를 하기 시작했다. 1893년 3월 열린 보은집회에서는 교조신원과 함께 척왜양이라는 가치가 전면에 부상했다. 1894년 1월 전라 고부군수 조병갑의 학정으로 고부에서 민란이 발생했는데, 전봉준이 지도자로 추대되고, 다른 지역 동학세력이 합류하면서 농민전쟁으로 발전했다. 3월 전라도 일대 남접의 농민들이 무장을 갖추고 집결하기 시작하였으며, 고부읍을 점령했다. 이후 민란을 진압하러 온 이용태의 횡포로 백산으로 이동하여 부대를 재편성하였으며, 격문을 띄워 4대강령을 선포했다. 그리고 전주성으로 진격하여 4월 전주성을 점령했다. 1894년 5월에 청군과 일본군이 파견되었다는 소식이 들리자 결국 화의를 제안해 전주화약이 성사되었다. 동학농민군은 1차 목표를 달성하고 해산했다. 동학농민군의 요구에 따라 집강소가 설치되고 폐정을 개혁하기 시작했다. 하지만 청군과 일본군은 전주화약 이후에 본국으로 돌아가지 않았고, 청일전쟁이 조선에서 일어나자 동학농민군은 9월에 2차 봉기를 일으켰다. 전봉준이 이끄는 전라도 동학세력인 남접과 손병희가 이끄는 충청도 동학세력인 북접이 논산에서 만나 집결했다. 10월부터는 관군과 일본군의 본격적인 남하가 시작되었다. 이들은 북상하는 동학군과 공주의 우금치에서 만나 전투를 벌였으나 농민군의 패배로 끝났다.
① 남북접이 논산에 집결하다 → 남북접 집결은 전주성 점령과 우금치 전투 사이에 해당한다.
② 황토현 전투에서 승리하다 → 황토현 전투는 전주성 점령 전의 전투이다.
③ 백산에 모여 4대 강령을 선포하다 → 백산 집회는 전주성 점령 전의 일이다.
④ 최시형이 동학의 2대 교주가 되다 → 최시형이 교주가 된 일은 1860년대 일이다.
⑤ 교조 신원을 요구하는 삼례 집회가 열리다 → 삼례 집회는 고부 민란 전의 일이다.

30

정답 ④

해설

제시된 지문의 '광무 6년'을 통해 대한 제국을 수립한 1897년으로부터 6년 뒤인 1902년 이후 시기에 대한 문제임을 알 수 있다.
① 알렌의 건의로 광혜원이 세워졌다. → 광혜원은 1885년 설립되었다.

② 박문국에서 한성순보가 발행되었다. → 한성순보는 박문국에서 1883년 창간되었다.
③ 무기 제조 공장인 기기창이 설립되었다. → 기기창은 영선사 파견 이후인 1883년 설립되었다.
④ 서울과 부산을 연결하는 경부선이 개통되었다. → 경부선은 러일전쟁 당시 1905년 개통되었다.
⑤ 우편 사무를 관장하는 우정총국이 처음 설치되었다. → 우정총국은 1884년 설치되었다. 우정총국 개국 축하연 당시 급진개화파에 의한 갑신정변이 발생하였다.

31

정답 ①

해설

제시된 지문의 '박승환은 ~ 해산 소식을 듣고 통곡하며 ~ 자결하였다'를 통해 정미 7조약 체결을 통한 군대 해산과 관련된 문제임을 알 수 있다. 헤이그 특사 사건을 계기로 일본은 고종을 강제 퇴위시키고 한일신협약(정미 7조약)을 맺어 한국 내정을 통감의 승인을 받아 시행하도록 결정했다. 그리고 바로 순종의 명으로 대한 제국 군대를 해산시켰다. 이에 반발한 시위대 1연대 1대대장 박승환이 자결했고, 시위대 2개 대대가 항의하며 일본군과 시가전을 벌였다. 이후 해산된 군인은 정미의병에 합류해 13도 창의군을 결성하고 서울 진공 작전을 전개하였으나 실패하였다.

① 정미 7조약이 체결되었다. → 정답이다.
② 일제가 105인 사건을 조작하였다. → 105인 사건은 1911년이다. 민족주의 성향의 인사들을 탄압하기 위해 날조된 사건이며, 결과적으로 신민회가 해산되었다.
③ 초대 총독으로 데라우치가 부임하였다. → 한일병합 이전에 발생한 상황으로 이 시기엔 총독이 아닌 통감이 부임하였다.
④ 기유각서가 일제의 강압에 의해 조인되었다. → 1909년 대한 제국의 사법권이 일본에 의해 박탈되었다.
⑤ 일진회가 한일 합방을 촉구하는 성명을 발표하였다. → 1909년 말 성명 발표 후 1910년 한일 합방이 이루어졌다.

32

정답 ③

해설

제시된 지문의 '이 개혁으로 태양력이 도입'을 통해 을미개혁임을 알 수 있다. 을미개혁은 우편 사무 재개, 소학교령 실시, 태양력 도입, 연호 사용(건양), 종두법 실시, 단발령 실시, 군제개편이 해당된다.

① 지계아문을 설립하였다. → 대한 제국 시기에 실시한 광무개혁 당시 설립되었다.
② 대한국 국제를 반포하였다. → 1897년 대한 제국 선포 이후 제정한 법률이다.
③ 건양이라는 연호를 제정하였다. → 을미개혁에 해당한다.
④ 개혁 추진 기구로 교정청을 설치하였다. → 교정청은 군국기무처를 설치하고 갑오개혁을 시행하기 전에 만들어졌던 기관으로 군국기무처가 설립되면서 없어졌다.
⑤ 군제를 개편하여 5군영을 2영으로 통합하였다. → 1881년 통리기무아문을 설치하고 군제를 2영으로 개편하였다.

33

정답 ⑤

해설

제시된 지문의 '사탕수수', '호놀룰루'를 통해 이 지역이 하와이임을 알 수 있다.

① 대종교 계열의 중광단이 결성되었다. → 중광단은 북로군정서의 전신으로 시베리아, 북만주 일대에서 활동했다.
② 권업회가 조직되어 권업신문을 창간하였다. → 권업회는 러시아 땅인 연해주 일대에서 활동한 단체이다. 최재형, 홍범도 등이 활동했으며, 민족의식 고취를 위해 권업신문을 발행했다.
③ 사회주의 계열의 한인 사회당이 조직되었다. → 한인 사회당은 1918년 연해주에 설립된 최초의 한국인 사회주의 단체이다.
④ 독립군 양성을 위한 신흥 무관 학교가 설립되었다. → 신흥 무관 학교는 1911년 서간도 일대에 설립되었다.
⑤ 대조선 국민군단이 조직되어 무장 투쟁을 준비하였다. → 대조선 국민군단은 박용만이 1904년 하와이에 만든 군사 조직이다.

34

정답 ①

해설

제시된 지문의 '문화적 정치', '조선인을 기만'을 통해 1920년대 일제의 조선 통치 정책임을 알 수 있다. 무단 통치에서 문화 통치로 변화한 배경에는 3.1운동이 있었다.

① 3·1 운동이 전국적으로 전개되었다. → 정답이다.
② 조선 사상범 예방 구금령이 시행되었다. → 1941년 제정된 법령으로 사상범들을 미리 예방하기 위해 구금한다는 법령이다.
③ 브나로드 운동이 동아일보를 중심으로 추진되었다. → 브나로드 운동은 1930년대 동아일보에서 주도한 계몽운동이다.
④ 조선 노동 총동맹과 조선 농민 총동맹이 설립되었다. → 조선 노동 총동맹과 조선 농민 총동맹은 1927년 설립되었다.
⑤ 내선일체를 강조한 황국 신민 서사의 암송이 강요되었다. → 1930년대 민족 말살 통치 시기에 실시한 내선일체와 황국 신민 서사는 조선인들을 전시에 동원하기 위해 강조한 사상이다.

35

정답 ②

해설

제시된 지문은 대한민국 임시 정부의 활동 순서를 묻는 문제이다. (가)에서는 '국무령'이, (나)에서는 '대일 선전 성명'이, (다)에서는 '청사 이전'이 핵심이다. 국무령은 상하이 임시 정부 시기 행정수반이었고, 대일 선전 성명은 1940년 임시 정부가 충칭으로 옮긴 후 발표되었다. 1932년 윤봉길의 의거 이후 상하이를 떠난 임시 정부는 이곳저곳 떠돌다가 1940년 충칭에 정착한다. 따라서 청사 이동은 충칭 정착 이전인 1930년대라고 볼 수 있다.
따라서 정답은 (가)–(다)–(나) 순서이다.

36

정답 ①

해설

제시된 지문의 '중국 지린성에서 김원봉과 함께'를 통해 (가) 단체가 의열단임을 알 수 있다.

① 조선 혁명 선언을 활동 지침으로 삼았다. → 조선 혁명 선언은 의열단의 활동 지침으로 신채호가 작성했다.
② 일제의 황무지 개간권 요구를 저지하였다. → 황무지 개간권 요구 저지는 1904년 애국계몽단체인 보안회에서 실시하여 저지에 성공하였다.
③ 복벽주의를 내세우며 의병 전쟁을 준비하였다. → 전라도에서 고종의 밀명을 받아 활동한 대한독립의군부에 대한 설명이다.
④ 삼균주의를 기초로 하는 건국 강령을 발표하였다. → 대한민

국 임시 정부가 1940년 충칭으로 이동 후 1941년 조소앙의 삼균주의를 바탕으로 건국 강령을 발표하였다.
⑤ 단원인 이봉창이 일왕의 행렬에 폭탄을 투척하였다. → 한인 애국단에 대한 설명이다.

37

정답 ①

해설

제시된 지문의 '국민 징용령이 공포된 이후'를 통해 이 시기는 1940년대임을 알 수 있다.
① 애국반을 조직하여 한국인의 생활을 통제하였다. → 애국반은 1940년대 전시동원체제 시기 조선인을 감시, 통제하기 위해 만들어진 조직이다.
② 강압적 통치를 목적으로 헌병 경찰 제도를 실시하였다. → 1910년대 무단 통치 시기에 대한 설명이다.
③ 사회주의자를 탄압하기 위한 치안 유지법을 제정하였다. → 1920년대 문화 통치 시기에 제정되었다.
④ 회사 설립 시 총독의 허가를 받도록 하는 회사령을 공포하였다. → 1910년대 무단 통치 시기에 민족자본 성장을 억제하기 위해 회사령을 공포하였다.
⑤ 근대적 토지 소유권 확립을 명분으로 토지 조사 사업을 시행하였다. → 1910년대 무단 통치 시기에 대한 설명이다.

38

정답 ③

해설

제시된 지문의 '지청천을 총사령관으로', '충칭에서 창립' 등을 통해 대한민국 임시 정부가 충칭으로 이동 후 만든 군사 조직인 한국 광복군에 대한 문제임을 알 수 있다.
① 영릉가 전투에서 일본군에게 승리하였다. → 양세봉이 이끈 조선 혁명군에 대한 설명이다.
② 중국 팔로군에 편제되어 항일 전선에 참여하였다. → 중국 공산당 부대에 대한 설명이다.
③ 국내 정진군을 편성하여 국내 진공 작전을 추진하였다. → 한국 광복군에 대한 설명이다.
④ 중국 관내(關內)에서 결성된 최초의 한인 무장 부대이다. → 조선 의용대에 대한 설명이다.
⑤ 간도 참변 이후 밀산에서 집결하여 자유시로 이동하였다. → 1920년대 만주에서 활동하던 독립군에 대한 설명이다.

39

정답 ③

해설

제시된 지문의 '남북통일', '김구', '김규식' 등을 통해 광복 이후 단독 정부 수립에 반대한 김구와 김규식의 남북협상에 대한 문제임을 알 수 있다. 1947년 2차 미·소 공동 위원회가 성과 없이 끝나고, 국제연합의 소총회 의견에 따라 선거 가능한 지역에서만 총선거를 실시하자고 결의하는 등 남북 분단이 현실화되어갔다. 특히, 이승만 등 단독 정부 설립을 주장하는 세력이 힘을 얻게 되자, 이에 단독 정부 수립에 반대하던 세력은 남북협상을 시도하여 통일정부 수립을 위한 노력을 하게 되었다.
① 허정 과도 정부에서 헌법이 개정되었다. → 허정 과도 정부는 이승만 정권이 무너지고 제2공화국이 등장하기 직전 과도기의 정부이다.
② 통일 주체 국민 회의에서 대통령이 선출되었다. → 통일 주체 국민 회의는 박정희의 유신체제 시기 대통령을 뽑던 간접 선거기관이다.
③ 유엔 소총회에서 남한만의 단독 총선거가 결의되었다. → 정답이다.
④ 유상 매수, 유상 분배 원칙의 농지 개혁법이 제정되었다. → 유상 매수, 유상 분배의 농지 개혁법은 1949년 6월 이승만 정부 출범 후 제정되었다.
⑤ 국가 보안법 개정안을 통과시킨 보안법 파동이 일어났다. → 3대 대선 이후 조봉암의 지지율이 높아지자 조봉암을 주축으로 진보당이 창당되었다. 진보당의 강령이 평화통일론이자 자유당 정권은 지지율이 높은 조봉암을 견제하기 위해 평화통일론자들을 간첩 혐의를 적용하여 몰아내고 국가보안법 개정안을 통과시키는 보안법 파동이 일어났다.

40

정답 ⑤

해설

제시된 지문의 (가)는 '태평양 지역 방위선은 알류샨 열도에서'를 통해 1950년 1월 발표된 애치슨 선언에 대한 내용임 알 수 있다. (나)는 1953년 10월 체결한 미군의 대한민국 영토 내 주둔을 허락한 한미상호방위조약의 조약문이다.
1949년 6월 이승만 정부 출범 후 미군이 철수하고, 1950년 1월 미국 국무장관 애치슨이 미국이 동아시아에서 이익을 지키는 데 필요한 선인 애치슨 라인을 발표한다. 한마디로 이 선 안에서 일어나는 분쟁은 미군이 개입한다는 뜻이었다. 하지만 대한민국은 이 선 안에 포함되지 않았기 때문에 김일성은 북한이 남한을 침공하여도 미국이 참전하지 않을 것이라는 판단을 하게 되었다. 이후 북한의 남침으로 6·25 전쟁이 발발하였고, 전쟁 종결 이후 미국은 1953년 10월 한반도에 미군이 주둔한다는 한미상호방위조약을 체결하게 된다.
① 좌우 합작 위원회가 출범하였다. → 좌우 합작 위원회는 1946년 여운형, 김규식 주도로 조직된 정치기구이다.
② 여수 순천 10·19 사건이 일어났다. → 여순 사건은 1948년 10월 여수, 순천 지역에서 국방경비대 소속 군인들이 일으킨 반란이다.
③ 미국 의회에서 트루먼 독트린이 발표되었다. → 트루먼 독트린은 1947년 공산주의 확산을 막기 위해 미국이 다른 지역에 적극적으로 개입할 것임을 천명한 미국의 외교정책 변화 선언이었다.
④ 베트남 파병에 관한 브라운 각서가 체결되었다. → 1966년 박정희 정부 시기에 베트남 전쟁에 한국군을 파병하면서 미국과 우리나라가 파병에 대한 보상으로 맺은 것이다.
⑤ 거제도 포로 수용소에 있던 반공 포로가 석방되었다. → 1953년 7월 거제도에 수용된 반공 포로를 석방하였다.

41

정답 ②

해설

제시된 포스터의 인물을 통해 1956년 치러진 3대 대통령 선거임을 알 수 있다. 이 선거에서 민주당은 신익희가 갑자기 선거 직전 심장마비로 사망하면서 이승만이 3대 대통령에 당선되었다. 대선 이후 조봉암의 지지율이 높아지자 조봉암을 주축으로 진보당이 창당되었다. 진보당의 강령이 평화 통일론이자 자유당 정권은 지지율이 높은 조봉암을 견제하기 위해 평화 통일론자들을 간첩 혐의를 적용하여 몰아내고 진보당을 해산시켰으며 조봉암에게는 사형이 선고되었다. (보안법 파동)
① 국회에서 국민 방위군 사건이 폭로되었다. → 국민 방위군 사건은 전쟁 중이던 1951년 국민 방위군 간부들이 국고금과 물자를 착복해 방위군 수만 명이 아사와 동상에 걸린 사건이다.
② 평화 통일론을 내세우던 진보당이 해체되었다. → 정답이다.

③ 경찰이 반민족 행위 특별 조사 위원회를 습격하였다. → 반민족 행위 특별 조사 위원회는 1948년 9월에 제정된 반민족 행위 처벌법에 의해 구성된 반민족 행위 조사 기구였다. 하지만 1949년 경찰이 오히려 반민특위를 습격하고, 국가보안법으로 국회의원들을 구속하면서 힘을 잃었다.
④ 조선 건국 준비 위원회 지부가 인민 위원회로 개편되었다. → 건국 준비 위원회는 1945년 해방과 함께 조직된 최초의 건국 준비 단체이다. 인민 위원회는 1945년 8월 건국 준비 위원회 지방 지부에 설치된 자치기구였다.
⑤ 초대 대통령에 한해 중임 제한을 폐지하는 개헌안이 통과되었다. → 1954년 통과된 2차 개헌인 사사오입 개헌에 대한 설명이다. 종전의 헌법에서는 대통령의 중임까지만 인정했기 때문에 이승만은 1956년 3대 대선에 나올 수 없었다. 그러나 1954년 2차 개헌을 통해 초대 대통령에 한해서 중임 제한을 폐지했다.

42

정답 ③

해설

제시된 지문의 '남북 학생 회담을 요구하는 집회 장면'을 통해 4·19 혁명 이후 등장한 장면 내각 시기임을 알 수 있다. 4·19 혁명의 영향으로 성립된 제2공화국(장면 내각)에서는 민중의 요구가 활발해져 학생들의 평화통일 주장이 전개되었다. 사진은 1961년 5월 13일 민족자주통일 궐기대회에서 남북학생회담을 요구하는 학생들의 시위이다.
따라서 정답은 (다) 시기이다.

43

정답 ①

해설

제시된 지문의 '경부 고속 도로 개통 ~ 경제 발전에 힘쓰던 당시 정부'를 통해 박정희 정부 시기임을 알 수 있다. 박정희 정부는 1972년 8월 2일 밤, 8월 3일부터 모든 기업에 대한 사채를 동결, 조정하는 특별금융조치를 기습적으로 발표했다. 1960년대 급격한 성장으로 재무구조가 부실해진 기업을 살리기 위한 조치였다.
① 제3차 경제 개발 5개년 계획을 추진하였다. → 1972~1976년 실시한 경제 개발 계획으로 주로 중화학 공업 육성이 목표였다. 박정희 정부에 해당하는 것으로 정답이다.
② 미국과 자유 무역 협정(FTA)을 체결하였다. → 한미 FTA 체결은 노무현 정부 시기에 체결하였다.
③ 귀속 재산 처리를 위해 신한 공사를 설립하였다. → 신한 공사는 미군정에 의해 설립된 귀속 재산 소유, 관리 회사이다. 이승만 정부 이전 미군정 시기이다.
④ 최저 임금 결정을 위한 최저 임금 위원회를 설치하였다. → 최저 임금 위원회는 전두환 정부 시기에 설치되었다.
⑤ 금융 거래의 투명성을 확보하고자 금융 실명제를 실시하였다. → 금융 실명제는 김영삼 정부 시기에 실시되었다.

44

정답 ⑤

해설

제시된 지문의 장소를 통해 (가)는 6월 민주 항쟁임을 알 수 있다.
① 신군부의 비상계엄 확대가 원인이 되어 일어났다. → 5·18 민주화 운동에 대한 설명이다.
② 관련 기록물이 유네스코 세계 기록 유산으로 등재되었다. → 5·18 민주화 운동에 대한 설명이다. 2011년 세계 기록 유산으로 등재되었다.
③ 3·15 부정 선거에 항의하며 시위대가 경무대로 행진하였다. → 4.19 혁명에 대한 설명이다.
④ 3·1 민주 구국 선언을 통해 긴급 조치 철폐 등을 요구하였다. → 3·1 민주 구국 선언은 1976년 박정희의 유신체제에 대한 항거로 민주인사들이 명동성당에서 발표하였다.
⑤ 호헌 철폐와 독재 타도 등의 구호를 내세운 시위가 확산되었다. → 6월 민주 항쟁에 대한 설명이다.

45

정답 ③

해설

제시된 지문의 '경의선 복원 사업'을 통해 김대중 정부 시기임을 알 수 있다.
① 민족 자존과 통일 번영을 위한 7·7 선언을 발표하였다. → 7·7 선언은 노태우 정부가 발표한 통일 정책 선언이다.
② 최초의 이산가족 고향 방문과 예술 공연단 교환을 실현하였다. → 최초의 이산가족 상봉은 1985년 전두환 정부 시기이다.
③ 남북 정상 회담을 개최하고 6·15 남북 공동 선언을 채택하였다. → 김대중 정부의 통일 정책이다.
④ 7·4 남북 공동 성명을 실천하기 위한 남북 조절 위원회를 구성하였다. → 남북 조절 위원회는 박정희 정부 시기 7·4 남북 공동 성명을 체결한 뒤 이를 협의하기 위한 기구로 설치되었다.
⑤ 남북 사이의 화해와 불가침 및 교류·협력에 관한 합의서를 교환하였다. → 1991년 노태우 정부 시기에 합의서를 교환하였다.

46

정답 ⑤

해설

제시된 지문은 왕의 업적이 바르게 연결된 것을 묻는 문제이다.
① 갑 : ㉠ – 백제를 멸망시키고 통일의 기초를 마련했어요. → 태종 무열왕에 대한 설명이다.
② 을 : ㉡ – 고려 건국의 위업을 이루었어요. → 태조 왕건에 대한 설명이다.
③ 병 : ㉢ – 탕평책 등 여러 개혁으로 통치 체제를 재정비했어요. → 조선 영조, 정조에 대한 설명이다.
④ 정 : ㉣ – 원 황실의 부마가 되었어요. → 원 간섭기 충렬왕~공민왕에 대한 설명이다.
⑤ 무 : ㉤ – 중종반정으로 폐위되었어요. → 연산군에 대한 설명이다.

47

정답 ⑤

해설

제시된 지문의 '신분 문서를 불태워', '신분 차별 폐지'를 통해 (가) 신분은 노비임을 알 수 있다.
① 신라에서 승진에 제한을 받았으며, 득난이라고도 불렸다. → 6두품에 대한 설명이다.
② 고려 시대에 향, 부곡, 소에 거주하였으며, 과중한 세금을 부담하였다. → 고려의 특수행정구역에 거주하는 양인에 대한 내용이다.
③ 조선 시대에 봉수, 역졸의 업무를 주로 담당하였다. → 조선 시대의 신량역천에 해당한다. 신분상 이들은 양인이다.
④ 조선 후기에 통청 운동으로 청요직 진출을 시도하였다. → 서얼에 대한 설명이다.

⑤ 조선 순조 때 궁방과 중앙 관서에 소속된 6만여 명이 해방되었다. → 노비에 대한 설명이다. 순조 즉위 초 1801년 공노비가 해방되었다.

48

정답 ③

해설

제시된 지문의 '음력 3월 3일'을 통해 삼짇날임을 알 수 있다.
① 칠석날의 전설을 검색한다. → 7월 7일
② 한식날의 의미를 파악한다. → 음력 4월 5일
③ 삼짇날의 유래를 알아본다. → 음력 3월 3일
④ 동짓날에 먹는 음식을 조사한다. → 정월 보름
⑤ 단오날에 즐기는 민속놀이를 찾아본다. → 음력 5월 5일

49

정답 ⑤

해설

제시된 지문의 '전라도라는 이름은 전주와 우리 고장의 앞 글자를 딴 것이다.'를 통해 이 지역이 나주임을 알 수 있다.
① 인조가 피신하여 청군과 항전하였다. → 남한산성이 있는 경기도 광주에 대한 설명이다.
② 유생 출신 유인석이 의병을 일으켰다. → 유인석이 의병을 일으킨 지역은 연해주이다.
③ 정문부가 왜군에 맞서 북관대첩을 이끌었다. → 북관대첩이 있었던 지역은 함경도 경성, 길주 지역이다.
④ 김광제 등을 중심으로 국채 보상 운동이 시작되었다. → 국채 보상 운동은 대구에서 시작되었다.
⑤ 왕건이 후백제를 배후에서 견제하기 위해 차지하였다. → 903년 왕건이 나주를 차지하였다.

50

정답 ②

해설

제시된 지문의 '우리나라 동쪽 끝에 있는 섬'을 통해 이 지역이 독도임을 알 수 있다.
① 안용복이 일본에 건너가 우리 영토임을 주장하였다. → 조선 숙종 시기에 어부였던 안용복이 울릉도와 독도가 우리 영토임을 주장하였다.
② 영국군이 러시아를 견제하기 위해 불법 점령하였다. → 거문도에 대한 설명이다.
③ 러일 전쟁 때 일본이 불법으로 자국 영토로 편입하였다. → 1904년 일본은 조선과 한일의정서를 체결하면서 독도를 시마네현 다케시마로 편입하였다.
④ 대한 제국이 칙령을 통해 울릉 군수가 관할하도록 하였다. → 대한 제국 칙령 제41호를 통해 울릉 군수가 독도까지 관할하게 하였다.
⑤ 1877년 태정관 문서에 일본과는 무관한 지역임이 명시되었다. → 태정관은 1877년 당시 일본의 최고 국가기관이었다. 1877년 일본 내무성은 울릉도와 독도를 지적에 포함시킬지 태정관에 문의했는데, 태정관은 울릉도와 독도가 일본과는 관계없는 땅이라고 대답했다.

2022년도 제59회 한국사능력검정시험

문제 204p

01	02	03	04	05	06	07	08	09	10
②	⑤	②	①	③	③	②	⑤	③	④
11	12	13	14	15	16	17	18	19	20
③	①	④	③	④	②	⑤	②	③	④
21	22	23	24	25	26	27	28	29	30
④	③	①	①	②	④	①	①	④	①
31	32	33	34	35	36	37	38	39	40
⑤	⑤	⑤	①	⑤	②	④	⑤	①	⑤
41	42	43	44	45	46	47	48	49	50
⑤	④	②	④	②	③	④	③	⑤	④

01

정답 ②

해설

제시된 지문의 '주먹도끼', '뗀석기'를 통해 밑줄 그은 '이 시대'가 구석기 시대임을 알 수 있다. 구석기 시대에는 돌을 떼어서 만든 뗀석기를 사용하였는데, 대표적으로 주먹도끼, 찍개 등이 있다.
① 철제 무기로 정복 활동을 벌였다. → 철기 시대에 대한 설명이다.
② 주로 동굴이나 막집에서 거주하였다. → 구석기 시대에 대한 설명이다.
③ 명도전을 이용하여 중국과 교역하였다. → 철기 시대에 대한 설명이다.
④ 반달 돌칼을 사용하여 벼를 수확하였다. → 청동기 시대에 대한 설명이다.
⑤ 빗살무늬 토기를 제작하여 식량을 저장하였다. → 신석기 시대에 대한 설명이다.

02

정답 ⑤

해설

제시된 지문의 '단군왕검'을 통해 (가) 나라가 고조선임을 알 수 있다.
① 무천이라는 제천 행사를 열었다. → 동예에 대한 설명이다.
② 신성 지역인 소도가 존재하였다. → 삼한에 대한 설명이다.
③ 남의 물건을 훔쳤을 때는 12배로 갚게 하였다. → 부여, 고구려에 대한 설명이다.
④ 왕 아래 상가, 대로, 패자 등의 관직이 있었다. → 고구려에 대한 설명이다.
⑤ 전국 7웅 중 하나인 연과 대립할 만큼 강성하였다. → 고조선에 대한 설명이다.

03

정답 ②

해설

제시된 지문의 (가)는 '대야성', '춘추의 딸'을 통해 대야성 함락(642)에 대한 것임을, (나)는 '복신', '도침'을 통해 백제 부흥 운동(662)임을 알 수 있다. 백제 의자왕은 신라의 대야성 등 40여 성을 함락시켰는데, 이때 대야성을 다스리던 김춘추의 사위와 딸이 사망하였다. 김춘추는 딸과 사위에 대한 복수를 다짐하며 당으로 건너가 나 · 당 연합을 체결(648)하고, 660년 백제를 멸

망시켰다. 백제 멸망 이후 복신, 도침, 왕자 부여풍은 주류성을 중심으로, 흑치상지는 임존성을 중심으로 부흥 운동을 전개하였고, 663년 왜가 백제의 부흥 운동을 도와 백강 전투에서 나 · 당 연합군에 맞서 항쟁하였으나 패배하였다.

① 당이 안동도호부를 설치하였다. → 668년 고구려 평양에 설치하였다.
② 나당 연합군이 사비성을 함락하였다. → 660년 백제는 나당 연합군에 의해 수도 사비성이 함락되고 멸망하였다.
③ 신라가 매소성 전투에서 승리하였다. → 675년 신라가 매소성 전투에서 당에 승리하였다.
④ 고구려가 신라에 침입한 왜를 격퇴하였다. → 4세기 말 고구려의 광개토대왕이 신라에 침입한 왜를 격퇴하였다.
⑤ 백제와 왜의 연합군이 백강 전투에서 패배하였다. → 백제 멸망 이후 663년 왜가 백제 부흥 운동을 도와주었으나 패배하였다.

04

정답 ①

해설

제시된 지문의 '영류왕을 시해하고 대막리지가 되어'를 통해 (가) 인물이 고구려의 연개소문임을 알 수 있다. 연개소문은 정변을 일으켜 영류왕을 시해하고 보장왕을 세운 뒤 대막리지에 올라 정권을 장악하였다. 또한 부여성에서 비사성까지 천리장성을 축조하여 당의 침입에 대비하였다.

① 천리장성 축조를 감독하였다. → 연개소문에 대한 설명이다.
② 살수에서 수의 군대를 막아냈다. → 을지문덕에 대한 설명이다.
③ 등주를 선제 공격하여 당군을 격파하였다. → 장문휴에 대한 설명이다.
④ 황산벌에서 계백이 이끄는 군대를 물리쳤다. → 김유신에 대한 설명이다.
⑤ 안승을 왕으로 추대하고 부흥 운동을 전개하였다. → 검모잠, 고연무에 대한 설명이다.

05

정답 ③

해설

제시된 지문의 '신라를 습격', '병사들에게 살해되었다.'를 통해 밑줄 그은 '왕'이 백제 성왕임을 알 수 있다. 성왕은 신라 진흥왕과 연합하여 고구려로부터 한강 유역을 되찾았지만 진흥왕에게 곧 빼앗겼다. 이에 성왕은 신라에 빼앗긴 한강을 되찾기 위해 관산성 전투를 일으켜 신라를 습격하였지만 매복해 있던 신라군에게 살해되었다.

① 익산에 미륵사를 창건하였다. → 백제 무왕에 대한 설명이다.
② 평양성 전투에서 고국원왕을 전사시켰다. → 백제 근초고왕에 대한 설명이다.
③ 사비로 천도하고 국호를 남부여로 고쳤다. → 백제 성왕에 대한 설명이다.
④ 북위에 사신을 보내 고구려 공격을 요청하였다. → 백제 개로왕에 대한 설명이다.
⑤ 동진에서 온 마라난타를 통해 불교를 수용하였다. → 백제 침류왕에 대한 설명이다.

06

정답 ③

해설

제시된 지문의 '경주', '첨성대'를 통해 (가) 국가가 신라임을 알 수 있다. 경주는 신라의 수도였고, 첨성대는 신라 선덕 여왕 때 축조한 동양에서 현존하는 가장 오래된 천문대이다.

①

②

③

④

⑤

① 철제 갑옷 → 가야의 철제 갑옷이다.
② 이불병좌상 → 발해의 대표적인 불상이다.
③ 석굴암 본존불상 → 통일 신라 시대의 불상이다.
④ 백제 금동대향로 → 부여 능산리 절터에서 출토된 백제 시대 향로이다.
⑤ 월정사 8각 9층 석탑 → 고려 시대에 송의 영향을 받아 만들어진 석탑이다.

07

정답 ②

해설

제시된 지문의 '삼국 통일의 위업을 달성한', '아들 신문왕'을 통해 (가) 왕이 신라 문무왕임을 알 수 있다. 문무왕은 태종 무열왕의 아들로 무열왕과 함께 백제를 멸망시켰고, 무열왕 사후 고구려를 멸망시키면서 삼국 통일의 위업을 달성하였다. 이후 문무왕의 아들 신문왕은 재위 초반인 681년에 김흠돌 등의 모반을 평정하고 귀족들에 대한 대규모 숙청을 단행하여 절대왕권을 확립했고, 국학을 세워 유교적 정치 질서를 수립했으며 관리 제도를 정비함으로써 국왕을 정점으로 한 중앙집권화를 추진했다.

① 국가적인 조직으로 화랑도를 개편하였다. → 진흥왕 시기에 대한 설명이다.
② 지방관을 감찰하고자 외사정을 파견하였다. → 문무왕 시기에 대한 설명이다.
③ 이차돈의 순교를 계기로 불교를 공인하였다. → 법흥왕 시기에 대한 설명이다.
④ 인재 등용을 위해 독서삼품과를 실시하였다. → 원성왕 시기에 대한 설명이다.
⑤ 자장의 건의로 황룡사 구층 목탑을 건립하였다. → 선덕 여왕 시기에 대한 설명이다.

08

정답 ⑤

해설

제시된 지문의 '장보고'를 통해 제시된 자료가 통일 신라 시기임을 알 수 있다. 장보고는 신라 흥덕왕 때 완도에 청해진을 건설하고 서남해안의 해상권을 장악한 신라의 장군이다. 본명은 궁복, 궁파로 무예에 자질이 있어 당나라로 가서 유학하다가 신라인이 당의 해적들에게 노략질당하는 것을 보고 귀국해 왕에게 바다를 수호할 것을 청했다. 허락이 떨어진 후 군사 1만 명을 모아 지금의 완도인 청해진을 건설했다. 해적을 소탕해 서남해안의 해상권을 장악했고, 당과 신라, 일본을 잇는 해상무역로를 통해 무역활동을 주도하기 시작했다. 이후 경제력과 무력을 바탕으로 권력 쟁탈전에도 개입하기 시작해 흥덕왕 11년 경주에 침입해 민애왕을 살해하고 김우징을 신무왕으로 즉위시켰다.
이로 인해 중앙정부의 시기를 샀고, 부하였던 염장에 의해 살해당했다.
① 은병이 화폐로 제작되었다. → 고려 숙종 시기 고액 화폐인 은병이 제작되었다.
② 낙랑과 왜에 철을 수출하였다. → 가야에 대한 설명이다.
③ 집집마다 부경이라는 창고가 있었다. → 고구려에 부경이라는 창고를 두고 피정복민으로부터 획득한 곡식을 저장하였다.
④ 덕대가 광산을 전문적으로 경영하였다. → 조선 후기 광산 경영에 대한 설명이다.
⑤ 울산을 통해 아라비아 상인들이 왕래하였다. → 통일 신라 시대에 대한 설명이다.

09

정답 ③

해설

제시된 지문의 '해동성국'을 통해 (가) 국가가 발해임을 알 수 있다. 발해는 선왕 이후 전성기를 맞이하였고, 중국에서는 이러한 발해를 해동성국이라고 불렀다.
① 9서당과 10정을 설치하였다. → 통일 신라 신문왕 시기에 대한 설명이다.
② 광평성 등의 정치 기구를 마련하였다. → 후고구려 궁예에 대한 설명이다.
③ 교육 기관으로 주자감을 설립하였다. → 발해 문왕 시기에 대한 설명이다.
④ 욕살, 처려근지 등의 지방관을 두었다. → 고구려의 지방관에 대한 설명이다.
⑤ 지방에 22담로를 두어 왕족을 파견하였다. → 백제 무왕 시기에 대한 설명이다.

10

정답 ④

해설

제시된 지문의 (가)는 '처음으로 ~ 전시과를 제정'을 통해 고려 5대 경종 시기임을, (나)는 '역분전'을 통해 고려 1대 태조 시기임을, (다)는 '쌍기가 ~ 과거를 시행'을 통해 고려 4대 왕인 광종 시기임을, (라)는 '12목 제도를 시행'을 통해 고려 6대 왕인 성종 시기임을 알 수 있다. 고려를 세운 태조 왕건은 공신들의 논공행상을 고려하여 역분전을 지급하였고, 광종은 후주에서 귀화한 쌍기의 건의를 받아들여 우리나라 최초로 과거제를 실시하였다. 과거를 통해 등용된 관리의 직역의 대가를 지급하기 위해 경종은 전·현직 관리를 대상으로 관직과 인품을 고려하여 시정 전시과를 실시하였다. 이후 성종은 지방 주요 지역에 12목을 설치하여 지방관은 파견함으로써 지방 세력을 견제하였다. 따라서 (나) – (다) – (가) – (라) 순서이다.

11

정답 ③

해설

제시된 지문의 '새로운 부대의 창설', '별무반'을 통해 고려 숙종임을 알 수 있다. 숙종 때 윤관의 건의에 따라 여진 정벌을 위한 특수 부대인 별무반을 조직하고, 예종 시기에 여진을 토벌하고 동북 9성을 축조하였다. 별무반은 신기군, 신보군, 항마군으로 구성되었다.
① 천수라는 독자적 연호를 사용하였다. → 고려 태조 왕건 시기에 대한 설명이다.
② 관학을 진흥하고자 양현고를 설치하였다. → 고려 예종 시기에 대한 설명이다.
③ 주전도감을 설치하여 해동통보를 발행하였다. → 고려 숙종 시기에 대한 설명이다.
④ 호족 세력을 견제하기 위해 노비안검법을 실시하였다. → 고려 광종 시기에 대한 설명이다.
⑤ 국자감을 성균관으로 개칭하고 유학 교육을 장려하였다. → 고려 충렬왕 시기에 대한 설명이다.

12

정답 ①

해설

제시된 지문의 (가)는 '이자겸과 척준경'을 통해 1126년 이자겸의 난임을, (나)는 '이의방과 이고가 정중부를'을 통해 1170년 무신 정변임을 알 수 있다. 고려 인종 시기 이자겸은 척준경과 난을 일으켜 왕위 찬탈을 시도하였으나 결국 진압되었다. 개경파의 대표 문벌귀족인 이자겸 세력이 축출되자 서경파 귀족과 묘청 등이 중심이 되어 풍수지리설을 근거로 하여 서경 천도를 주장하였다. 하지만 서경의 대화궁이 낙뢰로 인해 불이 나자 천도가 무산되었고, 이에 묘청 세력이 난을 일으켰다. 하지만 김부식 등 개경파 세력에 의해 1136년 난이 진압되었다.
① 김부식이 묘청의 반란을 진압하였다. → 1136년 인종 시기 반란이 진압되었다.
② 강조가 정변을 일으켜 김치양을 제거하였다. → 1009년 강조의 정변이 발생하였다.
③ 망이·망소이가 공주 명학소에서 봉기하였다. → 1176년 망이, 망소이가 명학소를 현으로 승격을 요구하며 봉기를 일으켰다.
④ 서희가 외교 담판을 벌여 강동 6주를 확보하였다. → 993년 거란의 1차 침입에 대한 설명이다.
⑤ 최충헌이 봉사 10조를 올려 시정 개혁을 건의하였다. → 1196년에 집권한 최충헌은 시정 개혁을 위해 명종에게 개혁안을 올렸다.

13

정답 ④

해설

제시된 지문의 '기철과 그 일당들을 반역죄로 숙청', '정동행성 이문소 철폐'를 통해 밑줄 그은 '왕'이 고려 공민왕임을 알 수 있다. 공민왕은 기철 등 친원 세력을 제거하고, 고려의 내정을 간섭하던 정동행성 이문소를 폐지하였으며, 인사를 담당하던 정방을 폐지하고, 신돈을 등용해 억울하게 노비가 된 자들을 해방시키고, 불법 취득한 토지를 원래 주인에게 돌려주기 위해 전민변정도감을 설치하는 등 반원 자주 정책을 실시하였다.
① 경기에 한하여 과전법이 실시되었다. → 고려 공양왕 시기에 대한 설명이다.
② 정지가 관음포에서 승리를 거두었다. → 고려 우왕 시기에 대한 설명이다.
③ 국정 총괄 기구로 교정도감이 설치되었다. → 고려 희종 시기에 대한 설명이다. 희종 시기 권력을 장악한 최충헌이 교정도감을 설치하였다.
④ 신돈을 중심으로 전민변정 사업이 추진되었다. → 고려 공민왕 시기에 대한 설명이다.
⑤ 만권당이 설립되어 원과 고려의 학자가 교유하였다. → 고려 충선왕 시기에 대한 설명이다.

14

정답 ③

해설

제시된 지문의 '현종 2년', '대장경판'을 통해 (가)는 거란임을 알 수 있다. 고려 현종은 거란 2차 침입 시기 부처의 힘으로 물리치기 위해 대구 부인사에서 초조대장경을 간행하였다.

① 처인성에서 살리타를 사살하였다. → 몽골 2차 침입 시기 김윤후가 처인성에서 몽골 장수 살리타를 사살하였다.
② 박위를 파견하여 근거지를 토벌하였다. → 고려 말 창왕 시기 박위가 쓰시마섬을 토벌하였다.
③ 개경을 방어하기 위해 나성을 축조하였다. → 고려 현종 시기 거란의 3차 침입을 막아낸 후 천리장성과 나성을 축조하였다.
④ 삼수병으로 구성된 훈련도감을 설치하였다. → 임진왜란 중 포수, 살수, 사수의 삼수병으로 구성된 훈련도감을 설치하였다.
⑤ 강화도로 도읍을 옮겨 장기 항전을 준비하였다. → 몽골에 대한 장기 항전을 준비하기 위해 강화도로 천도하였다.

15 정답 ④

해설

제시된 지문의 '청자 상감'을 통해 제시된 사진전이 고려 시대임을 알 수 있다. 고려 시대에는 상감법이라는 독창적인 기법을 개발하여 상감 청자가 널리 만들어졌다.

①

②

③

④

⑤

① 금동 연가 7년명 여래 입상 → 고구려 시대의 대표적인 불상이다.
② 서산 용현리 마애 여래 삼존상 → 백제 시대의 대표적인 불상으로 백제의 미소라 불린다.
③ 경주 분황사 모전 석탑 → 신라 선덕여왕 시기 축조된 석탑이다.
④ 영주 부석사 무량수전 → 고려 시대에 주심포 양식으로 축조된 사찰이다.
⑤ 보은 법주사 팔상전 → 조선 후기에 축조된 건축물이다.

16 정답 ②

해설

제시된 지문의 '도평의사사로 개편'을 통해 (가) 기구는 도병마사임을 알 수 있다. 고려의 중앙 정치 체제는 당과 송의 영향을 받아 정비된 2성 6부 체제이다. 이중 도병마사와 식목도감은 고려만의 독자적인 기구로 도병마사는 주로 국방과 군사 문제를 논의하고, 식목도감은 제도나 규칙을 마련하는 기구이다.
① 역사서 편찬과 보관을 주관하였다. → 춘추관에 대한 설명이다.
② 주로 국방과 군사 문제를 논의하였다. → 도병마사에 대한 설명이다.
③ 화폐, 곡식의 출납과 회계를 담당하였다. → 고려 시대의 삼사에 대한 설명이다.
④ 좌사정, 우사정의 이원적인 체제로 운영되었다. → 발해의 3성 6부 중 6부에 대한 설명이다.
⑤ 최우에 의해 설치되어 인사 행정을 처리하였다. → 정방에 대한 설명이다.

17 정답 ⑤

해설

제시된 지문의 '제국공주'를 통해 원 간섭 시기임을 알 수 있다. 고려는 원 간섭 시기에 원나라의 공주를 왕비로 맞아들여 원의 부마국이 되었는데, 대표적으로 충렬왕은 제국공주, 충선왕은 계국공주, 공민왕은 노국공주를 왕비로 맞이하였다.
① 최충이 9재 학당을 설립하였다. → 고려 문종 시기에 대한 설명이다.
② 빈민 구제를 위해 흑창이 설치되었다. → 고려 태조 왕건 시기에 대한 설명이다.
③ 대각국사 의천이 천태종을 개창하였다. → 고려 숙종 시기에 대한 설명이다.
④ 만적이 개경에서 신분 해방을 도모하였다. → 무신 집권 시기에 대한 설명이다.
⑤ 지배층을 중심으로 변발과 호복이 유행하였다. → 원 간섭 시기에 대한 설명이다.

18 정답 ②

해설

제시된 지문의 '일연'을 통해 밑줄 그은 '역사서'가 『삼국유사』임을 알 수 있다. 충렬왕 때 일연은 불교사를 중심으로 고대의 민간 설화 등을 수록한 『삼국유사』를 편찬하였다.
① 편년체 형식으로 기술되었다. → 대표적으로 『조선왕조실록』 등에 대한 설명이다.
② 고조선의 건국 이야기가 서술되었다. → 일연이 편찬한 『삼국유사』에 대한 설명이다.
③ 남북국이라는 용어가 처음 사용되었다. → 유득공이 편찬한 『발해고』에 대한 설명이다.
④ 왕명에 의해 고승들의 전기가 기록되었다. → 각훈의 『해동고승전』에 대한 설명이다.
⑤ 고구려 시조의 일대기가 서사시로 표현되었다. → 이규보의 『동명왕편』에 대한 설명이다.

19 정답 ③

해설

제시된 지문의 '신문고 설치', '사간원 독립'을 통해 밑줄 그은 '임금'이 조선 태종임을 알 수 있다. 태종은 왕권 강화를 위해 사간원을 독립시켜 대신들을 견제하도록 하였고, 백성들이 자신의 억울한 일을 왕에게 호소할 수 있도록 신문고를 설치하도록 하였다. 또한 6조 직계제를 실시하여 왕권을 강화시켜 중앙집권체제를 마련하였다.
① 명의 신종을 제사하는 대보단이 설치되었다. → 조선 숙종 시기에 대한 설명이다.
② 백과사전류 의서인 의방유취가 편찬되었다. → 조선 세종 시기에 대한 설명이다.
③ 왕권 강화를 위해 6조 직계제가 실시되었다. → 조선 태종 시기에 대한 설명이다.

④ 조선의 기본 법전인 경국대전이 반포되었다. → 조선 성종 시기에 대한 설명이다.
⑤ 역대 문물제도를 정리한 동국문헌비고가 간행되었다. → 조선 영조 시기에 대한 설명이다.

20

정답 ④

해설

제시된 지문의 수양대군, 한명회 등이 주도한 사건으로 김종서가 죽임을 당했다는 것을 통해 밑줄 그은 '이 사건'이 계유정난임을 알 수 있다. 단종이 즉위하면서 왕권이 약화되자 수양대군이 계유정난을 일으켜 김종서, 안평대군 등을 제거하였다. 계유정난으로 권력을 잡은 수양대군은 이후 세조로 즉위하였다. 즉위 이후 성삼문 등 일부 집현전 학자들이 상왕, 즉 단종 복위 운동을 꾀하다가 발각되자, 성삼문 등 사육신을 비롯한 신하들이 목숨을 잃었다.

① 최영에 의해 이인임 일파가 축출되었다. → 고려 우왕 시기에 대한 설명이다.
② 최무선의 건의로 화통도감이 설치되었다. → 고려 우왕 시기에 대한 설명이다.
③ 정도전 등이 요동 정벌 계획을 추진하였다. → 조선 태조 시기에 대한 설명이다.
④ 성삼문 등이 상왕의 복위를 꾀하다가 처형되었다. → 조선 세조 시기에 대한 설명이다.
⑤ 이종무가 왜구의 근거지인 쓰시마섬을 정벌하였다. → 조선 세종 시기에 대한 설명이다.

21

정답 ④

해설

제시된 지문의 (가)는 '조의제문'을 통해 1498년 연산군 시기 발생한 무오사화임을, (나)는 '임금(연산군)이 도리를 잃어 정치가 혼란', '진성대군 ~ 추대'를 통해 1506년 중종반정임을 알 수 있다.

연산군 때 사림파였던 김일손이 스승 김종직의 「조의제문」(세조의 왕위 찬탈을 비판한 글)을 「사초」에 기록하자 훈구파들이 연산군에게 고하였고, 결국 연산군 시기 사림파가 화를 당하는 첫 번째 무오사화가 발생하였다. 이후 연산군의 생모 폐비 윤씨의 사사와 관련된 자들이 대거 숙청되는 갑자사화가 발생하자 결국 연산군은 폐위되었고 진성대군이 즉위하게 되는데 그가 바로 중종이다.

① 서인이 반정을 일으켜 정권을 장악하였다. → 1623년 발생한 인조반정에 대한 설명이다.
② 위훈 삭제를 주장한 조광조 일파가 제거되었다. → 1519년 중종 시기 기묘사화에 대한 설명이다.
③ 이인좌를 중심으로 한 일부 소론 세력이 난을 일으켰다. → 1728년 영조 시기에 대한 설명이다.
④ 폐비 윤씨 사사 사건을 빌미로 김굉필 등이 처형되었다. → 1504년 갑자사화에 대한 설명이다.
⑤ 희빈 장씨 소생의 원자 책봉 문제로 환국이 발생하였다. → 1689년 숙종 시기 발생한 기사환국에 대한 설명이다.

Plus note

- **사화 발생 순서**
  무오사화(연산군, 1498) → 갑자사화(연산군, 1504) → 기묘사화(중종, 1519) → 을사사화(명종, 1545)

22

정답 ③

해설

제시된 지문의 '초량으로 왜관'을 통해 제시된 기사에 나타난 시기가 조선 후기임을 알 수 있다. 초량 왜관은 17세기에 일본인들과 교역하기 위해 부산에 설립한 무역 기구이다.

① 금속 화폐인 건원중보가 주조되었다. → 고려 성종 시기에 대한 설명이다.
② 솔빈부의 말이 특산물로 수출되었다. → 발해에 대한 설명이다.
③ 담배, 고추 등 상품 작물이 재배되었다. → 조선 후기 경제 상황에 대한 설명이다.
④ 당항성, 영암이 국제 무역항으로 번성하였다. → 신라에 대한 설명이다.
⑤ 수도의 시전을 감독하기 위해 경시서가 설치되었다. → 고려에 대한 설명이다.

23

정답 ①

해설

제시된 지문의 '나선 정벌'을 통해 (가) 국가가 청임을 알 수 있다. 러시아 세력이 남하하여 조선과 청을 자극하자, 청은 러시아 정벌(나선 정벌)을 위해 조선에 파병을 요청하였다. 효종은 청의 요청에 따라 러시아를 정벌할 때 변급, 신류 등과 함께 북벌을 위해 양성한 조총부대를 파견하였다.

① 어영청을 중심으로 북벌을 추진하였다. → 효종은 청에 복수하기 위한 북벌을 추진하면서 어영청을 중심으로 병력을 확대하였다.
② 한성에 동평관을 두어 무역을 허용하였다. → 동평관은 조선 시대에 일본 사신이 머물던 숙소이다.
③ 조약 체결에 대한 답례로 보빙사를 보냈다. → 조·미 수호 통상 조약 체결 이후 이에 대한 답례로 미국에 보빙사가 파견되었다.
④ 공녀를 보내기 위해 결혼도감을 설치하였다. → 고려 말 원 간섭 시기에는 원에 공녀를 보내기 위해 결혼도감을 설치하였다.
⑤ 포로 송환을 위해 회답 겸 쇄환사를 파견하였다. → 임진왜란 이후 포로 송환을 위해 유정을 일본에 회답 겸 쇄환사로 파견하였다.

24

정답 ①

해설

제시된 지문의 '만천명월주인옹', '초계문신제'를 통해 (가) 왕이 조선 정조임을 알 수 있다. 정조는 스스로를 '하나의 달빛이 땅위의 모든 강물에 비치니 강물은 세상 사람들이요, 달은 태극이며 그 태극은 바로 나다(만천명월주인옹).'라고 하였다. 한편 정조는 신진 인물 중 유능한 인사를 재교육하는 초계문신제를 실시하고, 친위 부대로 장용영을 설치하였으며, 금난전권 폐지(육의전 제외), 수원 화성을 축조 등 여러 정책들을 실시하였다.

① 친위 부대로 장용영을 설치하였다. → 조선 정조에 대한 설명이다.
② 경기도에 한해서 대동법을 실시하였다. → 조선 광해군에 대한 설명이다.
③ 한양을 기준으로 한 역법서인 칠정산을 만들었다. → 조선 세종에 대한 설명이다.
④ 통치 체제를 정비하기 위해 대전회통을 편찬하였다. → 조선 고종에 대한 설명이다.
⑤ 직전법을 제정하여 현직 관리에게만 수조권을 지급하였다. → 조선 세조에 대한 설명이다.

25

정답 ②

해설

제시된 지문의 '한글 소설이 유행'을 통해 밑줄 그은 '이 시기'가 조선 후기임을 알 수 있다. 조선 후기에는 부농층이 성장하면서 서민 문화가 발달하였는데, 한글 소설, 사설시조, 판소리, 민화, 탈놀이 등이 대표적이다.

① 원각사지 십층 석탑이 건립되었다. → 조선 세조 시기에 대한 설명이다.
② 인왕제색도 등 진경 산수화가 그려졌다. → 조선 후기 진경 산수화가 유행하였다.
③ 주자소가 설치되어 계미자가 주조되었다. → 조선 태종 시기에 대한 설명이다.
④ 표면에 백토를 바른 분청사기가 유행하였다. → 고려 말과 조선 전기에 유행하였다.
⑤ 청주 흥덕사에서 직지심체요절이 간행되었다. → 1377년 고려 우왕 시기에 직지심체요절이 간행되었다.

26

정답 ④

해설

제시된 지문의 '삼포왜란을 계기로 설치', '을묘왜변을 겪으며 상설 기구화'를 통해 (가) 기구가 비변사임을 알 수 있다. 삼포왜란 때 조선은 비변사를 임시기구로 설치하여 왜구에 대한 대책을 강구하고자 하였고, 이후 을묘왜변을 겪으며 상설화되었고, 임진왜란 이후 권한이 강화되었다.

① 업무 일지인 내각일력을 작성하였다. → 규장각에 대한 설명이다.
② 사헌부, 사간원과 함께 3사로 불렸다. → 홍문관에 대한 설명이다.
③ 소속 관원을 은대 학사라고도 칭하였다. → 승정원에 대한 설명이다.
④ 흥선 대원군이 집권한 시기에 혁파되었다. → 비변사에 대한 설명이다.
⑤ 국왕 직속 사법 기구로 중죄인을 다스렸다. → 의금부에 대한 설명이다.

27

정답 ①

해설

제시된 지문의 '발해고'를 통해 (가) 인물이 유득공임을 알 수 있다. 조선 후기에 유득공은 고대사 연구의 시야를 만주까지 확대하였고, 『발해고』에서 남북국 시대라는 용어를 처음 사용하였다.

① 규장각의 검서관으로 활동하였다. → 유득공에 대한 설명이다.
② 양명학을 연구해 강화학파를 형성하였다. → 정제두에 대한 설명이다.
③ 의산문답에서 중국 중심의 세계관을 비판하였다. → 홍대용에 대한 설명이다.
④ 북한산비가 진흥왕 순수비임을 처음으로 밝혀냈다. → 김정희에 대한 설명이다.
⑤ 체질에 따라 치료를 달리하는 사상 의학을 확립하였다. → 이제마에 대한 설명이다.

28

정답 ①

해설

제시된 지문의 '서북 지방민에 대한 차별', '청천강 이북 지역'을 통해 홍경래의 난임을 알 수 있다. 홍경래의 난은 세도 정치의 폐해와 평안도 등 서북 지방민에 대한 차별 대우가 원인이 되어 발생하였다.

① 홍경래, 우군칙 등이 주도하였다. → 홍경래의 난에 대한 설명이다.
② 청군이 파병되는 결과를 가져왔다. → 임오군란에 대한 설명이다.
③ 제물포 조약이 체결되는 배경이 되었다. → 임오군란에 대한 설명이다.
④ 보국안민, 제폭구민을 기치로 내걸었다. → 동학 농민 운동에 대한 설명이다.
⑤ 박규수가 안핵사로 파견되는 계기가 되었다. → 임술 농민 봉기에 대한 설명이다.

29

정답 ④

해설

제시된 지문의 (가)는 '원종, 애노'를 통해 신라 하대 진성여왕 시기에 일어난 원종과 애노의 난임을, (나)는 '김사미 ~ 효심'을 통해 고려 무신 집권 시기에 일어난 김사미 · 효심의 난임을, (다)는 '임술년', '진주'를 통해 조선 세도 정치기에 일어난 임술 농민 봉기임을, (라)는 '조병갑', '전봉준'을 통해 동학 농민 운동임을 알 수 있다.

ㄱ. (가) – 삼정이정청이 설치되는 계기가 되었다. → 임술 농민 봉기에 대한 설명이다.
ㄴ. (나) – 무신 집권기 지배층의 수탈에 대한 저항이었다. → 김사미 · 효심의 난은 무신 집권 시기에 발생하였다.
ㄷ. (다) – 윤원형 일파가 정국을 주도한 시기에 발생하였다. → 조선 명종 때 발생한 대표적인 사건은 임꺽정의 난이다.
ㄹ. (라) – 주모자가 드러나지 않기 위해 사발통문을 작성하였다. → 동학 농민 운동에 대한 설명이다.

따라서 정답은 ㄴ, ㄹ이다.

Plus note

- 신라 하대 진성여왕 시기에는 사회적 · 경제적 모순이 심화되어 몰락하는 농민들이 늘어나자 원종과 애노의 난을 시작으로 농민 봉기가 전국적으로 확산되었다.
- 고려 무신 집권 시기에는 무신 정변으로 신분제의 동요가 심화되어 백성에 대한 수탈이 강화되자 하층민의 봉기가 빈번하게 일어났는데, 대표적으로 김사미 · 효심의 난은 운문과 초전을 중심으로 일어났고, 신라 부흥을 표방하였다.
- 조선 후기 세도 정치 시기에는 사회적 모순이 심화되고 탐관오리의 수탈로 몰락하는 농민이 많아졌다. 이에 진주를 중심으로 민란이 일어났고, 이는 전국적인 민란으로 발전하였다(임술 농민 봉기). 이때 사태 수습을 위해 안핵사 박규수가 파견되었는데 삼정 문란이 원인임을 알고 삼정이정청 설치를 철종에게 아뢰었다. 이후 삼정이정청을 설치하고 문란을 바로 잡으려 하였으나 효과가 별로 없었다.
- 1894년에는 전라 고부 군수 조병갑의 횡포로 인해 전봉준이 농민을 이끌고 난을 일으켰는데, 이는 이후 동학 농민 운동으로 발전하였다.

30 정답 ①

해설

제시된 지문의 '조선에서 프랑스 주교', '천주교 신자가 처형'을 통해 1866년 발생한 병인박해임을 알 수 있다. 고종 때 집권한 흥선 대원군은 러시아의 남하를 저지하기 위해 프랑스 선교를 통하여 프랑스와 교섭하고자 하였으나 실패하였다. 이후 흥선 대원군은 대대적으로 천주교를 탄압하는 병인박해를 실시하였고, 프랑스는 이를 구실로 침입(병인양요, 1866)하였다.
따라서 정답은 (가)이다.

31 정답 ⑤

해설

제시된 지문의 '조 · 일 수호 조규'를 통해 강화도 조약임을 알 수 있다. 강화도 조약은 조 · 일 수호 조규라고도 하는데, 우리나라가 체결한 최초의 근대적 조약이며, 불평등 조약이다.
① 최혜국 대우를 최초로 규정하였다. → 조 · 미 수호 통상 조약에 대한 설명이다.
② 통감부가 설치되는 계기가 되었다. → 을사늑약에 대한 설명이다.
③ 천주교 포교 허용의 근거가 되었다. → 조 · 프 수호 통상 조약에 대한 설명이다.
④ 일본 경비병의 공사관 주둔을 명시하였다. → 제물포 조약에 대한 설명이다.
⑤ 부산 외 2곳에 개항장이 설치되는 결과를 가져왔다. → 강화도 조약에 대한 설명이다.

32 정답 ⑤

해설

제시된 지문의 '우정총국에서 개국 연회'를 통해 1884년 갑신정변임을 알 수 있다. 청의 내정 간섭이 심화되고 급진 개화파 김옥균이 일본으로부터 차관 도입에 실패하자, 급진 개화파는 정치적 입지가 축소되었다. 이에 김옥균은 일본 공사를 만나 일본의 군사적 지원을 약속 받았고, 급진개화파 김옥균, 박영효, 서광범, 서재필 등은 우정총국 개국 축하연을 이용하여 정변을 일으켰다.
① 신식 군대인 별기군이 폐지되었다. → 1882년 임오군란에 대한 설명이다.
② 김기수를 수신사로 일본에 파견하였다. → 1876년 강화도 조약 체결 이후 합의사항을 협의하기 위해 수신사 김기수가 파견되었다.
③ 이항로와 기정진이 척화주전론을 주장하였다. → 1860년대 통상 반대 운동에 대한 설명이다.
④ 왕비가 궁궐을 빠져 나와 장호원으로 피신하였다. → 1882년 임오군란에 대한 설명이다.
⑤ 개화당 정부가 수립되고 개혁 정강이 발표되었다. → 1884년 갑신정변 당시 발표한 14개조 개혁안에 대한 설명이다.

33 정답 ⑤

해설

제시된 지문의 '재판소 설치'를 통해 밑줄 그은 '개혁'이 제2차 갑오개혁임을 알 수 있다. 제2차 갑오개혁 때 신식 재판소가 설치되어 사법권이 분리되었고, 의정부 8아문 체제가 내각 7부 체제로 개편되었다. 또한 군제가 개편되어 훈련대, 시위대가 창설되었고, 교육의 기본방향을 제시한 교육입국조서를 반포하였다.
① 원수부를 설치하였다. → 광무개혁에 대한 설명이다.
② 기기창을 설립하였다. → 1881년 청에 파견한 영선사의 영향으로 1883년 근대식 무기 제조 공장인 기기창이 설립되었다.
③ 공사 노비법을 혁파하였다. → 1894년 제1차 갑오개혁에 대한 설명이다.
④ 태양력을 공식 채택하였다. → 1895년 을미개혁에 대한 설명이다.
⑤ 한성 사범 학교 관제를 반포하였다. → 제2차 갑오개혁에 대한 설명이다.

34 정답 ①

해설

제시된 지문의 '대종교 창시'를 통해 밑줄 그은 '그'가 나철임을 알 수 있다. 나철, 오기호 등은 1905년 5적 암살단인 자신회를 조직하여 활동하였고, 1909년에는 단군 신앙을 기반으로 대종교를 창시하였다.
① 5적 처단을 위해 자신회를 조직하였다. → 나철에 대한 설명이다.
② 명동 성당 앞에서 이완용을 습격하였다. → 이재명에 대한 설명이다.
③ 하얼빈에서 이토 히로부미를 사살하였다. → 안중근에 대한 설명이다.
④ 타이완에서 일본 육군 대장을 저격하였다. → 조명하에 대한 설명이다.
⑤ 동양 척식 주식회사에 폭탄을 투척하였다. → 나석주에 대한 설명이다.

35 정답 ⑤

해설

제시된 지문의 '임병찬', '복벽주의'를 통해 (가) 단체가 독립 의군부임을 알 수 있다. 고종의 밀명을 받은 임병찬은 복벽주의를 내건 독립 의군부를 조직하였다. 독립 의군부는 조선 총독에게 제출하기 위해 국권 반환 요구서를 작성하였고, 전국적인 의병 활동을 준비하다가 일본에 발각되어 해체되었다.
① 일본 도쿄에서 독립 선언서를 발표하였다. → 조선 청년 독립단에 대한 설명이다.
② 일제가 제정한 치안 유지법으로 탄압받았다. → 조선어 학회에 대한 설명이다.
③ 서간도에 신흥 강습소를 세워 독립군을 양성하였다. → 신민회에 대한 설명이다.
④ 독립운동 자금을 모으기 위해 독립 공채를 발행하였다.
→ 대한민국 임시 정부에 대한 설명이다.
⑤ 조선 총독에게 제출하기 위해 국권 반환 요구서를 작성하였다.
→ 독립 의군부에 대한 설명이다.

36 정답 ②

해설

제시된 지문의 '경신참변(간도참변)'은 1920년 10월에 일어난 사건이다. 1920년 일본은 봉오동 전투와 청산리 대첩에 대한 보복으로 간도 지역에 거주하는 한국인을 무참히 학살하는 간도참변을 일으켰다. 이후 남은 독립군은 밀산 지역으로 집결해 대한 독립군단을 조직하고 자유시로 이동하였다.
① 조선 의용대가 호가장 전투에서 활약하였다. → 1941년 조

선 의용대가 호가장 전투에서 활약하였다.
② 대한 독립군 등이 봉오동에서 일본군을 격파하였다.
→ 1920년 봉오동 전투의 패배에 대해 보복하고자 경신참변을 일으켰다.
③ 조선 혁명군이 영릉가에서 일본군에 승리를 거두었다.
→ 1932년 조선 혁명군이 영릉가에서 일본군에 승리를 거두었다.
④ 한국 독립군이 대전자령 전투에서 일본군을 격퇴하였다.
→ 1933년 한국 독립군이 대전자령 전투에서 일본군을 격퇴하였다.
⑤ 대한민국 임시 정부가 직할 부대로 참의부를 결성하였다.
→ 1923년 참의부가 결성되었다.

Plus note

- **1920년대 항일투쟁 순서**
봉오동 전투(대한 독립군, 1920.6) → 훈춘 사건 → 청산리 대첩(북로군정서, 대한 독립군 등, 1920.10) → 간도참변(1920.10) → 밀산으로 이동(대한 독립군단) → 자유시 참변(1921) → 3부 결성[참의부(1923), 정의부(1924), 신민부(1925)] → 미쓰야 협정(1925) → 3부 통합[혁신의회(1928), 국민부(1929)]

37

정답 ④

해설

제시된 지문의 '황제로 즉위한 고종이 부국강병을 위해 개혁을 추진하던'을 통해 '이 시기'는 1897년 10월 수립한 대한 제국 시기임을 알 수 있다. 고종은 국호를 대한 제국으로 고치고, 환구단에서 황제 즉위식을 거행 후 광무개혁을 추진하였다.
① 영선사 일행으로 청에 가는 생도 → 1881년 영선사가 청에 파견되었다.
② 육영 공원에서 영어를 공부하는 학생 → 1886년 최초의 근대식 관립학교로 설립되었고 1894년 폐교되었다.
③ 거문도를 불법 점령하고 있는 영국 해군 → 영국은 1885년~1887년 러시아의 남하를 저지한다는 명분으로 거문도를 불법 점령하였다.
④ 양전 사업을 실시하고 지계를 발급하는 관리 → 광무개혁 시기 양전 사업을 실시하고 근대적 토지 소유권 증서인 지계를 발급하였다.
⑤ 보은 집회에서 교조 신원을 주장하는 동학교도 → 1893년 동학 농민군들이 교조의 신원 회복을 주장하며 보은 집회를 열었다.

38

정답 ⑤

해설

제시된 지문의 '강화 조약 전문', '러시아는 일본이 조선에서 갖고 있는 ~'을 통해 1905년 체결한 포츠머스 강화 조약임을 알 수 있다. 러·일 전쟁에서 패배한 러시아가 1905년 9월에 일본과 포츠머스 조약을 체결하여 일본의 한국 지배를 인정하였다. 이후 1905년 11월 일본에 의해 외교권이 박탈되는 을사조약이 체결되었다.
① 메가타가 재정 고문으로 부임하였다. → 1904년 체결한 1차 한·일 협약에 대한 설명이다.
② 고종이 러시아 공사관으로 거처를 옮겼다. → 1895년 을미사변 이후 1896년 2월 아관파천을 단행하였다.
③ 베델과 양기탁이 대한매일신보를 창간하였다. → 1904년 대한매일신보를 창간하였다.
④ 관민 공동회가 개최되어 헌의 6조를 결의하였다. → 1898년 10월 독립협회에서 관민 공동회가 개최되었다.
⑤ 민종식이 이끄는 의병 부대가 홍주성을 점령하였다.
→ 1905년 을사조약이 강제로 체결되자 이에 반발하여 최익현, 민종식 등이 의병을 일으켰다.

39

정답 ①

해설

제시된 지문의 '동학에서 시작된 종교'를 통해 (가) 종교가 천도교임을 알 수 있다. 동학의 3대 교주 손병희는 1905년 친일 세력과 결별한 후 동학을 천도교로 개편하였다.
① 만세보를 발행하여 민중 계몽에 힘썼다. → 만세보는 천도교의 기관지이다.
② 중광단을 조직하여 무장 투쟁을 전개하였다. → 대종교에 대한 설명이다.
③ 배재 학당을 세워 신학문 보급에 기여하였다. → 개신교에 대한 설명이다.
④ 박중빈을 중심으로 새생활 운동을 추진하였다. → 원불교에 대한 설명이다.
⑤ 일제의 통제에 맞서 사찰령 폐지 운동을 주도하였다. → 불교에 대한 설명이다.

40

정답 ⑤

해설

제시된 지문의 '흥사단', '동우회 사건'을 통해 (가) 인물이 안창호임을 알 수 있다. 안창호는 3·1 운동 직후 상하이로 건너가 대한민국 임시 정부의 내무총장 겸 국무총리 대리직을 맡다가, 이후 미국으로 건너가 샌프란시스코에서 개신교도를 중심으로 흥사단을 조직하였다. 흥사단은 잡지 '동광'을 발행하고 1926년에는 수양 동우회를 설립하였는데, 이후 일제가 만든 치안유지법으로 인해 1937년 강제 해산되었다. 당시 안창호도 수양 동우회 사건으로 옥고를 치렀고, 이것이 지병으로 악화되어 사망하였다.
① 일본의 침략 과정을 담은 한국통사를 저술하였다. → 박은식에 대한 설명이다.
② 조선학 운동을 주도하여 여유당전서를 간행하였다. → 정인보, 문일평, 안재홍 등에 대한 설명이다.
③ 백산 상회를 설립하여 독립운동 자금을 마련하였다. → 안희제에 대한 설명이다.
④ 친일 인사 스티븐스를 샌프란시스코에서 사살하였다. → 장인환, 전명운에 대한 설명이다.
⑤ 대한민국 임시 정부에서 내무총장 겸 국무총리 대리로 취임하였다. → 안창호에 대한 설명이다.

41

정답 ⑤

해설

제시된 지문의 '중일 전쟁(1937) 이후 일제가 침략 전쟁을 확대하던 시기'를 통해 밑줄 그은 '시기'가 민족 말살 통치 시기(1930~1940년대)임을 알 수 있다. 중일 전쟁 발발 직전인 1936년에는 조선 사상범 예방 구금령을 공포하여 일제에 반대하는 모든 사상을 탄압하고자 하였다. 또한 1937년 중일 전쟁을 일으켜 대륙 침략을 본격화한 일제는 우리 민족을 전쟁에 동원하기 위해 황국 신민 서사 암송, 창씨 개명, 국가 총동원법을 제정하여 각종 자원을 수탈하였다.
① 회사령을 제정하였다. → 1910년대 무단 통치 시기에 회사령을 제정하였다.
② 미쓰야 협정을 체결하였다. → 1925년대 일본 경무국장 미쓰야가 독립군을 탄압하기 위해 중국 경무처장 위전과 미쓰야 협정을 체결하자 국외 독립군의 활동이 위축되었다.
③ 경성 제국 대학을 설립하였다. → 1924년 경성 제국 대학을 설립하여 한국인의 대학 설립을 억제하였다.
④ 토지 조사 사업을 실시하였다. → 1910년대 토지 조사 사업을 시행하여 식민 통치에 필요한 재정을 확보하고 합법적 토지를 약탈하였다.
⑤ 조선 사상범 예방 구금령을 공포하였다. → 1936년 민족 말살 통치 시기에 공포하였다.

42

정답 ④

해설

제시된 지문의 '항파두리 항몽 유적'을 통해 (가) 지역이 제주도임을 알 수 있다. 제주도 항파두리 유적은 고려 시대 몽골에 대항하던 삼별초의 마지막 항쟁기지였던 곳이다.
① 정약전이 자산어보를 저술한 곳을 알아본다. → 흑산도에 대한 설명이다.
② 프랑스군이 외규장각 도서를 약탈한 장소를 살펴본다. → 강화도에 대한 설명이다.
③ 지주 문재철에 맞서 소작 쟁의가 일어난 곳을 찾아본다. → 암태도에 대한 설명이다.
④ 4 · 3 사건으로 많은 주민이 희생된 주요 장소를 조사한다. → 제주도에 대한 설명이다.
⑤ 러시아가 저탄소 설치를 위해 조차를 요구한 곳을 검색한다. → 절영도에 대한 설명이다.

43

정답 ②

해설

제시된 지문의 '인도 전선', '영국군의 작전에 협조'를 통해 (가) 부대가 1940년 충칭에서 창설된 한국 광복군임을 알 수 있다. 한국 광복군은 1943년 미얀마, 인도 전선에 파견되어 영국군과 연합 작전을 수행하였고, 1945년 미국 전략 정보국(OSS)과 연합하여 국내 진공 작전을 준비하기도 하였다.
① 청산리에서 일본군에 맞서 대승을 거두었다. → 북로 군정서에 대한 설명이다.
② 미군과 연계하여 국내 진공 작전을 계획하였다. → 한국 광복군에 대한 설명이다.
③ 쌍성보 전투에서 한중 연합 작전을 전개하였다. → 한국 독립군에 대한 설명이다.
④ 중국 의용군과 연합하여 흥경성에서 승리하였다. → 조선 혁명군에 대한 설명이다.
⑤ 동북 항일 연군으로 개편되어 유격전을 펼쳤다. → 동북 인민 혁명군에 대한 설명이다.

44

정답 ④

해설

제시된 지문의 '부산에서의 판잣집 피란살이'를 통해 밑줄 그은 '이 전쟁'이 6 · 25 전쟁임을 알 수 있다. 6 · 25 전쟁은 북한군의 불법 남침이 시작된 1950년 6월 25일부터 휴전 협정이 체결된 1953년 7월 27일까지 전개되었다.
① 한미 상호 방위 조약이 체결되었다. → 휴전 협정 체결 이후 1953년 10월에 체결되었다.
② 반민족 행위 특별 조사 위원회가 해체되었다. → 1948년 9월 반민족 행위 처벌법이 제정된 뒤 10월부터 활동을 시작하다가 공소시효를 단축하는 반민족 행위 처벌법 개정안이 국회에서 통과되면서 1949년 8월 활동을 종료하였다.
③ 통일 주체 국민 회의에서 대통령이 선출되었다. → 1972년 유신 헌법에 따라 통일 주체 국민 회의에서 대통령이 선출되기 시작하였다.
④ 비상 계엄이 선포된 가운데 발췌 개헌안이 통과되었다. → 6.25 전쟁 도중인 1952년 부산 임시 수도에서 대통령 직선제를 골자로 하는 발췌 개헌(1차 개헌)이 통과되었다.
⑤ 국가보안법 개정안을 통과시킨 이른바 보안법 파동이 일어났다. → 1958년 진보당 사건 이후 같은 해 보안법 파동을 일으켜 국가보안법을 개정한 신국가보안법을 제정하였다.

45

정답 ②

해설

제시된 지문의 '조봉암 등 진보당 간부들에 대해 ~ 기소'를 통해 밑줄 그은 '이 사건'이 1958년 발생한 진보당 사건임을 알 수 있다. 3대 대선 이후 국민들의 지지를 많이 받은 조봉암이 진보당을 창당하자 위협을 느낀 이승만 정부는 그를 비롯한 진보당 간부들을 북한과 내통하였다는 혐의로 구속하였다. 결국 조봉암은 간첩 협의로 처형되었다.
따라서 정답은 (나)이다.

46

정답 ③

해설

제시된 지문의 '유신 헌법'을 통해 밑줄 그은 '이 정권'이 박정희 정부임을 알 수 있다. 박정희 정부는 장기 독재를 위해 대통령에게 막강한 권한을 부여하는 유신 헌법을 1972년 통과시켰다.
① 신민당사에서 YH 무역 노동자들이 농성을 하였다. → 1979년 유신 체제 시기 YH 무역 노동자들이 부당한 폐업 조치에 저항하며 농성을 벌였다.
② 민주 회복을 위한 개헌 청원 백만인 서명 운동이 전개되었다. → 유신 체제 시기 유신 헌법 철폐를 위해 민주 인사들이 개헌 청원 백만인 서명 운동을 전개하였다.
③ 호헌 철폐, 독재 타도를 내세운 6 · 10 국민 대회가 개최되었다. → 1987년 전두환 정부 시기에 개최되었다.
④ 야당 총재의 국회의원직 제명을 계기로 민주 항쟁이 일어났다. → 1979년 유신 체제 시기 YH 무역 사건을 계기로 야당 총재였던 김영삼이 국회의원직에서 제명되었다. 이를 계기로 부 · 마 민주 항쟁이 일어났다.
⑤ 긴급 조치 철폐를 요구하는 3 · 1 민주 구국 선언이 발표되었다. → 유신 체제 시기 재야 인사들이 중심이 되어 3 · 1 민주 구국 선언이 발표되었다.

47

정답 ④

해설

① ㉠ – 해동제국기의 작성 목적을 파악한다. → 조선 세종 시기 일본에 다녀온 신숙주가 성종 때 편찬한 『해동제국기』에는 일본 류큐, 쓰시마 등의 지세, 조선과의 관계 등이 기록되어 있다.
② ㉡ – 하멜 표류기의 내용을 분석한다. → 조선 시대에 제주도에 표류한 네덜란드인 하멜은 15년 동안 억류되었고, 이후 네덜란드로 돌아가 『하멜 표류기』를 편찬하였다.
③ ㉢ – 프랑스 파리 외방 선교회의 활동을 알아본다. → 프랑스 파리 외방 선교회는 우리나라를 비롯하여 동양에서 기독교 선교로 큰 역할을 한 단체이다.
④ ㉣ – 혼일강리역대국도지도가 제작된 과정을 조사한다. → 조선 태종 시기 제작된 혼일강리역대국도지도는 우리나라 최초의 세계 지도로, 우리나라 사람들이 제작한 것이다. 따라서 서양인이 조선 해안을 탐사하여 만들었다는 설명은 옳지 않다.
⑤ ㉤ – 제너럴 셔먼호 사건 관련 자료를 찾아본다. → 1866년 미국의 제너럴 셔먼호는 대동강을 거슬러 와 통상을 요구하였는데, 이를 거부당하자 약탈을 자행하였다. 이에 평안도 관찰사 박규수와 평양 주민들이 상선을 공격하여 침몰시켰다.

48

정답 ③

해설

제시된 지문의 '신립', '탄금대', '충렬사'를 통해 제시된 내용이 충주 지역임을 알 수 있다. 임진왜란 때 신립이 충주 탄금대에서 배수진을 치고 싸웠으나 패하였다. 또한 임경업은 조선 인조 때 병자호란이 일어나자 백마산성에서 활약하였고, 충주에는 임경업의 충렬을 기리기 위해 세운 사당인 충렬사가 있다.
① 인조가 이괄의 난으로 피란했어요. → 공주 지역에 대한 설명이다.
② 견훤이 후백제의 도읍으로 삼았어요. → 전주 지역에 대한 설명이다.
③ 김윤후와 함께 관노들이 몽골군에 항전했어요. → 충주 지역에 대한 설명이다. 몽골 5차 침입 당시 김윤후가 관노들과 충주 전투에서 항쟁하였다. (몽골 2차 침입 때는 김윤후가 처인 부곡민(경기도 용인)과 함께 몽골군에 항전하였다.)
④ 강주룡이 을밀대 지붕에서 고공농성을 벌였어요. → 평양 지역에 대한 설명이다.
⑤ 박재혁이 경찰서에서 폭탄을 터뜨리는 의거를 일으켰어요. → 부산 지역에 대한 설명이다.

49

정답 ⑤

해설

제시된 지문의 '대통령 탄핵 소추 심판 청구에 대해 기각을 결정'을 통해 노무현 정부 시기임을 알 수 있다. 2004년 노무현 대통령이 선거 중립 의무 조항을 위반하였고, 대선 자금 및 측근 비리 등을 일으켰다며 국회에서 탄핵 소추안을 발의하였다. 결국 탄핵 소추안이 통과되었으나 헌법 재판소에서 이를 기각하면서 탄핵 사태는 종결되었다.
① 서울 올림픽 대회가 개최되었다. → 노태우 정부 시기에 대한 설명이다.
② 국가 인권 위원회가 설립되었다. → 김대중 정부 시기에 대한 설명이다.
③ 전국 민주 노동조합 총연맹이 창립되었다. → 김영삼 정부 시기에 대한 설명이다.
④ 중국과 자유 무역 협정(FTA)이 체결되었다. → 박근혜 정부 시기에 대한 설명이다.
⑤ 친일 반민족 행위 진상 규명 위원회가 출범하였다. → 노무현 정부 시기에 대한 설명이다.

50

정답 ④

해설

제시된 지문의 '6월 13일 역사적인 평양 방문'을 통해 김대중 정부 시기임을 알 수 있다. 2000년 6월, 김대중 대통령은 평양을 방문하여 분단 이후 최초로 남북 정상 회담을 개최하고 6·15 남북 공동 성명을 발표하여 이산가족 상봉, 경의선 복구 사업 및 개성 공단 조성 등에 합의하였다.
① 남북 조절 위원회를 구성하였다. → 박정희 정부 시기에 대한 설명이다.
② 남북한이 유엔에 동시 가입하였다. → 노태우 정부 시기에 대한 설명이다.
③ 판문점에서 남북 정상 회담을 개최하였다. → 문재인 정부 시기에 대한 설명이다.
④ 남북한 교류 협력을 위한 개성 공단 조성에 합의하였다. → 김대중 정부 시기에 대한 설명이다.
⑤ 남북 이산가족 고향 방문단의 교환 방문을 최초로 실현하였다. → 전두환 정부 시기에 대한 설명이다.

2022년도 제60회 한국사능력검정시험

문제 216p

01	02	03	04	05	06	07	08	09	10
③	③	①	②	①	①	⑤	④	⑤	②
11	**12**	**13**	**14**	**15**	**16**	**17**	**18**	**19**	**20**
②	③	⑤	③	①	④	③	②	①	①
21	**22**	**23**	**24**	**25**	**26**	**27**	**28**	**29**	**30**
④	①	①	④	④	④	②	③	④	⑤
31	**32**	**33**	**34**	**35**	**36**	**37**	**38**	**39**	**40**
④	⑤	②	⑤	⑤	②	②	③	④	③
41	**42**	**43**	**44**	**45**	**46**	**47**	**48**	**49**	**50**
④	①	①	③	⑤	①	①	④	④	②

01

정답 ③

해설

제시된 지문의 '고인돌'을 통해 (가) 시대가 청동기 시대임을 알 수 있다. 청동기 시대에는 지배층의 무덤으로 고인돌을 만들었는데, 이를 통해 당시에 계급이 발생하였음을 알 수 있다.

① 소를 이용하여 깊이갈이를 하였다. → 신라 지증왕 때 우경이 시작되었다.
② 주로 동굴이나 바위 그늘에서 살았다. → 구석기 시대에 대한 설명이다.
③ 반달 돌칼을 사용하여 곡물을 수확하였다. → 청동기 시대에 대한 설명이다.
④ 빗살무늬 토기를 제작하여 식량을 저장하였다. → 신석기 시대에 대한 설명이다.
⑤ 주먹도끼, 찍개 등 뗀석기를 만들기 시작하였다. → 구석기 시대에 대한 설명이다.

02

정답 ③

해설

제시된 지문의 '영고', '형사취수제'를 통해 밑줄 그은 '이 나라'가 부여임을 알 수 있다. 부여에서는 12월에 제천 행사인 영고를 시행하였고, 혼인제도 중 하나로 형이 죽으면 아우가 형수와 함께 사는 형사취수제가 있었다.

① 신성 구역인 소도를 두었다. → 삼한에 대한 설명이다.
② 읍락 간의 경계를 중시하는 책화가 있었다. → 동예에 대한 설명이다.
③ 여러 가(加)들이 각각 사출도를 주관하였다. → 부여에 대한 설명이다.
④ 정사암 회의에서 국가의 중대사를 결정하였다. → 백제 귀족 회의에 대한 설명이다.
⑤ 사회 질서를 유지하기 위해 범금 8조를 만들었다. → 고조선에 대한 설명이다.

03

정답 ①

해설

제시된 지문의 '수로왕이 건국'을 통해 (가) 나라가 금관가야임을 알 수 있다. 김수로가 김해 지역에 건국한 금관가야는 전기 가야연맹을 이끌었으나, 4세기 말 고구려가 신라를 도와 왜를 물리치는 과정(고구려 광개토대왕과 신라 내물왕 시기)에서 쇠퇴하였다가 이후 6세기 신라 법흥왕에게 복속되었다.

① 법흥왕 때 신라에 복속되었다. → 금관가야에 대한 설명이다.
② 유학 교육 기관으로 주자감을 두었다. → 발해 문왕 시기에 대한 설명이다.
③ 지방에 22담로를 두어 왕족을 파견하였다. → 백제 무령왕 시기에 대한 설명이다.
④ 화백 회의에서 국가의 중대사를 논의하였다. → 신라 귀족회의에 대한 설명이다.
⑤ 단궁, 과하마, 반어피 등의 특산물이 있었다. → 동예에 대한 설명이다.

04

정답 ②

해설

제시된 지문의 '흑치상지'를 통해 백제 부흥 운동 시기임을 알 수 있다. 백제가 660년 나당 연합군에 의해 멸망한 뒤, 이후 흑치상지는 임존성, 도침 · 복신은 왕자 부여풍을 왕으로 추대하고 주류성을 중심으로 부흥 운동을 전개하였다.

① 을지문덕이 살수에서 승리하였다. → 612년 고구려 장수 을지문덕이 살수에서 수의 대군을 격파하였다.
② 안승이 보덕국의 왕으로 임명되었다. → 668년 고구려 멸망 이후 신라는 당 세력을 축출하기 위해 고구려 유민을 이용하고자 보덕국을 세우고 안승을 보덕국의 왕(674)으로 임명하였다.
③ 관구검의 공격으로 환도성이 함락되었다. → 3세기 고구려 동천왕이 요서 지방으로 진출을 꾀하자 위나라 장수 관구검이 공격하여 고구려의 환도성이 함락되었다.
④ 의자왕이 윤충을 보내 대야성을 함락시켰다. → 642년 백제 의자왕에 의해 신라 대야성이 함락되었다. 이 과정에서 대야성의 성주였던 김춘추의 사위와 딸이 사망하였다.
⑤ 계백이 이끄는 결사대가 신라군에 맞서 싸웠다. → 660년 계백이 이끄는 결사대가 신라 군에 맞서 싸웠지만 패배하였고, 결국 백제는 멸망하였다.

05

정답 ①

해설

제시된 지문의 '백제 도성을 함락시키다.'를 통해 고구려 장수왕임을 알 수 있다. 장수왕은 남진 정책으로 수도를 국내성에서 평양성으로 천도한 뒤 백제의 수도인 하남 위례성(한강 유역)을 함락하고, 백제 개로왕을 살해하였다.

① 도읍을 국내성에서 평양으로 옮겼다. → 고구려 장수왕에 대한 설명이다.
② 낙랑군을 몰아내고 영토를 확장하였다. → 고구려 미천왕에 대한 설명이다.
③ 을파소의 건의로 진대법을 실시하였다. → 고구려 고국천왕에 대한 설명이다.
④ 영락이라는 독자적 연호를 사용하였다. → 고구려 광개토대왕에 대한 설명이다.
⑤ 전진의 순도를 통해 불교를 수용하였다. → 고구려 소수림왕에 대한 설명이다.

06

정답 ①

해설

제시된 지문의 '해동성국'을 통해 (가) 국가가 발해 임을 알 수 있다. 선왕 이후 전성기를 맞이한 발해를 중국에서는 해동성국이라고 불렸다.
① 중정대를 두어 관리를 감찰하였다. → 발해의 중앙 정치 조직에 대한 설명이다.
② 군사 조직으로 9서당 10정을 편성하였다. → 통일 신라의 군사 조직에 대한 설명이다.
③ 내신 좌평 등 6좌평의 관제를 정비하였다. → 백제의 관등에 대한 설명이다.
④ 상수리 제도를 시행하여 지방 세력을 견제하였다. → 통일 신라의 지방 세력 견제책에 대한 설명이다.
⑤ 왕족인 부여씨와 8성의 귀족이 지배층을 이루었다. → 백제의 지배층에 대한 설명이다.

07

정답 ⑤

해설

제시된 지문의 '부석사', '당에서 유학하고 돌아온'을 통해 밑줄 그은 '이 승려'가 통일 신라의 의상임을 알 수 있다. 의상은 문무왕 시기 당에서 유학 후, 화엄 사상을 바탕으로 부석사를 중건하여 화엄종을 개창하였다.
① 무애가를 지어 불교 대중화에 기여하였다. → 통일 신라 승려 원효에 대한 설명이다.
② 화랑도의 규범으로 세속 5계를 제시하였다. → 신라 승려 원광에 대한 설명이다.
③ 구법 순례기인 왕오천축국전을 저술하였다. → 통일 신라 승려 혜초에 대한 설명이다.
④ 승려들의 전기를 담은 해동고승전을 집필하였다. → 고려 승려 각훈에 대한 설명이다.
⑤ 화엄일승법계도를 지어 화엄 사상을 정리하였다. → 통일 신라 승려 의상에 대한 설명이다.

08

정답 ④

해설

제시된 지문의 '김흠돌의 난 진압', '아버지 문무왕'을 통해 밑줄 그은 '이 왕'이 통일 신라 신문왕 임을 알 수 있다. 신문왕은 장인인 김흠돌의 난을 진압하여 귀족 세력을 숙청하였고, 9주 5소경의 지방 제도를 정비하였다. 또한 귀족세력을 약화시키기 위해 관료전 지급, 녹읍 폐지를 하였으며, 지방세력 견제책으로 상수리 제도를 실시하였다.
① 거칠부에게 국사를 편찬하게 하였다. → 진흥왕 시기에 대한 설명이다.
② 이사부를 보내 우산국을 복속하였다. → 지증왕 시기에 대한 설명이다.
③ 건원이라는 독자적 연호를 사용하였다. → 법흥왕 시기에 대한 설명이다.
④ 관료전을 지급하고 녹읍을 폐지하였다. → 신문왕 시기에 대한 설명이다.
⑤ 관리 선발을 위해 독서삼품과를 실시하였다. → 원성왕 시기에 대한 설명이다.

09

정답 ⑤

해설

제시된 지문의 '태봉의 철원 도성'을 통해 (가) 인물이 궁예임을 알 수 있다. 901년 후고구려를 세운 궁예는 국가 기반을 다진 후 904년 국호를 마진으로 바꾸고 905년 수도를 송악에서 철원으로 천도하였다. 이후 911년 국호를 또 한 번 마진에서 태봉으로 변경하였다. 하지만 궁예의 실정으로 918년 왕건이 궁예를 쫓아내고 고려를 건국하였다.
① 금마저에 미륵사를 창건하였다. → 백제 무왕에 대한 설명이다.
② 후당과 오월에 사신을 파견하였다. → 후백제 견훤에 대한 설명이다.
③ 일리천 전투에서 신검의 군대를 격퇴하였다. → 고려 왕건에 대한 설명이다.
④ 폐정 개혁을 목표로 정치도감을 설치하였다. → 고려 충목왕에 대한 설명이다.
⑤ 광평성을 비롯한 각종 정치 기구를 마련하였다. → 후고구려 궁예에 대한 설명이다.

10

정답 ②

해설

제시된 지문의 '하남시 하사창동'을 통해 (가)에 들어갈 불상이 하남 하사창동 철조 석가여래 좌상임을 알 수 있다. 고려 초기에는 하남 하사창동 철조 석가여래 좌상과 같은 대형 철불이 제작되었다.

①

②

③

④

⑤

① 금동 연가 7년명 여래 입상 → 고구려의 대표적인 불상이다.
② 하남 하사창동 철조 석가여래 좌상 → 고려 시대 불상이다.
③ 경주 남산 장창곡 석조미륵여래삼존상 중 본존 미륵불 → 신라 시대 불상이다.
④ 금동관음보살좌상 → 조선 시대 불상이다.
⑤ 금동 미륵보살 반가 사유상 → 삼국 시대 불상이다.

11

정답 ②

해설

제시된 지문의 (가)는 '이자겸, 척준경'을 통해 12세기 인종 시기에 집권하였던 이자겸, 척준경이 정권 유지와 민생 안정을 이유로 금의 사대 요구를 수용하였던 시기임을 알 수 있다. (나)는 '최무선 등이 왜구를 진포에서 공격해 승리'를 통해 1380년 고려 우왕 시기 진포 대첩에서 왜구를 물리친 상황임을 알 수 있다. (다)는 '몽골군이 쳐들어와 충주성을', '김윤후'를 통해 김윤후가 충주 전투에서 몽골군에 승리를 거두었던 5차 침입 시기임을 알 수 있다.
따라서 정답은 (가) – (다) – (나)이다.

12

정답 ③

해설

① ㉠ – 학술 기관으로 경연을 관장하였다. → 홍문관에 대한 설명이다.
② ㉡ – 실록을 보관하고 관리하는 업무를 맡았다. → 춘추관에 대한 설명이다.

③ ㉢ – 관리의 비리를 감찰하고 풍기를 단속하였다. → 어사대에 대한 설명이다.
④ ㉣ – 수도의 치안과 행정을 주관하였다. → 한성부에 대한 설명이다.
⑤ ㉤ – 화폐와 곡식의 출납에 대한 회계를 담당하였다. → 삼사에 대한 설명이다.

Plus note

- **후삼국 통일 과정**
- **상서성** : 6부를 두고 정책 집행을 담당하였다.
- **추밀원(중추원)** : 군사 기밀 및 왕명 출납 등을 담당하였다.
- **어사대** : 관리의 비리를 감찰하고 풍기를 단속하였다.
- **한림원** : 교서와 외교 문서 작성을 담당하였다.
- **중서문하성** : 고려의 최고 관서로 국정을 총괄하였다.

13

정답 ⑤

해설

제시된 지문의 '원의 간섭을 받던 시기'를 통해 고려 말 원 간섭기의 경제 상황임을 알 수 있다. 이 시기에 이암에 의해 원에서 농상집요라는 농서가 들어왔는데, 우리나라와 지형 및 기후가 달라 실생활에 크게 도움은 되지 않았다. 이후 조선 세종 시기 우리나라 실정에 맞는 농사직설이 편찬되었다.

① 모내기법이 전국적으로 확산되었다. → 조선 후기 경제 상황에 대한 설명이다.
② 초량 왜관을 통해 일본과 무역하였다. → 조선 후기 경제 상황에 대한 설명이다.
③ 감자, 고구마 등의 작물이 재배되었다. → 조선 후기 경제 상황에 대한 설명이다.
④ 광산을 전문적으로 경영하는 덕대가 활동하였다. → 조선 후기 경제 상황에 대한 설명이다.
⑤ 경시서의 관리들이 시전의 상행위를 감독하였다. → 원 간섭기를 비롯한 고려 시대 경제 상황에 대한 설명이다.

14

정답 ③

해설

제시된 지문의 '김치양', '강조'를 통해 1010년 고려 현종 시기 거란의 제2차 침입과 '귀주', '강감찬'을 통해 1018년 거란의 제3차 침입 사이에 있었던 사건을 찾는 문제임을 알 수 있다. 거란은 998년 고려 성종 시기 고려의 친송 정책과 북진 정책에 불만을 품고 1차 침입을 하였는데 서희의 외교담판으로 압록강의 동쪽 땅(강동 6주)을 고려에 주고 화친을 체결하고 물러났다. 하지만 이후 강동 6주 반환을 요구하며 2차, 3차 침입을 하였다.

① 화통도감이 설치되어 화포가 제작되었다. → 1377년 고려 우왕 시기에 대한 설명이다.
② 신돈이 전민변정도감의 설치를 건의하였다. → 1269년 고려 공민왕 시기에 대한 설명이다.
③ 거란이 침입하여 왕이 나주까지 피난하였다. → 거란의 제2차 침입 때 현종이 나주까지 피난하였다.
④ 노비안검법의 실시로 국가 재정이 확충되었다. → 956년 고려 초 광종 시기에 대한 설명이다.
⑤ 신기군, 신보군, 항마군 등으로 구성된 별무반이 조직되었다. → 1104년 고려 숙종 시기 윤관이 별무반을 조직하였다.

15

정답 ①

해설

제시된 지문의 '최우'를 통해 제시된 상황이 최씨 무신 집권 시기임을 알 수 있다. 최충헌에 이어 정권을 잡은 최우는 정방을 설치하여 모든 관직의 인사권을 장악하였고, 사병조직으로 삼별초(좌별초, 우별초, 신의군)를 조직하였다. 삼별초는 무신 정권이 붕괴되고 고려 조정이 몽골과 강화를 맺자 이에 반발하여 강화도에서 진도로 이동하여 용장산성을 중심으로 대몽 항쟁을 전개하였다. 하지만 여·몽 연합군의 공격으로 지휘관이었던 배중손이 사망하자 삼별초 잔여세력은 김통정을 중심으로 제주도로 근거지를 옮겨 항쟁하였으나 여·몽 연합군의 공격으로 모두 전멸하였다.

① 삼별초가 용장성에서 항전하였다. → 삼별초는 무신 집권이 붕괴된 이후 몽골에 끝까지 항쟁한 부대이다.
② 정중부 등이 김보당의 반란을 진압하였다. → 1173년 무신 집권 초기 정중부가 권력을 차지하였던 시기에 대한 설명이다.
③ 빈민 구제를 위한 흑창을 처음 설치하였다. → 태조 왕건에 대한 설명이다.
④ 공주 명학소에서 망이·망소이가 봉기하였다. → 1176년 무신 집권 초기 정중부가 권력을 차지하였던 시기에 대한 설명이다.
⑤ 최충헌이 교정별감이 되어 국정을 총괄하였다. → 최우는 최충헌의 아들로, 그의 뒤를 이어 정권을 장악하였다.

Plus note

구분	정중부	경대승	이의민	최충헌	최우~
무신최고 기구	중방	→	→	교정 도감	→
인사담당 기구					정방
문인숙위 기구					서방
군사기구		도방	도방 ×	도방 재설치	삼별초
반무신란	김보당의 난 교종 승려의 난 조위총의 난				
민란	망이·망소이의 난				

16

정답 ④

해설

제시된 지문의 (가)는 '문종', '전시과를 다시 개정'을 통해 경정 전시과에 대한 것임을, (나)는 '공양왕', '과전'을 통해 과전법임을 알 수 있다. 고려 경종 시기 처음 시행한 전시과는 무신정변을 거치면서 수조권이 무력화되어 더 이상 토지제도로서 그 기능을 하지 못하고 사실상 폐지되었다. 이후 고려 말 공양왕 시기 신진사대부가 중앙 권력을 차지하면서 경기도에 한정해 전지를 지급하는 과전법을 새롭게 실시하였다.

① (가) – 조준 등의 건의로 제정되었다. → 과전법에 대한 설명이다.
② (가) – 관등과 인품을 기준으로 수조권을 주었다. → 고려 경종 시기에 시행한 시정 전시과에 대한 설명이다.
③ (나) – 개국 공신에게 역분전을 지급하였다. → 역분전은 태조 왕건이 논공행상에 따라 개국 공신에게 지급한 토지이다.
④ (나) – 지급 대상 토지를 원칙적으로 경기 지역에 한정하였다. → 과전법에 대한 설명이다.

⑤ (가), (나) – 수조권 외에 노동력을 징발할 수 있는 권한을 주었다. → 녹읍에 대한 설명이다.

Plus note

• 전시과 변화 과정

시정 전시과	경종	인품 ○, 전·현직관리 ○, 4색 공복 기준, 무신 위주 지급
개정 전시과	목종	인품 ×, 전·현직관리 ○, 18과 기준으로 지급, 문신 우대
경정 전시과	문종	현직관리 ○, 무신 차별 시정, 문신과 무신 지급량 비슷

17

정답 ③

해설

제시된 지문의 '최승로'는 고려 성종 시기에 활약한 유학자이다. 그는 성종 시기에 시무 28조를 올려 유교적 정치이념을 체계화하고 국가체제를 정비하게 하였다. 시무 28조는 군주와 신권의 대화를 기반으로 한 안정적이고 이상적인 정치형태를 논해 성종을 크게 공감시켰다.

① 불씨잡변을 지어 불교를 비판함 → 정도전에 대한 설명이다.
② 인재 등용을 위해 현량과 실시를 제안함 → 조광조에 대한 설명이다.
③ 시무 28조를 올려 국가 운영 방안을 제시함 → 최승로에 대한 설명이다.
④ 지부복궐척화의소를 올려 왜양일체론을 주장함 → 최익현에 대한 설명이다.
⑤ 해주 향약을 시행하여 향촌 교화를 위해 노력함 → 이이에 대한 설명이다.

18

정답 ②

해설

제시된 지문의 (가)는 '쌍성총관부 설치'를 통해 고려 고종 시기인 1258년 몽골 7차 침입 이후 시기임을 알 수 있고, (나)는 '쌍성을 함락'을 통해 1356년 공민왕 시기 무력을 동원해 쌍성총관부를 탈환한 시기임을 알 수 있다.

① 최윤덕이 4군을 개척하였다. → 조선 세종 시기에 대한 설명이다.
② 일본 원정을 위해 정동행성이 설치되었다. → 1280년 충렬왕 시기에 정동행성이 설치되었다.
③ 몽골 사신 저고여가 귀국길에 피살되었다. → 몽골 사신 저고여가 피살되면서 몽골의 1차 침입(1231)이 본격적으로 실시되었다.
④ 철령위 설치 문제로 요동 정벌이 추진되었다. → 1377년 고려 우왕 시기에 대한 설명이다.
⑤ 서희가 외교 담판으로 강동 6주를 획득하였다. → 998년 고려 성종 시기 거란 1차 침입에 대한 설명이다.

19

정답 ①

해설

제시된 지문의 '수도를 세울 때 맨 처음 지은 정궁', '전란에 의해 불타버린 후'를 통해 (가) 궁궐이 경복궁임을 알 수 있다. 조선을 세운 태조 이성계는 한양으로 천도하고 정궁으로 경복궁을 건설하였다. 이후 경복궁은 임진왜란 때 불에 타 소실되었는데 고종 때 흥선 대원군이 왕실의 권위를 높이고자 새로 중건하였다.

① 근정전을 정전으로 하였다. → 경복궁에 대한 설명이다.
② 일제에 의해 동물원 등이 설치되었다. → 창경궁에 대한 설명이다.
③ 후원에 왕실 도서관인 규장각이 있었다. → 창덕궁에 대한 설명이다.
④ 도성 내 서쪽에 있어 서궐이라고 불렸다. → 경희궁에 대한 설명이다.
⑤ 인목 대비가 광해군에 의해 유폐된 장소이다. → 덕수궁에 대한 설명이다.

20

정답 ①

해설

제시된 지문의 '오례의', '예종 대왕'을 통해 밑줄 그은 '전하'가 조선 성종임을 알 수 있다. 국조오례의는 조선 시대 성종 때 신숙주 등이 왕명에 따라 국가와 왕실의 여러 행사에 대한 의식 절차를 정리하여 편찬한 책이다. 국조오례의에는 종묘, 사직에 올리는 제사에 관한 의식, 선농제, 기우제 등 국가에서 특별한 일이 있을 때 지내는 제사 의식과 사대부, 일반 백성들의 제사 등에 관한 내용을 주로 담고 있다.

① 국가의 기본 법전인 경국대전이 완성되었다. → 조선 성종 시기에 대한 설명이다.
② 성삼문 등이 상왕의 복위를 꾀하다가 처형되었다. → 조선 세조 시기에 대한 설명이다.
③ 육의전을 제외한 시전 상인의 금난전권이 폐지되었다. → 조선 정조 시기에 대한 설명이다.
④ 반정 공신의 위훈 삭제를 주장한 조광조가 사사되었다. → 조선 중종 시기에 대한 설명이다.
⑤ 이조 전랑 임명을 둘러싸고 김효원과 심의겸이 대립하였다. → 조선 선조 시기에 대한 설명이다.

21

정답 ④

해설

제시된 지문의 '도승지', '은대'를 통해 (가) 기구가 승정원임을 알 수 있다. 정원(政院)·후원(喉院)·은대(銀臺)·대언사(代言司)로 불리기도 한 승정원은 임금의 명령을 전달하고 하부의 보고·청원 따위를 임금에게 중계하는 일을 하였다. 도승지는 승정원의 장관으로 정3품 당상관직에 해당한다.

① 사간원, 홍문관과 함께 삼사로 불렸다. → 사헌부에 대한 설명이다.
② 외국으로 가는 사신의 통역을 전담하였다. → 사역원에 대한 설명이다.
③ 천문, 지리, 기후 등에 관한 사무를 맡았다. → 관상감에 대한 설명이다.
④ 왕명 출납을 담당하는 왕의 비서 기관이었다. → 승정원에 대한 설명이다.
⑤ 국왕 직속 사법 기구로 반역죄 등을 처결하였다. → 의금부에 대한 설명이다.

22

정답 ①

해설

① (가) – 정봉수가 후금군을 맞아 큰 전과를 거둔 곳이다.
→ 정봉수가 후금군을 맞아 큰 전과를 거둔 곳은 철산 용골산성이다.

② (나) – 병인박해 때 많은 천주교 신자가 처형된 장소이다.
→ 절두산 순교 성지에 대한 설명이다.
③ (다) – 6 · 25 전쟁 이후 조성된 국군 묘지에서 시작되었다.
→ 국립서울현충원에 대한 설명이다.
④ (라) – 판축 기법을 활용하여 성벽을 쌓은 백제 토성이다.
→ 풍납동 토성에 대한 설명이다.
⑤ (마) – 갈돌과 갈판 등이 출토된 신석기 시대 유적이다.
→ 서울 암사동 유적에 대한 설명이다.

Plus note

- **행주산성** : 임진왜란의 3대 대첩 중 하나인 권율 장군의 행주대첩이 벌어진 장소이다.
- **절두산 순교 성지** : 1866년 프랑스 군함이 병인박해를 문제 삼아 침입하자, 이에 분노한 흥선 대원군이 천주교 인들을 참수케 한 곳으로, 머리를 잘랐다 하여 절두산이라는 지명을 얻게 되었다.
- **국립서울현충원** : 1955년 국가와 민족을 위해 목숨을 바친 분들을 모신 국립묘지이다.
- **풍납동 토성** : 서울 송파구에 있는 풍납동 토성은 판축 기법을 사용하여 고운 모래로 한 층씩 다져 쌓은 백제 토성으로 백제 수도 위례성일 것이라 추측하는 곳이다.
- **암사동 유적** : 서울 암사동 유적은 갈돌과 갈판 등이 출토된 대표적인 신석기 시대 유적이다.

23

정답 ①

해설

제시된 지문의 '성학십도'를 통해 (가) 인물이 이황임을 알 수 있다. 이황은 '동방의 주자'라 칭송받았으며 벼슬에서 물러난 후에는 학문을 연구하고 후진 양성에 힘을 쏟았다. 또한 17살의 어린 선조에게 『성학십도』를 바쳐 군주 스스로 노력하여 성학을 따라야 한다고 주장하였다.

① 기대승과 사단칠정 논쟁을 전개하였다. → 이황에 대한 설명이다.
② 일본에 다녀와서 해동제국기를 편찬하였다. → 신숙주에 대한 설명이다.
③ 양명학을 연구하여 강화 학파를 형성하였다. → 정제두에 대한 설명이다.
④ 기축봉사를 올려 명에 대한 의리를 내세웠다. → 송시열에 대한 설명이다.
⑤ 무오사화의 발단이 된 조의제문을 작성하였다. → 김종직에 대한 설명이다.

24

정답 ④

해설

제시된 지문의 '마과회통', '목민심서'를 통해 제시된 검색창에 들어갈 인물이 정약용임을 알 수 있다. 정약용은 마진(홍역)에 대한 연구를 진전하여 『마과회통』을 저술하였고, 수령이 지켜야 할 지침을 밝힌 『목민심서』를 편찬하였다.

① 지봉유설에서 천주실의를 조선에 소개하였다. → 이수광에 대한 설명이다.
② 의산문답에서 중국 중심의 세계관을 비판하였다. → 홍대용에 대한 설명이다.
③ 양반전을 지어 양반의 허례와 무능을 풍자하였다. → 박지원에 대한 설명이다.
④ 경세유표를 집필하여 국가 제도의 개혁 방향을 제시하였다.
→ 정약용에 대한 설명이다.
⑤ 금석과안록에서 북한산비가 진흥왕 순수비임을 고증하였다.
→ 김정희에 대한 설명이다.

25

정답 ④

해설

제시된 지문의 '신립'을 통해 제시된 전쟁이 임진왜란임을 알 수 있다. 부산진과 동래성을 점령한 왜적은 한양을 향해 북상하고 있었고, 이에 신립이 충주에서 배수의 진을 치고 결사 항전을 하였으나 패하였다. 『쇄미록』은 조선시대 임진왜란과 정유재란을 겪은 오희문의 일기이다.

① 김상용이 강화도에서 순절하였다. → 병자호란에 대한 설명이다.
② 임경업이 백마산성에서 항전하였다. → 병자호란에 대한 설명이다.
③ 최영이 홍산 전투에서 크게 승리하였다. → 홍산 대첩에 대한 설명이다.
④ 곽재우가 의병장이 되어 의령 등에서 활약하였다. → 임진왜란에 대한 설명이다.
⑤ 신류가 조총 부대를 이끌고 흑룡강에서 전투를 벌였다.
→ 나선 정벌에 대한 설명이다.

26

정답 ④

해설

제시된 지문의 '후백제', '전라 감영', '전동 성당'을 통해 제시된 지역이 전주 임을 알 수 있다. 후백제의 견훤은 지금의 전주인 완산주를 도읍으로 삼아 국가를 세웠고, 전동 성당은 전주에 있는 성당으로 호남 지방의 서양식 근대 건축물 중 가장 규모가 크고 오래된 것 중 하나이다.

① 장용영의 외영이 설치된 위치를 파악한다. → 수원 화성에 대한 설명이다.
② 홍경래가 난을 일으켜 점령한 지역을 알아본다. → 평안도 정주, 가산 등지에 대한 설명이다.
③ 인조가 피신하여 청군과 항전을 벌인 곳을 찾아본다. → 남한산성에 대한 설명이다.
④ 태조의 어진을 모신 경기전이 건립된 장소를 조사한다.
→ 전주에 대한 설명이다. (조선 왕가의 성씨가 전주 이씨이다.)
⑤ 유계춘이 백낙신의 수탈에 맞서 봉기한 지역을 검색한다.
→ 진주에 대한 설명이다. (백낙신의 수탈로 진주농민봉기가 발생하였다.)

27

정답 ②

해설

제시된 지문의 (가)는 '재학 연한 9년', '대나마', '나마'를 통해 통일 신라의 국학임을 알 수 있고, (나)는 '7재'를 통해 고려의 관학 7재임을 알 수 있다. (다)는 '생원 · 진사'를 통해 조선의 성균관임을 알 수 있고, (라)는 '좌원과 우원'을 통해 최초의 근대식 관립학교인 육영공원 임을 알 수 있다.

ㄱ. (가) – 신문왕이 인재 양성을 위해 설치하였다. → 국학에 대한 설명이다.
ㄴ. (나) – 전국의 부 · 목 · 군 · 현에 하나씩 설립되었다. → 조선시대 향교에 대한 설명이다.
ㄷ. (다) – 공자 등 성현을 기리는 석전대제를 거행하였다. → 문묘는 공자를 비롯한 성현을 받드는 사당으로 성균관에 있었다.

ㄹ. (라) – 교육 입국 조서 반포를 계기로 세워졌다. → 교육 입국 조서는 1895년 2차 갑오개혁에 반포되었다. 이후 한성사범학교, 외국어학교, 소학교가 설립되었다.
따라서 정답은 ㄱ, ㄷ이다.

Plus note

- 국학은 통일 신라 신문왕 때 설치된 유학교육기관으로 재학 연한은 9년이었고, 대나마, 나마는 신라의 관등이다.
- 고려 시대 유학교육기관인 국자감(예종 때 국학으로 개편)이 사학의 융성으로 위축되자 예종 시기에 관학의 부흥을 위해 전문 강좌인 7재를 국학 내에 설치하였다.
- 조선 시대 성균관은 소과시험에 합격한 생원과 진사가 입학할 수 있었고, 이후 대과 응시도 가능하였다.
- 1886년 설립된 우리나라 최초의 근대적 관립 학교인 육영공원은 좌원과 우원으로 구분되었는데, 현직 관료 중 선발된 학생은 좌원, 양반 자제 중 선발된 학생은 우원에 입학하였다.

28

정답 ③

해설

제시된 지문의 '인삼', '담배' 등을 통해 제시된 상황이 조선 후기 임을 알 수 있다. 조선 후기에는 상품 화폐 경제가 발달하여 인삼, 담배 등 상품 작물을 재배하여 소득을 올리는 농가가 많아 부농층이 성장하였다.

① 한글 소설을 읽어주는 전기수 → 조선 후기 시기에 대한 설명이다.
② 시사를 조직하여 활동하는 역관 → 조선 후기 시기에 대한 설명이다.
③ 주전도감에서 해동통보를 만드는 장인 → 고려 숙종 시기에 대한 설명이다.
④ 왕조 교체를 예언한 정감록을 읽는 양반 → 조선 후기 시기에 대한 설명이다.
⑤ 한강을 무대로 상업에 종사하는 경강상인 → 조선 후기 시기에 대한 설명이다.

29

정답 ④

해설

제시된 지문의 '왕세제와 노론이 곤경'을 통해 경종 시기와 '시호를 사도'를 통해 영조 시기 사이에 있는 사건을 물어보는 문제임을 알 수 있다. 숙종에 이어 즉위한 경종은 이후 왕세제 책봉과 세제 대리 청정 문제를 둘러싸고 노론과 소론의 대립이 격화되었다. 이후 노론이 대거 탄핵되어 축출된 신임사화가 발생하였다. 또한 영조는 세자를 뒤주에 가둬 죽게 만들었는데, 이후 세자의 지위를 회복하고 사도 세자라 칭하게 하였다.

① 이괄이 반란을 일으켜 도성을 장악하였다. → 조선 인조 시기 논공행상에 불만을 품고 이괄이 반란을 일으켰다.
② 자의 대비의 복상 문제로 예송이 전개되었다. → 조선 현종 시기 자의 대비의 복상 문제로 예송이 전개되었다.
③ 왕위 계승을 둘러싸고 왕자의 난이 발생하였다. → 조선 태조 시기 1차, 정종 시기 2차 왕자의 난이 발생하였다.
④ 이인좌를 중심으로 소론 세력 등이 난을 일으켰다. → 영조가 즉위하자 영조의 정통성을 부정하며 노론 정권에 반대하는 이인좌가 난을 일으켰다.
⑤ 희빈 장씨 소생의 원자 책봉 문제로 환국이 발생하였다. → 조선 숙종 시기 기사환국이 발생하였다.

30

정답 ⑤

해설

제시된 지문의 '홍영식이 우정국의 개국 축하연'을 통해 1884년 발생한 갑신정변 임을 알 수 있다. 홍영식 등 급진 개화파는 우정국의 개국 축하연을 이용하여 정변을 일으켰다.

① 김기수가 일본에 수신사로 파견되었다. → 1876년 1차 수신사로 일본에 파견되었다.
② 평양 관민이 제너럴 셔먼호를 불태웠다. → 1866년 대동강 앞바다에서 제너럴 셔먼호 사건이 발생하였다.
③ 일본 군함 운요호가 영종도를 공격하였다. → 1875년 일본이 통상을 요구하며 운요호 사건이 발생하였다.
④ 박규수가 삼정이정청의 설치를 건의하였다. → 1862년 임술 농민 봉기(=진주 농민 봉기) 수습을 위해 삼정이정청 설치를 건의하였다.
⑤ 청과 일본 사이에 톈진 조약이 체결되었다. → 1884년 갑신정변 이후 청과 일본은 조선에서 공동 철수하고 파병할 때 상대국에 미리 알리겠다는 톈진 조약을 체결하였다.

31

정답 ④

해설

제시된 지문의 '프랑스군이 강화도를 침략한'을 통해 밑줄 그은 '이 사건'은 병인양요임을 알 수 있다. 프랑스는 1866년 흥선 대원군의 천주교 박해와 선교사 순교 사실을 구실로 통상 수교를 시도하기 위해 강화도를 침략한 병인양요를 일으켰다.

① 청군의 개입으로 종결되었다. → 임오군란, 갑신정변에 대한 설명이다.
② 제물포 조약의 체결로 이어졌다. → 1882년 임오군란에 대한 설명이다.
③ 오페르트 도굴 사건이 계기가 되었다. → 1868년 오페르트 도굴 사건에 대한 설명이다.
④ 양헌수 부대가 정족산성에서 적군을 물리쳤다. → 병인양요에 대한 설명이다.
⑤ 영국 함대가 거문도를 점령하는 배경이 되었다. → 러시아의 남하 정책에 위기를 느낀 영국이 거문도를 점령하는 거문도 사건(1885~1887)에 대한 설명이다.

32

정답 ⑤

해설

제시된 지문의 '고종은 이곳 환구단에서 황제 즉위식을 거행하고'를 통해 (가) 시기가 대한 제국 시기임을 알 수 있다. 아관파천(1896.2) 이후 1년 만에 경운궁으로 환궁한 고종은 1897년 10월 국호를 대한 제국으로 하고 황제 즉위식을 거행하였다.

① 대한국 국제를 반포하였다. → 대한 제국은 황제권이 무한함을 강조하는 대한국 국제를 반포하였다.
② 황제 직속의 원수부를 설치하였다. → 대한 제국은 황제의 군권 장악을 위해 원수부를 설치하고, 황제가 군대를 통솔하도록 하였다.
③ 이범윤을 간도 관리사로 파견하였다. → 대한 제국은 교민 보호를 위해 이범윤을 간도 관리사로 파견하였다.
④ 지계아문을 설립하여 지계를 발급하였다. → 대한 제국은 근대적 토지 소유권 확립을 위해 지계아문을 설립하여 지계를 발급하였다.
⑤ 통역관 양성을 목적으로 동문학을 설립하였다. → 1883년 통역관 양성을 위해 동문학이 설립되었다. 대한 제국 이전에 설립되었다.

33

정답 ②

해설

제시된 지문의 '백동화', '폐제 개혁'을 통해 제시된 사업이 1905년 실시한 화폐 정리 사업임을 알 수 있다. 일본의 재정 고문 메가타는 대한 제국의 경제를 일본이 장악하기 위해 구 백동화를 일본 제일은행권으로 바꾸는 화폐 정리 사업을 실시하였다. 하지만 백동화에 품질을 매겨 차등적으로 교환하게 함으로써, 국내 민족자본이 큰 타격을 받았다.

① 독립 협회가 반대 운동을 전개하였다. → 독립 협회는 주로 상권과 이권 수호 운동에 앞장서다 1898년에 해산되었다.
② 재정 고문 메가타의 주도로 시행되었다. → 화폐 정리 사업에 대한 설명이다.
③ 동양 척식 주식회사가 중심이 되어 실시하였다. → 동양 척식 주식회사는 1908년에 설립되었다.
④ 은본위제가 본격적으로 실시되는 배경이 되었다. → 1894년 1차 갑오개혁 시기 은본위제가 실시되었다.
⑤ 함경도 관찰사 조병식이 방곡령을 선포하는 계기가 되었다. → 1889년 일본으로의 곡물 유출 심화로 국내 식량이 부족해지자 함경도 관찰사 조병식이 방곡령을 선포하였다.

34

정답 ⑤

해설

제시된 지문의 '군대 해산', '시위대 대대장 박승환 자결'을 통해 제시된 사건이 1907년 체결한 한·일 신협약 임을 알 수 있다. 일본은 대한 제국을 식민지로 만들기 위해 한·일 신협약(정미7조약)을 체결하고 차관 정치를 실시함으로써 통감권을 강화하고, 대한 제국의 군대를 해산시켰다. 해산된 군대는 정미의병에 합류해 13도 창의군을 결성하고 서울 진공 작전을 전개하였으나 일제의 방해로 실패하였다.
따라서 정답은 (마)이다.

35

정답 ⑤

해설

제시된 지문의 '조선상고사'를 통해 밑줄 그은 '나'는 신채호임을 알 수 있다. 민족주의 사학자인 신채호는 『조선상고사』에서 역사를 아와 비아의 투쟁으로 보았다. 또한 의열단의 행동 지침으로 1923년 조선 혁명 선언을 작성해 민중의 직접 혁명을 주장하였다.

① 여유당전서를 간행하고 조선학 운동을 주도하였다. → 1935년 정인보, 문일평, 안재홍 등의 민족주의 사학자들이 조선학 운동을 주도하였다.
② 유교의 개혁을 주장하는 유교 구신론을 제창하였다. → 박은식에 대한 설명이다.
③ 조선사 편수회에 들어가 조선사 편찬에 참여하였다. → 일제는 한국사 왜곡을 위해 총독부 산하에 조선사 편수회를 만들고, 식민 사관을 토대로 『조선사』를 편찬하였다.
④ 조선사회경제사에서 식민 사학의 정체성론을 반박하였다. → 백남운에 대한 설명이다.
⑤ 민중의 직접 혁명을 주장한 조선 혁명 선언을 작성하였다. → 신채호에 대한 설명이다.

36

정답 ②

해설

제시된 지문의 '전차'는 1899년 5월 서대문~청량리에 처음 개통되었다. 1898년 1월 한성에서 전차·전등·전화 사업을 위해 한성전기회사가 설립되었고, 이듬해 전차가 운행되기 시작했다.

① 미국에 보빙사를 파견하였다. → 1883년 미국에 보빙사가 처음 파견되었다.
② 베델이 대한매일신보를 창간하였다. → 1904년 대한매일신보를 창간하였다.
③ 이만손 등이 영남 만인소를 올렸다. → 1880년 수신사 김홍집에 의해 『조선책략』이 유포되자 1881년 이만손 등이 유포에 대항하여 영남 만인소를 올렸다.
④ 신식 군대인 별기군(교련병대)이 창설되었다. → 1881년 신식 군대인 별기군이 창설되었다.
⑤ 통리기무아문을 설치하여 개혁을 추진하였다. → 1880년 개혁 기구인 통리기무아문이 설치되었다.

37

정답 ②

해설

제시된 지문의 '교원이 제복을 입고 칼을 차고 수업을 하던'을 통해 밑줄 그은 '이 시기'는 1910년대 무단 통치 시기임을 알 수 있다. 무단 통치 시기 일제는 무관 출신 총독 임명, 헌병경찰제(즉결처분권), 조선인 태형령, 언론·출판·집회·결사의 자유 박탈 등의 정책을 실시하였고, 공포 분위기를 조성하기 위해 교원도 제복을 입고 칼을 차도록 하였다.

① 애국반을 조직하였다. → 1930년대 민족 말살 통치 시기에 대한 설명이다.
② 회사령을 시행하였다. → 1910년대 무단 통치 시기에 대한 설명이다.
③ 치안 유지법을 제정하였다. → 1920년대 문화 통치 시기에 대한 설명이다.
④ 미곡 공출제를 실시하였다. → 1930년대 민족 말살 통치 시기에 대한 설명이다.
⑤ 국가 총동원법을 공포하였다. → 1930년대 민족 말살 통치 시기에 대한 설명이다.

38

정답 ③

해설

제시된 지문의 '우리가 만든 것 우리가 쓰자.', '민족 기업을 육성해 경제적 자립을 이루려는'을 통해 (가) 민족 운동이 물산 장려 운동임을 알 수 있다. 물산 장려 운동은 1920년대 평양에서 조만식을 중심으로 전국적으로 확산된 민족 운동으로 민족기업을 육성하여 경제적 자립을 추구하기 위한 목적으로 전개되었다.

① 통감부의 탄압으로 중단되었다. → 국채 보상 운동에 대한 설명이다.
② 국채 보상 기성회를 중심으로 전개되었다. → 국채 보상 운동에 대한 설명이다.
③ 자작회, 토산 애용 부인회 등이 활동하였다. → 물산 장려 운동에 대한 설명이다.
④ 한성 은행, 대한 천일 은행 등이 설립되는 계기가 되었다. → 한성 은행(1897), 대한 천일 은행(1899) 등이 설립되어 조선 상인을 지원하였다.
⑤ 일본, 프랑스 등지의 노동 단체로부터 격려 전문을 받았다. → 원산 노동자 총파업에 대한 설명이다.

39
정답 ④

해설

제시된 지문의 '호가장 전투'를 통해 (가) 부대가 조선 의용군 임을 알 수 있다. 1938년 김원봉을 중심으로 결성된 조선 의용대는 중국 관내에서 결성된 최초의 한인 군사 조직이다. 이후 김원봉을 중심으로 하는 조선 의용대와 화북으로 이동한 조선 의용대 화북지대로 나누어졌다가, 김원봉 중심의 조선 의용대가 1942년 한국 광복군에 합류하자 남은 조선 의용대 화북지대가 같은 해 조선 독립 동맹 산하 군사 조직인 조선 의용군으로 개편되었다. 이후 조선 의용군은 중국 팔로군(중국 공산당)과 연합하여 호가장 전투에 참여하여 성과를 거두었다.

① 봉오동 전투에서 일본군을 격파하였다. → 홍범도가 이끄는 대한 독립군에 대한 설명이다.
② 총사령 양세봉의 지휘 아래 활동하였다. → 양세봉이 이끄는 조선 혁명군에 대한 설명이다.
③ 미군과 연계하여 국내 진공 작전을 계획하였다. → 대한민국 임시 정부 산하 부대인 한국 광복군에 대한 설명이다.
④ 조선 독립 동맹 산하의 군사 조직으로 개편되었다. → 조선 의용군에 대한 설명이다.
⑤ 간도 참변 이후 조직을 정비하고 자유시로 이동하였다. → 대한 독립 군단에 대한 설명이다.

40
정답 ③

해설

제시된 지문의 '김구가 일제의 요인들을 제거하기 위해 만든'을 통해 (가) 단체가 한인 애국단임을 알 수 있다. 김구는 1931년 침체에 빠진 독립운동을 활성화하기 위해 일본 요인과 시설을 공격하는 비밀 조직인 한인 애국단을 조직하였다.

① 중일 전쟁 발발 이후에 조직되었다. → 1937년 중 · 일 전쟁이 발발하였다.
② 조선 혁명 간부 학교를 설립하였다. → 1919년 김원봉이 조직한 의열단에 대한 설명이다.
③ 이봉창, 윤봉길 등이 단원으로 활동하였다. → 1931년 김구가 조직한 한인 애국단에 대한 설명이다.
④ 대전자령 전투에서 일본군을 상대로 승리하였다. → 지청천이 이끄는 한국 독립군에 대한 설명이다.
⑤ 일제가 조작한 105인 사건으로 조직이 해체되었다. → 1911년 해체된 신민회에 대한 설명이다.

41
정답 ④

해설

제시된 지문의 (가)는 '미소 공동 위원회 무기 휴회'를 통해 1946년 3월 1차 미 · 소 공동 위원회 개최 이후 결렬된 상황임을, (나)는 '제2차 미소 공동 위원회 개막'을 통해 1947년 5월에 개최된 2차 미 · 소 공동 위원회임을 알 수 있다. 1945년 12월 개최된 모스크바 3국 외상 회의에 따라 미 · 소 공동 위원회가 개최되었는데 미국과 소련의 입장 차로 1946년 5월에 무기 휴회되었다. 이후 좌우 합작 운동(좌우 합작 7원칙 발표)을 통해 2차 미 · 소 공동 위원회가 재개되었으나 미국과 소련 간의 냉전이 심화된 가운데 자신들에게 우호적인 정당을 세우려는 양국의 입장 차로 결국 완전히 결렬되었다.

① 여수 · 순천 10 · 19 사건이 일어났다. → 1948년 10월 19일에 발생한 사건이다.
② 모스크바 3국 외상 회의가 개최되었다. → 1945년 12월 모스크바에서 개최되었다.
③ 반민족 행위 특별 조사 위원회가 출범하였다. → 1949년 1월 출범하였다.
④ 좌우 합작 위원회가 좌우 합작 7원칙을 발표하였다. → 1947년 10월 좌우 합작 7원칙을 발표하였다.
⑤ 유엔 총회에서 인구 비례에 의한 남북 총선거가 의결되었다. → 1947년 11월 미 · 소 공동 위원회가 결렬된 이후 미국은 한반도 문제를 유엔에서 논의할 것을 제안하였고, 이에 유엔 총회에서 인구 비례에 의한 남북 총선거가 의결되었다.

42
정답 ①

해설

제시된 지문의 '발췌', '기립 표결'을 통해 제시된 사건이 1952년 1차 개헌(발췌 개헌)임을 알 수 있다. 장기 집권을 꾀한 이승만은 대통령 직선제를 골자로 하는 발췌 개헌안을 6 · 25 전쟁 당시 임시 수도였던 부산에서 기립 표결로 통과시켰다.
따라서 정답은 (가)이다.

43
정답 ①

해설

제시된 지문의 '수송초', '교수단 시위'를 통해 (가) 민주화 운동이 4 · 19 혁명 임을 알 수 있다. 이승만 정부의 부정부패와 3 · 15 부정 선거 등으로 인해 일어난 4 · 19 혁명에는 일반 시민뿐만 아니라 초등학생까지 참여하였다. 4 · 19 혁명으로 이승만 대통령이 하야를 선언하였고, 이후 총선거가 실시되어 민주당의 장면 내각이 출범하였다

① 장면 내각이 출범하는 배경이 되었다. → 1960년 4 · 19 혁명에 대한 설명이다.
② 유신 체제가 붕괴되는 결과를 가져왔다. → 1979년 부 · 마 항쟁으로 인해 10 · 26 사태가 발생해 유신 체제가 붕괴되었다.
③ 한일 국교 정상화에 반대하여 일어났다. → 1964년 6 · 3 시위에 대한 설명이다.
④ 신군부의 비상 계엄 확대가 원인이 되었다. → 1980년 5 · 18 민주화 운동에 대한 설명이다.
⑤ 호헌 철폐와 독재 타도 등의 구호를 내세웠다. → 1987년 6월 민주 항쟁에 대한 설명이다.

44
정답 ③

해설

제시된 지문의 '장준하', '100만인 청원 운동'을 통해 밑줄 그은 '현행 헌법'이 유신 헌법(10차 개헌)임을 알 수 있다. 유신 헌법 철폐를 위해 함석헌, 장준하 등의 민주 인사들이 연합하여 서울 YMCA에서 개헌 청원 운동 본부를 발족하고 개헌 청원 100만인 서명 운동을 전개하였다.

① 내각 책임제를 채택하였다. → 1960년 4 · 19 혁명 이후 제정된 3차 개헌에 대한 설명이다.
② 대통령의 연임을 3회로 제한하였다. → 1969년 6차 개헌에 대한 설명이다.
③ 대통령에게 국회 해산권을 부여하였다. → 1972년 유신 헌법(7차 개헌)에 대한 설명이다.
④ 대통령의 임기를 7년 단임제로 정하였다. → 1980년 8차 개헌에 대한 설명이다.
⑤ 국회를 참의원과 민의원의 양원제로 규정하였다. → 1960년 3차 개헌에 대한 설명이다.

45

정답 ⑤

해설

제시된 지문의 '경부 고속 도로 준공'을 통해 (가) 정부가 박정희 정부임을 알 수 있다. 박정희 정부는 사회 간접 자본을 확충하기 위해 포항 제철을 준공하고, 1970년 경부 고속 도로를 완성하였다.

① 한미 자유 무역 협정(FTA)이 체결되었다. → 노무현 정부 시기에 대한 설명이다.
② 저유가 · 저금리 · 저달러의 3저 호황이 있었다. → 전두환 정부 시기에 대한 설명이다.
③ 원조 물자를 가공하는 삼백 산업이 발달하였다. → 이승만 정부 시기에 대한 설명이다.
④ 대통령 긴급 명령으로 금융실명제가 실시되었다. → 김영삼 정부 시기에 대한 설명이다.
⑤ 농촌의 근대화를 표방한 새마을 운동이 전개되었다. → 박정희 정부 시기에 대한 설명이다.

46

정답 ①

해설

① (가) – 주자소를 설치하여 인쇄하였다. → 조선 태종 시기에 주자소가 설치되었다.
② (나) – 대장도감에서 판각한 목판으로 찍었다. → 팔만대장경에 대한 설명이다.
③ (다) – 청주 흥덕사에서 금속 활자로 간행하였다. → 직지심체요절에 대한 설명이다.
④ (라) – 이천, 장영실 등이 제작한 활자로 인쇄하였다. → 자치통감에 대한 설명이다.
⑤ (마) – 납으로 만든 활자를 사용해 박문국에서 발행하였다. → 한성순보에 대한 설명이다.

Plus note

- **무구정광대다라니경** : 통일 신라 불국사 석가탑에서 발견된 세계에서 가장 오래된 목판 인쇄물이다.
- **팔만대장경** : 몽골 침략 시기에 강화도에 대장도감(1236)을 설치하고 팔만대장경을 16년에 걸쳐 완성하였다.
- **직지심체요절** : 청주 흥덕사에서 금속 활자로 간행된 직지심체요절은 현존하는 세계에서 가장 오래된 금속 활자본이다.
- **자치통감** : 조선 세종 시기에 장영실, 이천은 갑인자를 만들었고, 이것을 가지고 자치통감을 인쇄하였다.
- **한성순보** : 1883년 근대적 인쇄소인 박문국이 설립되어, 최초 관보로 한성순보가 발행되었다.

47

정답 ①

해설

제시된 지문의 '보도지침 자료'를 통해 밑줄 그은 '이 정부'가 전두환 정부임을 알 수 있다. 전두환 정부는 보도지침을 통해 신문과 방송 기사에 대한 검열을 강화하였다.

① 서울 올림픽이 개최되었다. → 노태우 정부 시기에 대한 설명이다.
② 야간 통행 금지가 해제되었다. → 전두환 정부 시기에 대한 설명이다.
③ 박종철 고문 치사 사건이 발생하였다. → 전두환 정부 시기에 대한 설명이다.
④ 프로 야구가 6개 구단으로 출범하였다. → 전두환 정부 시기에 대한 설명이다.
⑤ 남북 이산가족 고향 방문이 최초로 이루어졌다. → 전두환 정부 시기에 대한 설명이다.

48

정답 ④

해설

제시된 지문의 '남북 사이의 화해와 불가침 및 교류 협력에 관한 합의서(남북 기본 합의서) 채택'을 통해 노태우 정부 시기임을 알 수 있다. 1991년 체결된 남북 기본 합의서는 남북이 상호 체제는 인정하되 국가로서는 승인하지 않는 것에 합의하고, 상호 불가침, 교류와 협력 확대 등을 하기로 한 것이다.

① 제2차 남북 정상 회담이 개최되었다. → 노무현 정부 시기에 대한 설명이다.
② 경제 협력 개발 기구(OECD)에 가입하였다. → 김영삼 정부 시기에 대한 설명이다.
③ 남북 조절 위원회가 설치되어 통일 방안이 논의되었다. → 박정희 정부 시기에 대한 설명이다. (7 · 4 남북 공동 성명 이후 남북 조절 위원회가 설치되어 통일 방안이 논의되었다.)
④ 북방 외교를 추진하여 중국 등 사회주의 국가들과 수교하였다. → 노태우 정부 시기에 대한 설명이다.
⑤ 남북한의 교류 협력을 위한 개성 공업 지구 건설에 합의하였다. → 김대중 정부 시기에 대한 설명이다.

49

정답 ④

해설

① (가) – 첨성대와 황룡사 구층 목탑을 세우다 → 신라 선덕 여왕에 대한 설명이다.
② (나) – 가정 생활의 지혜를 담은 규합총서를 저술하다 → 이빙허각에 대한 설명이다.
③ (다) – 재산을 기부하여 흉년에 굶주린 백성들을 구제하다 → 김만덕에 대한 설명이다.
④ (라) – 한국 광복군의 기관지 광복을 발행하다 → 최초의 여성 광복군인 지복영에 대한 설명이다.
⑤ (마) – 임금 삭감에 저항하여 을밀대 지붕에서 농성하다 → 강주룡에 대한 설명이다.

Plus note

- **선덕여왕** : 천문 관측 기구인 첨성대, 황룡사 9층 목탑, 분황사 모전석탑이 세워졌다.
- **이빙허각** : 조선 시대 사대부 부인인 이빙허각은 조선의 여성 실학자로 부녀자들을 위하여 가정 생활의 지혜를 담은 『규합총서』를 저술하였다.
- **김만덕** : 조선 정조 시기 제주 지역의 거상이었던 김만덕은 재산을 기부하여 흉년에 굶주린 백성들을 구제하였다.
- **남자현** : 일제 강점기의 독립운동가로 만주 주재 일본 대사 처단 계획을 세웠으나 실패하였다.
- **강주룡** : 1931년 일제 강점기에 강주룡은 평양 을밀대 지붕에서 임금 삭감에 저항하며 농성하였다.

50

정답 ②

해설

제시된 지문의 '음력 7월 7일'을 통해 밑줄 그은 '이날'이 칠석임을 알 수 있다.

한국사능력검정시험

저희 북스케치는 오류 없는 책을 만들기 위해 노력하고 있으나, 미처 발견하지 못한 잘못된 내용이 있을 수 있습니다. 학습하시다 문의 사항이 생기실 경우, 북스케치 이메일(booksk@booksk.co.kr)로 교재 이름, 페이지, 문의 내용 등을 보내주시면 확인 후 성실히 답변 드리도록 하겠습니다.

또한, 출간 후 발견되는 정오 사항은 북스케치 홈페이지(www.booksk.co.kr)의 도서정오표 게시판에 신속히 게재하도록 하겠습니다.

좋은 콘텐츠와 유용한 정보를 전하는 '간직하고 싶은 수험서'를 만들기 위해 늘 노력하겠습니다.

한국사 능력검정시험 핵심테마+기출문제

심화(1·2·3급) 최근 기출해설 10회분

초판발행	2023년 01월 20일
편저자	정다정
펴낸곳	북스케치
출판등록	제2022-000047호
주소	경기도 파주시 문발로 211 1층(문발동)
전화	070-4821-5513
학습문의	booksk@booksk.co.kr
홈페이지	www.booksk.co.kr
ISBN	979-11-91870-53-4